DAS LITERARISCHE DUTZEND

Achtundsechzig Anregungen
für literarische Ferien
– Ein Lesebuch –

Das literarische Dutzend

12 Jahre Literarisches Quartett

68 Anregungen für literarische Ferien

- Ein Lesebuch -

Buchwerbung der Neun

Wir danken dem ZDF, Redaktion Literatur und Kultur/aspekte, für die Überlassung zahlreicher Unterlagen. Ohne diese Mithilfe hätte dieser Band nicht entstehen können.

Außerdem gilt unser Dank den Verlagen, die uns Informationen und Unterlagen für Leseanregungen zur Verfügung gestellt haben.

ISBN 3-9806700-3-1
Verantwortlich: Christian Rospleszcz
Redaktion und verantwortlich für den Inhalt: Dieter Curths
Projektleitung: Eva-Maria Hench
Herstellung: Gert Schemmann
Titel: Artelier für Grafik & Gestaltung, Peter Hofstätter
Satz und Datenerfassung: fb-werbeservice
Druck und Bindung: Spiegel, Ulm-Jungingen

Inhalt

Leseanregungen

Vorwort

Zwischen Leselust und Schauprozeß: Das LITERARISCHE QUARTETT

Keine Frage: Diese Sendung ist Kult. Und das nicht zuletzt deshalb, weil sie für wahre Fans schon Wochen vor der Ausstrahlung beginnt: Mit dem Kauf der angekündigten Bücher, mit deren Lektüre und mit heftigen Spekulationen, welcher Spieler des QUARTETTS den Debütanten in Grund und Boden verreißen wird, wer sich vor dem Altmeister verneigen wird, wer sich beim Erfolgsautor gelangweilt hat.

Das QUARTETT ist kein Bilderfutter für unstete Zapper. Es hat ein Stammpublikum, das es als Ereignis inszeniert. Und wenn sich dann der Vorhang hebt für das literarische Kammerspiel zwischen Leselust und Schauprozeß, dann sitzen die Fans gemeinsam vor dem Fernseher. Dieser Kultstatus macht das QUARTETT gleichsam zur »Rocky Horror Picture Show« der öffentlich-rechtlichen Kultur-Formate: eine Sendung, die in buchvernarrten Zirkeln regelrecht zelebriert wird – statt im Kino mit Reis und Gesang – vor dem Fernseher mit dem Buche in der Hand.

Das alles hat nicht nur einen großen Unterhaltungswert, es hat auch einen immensen Einfluß auf den Buchmarkt. Und so beschert uns das QUARTETT ein typisches Paradoxon unserer Medienkultur: vom QUARTETT verrissen zu werden, so hört man aus Verlagen, das ist allemal besser, als gar nicht vorzukommen.

Nun kann man auszugsweise nachlesen, was von der prominenten ZDF-Kritikerrunde als besprechenswert ausgesucht und leidenschaftlich diskutiert worden ist. Die Leseproben sind gewissermaßen Kostproben der Stoffe, um die es ging – garantiert mit empfehlenden Worten anderer Kritiker-Kollegen unseres Quartetts.

Denn: Dieses Buch will dazu anstiften, komplette Bücher zu lesen. Es dient der Orientierung, es beschert Entdeckerfreuden und vermittelt die Vorfreuden jener eigentümlichen Lust, die Bücher immer wieder bieten. Schade nur, daß die »Anregungen für literarische Ferien« einen ganz bestimmten Bestseller nie enthalten werden. Weil er aus Gründen des schlichten Takts für das LITERARISCHE QUARTETT selbst tabu ist: Marcel Reich-Ranickis ERINNERUNGEN.

Professor Manfred Eichel
ZDF-Chefkorrespondent Kultur
und Leiter des LITERARISCHEN QUARTETTS

Im Juni 2000

Die Sendung

Am 25. März 1988 war Premiere, seither sind in 53 Sendungen (bis einschließlich 24.4.1998) über 280 Bücher besprochen worden. Erfunden wurde das QUARTETT bei einem Gespräch des damaligen aspekte-Redaktionsleiters Dieter Schwarzenau und des späteren aspekte-Chefs Johannes Willms mit Marcel Reich-Ranicki. Von Reich-Ranicki stammen das Grundkonzept und die Titelmelodie (Beethovens Rasumowsky-Quartett, op. 59, Nr. 3) sowie der vielzitierte Schlußsatz aus Brechts Theaterstück »Der gute Mensch von Sezuan«.

Sechsmal im Jahr wird – in Koproduktion mit dem ORF – live über in der Regel jeweils fünf belletristische Neuerscheinungen diskutiert. Die feste Runde mit Marcel Reich-Ranicki, Sigrid Löffler und Hellmuth Karasek wird durch einen bei jeder Sendung anderen Gast bereichert. Anfangs bestand das QUARTETT aus vier festen Mitgliedern. Zuerst war der Publizist Jürgen Busche dabei, dann die Literaturkritikerin Klara Obermüller. Seit 1990 laden Sigrid Löffler, Hellmuth Karasek und Marcel Reich-Ranicki jeweils einen Gast dazu.

Der Untertitel des LITERARISCHEN QUARTETTS ist Programm: Unterhaltung – Kritik – Polemik.

Die Aufgabe der Sendung ist, zum einen aktuelle Literatur vorzustellen, zum anderen durch eine kontroverse Debatte den Zuschauern Kriterien zu vermitteln, nach denen sie sich auf dem großen Büchermarkt orientieren können. Daß Leseförderung auch noch einen großen Unterhaltungswert haben kann, ist der Scharfzüngigkeit der Kritikerrunde zu verdanken. Sie hat es verstanden, auch weniger literaturinteressierte Zuschauer anzulocken, für die das QUARTETT nur allein durch die Personenkonstellation zur Kultsendung geworden ist.

Die im LITERARISCHEN QUARTETT besprochenen Bücher werden von den drei festen Mitgliedern und dem jeweiligen Gast ausgewählt. Die ZDF-Redaktion nimmt keinen Einfluß auf die Entscheidung, beteiligt sich aber an den

Vorgesprächen. Die letzte Entscheidung über den Gast liegt in den Händen der drei ständigen Mitglieder.

Die Auswahlkriterien bemessen sich am literarischen Sachverstand der Teilnehmer und den ganz persönlichen Beurteilungskriterien. Eine höchst subjektive Auswahl, die sich aber auch an dem zu erwartenden Interesse der Zuschauer orientiert.

Im Durchschnitt sehen rund 900.000 bis eine Million Zuschauer DAS LITERARISCHE QUARTETT. Dies entspricht ungefähr einem Marktanteil von vier bis fünf Prozent.

Wiederholt wird das LITERARISCHE QUARTETT regelmäßig in 3sat, in ORF 2 und im DeutschlandRadio Berlin.

Stimmen zur Sendung

Zur Premiere: Joachim Kaiser, Frankfurter Allgemeine vom 28.3.1988:

Am Anfang tönte es noch ganz erlesen. Beethovens Streichquartett op. 59, Nr. 3 durfte sinnigerweise Marcel Reich-Ranicki neues LITERARISCHES QUARTETT umrahmen. Freilich hatte man die heikle Schlußfuge gewählt, und das war ein böses Omen. Denn alle Musiker skandieren aufs Fugenthema die Worte: »Ich kann die Fuge nicht, ich kann die Fuge nicht...«

Zunächst versicherte also Reich-Ranicki, man wolle keine »Talk-Show« bieten, sondern Worte, wenn nicht gar Gedanken. Und weil in diesem Frühjahr die deutsche Literatur bislang nichts Besonderes hervorgebracht habe, sprach man ausführlich über des dreiundsechzigjährigen Polen Andrzej Szczypiorski Roman »Die schöne Frau Seidenman«. Der spielt in Warschau während des Zweiten Weltkriegs, verbindet Zeitebenen, nennt auch den polnischen Antisemitismus beim Namen und spiegelt elegisch auch die polnische Gegenwart. Die Diskussionsteilnehmer waren wohlvorbereitet – und während das Fernsehpublikum wahrscheinlich nicht einmal den schwierigen polnischen Verfassernamen ganz mitkriegte und lauter subtilen Äußerungen über ein Buch lauschen mußte, das erst seit ein paar Wochen auf dem Markt ist.

Man sprach voller Respekt miteinander. »In Ihrer schönen Kritik«, sagte Jürgen Busche zu MRR (der Szczypiorskis Buch in der F.A.Z. vom 19. März ausführlich und rühmend besprochen hatte). »Eine der geistreichsten Frauen Österreichs«, so stellte Reich-Ranicki generös die Diskussionsteilnehmerin Sigrid Löffler vor; Hellmuth Karasek wurde immerhin als eine Art Lessing eingeführt (weil er nicht nur Kritiken schreibe, sondern auch Dramen), und Jürgen Busche könne nicht nur Althistorisches, sondern alles erdenkliche Journalistische...

Wozu können eigentlich solche Gespräche dienlich sein? Literatur ist zum – man verzeihe das harte Wort – Lesen da. Oder zum hingebungsvollen Vorlesen und konzentrierten Zuhören. Deshalb bereitet sie den Fernsehredakteuren, die immer mal wieder kulturbeflissen Literarisches auf die Mattscheibe bringen wollen, ziemliche Schwierigkeiten. Literaten, die Temperament und etwas zu sagen haben, lassen sich schon besser fotografieren. Als besonders fesselnd gilt, wenn sie sich streiten. Offenbar empfinden die Zuschauer, mit dem Schlaf vor Mitternacht kämpfend, ein muntermachendes Vergnügen daran, wenn es heiß hergeht.

Was die jeweiligen Diskutanten betrifft, so sollten sie das Honorar nicht als regelrechtes Arbeitsentgelt nehmen, sondern als vielmehr hoffentlich hohe Risikoprämie für etwaige Blamage-Unfälle: man kann ja Pech haben, das »Gesicht« oder das Gedächtnis verlieren, zu spät aufs zündende Zauberwort kommen. Offensichtlicher Vorteil solcher Diskussionen – in eklatantem Gegensatz zu Kriegen oder Tennisspielen, wo es fast immer eindeutig Geschlagene gibt – ist, daß sich beim Redewettkampf jeder Teilnehmer als »Sieger« fühlen kann…

Zur fünfzigsten Sendung: Leipziger Volkszeitung vom 16./17. August 1997

Die Quotenfrau zeigte Zähne. Charmant, versteht sich: Sigrid Löffler ist aus Wien. Es sei ihr fast peinlich, aber sie müsse ihm, (dem schrecklich rechthaberischen, machohaften, narzistischen) Herrn Reich-Ranicki beipflichten. Es blieb die Ausnahme.

Ansonsten widersprach sie dem Meister eher unbrav, zur 50. Folge des gutgeölten ZDF-Unterhaltungsspiels, bei dem Bücher auf die Waage gelegt und entweder für »lesbar« (also gräßlich banal) oder »anspruchsvoll« (also Weltliteratur) befunden werden. Über die Rollenverteilung ist dabei viel gesagt und geschrieben worden. Sie funktioniert: Hellmuth Karasek, im Clinch mit dem Ödipus-Komplex, muckt auf. Außer: Der Gastkombattant zeigt sich mal mündig.

Oder außer (eben): Die Löfflern hört auf, die aufmüpfige Tochter zu mimen – und fällt dem Übervater in die Rede, besteht auf ihrer Meinung, läßt sich die Butter nicht vom Literaturbrot nehmen.

Zum Beispiel, wenn's an die Verteidigung kindlicher Sicht geht (hinter der sich der Autor versteckt, mutmaßt MRR natürlich). Zum Beispiel, wenn die drei Gegenüber einen dieser Männerbünde geschlossen haben (gegen Sentimentalität, versteht sich). Zum Beispiel, wenn Hellmuth Karasek sich in Satzkaskaden verliert (während er auf dem Monitor kontrolliert, ob er auch noch im Bild ist). Zum Beispiel, wenn sich der Kritikergeneral anschickt, endgültig niemand anderen mehr zu Wort kommen zu lassen...

Die Quote, sie lebe!

Gisela Hoyer

Zwischen den wulstigen Lippen hing ein Fetzen Papier. Der Hund trug Schlappohren und eine viel zu große Brille. Als DER SPIEGEL vor zwei Jahren unter der Überschrift »Der Verreißer« Marcel Reich-Ranicki auf den Titel hievte, knurrte dieser nicht wenig.

Er hat recht. MRR ist kein bissiger Hund. Er ist der Tyranno saurus rex der Kritikerzunft. Wie er jetzt im LITERARISCHEN QUARTETT den, wie heißt er noch, Köhlmeier, erst niedertrampelte, dann zerfleischte, aber nicht runterschluckte, sondern verächtlich ausspuckte, das hätte Spielbergs Dino-Filmchen auf den Index gebracht. Martin Walser nannte ihn in seinem Roman »Ohne einander« den Erlkönig, vor dessen »Banalitätspotenz und Potenzbanalität« sich jeder Autor fürchten müsse. Das klingt hübsch, ist aber nur eine Retourkutsche, notierte MRR doch '76 über Walsers »Jenseits der Liebe«: »Es lohnt sich nicht, auch nur ein Kapitel, eine Seite zu lesen«.

Im Grunde genommen ist der herrische Vertreter der Anklage ein Müllmann, mit dem erklärten Ziel, die heiligen Literaturhallen reinzuhalten von »Kitsch, Banalem, belanglosem Zeug«. Daß er ganz nebenbei zum Popstar und Clown mutierte, hat mehr mit dem Medium Fernsehen zu tun als seinem Selbstbild und sorgte ganz nebenbei dafür, daß nun jeder Rosenverkäufer weiß, was ein Literaturkritiker ist.

Peter Handke ließ einst wissen, er würde es nicht bedauern, wenn MRR einmal stürbe. Das kann er vergessen: »Etwas hat überlebt«.

Markus Deggerich

Dieses Rrrrr! Nicht gutural gegurgelt wie bei Eartha Kitt, sondern mit Schmackes gerollt. Rrrrr. Zungenspitze stramm nach oben. Und nochmal zum Üben: Rrrrr. Wunderbar!

Mit diesen Konsonanten, den »QUARTETT«-Scharfrichter Reich-Ranicki immer so gereizt über den Vordergaumen rubbelt, muß es etwas auf sich haben. Etwas Unheilverkündendes, irgend einen geheimnisvollen Stimulus bekommt der Allerweltsbuchstabe, sobald ihn MRR im Munde führt. Was ist das Geheimnis?

Seit gestern wissen wir's. Simpel gesagt: Im Abc des LITERARISCHEN QUARTETTS ist das Rrrrr so etwas wie der Befehl zum Auslösen des Fallbeils. Ein Rrrrr im Namen macht den Kandidaten zum Delinquenten, bedeutet Hinrichtung und Höllenqual. Rrrrr ist der Kick für den Exekutionsreflex. Rrrrr heißt Rrrrrübe ab.

Chancenlos war natürlich die Inderin Rrrrroy. »So schlecht«, schimpfte Reich-Ranicki über ihren Roman: »Der Koitus hätte 200 Seiten vorrrrherrrr kommen müssen.« Rrrrrumbs. Der Pole Trrrryzna kam auch nicht lebend vom Schafott: »Er kann keine Errrrotik schildern«. Rrrrrumbs. Und dann dieser hoffnungslose Fall von Köhlmeierrrr (das Rrrrr ganz hinten ist besonders fatal): »Unfähig«. »Ein Kitschbuch.« »Ficken, vögeln, unerrrrtrrrräglich.«

Ein r-freier Name hingegen eröffnet Schriftstellern den Aufstieg in die lichten Höhen des Literatur-Olymp. Der Ungar Nadas zum Beispiel: »Mit Sicherheit ein wichtiger Autorrrr«, rollte es dem Glücklichen entgegen. Oder der Portugiese Antunes: »Ein Buch von weltliterrrrarrrrischem Atem!« säuselte es aus MRRs Mund. Seine Lefzen spannten sich freudig, die Hände hoben sich gen Himmel. Da sind sie, die Buchgötter ohne Rrrrr.

Rrrrralph Gambihlerrrr

Rolf Schneider in BERLINER MORGENPOST vom 14.8.1997

Es wird so sein wie neunundvierzig Male bisher. Es wird beginnen mit der Phrase aus einem Streichquartett Beethovens, es wird enden mit zwei Schlußversen aus Bertolt Brechts Gutem Menschen von Sezuan über die offenen Fragen bei geschlossenem Vorhang. Zuvor werden vier Leute fünfundsiebzig Minuten lang über fünf Bücher geredet haben. DAS LITERARISCHE QUARTETT ist nicht die älteste, aber bei weitem die erfolgreichste Sendereihe über Belletristik im deutschen Fernsehen.

Die unaufwendigste ist sie sowieso: fast alle anderen komponieren sich aus ehrgeizig gemachten Kurzfilmen, in denen junge Dichter durch herbe Landschaften stapfen und anschließend vor heimischen Bücherregal aus ihrer jüngsten Produktion vortragen. DAS LITERARISCHE QUARTETT läßt gerade den jeweils beredeten Buchtitel kurz im Bild erscheinen, ansonsten ist das Geheimnis seiner beträchtlichen Wirkung der Umstand, daß literarische Werke hier eine völlig angemessene Behandlung erfahren.

Man versucht nicht zu visualisieren, was sich ohnehin kaum visualisieren läßt. Man liefert eineinviertel Stunden talking heads, deren Meinungen nacherlebbar werden, und das ist es...Im LITERARISCHEN QUARTETT treten die Verfasser nicht auf. Auch ein Publikum gab es ursprünglich nicht. Man traf sich vielmehr im abgedunkelten Studio...

Das LITERARISCHE QUARTETT ist die edelste Form von Infotainment, die das deutsche Fernsehen derzeit bereithält. Manche Leute tun sich die Sendung nur an, um sich über Reich-Ranicki ärgern zu können.

Die drei vom QUARTETT über sich und die literarische Welt*

SIGRID LÖFFLER *wurde 1942 in Aussig an der Elbe geboren und ist in Wien aufgewachsen. An der dortigen Universität studierte sie Anglistik, Germanistik und Philosophie. Von 1967 bis 1972 war sie außenpolitische Redakteurin bei der Wiener Tageszeitung DIE PRESSE. Von 1972 bis 1993 war sie beim österreichischen Nachrichtenmagazin PROFIL, zuletzt als stellvertretende Chefredakteurin und Leiterin des Kulturressorts. Chefredakteurin und Leiterin des Kulturressorts. Von November 1996 bis Ende 1999 leitete sie das Feuilleton der Hamburger Wochenzeitung* DIE ZEIT. *Sigrid Löffler ist jetzt Chefredakteurin der Zeitschrift* LITERATUREN.

Das ist keine Literatursendung, schon gar keine über Literaturkritik. Diese Sendung ist, so habe ich sie einmal genannt, »Literatainment« – also eine Mischung aus Literatur und Entertainment. Es ist richtig, daß es dabei um Bücher geht. Aber der wahre Grund, warum man uns zuschaut, ist daß die Menschen sehen wollen, wie sich vier Leute streiten. Daß es dabei um Literatur geht und dabei die eine oder andere Information bei den Zusehern hängenbleibt, ist eine angenehme Begleiterscheinung.

Wäre die Sendung keine Show, dann gäbe es sie nicht. Zugleich hat die Sendung im Nebeneffekt einen literarischen Nutzwert, und zwar insoweit, als Leute, die vielleicht nicht viel lesen, an den vier Teilnehmern erkennen können, wie man sich über Literatur die Köpfe heiß redet. Und daß man dem Thema Buch und Literatur mit Leidenschaft begegnen kann. Vielleicht machen wir das den Leuten vor.

Mich interessieren neue Texte, neue Autoren. Und ich versuche immer wieder, Autoren vorzuschlagen, die ein bißchen unerwartet kommen,

* Die drei Protagonisten haben zahlreiche Interviews gegeben. Die Zusammenstellung der Texte beruht auf den in den Interviews geäußerten Meinungen. Die Interviews erschienen in den folgenden Blättern: BERLINER ZEITUNG; BUNTE; FREIE PRESSE CHEMNITZ; GONG; SAARBRÜCKER ZEITUNG.

vorhersehbar wären, weil alle sie besprechen und weil sie in den Bestsellerlisten oben stehen, dann würde die Sendung sehr langweilig werden.

Ich hege immer ein bißchen Skepsis gegenüber Kritikern, die sich selber so wichtig nehmen oder gar sich selber für eine Instanz halten – also das ist wirklich das vulgärste, was man als Kritiker tun kann. Ich meine, daß ein Kritiker dazu da ist zu versuchen, Kunstwerke einerseits beschreibend zu entziffern, andererseits zu qualifizieren, drittens auch zu etikettieren oder in einen literarischen Zusammenhang einzuordnen. Und: Mit dieser ästhetischen Arbeit soll er den Leser schließlich befähigen, sich vom Urteil des Kritikers zu emanzipieren. Es sollte dem Leser am Schluß freistehen, ob er der Argumentation des Kritikers folgt oder nicht.

Ich habe nicht ohne Grund Österreich verlassen. Österreich ist ein Land, wo man – wenn man einigen Ehrgeiz hat – sofort die Disproportion zwischen der Größe des Landes und dem eigenen Anspruch merkt. Kurzum, wenn man ein gewisses Qualitätsgefühl hat, schaut man sich sehr schnell in Österreich um und sagt, wo kann ich eigentlich noch schreiben? Fast nirgends mehr. Dann ist der Punkt gekommen, an dem man sagt, ich muß in den größeren Sprachraum ausweichen und Medien-Österreicher in Deutschland werden.

Ich denke, er (Marcel Reich-Ranicki) hat die begnadete Gabe, allgemein verständlich, ohne viele Fremdwörter zu schreiben und sich trotzdem vor seinen intellektuellen Kollegen nicht zu disqualifizieren. Man kann leicht populär schreiben, dann wird man von den Kollegen verachtet, oder man kann auch sehr intellektuell schreiben, dann wird man zwar vielleicht von den Kollegen geschätzt, aber nicht gelesen. Beides zu können, das ist das Geheimnis. Dieses Kunststück beherrscht Reich-Ranicki wie kein anderer.

HELLMUTH KARASEK *ist 1934 in Brünn geboren, in Wien und Bernburg an der Saale aufgewachsen. Studierte Germanistik, Anglistik und Geschichte in Tübingen. Bis 1968 Feuilletonchef der STUTTGARTER ZEITUNG, dann Theaterkritiker bei DIE ZEIT. Von 1974 bis 1991 verantwortlicher Redakteur des Ressorts Kultur beim SPIEGEL. Er ist jetzt Mitherausgeber des Berliner TAGESSPIEGEL.*

Politik und Kultur sind zwei artverwandte Milieus mit den gleichen Mechanismen, voller Intrigen, Eifersüchteleien und Machtpoker. Nur sind die Künstler weniger langweilig als die Politiker. Das liegt daran, daß die Politiker ihre Sprache verloren haben. Aus Erfahrungen und Vorsicht können sie nur noch in Tarnungen und Verstellungen reden. Das macht sie zwar komisch, aber noch lange nicht unterhaltend.

Manchmal ist Lesen auch eine Strafe. Das gebe ich schon zu. Aber die meisten Bücher sind eine Bereicherung. Und es ist genauso schön, in einem Buch zu spazieren wie durch einen Wald oder durch eine Landschaft oder durch eine Stadt. Ein Buch ist wie eine Gesellschaft, zu der man geladen wird. Oft wissen Sie nach der ersten halben Stunde noch nicht, ob Sie sich wirklich wohlfühlen. Sie haben die Menschen noch nicht genügend kennengelernt. Sie haben noch nicht lange genug mit ihnen gesprochen. Sie gehen voreilig weg und haben vielleicht einen schönen Abend versäumt. So ist auch jedes Buch eine Einladung. Und manchmal ist es natürlich ein Irrtum, diese Einladung schon nach 50 Seiten zu verlassen.

Ehrlich: Ich lese ganz wenige Bücher zu Ende. Nur die, die ich bespreche. Ich habe in maximal drei Monaten bis zu 3.000 Seiten neue Belletristik zu verarbeiten. Das ist die Obergrenze, die ich schaffe.

Ein einziges Mal wollte Reich-Ranicki alles hinschmeißen. Auf dem Flug von Leipzig nach Frankfurt fragte er mal: »Sollen wir nicht aufhören? Meiner Frau geht's schlecht. Sie kann mich nicht mehr begleiten.« Ich war so beeindruckt, daß der

Reich wegen seiner Frau ohne mit der Wimper zu zucken aufgehört hätte, wo er doch so gerne als Macho geschildert wird.

Es gibt eine besonders schöne Geschichte über Reich-Ranicki. Man zeigte ihm in den USA einen Wasserfall. Er sagte: Wunderschön, aber eigentlich müßte der Wasserfall auf der anderen Talseite sein. Der Kritiker ist ein hoffnungsloser Perfektionist, dem immer noch etwas einfällt, was anders sein sollte.

MARCEL REICH-RANICKI *wurde 1920 in Wloclawek geboren und ist in Berlin aufgewachsen. Nach dem Abitur 1938 wurde er als Jude nach Polen deportiert. 1943 gelang ihm die Flucht aus dem Warschauer Getto. Nach Kriegsende lebte er bis 1958 in Polen. Ab 1960 Literaturkritiker bei DIE ZEIT, von 1973 bis 1988 Leiter der Redaktion für Literatur bei der FRANKFURTER ALLGEMEINEN ZEITUNG.*

Auf die Frage: Wer hat größeren Erfolg – Marcel Reich-Ranicki oder seine Sendung: Das ist eine falsche Frage! Das kann man doch nicht trennen! Wenn Leute zuschauen, die sich überhaupt nicht für Literatur interessieren, dann macht mich das glücklich. Ich freue mich und habe die stille Hoffnung, doch den einen oder anderen neuen Leser zu gewinnen.

Ähnlich wie die Schriftsteller wollen auch Kritiker geliebt werden. Was mich betrifft: Ich glaube, daß das Verhältnis vieler Leser und Fernsehzuschauer zu mir entweder ausgesprochen positiv oder eindeutig negativ ist. Die Zahl derer, denen ich gleichgültig bin, ist wohl glücklicherweise nicht so groß.

Ich habe einmal einem bekannten deutschen Autoren, das war vor bald zwanzig Jahren, ein Thema vorgeschlagen. Er hat es zuerst abgelehnt und dann das ihm vorgeschlagene Buch doch geschrieben. Es war ein furchtbares Buch. Eine solche Dummheit habe ich nie wieder getan.

Ich glaube an Shakespeare und Mozart, Goethe und Beethoven.

Alle Fernsehprogramme sind schlecht – die von ARD und ZDF sind nur am wenigsten schlecht.

In der zeitgenössischen deutschen Literatur kommt Liebe kaum vor. Dieses Volk scheint sich seinen Schriftstellern zum Trotz fortzupflanzen.

Achtundsechzig Anregungen für literarische Ferien – Ein Lesebuch –

- Empfohlen von Buchhändlern
- Ausgewählt von Verlagen
- Zusammengestellt von der Buchwerbung der Neun

Geschichten der Eva Luna

Aus dem Spanischen von Lieselotte Kolanoske
st 1897, 1991, 393 Seiten, DM 18.80.
Suhrkamp Verlag, Frankfurt/Main

Als Hardcover DM 42.–, Suhrkamp Verlag, Frankfurt/Main

MITTELBADISCHE ZEITUNG

Eva Luna, Titelfigur des Romans von Isabel Allende, ist eine geborene Erzählerin. Schon als Kind faszinierte sie ihre Umgebung mit erfundenen Geschichten. Ihr Talent hilft ihr, sich nach dem Tode der Mutter durchzuschlagen. Als Gegengabe für Annehmlichkeiten erzählt sie ihren Helfern Geschichten … Phantasievoll verwebt sie in ihre Erzählungen auch die politischen Zustände Südamerikas, unter denen sie und ihre Freunde leiden: Militärdiktatur, Revolution, Krieg und Unterdrückung. Es entsteht eine ungemein spannende, persönliche, aber auch realistische Zustandsbeschreibung von Lateinamerika.
Eine fulminante, fesselnde Sprache und packende Inhalte gehören schon dazu, wenn man, wie Eva Luna, einzig Geschichten als Bezahlung geben kann …

HESSISCHER RUNDFUNK

… es sind Geschichten voller Zuversicht und Optimismus, deren reine Farben und geheimnisvolle Gerüche uns neongeschädigte Endzeiteuropäer all zu leicht mit einem Virus infizieren können: dem Lesefieber … Wer aber die Fähigkeit noch nicht verloren hat, sich in Geschichten selbst zu vergessen, der wird augenblicklich mitgerissen von dem Sog der phantastischen Bilder Isabel Allendes. Eva Luna *ist Lesen wie im Kino.*

Die Autorin: Isabel Allende wurde 1942 in Lima (Peru) geboren. 1945 trennen sich die Eltern, und die Mutter kehrt mit drei Kindern nach Chile zurück. Verschiedene Aufenthalte in diversen Kontinenten. 1960 wird Isabel Allende Mitarbeiterin der FAO, der UN-Organisation für Ernährung und Landwirtschaft. 1973 wird ihr Onkel, der chilenische Präsident Salvador Allende, ermordet. Theaterstücke und Kinderbücher entstehen. 1981 stirbt ihr Großvater, dessen Leben Vorbild für *Das Geisterhaus* wird. Es folgen weitere Romane: *Von Liebe und Schatten; Eva Luna; Der unendliche Plan; Paula.* In diesem Jahr erscheint das Buch *Aphrodite – Eine Feier der Sinne.*

© Isolde Ohlbaum

Das Allervergessenste

Sie ließ sich liebkosen, schweigend, Schweißtropfen auf der Brust, ihr stiller Leib duftete nach geröstetem Zucker, es war, als ahnte sie, daß ein einziger Laut die Erinnerungen aufrühren und alles verderben, diesen Augenblick zunichte machen könnte, in dem er eine Figur wie alle war, ein zufälliger Liebhaber, den sie am Morgen kennengelernt hatte, ein Mann mehr ohne Geschichte, den ihr weizenblondes Stoppelhaar, ihre sommersprossige Haut oder das Rasseln ihrer Zigeunerarmbänder angelockt hatte, einer mehr, der sie auf der Straße ansprach und ohne festes Ziel neben ihr weiterging, vom Wetter oder vom Verkehr sprach und die Menge beobachtete, mit der ein wenig forcierten Vertraulichkeit von Landsleuten in einem fremden Land – ein Mann ohne Traurigkeit, ohne Groll, unschuldig, rein wie das Eis, der nur den Tag mit ihr verbringen wollte, durch Buchhandlungen und Parks bummeln, Kaffee trinken, den Zufall preisen, der sie zusammengeführt hatte, und von alten Zeiten sprechen, wie das Leben war, als sie beide in derselben Stadt, im selben Viertel aufwuchsen, als sie vierzehn waren, weißt du noch, die Winter mit den schneenassen Schuhen und den Paraffinöfen, die Sommer voller Pfirsiche, dort in dem verbotenen Land. Vielleicht hatte sie sich ein bißchen allein gefühlt oder gedacht, dies sei eine Gelegenheit, ohne große Fragen Liebe zu machen, und als daher der Tag zu Ende ging und kein Vorwand mehr gefunden wurde, weiter umherzulaufen, nahm sie ihn bei der Hand und führte ihn nach Hause. Sie teilte mit andern Verbannten eine schäbige Wohnung in einem gelben Haus am Ende einer Gasse, die voller Mülltonnen stand. Ihr Zimmer war eng und kaum möbliert, eine Matratze auf dem Boden, darüber eine gestreifte Decke, ein paar Borde aus Brettern über zwei Reihen Ziegelsteine, Bücher, Poster, Wäsche auf einem Stuhl, ein Koffer in der Ecke. Hier zog sie sich ohne Umschweife aus mit der Bereitwilligkeit eines gefälligen Mädchens.

Er versuchte sie zu lieben. Er streichelte sie geduldig, ließ die Hände über Hügel und Mulden gleiten, folgte ohne Eile ihren Wegen, knetete sanft den weichen Ton auf den Laken, bis sie sich ihm öffnete. Da wich er mit stummem Vorbehalt zurück. Sie wandte sich um, ihn zu suchen, über den Bauch des Mannes gekrümmt, das Gesicht versteckend, während sie ihn betastete, beleckte, schlug. Er wollte sich mit geschlossenen Augen hingeben und überließ sich ihr eine Weile, bis ihn die Traurigkeit oder die Scham überwältigten und er sie fortschieben mußte. Sie zündeten sich Zigaretten an, es gab keine Gemeinsamkeit mehr, der voreilige Drang, der sie den ganzen Tag über vereint hatte, war verflogen, und auf dem Bett waren zwei hilflose Geschöpfe ohne Erinnerung zurückgeblieben, die in dem schrecklichen Vakuum der unausgesprochenen Worte trieben. Als sie sich am Morgen kennenlernten, hatten sie nichts Außergewöhnliches gesucht, sie hatten nicht viel verlangt, nur ein wenig Gesellschaft und ein wenig Vergnügen, weiter nichts, aber in der Stunde der Vereinigung wurden sie von der Trostlosigkeit besiegt. »Wir sind müde«, sagte sie lächelnd und bat damit um Verzeihung für den Überdruß, der sich zwischen ihnen eingenistet hatte. In einem letzten Bemühen, Zeit zu gewinnen, nahm er ihr Gesicht zwischen beide Hände und küßte sie auf die Lider. Sie streckten sich Seite an Seite aus, hielten sich bei den Händen und sprachen über ihr Leben in diesem Land, wo sie sich zufällig begegnet waren, einem jungen, großmütigen Land, in dem sie dennoch immer Fremde sein würden. Er dachte daran, sich anzuziehen und ihr Lebewohl zu sagen, ehe seine Alpträume sich schwer über sie beide legten, aber er sah, wie jung und verletzlich sie war, und wünschte sich, ihr Freund zu sein. Freund, dachte er, nicht Liebhaber, Freund, um einige Augenblicke der Ruhe zu teilen, ohne Forderungen oder Verpflichtungen, Freund, um nicht allein zu sein und um die Angst zu bekämpfen. Er konnte sich nicht entschließen zu gehen, und er ließ auch ihre Hand nicht los. In einem warmen, weichen Gefühl, einem ungeheuren Mitleid mit sich selbst und mit ihr brannten ihm die Augen. Die Gardine blähte sich wie ein Segel, und sie stand auf, um das Fenster zu schließen, weil sie sich vorstellte, die Dunkelheit könnte ihnen helfen, könnte ihnen die Lust am Zusammensein und das Verlangen, sich zu umarmen, zurückgeben. Aber sie irrte sich, er brauchte dieses bißchen Licht von der Straße, damit er sich nicht von neuem gefangen fühlte in dem Abgrund der zeitlosen neunzig Zentimeter seiner Zelle, wahnsinnig, in seinen eigenen Exkrementen gärend.

»Laß die Gardine offen, ich möchte dich ansehen«, log er, denn er wagte nicht, ihr seine nächtlichen Schrecken anzuvertrauen, wenn ihn wieder der Durst quälte, der Verband um den Kopf drückte wie ein Kranz aus Nägeln, die Höhlenvisionen und der Ansturm all der Spukgestalten ihn peinigten. Er konnte ihr nichts davon erzählen, denn eins führt zum andern, und schließlich erzählt man, was man noch nie erzählt hat. Sie kam zurück ins Bett, liebkoste ihn ohne Überschwang, ließ forschend die Finger über die kleinen Male gleiten. »Keine Angst, das ist nichts Ansteckendes, das sind nur Narben«, sagte er mit einem Lachen, das wie Schluchzen klang. Das Mädchen hörte den verstörten Ton heraus und hielt alarmiert in der Bewegung inne. In diesem Augenblick hätte er ihr sagen müssen, daß dies nicht der Beginn einer neuen Liebe war, nicht einmal der einer flüchtigen Leidenschaft, es war nur ein Augenblick der Rast, eine kurze Minute der Unschuld, und bald, wenn sie eingeschlafen war, würde er gehen; er hätte ihr sagen müssen, daß es für sie beide keine Pläne gab und keine verliebten Anrufe, sie würden nicht ein zweites Mal Hand in Hand durch die Straßen streifen, würden keine Liebesspiele spielen, aber er konnte nicht sprechen, die Stimme blieb ihm wie eingekrallt in der Brust stecken.

Er merkte, daß er versank. Er mühte sich ab, die entgleitende Wirklichkeit festzuhalten, seinen Geist in irgend etwas zu verankern, in dem Wäschehäufchen auf dem Stuhl, den auf den Borden gestapelten Büchern, dem Chileposter an der Wand, der Kühle der karibischen Nacht, den dumpfen Geräuschen der Straße; er versuchte, sich auf den willfährigen Körper neben sich zu konzentrieren und nur an die Haarflut des jungen Mädchens und an ihren süßen Duft zu denken. Stumm flehte er sie an, sie solle ihm doch bitte helfen, diese Sekunden zu überstehen, während sie ihn beobachtete, auf der äußersten Kante der Matratze hockend, die Beine wie ein Fakir untergeschlagen, und ihre hellen Brustwarzen und das Auge ihres Nabels sahen ihn ebenfalls an und verfolgten sein Zittern, sein Zähneklappern, sein Stöhnen. Er hörte das Schweigen in sich wachsen, er wußte, daß seine Seele zerbrach, wie es ihm damals so oft geschehen war, und er hörte auf zu kämpfen, ließ den letzten Halt der Gegenwart fahren und stürzte sich in einen bodenlosen Abgrund. Er spürte die Lederriemen, die in die Hand- und Fußgelenke einschnitten, den brutalen Stromschock, die gerissenen Sehnen, hörte die gehässigen Stimmen, die Namen verlangten, die unauslöschlichen Schreie Anas, die neben ihm gefoltert wurde, die Schreie der andern, die im Hof an den Armen aufgehängt waren.

»Was hast du, um Gottes willen, was hast du?« Von fern erreichte ihn Anas Stimme. Nein, Ana war in den Sümpfen des Südens versunken. Er glaubte eine nackte Unbekannte zu sehen, die ihn schüttelte und seinen Namen rief, aber er vermochte sich nicht von den Dunkelheiten zu befreien, in denen Peitschen und Fahnen geschwungen wurden. Zusammengekrümmt versuchte er, der Übelkeit Herr zu werden. Er begann zu weinen, um Ana und um die anderen. »Was hast du?« Wieder rief ihn das Mädchen von irgendwoher. »Nichts, umarme mich«, bat er, und sie kroch schüchtern heran und schloß ihn in die Arme, wiegte ihn wie ein Kind, küßte ihn auf die Stirn, »weine, weine«, sagte sie, half ihm, sich auszustrecken, und legte sich wie gekreuzigt auf ihn.

Sie blieben tausend Jahre so umschlungen, bis die Wahngebilde sich langsam verflüchtigten und er in das Zimmer zurückkehrte und entdeckte, daß er lebte, trotz allem, daß er atmete, daß sein Herz schlug, er fühlte ihr Gewicht auf seinem Körper, ihren Kopf auf seiner Brust, ihre Arme und Beine auf den seinen, zwei verstörte Waisen. Und in diesem Augenblick sagte sie, als wisse sie alles: »Die Angst ist stärker als das Verlangen, die Liebe, der Haß, die Schuld, die Wut, stärker als die Treue. Die Angst ist etwas Totales«, schloß sie, und ihre Tränen rannen ihm über den Hals. Für ihn stockte plötzlich alles, er war in seiner verborgensten Wunde getroffen. Er ahnte mit einem Mal, daß sie nicht nur ein Mädchen war, das bereit war, aus Mitleid Liebe zu machen, sondern daß sie das Eine kannte, das sich jenseits des Schweigens, der völligen Einsamkeit duckte, verborgen hinter der Erinnerung an die versiegelte Kiste, in der er sich vor dem Coronel und seinem eigenen Verrat versteckt hatte, der Erinnerung an Ana Díaz und die übrigen denunzierten Genossen, die einer nach dem andern mit verbundenen Augen vorübergeführt wurden. Wie konnte sie das alles wissen?

Das Mädchen erhob sich. Ihr magerer Arm zeichnete sich gegen den hellen Dunst des Fensters ab, während sie tastend nach dem Schalter suchte. Sie machte das Licht an, und dann streifte sie nacheinander alle ihre Metallarmbänder ab, die geräuschlos auf das Laken fielen. Das Haar hing ihr über das Gesicht, als sie ihm die Hände hinstreckte. Auch ihre Handgelenke waren von weißen Narben gezeichnet. Einen endlosen Augenblick starrte er darauf, bis er alles begriffen hatte, Liebe, und er sah sie mit den Lederriemen auf die elektrische Folterbank geschnallt, und nun konnten sie einander umarmen und weinen, ausgehungert wie sie waren nach Bündnis und vertraulichen Gesprächen, nach verbotenen Worten, nach Versprechungen für morgen, und sie teilten endlich das verborgenste Geheimnis.

Ein Mann, ein Mord

Ein Kayankaya-Roman
detebe 22563, 192 Seiten, DM 12.80.
Diogenes Verlag, Zürich

DER TAGESSPIEGEL
Arjouni hat den genauen, gnadenlosen Blick.

DER SPIEGEL
Der Reiz des Romans liegt in der sarkastischen Zeichnung deutscher Milieus von ganz unten bis ziemlich weit oben.

Maxim Biller in TEMPO
... schreibt die besten Großstadtthriller seit Raymond Chandler. Ein großer, fantastischer Schriftsteller, der genau und planvoll und lesbar schreibt, ein gnadenloser Realist, der sich mühelos über den schnöden Realismus normaler Krimiautoren hinwegsetzt.

LE MONDE, Paris
Ohne je moralisierend zu wirken, beleuchtet Arjouni mit viel Witz, bissig und mitreißend die Niederungen der deutschen Wohlstandsgesellschaft.

Der Autor:

© Miriam Berkley

Jakob Arjouni über sich selbst: „1964 in Frankfurt am Main geboren, aufgewachsen in Frankfurt und Oberroden. Mit zehn auf ein Internat im Odenwald. Mit zwölf zum ersten Mal *Rote Ernte* von Hammett gelesen – nicht alles verstanden, aber begeistert. Von vierzehn bis achtzehn regelmäßige Fahrten ins Frankfurter Bahnhofsviertel zum Pool-Billard. Sergio-Leone-Filme gesehen. Nach dem Abitur nach Montpellier, Südfrankreich: Abgebrochenes Studium. Zweieinhalb Jahre Arbeit als Kellner, Badeanzug- und Erdnußverkäufer. Ersten Roman geschrieben, *Happy Birthday, Türke!* ... Mit zweiundzwanzig nach Berlin auf eine Schauspielschule. Schnell abgebrochen. Studium an der FU. Noch schneller. Beruf gefunden. Umzug nach Paris. Zurück nach Berlin ...“

Ich knallte die flache Hand auf den Tisch.

»Und als Sie ihr erklären wollten, wo die Toilette ist, ist sie aus'm Fenster gesprungen! Mann, kommen Sie doch mal auf'n Punkt. Daß Sie verliebt sind, sehe ich, sonst würden Sie nicht die schlimmsten Stunden Ihres Lebens durchmachen, weil in meinem Büro keine Bistrotischchen rumstehen. Und wenn Sie Probleme wegen einer Thailänderin haben, Ihre Sache. Ihre Freundin ist entführt worden, und mein Job könnte es sein, sie wiederzufinden. Könnte, wenn Sie erzählen, was passiert ist, und aufhören, mir über die Sprache der Liebe in die Jacke zu heulen.«

Er machte den Mund auf und zu, und sein Kinn fing an zu zittern. Dann schloß er die Augen, fuhr mit Daumen und Zeigefinger unter die Brille und drehte sich weg. Sein Rücken zuckte. Ich seufzte. Plötzlich schien die Sonne durchs Fenster, und ich hatte Lust, auf die Straße zu gehen, in die Stadt, irgendwo ein Bier trinken. Statt dessen rappelte ich mich aus dem Sessel, ging zu der bunten Kugel und knetete ihr die Schulter.

»Jetzt machen Sie sich mal nicht verrückt. Wir werden sie schon finden.« Seine Pflaumenaugen blickten auf. Sie hatten einen feuchten Glanz. Ich grinste. »Und Sie werden es noch früh genug bereuen. Beide. Spätestens, wenn Sie eine Sprache sprechen. Dann ist es vorbei mit Augen- und Berührungs-Trallala, dann wird über Suppe geredet, Haarwaschmittel, Wetterbericht. Nix mehr Herzklopfen und Kerzenschein, sondern Müll runterbringen und Sportschau verboten.«

Es war nicht auszumachen, ob er lachte, aber es schien so eine Andeutung davon. Ich gab ihm einen Klaps und setzte mich zurück hinter den Schreibtisch. Er schniefte noch ein bißchen, um dann langsam, die Worte wie ein altes Brötchen kauend, fortzufahren: »Eine Woche später erfuhr ich, daß sie in einem Club arbeitet. Sie wissen schon. Zuerst war ich außer mir, und dann setzte ich alles dran, sie dort rauszuholen. Dreimal hab ich sie besucht... an ihrem Arbeitsplatz. Schrecklich, ganz schrecklich.« Er schüttelte sich. »So etwas können Sie sich nicht vorstellen!«

»Na, ja.«

Ich wiegte nichtssagend den Kopf. ›Ein Hurenretter‹, dachte ich, ›ein bonbonfarben verpackter Hurenretter mit rosarundem Guck-in-die-Luft. Und ich soll ihm dabei helfen, weil er Angst hat, sich in so einem Schuppen die Krätze zu holen.‹ Aber ich dachte falsch, und was er in der nächsten halben Stunde durchs Büro tappend erzählte, war auf den Punkt gebracht folgendes: Weidenbusch hatte Sri Dao, so hieß die Freundin, für fünftausend Mark freigekauft, die Summe, die sie dem Club angeblich für Anreise, Unterkunft und Verpflegung schuldete, und zu sich in die Wohnung genommen. Nach den Flittertagen fingen sie an zu überlegen, was weiter geschehen sollte. Sri Daos Aufenthaltsgenehmigung würde in drei Wochen ablaufen, und sie hatte weder Geld noch Lust, nach Thailand zurückzufliegen. Ein Asylantrag mochte Aufschub bedeuten, wäre aber mit hundertprozentiger Sicherheit abgelehnt worden; heiraten, so Weidenbusch, wollten beide nicht. Die Zeit verging, ohne daß sie eine Lösung fanden, und das vorgeschriebene Abreisedatum war bereits um einige Tage überschritten, als sie in eine Paßkontrolle gerieten. Der Polizist nahm Sri Daos Personalien auf und drohte mit Abschiebung, sollte sie nicht innerhalb der nächsten drei Tage das Land verlassen haben. Wäre Weidenbusch nicht dabeigewesen, man hätte sie sofort in Haft genommen. Am nächsten Morgen, Sri Dao packte schon die Koffer, klingelte das Telefon. Ein Mann, der sich mit Larsson vorstellte, bot gegen dreitausend Mark in bar falsche Papiere an; sie hätten eine halbe Stunde Zeit, sich zu entscheiden, dann würde er wieder anrufen. Weidenbusch und Sri Dao entschieden sich und trafen mit dem Anrufer folgende Abmachung: Sri Dao steht am nächsten Morgen, sieben Uhr, mit Geld und Paßbild am Taxistand Hauptbahnhof Ostseite. Alleine. Ein grauer VW-Bus holt sie ab und bringt sie an einen geheimen Ort, wo man die Papiere bastelt. Vierundzwanzig Stunden später sei sie wieder zu Hause.

Sie taten wie verlangt, mit einer Abweichung: Sri Dao kam nicht alleine. Der graue VW-Bus fuhr vor, ein Mann mit Sonnenbrille und Schnurrbart sprang heraus, öffnete die Schiebetür und rief Sri Dao »schnell, schnell« zu. Im gleichen Moment ging Weidenbusch dazwischen und verlangte Auskunft über das Ziel der Reise. Der Schnauzbart stieß ihn zur Seite, schob Sri Dao, die »No, no« und

»This is my man« schrie, mit Gewalt ins Wageninnere, schloß die Schiebetür und setzte sich hinters Steuer. Weidenbusch riß die Beifahrertür auf, doch bevor er einen Laut von sich geben konnte, klebte ihm ein Pistolenlauf am Kinn. Sekunden später war der VW-Bus verschwunden, und Weidenbusch saß im Schock auf dem Bordstein. Irgendwann in der nächsten Stunde kam ihm dann die Idee, einen Privatdetektiv aufzusuchen, und jetzt war er hier. Zitternd und wild mit den Armen gestikulierend stand er vor mir und wiederholte immer wieder, »Mit einer Pistole, einer echten Pistole – hier...«, er zeigte auf seine rechte Wange, »...eine falsche Bewegung, und...« Er schlug die Hände vors Gesicht und schüttelte den Kopf.

Ich bot ihm eine Zigarette an, und er nahm sie, ohne hinzuschauen. Plötzlich blieb er stehen, betrachtete erstaunt den weißen Stengel zwischen seinen Fingern, ließ ihn fallen und trat mit dem Schuh drauf. Während ich mich noch über die auf einmal so häusliche Umgangsform mit meinem Büro wunderte, plumpste er in den Besuchersessel, streckte die Beine von sich und kommandierte in höchsten Fisteltönen: »Ich will, daß Sie sie wiederfinden, und ich will, daß Sie dem Verbrecher die Fresse polieren!«

›Fresse polieren‹ klang, als hätte er es für heute auswendig gelernt.

Ich pulte mit einem Streichholz an meinen Fingernägeln herum. »Wie sind Sie auf mich gekommen?«

Er stutzte. Seine Wimpern klimperten irritiert. Er schwieg.

»Ich nehme an, Sie haben im Branchenverzeichnis nachgeschaut. Warum Kayankaya, warum nicht Müller?«

»Weil sie Thailänderin ist, und ich dachte...«

»Sie dachten, Thailand – Türkei, fängt beides mit T an.«

»Wie konnte ich wissen, daß Sie Türke sind? Im Gegenteil. Ich hätte erwartet...aber...«

Der Satz blieb unbeendet zwischen uns hängen, als hätte jemand Stacheldraht durchs Zimmer gespannt.

Mr. Vertigo

Aus dem Amerikanischen von Werner Schmitz
rororo 22152, 320 Seiten, DM 16.90.
Rowohlt Taschenbuch Verlag, Reinbek

Als Hardcover DM 42.–, Rowohlt

THE LOS ANGELES TIME BOOK REVIEW
Mr. Vertigo *ist ein faszinierender Phantasieauftritt, doch Auster verliert dabei nie die Welt aus den Augen. Er läßt uns aus der Vogelperspektive auf jenes seltsame, gewalttätige, paradoxe Jahrhundert blicken, das hinter uns liegt.*

DER SPIEGEL
Austers Bücher, seit seinem ersten Roman, sind immer wieder wie Schachteln in der Schachtel und handeln immer wieder auch von der Niederschrift eines Buches: Die Handlungszeit und die Schreibzeit nähern sich: Idealziel und Ende wäre der Gegenwartsausblick, wo Held und Autor ineinander verschwinden. Nie hat Auster dieses Spiel über eine weitere Spanne gespielt als in Mr. Vertigo. *Der greise Walt, der sich da hinsetzt, um auf dem Papier sein Leben noch einmal zu leben, greift fast 70 Jahre zurück in seine Kindheit und arbeitet sich schreibend Jahrhzehnt um Jahrzehnt an die Gegenwart heran.*
Auf den letzten Seiten ist er nur noch Tage, dann Stunden, dann Minuten im Rückstand und in dem Punkt, den er hinter den letzten Satz setzt, werden Leben und Schreiben eins ... Übrigens war Mr. Vertigo, *in dessem pikaresken Leben manches Normalleben Platz fand, zeitweise auch in Austers Heimatstadt Newark heimisch. Er kam in den ersten Nachkriegsjahren dorthin, heiratete eine geborene Quinn und arbeitete ... am Fließband einer Brötchenfabrik. Der einzige Intellektuelle in seiner angeheirateten Sippschaft war, wie sich zeigte, der Neffe Daniel, und so hat Onkel Walt Jahrzehnte später den Roman seines Lebens diesem Neffen vermacht ....*

Der Autor:

© Arturo Patten

Paul Auster wurde 1947 in Newark, New Jersey geboren. Er studierte Anglistik und vergleichende Literaturwissenschaft an der Columbia University und verbrachte dann einige Jahre in Paris. Heute lebt er in Brooklyn. Er ist mit der Schriftstellerin Siri Hustvedt verheiratet und hat zwei Kinder. Er war schon 38 Jahre, als sein erster Roman erschien, doch mit düsteren, verrätselten Kriminalgeschichten *(New York-Trilogie)* wurde er rasch einer der meistbeachteten Autoren seiner Generation.

Und da habe ich es zum erstenmal getan – ohne Vorwarnung, ohne die leiseste Ahnung, daß es nun passieren würde. Ganz langsam hob sich mein Körper vom Boden. Die Bewegung war sehr natürlich, sehr zart in ihrer Sachtheit, und so merkte ich erst, als ich die Augen aufmachte, daß meine Gliedmaßen nur noch von Luft umgeben waren. Ich war nicht weit vom Boden – höchstens ungefähr eine Handbreit –, aber dort hielt ich mich ohne Mühe; ich hing, reglos treibend, wie der Mond am nächtlichen Himmel und spürte nichts anderes als den bebenden Atem in meinen Lungen. Wie lange ich dort so geschwebt habe, kann ich nicht sagen, aber irgendwann bin ich, ebenso langsam und sanft wie zuvor, auf den Boden zurückgesunken. Inzwischen war ich völlig ausgepumpt, die Augen waren mir schon zugefallen. Und ohne einen einzigen Gedanken an das, was da mit mir passiert war, sank ich in einen tiefen, traumlosen Schlaf, wie ein Stein, der zum Mittelpunkt der Erde fällt.

Dann weckten mich Stimmen, das Schlurfen von Schuhen auf dem nackten Holzboden. Als ich die Augen aufschlug, blickte ich auf etwas Schwarzes: das linke Hosenbein von Meister Yehudi. »Sei gegrüßt, Junge«, sagte er und stieß mich sachte mit dem Fuß an. »Eine Mütze Schlaf auf dem kalten Küchenboden. Nicht gerade der beste Ort für ein Nickerchen, falls du Wert darauf legst, gesund zu bleiben.«

Ich versuchte mich aufzurichten, aber meine Glieder fühlten sich so betäubt und geschwollen an, daß ich meine ganze Kraft zusammennehmen mußte, um mich auch nur auf dem Ellenbogen aufzustützen. In meinem Kopf waberte ein Knäuel Spinnweben, und ich konnte mir die Augen reiben und zwinkern, wie ich wollte, ich bekam sie einfach nicht scharfgestellt.

»Was hast du denn, Walt?« fuhr der Meister fort. »Bist du etwa unter die Schlafwandler gegangen?«

»Nein, Meister. Nichts dergleichen.«

»Warum dann so niedergeschlagen? Du siehst aus, als kämst du von einer Beerdigung.«

Als er das sagte, stieg eine ungeheure Trauer in mir hoch, und plötzlich fühlte ich mich den Tränen nahe. »Ach, Meister«, sagte ich, indem ich mit beiden Armen sein Bein umschlang und meine Wange an sein Schienbein drückte. »Ach, Meister, ich dachte, Sie hätten mich im Stich gelassen. Ich dachte, Sie hätten mich verlassen und würden nie mehr wiederkommen.«

Kaum waren mir diese Worte von der Zunge, merkte ich, daß ich mich getäuscht hatte. Nicht der Meister, sondern das, was ich vor dem Einschlafen erlebt hatte, war für dieses Gefühl der Wehrlosigkeit und Verzweiflung verantwortlich. Grell und schwindelerregend tauchte es wieder vor mir auf: die Zeitspanne, die ich in der Luft geschwebt hatte; die Gewißheit, etwas absolut Unmögliches getan zu haben. Aber dieser Durchbruch erfüllte mich keineswegs mit Freude und Begeisterung, sondern machte mir schreckliche Angst. Ich kannte mich selbst nicht mehr. In mir lebte etwas, das nicht zu mir gehörte, und dieses Etwas war so furchterregend, so fremd in seiner Neuheit, daß ich es nicht fertigbrachte, darüber zu reden. Statt dessen ließ ich den Tränen jetzt freien Lauf. Und nachdem ich erst zu weinen angefangen hatte, war ich mir nicht sicher, ob ich je wieder würde aufhören können.

»Du lieber Junge«, sagte der Meister, »mein lieber kleiner Junge.« Er ließ sich auf den Boden nieder und nahm mich in die Arme, klopfte mir auf den Rücken und hielt mich weinendes Bündel fest. Bald hörte ich ihn wieder sprechen – doch waren seine Worte nicht an mich gerichtet. Zum erstenmal, seit ich das Bewußtsein wiedererlangt hatte, begriff ich, daß noch jemand anders im Zimmer war.

»Er ist der tapferste Junge aller Zeiten«, sagte der Meister. »Er hat sehr hart gearbeitet, und jetzt ist er völlig erschöpft. Jeder Körper erträgt nur ein bestimmtes Maß, und ich fürchte, der Ärmste hat sich überanstrengt.«

Nun blickte ich endlich auf. Ich hob den Kopf aus des Meisters Schoß, sah mich kurz um und erkannte im hellen Türrahmen Mrs. Witherspoon. Sie trug einen purpurroten Mantel und eine schwarze Pelzmütze, erinnere ich mich, und ihre Wangen waren noch gerötet von der winterlichen Kälte. Als unsere Blicke sich begegneten, lächelte sie mich an.

»Hallo, Walt«, sagte sie.

»Ah, hallo, Ma'am«, sagte ich, die letzten Tränen hochschniefend.

»Ich möchte dich mit deiner guten Fee bekannt machen«, sagte der Meister. »Mrs. Witherspoon ist gekommen, um uns zu helfen. Sie wird eine Weile bei uns wohnen. Bis wieder Normalität eingekehrt ist.«

»Sie sind die Frau aus Wichita, stimmt's?« sagte ich, als mir aufging, warum mir ihr Gesicht so bekannt vorkam.

»Richtig«, sagte sie. »Und du bist der kleine Junge, der sich im Sturm verlaufen hat.«

»Das ist lange her«, sagte ich, indem ich mich aus den Armen des Meisters befreite und aufstand. »Ich kann mich kaum noch dran erinnern.«

»Sicher, wie solltest du auch. Aber ich erinnere mich.«

»Mrs. Witherspoon ist nicht nur eine Freundin der Familie«, sagte der Meister, »sondern auch unsere Gönnerin und Geschäftspartnerin Nummer eins. Nur damit du Bescheid weißt, Walt. Denk bitte immer daran, solange sie bei uns ist. Das Essen, das dich nährt, die Kleider, die dich bedecken, das Feuer, das dich wärmt – all das haben wir der Güte von Mrs. Witherspoon zu verdanken, und es wäre traurig, wenn du das jemals vergessen solltest.«

»Keine Sorge«, sagte ich. In meiner Seele ging plötzlich die Sonne auf. »Ich bin doch kein Stoffel. Ich weiß, wie ein Gentleman sich zu benehmen hat, wenn eine schöne Dame das Haus betritt.«

Im gleichen Atemzug wandte ich den Blick in Mrs. Witherspoons Richtung und zwinkerte ihr mit aller Grazie und Bravour, deren ich fähig war, so lächerlich aufreizend zu, wie noch keine Frau es je erlebt haben dürfte. Es sprach für sie, daß sie weder rot wurde noch ins Stammeln geriet, sondern es mir mit gleicher Münze heimzahlte: Sie stieß ein kurzes Lachen aus und zwinkerte dann, kühl und gelassen wie eine alte Puffmutter, schelmisch zurück. Ich denke noch heute gern daran, denn im selben Augenblick war mir klar, daß wir Freunde werden würden.

Ich hatte keine Ahnung, was der Meister mit ihr verabredet hatte, und habe damals auch nicht weiter darüber nachgedacht. Für mich zählte nur, daß Mrs. Witherspoon da war und daß ihre Anwesenheit mich von meinem Job als Krankenschwester und

Mädchen für alles erlöste. Sie nahm das alles gleich am ersten Vormittag selbst in die Hand, und in den nächsten drei Wochen lief der Haushalt so reibungslos wie ein Paar neuer Rollschuhe. Ehrlich gesagt, hatte ich ihr das nicht zugetraut, zumindest nicht, als ich ihren schicken Mantel und die kostspieligen Handschuhe sah. Sie machte den Eindruck, sie sei es gewöhnt, sich von Dienstboten aufwarten zu lassen, und obwohl sie auf eine gewisse zerbrechliche Weise recht hübsch war, war sie für meinen Geschmack zu blaß und hatte zu wenig Fleisch auf den Knochen. Ich brauchte eine Weile, um mich auf sie einzustellen, denn sie paßte in keine der mir bekannten Schubladen. Sie war keine Lebedame und kein Flittchen, sie war keine duldsame unscheinbare Hausfrau, sie war keine Schulmamsell und keine zänkische alte Jungfer – hatte aber irgendwie von jeder was, drum konnte man sie nie richtig einordnen oder ihre Reaktionen vorhersagen. Fest stand für mich nur eins, nämlich daß der Meister in sie verschossen war. Wenn sie ins Zimmer kam, wurde er immer ganz still und leise, und mehr als einmal ertappte ich ihn dabei, wie er sie, wenn sie das Gesicht von ihm abwandte, verträumt anstarrte. Da sie jede Nacht zusammen im selben Bett schliefen und da ich die Matratze mit einer gewissen Regelmäßigkeit quietschen und knarren hörte, mußte ich davon ausgehen, daß sie für ihn die gleichen Gefühle hegte. Was ich nicht wußte, war, daß sie schon drei Heiratsanträge von ihm ausgeschlagen hatte – aber selbst wenn ich das gewußt hätte, es hätte nicht viel geändert. Ich hatte damals andere Dinge im Kopf, und die waren mir unendlich viel wichtiger als die Höhen und Tiefen im Liebesleben des Meisters.

Ich zog mich in diesen Wochen so weit wie möglich zurück, blieb auf meinem Zimmer und erforschte die ebenso geheimnisvollen wie furchterregenden Seiten meiner neuen Fähigkeit. Ich gab mir alle Mühe, sie unter Kontrolle zu bringen, mich damit anzufreunden, ihr genaues Ausmaß zu ermitteln und sie als wesentlichen Teil von mir anzunehmen. Ich kämpfte nicht bloß darum, diese Kunst zu beherrschen, sondern vor allem darum, ihre unheimlichen, ihre gewaltigen Konsequenzen zu verarbeiten: mich dieser Bestie in den Rachen zu werfen. Die Gabe wies mir ein besonderes Schicksal zu; ich würde mich für den Rest meines Lebens von den anderen Menschen unterscheiden. Man stelle sich vor, eines Morgens wacht man auf und stellt fest, daß man ein neues Gesicht hat, und dann stelle man sich vor, wie viele Stunden man vor dem Spiegel verbringen müßte, ehe man sich wieder halbwegs mit sich selbst wohl fühlen könnte. Ich schloß mich Tag für Tag in meinem Zimmer ein, streckte mich auf dem Boden aus und wünschte meinen Körper in die Luft. Ich übte so ausgiebig, daß ich schon bald nach Belieben aufschweben und binnen Sekunden vom Boden abheben konnte. Nach zwei Wochen hatte ich raus, daß ich mich dazu gar nicht auf den Boden zu legen brauchte. Wenn ich mich in die entsprechende Trance versetzte, konnte ich es auch im Stehen und schwebte dann in aufrechter Haltung gut zwei Handbreit über dem Boden. Drei Tage später lernte ich, mit offenen Augen aufzusteigen. Ich konnte tatsächlich nach unten blicken und meine Füße vom Boden abheben sehen, ohne daß es den Bann gebrochen hätte.

Inzwischen wirbelte das Leben der anderen um mich herum. Äsop wurde der Verband abgenommen, Mutter Sioux bekam einen Stock und lernte allmählich wieder herumzuhumpeln, der Meister und Mrs. Witherspoon brachten allnächtlich das Bett zum Tanzen und erfüllten das Haus mit ihrem Gestöhne. Bei all diesem Durcheinander war es nicht immer leicht, einen Vorwand zu finden, warum ich mich in meinem Zimmer einschließen wollte. Ein paarmal war ich mir sicher, daß mich der Meister durchschaute, daß er mein falsches Spiel mitbekam und bloß deshalb so nachsichtig war, weil er mich aus dem Weg haben wollte. Zu jeder anderen Zeit hätte es mich vor Eifersucht rasend gemacht, so geschnitten zu werden, zu spüren, daß ihm die Gesellschaft einer Frau lieber war als meine gediegene, einzigartige Gegenwart. Aber jetzt, da ich fliegen konnte, verlor Meister Yehudi in meinen Augen nach und nach seine göttlichen Eigenschaften, und ich fühlte mich von seinem Einfluß befreit. Ich sah bloß noch einen Menschen in ihm, der nicht besser oder schlechter war als andere, und wenn er sein Leben mir einer klapprigen Mieze aus Wichita verjubeln wollte, war das seine Sache. Er hatte sein Leben, und ich hatte meins, und so sollte es von jetzt an auch bleiben. Immerhin hatte ich mir das Fliegen beigebracht, oder jedenfalls so was ähnliches wie Fliegen, und ich nahm an, daß ich damit mein eigener Herr geworden war, daß ich dafür keinem anderem als mir selbst zu danken hatte.

Wie sich herausstellte, war ich bloß zur nächsten Stufe meiner Entwicklung aufgestiegen. Listig und verschlagen wie eh und je, war der Meister mir noch immer voraus, und ehe ich wirklich die Kanone wurde, für die ich mich jetzt schon hielt, hatte ich noch einen weiten Weg vor mir.

Äsop, dem das Fehlen seines Fingers schwer zu schaffen machte, war nur noch ein lustloser Schatten seiner selbst, und obwohl ich so viel Zeit wie möglich mit ihm verbrachte, war ich zu sehr mit meinen Experimenten beschäftigt, als daß ich ihm die Aufmerksamkeit hätte schenken können, die er brauchte. Da er mich ständig fragte, warum ich so oft und so lange allein in meinem Zimmer sei, nahm ich eines Morgens (es muß der fünfzehnte oder sechzehnte Dezember gewesen sein) zu einer kleinen Lüge Zuflucht, um seine Zweifel zu beschwichtigen. Er sollte nicht von mir denken, daß ich mir nichts mehr aus ihm machte, und wie die Dinge standen, kam mir Schwindeln immer noch besser vor als Schweigen.

»Es geht um 'ne Überraschung«, sagte ich. »Wenn du mir versprichst, kein Wort zu verraten, geb ich dir 'nen Hinweis.«

Äsop musterte mich argwöhnisch. »Du hast mal wieder irgendwelche Dummheiten vor, stimmt's?«

»Nein, ehrlich nicht. Was ich dir sagen will, ist völlig in Ordnung, ich weiß es aus erster Hand.«

»Du brauchst nicht so herumzudrucksen. Wenn du was zu sagen hast, dann rück schon raus damit.«

»Mach ich. Aber erst, wenn du's mir versprochen hast.«

»Wenn das mal kein Trick ist. Ich verspreche nicht gern etwas ohne jeden Grund.«

»Ach was, kein Trick. Du kannst mir vertrauen.«

»Na gut!« Er verlor allmählich die Geduld. »Was ist es, kleiner Bruder?«

»Nimm die rechte Hand hoch und schwör, daß du's keinem verrätst. Schwör beim Grab deiner Mutter. Schwör beim Weiß deiner Augen. Schwör bei den Mösen sämtlicher Nutten in Niggertown.«

Äsop seufzte, griff sich mit der linken Hand an die Eier – so pflegten wir beide uns heimliche Eide zu leisten – und hob die rechte.

»Ich verspreche es«, sagte er und wiederholte, was ich ihm vorgesprochen hatte.

»Gut«, sagte ich und fing an zu improvisieren. »Folgendes. Nächste Woche ist Weihnachten, und wo wir jetzt Mrs. Witherspoon im Haus haben und so weiter, soll angeblich am fünfundzwanzigsten eine Feier stattfinden. Truthahn und Pudding, Geschenke, vielleicht sogar eine Tanne mit Spielzeug und Popcorn drauf. Und falls diese Party wirklich steigt, will ich nicht mit leeren Händen dastehn. Du weißt ja, wie das ist. Nicht sehr witzig, ein Geschenk zu kriegen, wenn man selbst nicht was zurückschenken kann. Und das mach ich also die ganze Zeit in meinem Zimmer. Ich arbeite an einem Geschenk, ich bastele die tollste und beste Überraschung zusammen, die mein armes kleine Hirn sich ausdenken kann. In ein paar Tagen zeig ich es dir, großer Bruder, und ich hoffe sehr, daß du dann nicht enttäuscht bist.«

Was ich über die Weihnachtsfeier gesagt hatte, stimmte durchaus. Ich hatte nachts durch die Wand mitbekommen, wie der Meister und seine Lady davon gesprochen hatten, aber bis dahin war es mir nicht eingefallen, irgend jemandem ein Geschenk zu machen. Jetzt, wo ich es mir in den Kopf gesetzt hatte, sah ich darin eine einmalige Gelegenheit, genau die Chance, auf die ich die ganze Zeit gewartet hatte. Wenn es ein Weihnachtsessen gab (und das hatte der Meister in dieser Nacht angekündigt), würde ich den Anlaß nutzen, meine neue Fähigkeit vorzuführen. Das sollte mein Geschenk für sie alle sein. Ich würde aufstehen und mich vor ihren Augen in die Luft erheben, und damit wäre mein Geheimnis endlich aller Welt bekannt.

Die nächsten anderthalb Wochen waren die reinste Hölle. Meine Nummer für mich allein aufzuführen war eine Sache; aber wie konnte ich sicher sein, daß ich nicht auf die Nase fiel, wenn ich mich vor andere hinstellte? Wenn ich nun versagte – was für eine lächerliche Figur würde ich abgeben, wie würden sie in den nächsten siebenundzwanzig Jahren über mich herziehen! Und dann begann der längste, der qualvollste Tag meines Lebens. Die Weihnachtsfete war in jeder Beziehung gelungen, ein echtes Festmahl in ausgelassenster Stimmung, aber ich habe mich kein bißchen dabei amüsiert. Vor Angst, daran zu ersticken, bekam ich den Truthahn kaum runter, und das Rübenpüree schmeckte wie eine Mischung aus Tapetenkleister und Schlamm. Als wir uns dann ins Wohnzimmer begaben, um Lieder zu singen und Geschenke auszutauschen, war ich kurz davor, in Ohnmacht zu fallen. Mrs. Witherspoon machte den Anfang, sie schenkte mir einen blauen Pullover, der vorne mit roten Rentieren bestickt war. Als nächstes kam Mutter Sioux mit einem Paar selbstgestrickter karierter Socken, und dann gab mir der Meister das Porträt von Sir Walter Raleigh, das er aus dem Buch ausgeschnitten und in einen schicken Ebenholzrahmen gesteckt hatte. Alles sehr großzügige Geschenke, aber jedesmal, wenn ich eins auswickelte, bekam ich nur ein kaum hörbares, finster hingemurmeltes Danke heraus. Denn mit jedem dieser Geschenke rückte der Augenblick der Wahrheit näher, und mit jedem verließ mich der Mut ein bißchen mehr. Ich sank auf einen Stuhl, und als ich das letzte Päckchen geöffnet hatte, war ich so gut wie entschlossen, die Vorführung zu streichen. Ich bin noch nicht soweit, sagte ich mir, ich brauche noch mehr Übung, und nach diesen Argumenten fiel es mir nicht mehr schwer, mir die Sache auszureden. Aber kaum glaubte ich meinen Arsch für immer auf diesem Stuhl festgeleimt zu haben, mußte Äsop das Maul aufreißen und meine Welt zum Einsturz bringen.

»Jetzt ist Walt an der Reihe«, sagte er in aller Unschuld, denn er betrachtete mich als einen, der sein Wort hielt. »Er hat da irgendwas in petto, und ich kann's kaum erwarten, daß er endlich damit rausrückt.«

»Sehr richtig«, sagte der Meister und durchbohrte mich mit seinem allwissenden Blick. »Der junge Mr. Rawley hat sich noch gar nicht vernehmen lassen.«

Ich saß in der Klemme. Irgendein anderes Geschenk hatte ich nicht, und wenn ich jetzt noch länger zögerte, würden sie mich für genau den undankbaren Egoisten halten, der ich war. Mir schlotterten die Knie, als ich aufstand und mit armselig dünner Stimme sagte: »Auf geht's, meine Damen und Herren. Wenn es nicht klappt, könnt ihr nicht sagen, ich hätt's nicht wenigstens versucht.«

Die vier sahen mich so neugierig an, so gespannt, so verblüfft und aufmerksam, daß ich lieber die Augen zumachte.

Ich atmete langsam ein und wieder aus, nahm die Arme seitlich hoch, in einer lockeren Haltung, die ich stundenlang geübt hatte, und verfiel in Trance. Fast unmittelbar darauf begann ich zu schweben, sanft und ruhig hob ich ab, und als ich gut zwei Handbreit über dem Boden war – das Höchste, was ich in diesen ersten Monaten zu leisten vermochte –, schlug ich die Augen auf und betrachtete mein Publikum. Äsop und die beiden Frauen glotzten mit offenen Mündern, die drei identische kleine O bildeten. Der Meister freilich lächelte; er lächelte, und zugleich liefen ihm Tränen über die Wangen; und noch während ich da vor ihm schwebte, langte er bereits nach dem Lederriemen unter seinem Kragen. Als ich wieder abwärts sank, zog er das Halsband über den Kopf und hielt es mir auf der ausgestreckten Hand hin. Keiner sagte ein Wort. Ich ging auf ihn zu, durchquerte das Zimmer und wagte nicht, irgendwo anders hinzusehen als in seine Augen. Dann trat ich vor Meister Yehudi hin, nahm mein Fingerglied von ihm entgegen, fiel auf die Knie und verbarg mein Gesicht in seinem Schoß. So blieb ich fast eine Minute lang, und als ich endlich den Mut fand, wieder aufzustehen, rannte ich aus dem Zimmer in die Küche und weiter in die kalte Nacht hinaus – gierig nach Luft, gierig nach Leben unter dem endlosen Meer der Wintersterne.

Amanda herzlos

st 2295, 1994, 384 Seiten, DM 17.80.
Suhrkamp Verlag, Frankfurt/Main

Peter Mohr in AARGAUER TAGBLATT

Zwei Jahre hat Becker an diesem Werk geschrieben, das den Zeitraum von 1978 bis Januar 1989 behandelt. Erzählt wird die (Entwicklungs-)Geschichte der Amanda Weniger: Nicht etwa aus der Perspektive der Protagonistin, sondern aus der von drei Männern, die sukzessive Amandas Partner waren. ... „Kaum ein Manuskript taugt etwas. Gelungene Manuskripte sind wie Goldadern", bemerkt der Schriftsteller Fritz Hetmann (einer der Partner Amandas) ... Den eindrucksvollen Gegenbeweis hat Jurek Becker mit dem vorliegenden Roman angetreten.

Ulf Heise in FREIE PRESSE

Daß der Autor ein hochbegabter Erzähler ist, der es versteht, in seinen Werken Schicksale und Zeitkolorit faszinierend zu schildern, weiß man spätestens seit dem Erscheinen von Jakob der Lügner. *Der Autor, dem es laut eigener Aussage darauf ankommt, durch Literatur, die ihn umgebende Gesellschaft feinfühliger zu machen, hat jetzt einen Roman vorgelegt, der aus der gleichen Lust am Fabulieren entstanden ist wie einst Max Frischs* Mein Name sei Gantenbein.

Das Buch wirkt erfrischend, es birgt fesselnde und erregte Momente, die gefangennehmen ... Amanda herzlos *erscheint auf den ersten Blick als gleichermaßen spannendes wie unterhaltendes Epos, das die DDR-Verhältnisse während der späten 80er Jahre ins Visier nimmt. Genauer betrachtet, zeigt sich der Roman jedoch als persönliches Drama einer zutiefst unbefriedigten Frau in einem zutiefst frustrierten, diktatorisch gesteuerten Staat ...*

Der Autor:

© Nikolaus Becker

Jurek Becker wurde am 30. September 1937 in Lodz (Polen) geboren. Von 1939 bis 1945 war Becker in den Konzentrationslagern Ravensbrück und Sachsenhausen interniert, überlebte und ging nach der Befreiung mit seinem Vater in den Ostteil Berlins, wo er die deutsche Sprache erlernte. Becker lebte bis 1977 in der DDR; seit Ende 1977 dann im Westen Berlins. Romane von Jurek Becker. *Aller Welt Freund,* 1982; *Amanda herzlos,* 1992; *Der Boxer,* 1976; *Bronsteins Kinder,* 1986; *Jakob der Lügner,* 1982; *Schlaflose Tage,* 1978. Einer breiteren Öffentlichkeit wurde er durch seine Drehbücher zu der Fernsehserie *Liebling, Kreuzberg* bekannt. Jurek Becker starb am 14. März 1997.

FRITZ

Ich bin sicher, der kleine Dreckskerl Sebastian war es. Ich bin sicher, daß Sebastian, den ich liebe wie ein eigenes Kind, die Arbeit von vier Monaten zunichte gemacht hat, eine Arbeit, die mir gelungen war wie selten etwas. Auch wenn der Gedanke alles andere als überzeugend ist, daß ein zehnjähriges Kind so abgefeimt gehandelt haben könnte, wie ich es ihm unterstelle – es gibt keine vernünftige andere Erklärung.

Zuerst muß er die Diskette, auf der meine fast fertige Novelle gespeichert war, genommen und in den Computer gesteckt haben. Nein, zuerst muß er sie gesucht haben, denn es kann nicht Zufall sein, daß er von den zweihundert Disketten, die ich besitze, ausgerechnet diese eine erwischt hat. Er muß sie gesucht, gefunden, genommen und in den Computer gesteckt haben. Nachdem er so weit gekommen war, muß er den Titel der Novelle korrekt eingetippt und anschließend den Löschbefehl gegeben haben. Ein solcher Befehl besteht aus drei Schritten, die in bestimmter Reihenfolge auszuführen sind. Danach muß er die nun leere Diskette an ihren Platz zurückgestellt und sich von einem Monster in ein Kind zurückverwandelt haben, dem man nichts anmerkt. Wenn ich ihn frage, ob er dies und jenes getan hat, mit aller Vorsicht natürlich, denn nie würde ich ihn durch wüste Behauptungen verstören wollen, sieht er mich aus Augen an, die auch jeden anderen entzücken würden; und tut so, als würde er für sein Leben gern verstehen, wovon ich spreche, sei aber nicht in der Lage dazu.

Die zwei Personen, die von der Sache wissen, halten meinen Verdacht für grotesk; selbst mir kommt er manchmal überspannt vor. Meine Mutter lächelte sanft, als ich ihr davon erzählte. Ob ich noch nie gehört hätte, fragte sie, daß in Computern mitunter die unbegreiflichsten Dinge vor sich gehen, daß Computer um Haaresbreite schon Kriege ausgelöst und ganze Wirtschaftszweige ruiniert hätten. Wie bedauerlich der Verlust auch sei, sagte sie, ich hätte ihn selbst zu verantworten: weil ich, anstatt zu schreiben, wie es die Schriftsteller von Beginn an getan hätten, mit Papier und Bleistift nämlich und das nicht ganz erfolglos, es für richtig halte, meine Einfälle einer unzuverlässigen und eigensinnigen Maschine anzuvertrauen. Nebenbei gesagt hält sie nicht viel von mir als Autor. Noch keiner meiner Texte hat sie zu Beifallsstürmen hingerissen; die größte ihrer Ovationen, an die ich mich erinnern kann, bestand darin, daß sie über ein Buch von mir, ein mittlerweile in neun Sprachen übersetztes, sagte: Ganz nett.

Und mein Freund und Lektor Baruch hat mich verhöhnt: Nächstens werde ich behaupten, das Kind habe im Auftrag einer fremden Macht gehandelt, die um jeden Preis die Entstehung eines gefährlichen Kunstwerks verhindern wollte. Damit war er der von mir vermuteten Wahrheit verdammt nahe, aber ich hätte mich für alle Zeiten lächerlich gemacht, wenn ich das laut gesagt hätte. Tatsache ist jedenfalls, daß Sebastian vor vier Wochen bei mir war, von Freitagabend bis Sonntagabend, daß ich ihn am Vormittag des Sonnabend nicht zum Einkaufen mitnahm, weil er bettelte, einen Fernsehfilm sehen zu dürfen, daß er mehr als eine Stunde allein in der Wohnung war und daß ich, als ich montags früh die Arbeit an der Novelle fortsetzen wollte, auf den leeren Bildschirm meines Computers starrte. Wenn es nicht so peinlich wäre, würde ich jemanden von der Kriminalpolizei bitten oder einen Privatdetektiv beauftragen, am Computer, am Diskettenfach und an der Diskette nach Sebastians Fingerabdrükken zu suchen. Handschuhe wird er ja wohl nicht getragen haben.

Der Titel meiner Novelle lautet: Der Feminist. Richtiger müßte ich sagen, daß er so lautete. Mit Sicherheit handelt es sich um eine Wortschöpfung, die für Sebastian keine Bedeutung hat. Es deutet viel darauf hin, daß Sebastians Mutter hinter der Aktion steckt, eigentlich deutet alles darauf hin. Sie hat keinen Zugang zu dem Computer, das ist vorbei, sie kommt nicht einmal mehr in meine Wohnung, deshalb wird sie das Kind benutzt haben. Niemand kennt sich hier besser aus als sie, auch den Computer beherrscht sie im Schlaf, nicht nur weil sie ihn jahrelang für ihre eigene Arbeit benutzt hat. Denn was habe ich ihr zum Abschied geschenkt? Haargenau denselben Computer! Ich wollte ihren Vorwurf nicht hören, unsere Trennung stürze sie in den Abgrund: Sie sollte ihre literarische Hausfrauenarbeit an derselben Stelle wiederaufnehmen können, an der sie sie abgebrochen hatte. Und nun wird der Alptraum aller Waffenexporteure wahr: Sie hat die Waffe gegen den Lieferanten gerichtet.

Sie wird die Sabotageaktion mit Sebastian in allen Einzelheiten trainiert haben, so lange, bis sie es wagen konnte, ihn hinter die feindlichen Linien zu schicken. Ein wenig wundert es mich, wie sehr sie sich auf seine Verschwiegenheit verläßt, aber die Ereignisse geben ihr recht. Ich hätte nicht die Nerven dafür – ein unbedachtes Kinderwort, und man käme in Teufels Küche. Doch der kleine Lump hält dicht, er führt mir auf schaurige Weise vor, daß es keine verschworenere Komplizenschaft gibt als die zwischen Mutter und Kind.

Vor wenigen Tagen, als er wieder in meiner Wohnung war, zum erstenmal seit jenem schwarzen Sonnabend, habe ich ihn einem Test unterzogen, den er glänzender nicht hätte bestehen können: Ich drückte ihm eine Diskette in die Hand und bat ihn, so beiläufig es ging, das Ding in den Computer zu stecken. Er lief bereitwillig zum Tatort, daß mir das Herz vor Erwartung pochte. Ich dachte: Schieb sie rein, du Hurensohn, dann feiern wir ein Fest! Im letzten Augenblick aber zögerte er, drehte sich zu mir um und fragte treuherzig, wo der Schlitz sei. Dabei bin ich überzeugt, daß er mich liebt, oder sagen wir, daß er mich zumindest gern hat.

Kaum hatten wir uns getrennt, Amanda und ich, faßte ich den Entschluß, etwas über uns beide zu schreiben, über die Blüte unserer Beziehung ebenso wie über deren Siechtum und Ende. Das war keine akademische Entscheidung, es drängte mich danach. Ich witterte, daß die Geschichte bestes Material war, daß sie vieles von dem enthielt, was ich mir sonst mühsam zusammenerfinden mußte, Gefühle, Bosheit, Irreführung, Zuversicht; und wer sonst sollte sie schreiben, wenn nicht ich. Ich dachte, wenn meine Zeit mit Amanda nicht aus dem Fenster geworfen sein soll, müßten ein paar ordentliche Seiten daraus werden, man mag das Schriftstellergeiz nennen. Passiert war in den sieben Jahren weiß Gott genug, noch nie hatte ich es mit einem Stoff zu tun, der mich so lockte. Es ist kompliziert zu erklären, worin seine Anziehungskraft bestand, auf keinen Fall hatte ich das Bedürfnis, schreibend ein Verhältnis zu bewältigen, das mir in Wahrheit mißglückt war. Ich halte nichts von jener Art Literatur, in der Autoren sich selbst öffentlich therapieren, aus dem Drang heraus, sich und vor allem ihrer Kundschaft einen Dienst zu erweisen, sie sollten Sozialarbeiter werden. Ich habe noch nie zu den Leuten gehört, die abends erst dann einschlafen können, wenn sie etwas Nützliches gestiftet haben. Ich hatte einfach die richtigen Worte für die Amanda-und-Fritz-Geschichte in meinen Fingern.

Amanda, der ich mein Projekt nicht verschweigen durfte (heute frage ich mich: warum eigentlich nicht?), war entschieden dagegen. Eine kleinliche Furcht vor Bloßstellung war der Grund, das gab sie nicht zu, aber ich weiß es. Als ob ich ein halbes Jahr Schwerstarbeit darangeben würde, um sie bloßzustellen! Ein einziges Motiv gibt es, das mir eingeleuchtet hätte: Wenn sie selbst über ihre Jahre mit mir hätte schreiben wollen. Auch dann hätte ich mich nicht abhalten lassen, gerade dann nicht, aber ich hätte es verstanden. Ich dachte damals: Wenn ich mich über die staatliche Zensur hinwegsetze, dann über die durch Amanda bestimmt. Später hat sie nie gefragt, ob ich das Vorhaben nun aufgegeben hätte oder nicht, auch ich habe es nicht mehr erwähnt. Lange war sie es gewohnt, daß ich ihre Wünsche erfüllte, als wären es Anweisungen. Vielleicht kam also zur Furcht vor Bloßstellung Ärger hinzu, der Ärger eines Offiziers über die Nichtbefolgung seiner Befehle.

Da wir nicht verheiratet waren, blieben uns all die Lästigkeiten erspart, wie sie zur Auflösung von Eheverträgen gehören. Keiner bedrängte den anderen mit Ansprüchen, folglich mußten auch keine abgewehrt werden, jede Regelung zwischen uns besaß den Vorzug der Freiwilligkeit. Ich hatte nur eine einzige Bitte, ich wollte Sebastian von Zeit zu Zeit sehen dürfen. Er ist das erste und voraussichtlich letzte Kind in meinem Leben, ich glaube, daß meine Empfindungen für ihn mit dem pathetischen Ausdruck Liebe zutreffend benannt sind. Tagelang überlegte ich, wann und mit welchen Worten ich davon anfangen sollte, denn zur Trennungszeit war es nicht unser Ehrgeiz, dem anderen die Wünsche von den Augen abzulesen. Am Ende aber ließ ich alle taktischen Überlegungen außer acht. Ich verließ mich darauf, daß Amanda Sebastian nicht weniger liebte als ich und daß sie erkannte, wie gut es für ihn war, Verbindung zu mir zu halten.

Sie willigte sofort ein, daß Sebastian mich ein bis zwei Mal im Monat besuchen dürfe. Aber ja doch, antwortete sie auf die entscheidende

Frage und sah mich an, als hätte ich mich nach etwas erkundigt, worüber kultivierte Menschen kein Wort zu verlieren brauchen. So sagte ich nichts anderes, als daß ich erleichtert sei und daß ich ihre Zustimmung nobel fände, irgend etwas mußte ich ja sagen.

Ich bin überzeugt davon, daß ich die Wahrheit aus Sebastian hervorlocken könnte. Ich bin verschlagener und stärker und geduldiger und hoffentlich klüger als er, auch steht mir das Mittel der Bestechung zur Verfügung – vor jedem Schaufenster eines Spielzeugladens verklärt sich sein Gesicht. Aber ich will nicht bestechen und überlisten, ich verzichte aus demselben Grund darauf, aus dem ich Amanda gebeten habe, ihn regelmäßig sehen zu dürfen. Es ist Lüge, wenn ich behaupte, mir habe vor Erwartung das Herz schneller geschlagen, als er mit der verdammten Diskette auf den verdammten Computer zuging – es ist mir fast gebrochen. Ich schämte mich, so grobe Methoden gegen ein so zartes Kind anzuwenden, ich war stolz auf ihn, weil er auf meinen Trick nicht hereinfiel. Vielleicht erzählt er mir eines Tages aus eigenem Entschluß, was geschehen ist, in fünf Jahren, in zehn, vielleicht wenn er merkt, daß er mich auch liebt. Vor mir ist er jedenfalls sicher, ich werde ihn nicht wieder bedrängen. Ich will nicht, daß er sich jetzt schon wie einer vorkommt, auf den kein Verlaß ist, er wird es früh genug entdecken.

Ein zweiter Verdacht, der mich quält, ist ebenso phantastisch und zugleich naheliegend wie der erste: Daß Amanda den regelmäßigen Besuchen Sebastians bei mir nur deshalb zugestimmt hat, damit er an den Computer herankommt. Damit sie herankommt. Ich stelle mir ihr Frohlocken vor, als sie meine Bitte hörte; wie sie sich in Gedanken den Schweiß von der Stirn wischte, nun der Mühe enthoben, Sebastian oder sonstwen bei mir einschleusen zu müssen. Es kann aber auch anders gewesen sein, ein wenig anders: Ich äußerte meine Bitte, und erst da kam sie auf die Idee, den Jungen zu benutzen, als Roboter. Diese Erklärung ist wahrscheinlicher, denn Amanda konnte nicht im voraus wissen, mit was für einer Bitte ich ihr kommen würde. Wenn sie in Zukunft versuchen sollte, Sebastians Besuche bei mir einzuschränken oder gar zu beenden, nach getaner Arbeit sozusagen, werde ich den Beweis haben.

Niemand wäre froher als ich, wenn meine Verdächtigungen sich als haltlos erwiesen: Wenn die Novelle durch einen wüsten Zufall von der Diskette verschwunden wäre, durch niemandes Schuld oder durch meine eigene, wenn Sebastian sich nicht zu verstellen brauchte, um mir als argloses Kind zu erscheinen (dann könnten ihm auch meine Tricks nichts anhaben); wenn Amanda ihn ohne Hintergedanken zu mir schicken würde, allein zu seinem Besten. Dann hätte ich zwar immer noch meinem Text nachzutrauern, aber ich brauchte Amanda nicht für eine Betrügerin zu halten. Ich habe keine Ahnung, was ich tun würde, wenn der Beweis für ihre Schuld plötzlich vor mir läge. Was heißt, sie zur Rede stellen? Dem Bedürfnis, ihren Hals zu packen und sie zu würgen, würde ich ja doch nicht nachgeben. Am Ende sollte ich über die Ungewißheit nicht klagen, sondern froh sein; meine dauernde Wut auf Amanda wäre wie ein andauerndes Verhältnis zu ihr, nichts steht einer Trennung so sehr im Wege wie Wut.

Lügen in Zeiten des Krieges

Aus dem Amerikanischen von Christa Krüger
st 02546, 224 Seiten, DM 14.80.
Suhrkamp Verlag, Frankfurt/Main

Als Hardcover DM 36.–, Suhrkamp Verlag

Als AudioBook bei DerHörVerlag, München,
4 Cassetten, DM 59.90

Paul Ingendaay in FRANKFURTER ALLGEMEINE ZEITUNG
Eine literarische Sensation.

Angela Schrader in NEUE ZÜRCHER ZEITUNG
Louis Begley hat diesen, seinen ersten Roman mit achtundfünfzig Jahren veröffentlicht. Ob Lügen in Zeiten des Krieges *Rekonstruktion ist oder Verleumdung einer Kindheit „die zu erinnern er nicht ertragen kann" – das bleibt in Frage gestellt, und wir müssen es nicht wissen. Der Text ist Wahrheit genug.*

Marcel Reich-Ranicki in DAS LITERARISCHE QUARTETT
Es ist glänzend geschrieben … Ich habe es mit größter Begeisterung gelesen … ein intelligentes Buch.

Der Autor:

© Jerry Bauer

Louis Begley wurde 1933 unter dem Namen Ludwik Beglejter als Sohn polnischer Juden in Polen geboren. Er selbst und seine Mutter entgingen, als katholische Polen getarnt, dem Holocaust. Nach dem Ende des Krieges kam die Familie wieder zusammen. Vier Monate blieben sie in Paris, wo Vater und Sohn Englisch lernten. Im März 1947 siedelte die Familie Beglejter in die USA über und ließ sich in Flatbush/Brooklyn nieder, wo sie den Namen Begley annahm. Begley studierte Literatur und Jura. Seit 1959 arbeitet er in einer New Yorker Rechtsanwaltskanzlei. Weitere Veröffentlichungen: *Der Mann, der zu spät kam; Wie Max es sah; Schmidt* – alle bei Suhrkamp.

Unsere Kolonne erinnerte mich an die Austreibung der Juden aus dem Ghetto von T., die ich nachts vom Fenster aus beobachtet hatte, nur hatte diesmal alles größere Ausmaße: Die Alleen, auf denen wir marschierten, waren viel breiter und die Kolonne sehr viel länger, aber auch jetzt säumten Ukrainer, SS und Wehrmacht die Straßen, durch die wir liefen. Viele der Deutschen waren Offiziere. Die Ukrainer und ihre Hunde liefen mit uns mit, die Deutschen aber standen unbeweglich wie grüne und schwarze Statuen auf dem zerbrochenen, schuttbedeckten Pflaster. Von Zeit zu Zeit sprang ein Ukrainer in die Kolonne und schlug auf einen Menschen ein, der nicht mit den anderen Schritt hielt oder stehengeblieben war, um sein Gepäck in die andere Hand zu nehmen. Sie schlugen Eltern, deren Kinder weinten; wir durften keine Geräusche von uns geben. Und sie zerrten Frauen, die ihnen auffielen, aus der Kolonne. Sie prügelten die Frauen, prügelten die Männer, die sie beschützen wollten, zerrten die Frauen dann an den Straßenrand, hinter die Reihe der deutschen Posten. Sie vergewaltigten die Frauen, einzeln oder in Gruppen, auf der Erde oder gegen Mauerruinen gepreßt. Manchmal wurde eine Frau auf die Knie gezwungen, von hinten an den Haaren gezerrt, man riß ihr den Kopf zurück, und ein Soldat nach dem anderen stieß ihr seinen Penis in den schreienden Mund. Hatten sie eine Frau genug benutzt, stießen sie sie manchmal in die Kolonne zurück, und sie taumelte schluchzend mit uns allen weiter. Andere Frauen wurden gleich in den Trümmern mit dem Bajonett erstochen oder erschossen.

Bisweilen hielt die Kolonne an. Tanja und ich blieben dann stehen; Leute, die töricht genug waren, sich auf einen Koffer oder ein Paket zu setzen, wurden zu Boden geschlagen und dann so lange getreten und gestoßen, bis sie wieder ordentlich aufrecht standen. Während dieser Stopps suchten sich die Ukrainer eifrig Frauen aus. Direkt vor uns stand eine schlanke, strahlend schöne junge Frau mit ihrem Baby auf dem Arm. Ihre Schönheit und Eleganz waren mir schon aufgefallen; sie trug ein beigefarbiges Tweedkostüm mit dunklem Zickzackmuster, das mich an Tanjas Kostüme von früher erinnerte. Ein Ukrainer packte sie am Arm und zerrte sie aus der Kolonne. Zuerst wehrte sie sich nicht, aber dann riß sie sich los und lief auf einen deutschen Offizier zu, der ungefähr zwei Meter entfernt stand. Auch dieser Offizier war mir schon aufgefallen. Er hatte ein gutgeschnittenes gelassenes Gesicht und eine makellose Uniform. Die Stiefelschafte, die seine Waden umschlossen, waren frisch poliert und schimmerten so sehr, wie es in dieser Straße voll Kalkstaub und Schutt eigentlich gar nicht sein konnte. Die Arme hatte er auf der Brust gekreuzt. Konnte es sein, daß die junge Frau einfach geblendet war vom Glanz der Stiefel? Als sie vor dem Offizier angekommen war, warf sie sich ihm zu Füßen, hielt mit ihrem einen Arm ihr Baby hoch und umklammerte mit dem anderen diese fabelhaften schwarzen Röhren. Das Gesicht des Offiziers verfinsterte sich vor Ärger und Verachtung. Er hielt die Ukrainer mit einer Handbewegung zurück; alles um ihn herum schwieg, als er einen Moment nachdachte, was nun zu tun sei. Dem Augenblick der Reflexion folgte die Aktion, präzise und prompt. Der Offizier ergriff das Kind, befreite seine Stiefel aus der Umarmung der jungen Frau und trat ihr heftig gegen die Brust. Mit einem oder zwei Schritten erreichte er das nächste offene Kanalloch. Viele Kanaldeckel waren weg, weil die A. K. das Kanalsystem als Angriffs- und Fluchtweg benutzt hatte. Er hielt das Kind hoch, betrachtete es konzentriert und ließ es in den Kanal fallen. Die Ukrainer brachten die Mutter weg. Kurz darauf marschierte die Kolonne weiter.

Es war schon fast Abend, als wir an dem großen Platz vor dem Hauptbahnhof ankamen. Der Platz war in zwei ungleiche Teile geteilt. Auf dem größeren wurden wir und mit uns – wie wir annahmen – wohl alle Überlebenden aus Warschau zusammengetrieben…

Tanja fragte, ob jemand wisse, wohin die Züge uns bringen würden. Die Meinungen darüber waren geteilt. Manche glaubten, es würde eine kurze Reise werden, nur bis zum nächsten abgelegenen Wald, wo wir dann mit Maschinengewehren niedergemäht würden, andere sprachen von Konzentrationslagern oder Fabrikarbeit in Deutschland. Tanja erkundigte sich auch nach Latrinen. Sie erfuhr, daß mehrere Stellen dafür dienten. Sie waren leicht zu finden; man mußte nur immer der Nase nach gehen. Dahin sollten wir uns sofort aufmachen, befand Tanja, und lieber nicht bis zur Nacht damit warten.

Wir schlängelten uns durch die Menge und stellten uns in der langen Warteschlange vor dem Ort an. Tanja sagte, wenn wir dies jetzt erledigt hätten, würde sie Lebensmittel und Wasser auftreiben, wir müßten uns schließlich bei Kräften halten. Sie wollte ohne mich gehen, das sei leichter, meinte sie, aber zuerst würden wir irgendwo einen Lagerplatz suchen, den ich dann für uns freihalten müsse. Es sollte ein Platz ohne weinende Kinder und ohne jammernde Kranke sein: Die zogen das Unglück an. Und sie wollte, daß wir mittendrin in einer Gruppe lagerten. Leute, die versuchten, außen am Rand zu bleiben, um frische Luft zu bekommen und schnell weglaufen zu können, machten es falsch. Frische Luft sei ihr gleichgültig – sie wolle die Nacht überleben. Wir machten es, wie sie es gesagt hatte. Nach einer Weile kam sie wieder. Sie flüsterte mir ins Ohr, sie habe Brot und Schokolade. Schokolade hatten wir seit Beginn des Aufstandes nicht mehr gegessen. Eine Flasche Wasser brachte sie auch mit. Bezahlt hatte sie mit ihren Ohrringen, nie seien Ohrringe nützlicher gewesen, vertraute sie mir an; wie gut, die versteckt zu haben. Am meisten freute sie sich darüber, daß sie sogar einen kleinen Spiegel, einen Kamm, Lippenstift und eine Decke erhandelt hatte. Die Decke für die Nacht, das andere für den nächsten Morgen. Tanja packte das Essen nicht aus, bevor die Nachbarn zu essen anfingen. Sie hielt es für schwierig, in gewisser Weise sogar für gefährlich, wenn eine Frau und ein kleiner Junge sich in einer hungrigen Menge satt aßen, ohne etwas abzugeben. Dann teilte sie das Brot in Abend- und Morgenportionen. Jeder von uns beiden durfte einen Schluck Wasser trinken. Den Rest, und vor allem die Schokolade, sollte es erst am nächsten Morgen geben. Wir wickelten uns in die Decke und legten uns hin. Es wurde langsam dunkel, rings um uns schmiegten sich die Menschen wärme- und schutzsuchend aneinander. Tanja gestand mir, daß sie Angst vor der Nacht hätte, aber wir müßten versuchen zu schlafen; wären wir zu erschöpft, würden wir Fehler machen. Sie erklärte mir: Die junge Frau mit dem Baby zum Beispiel hat einen furchtbaren Fehler gemacht, als sie den Offizier auf Knien anflehte. Sie hätte sich kerzengerade vor ihn hinstellen, ihm streng in die Augen sehen und verlangen müssen: Sorgen Sie dafür, daß diese Ukrainer sich wie disziplinierte Soldaten benehmen. Tanja sagte, die Deutschen können Mitleid nicht ertragen – Schmerzen sind ihnen lieber. Wenn du sie um Erbarmen bittest, antwortet dir der Teufel, der in ihnen steckt, und der ist schlimmer als die Ukrainer.

Endlich war der Tag zu Ende. Ich fiel in einen bleiernen Schlaf. Gebrüll und Flüche weckten mich auf. Lichtkegel von Taschenlampen zuckten suchend durch das Dunkel. Wie befürchtet, fahndeten Ukrainer und Deutsche nach Frauen. Tanja sagte: Schnell, zieh die Decke ganz über mich, leg dich obendrauf und tu so, als wäre ich ein Kleiderbündel. Rings um uns wateten Soldaten zwischen den Schlafenden durch, musterten sie, ließen einige liegen, zerrten andere mit sich. Dann waren sie wieder fort.

Ich konnte nicht merken, ob Tanja genausoviel Angst hatte wie ich. Den Rest unseres Brotes und die Schokolade hatten wir gleich bei Sonnenaufgang gegessen. Anders als die Leute in unserer Umgebung war Tanja nicht auf die Ukrainer angewiesen, um zu verstehen, was die Lautsprecher von uns wollten; und von dem Moment an, als klar war, daß unser Abtransport bevorstand, hatte sie große Geschäftigkeit entfaltet.

Lange bevor die Ukrainer die Menge herumkommandierten und man aufgereiht in Habtachtstellung erstarren mußte, hatte sie unsere Wasservorräte genommen und uns damit gegen meinen tränenreichen Protest Hände und Gesicht gewaschen. Sie schüttelte den Staub aus unseren Kleidern und strich sie glatt. Dann kämmte sie mir die Haare und putzte sich selbst heraus, so gut es ging: Sie betrachtete sich mit höchster Konzentration in dem Taschenspiegel, ordnete ihr Haar, legte Lippenstift auf, studierte das Ergebnis und brachte kleine Korrekturen an. Ich war erstaunt, wie sehr sie sich verändert hatte. Das gebeugte, rußverschmierte alte Weib, das sie auf dem Marsch aus der Altstadt gewesen war, war verschwunden. Statt dessen betrat ich den Bahnhof an der Hand einer distinguierten, selbstbewußten jungen Frau. Ganz anders als am Tag zuvor blieb sie nicht im Hintergrund, versuchte sie nicht, in der Menge unterzugehen, vielmehr drängte sie sich in die Außenreihe. Dann verließ sie zu meinem Entsetzen die Kolonne ganz, hielt mich sehr fest an der Hand und blieb erst stehen, als wir uns auf dem Bahnsteig an exponierter Stelle zwischen der Menschenmenge und dem Zug befanden.

Trotz meiner Panik begann ich zu begreifen, daß Tanja ein wohlüberlegtes Theater spielte. Ihre klaren blauen Augen musterten die Szene, die sie vor sich hatte: Es war, als ob sie nur mühsam ihre Ungeduld und Entrüstung beherrschen konnte. Ich dachte, daß sie, hätte sie einen Regenschirm zur Hand gehabt, sicher mit der Spitze ungeduldig auf den Bahnsteig geklopft hätte. Was sich vor unseren Augen abspielte, war aber auch kaum zu glauben: Zwei lange Züge mit Güter- und Personenwagen auf den beiden Gleisen standen bereit, um die Kolonne aufzunehmen. Die Ukrainer stießen und schlugen auf die Polen ein und trieben sie in Gruppen auf die Waggons zu, alte Leute stürzten auf den Bahnsteig, andere glitten aus und rutschten auf die Gleise, weil sie nicht genug Kraft hatten, sich zu den Güterwagen hochzuziehen; Koffer, die nicht mitgenommen werden durften, weil die Ukrainer sie zu groß fanden, wurden aufgerissen, ihr Inhalt über den Bahnsteig verstreut; wütende Hunde zerrten an ihren Leinen, Ukrainer brüllten Kommandos in einer Mischung aus gebrochenem Deutsch und Polnisch, Menschen schrien und weinten und klammerten sich aneinander.

Noch jemand betrachtete diese Szene ähnlich distanziert und angewidert wie Tanja: ein beleibter Hauptmann der Wehrmacht in mittleren Jahren, der, ganz für sich, ein paar Meter entfernt von uns in der Bahnsteigmitte stand. Ich merkte, daß Tanja auch ihn mit ihren empörten Blicken bedachte, daß ihr Theater in erster Linie ihm galt. Auf einmal setzte sie sich wieder in Bewegung und zerrte mich mit. Ein paar energische Schritte, und sie stand vor dem Offizier. Sehr hochmütig und sehr gewählt sprach sie ihn an: Er möge doch so freundlich sein, ihr zu erklären, in welche Richtung diese gräßlichen Züge führen. Die Antwort ließ meine Beine zittern: Auschwitz. Ganz die falsche Richtung, gab Tanja zurück. Eine Zumutung, unerträglich, daß sie sich in der Nähe all dieser verrufen aussehenden Leute aufhalten müsse, daß sie sich von betrunkenen, undisziplinierten Soldaten anbrüllen lassen müsse, und das vor einem Zug zu einem Bestimmungsort, dessen Namen sie noch nie gehört habe. Sie sei die Frau eines Arztes aus R., ungefähr zwei Bahnstunden von Warschau entfernt, und nach Warschau sei sie gekommen, um Kleidung zu kaufen und die Augen ihres Sohnes untersuchen zu lassen. Natürlich habe sie in diesem gräßlichen Chaos alle ihre Einkäufe verloren. Wir hätten absolut nichts mit dem zu tun, was sich hier abspiele. Er als Offizier werde doch Ordnung schaffen können, und vielleicht habe er auch die Freundlichkeit, uns zu einem Zug nach R. zu verhelfen. Wir hätten unser Geld fast ganz ausgegeben, aber zu einer Fahrkarte zweiter Klasse reiche es wohl noch. Der Hauptmann brach in Gelächter aus: Meine Gnädigste, sagte er zu Tanja, so wie Sie kommandiert mich nicht mal meine eigene Frau herum. Könne sie ihm versichern, daß ihr Ehemann sich wirklich freuen würde, wenn sie nach Hause käme? Und wo habe sie denn gelernt, sich so gepflegt auszudrücken? Wenn sie ihm diese grundlegenden Fragen beantwortet habe, wolle er sehen, was sich in der verflixten Sache mit dem Zug machen lasse. Tanja errötete: Möchten Sie die Wahrheit hören, auch wenn Sie sie nicht schätzen werden? Natürlich, antwortete der Hauptmann. Ich glaube, meinen Mann stört es nicht, daß ich hin und wieder sehr temperamentvoll bin. Deutsch habe ich in der Schule gelernt und wahrscheinlich durch eigene Lektüre verbessert, Thomas Mann lese ich besonders gern, ich lese alles von ihm, was ich finden kann, in der Originalsprache – in R. ist das nicht viel, aber in Warschau kriegt man eine ganze Menge. Es ist dies eine sinnvolle Beschäftigung für eine Hausfrau in der Provinz. Ich weiß, daß Thomas Manns Bücher im Reich verboten sind, aber Sie wollten ja die Wahrheit hören. Ich bin kein Parteimitglied, nur ein Eisenbahnfachmann, erklärte der Hauptmann, noch immer lachend. Ich bin froh, daß Sie sich einen großen Stilisten ausgesucht haben. Soll ich Ihnen jemanden rufen, der Ihr Gepäck trägt, solange wir einen Zug nach R. suchen?

Der Offizier war ein Mann von Welt. Er sah keinen Anlaß, sich vorzustellen, und er schien weder mißtrauisch noch verwundert darüber, daß wir kein Gepäck hatten. Er brachte uns zu einem Zug, der auf einem entfernten Bahnsteig wartete, half Tanja beim Einsteigen in ein Abteil erster Klasse und schlug zum Abschied die Hacken zusammen. Tanja brauche sich nicht zu beunruhigen. Er stelle ihr eine Fahrerlaubnis nach R. aus, Fahrkarten seien nicht notwendig. Der deutsche Reservist, der für diesen Militärzug zuständig sei, sorge dafür, daß sie ungestört bliebe.

Der Zug stand noch ein paar Stunden, nachdem der Mann uns verlassen hatte. Langsam füllte er sich mit Soldaten; lärmende Gruppen von Offizieren belegten die Abteile neben uns. Allmählich legte sich Tanjas Erregung, zugleich aber auch ihre Kühnheit: Ihr Gesicht zerfiel zusehends, es war jetzt wieder das Gesicht der vergangenen Nacht. Sie zitterte ununterbrochen und redete pausenlos davon, daß wir verloren wären, weil der Zug noch nicht abgefahren war. Bestimmt würde unser Hauptmann einem anderen Offizier von der komischen Schreckschraube mit dem Interesse für Thomas Mann erzählen, und der würde aufhorchen, weil er sich auf mehr als nur auf Eisenbahnen verstand, würde die Gestapo benachrichtigen, und die würde uns dann abholen. Sie sei schon wieder zu weit gegangen mit ihren Lügen – dafür müßten wir nun zahlen. Aber niemand kam. Die Offiziere, die uns im Vorbeigehen neugierig musterten, gingen weiter. Eine Pfeife schrillte, der Zug fuhr an, und bald kam auch der nicht mehr ganz junge Reservist und erklärte uns, der nächste Halt sei G., dann hätten wir etwas über die Hälfte des Weges nach R. hinter uns.

Thomas Bernhard

Heldenplatz

Bibliothek Suhrkamp 997, 1988,
165 Seiten, DM 22.80.
ST 2474, 168 Seiten, DM 12.80
Suhrkamp Verlag, Frankfurt/Main

Eckhard Faul in PIRMASENSER ZEITUNG

Wieder einmal hat es der österreichische Schriftsteller Thomas Bernhard geschafft, einen Skandal zu provozieren. Beruhte vor wenigen Jahren das vorübergehende Verbot seines Buches Holzfällen *auf einer Beleidigung, die eine bestimmte Person betraf, so ist sie diesmal weitaus umfassender. Denn in seinem neuesten Stück greift Bernhard pauschal die Österreicher an und verdächtigt sie unter anderem einer faschistischen und antisemitischen Einstellung ...Vor fünfzig Jahren verkündete Hitler auf eben jenem Wiener Heldenplatz den Anschluß Österreichs ans Deutsche Reich – vor einer begeisterten Menge. Die Österreicher, die sich gern als erstes Opfer Hitlers sehen, reagieren empfindlich, wenn sie auf diesen Tag angesprochen werden. Daß die Wogen der Erregung nun dermaßen hochschlagen, liegt natürlich auch an der speziellen Art des für seine Ausfälle berüchtigten Bernhard. Er beläßt es in seinem Stück nicht bei der Behauptung, die Österreicher hätten Hitler willkommen geheißen, sondern geht noch wesentlich weiter: „Die Zustände sind ja wirklich heute so, wie sie 38 gewesen sind, es gibt jetzt mehr Nazis in Wien als 38 ... jetzt kommen sie wieder aus allen Löchern heraus, die über 40 Jahre zugestopft gewesen sind ..."*

WORLD LITERATURE TODAY

It was inevitable that the initial reaction to Heldenplatz *would focus on the surface features. With time the emphasis will shift to the portrayal of human dilemma. Thomas Bernhard is not a great dramatist, rather a virtuose of language who creates masterful theater plays; but when the denunciations cease,* Heldenplatz *will become recognized as one of his better dramatic works.*

Der Autor: Thomas Bernhard wurde im Jahr 1931 in Heerlen (Holland) als Sohn österreichischer Eltern geboren. Er wuchs bei den Großeltern mütterlicherseits auf, in Wien und in Seekirchen am Wallersee. 1943 bis 1944 Internatsbesuch in Salzburg, bis 1945 Arbeit in einer Gärtnerei. 1947 Abbruch der Gymnasialausbildung, Lehre bei einem Lebensmittelhändler. Bis 1951 in der Lungenheilstätte Grafenhof, dort erste dichterische Versuche. 1952-57 Musik- und Schauspielstudium an der Akademie Mozarteum in Salzburg. Seit 1957 freier Schriftsteller. Ab 1965 lebte Bernhard auf einem Bauernhof in Ohlsdorf (Oberösterreich), in den achtziger Jahren auch in Wien. Bernhard starb am 12. Februar 1988 in Gmunden.

© Andre Reiser

OLGA
Ich versteh so vieles nicht
ich will es auch gar nicht verstehen
PROFESSOR ROBERT
Oxford war ihm auch zu klein zu eng
die Atmosphäre in Oxford hat er selbst immer
als kleinstädtisch philiströs bezeichnet
ein Mann wie er mußte sich auch in Oxford
beengt eingesperrt fühlen
ich weiß ja wie es in Cambridge war
diese englischen Studierstädte sind im Grunde
grauenhaft
wie einem ja auch alles Englische bald auf die
Nerven geht
Ich habe verstanden daß er nach Wien zurück will
aber es war vorauszusehen
daß die Rechnung nicht aufgehen wird
Einerseits hat ihn Wien zurückgelockt
andererseits hat es ihn schon gleich wieder verraten
Hinter ihm ist niemand gestanden
alle waren sie gegen ihn selbstverständlich
weil er ihnen allen doch überlegen gewesen war
sie konnten es nicht ertragen
daß er ihnen allen mehr oder weniger vorgesetzt
worden war
Wenn ich nur in London leben könnte
hat er immer gesagt
Oxford ist ja nicht London
Aber von was lebe ich in London
doch nicht von der Essigfabrik meiner Frau
Ehrlich gesagt ich bin w e g e n d e r M u s i k
nach Wien zurückgegangen
wahrscheinlich nur wegen der Musik
aber wenn ich ehrlich bin
hat mir nach meiner Rückkehr kein Konzert mehr
gefallen

Walter Klemperer Kleiber Barbirolli mein Gott
die sind ja alle tot
Ich bin immer enttäuscht nachhause gekommen
aber ich gehe doch immer wieder in den
Musikverein
solang ich noch kriechen kann
Ich weiß auch noch wie euer Vater einmal gesagt hat
Ich gehe auf die Mariahilferstraße
und suche die Mariahilferstraße
und ich bin auf der Mariahilferstraße
und finde sie nicht
einen unglücklichen Menschen studieren
das war an eurem Vater wie an keinem zweiten
möglich
schaut zum Parlament hinüber
Das ganze Unglück ist ja kein überraschendes
Er wollte die Musik
er wollte die Kindheit
wiederhaben
Aber die Wiener waren nicht mehr so
wie er sie in Erinnerung gehabt hat
die Österreicher waren nicht mehr so
nichts war mehr so
Aber die Erinnerung täuscht immer
die Erinnerung ist immer ein total falsches Bild
Auf den Lehrstuhl in Wien pfeifen
das kann ich nicht hat er gesagt
damit hat er nicht gerechnet
daß die Österreicher nach dem Krieg
viel gehässiger und noch viel judenfeindlicher
gewesen sind
als vor dem Krieg
damit hat niemand gerechnet
Er ist wie er selber so oft gesagt hat
in die Wiener Falle gegangen
Er hat nicht mehr gewußt

daß in Wien und überhaupt in Österreich
die Verlogenheit zuhause ist
OLGA
Onkel Robert du übertreibst
PROFESSOR ROBERT
Das sagst du die jeden Tag selbst erleben muß
wie die Wiener wirklich sind
das sagst du die erst vor vierzehn Tagen bespuckt worden ist
weil sie Jüdin ist
ANNA
Das war sicher irrtümlich
PROFESSOR ROBERT
Irrtümlich irrtümlich glaubt ihr
das war nicht irrtümlich
natürlich wenn man es nicht erlebt hat
aber wenn man es tatsächlich erlebt hat
OLGA
Nicht richtig bespuckt
PROFESSOR ROBERT
Aber du hast mir doch selbst erzählt
daß du in der Schottengasse bespuckt worden bist
jetzt sagst du irrtümlich
was für ein Irrtum soll denn das gewesen sein
bespuckt man denn einen Menschen auf der Straße
wenn man ihn nicht einmal kennt
nur wenn man sieht er ist ein Jude
Wie spät ist es denn jetzt
ANNA
Halb zwei
PROFESSOR ROBERT
Die Wiener und die Österreicher
sind ja viel schlimmer
als es sich euer Vater hat vorstellen können
hört doch was die Leute reden
schaut sie euch an

sie begegnen einem doch nur
mit Haß und Verachtung
gleich ob auf der Straße oder im Lokal
gerade ein Jude kann nicht immer zuhause
in seinen vier Wänden sitzen
auch ein Jude muß hinaus auf die Straße
und wird er als Jude entdeckt
strafen ihn Haß und Verachtung
in Österreich Jude zu sein bedeutet immer
zum Tode verurteilt zu sein
die Leute mögen schreiben und reden was sie
wollen
der Judenhaß ist die reinste die absolut
unverfälschte Natur
des Österreichers
Vor achtunddreißig hatten sich die Wiener
an die Juden gewöhnt gehabt
aber jetzt nach dem Krieg gewöhnen sie sich nicht
mehr an die Juden
sie werden sich niemehr an die Juden gewöhnen
Ich selbst wußte ja auch
daß ich indem ich nach Wien gegangen bin in die
Hölle gegangen bin
Wenn ich die Kraft hätte
über diesen Zustand der heute hier in dieser Stadt
herrscht
ein Buch zu schreiben
aber diese Kraft habe ich nicht mehr
Der Kopf wäre dazu durchaus imstande
aber nicht der Körper
der Körper läßt mich im Stich das seht ihr ja

ANNA

Die Zittel hat uns sicher
eine heiße Suppe gemacht

PROFESSOR ROBERT

Was die Schriftsteller schreiben

ist ja nichts gegen die Wirklichkeit
jaja sie schreiben ja daß alles fürchterlich ist
daß alles verdorben und verkommen ist
daß alles katastrophal ist
und daß alles ausweglos ist
aber alles das sie schreiben
ist nichts gegen die Wirklichkeit
die Wirklichkeit ist so schlimm
daß sie nicht beschrieben werden kann
noch kein Schriftsteller hat die Wirklichkeit so beschrieben
wie sie wirklich ist
das ist das Fürchterliche
sie gehen ein paar Schritte und bleiben wieder stehen
Am liebsten würden sie
wenn sie ehrlich sind
uns auch heute genauso wie vor fünfzig Jahren
vergasen
das steckt in den Leuten
ich täusche mich nicht
wenn sie könnten
würden sie uns auch heute ohne Umstände
umbringen
Mein Bruder ist ja auch vor diesen Fürchterlichen
in Kleist Goethe Kafka hineingeflüchtet
aber man kann nicht das ganze Leben
nur in die Dichtung und in die Musik hineinflüchten
an einem bestimmten Punkt geht das nicht mehr
dann bleibt unter Umständen nurmehr noch der Selbstmord
Wahrscheinlich ist es nur die Frage
des günstigsten Augenblicks
die Frage des günstigsten Augenblicks ist es
zu Olga direkt
Du hast nie eine Beziehung zur Musik gehabt
das ist ganz merkwürdig

Die Anna ja du nicht
dein Vater konnte das nicht verstehen
vielleicht liegt es daran
daß du in der Schweiz geboren bist
schaut in Richtung Burgtheater
Wenn die Leute auf dem Burgtheater auftreten
bilden sie sich ein
sie sind etwas
Die Niederreiter kommt doch nicht jetzt
zum Mittagessen
Schauspieler und Schauspielerinnen am Tisch
das war nie meine Sache
Meine Sekretärin wollte ja auch Schauspielerin
werden
daraus wurde nichts
zu einer guten Schreibkraft gehört auch Talent
Noch sind die Österreicher ein musikalisches Volk
aber eines Tages
werden sie auch kein musikalisches Volk mehr sein
Sie gehen weiter

Gilles' Frau

Aus dem Französischen von Monika Schlitzer
SP 2605, 176 Seiten, DM 14.90.
Piper Verlag, München

Als Hardcover DM 32.–, Piper Verlag

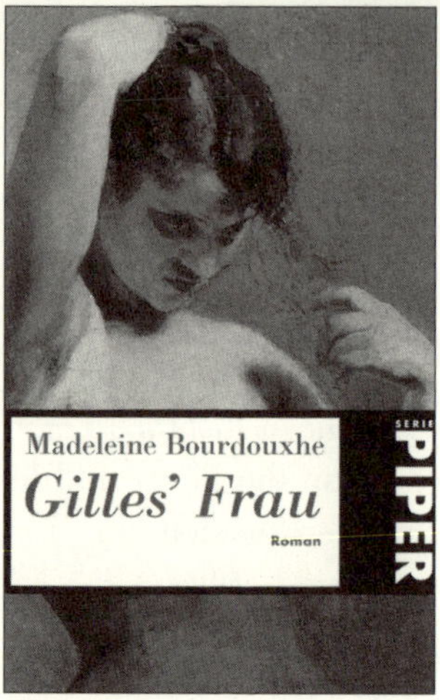

Günther Fischer in POTSDAMER NEUESTE NACHRICHTEN
Ein Dreiecksverhältnis; eine Frau, die durch Liebesverrat tödlich gedemütigt wird; eine andere, die sich ohne Skrupel nimmt, was das Leben ihr bietet. Das Ende der Geschichte ist schrecklich, aber ausweglos vorgezeichnet. Dabei beginnt sie als Idylle: Elisa und Gilles sind seit Jahren ein glückliches Ehepaar … bis Elisas jüngere Schwester Victorine, zum koketten Flittchen herangereift, Gilles verführt und hörig macht …

Thomas Laux in NEUE ZÜRCHER ZEITUNG
… eine tödliche Dialektik, die diesen zunächst sehr anspruchslosen Roman aus den Niederungen der Trivialität und des déja-lu heraushebt … Simone de Beauvoir wies auf diesen Erstlingsroman bereits in Le deuxième sexe hin und interessierte sich dabei weniger für Elisas zögerliches Verhalten als für das machistische und dominante Sexualverhalten von Gilles. Ein Roman aus voremanzipatorischer Zeit; mitunter möchte der ob der stummen Willfährigkeit Elisas leicht irritierte Leser derlei Fatalismus in einem lauten kathartischen Aufschrei der Empörung umgewandelt sehen.

Hans-Peter Kunisch in ALLGEMEINE ZEITUNG
Es ist ein grausames kleines Buch, das Madeleine Bourdouxhe vor fast sechzig Jahren geschrieben hat.

Die Autorin: Madeleine Bourdouxhe wird am 25. September 1906 in Lüttich geboren. Nach dem Studium der Philosophie heiratet sie 1927. Im Jahr 1937 wird der Roman *Gilles' Frau* bei Gallimard in Paris veröffentlicht. Sie wird als hochtalentierte literarische Hoffnung gehandelt. Dann aber bricht der 2. Weltkrieg aus. Bourdouxhe schließt sich der Résistance an, versteckt fliehende Juden und abgestürzte britische Flieger und schmuggelt rebellische Texte Paul Eluards von Paris nach Belgien. Der Roman *Auf der Suche nach Marie* erscheint 1943 in einem Brüsseler Verlag und 1998 bei Piper. Nach dem Krieg gerät die Schriftstellerin in Vergessenheit. Im Jahr 1985 wird Madeleine Bourdouxhe und ihr Werk neu entdeckt und in zahlreiche Sprachen übersetzt.

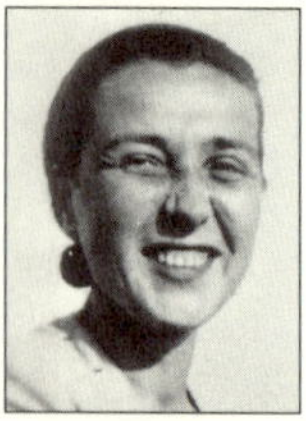

»Fünf Uhr... Er wird bald heimkommen«, denkt Elisa. Und kaum hat sie das gedacht, ist sie zu nichts mehr fähig.

Sie hat den ganzen Tag geschrubbt, gewaschen, poliert, sie hat zum Abendessen eine dicke Suppe gekocht – es ist in dieser Gegend nicht üblich, abends viel zu essen, aber er braucht es, da er mittags in der Fabrik nur Brot und Ei hatte. Und jetzt hängen ihre Arme schlaff herunter und sind selbst zum Tischdecken zu schwer. Eine Welle der Zärtlichkeit ergreift sie wie ein Schwindel. Sie ist zu keiner Bewegung mehr fähig und muß sich schwer atmend mit beiden Händen an der Messingstange des Küchenherds festklammern.

Es ist jeden Tag dasselbe, ein paar Minuten bevor Gilles nach Hause kommt. Elisa ist nur noch ein kraftloser Körper, der in Liebe vergeht, vor Sehnsucht zerfließt. Sie wartet mit jeder Faser ihres Wesens. Sie will ihm entgegenstürzen, um ihn in ihre Arme zu schließen. Doch beim Anblick des stattlichen, muskulösen Körpers, der plötzlich im Cordanzug im Türrahmen erscheint, verläßt sie die letzte Kraft. Wenn er kommt, steht sie immer regungslos da, ein wenig verstört, so daß er auf sie zugeht und sie sanft auf die Stirn küßt.

»Hast du die Kinder gesehen? Sie wollten dir entgegengehen.«

Er zieht seine Jacke aus, fährt sich mit seiner schwieligen Hand durchs Haar und setzt sich. Sein Hemd öffnet sich, und die nackte Haut darunter wird sichtbar. Er kratzt sich ein wenig an der Stelle, wo man die Brusthaare sieht.

Er antwortet: »Nein. Sie sind bestimmt mit den anderen zum Spielen auf die Wiese gegangen. Wir haben doch hier auch ein Stückchen Rasen; aber Kindern gefallen fremde Gärten immer besser als der eigene.«

»Ich mache mir keine Sorgen... Es ist nur wegen des Samstagsbades. Ich habe den großen Zuber vorbereitet. Die Sonne hat das Wasser erwärmt.«

Sie nähert sich ihm, atmet den starken Geruch von Schweiß, Eisen, Öl, Arbeit ein, der seiner Kleidung entströmt – Gilles' Geruch. Sie reibt ihre weiche Wange an seinem Gesicht, das unrasiert ist – Gilles' rauhe Haut. .. Gilles' Haare... Gilles' Mund... Gilles' Augen...

»Gilles«, sie spricht seinen Namen aus wie ein kurzes, feuchtes

Raunen, das Wasser fließt ihr im Mund zusammen, benetzt ihre geschwungenen Lippen, bildet manchmal in den Mundwinkeln zwei winzige Perlen.

Sie geht zum Herd zurück und hebt den Topfdeckel ein wenig an, damit sich der Duft der Suppe verbreitet. Gilles schnüffelt mit männlichem Heißhunger und seufzt verliebt bei dem Gedanken an den bevorstehenden Genuß. Elisa lacht.

»Es ist zwar noch zu früh«, sagt sie, »aber, hier!«

Sie reicht ihm etwas mit Zucker bestäubten Reiskuchen und sieht ihm zu, wie er ihn mit drei Bissen hinunterschlingt.

Gilles wischt sich mit einer ausladenden Handbewegung den Mund ab und gießt sich vor dem Herd eine Tasse Kaffee ein.

Seine derbe Arbeiterhose hält ohne Gürtel auf seinen kräftigen Hüften. Er ist groß, sehnig und stark wie die meisten Arbeiter in dieser Gegend, doch seine schönen Augen unterscheiden ihn von allen anderen.

Im Garten beugt Elisa ihren hübschen, schweren Körper über den Zuber; das Wasser ist angenehm lauwarm: Sie hat ihre nackten Arme hineingetaucht, um die Temperatur zu prüfen, und überläßt sich jetzt ein wenig der wohltuenden Sanftheit. Sie sieht ihr Spiegelbild, das durch den Reflex der Sonne überstrahlt wird. Wenn sie ihren Kopf ein Stück zur Seite neigt, taucht sie in einen Schattenstreifen, und ihr Spiegelbild wird klarer: ihr Gesicht ist lang und voll, ihre Züge sind regelmäßig, ihr Haar dunkel und schimmernd. Ist es nicht merkwürdig, daß eine Frau aus dem Norden so spanisch wirkt?

Sie richtet sich auf, legt die nassen Hände an die Lippen und ruft die Kinder.

Sie lächelt Gilles zu, der am Fenster steht und in den Garten sieht. Er liebt diesen schmalen, langen Streifen Erde, den er an den Sonntagen im Frühjahr umgegraben und bepflanzt hat. Er hat auch das Taubenhaus aus rosaroten Ziegeln gebaut, die Hecke aus Johannisbeersträuchern gesetzt und den Bach, der den Garten längs durchquert, mit Steinbrocken eingefaßt.

Als sie das Haus zum erstenmal besichtigt haben, konnte er sich nicht entschließen, es zu mieten; doch dann entdeckte Elisa den kleinen Bach. Damals hatte sie noch eine Figur wie ein junges

Mädchen, und Gilles beobachtete sie, als sie zum Wasser lief und ihre kleinen, festen Brüste in ihrer Bluse hüpften. Bei diesem Anblick erfüllte ihn auf einmal ein solches Glücksgefühl, daß er sich sofort entschied.

Das Haus gefällt ihm auch. Zwei Zimmer im Erdgeschoß, zwei Schlafzimmer im ersten Stock und unter dem Dach ein großer Speicher, der durch niedrige Fenster erhellt wird.

Gilles wendet sich um, weil er die Kinder in die Küche kommen hört, kleine blonde Zwillinge, brave, schüchterne Mädchen. Er hebt die Kleinen hoch, setzt sie sich auf die Knie und bläst ihnen in die Augen, um sie zum Lachen zu bringen. Es verwirrt ihn immer ein wenig, wenn er die beiden langen, blinzelnden Wimpernpaare so dicht vor sich sieht, und er sagt zärtlich: »So ein Glück, zwei kleine Mädchen wie euch zu haben.«

Elisa ist hereingekommen, um die Kinder zum Baden zu holen. Gilles atmet noch einmal tief den Duft der Suppe ein. Bald wird das Essen auf dem Tisch stehen. Morgen ist Sonntag, und er muß nicht zur Arbeit. Sein Körper stellt sich langsam auf die Ruhepause ein. Nach dem Aufwachen wird er Elisa lieben, wie immer am Sonntagmorgen: man hat viel Zeit und ist nicht erschöpft von einem langen Arbeitstag. An den anderen Tagen bleibt wenig Platz für die Lust, und kommt es doch gelegentlich vor, so geschieht das auch am Morgen, in den Wochen, in denen er in der Fabrik Nachtschicht hat: wenn er im Morgengrauen durch den Nebel nach Hause geht, sieht Gilles um sich herum die große Kraft des Tages aufkeimen, und bevor er in der künstlichen Nacht versinkt, die für ihn auf die echte folgt, hat er Lust, sich auch seinen Teil des Lebens zu nehmen. Dann beeilt er sich, nach Hause zu kommen, bevor Elisa aufsteht.

Sie wartet auf ihn, übermüdet nach einer schlaflosen Nacht. Sie schläft immer schlecht, wenn er nicht da ist. Fügsam und nachgiebig läßt sie sich nehmen, fasziniert von der Freude, die das Gesicht über ihr erhellt. Und wenn Gilles dann mit primitivem männlichem Stolz ungeschickt fragt, ob es für sie auch gut war, antwortet sie vollkommen aufrichtig; denn sie kann sich kein größeres Glück vorstellen, als Gilles glücklich zu machen.

Dann steht sie auf und macht ihm Butterbrote und Kaffee, damit er so schnell wie möglich schlafen kann. Wenn sie ihm das Frühstück bringt, wirft sie ihm verstohlen einen zärtlichen und verschämten Blick zu: sittsam, wie sie ist, geniert sie sich ein wenig, daß sie sich am hellichten Tag lieben, im Angesicht der reinen, klaren Morgensonne. Sie geniert sich, daß sie sich zu solchen Zärtlichkeiten hinreißen läßt.

Gilles lehnt sich wieder aus dem Fenster. Er denkt an nichts und an eine Menge winziger Kleinigkeiten. Morgen ist Sonntag... Der Duft der Suppe steigt ihm noch immer in die Nase... Die Blumen im Garten sind schön. Wie angenehm das Leben doch ist.

Er sieht Elisa zu, wie sie im Licht der untergehenden Sonne seine beiden nackten kleinen Töchter badet, und Frieden erfüllt ihn.

Elisa hatte die Kinder auf den Tisch gesetzt, um sie für die Nacht zurechtzumachen.

»Da war jemand am Gartentor«, sagte sie und sah aus dem Fenster. »Ach! Es ist Victorine.«

»Du kommst gerade noch rechtzeitig, um den Kleinen einen Gutenachtkuß zu geben«, sagte sie zu dem eintretenden Mädchen. »Ich wollte sie eben ins Bett bringen. Du bleibst doch ein paar Minuten? Ich komme gleich wieder herunter.«

Sie nahm eins der Mädchen auf den Arm, schob das andere vor sich her und stieg langsam und ein wenig kurzatmig die Wendeltreppe ins obere Stockwerk hinauf.

Gilles füllte bedächtig seinen aus einer Schweinsblase gefertigten Tabaksbeutel.

»Schöner Tag!« sagte er zu Victorine.

»Ja, stimmt«, antwortete sie. »Hier draußen geht's. Wir sind ja schon ein bißchen auf dem Land... Aber in der Stadt erstickt man... Und es ist kein Vergnügen, den ganzen Tag in einem Geschäft eingesperrt zu sein.«

Sie setzte sich Gilles gegenüber schräg an den Tisch, nahm ein Rabattmarkenheft, das Elisa dorthin gelegt hatte, und fing mechanisch an, die Marken einzukleben.

Das Verlangen entsteht ganz plötzlich, aus dem Nichts. Gilles sah den kleinen roten Mund, der sich alle paar Sekunden öffnete, um eine spitze, lange Zunge herauszulassen, die zwei Finger mit einem kleinen quadratischen Papierchen ableckte. Sprachlos sah er zu, ohne sich zu rühren. Oft hatte er ein spontanes Begehren gespürt, wenn er Elisa ansah, doch es war eine Begierde gewesen, die sich ganz langsam und angenehm steigerte. Dieses Mal war es, als würde sein nackter Körper von einer Panik erfaßt, er hatte den Eindruck, das Blut ließe seinen Kopf bis zum Platzen anschwellen.

Er versuchte einen klaren Gedanken zu fassen. »Also wirklich. Das ist doch Victorine... Ich kenne sie seit Jahren... Schon als kleines Mädchen mit einem Zopf auf dem Rücken und später mit einem Knoten... Es ist nur die kleine Torine.«

Aber es nützte alles nichts, spielte überhaupt keine Rolle mehr. Während sie weiter ihre Marken aufklebte, war es ihm, als sähe er diese sich öffnenden Lippen, diese Zunge, die sich hervorschob und wieder zurückzog, zum erstenmal. Er erhob sich, ging um den Tisch herum und stützte sich auf die Herdstange. Dort stand er völlig reglos und starrte Victorine mit riesigen Augen an.

Reiß dich zusammen, Gilles, bis jetzt ist noch nichts geschehen... Ein starkes männliches Begehren, das so unvermittelt aus der Mitte des Fleisches entspringt und von keinem Gedanken geleitet wird, ist nicht schlimm. Das Wichtigste ist, dem keine Beachtung zu schenken und es so unberechenbar, wie es gekommen ist, auch wieder verschwinden zu lassen.

Aber in diesem Moment hob das kleine Biest den Kopf: sie gehörte zu denen, die sofort begreifen und sich keine Gelegenheit entgehen lassen.

Viele Mädchen sind ganz von ihren Gefühlen bestimmt. Bei Victorine verdrängte das Sexuelle alles andere. Sie war einfach so, sie konnte nichts dafür, das arme Mädchen. Aber trotzdem ist es abscheulich, so zu sein.

Sie schlug die Beine übereinander und streckte sich genüßlich mit einem merkwürdigen kleinen Seufzer, als wäre sie müde. Blitzschnell prüfte sie Gilles' Reaktion, klappte das Rabattmarkenheft zu, stand auf und ging zu ihm.

Sie sah ihn an: er war ein gutaussehender Mann.

Männliche Beine… ein männlicher Oberkörper… männliche Schultern… Sie preßte sich mit ihrem ganzen Körper an ihn.

Mit fünf Sekunden Verspätung begriff Gilles, daß er den kleinen roten Mund haben konnte; beim Küssen bemerkte er einen leichten Klebstoffgeruch.

Seine Beine zitterten. Er war unfähig, sich zu rühren, als er Elisa die Treppe herunterkommen hörte, doch Victorine ließ sich geschmeidig auf ihren Stuhl gleiten und fing an, mit den Fingern auf den Tisch zu trommeln und eine bekannte Melodie zu trällern.

»Sie wollten heute einfach nicht einschlafen«, sagte Elisa.

Sie beugte sich hinunter, um den Kohlenkasten herauszuziehen, doch Gilles' Beine waren ihr dabei im Weg. Sie verharrte mit ausgestreckter Hand und wartete, daß er zurücktrat. Ihr Blick wanderte den großen bewegungslosen Körper hinauf: Gilles' Beine… Gilles' Brustkorb… Gilles' Schultern… Sie lächelte, als sie sein ausdrucksloses Gesicht sah, die leeren Augen.

»Was hast du? Geh schon zur Seite, du Nichtsnutz!« sagte sie lachend und gab ihm, der für sie der einzige Mann auf der Welt war, einen dicken, schmatzenden Kuß auf die Wange.

»Bleibst du zum Essen?« fragte sie Victorine.

»Von mir aus«, antwortete das Mädchen und erhob sich, um Elisa beim Tischdecken zu helfen.

Sie setzten sich zu dritt an den Tisch. Gilles aß seine Suppe, ohne ein Wort zu sagen. Victorine erzählte eine lange Geschichte über die Kassiererin des Geschäfts, in dem sie arbeitete. Elisa hörte ihr mit ruhigem Herzen zu und aß dabei mit gesundem Appetit. Gilles nahm sich ein wenig von den Kartoffeln mit Speck, aber er konnte seinen Teller nicht leer essen.

»Schmeckt es dir nicht?« fragte Elisa. »Soll ich dir ein paar Eier machen?«

»Nein, ich habe keinen Hunger… Ich fühle mich nicht ganz wohl. . .«

Sie sah ihn beunruhigt an.

Er spürte Victorines Bein, das sich an seinem rieb. Er hatte das Gefühl zu ersticken; auch die Nachtluft, die durch das geöffnete Fenster hereinkam, brachte keine Abkühlung.

Wenn eine von beiden aus dem Zimmer ginge, würde ich mich besser fühlen, dachte er.

Aber als Victorine fort war, sah er sich um: der Tisch... die Stühle... der Kalender an der Wand... die Uhr. . . Es ist doch alles wie immer.. . Nein, er konnte es nicht zulassen.

Er verharrte einige Minuten schweigend; zum erstenmal fiel ihm auf, daß Lärm oder Stille die Dinge unterschiedlich erscheinen ließen. Er dachte: Diese Stille ist schwer wie Blei. Sie war ihm unerträglich, deshalb sagte er unvermittelt: »Ich gehe mal runter und sehe nach den Tauben.«

»Jetzt?« fragte Elisa.

Das tat er sonst nie um diese Uhrzeit, aber warum nicht.

»Na gut, dann geh«, sagte sie, »aber du wirst sie aufwecken.«

Er ging hinaus und an der Tür des Taubenhauses vorbei, bog nach rechts um die Hausecke, stieg die Betonstufen zum Gartentor hinauf und beugte sich hinaus. Eine weiße Bluse sieht man auch in der Dunkelheit. Nein, es war niemand auf der Straße. Er ließ seinen Blick forschend bis in die hinterste Ecke des Gartens schweifen. Langsam stieg er die Stufen wieder hinunter. Dann lehnte er sich ein wenig an die Hausmauer und murmelte: »Was ist denn bloß mit mir los?«

Er schob die Tür des Taubenhauses auf. Er liebte diesen Korn- und Federgeruch; heute abend sog er ihn nicht mit derselben Freude ein wie sonst. Mechanisch rieb er ein Streichholz an: Er schaute, ohne etwas zu sehen.

»Was ist? Gehen wir jetzt schlafen, Liebster?« rief Elisa ihm von der Haustür aus zu.

Er wandte sich zum Gehen, zog an der Kette der Gaslampe und tastete sich auf Elisa zu, die ihn auf den untersten Treppenstufen erwartete. Sie gingen nach oben wie jeden Abend, Elisa voran, einen Arm nach hinten abgewinkelt, mit dem sie sich an Gilles' Schulter festhielt.

Willkommen in Wellville

Aus dem Amerikanischen von Anette Grube
dtv 11998, 640 Seiten, DM 22.90.
Deutscher Taschenbuch Verlag, München

Als Hardcover DM 45.–,
Hanser Verlag, München

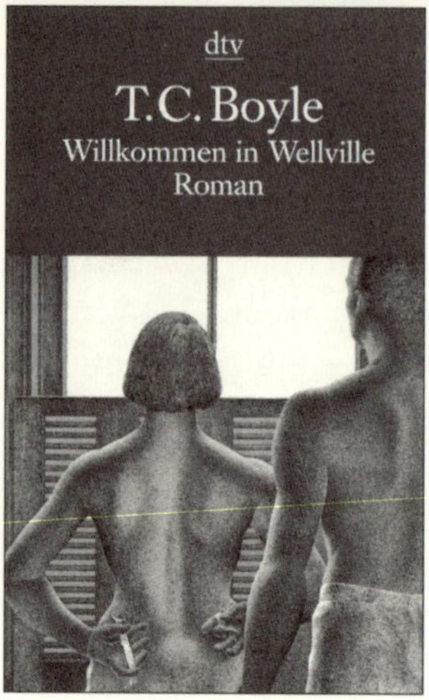

GIESSENER ANZEIGER
1907, Battle Creek, Michigan. Hier betreibt Dr. John Harvey Kellog, der Erfinder der Cornflakes und der Erdnußbutter, ganz zu schweigen von etwa 75 weiteren gastrisch einwandfreien Nahrungsmitteln, seinen all American Zauberberg: ein luxuriöses Sanatorium, in dem sich die gesundheitsbewußte, reformfreudige Oberschicht der USA mit Hilfe streng vegetarischer Kost nicht nur von ihren Zipperlein heilen läßt ... Der PEN-Preisträger zeigt sich als Meister der versteckten Satire ...

RUHRNACHRICHTEN
...All das hat Boyle zusammengeschweißt zu einem gehaltvollen Roman, der den Appetit auf mehr nie vermiest. Er schreibt fesselnd, ohne je den Zeigefinger zu heben ... Weniger ist manchmal mehr, das erfährt der Leser ganz eindeutig, nicht aber bei diesem Roman, der auf fast 630 Seiten bestens unterhält.

DIE WELT
Boyles satirische Bestandsaufnahme einer frühen Gesundheitsbewegung ist viel Wasser auf die Mühlen all derer, die schon immer glaubten, daß nur gesund ist, was Spaß macht.

Der Autor:
T. Coraghessan Boyle, geboren 1949 in Peekshill/New York, unterrichtet heute an der University of Southern California in Los Angeles. Für seinen Roman *World's End* erhielt er 1987 den PEN/Faulkner-Preis. In deutscher Sprache liegen außerdem vor: Romane – *Wassermusik; Grün ist die Hoffnung; Der Samurai von Savannah; América;* Erzählungen: *Wenn der Fluß voll Whisky wär; Greasy Lake; Tod durch Ertrinken.*

Im Grunde gab es nicht viel zu sehen – einen ungefähr hufeisenförmigen Hügel, dem hier und da etwas Erde entnommen war, Felsen, Fragmente unglasierter Töpferwaren und etwas, was menschliche Überreste sein konnten oder auch nicht. Eleanor wußte nicht genau, was sie erwartet hatte – die Skelette von Kriegern und Squaws, vereint in einer übernatürlichen Umarmung, jeder Knochen so deutlich erkennbar wie bei dem Modell, das in Franks Büro stand, ihnen zur Seite vielleicht ihr Lieblingshund. Kopfschmuck. Vasen. Holzperlen. Diese Pfeifen mit den Federn dran – wie nannten sie die doch gleich? Dennoch war es ein ungetrübtes Vergnügen, hier draußen in der Sonne zu sein, die gesundheitsspendenden Strahlen aufzunehmen, sich auf einem Bett von Wiesenblumen auszustrecken und der Schriftrolle des Himmels dabei zuzusehen, wie sie sich unablässig auf– und wieder zusammenrollte.

Was die Sonne anbetraf, war sie sich nicht so recht schlüssig, und sie hatte ihren Sonnenschirm dabei, damit sie nicht zuviel auf einmal abbekäme. Es war ihr immer gesagt worden – und sie spürte instinktiv, daß es stimmte–, daß von der Sonne gerötete Wangen, dunkle Haut und rote Hände derb und unansehnlich seien, das Kennzeichen von Ausländern und Tagelöhnern. Aber Dr. Kellogg hatte von der vitalen Bedeutung der Phototherapie gesprochen, und sie hatte den ansonsten farblosen Winter damit verbracht, unter den heilenden Strahlen des elektrischen Lichtbads, des Photophors, des Thermophors, der Bogenlampe und der aktinischen Quarzlampe ihre Konstitution zu kräftigen. Ihre Haut war frischer und zarter als je zuvor. Sie war mit einem makellosen Teint gesegnet, worum sie ihre Schulfreundinnen beneidet hatten, die geheiratet und sich in den frischgestrichenen und mit Türmchen bewehrten Häusern, die die hügelige Landschaft von Peterskill schmückten, niedergelassen und Kinder bekommen hatten. Und was machten sie jetzt, diese Schulfreundinnen? May Boughton, Christine Peckworth, Lucy Strang? Ohne es zu ahnen, vergifteten sie ihre Männer und Kinder mit Kreatin, mit fauligem Fleisch, mit Steaks, Koteletts und Braten. Zumindest Lucy sollte es eigentlich besser wissen ...

Peterskill. Ihre Gedanken verweilten noch eine Weile dort, und sie sah die gelben Rosen vor sich, die sich am Spalier vor ihrem

Küchenfenster emporrankten, das Geißblatt, das sich über den Zaun in den Hof der Van Tassels ergoß, das sanfte, wehmütige Lächeln ihres Vaters und seine Hände, die die ihren ergriffen, als wären sie ofenfrische Krapfen... Oje, sie hatte ihm seit Wochen nicht mehr geschrieben

»So, so – Sie nehmen wohl ein kleines Sonnenbad?«

Sie hielt die Hand vor die Augen und blickte hinauf in Lionel Badgers von der Sonne geblendetes Gesicht. Er trug einen Panamahut und eine kurze Leinenhose mit Hosenträgern aus gewobenem Hanf, und er grinste. Er hatte sein Hemd ausgezogen, und sie hätte eigentlich etwas schockiert sein müssen angesichts des Fleisches unter den hanfenen Hosenträgern, der Körperbehaarung, des von den Rippen gefurchten Brustkastens, des weißen Schmisses einer Narbe auf der Schulter, aber er hatte sich in der vergangenen Woche zweimal in ihrer Gegenwart seines Hemds entledigt, und sie gewöhnte sich allmählich daran. Schließlich öffnete er sich nur für die Sonne, gemäß den Kelloggschen Kurvorschriften und seinen eigenen nachhaltigen Erkenntnissen (alles, was der Doktor vertrat, vertrat Lionel mit zehnfachem Nachdruck). »Ja«, murmelte sie träge, die Sonne war wie eine große, warme, goldene Spachtel, die ihren Rücken auf die weiche, sinnliche Erde drückte. »Aber eigentlich will ich schon seit einer halben Stunde aufstehen und zu Virginia hinübergehen.«

Lionel lachte, es war nur ein Kitzeln tief in seinem Hals, dann setzte er sich neben sie, und sein Schatten fiel auf sie wie eine kalte Hand. »Aber wirklich, Eleanor«, sagte er, und sie roch den Knoblauch in seinem Atem, stark und erdig, »Sie müssen sich für die strahlende Energie der Sonne öffnen, die Bluse aufknöpfen, die Ärmel hochkrempeln, den Rock hochziehen –«

Sie hielt in seinem Gesicht nach Anzeichen von Unschicklichkeit Ausschau, konnte aber keine entdecken. Er sprach im Ernst, als Proselyt, als Verbreiter der frohen Botschaft, als Prophet der Gesundheit. »Wissen Sie«, hauchte sie und errötete ein ganz klein wenig, ich habe es versucht. Mit dem Frauen-Tief-Atem-Club – nun, wir haben uns die letzten zwei Wochen im Freien getroffen, natürlich nur dort, wo wir ungestört sind, am Frauenschwimmbad –«
In den Augen des Gesundheitsapostels glomm ein seltsames Licht, als

würde er sich vorstellen, wie sie die Frauengruppe anführte, in entkleidetem Zustand. »Ja?« sagte er. »Und?«

Sie sah weg. »Nun, wir haben experimentiert – so wie es die Männer sonst tun, soweit ich weiß–, indem wir uns unserer Kleidungsstücke entledigten –«

»Ja!« unterbrach er sie, ballte die Fäuste und streckte die Arme empor wie ein triumphierender Krieger, »das ist es, genau das ist es! Kleidungsreform, Eleanor, beginnt damit, daß man den Körper von künstlichen Zwängen befreit, und ich rede jetzt nicht über Korsetts aus Fischbein, wiewohl diese Apparaturen einer modernen Frau ungefähr so angemessen sind wie die Knochen, die sich die Kannibalen von Neuguinea durch die Nase stecken – nein, Eleanor, und Sie haben es bereits verstanden, es geht weit tiefer.« Er blickte ihr in die Augen. »Wissen Sie, was ich unter diesen kurzen Hosen anhabe?«

Sie hatte nicht eine Sekunde darüber nachgedacht, nicht in ihren wildesten Phantasien, aber in diesem Augenblick wußte sie es.

Er grinste sie zähnefletschend an, einen winzigen Augenblick zu lange. »Sind Sie vertraut mit *Freikörperkultur*, Professor Kuntz' grundlegendem Werk über die deutsche Nudistenbewegung?«

Und warum raste ihr Puls plötzlich so. Sie kam sich vor wie ein Mädchen, das darauf wartete, zum Tanz aufgefordert zu werden. »Ja, natürlich.«

Wenn er gerade eben noch interessiert gewirkt hatte, so sah er jetzt eindeutig so aus, als stünde er unter Hypnose. Hinter ihm, keine dreißig Meter entfernt, dirigierten Professor Gunderson und Frank zwei Arbeiter mit Schaufeln und Hacken, und Virginia Cranehill, Anfang Vierzig und stämmig, saß steif auf einer Decke neben einem Korb mit Sandwiches aus der Sanatoriumsküche »Wirklich? Und was halten Sie davon?«

Sie schirmte noch immer die Augen ab, stützte sich auf einen Ellbogen und riß einen Grashalm aus, um darauf herumzukauen. »Es ist eine ziemlich revolutionäre Angelegenheit«, sagte sie, ohne zu zögern. »Und eine logische. Wenn man an die Anfänge der Menschheit zurückdenkt, dann erscheint es als das Vernünftigste der Welt, uns nackt der Sonne auszusetzen. Es ist natürlich und rein. Aber leider hat uns die Gesellschaft diese hassenswerten Kleidungsstücke aufgezwungen –« Und um das Gesagte zu unterstreichen, zupfte sie an den schweren Falten ihres Rocks.

»Aber sie sind entzückend«, widersprach Lionel, kniete sich hin und beugte sich näher zu ihr. »Ich wollte Ihnen schon den ganzen Morgen sagen, wie überaus bezaubernd Sie heute aussehen – das ganze Ensemble steht Ihnen ausgezeichnet, schmeichelt Ihnen –, und unter der breiten Krempe Ihres Hutes scheinen Ihre Augen zu schmelzen wie zwei Butterflöckchen…«

Was sollte sie darauf sagen? Sie dankte ihm für das Kompliment.

»Aber ich weiß, was Sie sagen wollen«, fuhr er fort, »Kleidung engt ein, wird von der Mode diktiert, ist unnütz und absolut albern bei Wetter wie diesem. Und ich kann mir sehr wohl vorstellen, daß Sie auch ohne – gewissermaßen *au naturel* – ganz bezaubernd aussehen. Professor Kuntz hätte Ihnen die Kleider einschließlich der Liebestöter in weniger als einer halben Minute ausgezogen.« Er ging in die Hocke, breitete die Arme aus, um das Licht, die milde Brise, die wilde Landschaft, die bis zum Horizont reichte, aufzunehmen. »Und noch dazu an einem Tag wie diesem! Keine Waldlichtung in Bayern, kein Berg und kein rauschender Wasserfall im Schwarzwald können sich mit diesem Anblick hier messen – finden Sie nicht auch?«

»Ja«, stimmte Eleanor zu und knabberte an ihrem Grashalm, »aber wenn wir heute die hiesige Art von Freikörperkultur praktizieren würden, Lionel, dann müßte ich auf Ihre und Franks und Professor Gundersons Gesellschaft verzichten, ganz zu schweigen von der erbaulichen Anwesenheit der zwei Erdschaufler da drüben. Ich wäre allein mit Virginia, und ich kann mir keine langweiligere Landpartie vorstellen, auch wenn der ganze Sonnenschein der Welt zur Verfügung stünde.«

»Aber nein, aber nein, meine liebste Eleanor. Der ziemlich bornierte und puritanisch eingestellte Direktor des San mag die Geschlechter trennen, als ob man sich schämen müßte, wenn man den menschlichen Körper entblößt, als wäre er ein Müllhaufen statt des Tempels, den er ständig beschwört, aber bei Gerhardt Kuntz dürfen sich, wie Sie sicherlich wissen, die Geschlechter mischen. Und warum auch nicht?«

Eleanor fiel kein einziger Grund ein, der dagegen gesprochen hätte. Sie hatte Kuntz' Beschreibung nackter Menschen, die Luftsprünge machten, gelesen, und das Herz hatte ihr bis zum Hals geschlagen. Dabei stellte sie sich die Männer als Satyrn mit behaarten Beinen vor, die in eisige Sturzfluten sprangen und sich hinterher auf granitenen Thronen wärmten, derweil die Frauen mit scheuen, weichen Körpern und entblößten, von der Schwerkraft liebkosten Brüsten neben ihnen saßen und geistreiche, frivole Konversation machten. Außer Will kannte sie keinen Mann, und sie liebte ihn, liebte ihn wirklich, aber es war auch etwas anderes in ihr, etwas, was heftig und im geheimen in ihren Adern pulsierte und darum kämpfte, herauszukommen. Sie blickte Lionel in die Augen. »Und warum auch nicht?« pflichtete sie ihm bei.

Später, nachdem sie ein Picknick, bestehend aus Grahambrot, Erdnußbutter-Gurken-Sandwiches und einer Flasche von Lionels Concord-Wasser, verzehrt hatten, saßen sie alle in trauter Runde auf Virginias Decke – Eleanor zwischen Lionel und Frank, neben dem Professor Gunderson saß, und schließlich Virginia, um den Kreis zu schließen – und sprachen zum Klappern von Hacke und Schaufel über Archäologie, Gesundheit, Phrenologie und Nudismus. Beim Thema Nudismus wurde Frank argwöhnisch (obschon er an der von Kellogg ausgegebenen Parteilinie hinsichtlich Sonnenlicht und dem nicht eingeengten Körper festhielt), Virginia wurde enthusiastisch, und Professor Gunderson legte sich nicht fest. Lionel warf Eleanor einen bedeutungsvollen Blick zu, als Frank weiterschwafelte und der Professor sich plötzlich mit seinen Notizen beschäftigte. Virginia ging so weit, den obersten Knopf ihrer Bluse zu öffnen, die Ärmel aufzukrempeln und den Rock so weit zurückzuschlagen, daß der weiße Spitzensaum ihrer Liebestöter zu sehen war (Eleanor blieb vollständig und untadelig angezogen – für sie hieß es entweder alles oder gar nichts), und dann kam die Archäologie an die Reihe, und der kleine Professor dozierte über den hügelbauenden Indianerstamm, der vor den Potawatomi in dieser Gegend gesiedelt hatte. Frank mischte sich ein mit seinen phrenologischen Theorien über Indianer im allgemeinen und diese Indianer im besonderen, und Eleanor konnte nicht umhin zu denken, daß er sich in letzter Zeit zu einem Langweiler entwickelte, einem Virtuosen, der nur eine Note spielen konnte. Erst später, als einer der Arbeiter aufgeregt einen Schrei ausstieß und Frank und der Professor hochsprangen, um in ein braunes Erdloch zu spähen, nahm die Unterhaltung einen interessanteren Verlauf.

»Wenn wir schon vom nicht eingeengten Körper sprechen, Lionel«, hauchte Virginia und rückte näher, um den Kreis wieder zu schließen, »so möchte ich mich bei Ihnen dafür bedanken, daß Sie mich zu Dr. Spitzvogel geschickt haben – nie in meinem Leben habe ich mich so wohl gefühlt, obwohl ich die Methoden des San nicht herabsetzen will. Sie haben mir unglaublich viel geholfen, und ich habe nicht die Absicht, das San zu verlassen – aber, oh, Dr. Spitzvogel!« Sie rollte theatralisch mit den Augen, eine große Kuh von einer Frau, und dann lächelte sie Eleanor an.

Eleanor hatte von dem fraglichen Arzt gehört. Die ganze Angelegenheit wurde immer nur im Flüsterton behandelt, und bei den Damen des San rief die Erwähnung des Namens schockiertes Kichern, anzügliche Blicke und entrücktes Starren hervor. »Ich habe selbstverständlich von ihm gehört«, sagte Eleanor, »aber ich wußte nicht, daß Sie –«

»Schon seit drei Wochen«, warf Virginia ein.

Eleanor spürte Lionels Blick. Normalerweise schwieg er nur, um Luft zu holen, und sie spürte sein Schweigen wie ein greifbares Gewicht, das schwer auf ihr lastete. Sie hatte nicht gewußt, daß Lionel etwas damit zu tun hatte, aber sie hätte es sich denken können. Die Behandlung – sie wurde »Bewegungstherapie« genannt und war speziell auf Frauen abgestimmt, mehr wußte sie nicht – wurde im San nicht angeboten. Dieser Dr. Spitzvogel, eine geheimnisvolle Figur, die niemand zugab zu kennen, hatte irgendwann im Herbst eine Praxis in Battle Creek eröffnet. Eleanor suchte Virginias helle, bedeutungsschwanger blickende Augen. »Und ist sie – die Behandlung, meine ich – von großem Nutzen?« Sie hoffte auf irgendeine Art von Beschreibung.

»Von sehr großem Nutzen«, offerierte Lionel. »Vor allem für die hypersensible Natur, für den Neurastheniker, Eleanor. Ich bin nicht Ihr Arzt« – er warf die Hände in die Höhe und bedachte sie mit einem weiteren seiner Blicke –, »aber ich muß sagen, daß ich bereits mehrere Frauen zu Siegfried geschickt habe, und mir ist nicht eine einzige Klage zu Ohren gekommen.«

»Dem muß ich beipflichten«, sagte Virginia und senkte verschwörerisch den Kopf. »Wenn ich die Praxis verlasse, schwebe ich auf Wolken, ich bin bis in die letzte Pore entspannt – die letzten beiden Male war ich so im Einklang mit meiner inneren Natur, daß mich der Doktor zur Droscke führen mußte. Ich war schwach, Eleanor, praktisch am Schmelzen.«

Eleanor verstand nicht. Warum sollte einem daran liegen, sich schwächen zu lassen – war nicht der Kerngedanke der physiologischen Lebensweise, sich zu stärken für das lange Leben, das sie garantierte? »Schwach?« wiederholte sie.

»Entspannt, meine Liebe.« Virginia tauschte einen Blick mit Lionel aus. Es war ein komplizenhafter Blick, selbstgefällig und plump vertraulich, und er irritierte Eleanor.

»Hören Sie, Eleanor«, Lionel sprach leise, voller Überzeugungskraft; in der Ferne stießen die Männer, die in das Loch in der Erde spähten, erstaunte Rufe aus. »Dr. Kelloggs Methoden sind erstklassig, das will ich nicht bestreiten, aber wie Sie wissen, treibt er die Dinge nicht weit genug, er schätzt die Extreme nicht. Ich sage immer, extreme Kuren für extreme Zustände. Nein, hören Sie mir zu. Davor brauchen Sie keine Angst zu haben, für Sie, die Sie tapfer vorangehen, wo andere keinen Schritt wagen, eine Vegetarierin und progressive Frauenführerin – für Sie wird es nichts weiter sein als schlicht eine Erweiterung dessen, was Sie sowieso seit langem schon tun. Aber zufälligerweise liegt es außerhalb des strengen Rahmens, den Dr. Kellogg als geeignet für seine Patienten erachtet – er ist ein großer Mann, Eleanor, aber er ist nicht Gott.«

»So ist es«, warf Virginia ein. Sie war noch näher gerückt, so nahe, daß Eleanor die Erdnußbutter in ihrem Atem riechen konnte; vermischt mit Lionels Knoblauch war es ein berauschender Geruch.

Eleanor lächelte und lachte kurz auf, obwohl ihr Puls raste. »Aus Ihrem Mund klingt es wie eine sehr geheimnisvolle Sache – Sie müssen es mir nicht schonend beibringen, Lionel, Virginia. Wie Sie wissen, bin ich progressiv.« Sie hielt inne. »Wie sieht die Behandlung denn genau aus?«

Virginia warf Lionel rasch einen Blick zu; Lionel wandte sich an Eleanor. »Es ist ganz einfach, wirklich. Der Doktor gibt Ihnen ein locker sitzendes Gewand, eine Art Unterhemd, und dann legen Sie sich auf einen gepolsterten Tisch –«

»– in einem ganz kuscheligen Zimmer«, fügte Virginia hinzu.

»Ja, natürlich. Die Atmosphäre ist vollkommen entspannt – das muß sie auch sein, das ist der Kerngedanke.«

»Und Dr. Spitzvogel hat die wärmsten Hände, die man sich vorstellen kann, wärmer als der Heiße Handschuh im San, es ist, als ob er seine eigene Energie ausstrahlte –«

Ja, sagte sich Eleanor, aber was *tut* er?

»Eleanor.« Lionel dämpfte die Stimme. »Ich werde offen zu Ihnen sein – warum auch nicht? Wir sind gute Freunde, nicht wahr? Und wenn es um den menschlichen Körper geht, gibt es nichts, wessen man sich schämen müßte.«

Frank stieß in der Ferne einen Schrei aus. »Ja?« sagte Eleanor. »Sprechen Sie weiter.«

»Auf deutsch heißt es die Handhabungstherapeutik.«

»Manipulationstherapie«, hauchte Virginia.

»Nun«, sagte Lionel. »Der Doktor manipuliert den Unterleib –«

»Und die Brüste«, warf Virginia ein und zog dabei den Zischlaut in die Länge, als könnte sie sich nicht davon trennen.

»Ja«, schnaufte Lionel, der sich zunehmend für das Thema erwärmte, »denn dort ist in der weiblichen Anatomie der Sitz der hysterischen Leidenschaften, der Schlüssel, wie viele glauben, zu neurasthenischen Störungen. Indem er den Unterleib manipuliert –«

»Und die Brüste«, zischte Virginia leise.

»– und die Brüste, ist der Doktor in der Lage, den Fluß des Blutes in diesen Regionen zu stimulieren und negative Dämpfe freizusetzen, die sich dort bilden, so wie sich im Fall von Autointoxikation Ptomain und andere Gifte im Darm bilden. Es ist eine ganz neue und absolut ungefährliche Behandlungsmethode und der letzte Schrei in Europa.« Lionel bedachte sie mit einem Blick aus seinen karamelbraunen Augen. »Um es zu wiederholen: nur weil Dr. Kellogg – ich will ihn nicht kritisieren, er hat mir sehr viel Gutes getan, und seine Ideen weisen in die richtige Richtung – so puritanisch ist, hat er Siegfried Spitzvogel bislang noch keinen Posten im Sanatorium angeboten. Aber das ist kein Hindernis: Ich kann Sie ihm vorstellen.«

Sie sahen sie jetzt beide an, beide atmeten flach, und auf beiden Gesichtern stand der Schweiß. Die Sonne brannte, und Eleanor fühlte sich plötzlich unbehaglich und bemerkte, daß sich ihre Handrücken rosa gefärbt hatten. Sie wollte gerade ja sagen, natürlich würde sie Dr. Spitzvogels Therapie ausprobieren – wenn sie bei dieser Kuh Virginia Cranehill positive Ergebnisse erzielte, nun, dann würde sie selbst noch weitaus mehr Nutzen daraus ziehen–, aber Frank Linniman unterbrach sie.

Er stand jetzt neben ihnen, einen Erdfleck auf seiner weißen Segeltuchhose und einen weiteren auf der Backe. »Sehen Sie«, rief er, »sehen Sie, was wir gefunden haben!« Eleanor bemerkte Professor Gunderson hinter ihm, der vornübergebeugt dastand und grinste, bis sein Gesicht aussah, als bestünde es aus zwei Hälften. Frank hielt ihnen etwas hin, einen weißen, lehmverschmierten Stein, aber dann sah sie, daß es überhaupt kein Stein war.

»Mindestens vierhundert Jahre alt«, sagte Frank, und seine Stimme gab alle Höhen und Tiefen seiner Gefühle wieder. »Eine Frau, glauben wir. Und sehen Sie sich das an« – er deutete mit einem schwarzen Fingernagel auf das Loch, wo vielleicht einmal ein Ohr gewesen war, wo vor langer Zeit der Finger eines Liebhabers in einer Liebkosung verweilt haben mochte–, »sehen Sie das? Dieses Organ hinter dem Schläfenbein, hier an der Schädelbasis?«

Eleanor sah den gebleichten Knochen, vom Alter durchlöchert, sah den herunterhängenden Unterkiefer, die Augenhöhlen, den in einer lebenden Hand zusammengefaßten Tod. »Ja«, sagte sie, »ja, Frank, was ist das?«

»Sinnlichkeit«, sagte er. »Das ist ihr Organ für Sinnlichkeit. Sehen Sie, wie stark es entwickelt ist im Vergleich mit diesem Organ für das logische Denken? Oder diesem hier für Ordnung? Oder sehen Sie hier – sehen Sie, wie klein diese Scheibe ist? Das ist der Sitz der Spiritualität.« Sein Finger fuhr durch die nackte Kugel des Schädels, stach hier und dort zu wie ein Zeigestab.

»Was bedeutet das?« fragte Lionel und verlagerte sein Gewicht auf den Rand der Decke.

Frank ließ sich Zeit, genoß den Augenblick. Hinter ihm flatterten Schmetterlinge durch die Luft wie Fetzen bunten Papiers, und die zwei Arbeiter lehnten zufrieden auf ihren Schaufeln. »Das bedeutet Wollust«, sagte er. »Das bedeutet, daß sie sich nicht zurückgehalten hat. Das bedeutet, daß sie ein Pfuhl der Begierde war.« Er schüttelte den Kopf. »Diese Indianer«, sagte er schließlich, »kein Wunder, daß sie es nie zu was gebracht haben.«

Günter de Bruyn

Zwischenbilanz
Eine Jugend in Berlin

FTV 11967, DM 16.90.
Fischer Taschenbuch Verlag, Frankfurt/Main

Als Hardcover DM 39.80,
S. Fischer Verlag, Frankfurt/Main

Andreas Isenschmid in DIE ZEIT
... Zwischenbilanz *beginnt, nach einigen Ausflügen in die Familiengeschichte, 1926 mit de Bruyns Geburt in der Weimarer Republik und endet, nach Schüler-, Arbeitsdienst- und Soldatenjahren in der Nazi-Zeit, 1949, als de Bruyn nach wenigen Lehrjahren in der eben gegründeten DDR sein Bibliothekarsstudium beginnt. Des Buches Niederschrift begann 1986, als niemand im Ernst ans Ende der DDR dachte, und endete, durchs Abtreten der DDR verzögert, aber nicht verändert, lange bevor die Debatte über die vergangene Diktatur die Schärfe von heute hatte.*

Sybille Wirsing in der FRANKFURTER ALLGEMEINE ZEITUNG
Wenn man unter den deutschsprachigen Schriftstellern unserer Jahrzehnte denjenigen auszeichnen wollte, der die Arroganz aus seiner Sprache getilgt und die Fairneß zur Arbeitsmoral erhoben hat, gehört Günter de Bruyn der Preis.

Volker Klotz in der FRANKFURTER RUNDSCHAU
Günter de Bruyn schreibt eine Prosa, die blitzschnell zugreift und den Leser packt.

Martin Lüdke in DIE ZEIT
De Bruyn beschreibt nur, erzählerisch. Im Plauderton Fontanes und mit Fontanes Sinn für Gerechtigkeit zeichnet er seine Figuren.

Der Autor:

© Ekko von Schwichow

Günter de Bruyn wurde am 1. November 1926 in Berlin geboren. 1943 wurde er als Luftwaffenhelfer zum Kriegsdienst einberufen. Eine Kopfverletzung durch Granatsplitter führte zeitweise zu einer Lähmung des Sprachzentrums. Nach Kriegsgefangenschaft und einem kurzen Intermezzo als Landarbeiter war er bis 1949 Lehrer in einem märkischen Dorf, bevor er eine Ausbildung zum Bibliothekar machte. Von 1953 bis 1961 war de Bruyn wissenschaftlicher Mitarbeiter im Zentralinstitut für Bibliothekswesen in Ost-Berlin. Seitdem ist er freier Schriftsteller. Günter de Bruyn lebt heute in Berlin und in einem märkischen Dorf.

GESCHICHTSQUELLEN

Mit achtzig gedenke ich, Bilanz über mein Leben zu ziehen; die Zwischenbilanz, die ich mit sechzig beginne, soll eine Vorübung sein: ein Training im Ich-Sagen, im Auskunftgeben ohne Verhüllung durch Fiktion. Nachdem ich in Romanen und Erzählungen lange um mein Leben herumgeschrieben habe, versuche ich jetzt, es direkt darzustellen, unverschönt, unüberhöht, unmaskiert. Der berufsmäßige Lügner übt, die Wahrheit zu sagen. Er verspricht, was er sagt, ehrlich zu sagen; alles zu sagen, verspricht er nicht.

Bevor ich zu mir komme, ist die Frühgeschichte meiner Familie dran. Sie ist mir vor allem durch meine Mutter bekannt. Ihren Erzählungen fehlten zwar Chronologie und Zusammenhang, doch da ihre Erinnerungsbilder detailreich und farbig waren und wir sie wieder und wieder erzählt bekamen, stellte sich doch eine Familiengeschichte in Umrissen her. Sie begann im Jahre 1911 mit dem Januarabend, an dem der junge Mann, der später mein Vater wurde, auf dem Ball des Postgesangvereins in der Friedrichstraße seine Fähigkeit im Flirt und seine Unfähigkeit im Walzertanzen bewiesen hatte, setzte sich fort mit der Frage des Briefträgers Hilgert: Und wovon, Herr de Bruyn, wollen Sie meine Tochter ernähren? – und wechselte dann mehrmals den Schauplatz. Groß-Wasserburg im Unterspreewald, wohin die Verlobten ihre erste Reise unternommen hatten, wurde mit seinen Booten und Kanälen wie Venedig beschrieben; von Odessa war nur, neben der Erkenntnis, daß die Russen arme, kinderliebe Leute seien, die Erinnerung an Winterabende bei einer Konsulin geblieben; und von dem Eisenbahnzug des Roten Kreuzes, der sie und ihren vier Wochen alten Sohn (meinen Bruder Karlheinz) im Januar 1915 über Rumänien nach Berlin zurückgebracht hatte, wußte sie nur zu berichten, daß dort eine junge Mutter aus Wien genug Milch gehabt hatte, um den Karlheinz mitzuernähren, der bei ihr selbst nicht satt geworden war.

Diese Erinnerungen an die Erinnerungen meiner Mutter sind natürlich eine fragwürdige Geschichtsquelle. Die grobe Periodisierung: vor dem Krieg, im Krieg, nach dem Krieg, ersetzte die Jahreszahlen, und mit wachsendem Lebensalter wuchs bei der

Erzählerin auch die Vergoldungstendenz. Trotzdem läßt sich auf diese Überlieferung bauen; denn nie widerspricht sie dem Dokument, das ich über diese Frühzeit besitze: dem Familienstammbuch, das am Hochzeitstag, dem 18. Oktober 1911, ausgestellt wurde, und das mir, da mein Vater neben Geburt und Tod auch andere Familienereignisse dort notiert hatte, ein zuverlässiges Gerüst von Daten und Fakten gibt. Bis 1915 ist es die einzige Quelle; über die Jahre danach berichtet ein seltsamer Briefwechsel, der 1919 endet, wenn das ersehnte Familienleben beginnt.

Das folgende Jahrzehnt ist arm an Briefen, aber nicht an Bildern. Denn mein Vater fotografierte, und die Fotos, die häufig betrachtet und den Jüngeren erläutert wurden, festigten unsere familienhistorische Kenntnis. Sie irritieren aber auch mein Erinnern. Lange habe ich eine Fahrt im Kindersportwagen, den meine Schwester schiebt, für meine früheste Erinnerung gehalten, bis nach Jahrzehnten ein entsprechendes Foto Zweifel in mir erweckte, ob mein Gedächtnis nicht vielleicht das Abbild für die Wirklichkeit nimmt. An eine narzißtische Phase, in der ich lange und wonnevoll Bilder von mir zu betrachten liebte, erinnere ich mich genau.

Mit Beginn der dreißiger Jahre, als meine Geschwister sich selbständig machten und ich mein bewußtes Leben begann, setzte eine Flut von Geschriebenem ein. Erinnerungssüchtige, also auch Archivierer, waren wohl alle Familienmitglieder; und da sich die Nachlässe aus Rußland und Österreich, aus München und Stuttgart am Ende bei mir in Berlin konzentrierten, fühle ich die Verpflichtung, hier nicht nur Selbstbeschauer, sondern auch Familienchronist zu sein. Besser zu einem solchen geeignet wäre freilich mein ältester Bruder gewesen. An entsprechender Stelle werde ich erzählen, warum.

SCHREIBEN ALS LEBENSERSATZ

Im Erzählrepertoire meiner Mutter fehlte seltsamerweise die Hochzeitsfeier, erwähnt wurde aber die Tatsache, daß weder ihr Vater, der Briefträger, noch ihr Schwiegervater, ein Schauspieler, mit der Heirat zufrieden gewesen war. Dem preußischen Postbeamten war ein bayerischer, katholischer, ungedienter und auswanderungswilliger Schwiegersohn unerträglich; dem Schauspieler dagegen, der aus einstmals vornehmer Familie stammte, war die Schwiegertochter nicht schön, nicht reich und nicht gebildet genug. Die Hochzeit wurde also im stillen gefeiert, vielleicht des fehlenden Segens der Väter wegen, vielleicht aber auch aus anderen Gründen, über die das Stammbuch keine präzise Auskunft gibt. Die erste nichtamtliche Eintragung besagt nämlich, daß am 19. Januar 1912, also drei Monate nach der Hochzeit, Jenny (so hieß meine Mutter) »wegen Fehlgeburt« in eine Privatklinik gebracht werden mußte; es fehlt aber die Angabe, in welchem Schwangerschaftsmonat dieses geschah.

Über die ersten zwei Ehejahre, die in den Erinnerungen meiner Mutter ausgespart wurden, berichten die Stammbuch-Notizen von Vaters Hand: *»15. Septbr. 1912: Endlich hat sich Papa mit unserer Heirat ausgesöhnt. –20. November 1912. Heute trat Jenny zum katholischen Glauben über. Zeugen: Herr Kaplan Kresse, der Küster von St. Bonifatius und ich. Deo gratias. – Sonntag, d. 15. Dezbr. 1912: Der Herr hat's gegeben, der Herr hat's genommen, des Herrn Name sei gelobt! Geb.5 Uhr N. ISOLDE! Gest. 6 Uhr 15 N. Gott sei deiner armen Seele gnädig! – 5. März 1914: Heute fuhr ich allein nach Odessa (Südrußld.), um dort mein Glück zu versuchen. – 15. Juli 1914: fuhr Jenny mir nach Odessa nach. – 31. Juli 1914: Ausbruch des Krieges. – 4. Novbr. 1914: wurde ich aus Odessa ausgewiesen und nach Krassny-Jar, Gouv. Astrachan, verschickt; Jenny bleibt allein zurück. – 14. Dezbr. 1914: wurde in meiner Abwesenheit Karlheinz, abends 8 ½ h geboren. – 28. Februar 1915: fuhr m. Frau von Odessa über Rumänien und Österreich zu ihren Eltern nach Berlin, wo sie nach 12-tägiger Fahrt mit dem kaum noch lebenden Kinde ankam.«*

Zwischen dieser Notiz und der nächsten, die die Heimkehr aus Rußland meldet, liegt der erwähnte Briefwechsel, zu dem auch Fotos in Postkartengröße gehören, die auf den Rückseiten mit Adressen und Stempeln versehen sind. Sie zeigen meine Mutter, 1915, 1916, 1917, in weißer Bluse, im schwarzen Kleid, im eleganten Kostüm, das Kind immer dabei, im Steckkissen erst, dann auf einem Gartentisch vor einer Parkkulisse sitzend, und schließlich, mitleiderregend o-beinig, auf einem Stuhl stehend, daneben das gerahmte Postkartenbild seines Vaters – dessen Original mir noch immer erhalten ist: ein ernster, verkommen aussehender, vollbärtiger Mann, mit Hut und Krawatte, aber ohne Jackett, das Hemd, nach russischer Art über die Hosen fallend, mit einem Strick in der Hüfte gegürtet, die Hände auf den Rücken gelegt. Als dieses Bild kam (so mußte meine Mutter jedesmal, wenn wir es sahen, wieder erzählen), habe ihr Vater sie schon die Frau eines Krüppels genannt; denn daß die Russen oder Kirgisen ihrem Mann die Hände abgehackt hätten, sei doch deutlich zu sehen; und daß er noch schreibe, besage gar nichts, denn das lerne man in der Not spielend, mit Fuß oder Mund.

Bei der Gefangenenpost, die über das Dänische Rote Kreuz befördert wurde, waren im Monatsabstand offene Karten erlaubt, die nur eine Seite zur Mitteilung ließen; denn die andere wurde für die Adresse in russischer und französischer Sprache, für Zensurvermerke und Poststempel gebraucht. Außer der Tatsache, daß man noch lebe, gesund sei und auf ein baldiges Ende der Trennung hoffe, erfährt man durch sie, daß das Geld knapp sei, aber immer noch reiche, daß Jenny in der Kreuzberger Nostitzstraße bei ihren Eltern lebe, sich von Näharbeiten und dem Beackern eines Gemüsebeetes auf dem Tempelhofer Feld ernähre, und daß Carl (das ist mein Vater) als Bäcker arbeite, sich mit eigner und fremder Literatur beschäftige und für Kopekenbeträge Sprachunterricht gebe: deutschen für Russen, russischen für Deutsche, und englischen und französischen auch.

Mehr als die Karten, die zur Hälfte die üblichen Floskeln bedecken, bietet ein 20-Seiten-Brief aus Odessa, in dem meine Mutter erzählt, was sie ißt, trinkt und näht, und wie sie den Jungen zur Welt bringt, den sie nicht stillen kann. Es ist ein Brief, der atemlos wirkt, obwohl er in Abständen von Tagen geschrieben wurde. Absatzlos werden Details aneinandergereiht, die erschüttern, während jeder Versuch, von Liebe zu reden, in Formeln erstarrt. Leichter als auf den Fotos aus jener Zeit kann ich in diesem Brief meine Mutter wiedererkennen: in ihrem Sinn fürs Praktische (der sie dazu treibt, die Herstellung der Babynahrung haargenau zu erklären), in ihrer Unsentimentalität (die sie die Sätze schreiben läßt: *»Weihnachten habe ich diesmal ganz gestrichen. Wenn man daran denkt, ist man nur traurig. Friede auf Erden ist ja doch nicht.«*), in ihrem Lebensmut, in ihrem Optimismus und in ihrem Drang zum Wohlanständigen,

Besseren, Höheren, zu dem sie sich durch ihren Mann verpflichtet glaubte – und der mich später manchmal wütend machen, andere Leute aber amüsieren wird. Denn diesem Anspruch war sie nicht gewachsen. Die Sensibilität, die sie, um ihrem Mann zu gleichen, ständig zeigte, fehlte ihr in solchem Maße, daß sie das Unglaubwürdige daran, das jeder spürte, nie empfand.

Da sie den Vorsatz hat, mit ihrem Mann gemeinsam Fremdsprachen zu lernen, versucht sie in diesem Brief die lateinische Schrift zu benutzen, fällt aber immer wieder in die deutsche Steilschrift zurück. Die Gesetze der Sprache sind nicht ihre Stärke. 1914 hat sie die Hoffnung, ihrem Carl bald »das Kindchen im Arm legen« zu können, und das Foto von 1917 kommt »von Deiner Dir stets vertrauende Frau«.

Des Kindchens wegen schlägt sie die Möglichkeit aus, ihrem Mann in das Malaria-Klima der Wolga-Mündung zu folgen, und kehrt an den Kreuzberg zurück. Carl ist enttäuscht, und Mißtrauen quält ihn, doch als am Kaspischen Meer Flecktyphus ausbricht, billigt er nachträglich die Entscheidung der Frau. Zuviel schon habe sie in Rußland erleiden müssen, schreibt er im März 1915, »was Dich aber, wie ich zu hoffen wage, nicht hindern wird, später wieder mit mir hinauszuziehen in ein fremdes Land«.

Das steht nicht auf den Karten, die Berlin nach etwa 14 Tagen erreichten, sondern in Briefen, deren Beförderung nicht zulässig war. Fünf Oktavhefte wurden so vollgeschrieben, eine Art Tagebuch für die Geliebte, das dieser bis an ihr Lebensende die liebste Lektüre blieb. Liebesbeteuerungen, die auf Dritte stets komisch wirken und nur von der, an die sie sich richten, in die Sprache wahren Gefühls zurückübersetzt werden können, wechseln mit Erlebnisberichten; Mutmaßungen werden ausgesprochen, als sei mit ihrer Bestätigung oder Widerlegung zu rechnen; Fragen werden gestellt, als wäre die Hoffnung auf Antwort da. Jeder Brief klingt, als wäre er wirklich einer, so daß ich bei erster Durchsicht vermuten konnte, hier hätte mein Vater Briefe, die tatsächlich versandt worden waren, kopiert.

Im Vordergrund der Berichte stehen Geld-, Nahrungs- und Wohnungssorgen. Die Internierten dürfen das Städtchen, das 4000 Einwohner hat, nicht verlassen; sie dürfen kein Arbeitsverhältnis eingehen und müssen sich täglich auf der Polizeistation melden; sonst aber kümmert sich niemand um sie. Wer Geld hat, leidet nur unter Heimweh und Langeweile, wer keins hat, dem geht es schlecht. Carl erhält 15 Rubel im Monat von seiner Odessaer Firma. Anfangs reicht das zu einem kärglichen Leben, dann setzt mit einer Teuerungswelle die Hungerzeit für ihn ein. Als Aushilfe in der Backstube und beim Sprachunterricht kann er nur Kopeken verdienen. Die elenden Zimmer, die er bei Fischern und Arbeitern mietet, muß er alle paar Monate wechseln, weil sich die Miete, die anfangs fünf Rubel beträgt, immer weiter erhöht. Zeitweilig hat er nur selbstgeangelte Fische zu essen. Der Läuse und Ratten muß er sich ständig erwehren. Die feuchte Hitze der Wolgamündung versetzt ihn im Sommer in völlige Apathie. 1916 befällt ihn Malaria. Zu deren Bekämpfung muß er Chinin und Salzsäure schlucken, von denen sein Magen sich nie mehr erholt.

Gegen das, was er die »russische Krankheit« nennt und als grund– und ziellose Trauer erklärt, geht er mit Schreiben an. Neben dem Brief-Tagebuch und epigonalen Gedichten, in denen die stümperhaft imitierte klassische Form jeden eigenen Gedanken erstickt, verfaßt er Märchen, kurze Prosa und einen von sexuellen Nöten diktierten Roman.

Auch in den Briefen kommt Sexuelles häufig, aber immer gebändigt vor. Da werden Ehekrisen seiner russischen Wirtsleute erörtert, über seelische und sinnliche Liebe wird ausdauernd geredet, und die »teuflische Onanie« wird beklagt. Gedankliche Untreue (die immer Angst um die Treue der Frau erzeugt) wird gestanden, der Plan, ein russisches Dekamerone zu schreiben, wird flüchtig erwogen, und lustig wird vom Versuch eines Fehltritts berichtet, der vor der Tür einer als käuflich verrufenen Frau scheitert, weil ein Bekannter auftaucht, der nicht weniger verlegen ist.

Der Roman, in dem die unbefriedigten Triebe dann ausgelebt wurden, führte den Titel *Gefangenenliebe,* war also von der Situation seiner Entstehung durchaus inspiriert. Der Mann, der keine Frau hatte, erträumte sich eine Unzahl von ihnen, indem er sich zum Gefangenen von Amazonen machte, die ihre verschiedenartigen Begierden von ihm gestillt haben wollten – was ihm natürlich, da seine Potenz nie versiegte, auch glänzend gelang. So eindeutig diese Paarungsvisionen auch waren, der Wortschatz, mit dem sie beschrieben wurden, war vorwiegend der Pflanzen– und Tierwelt entnommen, blieb also wohlanständig und wurde niemals vulgär.

Um das Andenken ihres verstorbenen Mannes zu schützen, hat meine Mutter den Roman später vernichtet. Doch ich hatte ihn als Siebzehnjähriger schon gelesen und war schockiert. Die Liebe der Eltern und die ganze Familie schien mir auf Lügen gegründet. Auch meine Mutter, die mit diesem Mann hatte leben können, wurde mir widerwärtig. Die heile Kindheitswelt brach mir entzwei.

Später gelang es mir, den Romanschreiber vom Vater zu trennen. Heute, da ich in einem Alter bin, das er nicht erreichte, kann ich die beiden wieder zusammendenken: den Internierten, der nur schreibend lebte, und den Vater meiner Erinnerungen, den schweigsamen Dauerleser, der uns den Rücken zukehrte, den geduldigen Kranken, der, mit den Händen den schmerzenden Magen pressend, nachts durch die Wohnung wandert, den gütigen, hilflosen Mann, dem alles, außer der Liebe, mißlang.

Antonia S. Byatt

Besessen

Aus dem Englischen von Melanie Walz
st 2622, 633 Seiten, DM 19.80.
Suhrkamp Verlag, Frankfurt am Main

Als Hardcover DM 48.–, Insel Verlag,
Frankfurt am Main

Thomas Oberender in DER TAGESSPIEGEL
Daß ein Buch Faszinationskraft und Wärme besitzt, offenbart sich dem Leser untrüglich dadurch, daß er die Helden der Geschichte bald nur noch beim Vornamen nennt, ihr Handeln und Fühlen ihm nicht aus dem Sinn geht, auch wenn er den Buchdeckel schließt und das Weiterlesen ihn beglückt wie der Besuch bei guten Freunden. Ein Buch von solcher Wirkung hat die englische Autorin Antonia Byatt geschrieben. Ihr Roman ist ein Meisterwerk angelsächsischer Erzählkunst. Er lebt vom steten Beisammensein zweier Dinge: einer Geschichte, deren Struktur effektsicher kalkuliert ist und einer gutgelaunten-humorvollen Sicht auf ihre Personen …

NEW YORK TIMES
Ein Buch wie Besessen *ist eine Seltenheit in seiner Mischung aus Kriminalstory und Liebesgeschichte – atmosphärisch dicht und kunstvoll dargeboten … eine Meisterleistung.*

Hermann Wallmann in BASLER ZEITUNG
Nein, kein postmoderner Roman, keine neuen Mythologien, sondern eine altmeisterliche Romanze über die dann und wann doch (und noch) herzzerreißenden Prüderien und Erlösungsbedürfnisse unserer entzauberten Gegenwart. Aber mehr noch ein Roman über das Abenteuer der Lektüre.

Die Autorin:
Antonia S. Byatt, geboren 1936, ist in Großbritannien nicht weniger bekannt als ihre Schwester Margaret Drabble. 1985 erschien ihr Roman *Still Life,* 1987 ihre Erzählsammlung *Sugar and other Stories,* 1992 ihre Erzählungen *Angels and Insects.* Der Roman *Besessen* (Possession) stand lange auf den englischen Bestsellerlisten, und auch die gesamte litarische Kritik hat ihn einhellig begeistert aufgenommen. 1990 erhielt Antonia S. Byatt den berühmten Booker Prize sowie den Irish Times Prize.

Maud Bailey war nicht sofort zu erkennen, und da Roland selbst gänzlich unauffällig war, gehörten beide zu den letzten auf dem Bahnsteig. Sie war kaum zu übersehen, auch wenn sie schwer einzuordnen war. Sie war groß, sicher so groß wie Fergus Wolff, viel größer als Roland. Für einen Akademiker war sie erstaunlich elegant gekleidet, dachte Roland, der diverse andere Begriffe verwarf, um die hochgewachsene, grünweiße Gestalt zu beschreiben – das lange, tiefgrüne Gewand über dem tiefgrünen Rock, das weiße Seidenhemd unter dem Gewand und die langen, weißbestrumpften Beine, die in langen, grünglänzenden Schuhen steckten. Durch die Strümpfe schimmerte rosig-goldene Haut. Ihr Haar war von einem Seidenturban mit Pfauenaugenmuster verdeckt, der das Gesicht umrahmte. Augen und Wimpern waren blond, das konnte er sehen. Sie hatte eine klare, weiße Haut, ungeschminkte Lippen, regelmäßige, großzügige Gesichtszüge. Sie lächelte nicht; sie nickte ihm zu und versuchte, seine Reisetasche zu nehmen, was er abwehrte. Sie fuhr einen grünen Käfer, der wie frisch poliert glänzte.

»Ihre Frage hat mir zu denken gegeben«, sagte sie unterwegs. »Ich bin froh, daß Sie kommen konnten. Ich hoffe, es wird nicht umsonst gewesen sein.« Ihre Stimme hatte einen bewußt unterdrückten Patrizierton, heruntergespieltes Snobenglisch. Sie roch nach Farn und nach etwas Strengem. Ihre Stimme gefiel Roland nicht.

»Vielleicht ist es ein reines Hirngespinst.«

»Wir werden sehen.«

Die Lincoln University bestand aus weißgekachelten Türmen, die durch violette, orangefarbene und ab und zu giftgrüne Kacheln aufgelockert waren. Dr. Bailey sagte, bei starkem Wind würden die Kacheln losgerissen und seien eine Gefahr für die Passanten. Starker Wind herrschte oft. Das Universitätsgelände war so flach wie das Moor, auf dem es angelegt war; es sah aus wie ein überdimensioniertes Schachbrett, dessen sich ein phantasiereicher Landschaftsgärtner erbarmt und das er mit einem Labyrinth von Teichen und Kanälen überzogen hatte, die das rechteckige Gitterwerk durchquerten und umspielten. Jetzt waren sie mit Laubklumpen verstopft, zwischen denen hin und wieder die hellen, stumpfen Schnauzen von Graskarpfen auftauchten. Die Universität war in expansionswütigen

Zeiten angelegt worden und hatte inzwischen ein leicht vergammeltes Flair angenommen – zubetonierte Risse gähnten zwischen den weißen Pfeilern mit ihrer flotten Verkleidung.

Der Wind fuhr in die Falten des schweren Kopfputzes von Dr. Bailey und zauste Rolands schwarze Mähne. Roland vergrub die Hände in den Taschen und ging einen Schritt hinter ihr. Das Gelände wirkte verlassen, obwohl keine Ferien waren. Er fragte Dr. Bailey, wo die Studenten seien, und sie sagte, heute, mittwochs, sei kein Unterricht. »Sie verschwinden dann, wohin, wissen wir auch nicht. Wie durch ein Wunder. Ein paar sind in der Bibliothek, die meisten nicht. Ich kann mir nicht denken, wo sie stecken.«

Der Wind kräuselte das dunkle Wasser; orangebraune Blätter verliehen seiner Oberfläche ein gezacktes und zugleich matschiges Aussehen.

Ihr Büro befand sich ganz oben im Tennyson-Turm – »Ich hatte nur die Wahl zwischen Tennyson und Maid Marian«, sagte sie mit etwas verächtlicher Stimme, als die Glastür des Turms sich hinter ihnen schloß. »Der Alderman, der die Anlage finanziert hat, wollte, daß alles nach Sherwood-Sagen benannt wird. Hier ist der Lehrstuhl für Englische Literatur, die Fakultät für Kunstgeschichte und das Institut für Frauenforschung. Unser Archiv für Frauenliteratur nicht, das ist in der Bibliothek untergebracht. Ich bringe Sie hin. Möchten Sie einen Kaffee?«

Sie fuhren in einem Paternoster nach oben. Der Aufzug ohne Türen, der seine Geschwindigkeit nicht änderte, machte Roland nervös; Dr. Bailey trat vor ihm hinein und begann zu entschwinden, bevor er zu folgen wagte, so daß er hineinklettern mußte und beinahe hängengeblieben wäre. Sie äußerte keinen Kommentar. Die Wände des Paternosters waren mit Spiegelglas verkleidet und schimmerten bronzefarben; von allen Seiten wurde ihm ihr glühendes Spiegelbild entgegengeworfen. Oben stieg sie gelassen aus, und er folgte wieder zu spät und stolperte.

Ihr Zimmer besaß eine Fensterwand; die anderen Wände waren vom Boden bis zur Decke mit Büchern bedeckt. Die Bücher waren systematisch, alphabetisch und nach Themen geordnet, und sie waren staubfrei; letzteres war das einzige Indiz, das etwas wie Hausfrauentätigkeit in diesem asketischen Raum verriet. Das einzig Schöne in dieser Umgebung war Maud Bailey selbst, die sehr graziös auf ein Knie sank, um einen Wasserkocher anzuschließen, und aus einem Wandschrank zwei blau-weiß-gemusterte japanische Becher holte.

»Setzen Sie sich«, sagte sie kühl und deutete auf einen hellblau gepolsterten Stuhl, auf dem wohl die Studenten saßen, wenn sie ihre Arbeiten zurückbekamen. Sie reichte ihm walnußbraunen Nescafé. Ihren Turban hatte sie nicht abgenommen. »Und was kann ich jetzt für Sie tun?« fragte sie, während sie sich hinter der Schranke des Schreibtischs niederließ. Roland überlegte, wie er ihren Fragen ausweichen konnte. Bevor er gekommen war, hatte er unbestimmt den Gedanken gehegt, ihr unter Umständen die Kopien der entwendeten Briefe zu zeigen. Jetzt war ihm bewußt, daß daran nicht zu denken war. Ihre Stimme war ohne Wärme. Er sagte:

»Ich arbeite über Randolph Henry Ash. Wie ich Ihnen schrieb. Vor kurzem ist mir die Möglichkeit aufgefallen, daß er mit Christabel LaMotte korrespondiert haben könnte. Ich weiß nicht, ob eine derartige Korrespondenz Ihnen unter Umständen bekannt ist. Begegnet sind sie sich, das steht fest.«

»Wann?«

Er hielt ihr eine Kopie seiner Abschrift des Tagebucheintrags Crabb Robinsons hin.

»Vielleicht findet sich eine Erwähnung in Blanche Glovers Tagebuch. Wir besitzen hier im Archiv für Frauenliteratur eines ihrer Tagebücher. Es betrifft denselben Zeitraum – sie begann es zu führen, als die beiden nach Richmond zogen. Die Unterlagen in unserem Archiv sind in der Hauptsache das, was bei Christabels Tod in ihrem Nachlaß gefunden wurde – sie hatte explizit den Wunsch geäußert, es einer ihrer Nichten zu vermachen, May Bailey, ›in der Hoffnung, daß sie sich eines Tages doch für die Dichtkunst interessiert‹.«

»Hat sie es getan?«

»Meines Wissens nicht. Sie heiratete einen Cousin und kam nach Norfolk und kriegte zehn Kinder und führte einen großen Haushalt. Ich stamme von ihr ab; sie war meine Ururgroßmutter, so daß ich Christabels Großgroßgroßnichte bin. Ich konnte meinen Vater dazu überreden, die Papiere unserem Archiv anzuvertrauen, als ich hier zu arbeiten anfing. Es ist nicht viel, aber es sind wichtige Dinge – Manuskripte der Erzählungen, Unmengen undatierter Gedichte auf Papierschnipseln und natürlich alle Fassungen der *Melusine*, die sie mindestens achtmal umgeschrieben hat, jedesmal verändert. Außerdem ein Notizbuch und ein paar Briefe und dieses eine Tagebuch von Blanche Glover, das etwa ein Jahr umfaßt. Ich kann nicht sagen, ob wir früher mehr Tagebücher besessen haben – um diese Dinge hat sich leider niemand gekümmert–, gefunden wurde jedenfalls nichts.«

»Und LaMotte – hat sie ein Tagebuch geführt?«

»Unseres Wissens nicht. Wahrscheinlich nicht. Einer ihrer Nichten riet sie in einem Brief davon ab. Es ist ein interessanter, origineller Brief. ›Vermagst Du Deine Gedanken in Ordnung zu bringen und zu Kunst zu formen – gut denn; findest Du Erfüllung in Pflichten und Freuden des Alltagslebens – auch gut; doch hüte Dich davor, krankhafter Selbsterforschung zu verfallen, denn nichts raubt wie sie einer Frau die Kraft, Taugliches hervorzubringen oder ein nützliches Leben zu führen. Zweiteres wird der Herr weise zu bestimmen wissen – Gelegenheiten werden sich anbieten. Ersteres ist eine Frage des Willens.‹«

»Da bin ich mir nicht sicher.«

»Es ist ein interessanter Standpunkt. Ziemlich spät, 1886. Kunst als Willensakt. Für eine Frau eine ziemlich ungewöhnliche Ansicht. Vielleicht nicht nur für eine Frau.«

»Besitzen Sie Briefe von ihr?«

»Nicht sehr viele. Ein bißchen Familienkorrespondenz – Ermahnungen, wie die Stelle, die ich eben zitierte, Rezepte zum Brotbacken und Weinmachen, Beschwerden. Ein paar Briefe aus der Zeit in Richmond und ein, zwei Briefe aus der Bretagne, als sie dort zu Besuch war; sie hatte Verwandte dort, wie Sie vielleicht wissen. Enge Freunde scheint sie außer Miss Glover nicht besessen zu haben, und die beiden pflegten sich nicht zu schreiben, da sie zusammenlebten. Die Briefe sind bisher nicht veröffentlicht worden – Leonora Stern arbeitet an einer Ausgabe, aber das Material ist einfach zu spärlich. Ich vermute, daß Sir George Bailey von Seal Court etwas besitzen könnte, aber er ist nicht bereit, irgend jemandem Einblick zu gewähren. Er hat Leonora mit einem Jagdgewehr bedroht. Ich hatte gedacht, es wäre besser, sie ginge hin – sie kommt von der Universität Tallahassee, wie Sie wahrscheinlich wissen – und nicht ich, weil es unschöne Familienstreitigkeiten und gerichtliche Auseinandersetzungen zwischen den Seal-Court-Baileys und der Norfolk-Linie gegeben hat. Aber Leonoras Auftreten hatte eine sehr unglückliche Wirkung. Sehr unglücklich. Ja. Nun, ja. Wie sind Sie auf die Idee gekommen, daß Randolph Henry Ash sich für LaMotte interessiert haben könnte?«

»In einem Buch aus seinem Besitz habe ich den unvollendeten Entwurf eines Briefs an eine unbekannte Frau gefunden. Ich dachte, es könnte sich um sie handeln. Crabb Robinson ist darin erwähnt. Er schreibt, sie hätte seine Gedichte verstanden.«

»Das klingt sehr unwahrscheinlich. Ich kann mir nicht vorstellen, daß seine Gedichte ihr zugesagt haben sollen. Diese ganze kosmische Männlichkeit. Das häßliche antifeministische Gedicht über dieses Medium, wie heißt es gleich – *Mumienfleisch*? Dieses schwerfällige Geraune. Alles, was sie genau nicht war.«

Roland betrachtete den blassen, scharfgeschnittenen Mund mit einem gewissen Gefühl der Hoffnungslosigkeit. Er wünschte, er wäre nicht hergekommen. Die Feindseligkeit Ash gegenüber schien auch ihm zu gelten, zumindest empfand er es so. Maud Bailey sprach weiter: »Ich habe in meiner Kartei nachgesehen – ich arbeite an einer ausführlichen Untersuchung der *Melusine* – und nur einen Verweis auf Ash gefunden. In einer Notiz an William Rossetti über ein Gedicht, das er für sie veröffentlicht hat –das Manuskript ist in Tallahassee.

›In diesen düstren Novembertagen bin ich niemandem ähnlicher als dem armen Geschöpf, das RHA ersann, in seinem schrecklichen *In-Pace* eingemauert, zum Schweigen gezwungen und nach dem Ende sich verzehrend. Es erfordert den Mut eines Mannes, in seinen Gedanken Kerker für unschuldige Wesen zu bauen, und die Geduld einer Frau, solche in der nüchternen Wirklichkeit zu erdulden.‹«
»Bezieht sich das auf Ashs *Gefangene Zauberin*?« »Selbstverständlich« Unfreundlich.

»Wann wurde es geschrieben?«

»1869. Glaube ich – ja. Es ist sehr nachdrücklich, aber es wird Ihnen nicht weiterhelfen.«

»Ausgesprochen feindselig.«

»Richtig.«

Roland trank seinen Kaffee in kleinen Schlucken. Maud Bailey steckte die Karteikarte an ihren Platz zurück. Während sie sich mit dem Karteikasten zu schaffen machte, sagte sie: »Sie kennen sicher Fergus Wolff. Er ist an Ihrem College, vermute ich.«

»O ja. Fergus hat mir geraten, Sie über LaMotte zu befragen.«

Schweigen. Die Finger waren geschäftig.

»Ich kenne Fergus. Ich habe ihn in Paris bei einer Konferenz kennengelernt.«

Die Stimme klang etwas weniger barsch, etwas weniger besserwisserisch und überlegen, dachte er nicht ohne Bosheit.

»Das hat er mir erzählt«, sagte Roland obenhin und beobachtete sie, um zu sehen, ob ihre Reaktion verriet, daß sie sich denken konnte, was Fergus erzählt, wie er über sie gesprochen hatte. Sie preßte die Lippen aufeinander und stand auf.

»Ich bringe Sie zum Archiv.«

Die Bibliothek der Lincoln University hätte keinen größeren Gegensatz zur Ash Factory bieten können. Sie bestand aus Stahlstreben in einem gläsernen Kasten mit durchsichtigen, glitzernden Türen und Rohren statt Wänden und erinnerte an eine Schachtel voll Spielzeug oder einen riesenhaften Baukasten. Die widerhallenden Metallregale und die geräuschdämpfenden dicken Teppiche waren rot und gelb, genau wie die Treppengeländer und Aufzugtüren. Im Sommer mußte es hier sehr bunt und sehr heiß sein, doch an diesem nassen Herbsttag klebte der schiefergraue Himmel wie ein zweiter Kasten dicht vor den Fensterscheiben, in denen sich flackernde Lichter spiegelten, die unirdisch wirkten, als gehörten sie zu einem Feenreich. Das Archiv für Frauenliteratur erinnerte an ein Aquarium mit hohen Wänden. Maud Bailey nötigte Roland, auf einem Stahlrohrstuhl an einem Tisch aus hellem Eichenholz Platz zu nehmen, als wäre er ein widerspenstiges Kind im Kindergarten, und stellte ihm Kartons hin – *Melusine I*, *Melusine II*, *Melusine III* und *IV*, *Melusine undatiert*, *Bretonische Gedichte*, *Relig. Gedichte*, *Lyrik allg.* und *Blanche* beschriftet. In diesem letzten Karton wies sie ihn auf ein längliches, dickes, grünes Buch mit düster marmoriertem Vorsatzpapier vorne und hinten hin, das fast wie ein Kontobuch aussah:

Ein Tagebuch unseres häuslichen Lebens
In unserem Haus zu Richmond
Blanche Glover
Geführt vom Tage unseres Einzugs an
dem 1. Mai 1858

Roland nahm es behutsam in die Hand. Es strahlte nicht das magnetische Fluidum der zwei Briefe aus, die zusammengefaltet in seiner Tasche steckten, aber es reizte seine Neugier.

Seine Tagesrückfahrkarte beunruhigte ihn; die begrenzte Geduld Maud Baileys beunruhigte ihn. Das Tagebuch war in einer aufgeregten, angenehmen Schrift geführt, knapp und schwungvoll. Er blätterte. Teppiche, Vorhänge, die Freuden der Unabhängigkeit, »Heute haben wir eine Frau als Köchin und Mädchen für alles eingestellt«, eine neue Methode, Rhabarber einzukochen, ein Gemälde des kindlichen Gottes Hermes und seiner Mutter und, ja, da war es, das Frühstück bei Crabb Robinson.

»Da ist es.«

»Gut. Dann lasse ich Sie allein. Ich hole Sie ab, wenn die Bibliothek schließt. Sie haben zwei Stunden Zeit.«

»Danke.«

Joachim Fest

Im Gegenlicht
Eine italienische Reise

72008, 413 Seiten, DM 18.–.
btb, München

Hardcover DM 48.–, Siedler Verlag, Berlin

THÜRINGER ALLGEMEINE

Kein Reiseführer, wohl aber ein gutes Reisebuch fürs Einstimmen auf den Urlaub ... Der Autor schildert darin in geschliffener Sprache seine Landschaftseindrücke, porträtiert Dichter, Maler, Bildhauer und immer wieder auch Unbekanntes. Fest reist dabei durch das Land, wie wir alle es tun würden, beschreibt Küsten und Orte, belebte Plätze und einsame Ruinen. Die vier Etappen führen nach Sizilien, an die ionische Küste, nach Rom sowie in die Campagna mit Neapel.

WESTFALENPOST

Wer mit einem guten Quantum Interesse an Gott und der Welt, an großen und kleinen Leuten ausgestattet ist und für die Qualität genauer Sprache, für Literatur im weitesten Sinne empfänglich ist, dem sei dieses gleichsam erheiternde und nachdenklich stimmende Werk empfohlen.

Jochen Stöckmann. Buchtip im NDR

Ganz in der Art der Aufklärer verfügt Fest über eine profunde Bildung, und die führt er mit sich im Gepäck. So gerät jede Beobachtung zur Reflektion – beim gemächlichen Stöbern denkt Fest nach über das europäische Haus.

Der Autor:

Joachim Fest fungierte über zwanzig Jahre als Herausgeber der *Frankfurter Allgemeinen Zeitung*. Internationales Ansehen erwarb er sich auch durch seine Hitler-Biographie und sein Buch *Staatsstreich,* die in viele Sprachen übersetzt wurden.

ÜBERFAHRT NACH SIZILIEN. Dunstiger Morgen. In Reggio hatte man mir von einer Fata Morgana erzählt. Unter bestimmten atmosphärischen Bedingungen könne man vom Ufer aus, während der frühen Dämmerung, Sizilien gleichsam auf dem Meer schweben sehen. Aber das Naturschauspiel stellte sich nicht ein.

Nachdem die Fähre abgelegt hatte, über enge, polternde Treppen hinauf an Deck. Morgendliche Kühle, übernächtigte Gesichter, hochgeschlagene Kragen. Gedränge an der Reling. Alle sahen zur Insel hinüber, die über unruhigem Wasser rasch näher kam. Auf halber Strecke traten aus der Bergwand, die jäh hinter Messina hochsteigt, in gestrichelten, grauen Mustern die Umrisse des Häusergewirrs hervor und gewannen rasch an Fläche, Schatten und Tiefe. So, aus dem Dunstigen, ist die Insel immer wieder vor denen aufgestiegen, die sich ihr näherten. Jedes Mal, wenn das Schiff in eine Welle stieß, näßte die hochstäubende Gischt die Umherstehenden. Aber die Erwartung hielt sie, wo sie waren. Nur einige ältere Passagiere zogen sich in den Kajütenraum zurück.

NOCH ZUM VORIGEN. Die andersartige Empfindung des Ankommens, wenn man auf eine Insel reist. Man fährt nach Wien, Marseille, Florenz, tausend Kilometer oder mehr, und weiß sich noch immer in derselben Welt. Die kurze Strecke dagegen, die Reggio von Messina trennt oder auch Calais von Dover, führt auf fremderen Boden. Merkwürdige Distanz, die das Meer schafft.

MESSINA. Anruf beim Ingenieur. Wir verabredeten uns für den Abend. Er wolle mich, sagte er, mit ein paar Freunden zusammenbringen, denn er selbst müsse für einige Zeit in den Norden. Er sagte das, als mache er sich auf eine Reise nach Hamburg oder Kopenhagen; doch fuhr er nur nach Turin. Immer wieder hatten mir Norditaliener Sizilien als eine fremde Welt beschrieben, archaisches Gelände, mehr Afrika als Europa und wie eine jener weißen Flächen, auf denen die alten Kartographen »hic sunt leones« vermerken. Aber auch Italien lag weit von Sizilien entfernt.

UNTERWEGS. Am Nachmittag Weiterfahrt nach Syrakus. Die hoch am Meer entlanggeführte Autobahn lag schon im Halblicht. In den Bergwänden zur Rechten hingen Nebelfetzen, die immer neue Formen hervortrieben. Das Bild Siziliens, zusammengelesen von da und dort, verflüchtigte sich schon bei der ersten Wahrnehmung. Dies war eine düstere, unerwartet nordische Walpurgiswelt, die eher an die Hexe Baubo als an Persephone denken ließ. Doch sooft sich der Blick in ein Tal öffnete, war im Hintergrund, blendend über schattenlosem Gelände, die Sonne.

AM RANDE. Alle Reisenden kommen mit einem falschen Bild und fahren mit einem falschen Bild wieder fort. Sie entdecken mehr die eigenen Vorstellungen und was die Phantasie schon sah, als das wirklich Fremde; so, wie man nur erkennt, was man schon weiß.

CATANIA. Ich verließ die Autobahn und fuhr über holprige Straßen, vorbei an einer elenden Vorstadtkulisse, hinunter in die Stadt. Freunde aus Ostia hatten eine Verabredung für mich getroffen mit »Gnu Carlo«, wie sie ironisch, unter Verwendung des sizilianischen Begriffs für »Signore«, sagten, und hinzugefügt, er sei ein »Freund der Freunde«; wenn irgendwer, dann könne er mir weiterhelfen.

Er erwartete mich in einem Restaurant in der Innenstadt. Ein kleiner, schwerer Mann, der sich mühsam hinter dem Tisch erhob, mit tief, fast auf der Mitte der Stirn ansetzenden Haaren. Er sagte, ich solle mir keine großen Hoffnungen machen, diese Leute seien scheu und überaus mißtrauisch gegenüber Fremden. Auch könne er sich nur an einen Mittelsmann wenden.

Er hatte am Nachmittag in Brùccoli zu tun und fragte, ob ich ihn begleiten wolle. Brùccoli, eine Ortschaft auf halbem Wege zwischen Catania und Syrakus, liegt an der Mündung eines schmalen Flusses, der eine tiefe Schlucht in das poröse Erdgestein gegraben hat. Im Altertum, erzählte mein Begleiter, sei es ein befestigter Platz gewesen, durch den das landeinwärts gelegene Leontinoi Zugang zum Meer hatte.

Heute steht an der Uferspitze ein Kastell aus normannischer Zeit, dessen Mauern von einem dichten Teppich wilder, leuchtendgelber Margeriten eingefaßt waren. Die Straßen zur Stadt lagen wie ausgestorben. Nur aus der Feriensiedlung, ein Stück weit über dem jenseitigen Ufer, kam ein entnervendes Hämmern, als schlüge jemand unablässig gegen einen Eisenträger. Das Geräusch verstärkte den Eindruck der Stille noch. Am Marktplatz trennten wir uns.

WEITER NACH SYRAKUS. Zu beiden Seiten der ausgebauten Straße häßliche Häuserfronten, dann weite, ausgedorrte Landschaften, gehäufter Unrat. Irgendwo ein Wegweiser, der schief im Boden steht: Siracusa, Agrigento, Selinunte. Noch hat man Mühe, das Pathos dieser Namen mit dem äußeren Eindruck zusammenzureimen. Nur der Gedanke macht die Insel zum Platz großer Erinnerungen.

AUGUSTA. Als ich mich dem Hügelrücken vor der Stadt näherte, kam mir auf der anderen Seite der Straße ein Bauer auf seinem Maultier entgegen. Er wirkte, wie er hinter dem Kamm hochritt, als sei er plötzlich dem Boden entstiegen. Zu beiden Seiten des Sattels hingen hohe, geflochtene Körbe. Starr aufgerichtet, den Blick nach vorn gewandt, schien er keine Notiz vom vorüberflutenden Strom der Autos, Busse und Lastwagen zu nehmen. In der ausgeglühten Luft wirbelten Wolken von Staub hoch. Sie hüllten den Mann auf seinem Tier ein und setzten sich in jeder Falte ab. Auf dem Gesicht traten, weiß und verkrustet, die Augenbrauen hervor, und vielleicht war es dieses mehlige Grau über allem, was der Erscheinung den Zug ins Statuenhafte gab. In der steil abfallenden Bucht dahinter erstreckte sich das Labyrinth des Ölhafens von Augusta mit seinen Tanks, den Rohrsystemen und blakenden Abfackeltürmen. Es war, als begegneten sich, in extremen Symbolen, zwei Zeitalter.

SYRAKUS. Kommt man von Catania, so ist der erste auffallende Unterschied der Wechsel der Farben. Dort ein schwärzlicher Lavastein, der das häufig exzentrische Spiel der barocken Fassaden einebnet und eine im ganzen melancholische, brandig wirkende Aura erzeugt; hier dagegen ein leuchtender, fast ins Silbrige gehender Kalkstein, der den Überschwang des Gebauten, vor allem im schräg fallenden Licht des Nachmittags, effektvoll modelliert.

Bei einbrechender Dunkelheit kam ich in der Unterkunft an. Es war Sonntag. Von der Piazza drang Stimmengewirr herauf, gedämpftes Gelächter und Schritte. Unten standen sie in Gruppen zusammen, und immer führte einer, pantomimisch ereifert, das Wort. Andere gingen Arm in Arm auf und ab, vertieft in bedeutsame Vertraulichkeiten, in Geschäfte, Intrigen oder Affären. Fast alle trugen dunkle Kleidung. In solchen Äußerlichkeiten, aber auch in der gänzlichen Abwesenheit der Frauen, lebt noch die Tradition der Agora fort, wie denn auch in nahezu allen italienischen Städten, die auf antike Gründungen zurückgehen, die Piazza an der Stelle der einstigen Agora oder des Forums gelegen ist.

Auf der gegenüberliegenden Seite, an der Einmündung einer engen Straße, standen einige junge Leute um ihre Motorräder zusammen. Von Zeit zu Zeit ließ einer von ihnen den Motor aufheulen, und die anderen fielen ein, wie berauscht vom potenten Lärm, der sich vielfach an den Häuserwänden brach. Als ich das Quartier verließ, fuhren sie, schreiend und gestikulierend, durch die Zurückbleibenden davon. Allmählich, in entfernten Straßen, verhallte der Lärm.

ACIREALE. Zum Essen abends am kleinen Fischereihafen. Ein paar vertäute Segelboote schlugen gegen die Mole. An der Straße, die das Hafenbecken säumt, hatten die Restaurants ihre Tische aufgestellt und nur eine schmale Verkehrsrinne freigelassen, durch die sich lärmend die Prozession der Fahrzeuge schob. Aus den im Dunkel liegenden Straßenzuführungen quollen unablässig neue Menschenmassen auf den engen, hell erleuchteten Platz.

Der Ingenieur hatte einige Freunde mitgebracht, die dem Fremden mit jener Mischung aus Neugier und Emphase begegneten, von der schon die Reisenden von früher sprechen. Flüchtiger Eindruck, das Interesse an Sizilien befriedige sie. Gleichzeitig aber schienen sie auch darunter zu leiden, so weit am kulturellen Rand zu leben, in einer Zone aus Geringschätzung und Gleichgültigkeit.

Der Wirt ließ ein paar Tische zusammenrücken, deren Ordnung schon bald in die festliche Verwüstung eines üppigen Mahls überging: ein Durcheinander von Schüsseln und Tellern, in denen gelb-glänzend das Fett stand, von zersplitterten Krustentieren,

Brotresten, verkohlten Knochen, Flaschen und Gläsern. Fast alle rieten dazu, die Reise nicht nach vorgefaßtem Plan zu unternehmen. Jeder Ort der Insel sei mit dem Wagen in einigen Stunden zu erreichen. Kreuz und quer fahrend gewinne man den besten Begriff davon, was es mit Sizilien auf sich habe.

Später, als das Revier am Hafen sich geleert hatte und nur noch vereinzelte Gruppen an den Tischen saßen, hörte man zum ersten Mal das Schwappen des Meeres. Auf dem Gitterbalkon eines der Häuser, die den Hafen einfassen, stand noch immer, wie schon vor Stunden, ein alter Mann. Reglos unter der heruntergelassenen Persiane und kaum unterscheidbar von dem Halbdunkel, in dem er lehnte, ließ er das Treiben an sich vorüberziehen.

Ich weiß nicht mehr, wer ihn zuerst gesehen hatte. Jetzt war es jedenfalls Don Calicchio, der von dem Mann auf dem Balkon zu reden begann. Er stehe da, meinte er, wie die Figur des Inselbewohners schlechthin: sich still haltend, aus dem Schatten beobachtend und voller schwermütigem Mißtrauen. Vom Gewesenen wisse er sicherlich so gut wie nichts. Und doch habe es sein ganzes Denken und Leben geprägt. Geschichte sitze den Leuten im Blut, sagte er, das ewige Kommen und Gehen von dreitausend Jahren. Immer wieder Eroberungen. Den Anfang hätten Dorer und Phönizier gemacht, dann griechische Tyrannen und die Prokonsuln aus Rom. Anschließend Imame und Normannenfürsten, die Heerzüge von Hohenstaufen und Anjous, die düsteren Statthalter der Katholischen Majestät, Garibaldi und der kleine König aus Piemont, schließlich Mussolini, die Deutschen und die Landungsflotten der Amerikaner. Und alle diese Eroberer, schloß er, ob sie für kürzer oder länger gekommen waren, hätten Unterwerfung bedeutet.

Und nun die letzte Invasion. Menschen von überall her, freundlich, laut und verschwitzt. Keine Ausbeutung mehr, geschweige denn Unterwerfung. Vielmehr brachten sie einigen Wohlstand auf die Insel. Legte ich zuviel hinein, wenn es mir vorkam, als sei den meisten am Tisch ihr Anblick schwer erträglich?

AUS DEN NOTIZEN. Die Insel gebe so gut wie nichts von selber preis, hatte einer am Tisch gesagt. Man müsse ihr alles entreißen.

Die alten Abwehrinstinkte seien noch immer lebendig.

AM RANDE. Don Calicchio hatte mir beim Auseinandergehen geraten, nach Gutdünken die Begriffe und Bilder aufzuschreiben, die sich für den Fremden mit Sizilien verbinden, und am Ende der Reise die Vorstellung mit dem Erlebten zu vergleichen.

Nach der Rückkehr ins Hotel notiere ich: Gewalt von Natur und Mensch, Altertum, exzentrische Architektur. Zusammenhanglose Geschichte, deren Ablagerungen sich unentwirrbar ineinanderdrängen, wobei einzelne Details überscharf hervortreten. Stolz, Armut, Rückständigkeit. Kleine Dörfer, wie im Schlaf unter der Mittagsglut. Ein undeutlicher Heroismus, der mit Alter und vergeblicher Auflehnung, mit Vergänglichkeit eher als mit Vergangenheit zu tun hat. Et cinis et nihil, hatte ich vor Jahren, in Spanien, auf einem Fürstensarkophag gelesen.

SYRAKUS. Das Poltern der Metallrollos, die, eines nach dem andern, an den umliegenden Geschäften hochgezogen wurden, holte mich aus dem Schlaf. Die unverwechselbaren Geräusche Italiens. Die kleine Straße lag noch im Schatten. Vor dem Lebensmittelladen schräg gegenüber besprengte der Inhaber das Pflaster und streute dann Sägemehl darüber. Aber die Piazza lag schon im hellen Licht und füllte sich mit Menschen und Lärm.

Unten, die Loge des Conciergen, war leer, als ich aufbrach. Auf dem Ledersofa, zwischen Zeitungen und abgestelltem Geschirr, spielte eine junge Katze mit dem eingetrockneten Kopf eines Fischs. Kaffee in der Bar am Ende der Straße.

SYRAKUS. Beim Schritt hinaus auf die Piazza, jetzt erst, der mediterrane Schock, der sich stets einstellt, wenn man aus dem Norden kommt, am heftigsten wohl in Neapel bei der Ankunft mit dem Flugzeug. Das Erlebnis der überfallartigen Gewalt des Südens. Zuerst die Leere des Himmels, seine Bläue und die daraus herabschlagende Glut. Überall ungebrochene Farben. Und dann das Menschengetümmel, in das sich der Ankommende unversehens hineingestoßen sieht, das regellose, wüste Durcheinandergeschiebe. Die Intensität

der Szenerien, die naive Gier der Lebensäußerungen. Stets aufs neue die Vorstellung seltsam entblößter Menschen.
Und das Brodeln der Stimmen, der offene und kehlige Ton des Südens. Jedesmal die gleichen Empfindungen von Befremden und Glück. Noch vor dem ersten Zurechtfinden aber auch stets das unvermittelte Abbrechen des merkwürdigen Sabbats, wenn gegen Mittag die Plätze und Straßen sich von einem Augenblick auf den anderen leeren, alles wie vom Nichts verschluckt scheint und die eben noch überschwappende Vitalität urplötzlich in Lethargie umschlägt.

SYRAKUS. Am Morgen Gang über die Insel Ortygia, das Gründungsgebiet des alten Syrakus. Nirgends wird so greifbar anschaulich, daß Verschmelzung das Genie Italiens ist. Wohin das Auge fällt, trifft es auf Hinterlassenschaft. Wie ein langgestrecktes Vorgebirge in die Meere hineinragend, hat es sich aus dem Strandgut der Zeiten seine Paläste errichtet. Aber alles ist verwandelt und ins Unverwechselbare gesteigert. Die Kathedrale von Syrakus ist der umbaute Athena-Tempel aus dem fünften vorchristlichen Jahrhundert, dessen Säulen zu Stützpfeilern einer dreischiffigen Basilika wurden, und das 18. Jahrhundert gab ihr eine malerische Barockfassade. Der Apollo-Tempel wiederum war zeitweilig eine byzantinische Kirche, wurde dann zu einer Moschee umgebaut, später in einen normannischen Dom und diente schließlich, unter spanischer Herrschaft, als Kaserne.

Dergleichen überall. Kaum ein Gebäude in den alten Stadtbezirken, das sich aus dem Bestand der Epochen nicht einige Stücke geholt und sie ebenso willkürlich wie instinktsicher gemischt hätte. Hier wurde der Säulenstumpf eines ionischen Tempels zum Rammstein eines Eckhauses, eine Renaissancefassade nimmt im Portikus das Schnörkelwerk islamischer Architektur auf, dort wird unter dem abgelösten Putz eines Stadttors altes Zyklopengemäuer sichtbar. Die verwitternde Zeit hat ein übriges getan und die ursprünglich wohl schroffer wirkenden Bruchstellen gemildert. Nur an einer der Gassen, die von dem Platz mit dem Café abgehen, in dem ich sitze, treten ein paar Meter des Neubaus einer Bank ins Blickfeld: eloxiertes Aluminium, großflächige Glasscheiben, Sichtbeton.

Dies ist ein Bruch, den keine Zeit heilen wird.
Ist es schwindende Assimilationskraft, die darin zum Vorschein kommt, oder der Einbruch einer Welt, die fremder ist als alles Bisherige und von weiter herkommt als von den gegenüberliegenden Küsten des Mittelmeers?

SYRAKUS. Mittags in einem Restaurant nahe der Piazza Pancali mit Professor Voza, dem Soprintendente für den östlichen Teil der Insel. Man hatte ihn mir als strengen Gelehrten beschrieben, ohne alle mediterrane Aufgeregtheit. Aber dahinter kam ein beweglicher Kopf zum Vorschein, reich an Kenntnissen und mit einer Vorliebe für Paradoxien.

Die Grabräuber, sagte V., bald nachdem wir uns zu Tisch gesetzt hatten, seien die besten Helfer der Archäologen. Sie verfügten über Geld, ganze Maschinenparks, aber auch über Instinkt und Leidenschaft für Altertümer. Er erzählte von einer Gruppe sogenannter Tombaroli, die unlängst im Nordosten der Insel über einen verlassenen Weinkeller beim Durchstemmen einer Wand eine römische Villa freigelegt hätten. Habgier sei womöglich produktiver als Wissensdurst.

SYRAKUS. Nach dem Essen mit Voza durch die Stadt. Noch einmal über die anverwandelnde Energie Siziliens. Voza erwähnte als Beispiel dafür den Code Napoleon. Das Gesetzeswerk sei zwar übernommen, innerhalb einiger Jahre aber so weit den eigenen Rechtsvorstellungen angepaßt worden, daß die französischen Juristen es nicht mehr wiedererkannten. Die sizilianische Lebensmaxime laute: Widerstand durch Nachgiebigkeit, durch Ausweichen, scheinbares Sich-Ergeben. Das sei noch heute so, und keiner der Veränderer, die da am Werk seien, könne je wissen, worauf eine Sache hinausläuft.

Voza kam ins Dozieren und gab von seinen Kenntnissen zum besten, denen er mitunter ungewöhnliche Gedanken abgewann. Während wir durch die Straßen gingen, schien mir, ich sähe uns da herumlaufen, ihn mit seinem Mitteilungsbedürfnis, mich mit meinem sonderbaren Wissensdrang. Fast alle Weltgegenden, wohin man auch kommt, wecken das Interesse erst durch die Nähe oder Ferne zum

Eigenen. Sobald man dagegen auf italienischen Boden gerät, gewinnt selbst das geringste Detail den Rang des Wissenswerten an sich. Wer glaubt schon Thomas Mann, wenn er Tonio Kröger sagen läßt, er fahre, statt nach Italien, lieber »ein bißchen nach Dänemark«? Der Anblick der Reisenden, die, in ihre Bücher vertieft, Ruinen und altes Gemäuer abwanderten, belustigte schon Byron. Im Grunde gleichen wir ihnen alle. Und wohl auch darin, daß das Wissenwollen den Blick verdirbt. Aber was wäre Anschauung ohne das Gewußte und Gedachte?

AM RANDE. Noch einmal die Überlegung, daß allein der Gedanke einem Gegenstand zur Bedeutung verhilft. Ein Säulenrest, ein Kastell oder gar eine umkämpfte Grenze, die von der Zeit eingeebnet und wieder zur ununterscheidbaren Landschaft wurde, gewinnen erst durch die Imagination den besonderen Platz im Bewußtsein. Was wären Syrakus, auch Thermopylae oder Canossa ohne die Geschichten, die sich daran knüpfen? Der bloße Augenschein ist immer weniger als die Wirklichkeit. Gedanken und Erinnerungen verwandeln alles, die Trümmer, die Paßhöhen und die Burgruinen. Ohne sie blickte man nur ins Leere.

SYRAKUS. Zur Latomia dei Cappuccini, einem der weitläufigen Steinbrüche, aus denen sich das antike Syrakus mit Baumaterial versorgte und die unterdessen ein offenes Treibhaus mit wilder, subtropischer Vegetation ist. Die Latomia dei Cappuccini diente den Syrakusanern als eine Art Zwinger für die gefangenen Athener. Tausende kamen darin um. Welcher Veredlungswille hat das 18. Jahrhundert dazu gebracht, in der Antike nur das Schöne, Wahre, Gute zu entdecken und deren mörderische Kehrseite zu übersehen?

Theodor Fontane

Irrungen, Wirrungen

AtV 5263, 1995, 189 Seiten, DM 10.90.
Aufbau Taschenbuch Verlag, Berlin

Es liegen verschiedene Hardcover-Ausgaben in mehreren Verlagen vor, so im Berliner Aufbau-Verlag oder bei Hanser

Als Audio-Cassetten liegen verschiedene Ausgaben vor: Polygram (5 Cass., DM 74.50); Litraton (4 Cass., DM 69.–); schumm sprechende Bücher (3 Cass., DM 49.80)

Zum Buch:
Bei einer Kahnfahrt haben sie sich kennengelernt, eine Landpartie nach „Hankels Ablage" ist schon fast das Ende ihres glücklichen Verhältnisses. Lene Nimptsch, das liebenswerte Mädchen aus der Berliner Vorstadtgärtnerei, und der Kaiser-Kürassier-Leutnant Botho von Rienäcker erleben einen glücklichen Sommer voll Heiterkeit und gegenseitiger Zuneigung. Doch schon bald kommt es, wie es kommen muß. Botho heiratet standesgemäß, und Lene nimmt Zuflucht in einer Versorgungsehe. Beide fügen sich ohne dramatisches Aufbegehren den Gegebenheiten. Ein Zeitgenosse rühmte Irrungen, Wirrungen *als echten Berliner Roman: „Die Personen atmen alle gute Berliner Luft, die allerdings ebensowenig ausschließlich mit Parfüm aus Berlin W. als mit Rieselfelddüften gesättigt sein darf."*

Marcel Reich-Ranicki in FOCUS
Ich empfehle Romane von Theodor Fontane. Denn von unseren großen Schriftstellern ist Fontane der unterhaltsamste und von unseren unterhaltsamsten der intelligenteste, der weiseste. Und von allen Figuren, die er geschaffen hat, sind die Mädchen und Frauen die originellsten. Erfreulich, daß im Aufbau-Verlag eine schöne und auch noch billige Kassette (DM 58.–) mit sieben seiner Berliner Frauenromane erschienen ist. Dazu gehören die berühmtesten und schönsten wie Effi Briest; Frau Jenny Treibel; Irrungen, Wirrungen; *Und daß ich es nicht vergesse: Hier sind die Nachworte nicht belehrend, sondern gut lesbar.*

Der Autor:

© Fontane Archiv Potsdam

Mit 30 Jahren hängt Fontane den erlernten Apothekerberuf an den Nagel und arbeitet als freier Publizist. Doch erst in seinem 60. Lebensjahr eröffnet er sein großes erzählerisches Werk: Frauen- und Adelsromane, Familien- und Kriminalgeschichten. Jetzt, 100 Jahre nach seinem Tod, ist Fontane der beliebteste, lebendigste und meistgelesene deutsche Romancier des 19. Jahrhunderts. Sein Werk ist geprägt durch einen unnachahmlichen Ton aus Nähe und Distanz, Einfühlung und Spott, Leichtigkeit und Zweifel, Humor und Plauderei und bescheidener Menschlichkeit.

Die Landpartie, die man nach dem Wilmersdorfer Spaziergange verabredet oder wenigstens geplant hatte, war nun auf einige Wochen hin das Lieblingsgespräch und immer, wenn Botho kam, überlegte man, *wohin*? Alle möglichen Plätze wurden erwogen: Erkner und Kranichberge, Schwilow und Baumgartenbrück, aber alle waren immer noch zu besucht, und so kam es, daß Botho schließlich »Hankels Ablage« nannte, von dessen Schönheit und Einsamkeit er wahre Wunderdinge gehört habe, Lene war einverstanden. Ihr lag nur daran, mal hinauszukommen und in Gottes freier Natur, möglichst fern von dem großstädtischen Getreibe, mit dem geliebten Manne zusammen zu sein. Wo, war gleichgiltig.

Der nächste Freitag wurde zu der Partie bestimmt. »Abgemacht.« Und nun fuhren sie mit dem Görlitzer Nachmittagszuge nach Hankels Ablage hinaus, wo sie Nachtquartier nehmen und den andern Tag in aller Stille zubringen wollten.

Der Zug hatte nur wenige Wagen, aber auch diese waren schwach besetzt und so kam es, daß sich Botho und Lene allein befanden. In dem Kupee nebenan wurde lebhaft gesprochen, zugleich deutlich genug, um herauszuhören, daß es Weiterreisende waren, keine Mitpassagiere für Hankels Ablage.

Lene war glücklich, reichte Botho die Hand und sah schweigend in die Wald- und Heidelandschaft hinaus. Endlich sagte sie: »Was wird aber Frau Dörr sagen, daß wir sie zu Hause gelassen?«

»Sie darf es gar nicht erfahren.«

»Mutter wird es ihr ausplaudern.«

»Ja, dann steht es schlimm und doch ließ sich's nicht anders tun. Sieh, auf der Wiese neulich, da ging es, da waren wir mutterwindallein. Aber wenn wir in Hankels Ablage auch noch so viel Einsamkeit finden, so finden wir doch immer noch einen Wirt und eine Wirtin und vielleicht sogar einen Berliner Kellner. Und solch Kellner, der immer so still vor sich hinlacht oder wenigstens in sich hinein, den kann ich nicht aushalten, der verdirbt mir die Freude. Frau Dörr, wenn sie neben deiner Mutter sitzt oder den alten Dörr erzieht, ist unbezahlbar, aber nicht unter Menschen. Unter Menschen ist sie bloß komische Figur und eine Verlegenheit.«

Gegen Fünf hielt der Zug an einem Waldrande ... Wirklich, niemand außer Botho und Lene stieg aus und beide schlenderten jetzt behaglich und unter häufigem Verweilen auf ein Gasthaus zu, das, in etwa zehn Minuten Entfernung von dem kleinen Stationsgebäude, hart an der Spree seinen Platz hatte. Dies »Etablissement«, wie sich's auf einem schiefstehenden Wegweiser nannte, war ursprünglich ein bloßes Fischerhaus gewesen, das sich erst sehr allmählich und mehr durch An- als Umbau in ein Gasthaus verwandelt hatte, der Blick über den Strom aber hielt für alles, was sonst vielleicht fehlen mochte, schadlos und ließ das glänzende Renommee, dessen sich diese Stelle bei allen Eingeweihten erfreute, keinen Augenblick als übertrieben erscheinen. Auch Lene fühlte sich sofort angeheimelt und nahm in einer verandaartig vorgebauten Holzhalle Platz, deren eine Hälfte von dem Gezweig einer alten, zwischen Haus und Ufer stehenden Ulme verdeckt wurde.

»Hier bleiben wir«, sagte sie. »Sieh doch nur die Kähne, zwei, drei ... und dort weiter hinauf kommt eine ganze Flotte. Ja, das war ein glücklicher Gedanke, der uns hierher führte. Sieh doch nur, wie sie drüben auf dem Kahne hin- und herlaufen und sich gegen die Ruder stemmen. Und dabei alles so still. Oh, mein einziger Botho, wie schön das ist und wie gut ich dir bin.«

Botho freute sich, Lene so glücklich zu sehen. Etwas Entschlossenes und beinah Herbes, das sonst in ihrem Charakter lag, war wie von ihr genommen und einer ihr sonst fremden Gefühlsweichheit gewichen und dieser Wechsel schien ihr selber unendlich wohlzutun.

Nach einer Weile kam der sein »Etablissement« schon von Vater und Großvater her innehabende Wirt, um nach den Befehlen der Herrschaften zu fragen, vor allem auch, »ob sie zu Nacht bleiben würden«, und bat, als diese Frage bejaht worden war, über ihr Zimmer Beschluß fassen zu wollen. Es ständen ihnen mehrere zur Verfügung, unter denen die Giebelstube wohl die beste sein würde. Sie sei zwar niedrig, aber sonst groß und geräumig und hätte den Blick über die Spree bis an die Müggelberge.

Der Wirt ging nun, als sein Vorschlag angenommen war, um die nötigen Vorbereitungen zu treffen, und Botho und Lene waren nicht nur wieder allein mit einander, sondern genossen auch das Glück dieses Alleinseins in vollen Zügen. Auf einem der herabhängenden Ulmenzweige wiegte sich ein in einem niedrigen Nachbargebüsche nistender Fink, Schwalben fuhren hin und her und zuletzt kam eine schwarze Henne mit einem langen Gefolge von Entenküken an der Veranda vorüber und stolzierte gravitätisch auf einen weit in den Fluß hineingebauten Wassersteg zu. Mitten auf diesem Steg aber blieb die Henne stehn, während sich die Küken ins Wasser stürzten und fortschwammen.

Lene sah eifrig dem allen zu. »Sieh nur, Botho, wie der Strom durch die Pfähle schießt.« Aber eigentlich war es weder der Steg noch die durchschießende Flut, was sie fesselte, sondern die zwei Boote, die vorn angekettet lagen. Sie liebäugelte damit und erging sich in kleinen Fragen und Anspielungen und erst als Botho taub blieb und durchaus nichts davon verstehen wollte, rückte sie klarer mit der Sprache heraus und sagte rundweg, daß sie gern Wasser fahren möchte.

»Weiber sind doch unverbesserlich. Unverbesserlich in ihrem Leichtsinn. Denk' an den zweiten Ostertag. Um ein Haar ...«

»... wär' ich ertrunken. Gewiß. Aber das war nur das eine. Nebenher lief die Bekanntschaft mit einem stattlichen Herrn, dessen du dich vielleicht entsinnst. Er hieß Botho ... Du wirst doch, denk ich, den zweiten Ostertag nicht als einen Unglückstag ansehen wollen? Da bin ich artiger und galanter.«

»Nun, nun ... Aber kannst du denn auch rudern, Lene?«

»Freilich kann ich. Und kann auch sogar steuern und ein Segel stellen. Weil ich beinah ertrunken wäre, denkst du gering von mir und meiner Kunst. Aber der Junge war schuld und ertrinken kann am Ende jeder.«

Und dabei ging sie von der Veranda her den Steg entlang auf die zwei Boote zu, deren Segel eingerefft waren, während ihre Wimpel, mit eingesticktem Namen, oben an der Mastspitze flatterten.

»Welches nehmen wir«, sagte Botho, »die ›Forelle‹ oder die ›Hoffnung‹?«

»Natürlich die Forelle. Was sollen wir mit der Hoffnung?«

Botho hörte wohl heraus, daß dies von Lene mit Absicht und um zu sticheln gesagt wurde, denn so fein sie fühlte, so verleugnete sie doch nie das an kleinen Spitzen Gefallen findende Berliner Kind. Er verzieh ihr aber dies Spitzige, schwieg und war ihr beim Einsteigen behilflich. Dann sprang er nach. Als er gleich darauf das Boot losketteln wollte, kam der Wirt und brachte Jackett und Plaid, weil es bei Sonnenuntergang kalt würde. Beide dankten und in Kürze waren sie mitten auf dem Strom, der hier, durch Inseln und Landzungen eingeengt, keine dreihundert Schritte breit sein mochte. Lene tat nur dann und wann einen Schlag mit dem Ruder, aber auch diese wenigen Schläge reichten schon aus, sie nach einer kleinen Weile bis an eine hoch in Gras stehende, zugleich als Schiffswerft dienende Wiese zu führen, auf der, in einiger Entfernung von ihnen, ein Spreekahn gebaut und alte, leckgewordene Kähne kalfatert und geteert wurden.

»Dahin müssen wir«, jubelte Lene, während sie Botho mit sich fortzog. Aber ehe beide bis an die Schiffsbaustelle heran waren, hörte das Hämmern der Zimmermannsaxt auf und das beginnende Läuten der Glocke verkündete, daß Feierabend sei. So bogen sie denn hundert Schritt von der Werft in einen Pfad ein, der, schräg über die Wiese hin, auf einen Kiefernwald zuführte. Die roten Stämme desselben glühten prächtig im Wiederschein der schon tief stehenden Sonne, während über den Kronen ein bläulicher Nebel lag.

»Ich möchte dir einen recht schönen Strauß pflücken«, sagte Botho, während er Lene bei der Hand nahm. »Aber sieh nur, die reine Wiese, nichts als Gras und keine Blume. Nicht eine.«

»Doch. Die Hülle und Fülle. Du siehst nur keine, weil du zu anspruchsvoll bist.«

»Und wenn ich es wäre, so wär ich es bloß für dich.«

»Oh, keine Ausflüchte. Du wirst sehen, ich finde welche.«

Und sich niederbückend, suchte sie nach rechts und links hin und sagte: »Sieh nur, hier ... und da ... und hier wieder. Es stehen hier mehr als in Dörrs Garten; man muß nur ein Auge dafür haben.« Und so pflückte sie behend und emsig, zugleich allerlei Unkraut und Grashalme mit ausreißend, bis sie, nach ganz kurzer Zeit, eine Menge Brauchbares und Unbrauchbares in Händen hatte.

Währenddem waren sie bis an eine seit Jahr und Tag leer stehende Fischerhütte gekommen, vor der, auf einem mit Kienäpfeln überstreuten Sandstreifen (denn der Wald stieg unmittelbar dahinter an) ein umgestülpter Kahn lag.

»Der kommt uns zupaß«, sagte Botho, »hier wollen wir uns setzen. Du mußt ja müde sein. Und nun laß sehen, was du gepflückt hast. Ich glaube, du weißt es selber nicht und ich werde mich auf den Botaniker hin ausspielen müssen. Gib her. Das ist Ranunkel und das ist Mäuseohr und manche nennen es auch falsches Vergißmeinnicht. Hörst du, falsches. Und hier das mit dem gezackten Blatt, das ist Taraxacum, unsere gute alte Butterblume, woraus die Franzosen Salat machen. Nun meinetwegen. Aber Salat und Bouquet ist ein Unterschied.«

»Gib nur wieder her«, lachte Lene. »Du hast kein Auge für diese Dinge, weil du keine Liebe dafür hast, und Auge und Liebe gehören immer zusammen. Erst hast du der Wiese die Blumen abgesprochen, und jetzt, wo sie da sind, willst du sie nicht als richtige Blumen gelten lassen. Es sind aber Blumen und noch dazu sehr gute. Was gilt die Wette, daß ich dir etwas Hübsches zusammenstelle.«

»Nun da bin ich doch neugierig, was du wählen wirst.«

»Nur solche, denen du selber zustimmst. Und nun laß uns anfangen. Hier ist Vergißmeinnicht, aber kein Mäuseohr-Vergißmeinnicht, will sagen kein falsches, sondern ein echtes. Zugestanden?«

»Ja.«

»Und das hier ist Ehrenpreis, eine feine kleine Blume. Die wirst du doch auch wohl gelten lassen? Da frag ich gar nicht erst. Und diese große rotbraune das ist Teufelsabbiß und eigens für dich gewachsen. Ja, lache nur. Und das hier«, und sie bückte sich nach ein paar gelben Blumenköpfchen, die gerade vor ihr auf der Sandstelle blühten »das sind Immortellen.«

»Immortellen«, sagte Botho. »Die sind ja die Passion der alten Frau Nimptsch. Natürlich, *die* nehmen wir, *die* dürfen nicht fehlen. Und nun binde nur das Sträußchen zusammen.«

»Gut. Aber womit? Wir wollen es lassen, bis wir eine Binse finden.«

»Nein, so lange will ich nicht warten. Und ein Binsenhalm ist mir auch nicht gut genug, ist zu dick und zu grob. Ich will was Feines.

Weißt Du, Lene, Du hast so schönes langes Haar; reiß eins aus und flicht den Strauß damit zusammen.«

»Nein«, sagte sie bestimmt.

»Nein? warum nicht? warum nein?«

»Weil das Sprüchwort sagt: ›Haar bindet.‹ Und wenn ich es um den Strauß binde, so bist du mitgebunden.«

»Ach das ist Aberglauben. Das sagt Frau Dörr.«

»Nein, die alte Frau sagt es. Und was die mir von Jugend auf gesagt hat, auch wenn es wie Aberglauben aussah, das war immer richtig.«

»Nun meinetwegen. Ich streite nicht. Aber ich will kein ander Band um den Strauß, als ein Haar von dir. Und du wirst doch nicht so eigensinnig sein und mir's abschlagen.«

Sie sah ihn an, zog ein Haar aus ihrem Scheitel und wand es um den Strauß. Dann sagte sie: »Du hast es gewollt. Hier, nimm es. Nun bist du gebunden.«

Er versuchte zu lachen, aber der Ernst, mit dem sie das Gespräch geführt und die letzten Worte gesprochen hatte, war doch nicht ohne Eindruck auf ihn geblieben.

»Es wird kühl«, sagte er nach einer Weile. »Der Wirt hatte Recht, dir Jackett und Plaid nachzubringen. Komm, laß uns aufbrechen.«

Und so gingen sie wieder auf die Stelle zu, wo das Boot lag, und eilten sich, über den Fluß zu kommen.

Jetzt erst, im Rückfahren, sahen sie, wie malerisch das Gasthaus dalag, dem sie mit jedem Ruderschlage näher kamen. Eine hohe groteske Mütze, so saß das Schilfdach auf dem niedrigen Fachwerkbau, dessen vier kleine Frontfenster sich eben zu erhellen begannen. Und im selben Augenblicke wurden auch ein paar Windlichter in die Veranda getragen und durch das Gezweige der alten Ulme, das im Dunkel einem phantastischen Gitterwerke glich, blitzten allerlei Lichtstreifen über den Strom hin.

Keiner sprach. Jeder aber hing seinem Glück und der Frage nach, wie lange das Glück noch dauern werde.

Rienäckers Wohnung lag keine tausend Schritt von dem Hause der Frau Nimptsch. Aber Lene wußte nichts davon und nahm ihren

Weg oft durch die Landgrafenstraße, was sie vermieden haben würde, wenn sie von dieser Nachbarschaft auch nur eine Ahnung gehabt hätte.

Doch es konnt ihr nicht lange ein Geheimnis bleiben.

Es ging schon in die dritte Oktoberwoche, trotzdem war es noch wie im Sommer und die Sonne schien so warm, daß man den schärferen Luftton kaum empfand.

»Ich muß heut in die Stadt, Mutter«, sagte Lene. »Goldstein hat mir geschrieben. Er will mit mir über ein Muster sprechen, das in die Wäsche der Waldeckschen Prinzessin eingestickt werden soll. Und wenn ich erst in der Stadt bin, will ich auch die Frau Demuth in der Alten Jakobstraße besuchen. Man kommt sonst ganz von aller Menschheit los. Aber um Mittag bin ich wieder hier. Ich werd es Frau Dörr sagen, daß sie nach dir sieht.«

»Laß nur, Lene, laß nur. Ich bin am liebsten allein. Und die Dörr, sie redt so viel un immer von ihrem Mann. Und ich habe ja mein Feuer. Und wenn der Stieglitz piept, das is mir genug. Aber wenn Du mir eine Tüte mitbringst, ich habe jetzt immer solch Kratzen und Malzbonbon löst so ...«

»Schön, Mutter.«

Und damit hatte Lene die kleine stille Wohnung verlassen und war erst die Kurfürsten- und dann die lange Potsdamer Straße hinunter gegangen, auf den Spittelmarkt zu, wo die Gebrüder Goldstein ihr Geschäft hatten. Alles verlief nach Wunsch und es war nahezu Mittag, als sie, heimkehrend, diesmal anstatt der Kurfürsten- lieber die Lützowstraße passierte. Die Sonne tat ihr wohl und das Treiben auf dem Magdeburger Platze, wo gerade Wochenmarkt war und alles eben wieder zum Aufbruch rüstete, vergnügte sie so, daß sie stehenblieb und sich das bunte Durcheinander mit ansah. Sie war wie benommen davon und wurd erst aufgerüttelt, als die Feuerwehr mit ungeheurem Lärm an ihr vorbeirasselte.

Lene horchte, bis das Gebimmel und Geklingel in der Ferne verhallt war, dann aber sah sie links hinunter nach der Turmuhr der Zwölf-Apostel-Kirche. »Gerade Zwölf«, sagte sie. »Nun ist es Zeit, daß ich mich eile; sie wird immer unruhig, wenn ich später komme, als sie denkt.« Und so ging sie weiter die Lützowstraße hinunter auf den gleichnamigen Platz zu. Aber mit einem Male hielt sie und wußte nicht wohin, denn auf ganz kurze Entfernung erkannte sie Botho, der, mit einer jungen, schönen Dame am Arm, grad auf sie zukam. Die junge Dame sprach lebhaft und anscheinend lauter heitre Dinge, denn Botho lachte beständig, während er zu ihr niederblickte. Diesem Umstande verdankte sie's auch, daß sie nicht schon lange bemerkt worden war, und rasch entschlossen, eine Begegnung mit ihm um jeden Preis zu vermeiden, wandte sie sich, vom Trottoir her, nach rechts hin und trat an das zunächst befindliche große Schaufenster heran, vor dem, mutmaßlich als Deckel für eine hier befindliche Kelleröffnung, eine viereckige geriffelte Eisenplatte lag. Das Schaufenster selbst war das eines gewöhnlichen Materialwarenladens, mit dem üblichen Aufbau von Stearinlichten und Mixed-Pickles-Flaschen, nichts Besonders, aber Lene starrte drauf hin, als ob sie dergleichen noch nie gesehen habe. Und wahrlich, Zeit war es, denn in eben diesem Augenblicke streifte das junge Paar hart an ihr vorüber und kein Wort entging ihr von dem Gespräche, das zwischen beiden geführt wurde.

»Käthe, nicht so laut«, sagte Botho, »die Leute sehen uns schon an.«

»Laß sie ...«

»Sie denken am Ende, wir zanken uns ...«

»Unter Lachen? Zanken unter Lachen?«

Und sie lachte wieder.

Lene fühlte das Zittern der dünnen Eisenplatte, darauf sie stand. Ein waagerecht liegender Messingstab zog sich zum Schutze der großen Glasscheibe vor dem Schaufenster hin und einen Augenblick war es ihr, als ob sie, wie zu Beistand und Hilfe, nach dem Messingstab greifen müsse, sie hielt sich aber aufrecht und erst als sie sicher sein durfte, daß beide weit genug fort waren, wandte sie sich wieder, um ihren Weg fortzusetzen. Sie tappte sich vorsichtig an den Häusern hin und eine kurze Strecke ging es. Aber bald war ihr doch, als ob ihr die Sinne schwänden, und kaum, daß sie die nächste nach dem Kanal hin abzweigende Querstraße erreicht hatte, so bog sie hier ein und trat in einen Vorgarten, dessen Gittertür offenstand. Nur mit Mühe noch schleppte sie sich bis an eine kleine zu Veranda und Hochparterre hinaufführende Freitreppe, wenige Stufen, und setzte sich, einer Ohnmacht nah, auf eine derselben.

Als sie wieder erwachte, sah sie, daß ein halbwachsenes Mädchen, ein Grabscheit in der Hand, mit dem sie kleine Beete gegraben hatte, neben ihr stand und sie teilnahmvoll anblickte, während, von der Verandabrüstung aus, eine alte Kindermuhme sie mit kaum geringerer Neugier musterte. Niemand war augenscheinlich zu Haus als das Kind und die Dienerin und Lene dankte beiden und erhob sich und schritt wieder auf die Pforte zu. Das halbwachsene Mädchen aber sah ihr traurig verwundert nach, und es war fast, wie wenn in dem Kinderherzen eine erste Vorstellung von dem Leid des Lebens gedämmert hätte.

Lene war inzwischen, den Fahrdamm passierend, bis an den Kanal gekommen und ging jetzt unten an der Böschung entlang, wo sie sicher sein durfte, niemandem zu begegnen. Von den Kähnen her blaffte dann und wann ein Spitz und ein dünner Rauch, weil Mittag war, stieg aus den kleinen Kajütenschornsteinen auf. Aber sie sah und hörte nichts oder war wenigstens ohne Bewußtsein dessen, was um sie her vorging, und erst als jenseits des »Zoologischen« die Häuser am Kanal hin aufhörten und die große Schleuse mit ihrem drüberwegschäumenden Wasser sichtbar wurde, blieb sie stehn und rang nach Luft. »Ach, wer weinen könnte.« Und sie drückte die Hand gegen Brust und Herz.

Drei Wochen später war eine Trauung in der Jakobikirche, deren kreuzgangartiger Vorhof auch heute von einer dichten und neugierigen Menschenmenge, meist Arbeiterfrauen, einige mit ihren Kindern auf dem Arm, besetzt war. Aber auch Schul- und Straßenjugend hatte sich eingefunden. Allerlei Kutschen fuhren vor, und gleich aus einer der ersten stieg ein Paar, das, so lang es im Gesichtskreise der Anwesenden verblieb, mit Lachen und Getuschel begleitet wurde.

»*Die* Taille«, sagte eine der zunächststehenden Frauen.

»Taille?«

»Na denn Hüfte.«

»Schon mehr Walfischrippe ...«

»*Das* stimmt.«

Und kein Zweifel, daß sich dies Gespräch noch fortgesetzt hätte, wenn nicht in eben diesem Augenblicke die Brautkutsche vorgefahren wäre. Der vom Bock herabspringende Diener eilte den Kutschenschlag zu öffnen, aber der Bräutigam selbst, ein hagerer Herr mit hohem Hut und spitzen Vatermördern, war ihm bereits zuvorgekommen und reichte seiner Braut die Hand, einem sehr hübschen Mädchen, das übrigens, wie gewöhnlich bei Bräuten, weniger um seines hübschen Aussehens, als um seines weißen Atlaskleides willen bewundert wurde. Dann stiegen beide die mit einem etwas abgetretenen Teppich belegte, nur wenig Stufen zählende Steintreppe hinauf, um zunächst in den Kreuzgang und gleich danach in das Kirchenportal einzutreten. Aller Blicke folgten ihnen.

»Un kein Kranz nich?« sagte dieselbe Frau, vor deren kritischem Auge kurz vorher die Taille der Frau Dörr so schlecht bestanden hatte.

»Kranz…? Kranz…? Wissen Sie denn nich…? Haben Sie denn nichts munkeln hören?«

»Ach so. Freilich hab' ich. Aber, liebe Kornatzki, wenn es nach's Munkeln ginge, gäb' es gar keine Kränze mehr un Schmidt in der Friedrichsstraße könnte man gleich zumachen.«

»Ja, ja«, lachte jetzt die Kornatzki, »das könnt er. Un am Ende für so 'nen Alten! Fuffzig jute hat er doch woll auf'n Puckel un sah eigentlich aus, als ob er seine silberne gleich mitfeiern wollte.«

»Woll. So sah er aus. Un haben Sie denn seine Vatermörder gesehn? So was lebt nich.«

»Damit kann er sie gleich dod machen, wenn's wieder munkelt.«

»Ja, das kann er.«

Und so ging es noch eine Weile weiter, während aus der Kirche schon das Präludium der Orgel hörbar wurde.

Den anderen Morgen saßen Rienäcker und Käthe beim Frühstück, diesmal in Bothos Arbeitszimmer, dessen beide Fenster, um Luft und Licht einzulassen, weit offenstanden. Rings um den Hof her nistende Schwalben flogen zwitschernd vorüber und Botho, der ihnen allmorgendlich einige Krumen hinzustreuen pflegte, griff eben wieder zu gleichem Zweck nach dem Frühstückskorb, als ihm das ausgelassene Lachen seiner seit fünf Minuten schon in ihre Lieblingszeitung vertieften jungen Frau Veranlassung gab, den Korb wieder hinzustellen.

»Nun, Käthe, was ist? Du scheinst ja was ganz besonders Nettes gefunden zu haben.«

»Hab ich auch . . . Es ist doch zu komisch, was es für Namen gibt! Und immer gerade bei Heirats- und Verlobungsanzeigen. Höre doch nur.«

»Ich bin ganz Ohr.«

»... Ihre heute vollzogene eheliche Verbindung zeigen ergebenst an: *Gideon Franke*, Fabrikmeister, *Magdalene Franke*, geb. *Nimptsch ...* , Nimptsch. Kannst du dir was Komischeres denken? Und dann Gideon!«

Botho nahm das Blatt, aber freilich nur weil er seine Verlegenheit dahinter verbergen wollte. Dann gab er es ihr zurück und sagte mit soviel Leichtigkeit im Ton, als er aufbringen konnte: »Was hast du nur gegen Gideon, Käthe? Gideon ist besser als Botho.«

Unabhängigkeitstag

Aus dem Amerikanischen von Fredeke Armin
43435, 599 Seiten, DM 17.90.
Goldmann Verlag, München

Als Hardcover DM 48.–, Berlin Verlag

OSTFRIESEN ZEITUNG
Die brillante Studie des American Way of Life. Wir begegnen Frank Bascombe, der Titelfigur von Fords Sportreporter als Immobilenmakler in der Ostküsten-Kleinstadt Haddam wieder. Der Mann hat schon bessere Zeiten gesehen, ist geschieden, macht aber seinen Job anständig und erfolgreich. Am Unabhängigkeitstag, dem 4. Juli, unternimmt Bascombe mit seinem Sohn, zu dem er seit der Scheidung kaum Kontakt hat, einen Ausflug. Der verläuft etwas anders als geplant ... Fords Roman zeichnet eine große Nähe zu den Figuren aus, akribisch lotet der Autor ihre Gedanken und Gefühle aus. Die Figuren leben und schlagen sich durchs Leben, das ihnen nichts schenkt, sie aber ebensowenig überfordert. Ford seziert und beschreibt einfach nur den Alltag des amerikanischen weißen Mittelstandes, ohne Mitleid und Häme. Das ist besonders lehrreich für Europäer, die ihr Amerika-Bild aus Fernsehserien zusammenbasteln.

EXCENTRIC. Stadtmagazin Kassel
Genial die Erzählkunst, spannend und authentisch die Geschichte. Ein Klassiker!

Der Autor:
Richard Ford, 1944 in Jackson/Mississippi geboren, lebt heute abwechselnd in New Orleans und Montana. Er zählt zu den großen amerikanischen Gegenwartsautoren und wird in einem Atemzug mit John Updike, Norman Mailer, Phillip Roth und Saul Bellow genannt. In Deutschland sind bisher fünf Romane, ein Band mit Kurzgeschichten sowie eine Novelle erschienen.

Heute morgen bin ich früh auf den Beinen, in meinem Arbeitszimmer oben unter dem Dach, und gehe ein Angebot durch, das gestern abend kurz vor Feierabend »exklusiv« bei uns eingegangen ist und für das ich vielleicht jetzt schon Käufer habe. Angebote gehen häufig so unerwartet ein, als hätte die Vorsehung sie geschickt: Ein Hausbesitzer kippt ein paar Manhattans, dreht eine nachmittägliche Runde durch den Garten, um die Papierschnipsel einzufangen, die vom Müll der Nachbarn herübergeweht worden sind, harkt die letzten modrigen Blätter des Winters unter dem Forsythienstrauch hervor, wo sein alter Dalmatiner Pepper begraben liegt, begutachtet die Schierlingstannen, die er zusammen mit seiner Frau gepflanzt hat, als sie frisch verheiratet waren, vor langer, langer Zeit, wandert in Erinnerungen versunken durch Zimmer, die er selbst gestrichen, Bäder, die er lange nach Mitternacht gefugt hat, genehmigt sich unterwegs noch zwei steife Drinks, und plötzlich ist da dieser aufwallende und unterdrückte Schrei aus der Tiefe seines Herzens nach einem längst verlorenen Leben, das wir alle (wenn wir weiterleben wollen) loslassen müssen ... Und peng: Schon steht er am Telefon, stört einen Immobilienmakler bei seinem wohlverdienten Abendessen, und zehn Minuten später ist die Sache perfekt. (Durch einen glücklichen Zufall sind meine Interessenten, die Markhams, gestern abend aus Vermont nach Haddam gekommen, und es wäre denkbar, daß ich den ganzen Zyklus – von Angebotseingang bis Verkauf– an einem einzigen Tag erledigen kann. Der Rekord, nicht von mir, liegt bei vier Minuten.)

Als zweites muß ich an diesem frühen Morgen den Leitartikel für die monatliche Zeitschrift *Käufer und Verkäufer* schreiben (die unsere Firma kostenlos an jeden lebenden Hausbesitzer in Haddam verschickt). Diesen Monat feile ich an meinen Gedanken zu den wahrscheinlichen Auswirkungen des bevorstehenden Parteitags der Demokraten auf den Immobilienmarkt. Der wenig inspirierende Gouverneur Dukakis, geistiger Urheber des zwielichtigen Wunders von Massachusetts, wird wohl nominiert werden und dann auf einen leichten Sieg im November zusteuern. Ich zumindest hoffe das, aber die meisten Haddamer Hausbesitzer erfüllt es mit lähmender Angst, da sie fast ausnahmslos Republikaner sind und Reagan lieben wie die Katholiken den Papst. Aber selbst sie fühlen sich angesichts der grotesken Aussicht, Bush zum Präsidenten zu bekommen, betrogen und veralbert. Meine Argumentation beruht auf Emersons berühmtem Satz aus »Selbstvertrauen«, nämlich: »Groß sein heißt, mißverstanden sein.« Den habe ich zu der These verarbeitet, daß Gouverneur Dukakis mehr an das Portemonnaie der Wähler denkt, als die meisten glauben. Ich sage, daß die wirtschaftliche Unsicherheit ein Plus für die Demokraten ist und daß die Zinsen, die das ganze Jahr verrückt gespielt haben, spätestens zu Neujahr bei elf Prozent liegen werden, auch wenn William Jennings Bryan zum Präsidenten gewählt und die Silberwährung wieder eingeführt würde. (Diese Annahmen ängstigen Republikaner ebenfalls zu Tode.) »Was soll's also«, lautet in etwa die Quintessenz meiner Argumentation. »Es könnte alles im Handumdrehen noch schlimmer kommen. Springen Sie jetzt ins kalte Wasser des Immobilienmarktes. Verkaufen (oder kaufen) Sie!«

In diesen sommerlichen Tagen ist mein Leben, zumindest nach außen hin, ein Muster an Einfachheit. Ich führe das glückliche, wenn auch ein wenig gedankenverlorene Leben eines vierundvierzigjährigen Junggesellen im früheren Haus meiner Frau in der Cleveland Street 116, im sogenannten Präsidentenstraßen-Viertel von Haddam, New Jersey, wo ich in der Immobilienfirma Lauren-Schwindell in der Seminary Street arbeite. Vielleicht sollte ich besser sagen: im Ex-Haus meiner Ex-Frau, Ann Dykstra, jetzt Mrs. Charley O'Dell, wohnhaft Swallow Lane 86, Deep River, Connecticut. Auch meine beiden Kinder leben dort, obwohl ich nicht genau sagen kann, wie glücklich sie sind, oder auch nur, wie glücklich sie sein sollten.

Die Abfolge der Ereignisse, die mich zu diesem Beruf und in dieses Haus führte, könnte vielleicht ein wenig ungewöhnlich erscheinen, falls man sich in seiner Vorstellung von menschlicher Beständigkeit an den Familienillustrierten des »mittleren« weißen Amerika zur Zeit der Jahrhundertwende orientiert. Oder an der »idealen amerikanischen Familie«, wie sie von rechtsgerichteten Denkfabriken propagiert wird – mehrere Direktoren solch eines Instituts leben hier in Haddam. Die aber sind im Grunde genommen nichts anderes als Propaganda für eine Lebensart, die kein Mensch durchhalten kann, ohne genau die Beruhigungspillen zu nehmen, die eben diese Leute einem verbieten wollen (obwohl ich sicher bin, daß sie selbst die Dinger tonnenweise konsumieren). Aber jedem halbwegs Vernünftigen wird mein Leben mehr oder weniger normal vorkommen, zusammengesetzt aus Zufälligkeiten, denen keiner von uns entgeht und die in einem weiter nicht bemerkenswerten Leben kaum Schaden anrichten.

Heute morgen jedoch bereite ich mich auf einen Wochenendausflug mit meinem einzigen Sohn vor, der anders als die meisten meiner Unternehmungen von einigem Lebensgewicht zu sein verspricht. Überhaupt riecht diese Exkursion eigentümlich nach etwas, was man *zum letzten Mal* tut. Als käme eine entscheidende Phase – in meinem *und* seinem Leben–, nein, nicht unbedingt zum Abschluß, aber als nähere sie sich einer Drehung des Kaleidoskops, die das Bild strafft und verändert. Es wäre töricht, das auf die leichte Schulter zu nehmen, und ich tue es auch nicht. (Der Impuls, »Selbstvertrauen« zu lesen, ist an dieser Stelle ebenso bedeutsam wie der bevorstehende Unabhängigkeitstag selbst – mein liebster weltlicher Feiertag, weil er erstens so öffentlich ist und zweitens implizit das Ziel hat, uns so zurückzulassen, wie er uns vorgefunden hat: frei.) All das ereignet sich – zu allem Überfluß – fast am Jahrestag meiner Scheidung, einer Zeit, in der ich jedesmal nachdenklich werde und mich verletzbar fühle und ganze Tage damit verbringe, über den Sommer vor jetzt sieben Jahren nachzugrübeln, als das Leben plötzlich ins Schleudern geriet und ich in meiner Hilflosigkeit nicht in der Lage war, es wieder auf Kurs zu bringen.

Aber als erstes fahre ich heute nachmittag nach Süden, nach South Mantoloking an der Küste von New Jersey, zum üblichen Freitagabendrendezvous mit meiner Freundin (es gibt letztlich keine höflichere oder bessere Bezeichnung), der blonden, großen und langbeinigen Sally Caldwell. Obwohl sich auch hier Störungen zusammenzubrauen scheinen. Sally und ich haben seit jetzt zehn Monaten eine meiner Meinung nach perfekte »dein Leben/mein Leben«-Geschichte, in der wir einander großzügige Portionen Kameradschaft, Vertrauen (auf einer »soweit nötig«-Basis), ein vernünftiges Maß an Verläßlichkeit und eine Menge heißer fleischlicher Leidenschaft bieten – alles unter Zubilligung von genügend

»Freiraum« und absolutem Laisser-faire, wobei ich für letzteres offengestanden nicht viel Verwendung habe, während wir gleichzeitig den höchsten Respekt vor den teuer erkauften Lektionen und eifrig katalogisierten Fehlern haben, die das Erwachsensein mit sich bringt. Liebe ist es nicht, das stimmt. Nicht so ganz. Es kommt der Liebe aber näher als das Zeug, das die meisten Verheirateten zu bieten haben.

Und doch ist in den letzten Wochen, aus Gründen, die ich mir nicht erklären kann, in jedem von uns etwas entstanden, was ich nur als seltsames Unbehagen bezeichnen kann. Etwas, was bis in unser ansonsten erregendes Liebesleben kriecht und sogar die Häufigkeit unserer Besuche beeinflußt, als sei unser Zugriff auf gegenseitige Aufmerksamkeit und Zuneigung dabei, sich zu verändern und zu lockern, und als hätten wir jetzt die Aufgabe, einen neuen Ansatzpunkt für eine längere, ernsthaftere Bindung zu finden. Nur daß anscheinend keiner von uns dazu in der Lage ist, ein Versagen, das uns beide verblüfft.

Gestern abend, irgendwann nach Mitternacht, als ich schon eine Stunde geschlafen hatte, zweimal aufgewacht war und mein Kopfkissen zusammengeknüllt hatte, mir über die Fahrt mit Paul Sorgen gemacht, ein Glas Milch getrunken, mir den Wetterbericht angesehen und mich dann zurückgelehnt hatte, um ein Kapitel von *Die Unabhängigkeitserklärung* zu lesen – Carl Beckers Klassiker, den ich zusammen mit »Selbstvertrauen« als Schlüsseltext für die Kommunikation mit meinem schwierigen Sohn verwenden will, um ihm auf diese Weise ein paar wichtige Einsichten zu vermitteln – rief Sally an. (Die beiden Texte sind übrigens kein bißchen mühsam, öde oder langweilig, wie es einem in der Schule vorkam, sondern stecken voll nützlicher, tiefsinniger persönlicher Lektionen, die sich direkt oder metaphorisch auf die zähen Dilemmata des Lebens anwenden lassen.)

»Hi. Wie geht's?« sagte sie mit einem Anflug unsicherer Zurückhaltung in der Stimme, als wären mitternächtliche Telefongespräche für uns etwas Ungewöhnliches, was sie auch sind.

»Ich les grade Carl Becker. Er ist fantastisch«, sagte ich, nun wachsam. »Er denkt, daß es bei der ganzen Unabhängigkeitserklärung darum ging zu beweisen, daß Rebellion das falsche Wort war. Daß die

Gründerväter was ganz anderes im Sinn hatten. Als wär das Ganze ein Krieg um eine Wortwahl gewesen. Erstaunlich, was?« Sie seufzte. »Und was war das richtige Wort?«

»Oh. Vernunft. Natur. Fortschritt. Der Wille Gottes. Karma. Nirwana. Das alles bedeutete für Jefferson und Adams und diese Leute so ziemlich dasselbe. Die waren schlauer als wir.«

»Ich dachte, da wär mehr dran gewesen«, sagte sie. Dann sagte sie: »Alles kommt mir so festgefahren vor. Ganz plötzlich, heute abend. Geht's dir nicht auch so?« Mir war bewußt, daß es sich hier um eine verschlüsselte Nachricht handelte. Ich hatte aber keine Ahnung, wie ich sie dechiffrieren sollte. Vielleicht, dachte ich, war das alles die Einleitung zu der Erklärung, daß sie mich nicht mehr sehen wollte – was schon mal vorgekommen war. (Wobei »festgefahren« im Sinne von »unerträglich« zu verstehen wäre.) »Irgendwas schreit geradezu danach, bemerkt zu werden. Ich weiß nicht, was es ist. Aber es hat was mit dir und mir zu tun. Findest du nicht?«

»Hm. Vielleicht«, sagte ich. »Ich weiß nicht.« Ich lehnte neben meiner Nachttischlampe in den Kissen, den muffig riechenden kommentierten Becker auf der Brust, unter meiner gerahmten Landkarte von Block Island, während der Fensterventilator (ich habe mich gegen eine Klimaanlage entschieden) die kühle, milde kleinstädtische Mitternacht an mein Bett sog. Ich wußte wirklich nicht, was im Augenblick gefehlt hätte, außer Schlaf.

»Ich hab einfach das Gefühl, daß alles festgefahren ist und irgendwas fehlt«, sagte Sally noch einmal. »Bist du sicher, daß es dir nicht auch so geht?«

»Man muß auf manche Dinge verzichten, wenn man andere haben will.« Das war eine idiotische Antwort. Vielleicht träumte ich nur. Aber morgen würde ich Mühe haben, mich davon zu überzeugen, daß diese Unterhaltung nicht stattgefunden hatte. So was kam bei mir gar nicht so selten vor.

»Ich hatte heute nacht einen Traum«, sagte Sally. »Wir waren in deinem Haus in Haddam, und du hast ständig aufgeräumt. Ich war irgendwie deine Frau, hatte aber schreckliche Angst. In der Toilettenschüssel war blaues Wasser, und irgendwann standen wir beide auf der Treppe vor deinem Haus und schüttelten uns die Hand – so als hättest du mir das Haus gerade verkauft. Und dann sah ich dich mitten über ein großes Maisfeld fliegen, die Arme ausgestreckt wie Christus oder was weiß ich, so wie in Illinois.« Wo sie herkommt, aus dem grundsoliden, christlichen Maisgürtel. »Es sah irgendwie friedlich aus. Aber insgesamt war da das Gefühl, daß alles sehr, sehr geschäftig und hektisch war und niemand irgendwas richtig machen konnte. Und ich hatte diese schreckliche Angst. Und dann bin ich aufgewacht und hatte das Bedürfnis, dich anzurufen.«

»Ich bin froh, daß du das getan hast«, sagte ich. »Aber der Traum hört sich doch gar nicht so übel an. Schließlich wurdest du weder von wilden Tieren verfolgt, die wie ich aussahen, noch aus irgendwelchen Flugzeugen gestoßen.«

»Nein«, sagte sie und schien über diese Schicksale nachzudenken. Weit weg in der Nacht hörte ich einen Zug. »Bloß daß ich solche Angst hatte. Alles war so deutlich. Normalerweise hab ich keine so deutlichen Träume.«

»Ich versuch immer, meine Träume zu vergessen.«

»Ich weiß. Darauf bist du stolz.«

»Nein, bin ich nicht. Sie kommen mir bloß nie geheimnisvoll genug vor. Ich würde mich an sie erinnern, wenn sie mir interessanter vorkämen. Vorhin hab ich geträumt, daß ich lese, und dann hab ich gemerkt, daß ich wirklich lese.«

»Du scheinst nicht besonders interessiert zu sein. Vielleicht ist es nicht der richtige Augenblick, um ernsthaft darüber zu reden.« Sie klang verlegen, als machte ich mich über sie lustig, was ich nicht tat.

»Jedenfalls bin ich froh, deine Stimme zu hören«, sagte ich. Vermutlich hatte sie recht. Es war Mitternacht. Wenig Gutes beginnt um diese Zeit.

»Tut mir leid, daß ich dich geweckt hab.«

»Du hast mich nicht geweckt«, sagte ich, schaltete aber, ohne daß sie es wissen konnte, das Licht aus, lag ruhig atmend da und hörte in der kühlen Dunkelheit dem Zug zu. »Wahrscheinlich ist es einfach so, daß du dir was wünschst und es nicht bekommst. Das ist nicht so ungewöhnlich.« In Sallys Fall konnte es sich dabei um eine ganze Reihe von Dingen handeln.

»Hast du nie so ein Gefühl?«

»Nein. Ich hab das Gefühl, eine ganze Menge Dinge zu haben. Ich hab dich.«

»Das ist schön«, sagte sie ohne viel Wärme.

»Es *ist* schön.«

»Wir sehen uns doch morgen, oder?«

»Darauf kannst du wetten. Ich werd in bester Form bei dir auftauchen.«

»Wunderbar«, sagte sie. »Schlaf gut. Und träum nicht.«

»Werd ich. Werd ich nicht.« Und ich legte auf.

Ich konnte nicht so tun, als ob das, womit Sally sich an diesem Abend herumgeschlagen hatte, mir unbekannt gewesen wäre – eine Leere, etwas, was fehlte. Vielleicht bin ich einfach kein Hauptgewinn, weder für sie noch für sonst jemanden, weil ich das Glöckchengeklingel zu Anfang einer Romanze zwar herrlich finde, aber absolut nicht das Bedürfnis habe, mehr zu tun, als wegzuhören, sobald dieser süße Klang droht, sich in etwas anderes zu verwandeln. Eine erfolgreiche Strategie meiner mittleren Jahre, einer Zeit, die ich für mich als die »Existenzperiode« bezeichne, besteht darin, einen großen Teil dessen, was mir nicht gefällt oder mir beunruhigend oder verwirrend vorkommt, einfach zu ignorieren und zuzusehen, wie es sich für gewöhnlich von selbst erledigt. Aber ich bin mir der »Dinge« ebenso bewußt wie Sally und könnte mir vorstellen, daß dieser Anruf das erste (oder vielleicht auch das siebenunddreißigste) Signal dafür ist, daß wir uns vielleicht bald nicht mehr »sehen« werden. Und ich empfinde Bedauern und würde gerne einen Weg finden, die Dinge wieder in Ordnung zu bringen. Bloß daß ich entsprechend meiner Strategie eben bereit bin, die Dinge so laufen zu lassen, wie sie laufen, und abzuwarten, was passiert. Vielleicht wird's sogar besser. Wär schließlich auch möglich.

Von größerer Bedeutung und absolut wichtig ist jedoch die Geschichte mit meinem Sohn, Paul Bascombe, der fünfzehn ist. Vor zweieinhalb Monaten, kurz nach Ablauf der Einkommenssteuerfrist und sechs Wochen, bevor das Schuljahr in Deep River zu Ende ging, wurde er festgenommen, weil er in einem Finast in Essex drei Schachteln 4X-Kondome (»Magnum«) geklaut hatte. Seine Tat wurde von einer versteckten Kamera festgehalten, die über den männlichen Hygieneartikeln eingebaut war. Als eine kleine, aber uniformierte vietnamesische Ladendetektivin ihn gleich hinter der Kasse ansprach – er hatte als Ablenkungsmanöver eine Flasche Tönungshaarwasser gekauft –, versuchte er wegzulaufen, wurde aber von ihr niedergerungen. Er beschimpfte sie als »schlitzäugiges Arschloch«, trat sie ans Bein, schlug ihr ins Gesicht (möglicherweise unabsichtlich) und riß ihr eine beträchtliche Menge Haare aus, bevor es ihr gelang, einen Würgegriff anzuwenden und ihm mit Hilfe eines anderen Angestellten und eines Kunden Handschellen anzulegen. (Seine Mutter bekam ihn innerhalb einer Stunde wieder frei.)

Die Ladendetektivin hat verständlicherweise Anzeige wegen tätlichen Angriffs und Beleidigung und Verletzung einiger ihrer Menschenrechte erstattet. In der Jugendbehörde von Essex war angeblich sogar von »Rassenhaß« die Rede und davon, »ein Exempel zu statuieren«. (Ich halte das aber nur für Wahlkampfgerede plus Rivalität zwischen den beiden Gemeinden.)

Seitdem hat Paul zahllose Verhöre und Stunden komplizierter psychologischer Analysen seines Charakters, seiner allgemeinen Einstellung und geistigen Verfassung über sich ergehen lassen müssen – ich war bei zwei Sitzungen anwesend und fand sie nicht weiter bemerkenswert, aber fair, habe die Ergebnisse indessen noch nicht gesehen. Für diese Prozeduren hat er keinen Anwalt, sondern einen Ombudsmann, einen Sozialarbeiter mit juristischer Ausbildung. Sein erster richtiger Gerichtstermin ist am nächsten Dienstag, dem Tag nach dem Vierten Juli.

Ein weites Feld

dtv 12447, 783 Seiten, DM 19.90.
Deutscher Taschenbuch Verlag, München

Als Hardcover DM 34.–,
Steidl Verlag, Göttingen

Wie es das Ausland sieht – Juan Goytisolo in EL PAIS, Madrid

Gedächtnisschwund, wirtschaftliche Saturiertheit und eine neue gewichtigere Rolle Deutschlands auf dem internationalen Parkett sorgten nach dem Mauerfall für ein gewaltiges Siegesgeschrei über den rasanten Prozeß der Wiedervereinigung oder, genauer gesagt, die Art, wie die Bundesrepublik ihren fragwürdigen, kollabierenden Gegner schluckte. Wer sich wie Günter Grass im Alleingang diesem einvernehmlichen Taumel entgegenstellte, zunächst in Presseartikeln, dann mit seinem komplexen, wohlkomponierten Roman, fordert Ausfälle wie die des bücherzerreißenden Großkritikers geradezu heraus.
Grass hatte an den Fundamenten der offiziellen deutschen Geschichtsschreibung der vergangenen anderthalb Jahrhunderte gerüttelt und gegen die symbolische Hauptstadt geschossen; und das mit einem Werk, dessen Meisterschaft die Wut der Rechtgläubigen auf diesen Nestbeschmutzer nur steigerte. Paradoxerweise bestätigte das Gezeter, das sich um seinen Roman erhob, die darin geschilderte Lage: Oder ist der hartnäckige Widerstand gegen die eigene Vergangenheit nicht der beste Beweis dafür, daß in diesem ruhmreich wiedervereinigten Deutschland repressive Mechanismen und Denkvorschriften unter den Verwesern des Geistes überdauern?

Der Autor:

Günter Grass wurde am 16. Oktober 1927 in Danzig geboren, absolvierte nach der Entlassung aus amerikanischer Kriegsgefangenschaft eine Steinmetzlehre, studierte Grafik und Bildhauerei in Düsseldorf und Berlin. 1956 erschien der erste Gedichtband mit Grafiken, 1959 der erste Roman *Die Blechtrommel.* Grass lebt in der Nähe von Lübeck.

Marthas Hochzeit

Beide gaben ihr Jawort deutlich. Durch mich vertreten, waren wir vom Archiv weit mehr beeindruckt als der Brautvater, der sich wunder was von der Zeremonie in der Hedwigskirche versprochen hatte. Gleich nach der Trauung begann er zu mäkeln, und als er sich später bei Tisch richtig auskollerte, fiel das Wort »Schummelpackung«. Meinen Einwand »Sogar die katholische Kirche muß mit der Zeit gehen« hat er verlacht: »Der Papst hält es mit den Buchhändlern, die wenden sich, wie das Publikum, schnell anderen Göttern zu. Alles lebt nur auf acht Tage hin!«

Noch mehr Spitzen schoß Fonty auf dem Bebelplatz ab, wo sich die Hochzeitsgesellschaft bei bedecktem Himmel versammeln mußte; auf Wunsch des Bräutigams mal so, mal so für Photos gruppiert und vor wechselnde Kulissen gestellt, bis sie von einem Regenschauer vertrieben wurden.

Mit Mühe fanden sich vier Taxis, und »ziemlich abgeduscht«, wie Fonty sagte, fand die Gesellschaft endlich zum Prenzlauer Berg in die Offenbach-Stuben.

Dort wartete der für nur zehn Personen gedeckte Tisch, an dem nach einigem Hin und Her alle mit Hilfe handgeschriebener Tischkärtchen ihren Platz fanden. Professor Freundlich und Frau hatten nicht kommen können; sie sahen sich, laut Telegramm und zu Fontys Bedauern, leider verhindert: »Unaufschiebbare Universitätstermine...« Doch war aus Jena rechtzeitig ein üppiges Blumenbukett geliefert worden, das sogar Emmi Wuttke gefiel, der die Freundlichs sonst kaum etwas recht machen konnten.

Die Tischkärtchen waren Emmis eigenhändig umgesetzte Idee; sie hatte sich seit Schulzeiten einen der Sütterlinschrift abgewandelten Schriftzug bewahrt, dessen kindlich korrekt gezogene Schleifen allen Gästen Eindruck machten. Jemand rief: »Wie niedlich!«, und selbst Fonty packte ein Lob – »Dank sei meiner allen Wechselfällen des Lebens trotzenden Emilie gesagt« – in seine Tischrede, die er jedoch nicht sogleich, sondern erst zwischen der Vorspeise – hausgebeizter Lachs mit Sahnemeerrettich – und dem Hauptgericht namens »Schöne Helena« – rosa gebratene Entenbrust mit

Orangensoße, dazu Gemüse und Kartoffelpuffer – stehend und freiweg zu halten begann, wenngleich ihm schon in der Kirche und angesichts des »kolossal ausgenüchterten Katholizismus« nach längerer Rede gewesen war. Zu seinem Sohn Friedel, den er als Kind oder nur von Photos her kannte und der sich ohnehin vorgenommen hatte, beleidigt zu sein, sagte er, als beide noch in Sankt Hedwig familiär Seite an Seite saßen: »Dazu kann man nur schweigen oder eine Menge gepfefferten Unsinn reden. Na wartet, bei Tisch fällt mir sicher was Unpassendes ein.«

Wenn es nach Fontys Wunsch gegangen wäre, hätte »Orpheus in der Unterwelt«, nämlich geschmorter Ochsenbraten in Zwetschgensoße mit Speckbohnen, als Hauptgericht serviert werden sollen, doch war es Emmi gelungen, ihm den Orpheus auszureden und – als passend zum festlichen Anlaß – die »Schöne Helena« zu empfehlen; folglich gab ihm die äußerlich kroß gebratene, doch innen saftig gebliebene Entenbrust, kaum saß die Gesellschaft, einige gewagte Anspielungen ein: »Schöne Helena paßt immer. Doch zartrosa muß nicht jüngferlich heißen. Die Braut, unsere schon so lange zuwartende Schönheit, versteht, was gemeint ist.«

Solche Einfälle machten Emmi besorgt. Und weil sie auf ihres Wuttke Reden noch nie mildernden Einfluß hatte, befürchtete sie weitere Ausrutscher; an denen sollte es nicht fehlen, als er an sein Glas schlug und sich erhob.

Kaum war es dem Brautvater gelungen, mit einer eher koketten Entschuldigung – »Ich kann gut plaudern, aber schlecht sprechen« – genügend Auslauf für Eskapaden zu schaffen, nannte er anfangs seiner geliebten Tochter Parteiaustritt und Kircheneintritt ein »ökumenisches Wechselbad«, gewann dann ihrer neuen Perspektive einige Rückblicke ins finstere Mittelalter »inklusive Hexenverbrennungen« ab, prophezeite: »Der Scheiterhaufen kommt wieder in Mode«, wurde nun ganz und gar Fonty, indem er sein Romanpersonal musterte und nach nur kurzem Suchen der Hochzeitsgesellschaft die Schauspielerin Franziska Franz vorstellte, die er eine »übrigens aus Swinemünde stammende Plaudertasche« nannte. Nun erst wurde der Titelheld des Romans, der alte Graf Petöfy, »ein wenig knickbeinig« der Braut zur Seite gestellt und deren in Wien zelebrierte Hochzeit –

»natürlich zu Beginn des dreizehnten Kapitels – als wiederholt vollzogene Trauung abgefeiert: Denn zuerst wurde in der Augustinerkirche, danach in der protestantischen, die sich in der Gumpendorfer Straße befindet, das Ja ausgesprochen.« Und nun kam er abermals auf die Braut: »Franziska war zwar nicht blutjung, aber – im Vergleich zu dem verlebten und alsbald abgelebten Grafen ungarischen Geblüts – noch immer ein junges Ding, dem das Leben sperrangelweit offenstand...«

Man mußte nicht Kenner des heute vergessenen Romans sein, um die Anspielung auf den Altersunterschied zwischen den gerade Frischvermählten, der achtunddreißigjährigen Martha und dem sechsundfünfzigjährigen Bauunternehmer Grundmann, als riskant zu begreifen, zumal Fonty mit seinem Hinweis auf des »abgelebten Grafen baldiges Ende« den katastrophalen Schluß des Romans ins Spiel brachte und diesen auch noch als »erzähltechnisch geschickt« lobte: »So gelingt es dem Autor, den nur vom Ergebnis her handlungsfördernden Pistolenschuß auszusparen. Kein Tröpfchen Blut fließt literarisch. Alles Interesse darf sich der jungen Witwe und ihrem Seelenkummer hingeben...«

Dann aber rettete Fonty das Brautpaar, die Tischgesellschaft und sich selbst aus der leichtfertig herbeigeplauderten und von Emmi befürchteten Schieflage, indem er eine seiner von uns bewunderten Volten schlug: »Aber was rede ich da! Altersunterschied muß nicht scheiden! Altersvorsprung ist immerhin Vorsprung! Oder wie schon der greise Petöfy als Lebemann und deshalb genüßlich spekulierte: Der Jugend Überschuß und schneller Verbrauch könne dem genügsamen Alter Wegzehrung sein. Deshalb nochmals: Hauptsache, das Ja stimmt!«

Und schon war der Brautvater, der das Auftragen des Hauptgerichts ein wenig verzögern wollte, wieder beim Traualtar und allgemein beim Katholischen angelangt, dessen Wesen er als »in Jahrhunderten geübte Disziplin des längeren Atems« lobte und als »farbenprächtig bis in den Sündenfall hinein« pries, während er dem Protestantismus »eine mehr graphische Linienführung« nachsagte, die »auf weiß gekälktem Grund immerfort Schuld suche und anschwärze.« Damit war der Tischredner bei des alten Grafen so betagter wie frommer Schwester Judith und dem allgegenwärtigen Pater Feßler gelandet und sogleich inmitten jener verräterischen Ringgeschichte, bei der es, gegen Ende des Romans, um Petschaftssprüche geht.

Fonty, der einen pointierten Ausklang für seine Rede suchte, nahm, mit Blick auf den als Gast anwesenden Priester, rhetorisch Anlauf: »Hochwürden, ich muß gestehen, daß mir dieser Pater als schwarzer Papst und Anschwärzer jeglicher Irrlehre, ob lutherisch oder calvinistisch, dennoch Eindruck gemacht hat, weil er, wenngleich als ausgewiesener Dunkelmann, freimütig genug gewesen ist, seinen Siegelring mit der Inschrift eines Protestanten, mit der knappen Devise des berühmten Gelehrten Thomas Carlyle, zu zieren...«

Als der Redner hier eine Kunstpause einlegte, wollte natürlich die Hochzeitsgesellschaft, voran der Bräutigam, den gravierten Wortlaut wissen. Heinz-Martin Grundmann rief: »Schluß mit der Geheimniskrämerei. Wie heißt denn der Spruch?«

»Entsage!« antwortete Fonty mit, wie immer, genauem Zitat und hob das Glas. Woraufhin alle anderen zögernd, dann aber doch ihre vom Medoc dunklen Gläser hoben: zuerst Emmi Wuttke, die keine peinliche Stille aufkommen lassen wollte; ihr folgte Friedrich, Friedel gerufen, der jüngste Bruder der Braut, den vor Jahrzehnten der Mauerbau zum jugendlichen Ostzonenflüchtling gemacht hatte und der mittlerweile in Wuppertal als Verlagsleiter tätig war; gleich nach ihm folgte die so hagere wie zugeknöpfte Schwester der vor fünf Jahren verstorbenen ersten Frau Grundmann der feierlichen Trinksitte: als verwitwete Bettina von Bunsen hatte sie in Freiburg im Breisgau die beiden mutterlosen Kinder des Bauunternehmers großgezogen; mit ihr zugleich hatte eines der Kinder, Martina, die in Köln Germanistik studierte und für hübsch oder niedlich angesehen wurde, ihr Glas gehoben; jetzt zog Inge Scherwinski nach, die als Freundin und Hausnachbarin der Braut eingeladen war, sich aber ihr schweres Los als alleinerziehende Mutter dreier Jungs nicht ansehen ließ, sondern unbeschwert überm Weinglas lächelte und dabei ihre Mäusezähnchen zeigte; nun griff auch ich zu, der vom Archiv ausgeliehene Trauzeuge, dem des Brautvaters Tischrede beruflich nahegegangen war; zu vorletzt hegte der in der Hedwigskirche als Pfarrer amtierende Priester Bruno Matull, der Martha beim Konvertieren geholfen und ihr den ehelichen Segen erteilt hatte, die Finger beider Hände dergestalt priesterlich um das Glas, als wollte er einen Kelch heben; und nun erst griffen sie gleichzeitig zu: die Braut und der Bräutigam; dem war es jüngst gelungen, in Schwerin eine Zweigstelle seiner Münsteraner Firma zu eröffnen. Heinz-Martin Grundmann hob sein Glas in Augenhöhe und rief: »Verstehe: Entsage! Ist originell! Aber, mein lieber Schwiegervater, diesen Hochzeitsspruch werden sich Martha und ich bestimmt nicht in die Ringe gravieren lassen. Einfach köstlich, entsage. Darauf laßt uns anstoßen: Entsage!«

Woraufhin Friedel Wuttke seinem Schwager, dem er zuprostete, ins Gesicht lachte. Noch lauter und mitreißender lachte Inge Scherwinski, die mit ihrer Jugendfreundin anstieß. Als sich der Priester ein Schmunzeln über gehobenem Kelch erlaubte, begann die Grundmanntochter Martina zu kichern und steckte damit Frau von Bunsen an. Schließlich lief das Gelächter rundum, denn weder Emmi Wuttke noch ich konnten uns zurückhalten. Was blieb der Braut und dem Bräutigam übrig, als beim Klang der Gläser jenes einzelne Wort lachhaft zu finden, das soviel Heiterkeit ausgelöst hatte. Nur der Brautvater trank dem Brautpaar feierlich ernst zu.

Jetzt erst bemerkte ich, daß Fonty auf dem linken Revers seines schwarzen, im Verlauf der Jahre ein wenig zu weit gewordenen Jacketts ein Ordensband samt baumelnder Medaille trug. Sein Anzug für Vorträge, dekoriert während Kulturbundzeiten. Doch wie er in grauer Weste unter der Jacke und mit zur Schleife geordneter Hals binde dastand und mit weißhaarigem Haupt und überm geneigten Rotweinglas strähnig hängendem Schnauz aufs Wohl der Brautleute trank, wobei er seinen Blick über das Hochzeitspaar gleiten ließ, hätte er anstelle der für »Verdienste um das kulturelle Erbe« verliehenen Dekoration, links auf der Brust ein anderes Markenzeichen spät nachklappernder Ehre tragen können: den Hohenzollernhausorden erster Klasse.

Wir stritten ein wenig, ob dem Archiv das Recht zustünde, den chronologischen Ablauf der Hochzeit zu mißachten und die Tischrede einfach vorzuziehen. Korrekt wäre es gewesen, wenn schon nicht mit allen rituellen Einzelheiten der Trauung in der Hedwigskirche, dann doch mit der Vorspeise, mit Lachs, Meerrettichsahne und trockenem

Chablis aus alten Gläsern zu beginnen. Ich wäre dafür gewesen, mit Inge Scherwinskis den Akt der Trauung überschwemmenden Freudentränen den Kirchenraum einzubeziehen, und gleich danach hätte der Wirt der Offenbach-Stuben die Hochzeitsgäste begrüßen und mit allen Gastzimmern bekannt machen können. Das darf nun nachgeholt werden, denn es war ja nicht so, daß wir vom Schankraum direkt durch den Flur und an der Küche vorbei in das Musikzimmer geleitet wurden, wo jedem der vielen Instrumente eine Legende anhing und der gedeckte Tisch wartete.

Zeit für einen Aperitif – »auf Kosten des Hauses« – gehörte zum Festplan. Und mit gefüllten Gläsern führte der Wirt die als »geschlossene Gesellschaft« angemeldeten Gäste vom Schankraum durch alle drei dahinterliegenden Stuben. Waren die Tapeten der ersten in Lindgrün gehalten, ging von den folgenden, die englischrot und blau-violett tapeziert waren, jene aus frivoler Laune und mitreißender Sangeslust gemischte Stimmung aus, die der Name des Restaurants seinen Gästen versprach. Ich erlaubte mir einige Bemerkungen zu Karl Kraus' Bemühungen um Jacques Offenbach und nahm die hier hängende Zimmerdekoration, hinter Glas gerahmte Kostümentwürfe zu Felsensteins »Blaubart«-Inszenierung, zum Anlaß für kulturgeschichtliche Hinweise. »Verstehe«, sagte der Bräutigam, »leichte Muse mit zeitgenössischem Pfiff.«

Den Schankraum schmückten durch Signatur wertvoll gemachte Photos von Künstlern, unter ihnen einige noch immer bekannte. Und als Münzautomat stand dort eine Vitrine, in der, nach Einwurf, fingerlange Tänzerinnen im Tutu die Beine zu werfen und zu einschlägiger Musik Cancan zu tanzen begannen. Ein Sammlerstück, das der Wirt nur selten in Gang setzte, so – auf Fontys Wunsch – zu Marthas Hochzeit. Man klatschte Beifall, als der Tanz nach letzten Zuckungen endete.

Doch so einladend sich die Offenbach-Stuben mit gedeckten Tischen anboten, fast leer waren sie trotzdem. Der Wirt klagte darüber: Gleich nach der Währungsunion sei ihm die Stammkundschaft weggeblieben. »Erst gegen Abend wird es lebhaft, aber jetzt, über Mittag, ist ziemlich Flaute. Was soll's, kann ja nur besser werden.«

Heinz-Martin Grundmann, der mir bereits auf dem Standesamt in maßgeschneidertem Zustand als straffer Herr mit Halbglatze vorgestellt worden war, gab sich als ein an allem interessierter und selbst den alltäglichen Nöten gegenüber aufgeschlossener Mann: »Wem gehört denn dieses heruntergekommene Eckgrundstück? Verstehe! Aus München haben sich Altbesitzer gemeldet, selbstredend mit Mieterhöhung. Donnerwetter, die langen aber zu. Das setzt Kasse voraus. Wird nicht einfach sein.«

Er schaffe das schon, versicherte der Wirt, ein schmächtiger Mittvierziger, der selbst gerne Bühnenkünstler geworden wäre, es aber immerhin – »und das trotz Sozialismus«, zu einem beliebten und – »bis kurz vorm Umbruch« – proppevollen Künstlerlokal gebracht hatte: »War nicht leicht, wenn man privat bleiben wollte.«

Grundmann wünschte Glück und einen tüchtigen Steuerberater. Friedel Wuttke stand fremd und betont abseits der Familie. Inge Scherwinski hätte gerne noch einmal die Püppchen tanzen sehen. Der Priester wirkte angestrengt. Ich versuchte, mit Frau von Bunsen ins Gespräch zu kommen. Die Braut blickte mürrisch drein. Des Bräutigam Tochter nannte die Offenbach-Stuben »niedlich«. Der Vater schwieg. Endlich leitete der Wirt die Hochzeitsgesellschaft in das Musikzimmer, in dem Emmi Wuttke mit ihren Kärtchen die Tischordnung bestimmt hatte.

Brautpaar und Brauteltern saßen sich gegenüber. Ihnen gehörte die Mitte der Langseite, zwischen ihnen ein Blumengebinde. Emmi hatte den Priester zur Seite. Neben Fonty, den der Wirt übrigens immer wieder respektvoll als »Herr Wuttke« angeredet hatte – »Der Chablis selbstverständlich eisgekühlt, Herr Wuttke«–, saß Martina Grundmann, die in den ersten Semestern steckende Studentin. Dem Bräutigam war als Trauzeugin die Schwester seiner verstorbenen Frau zur Seite gesetzt worden. Ich hatte die Braut am nächsten. Für Inge Scherwinski war am rechten Kopfende des Tisches gedeckt. Das linke Kopfende blieb für Friedel Wuttke.

Die meisten am Tisch waren einander fremd oder, was den verlorenen Sohn Friedel betraf, fremd geworden. Selbst als die Vorspeise, der hauchzart in Scheiben geschnittene Lachs, serviert war, kamen Tischgespräche nur stockend in Gang. Frau von Bunsen beteuerte ihrem einstigen Schwager wiederholt, daß sie »alles Erdenkliche« getan habe, um den Sohn Thomas, von dem zu hören war, wie leicht ihm sein Jurastudium falle, »aus seinem Schmollwinkel« herauszulocken: »Er hängt besonders an der Mutter.«

»Bei uns war doch nichts zu machen«, bestätigte Emmi über den Tisch hinweg. »Unser Teddy meint immer noch, er darf rüber zu uns, weil er in Bonn nämlich Beamter ist auf der Hardthöhe, wo die Verteidigung sitzt. Dabei wäre die Hochzeit ne prima Gelegenheit für uns gewesen, sich mal richtig auszusprechen nach so langer Zeit...«

»Das wird sich schon noch ergeben«, sagte der Priester, »wir sind uns ja alle fremd geworden, leider, bis in die Familien hinein.«

Inge Scherwinski, die nicht nur aus Hemmung laut sprach, wollte über die Länge des Tisches hinweg von Friedel Wuttke wissen, ob er sich noch an seine Kindheit in der Kollwitzstraße erinnere. »Mußte doch ehrlich zugeben, is ne schöne Jugend jewesen in dem ollen Kasten und auffem Hinterhof. Na, im Schuppen drin, weißte noch, Friedel?« Als keine Antwort kam, zeigte sie Verständnis: »War trotzdem richtig, daß ihr drüben jeblieben seid alle drei, als die hier dichtjemacht haben alles. Aber vermißt haben wir dir...«

Endlich gab der oben schon kahle Verlagskaufmann zu, sich »an die Kastanie im Hinterhof« zu erinnern, »aber Heimweh, dafür hatten Teddy und ich keine Zeit. Und Georg schon gar nicht, weil er zum Bund ging und später in Aurich als Pilot bei den Starfightern... Da war Leistung gefragt... Ihr habt ja keine Ahnung... Aber lassen wir das.«

Wie gut, daß der Bräutigam zustimmte: »Was gewesen ist, ist gewesen. Heut wolln wir fröhlich sein!« Denn die so frühzeitig beendete Offizierskarriere des Hauptmanns Georg Wuttke wäre kein Thema für die Hochzeitsgesellschaft gewesen, bestimmt nicht für Emmi und Martha, die ohnehin ängstlich Friedels Anspielungen auf den Dollpunkt der Familie zu überhören versuchten und Halt bei Lachs und Toast fanden.

Leichter hatte es Martina Grundmann, die auf Fonty einredete, indem sie die Probleme westlicher Studenten in überfüllten Hörsälen in so drangvoller Enge ausmalte, daß für interessierte Zwischenfragen kein Platz blieb. Der Brautvater war mit seinen Gedanken auswärts. Das sahen die Braut und deren Mutter mit Sorge. Emmi neigte sich dem Ohr ihres Tischnachbarn zu: »Er sammelt sich, Hochwürden. Gleich wenn die Teller leer sind, fängt mein Wuttke zu reden an. Das kenn ich von früher. War meistens ganz schlimm. Wenn er mal nur nich aus der Rolle fällt.«

Aber Fonty schwieg noch ein Weilchen. Fast sah es so aus als hörte er auf das Geplapper der nicht nur hübschen, sondern auch mit gefälligem Chic ganz in Türkis eingekleideten Studentin. Ich versuchte, die neben mir schwer atmende Braut mit einem Scherz zu beruhigen: »Wollen wir wetten, daß er uns die Hochzeitsgesellschaft aus dem ›Stechlin‹ samt Rex und Czako auftischt?«

Aber Marthas Verdacht horchte an anderer Tür: »Wenn er bloß nicht mit dem Architekt anfängt, der seine Mete geheiratet hat, und womöglich diesen Professor Fritsch mit meinem Grundmann verwechselt. Das halt ich nicht aus. Jedenfalls heut nicht.«

Wir irrten beide, denn als die Reste der Vorspeise abgetragen waren und der Wirt persönlich dem Brautvater einen Schluck Medoc zum Vorkosten eingegossen und Fonty die Probe für gut befunden hatte, woraufhin beiderseits des Tisches eingeschenkt wurde – nur Friedel deckte sein Glas mit der Hand ab und verlangte nach Fachinger–, erhob sich Theo Wuttke zu einer Tischrede, die in ganz anderer Richtung daneben war.

Als gerade der Kaffee serviert wurde, stand unberufen Hoftaller im Musikzimmer der Offenbach-Stuben. Nein, in der Tür stand er und lächelte. Zum taubengrauen Anzug mußte eine sehr gelbe Krawatte passen. Er brachte keine Blumen, hielt aber ein mit rotem Seidenband zum Geschenk gebundenes Päckchen, dessen kunstvoll geknüpfte Schleife auf Konfekt schließen ließ. Warum er uneingeladen dennoch gekommen sei, begründete er nur Fonty gegenüber: »Ich gehöre nun mal dazu.«

Also wurde auch ihm Kaffee serviert. Cognac und Liköre gab es, sogar Pralinen. Ein wenig erschöpft von den drei Gängen und dem zu vielen Gerede bei Tisch, nahm man den Fremden mit nur halbem Interesse auf; einzig Friedel sagte zu seinem Vater: »Ließ sich denn diese Peinlichkeit nicht verhindern? Kenne den Typ. Der hat sich ein paarmal bei Teddy und mir blicken lassen, Ende der siebziger Jahre schon. Und von Georg weiß ich... Verstehe dich nicht, Vater, daß du dieses Gesocks...«

Fonty sagte: »Mit seinesgleichen haben wir leben müssen«, mehr nicht.

Hoftaller wechselte zwanglos von Gast zu Gast und stellte sich mit aufgesetztem Lächeln als Freund der Familie vor. Als er sein Päckchen zu den anderen Geschenken und Blumenbuketts auf einen Nebentisch legte, sagte er mit leichter Verbeugung der Braut gegenüber: »Möchte auf keinen Fall versäumen, nen Glückwunsch auszusprechen, und zwar zum neuen Lebensabschnitt, falls es sowas gibt. Ist nur ne kleine Aufmerksamkeit...«

Marthas Glück war verbraucht, ihre momentane Schönheit dahin. Verkniffen wirkte sie, schaute mürrisch drein, zupfte kurz an der seidig schimmernden Schleife, widerstand aber der Versuchung, das rote Band zu lösen, brachte gerade noch ein »Danke« über die Lippen und zerrte dann am Ringfinger ihrer rechten Hand, als wäre ihr der neuglänzende Schmuck schon jetzt lästig.

Hoftaller mischte sich wieder unter die Gäste, nahm deren Geplauder auf und sprach sogar einige Worte mit Friedel Wuttke, der gerade begonnen hatte, den ungeschlachten Priester zu missionieren. Einmal nahm mich Fonty beiseite: »Schreibt, was ihr wollt, aber stutzt mir den Grundmann nicht zur Karikatur. Immerhin ist er bis zum Schwarzen Meer gelaufen, um sich meine Mete zu angeln...« So ermahnt, antwortete ich mit des Bräutigams »Verstehe!«

Später unterhielt mich die Studentin Martina, die an einem Gläschen Amaretto nippte und dabei amüsant von Amsterdams speziellen Freiheiten erzählte.

Wir vom Archiv haben gerätselt. Hoftallers viereckiges Mitbringsel regte Vermutungen an. Einer der Mitarbeiter tippte auf den »Schott«, jenes katholische Meßbuch, das mir zur ersten Kommunion auf den Geschenktisch gelegt worden war. Ein anderer traute Hoftaller die Geschmacklosigkeit zu, der Braut ein Buch mit dem Titel »Troika« zugemutet zu haben, dessen Autor zur Spitze der Staatssicherheit gehört hatte und nun mit »Erinnerungen« auf den Markt ging. Eine der Kolleginnen frotzelte: »Vielleicht hat er ihr ein Paar rote Socken verehrt.« Ich blieb bei meinem Verdacht: »Ach was, das Päckchen war flach. Mit einer harmlosen Pralinenschachtel wird er sich in Unkosten gestürzt haben«, bis Fonty uns, anläßlich eines Archivbesuchs, fast übertrieben gutgelaunt aufklärte.

Gegen Schluß der Hochzeitsfeier habe er einem dringlichen Bedürfnis nachgehen müssen. Sofort sei ihm Hoftaller hinterdrein gewesen, offenbar dem gleichen Drang folgend. Beim Wasserlassen, das bei alten Männern naturgemäß Zeit benötige, habe ein Gespräch begonnen, das von Hoftaller, den man sich vorm benachbarten Toilettenbecken vorstellen möge, gleich zu Beginn der gemeinsamen Erleichterung eröffnet worden sei; wie bekannt, komme sein Tagundnachtschatten ja immer ohne Umstände zur Sache, diesmal sein ominöses Päckchen betreffend: »Habe mir erlaubt, der verehelichten Frau Grundmann das Relikt ihrer Parteizugehörigkeit, nämlich ne abgeschlossene Kaderakte, zu schenken, mit nem kleinen Anhang übrigens, ihre lange Verlobungszeit betreffend. Ne Menge Hotelgeflüster... Zwischendurch Peinlichkeiten. . Sowas darf nicht in falsche Hände kommen.«

Daraufhin will Fonty gesagt haben: »Furchtbar rücksichtsvoll. Wird meiner Mete ein zwiespältiges Vergnügen sein, diese gewiß nicht erbauliche Lektüre.«

Hoftaller, von dem wir vermuten dürfen, daß ihm nicht nur die überfüllte Blase befohlen hatte, schnurstracks nach Fonty die Toilette aufzusuchen, sagte beschwichtigend: »Nur das Übliche. Sie kennen ja Ihre Tochter. Hat nun mal nen Hang zum Prinzipiellen, mal links, mal rechts abweichend. Dennoch, halb so schlimm alles. Einige revisionistische Extratouren. Doch jedesmal hinterher Selbstkritik. Nur auf ihren einstigen Verlobten, den Genossen Zwoidrak, wollte sie nichts kommen lassen. Und sogar im Hotelbett hat sie den Sozialismus ne im Prinzip gute Sache genannt. Habe übrigens, um die Nüchternheit der Akte ein wenig aufzuhellen, einen Buchbinder bemüht. Sieht jetzt ganz hübsch aus, in Halbleder, mit marmoriertem Vorsatzpapier.«

Fonty will gelacht haben: »Kolossal feinfühlend! Mete wird beim Auspacken ein Poesiealbum vermuten und dann erst am Inhalt, der gleichfalls ledern ist, zu beißen haben. Potz Blitz! Es ist der Chablis, der so treibt.«

Nun schon am Waschbecken, soll Hoftaller geseufzt haben: »Noch spotten Sie, Fonty. Dabei sollte Ihnen an nem ähnlich inhaltsreichen Geschenk gelegen sein. Fürchte, der Buchbinder wird mir mehrere Bände in Rechnung stellen müssen. Ist ne Menge zusammengekommen, angefangen beim Herwegh-Club, Dresden nicht zu vergessen, später die Londoner Jahre...«

»Sparen Sie sich die Kosten!« will Fonty bei laufendem Wasserhahn gerufen haben. Aber beim Händetrocknen hat er sich dann doch noch die Adresse des Buchbinders erbeten: »Will schon lange meinen Marwitz nachbinden lassen, auch die ›Effi Briest‹-Erstausgabe, die Friedel anno 95 verlegt hat... Sehen schlimm aus, die Buchrücken... Hätte die Tagebücher gerne, besonders die Londoner Kladde... Nun aber los, Tallhover! Trödeln Sie nicht so lange. Die Gäste warten auf uns.«

Peter Handke

Versuch über die Müdigkeit

st 2146, 80 Seiten, DM 10.80.
Suhrkamp Verlag, Frankfurt/Main

Reinhard Baumgart in DIE ZEIT

Wer Handkes Prosa über Jahr und Tag verfolgt hat, der wird hier gleich auf den ersten Seiten den Verführungston wiedererkennen, mit dem sie immer, fast immer einsetzt. Nichts da vom Krampf jäher Frische, von Peitschenknall oder bravourösem Forte … Bei Handke stellt sich, drucklos, ein stiller Sog aus Sätzen her, ein schweigsames Reden beginnt, mit einer Intensität, die an irgendeinen Effekt über sich selbst hinaus gar nicht denken kann und mag … Geduldig fragt der Autor seinem Thema, der Müdigkeit, nicht nur ihre Möglichkeiten in seiner Erinnerung ab, sondern fällt sich auch fragend und zweifelnd immer wieder selbst ins Wort: Betreiben reine Sätze etwa Verklärung? Verraten sie seine Erfahrung an Ideologie? Denunzieren sie, indem sie einen Teil der Welt heiligsprechen, den Rest als des Teufels? … Methodisch, streng zugleich und entspannt, entfaltet er eine Phänomenologie der Müdigkeit, ein Panorama von Weltbildern der Müdigkeit, zunächst aus Kindheitserinnerungen und Jugenderfahrungen, die Müdigkeit während der Christmette, in den Hörsälen der Universität, in der einsamen Studentenkammer …
Das nämlich ist der Riß, den der Schreibende allmählich zwischen seinen verschiedenen Müdigkeitserfahrungen entdeckt: Die einen erzwingen Spaltung, Kälte, Distanz, die anderen bescheren Einheit, Nähe, Frieden, so in den groß und doch genau entworfenen Bildern der Dorfgemeinschaft am Dreschtag oder der Zimmerleute während der Mittagspause …

Der Autor:

© Jerry Bauer

Peter Handke wurde 1942 in Altenmark/Kärnten geboren. Der Großvater war slowenischer Abstammung, der Vater ein deutscher Soldat. Die Mutter heiratete, bevor das Kind zur Welt kam, einen anderen deutschen Soldaten. Von 1944 bis 1948 lebte die Familie im Osten Berlins. Dann zog man wieder in die Heimat. Schule, Abitur, Studium der Rechte von 1961 bis 1965. Als der Suhrkamp Verlag den Roman *Die Hornissen* annahm, Abbruch des Studiums. Wohnorte: Graz, Düsseldorf, Berlin, Paris, Köln, Frankfurt. Seit 1991 Wohnsitz in Chaville bei Paris.

Es ist keine Meinung, sondern ein Bild: denn was ich dachte, sah ich zugleich. Meinung, und damit unrichtig, ist daran vielleicht das Wort »Volk«; denn in dem Bild erschien mir eben kein »Volk«, sondern der verstockte, zur Uneinsichtigkeit seiner entmenschten Taten und zum endlosen Kreisgang verurteilte *»Haufen der Unmüden«*. Aber selbstverständlich widersprechen dem jetzt sofort andere Bilder und verlangen wieder Gerechtigkeit; bloß gehen sie mir nicht so tief, mildern nur. – Die Vorfahren, soweit sie überhaupt zurückzuverfolgen sind, waren Knechte, Keuschler (Kleinstbauern ohne Ländereien) und, wenn sie eine Ausbildung hatten, immer Zimmerleute. Die Zimmerleute in der Gegend waren es auch, die ich wiederholt zusammen als jenes Volk der Müdigkeit sah. Es war damals die Zeit des ersten Bauens nach dem Krieg, und ich als das älteste der Kinder wurde oft von den Frauen des Hauses, der Mutter, der Großmutter, der Schwägerin, mit dem warmen Mittagessen in den Kannen zu den verschiedenen Neubauten im Umkreis geschickt; alle Männer des Hauses, die nicht im Krieg umgekommen waren, auch noch eine Zeitlang der sechzigjährige Großvater, arbeiteten dort mit anderen Zimmerleuten (»Zimmerern«) an den Dachstühlen. In meinem Bild sitzen sie während der Mahlzeit neben dem Rohbau – wieder jenes verschiedentliche Sitzen – auf den zum Teil schon behauenen Balken oder den noch zu bearbeitenden geschälten Stämmen. Sie haben die Hüte abgenommen, und die Stirnen unter den angeklebten Haaren erscheinen milchweiß verglichen mit den dunklen Gesichtern. Alle wirken sie sehnig, schmächtig, dabei feingliedrig und zart; ich kann mich an keinen schmerbäuchigen Zimmermann erinnern. Sie essen gemächlich und schweigsam, selbst der deutsche Stiefvater, der »Hilfszimmermann«, der sich in der Land- und Dorffremde sonst nur durch seine weltstädtische Großmäuligkeit behaupten konnte (Friede sei ihm). Danach bleiben sie noch eine Weile sitzen, leicht müde einander zugekehrt, und unterhalten sich, ohne Witze, ohne Geschimpfe, ohne je die Stimmen zu heben, über ihre Familien, fast ausschließlich diese, oder, wie friedlich, das Wetter – nie über ein Drittes–, eine Unterhaltung, die dann übergeht in die Arbeitseinteilung für den Nachmittag. Obwohl es unter ihnen einen Vorarbeiter gibt, ist mein Eindruck, daß niemand das Sagen, das erste Wort hat;

zu ihrer Müdigkeit gehört, daß bei ihnen gleichsam niemand und nichts »herrscht« oder auch nur »vorherrschend« ist. Dabei sind sie mit all den schweren, entzündeten Lidern – ein besonderes Merkmal dieser Müdigkeit – wachen Sinnes; jeder die Geistesgegenwart in Person (»Da!« – Ein Apfel wird geworfen – »Hab ihn schon!«); beseelt (immer wieder das mehrstimmige, unwillkürliche, unvermittelte Anheben des Erzählens: »Vor dem Krieg, als die Mutter noch gelebt hat, haben wir sie einmal im Krankenhaus von St. Veit besucht und sind dann in der Nacht die fünfzig Kilometer durch das Trixener Tal zu Fuß nach Hause gegangen...«). Die Farben und Formen jener Bilder vom fragmentarischen Volk der Müdigkeit sind das Blau der Arbeitshosen, die roten Geraden hingeschnalzt von der Richtschnur an den Balken, die roten und violetten oval-zylindrischen Zimmermannsbleistifte, das Gelb der Zollstöcke, das Oval der Luftblase in der Wasserwaage. Die schweißnassen Haare an den Schläfen sind nun getrocknet und bauschen sich; an den Hüten, wieder aufgesetzt, keine Abzeichen, in den Bändern statt des Gamsbarts der Bleistift. Hätte es damals schon ein Transistorradio gegeben, es wäre, so stelle ich es mir jedenfalls vor, dort von den Baustellen ferngeblieben. Und trotzdem ist mir, als käme aus der Helligkeit der jeweiligen Orte etwas wie eine Musik – die der feinhörigen Müdigkeit selbst. Ja: auch jener Augenschein, wieder weiß ich es, war eine heilige Zeit – Episoden des Heiligen. – Zu diesem müden Volk freilich – anders als zu dem an der Dreschmaschine – gehörte ich nicht dazu und beneidete es. Als ich dann aber später, ein Heranwachsender, einmal hätte dazugehören können, wurde das ganz anders als in der Vorstellung des Essenträgers. Mit dem Tod der Großmutter, dem In-die-Rente-Gehen des Großvaters, dem Aufgeben der Landwirtschaft hörte an dem Hof – nicht nur an diesem einen im Dorf – die große Hausgemeinschaft der Generationen auf, und meine Eltern bauten ein eigenes Haus. Bei diesem Hausbau, bei dem jeder in der Familie, bis auf die Kleinstkinder, irgendwie mittun mußte, wurde ich eingespannt und erfuhr so eine ganz neue Müdigkeit. Die Arbeit, die in den ersten Tagen vor allem darin bestand, eine Schiebtruhe vollbeladen mit Quadern bergauf zu der für Laster unzugänglichen Baustelle zu bringen, auf über den Schlamm gelegten Brettern, erlebte ich nicht mehr als unsere gemeinsame Arbeit, sondern als Schinderei. Die Mühsal des langwierigen, stockenden, vom Morgen bis zum Abend wiederholten Bergaufschiebens traf mich mit solcher Wucht, daß ich keine Augen mehr hatte für irgend etwas um mich herum, nur noch vor mich hinstarren konnte, auf die grauen, scharfkantigen Ziegelbrocken, die auf dem Steg sich wälzenden grauen Zementströme, und vor allem die Übergänge zwischen den einzelnen Brettern, wo ich in der Regel die Karre ein wenig anzuheben oder zu verschieben hatte, um über die Kanten und Kurven zu kommen. Nicht selten kippte die Last da um, und ich mit. In diesen Wochen bekam ich die Ahnung davon, was Fron- oder Sklavenarbeit sein kann. »Ich bin erschlagen«, sagt die Umgangssprache: Ja, ich war am Ende der Tage, nicht nur die Hände wund, sondern auch die Zehen verbrannt von dem zwischen sie gequollenen Zement, in mich zusammengesunken, dahockend (nicht sitzend), erschlagen vor Müdigkeit. Unfähig zu schlucken, brachte ich kein Essen hinunter, und auch sprechen konnte ich nicht. Und das besondere Zeichen dieser Müdigkeit war vielleicht, daß es schien, es gäbe von ihr keine Erholung. Eingeschlafen war man zwar fast auf der Stelle, erwachte aber im nächsten Morgengrauen, kurz vor Arbeitsbeginn, noch schwerer müde als zuvor; als habe die Schufterei alles aus einem entfernt, was zu einem noch so kleinen Lebensgefühl – Empfindung des Frühlichts, des Winds an den Schläfen – gehörte, und zwar für immer; als gäbe es für solches lebendig Totsein ab jetzt kein Ende mehr. Hatte ich vorher bei Unannehmlichkeiten nicht schnell eine Ausrede gefunden, diese und jene Schliche gekannt? Nun war ich sogar zu matt, mich auf die bewährten Weisen – »ich muß lernen, mich aufs Internat vorbereiten«; »ich gehe euch in den Wald Pilze suchen« – zu drücken. Und kein Zuspruch, der etwa aufhalf: Obwohl es doch um meine eigene Sache ging – unser Haus –, ließ von mir keinmal ab die Müdigkeit eines Fremdarbeiters; Müdigkeit, die vereinzelte. (Es gab im übrigen noch mehr solche Arbeiten, die von der Gesamtheit gefürchtet wurden, so das Graben der Wasserleitungsschächte: »Diese Arbeit ist ein Hund, ein Teufel!« Wundersam dann nur, daß mit der Zeit jene Todmüdigkeit doch von einem wich und Platz machte der Zimmerleute-Müdigkeit? Nein, Platz machte einer Sportlichkeit, einem Akkord-Ehrgeiz, begleitet von einer Art

Galgenhumor.) –
Eine wieder andere Müdigkeitserfahrung war dann die mit der Schichtarbeit während der Studierzeit, zum Geldverdienen. Man arbeitete da von frühmorgens – um vier stand ich auf für die erste Straßenbahn, ungewaschen, urinierte in der Kammer in ein leeres Marmeladenglas, um die Hausleute nicht zu stören – bis in den frühen Nachmittag oben unter Dach bei künstlichem Licht in der Versandabteilung eines Warenhauses, die Wochen vor Weihnachten und Ostern. Ich riß alte Kartons auseinander und schnitt aus ihnen mit einer mächtigen Messerguillotine große Rechtecke heraus, als Einlagen und Stützen für die neuen Kartons, nebenan verpackt im Fließbandraum (eine Tätigkeit, die mir auf die Dauer, wie früher zu Hause das Holzhacken und -sägen, sogar guttat, indem sie die Gedanken dabei freiließ, durch ihren Rhythmus aber nicht zu sehr). Jene neue Müdigkeit kam nun, sowie wir nach der Schicht hinaus auf die Straßen traten und jeder dann seiner Wege ging. Jäh bekam ich da, allein in meiner Müdigkeit, blinzelnd, bestaubte Brille, verschmutzter offener Hemdkragen, andere Augen für das vertraute Straßenbild. Ich sah mich nicht mehr wie zuvor unterwegs zusammen mit denen, die da unterwegs waren, in die Geschäfte, zum Bahnhof, zu den Kinos, in die Universität. Obwohl ich in einer wachen Müdigkeit dahinging, ohne Schläfrigkeit, ohne Eingeschlossenheit in mich selbst, fand ich mich ausgesperrt von der Gesellschaft, und das war ein unheimlicher Moment; als einziger bewegte ich mich in die Gegenrichtung zu all den andern, hinein in die Verlorenheit. In den Nachmittagshörsälen, die ich danach betrat wie verbotene Räume, konnte ich den Leierstimmen noch weniger zuhören als sonst; was da gesagt wurde, war ja auch nicht für mich bestimmt, der ich nicht einmal so etwas wie ein Gasthörer war. Ich sehnte mich dann Tag für Tag mehr hinein in die müden Grüppchen der Schichtarbeiter oben im Dachboden, und jetzt, im Nachspüren dieses Bildes, erkenne ich, daß ich schon seinerzeit, sehr früh, als Neunzehn-, Zwanzigjähriger, lange, bevor ich mich ernsthaft an mein Schreiben machte, aufhörte, mich unter den Studenten als ein Student zu fühlen, und das war kein angenehmes, eher ein banges Gefühl.

Opernball

FTV 13591, 477 Seiten, DM 18.90.
Fischer Taschenbuch Verlag, Frankfurt/Main

Als Hardcover DM 44.–.
S. Fischer Verlag, Frankfurt/Main

Sigrid Löffler in der SÜDDEUTSCHEN ZEITUNG

Darüber hinaus verrät Haslingers Polit-Thriller eine intime Kenntnis der wundesten Punkte österreichischer Innenpolitik. Opernball ist zwar kein Schlüsselroman, orientiert sich aber erkennbar an realen Figuren des öffentlichen Lebens und an realen Vorkommnissen, etwa den peinlichen Pannen bei der Fahndung nach den Briefbombenattentätern, überhaupt dem staatspolizeilichen Versagen gegenüber der rechtsradikalen Szene. Schließlich haben die jüngsten Personalvertretungswahlen die verschwiegenen Rechts-Sympathien bei der Polizei offenbart ... Wenn Haslinger ... für seine Analyse der politischen und medialen Realitäten des Landes die Kunst- und Kolportagemittel des Thrillers einsetzt, so hat dies mit seiner jahrelangen Lehrtätigkeit an amerikanischen Universitäten zu tun. Haslinger hat einfach die Berührungsängste der feinen Literatur vor den Handgreiflichkeiten des Bestsellerwesens verloren.

Badische Neueste Nachrichten

Opernball *ist ein Glücksfall der deutschen Literatur, unterhaltsam, spannend, eine realistische Utopie.*

Mannheimer Morgen

Haslinger ist es gelungen, einen realistischen Gesellschaftsroman zu schreiben, der die Leser in Atem hält.

Der Autor:

© Evi Moechel

Josef Haslinger, 1955 in Zwettl geboren, lebt als freier Schriftsteller in Wien. Er publizierte u.a. *Der Tod des Kleinhäuslers Ignaz Hajek* und die Erzählung *Die mittleren Jahre.* Im Jahr 1987 erschien der Band *Politik der Gefühle.* Ein Essay über Österreich erschien bereits 1995 bei FTV, wo auch der Essayband *Das Elend Amerikas. Elf Versuche über ein gelobtes Land* erschienen ist. Seit 1996 ist Haslinger Professor für literarische Ästhetik am Deutschen Literaturinstitut Leipzig.

Der Kameramann

Fred ist tot. Die Franzosen haben ihn nicht beschützt. Als die Menschen vernichtet wurden wie Insekten, schaute ganz Europa im Fernsehen zu. Fred war unter den Toten. »Gott ist allmächtig«, hatte ich als Kind gehört. Ich stellte mir einen riesigen Daumen vor, der vom Himmel herabkommt und mich wie eine Ameise zerdrückt. Wenn etwas gefährlich oder ungewiß war, hatte Fred gesagt: »Die Franzosen werden mich beschützen.«

Ich saß damals im Regieraum des großen Sendewagens. Vor mir eine Wand von Bildschirmen. Auf Sendung war gerade die an der Bühnendecke angebrachte Kamera. Plötzlich ging ein merkwürdiges Zittern und Rütteln durch die Reihen der Tanzenden. Die Musik wurde kakophonisch, die Instrumente verstummten innerhalb von Sekunden. Ich schaltete auf die Großaufnahme einer Logenkamera und überflog die Monitore. Die Bilder glichen einander. Menschen schwanken, stolpern, taumeln, erbrechen. Reißen sich noch einmal hoch, können das Gleichgewicht nicht halten. Stoßen ein letztes Krächzen aus. Fallen hin wie Mehlsäcke. Einige schreien kurz, andere länger. Ihre Augen sind weit aufgerissen. Sie sehen, sie spüren, daß sie ermordet werden. Sie wissen nicht, von wem sie wissen nicht, warum. Sie können nicht entkommen.

Als es geschah, fand ich Fred nicht auf den Bildschirmen. Er war der einzige Gedanke, an den ich mich erinnere. Die Aufzeichnung bewies mir jedoch, daß ich routinemäßig noch ein paar andere Kamerapositionen abgerufen hatte, bevor mir die Hände versagten. Millionen von Menschen aus ganz Europa schauten den Besuchern des Wiener Opernballs beim Sterben zu.

Fred wurde erst mein Sohn, als er siebzehn Jahre alt und heroinsüchtig war. Damals begann ich, um ihn zu kämpfen. Er gewann sein Leben zurück. Er wollte es festhalten. Er war sich selbst keine Gefahr mehr. Er hatte Tritt gefaßt. Und dann wurde er ermordet. Wir alle sahen zu und konnten nichts tun.

Um mich herum ein paar Techniker. Einer von ihnen war geistesgegenwärtig genug, mein Regiepult zu übernehmen. Die bemannten Kameras lieferten bald nur noch Standbilder, auf denen nacheinander die Bewegungen erstarrten. Stumme Aufnahmen von glitzernden, hohen Räumen übersät mit Toten. Fotos von Menschen in Ballkleidern, die bunt durcheinander im Erbrochenen liegen, umrankt von Tausenden rosa Nelken. Die drei automatischen Kameras fingen wieder zu schwenken an. Vergeblich suchten sie nach Anzeichen von Leben. Neben mir sprach einer französisch. Ich schwankte hinaus in den Lärm. Ich dachte, ich müsse Fred retten. Draußen herrschte Chaos. Ich drängte mich durch die Menge, bis ich in die Nähe des Operneingangs kam. Da sah ich, daß es nichts gab, was ich für Fred noch hätte tun können. Als ich in den Sendewagen zurückkam, erfuhr ich, daß Michel Reboisson, der Chef von ETV, nach mir verlangt hatte.

ETV blieb europaweit auf Sendung. Eine unerträgliche Stille. Nur zwei Kameras waren ausgefallen. Die anderen lieferten weiter ihr jeweiliges Standbild. Sie wurden in langsamer Folge auf Sendung geschaltet. Jemand schrie ins Telefon: »Musik wir brauchen Musik!«

Wir hatten keine geeignete Aufnahme im Sendewagen. Nach einer Weile wurde vom Studio aus, wo es in dieser Nacht nur einen technischen Notdienst gab, das Violinkonzert von Johannes Brahms eingespielt. Der Streit darüber, ob dies die richtige Musik sei, dauerte bis gegen Ende des zweiten Satzes. Dann wurde das Violinkonzert unterbrochen. Es gab Durchsagen der Polizei und der Feuerwehr. Währenddessen wurde Mozarts Requiem gefunden. Wir blieben auf Sendung. Es dauerte fast eine halbe Stunde, bis die Kameras auf den mit Leichen verstopften Korridoren der Wiener Staatsoper wieder Leben einfingen – Männer mit signalroten Schutzanzügen und Gasmasken.

Ich sah den Massenmord auf zwanzig Bildschirmen gleichzeitig. Mein einziger Gedanke: Fred ist nicht dabei. Ich finde ihn nicht. Er hat eine neue Kassette geholt. Er ist auf die Toilette gegangen. Er hat Kamera fünf seinem Assistenten überlassen, ist rauchen gegangen. Fred ist starker Raucher. Er ist nicht im Saal. Und doch sehe ich, wie er den Mund aufreißt, wie er auf die am Boden liegende Frau fällt. Ich sehe seinen leblosen Körper, das Erbrochene, das aus seinem Mund auf das weiße Abendkleid herabrinnt. Ich sehe, wie es seinen Kopf mit einem Ruck nach hinten reißt, wie er über die Balkonbrüstung stürzt.

Ich sehe, wie sein Gesicht in einem Teller aufschlägt. Ich sehe, wie sich sein Körper zusammenkrampft. Ich sehe, wie er auf der Feststiege zertrampelt wird. Ich kann Fred nicht finden.

Nur noch drei Kameras werden bewegt. Kamera fünf zoomt. Das muß sein Assistent sein. Fred hat die Situation erkannt und ist fortgelaufen. Fred ist nicht mehr in der Oper. Die Franzosen haben ihn beschützt. Er wurde draußen auf der Ringstraße gebraucht. Er kennt sich bei Hebekränen gut aus. Kamera fünf bewegt sich nicht mehr. Sie zeigt eine Loge mit Toten. Fred, wo bist du? Die letzte Kamera stellt die Bewegung ein. Nur noch starre Bilder von starren Körpern. Die *amplifier* der Saalmikrophone zeigen kaum noch Ausschläge. Fred liegt irgendwo unter den Leichenbergen.

Einen Monat lang bin ich ihm nachgestorben, einen Monat lang habe ich ihm beim Sterben zugesehen. Ich habe im Bandmaterial die letzten Sekunden seines Lebens gefunden. Einen Monat lang habe ich sie in allen Einzelheiten studiert, wieder und wieder. Wenn die Tränen ausblieben, hielt ich das für ein Versagen, für einen Verrat. Ich hörte Eric Claptons *Tears in Heaven*, ich hörte Gustav Mahlers *Kindertotenlieder*. Dann konnte ich wieder weinen.

Der kleine Bub in London. Wie er mit der Schultasche vor unserem neuen Haus in der Talbot Road auf den Eingangsstufen saß. Stundenlang. Um zwei Uhr hätte ich zu Hause sein sollen, aber ich kam erst nach fünf. Ich hatte ihn vergessen.

»Einmal die Woche«, schrie mich Heather in der Nacht an. »Nur einmal die Woche. Und das vergißt du?«

Fred saß da in seinem gelben Regenmantel. Er sah mich an, als würde er mich nicht kennen. Er verweigerte mir die Hand. Die Nachbarn links von uns waren nicht zu Hause gewesen, die anderen kannten uns noch nicht. Ich entschuldigte mich hunderttausendmal bei ihm. Er wollte mir nicht ins Haus folgen. Als wäre ich nicht wirklich hier. Ich öffnete die Tür, er blieb auf den Stufen sitzen. Ich trug ihn hinein und setzte ihn auf ein Sofa. Er blieb den ganzen Abend lang ein stummes Kind. Als ich ihn später auszog und zu Bett brachte, sagte ich, er solle sich etwas wünschen. Alles hätte er haben können. Er sah mich an und begann zu weinen. Ich streichelte ihn, bis er einschlief. Als wir Jahre später, nach seiner Heroinsucht, zusammenfanden, sagte er zu mir, er sei damals überzeugt gewesen, seine Eltern nie mehr zu sehen.

Als Kind hatte er Heather und mich oft streiten gehört. Es ging vor allem um ihn. Fred war kein Wunschkind. Heather hatte sich geweigert, abzutreiben. Als das Kind da war, kamen wir mit ihm nicht zu Rande. Erst recht nicht, als Heather wieder zu arbeiten begann. Sie war beim Hörfunk der BBC, Kulturredaktion. Ich arbeitete in der Dokumentationsabteilung des Fernsehens. Unsere ständigen Zankereien seien eine Folge der zu kleinen Wohnung, redete ich mir ein. So konnte ich endlich in jene Gegend ziehen, in der ich meine Studentenjahre verbummelt hatte. Wir verschuldeten uns maßlos, als wir das Haus in der Talbot Road, einer Seitenstraße der Portobello Road, kauften. Nun mußten wir uns erst recht auf unsere Karrieren konzentrieren und hatten für Fred noch weniger Zeit. Damals war ich im Innendienst und hatte einigermaßen geregelte Arbeitszeiten. Heather verbrachte vormittags oder nachmittags ein paar Stunden im Studio, am Abend hetzte sie von einer Veranstaltung zur anderen. Trotzdem war sie es, die Fred versorgte. Ich hatte mich am Abend um das Kind zu kümmern. Meist engagierte ich eine Studentin. Nur an diesem einen Nachmittag die Woche, wenn Heather Redaktionskonferenz hatte, war ich wirklich für Fred da. Wir fuhren in den Zoo. Wir verbrachten Stunden in der Spielzeugabteilung von *Harrods*. Wir fuhren zum Hunderennen ins Walthamstow Stadium. Fred liebte Hunderennen. Mehr als Pferderennen. Mehr als Fußball oder Rugby. Und eines Tages vergaß ich ihn einfach. Ich saß im Studio und schnitt irgendeine Dokumentation. Um halb fünf fragte mich eine Kollegin verwundert: »Du bist da? Ist Fred bei Freunden?«

Als Heather in der Nacht heimkam, gutgelaunt und ein wenig beschwipst, erzählte ich ihr, was geschehen war. Sie tobte. Hätte ich nicht das Haus verlassen, sie hätte die gesamte Einrichtung zerschlagen.

Nach Freds Ermordung saß ich einen Monat lang im Studio und tat nichts anderes, als mir die letzten Sekunden seines Lebens anzusehen. Ich sollte das Material zu einer Dokumentation von 115 Minuten zusammenschneiden. Aber ich war unfähig dazu. Ich suchte nach Fred, und ich fand ihn. Die letzte noch bewegte Kamera brachte ihn kurz ins Bild. Der sie bediente, war offensichtlich zusammengebrochen. Die Kamera führte den Vertikalschwenk selbsttätig weiter bis zur Deckenbeleuchtung. Zuerst die Leichenberge im Parkett, dann ein Ruck und der Schwenk nach oben. Er streift die Kaiserloge, danach das rechte Fenster des Inspizientenraums und die unmittelbar angrenzende Loge, in der Kamera fünf stand. Normalerweise ist diese Loge nicht begehbar, weil sie vollgestopft ist mit allen Scheinwerfern, die in den Beleuchtungsluken keinen Platz mehr fanden. In der Nacht vor dem Opernball waren die Scheinwerfer abmontiert worden. Fred war froh gewesen über seine Kameraposition, weil er in der Beleuchtungsloge von Ballgästen unbehelligt blieb, auch weil die Kaiserloge, der Treffpunkt der politischen Prominenz, direkt darunter lag und somit für Kamera fünf nicht erfaßbar war.

Er hat nicht einmal versucht zu entkommen. Unmittelbar neben ihm war die Tür zum Inspizientenraum. Er hat sie nicht geöffnet. Von dort aus hätte er über einen Gang zur sogenannten Personaltreppe gelangen können. Alle, die über die Personaltreppe flüchteten, haben überlebt. Die Personaltreppe wurde nicht belüftet. Fred blieb bei seiner Kamera. Er filmte bis zum Schluß.

Einen Monat lang sah ich mir den letzten Schwenk seines Kollegen immer wieder an. In Standbild und Zeitlupe. Der Blick führt nach oben zur rechten Seite der Kaiserloge, wo eine Hand mit weißem Manschettenhemd und hinaufgerutschtem Frackärmel über die Brüstung ragt, geht weiter, die beigegoldenen Samttapeten entlang zu einem Kranz von rosa Nelkenbouquets, bis das Fenster des Inspizientenraums sichtbar wird und die Brüstung der Beleuchtungsloge. Da ist plötzlich Fred zu sehen. Er geht einen Schritt zur Seite, krümmt sich nach vorn, öffnet den Mund, als müsse er erbrechen. Mit der rechten Hand hält er noch den Steuerarm der Kamera fest. Er richtet sich auf, läßt den Steuerarm los, streckt beide Hände von sich, wankt. Er reißt die Augen weit auf. Dann ist sein Kopf aus dem Bild. Der Schwenk geht weiter hinauf zu den Menschenknäueln auf der Galerie, in denen noch Arme, Köpfe und Beine zucken, zur Decke, und bleibt stehen, als der Kristallüster am Bildrand erscheint. Um Null Uhr 58:57 Sekunden kommt aus einem Mikrophon, das direkt vor Kamera fünf angebracht war, Freds Todesschrei. Auf Kamera fünf wird kurz zuvor noch gezoomt. Bei Null Uhr 58:49 Sekunden hört die Kamerabewegung auf. Man sieht in Großaufnahme eine gegenüberliegende Loge, in der eine tote Frau mit rotem Abendkleid sitzt. Ihr Körper ist seitlich an die Logenbrüstung gestützt, ihr Kopf hängt nach hinten über die Stuhllehne. Ihre Augen sind weit offen.

Einen Monat lang sah ich nur solche Bilder. Am Abend saß ich daheim und trank.

»*Would you hold my hand*«, flehte ich und weinte Rotz und Wasser dabei. Fred würde mir im Himmel die Hand verweigern. Er hatte allen Grund dazu.

Einmal machten wir eine Küstenrundfahrt in Brighton. Fred saß auf meinem Schoß. Er war noch keine zwei Jahre alt. Die Küste interessierte ihn nicht. Er blickte nur zum Meer. Dann stand er auf, stellte sich auf meine Oberschenkel und schaute ins Kielwasser hinab. Ich hielt ihn ganz fest an den Beinen. Das Wellenspiel faszinierte ihn. Er streckte seinen Kopf über die Reling hinaus. Heather hatte Angst, er könnte hinunterfallen.

»Ich halte ihn doch«, sagte ich. Sie konnte nicht zusehen. Sie verlangte, daß ich Fred sofort niedersetze.

»Aber ich halte ihn doch fest. Was soll passieren. Ich halte ihn doch.«

Wir zankten uns, während Fred ins Wasser schaute. Nach einer Weile setzte ich ihn zurück auf meinen Schoß. Er hatte rote Augen. Über seine Wangen liefen Tränen.

Solche Erinnerungen überschwemmten meinen Kopf, während ich trank und mir mit der flachen Hand die Stirn rieb. Ich stellte mir vor, wie das Kielwasser Freds kleinen Körper in die Tiefe hinabzog, wie er immer tiefer sank mit ausgebreiteten Armen, in eine Welt, in der er nicht überleben, der er aber auch nicht entrinnen konnte. Und ich hatte es nicht einmal bemerkt.

Nach der Scheidung lebte ich im Hotel. Fred war bei Heather im Haus geblieben. Ich war mittlerweile Kriegsberichterstatter der BBC und seit Monaten ohnedies kaum noch daheim gewesen. Dann kam eine Zeit, in der die Kriege nicht richtig reifen wollten. Konfliktherde gab es zur Genüge, aber es schien, als hätten die Militärs ihre Kraft verloren. Brutale Diktaturen, die eben noch Kritiker bespitzelten und ins Arbeitslager steckten, ließen sich nun mehr oder weniger widerstandslos stürzen. Ein paar Interviews mit Oppositionellen, ein paar Bilder von Großdemonstrationen – und ich konnte wieder zurückfliegen. Ich hing in meinem Hotel im Stadtteil Bayswater herum, auf dem Bildschirm Tag und Nacht der Teletext der BBC mit den neuesten Weltnachrichten. Ich wartete auf einen richtigen Einsatz. Alle paar Tage riefen meine Eltern an und erzählten mir, daß daheim, im Stadtteil Hampstead, noch immer mein Zimmer für mich bereitstehe. Ich könne auch gerne ein zweites dazu haben. Ein Leben im Hotel, das sei doch kein Leben. Man brauche etwas Festes, sonst werde man verrückt. Meine Eltern sprachen deutsch mit mir. Die Mutter mit ihrem tschechischen, der Vater mit seinem wienerischen Akzent.

»Ich brauche nichts Festes«, antwortete ich. »Alles Feste ist für mich bisher ein Horror gewesen. Gescheitert bin ich immer nur am Festen.« Sie gaben nicht auf. Ich sagte ihnen nicht, daß ich längst nach einer geeigneten Wohnung Ausschau hielt. Sie sollte nicht zu nahe an Hampstead liegen. Ich fand schließlich ein kleines Haus in Kensington. Es lag in einem schmalen, verwinkelten Seitengäßchen hinter der High Street. Die Straße war ruhig. Hätte ein Auto dort geparkt, hätte kein zweites vorbeifahren können. Das Häuschen hatte Wohnzimmer und Küche im Erdgeschoß, darüber zwei Schlafzimmer. Für mich reichte es. Mein Büro schlug ich im Wohnzimmer auf, das zweite Schlafzimmer war für Fred gedacht, oder als Gästezimmer. Fred hat das Haus nie betreten. An der Mauer neben der Eingangstür fand ich einmal eine Kreidezeichnung vor. Ein Gebirge, darüber die Sonne. Ich ließ die Zeichnung an der Mauer, bis der Regen sie abwusch. Vermutlich war sie von Fred. Ich wollte es glauben. Ich zahlte Alimente, ich zahlte immer noch für das Haus in der Talbot Road, aber ich hatte zu Heather und Fred keinen Kontakt. Bis Heather mich eines Tages anrief.

»Ich will dir nur mitteilen, daß dein Sohn die High-School längst abgebrochen hat und heroinsüchtig ist.«

Ich wollte Fred treffen. Aber Heather wußte nicht, wo er sich herumtrieb. Sie sagte: »Gelegentlich kommt er vorbei, um mich auszurauben.«

Später erzählte sie mir, daß er sich, soweit sie herausfinden konnte, oft in der Walworth Road aufhalte. Ich fuhr mehrmals mit der *Bakerloo Line* zur Endstation *Elephant & Castle*. Nirgends sieht London so trostlos amerikanisch aus wie in Walworth. Ich lief die Walworth Road auf und ab, durchstreifte die Seitenstraßen, ging in die Pubs der East Street und in alle Fast Food Restaurants. Jeden Junkie, den ich traf, fragte ich nach Fred. Vergeblich. Einer saß zusammengesunken auf einer Parkbank. Er hatte ein grünes Spinnennetz ins Gesicht tätowiert. Er gab mir keine Antwort. Ich packte ihn an den Schultern und schüttelte ihn. Er sah mich nur mit müden, glasigen Augen an. Aber ich hatte den Eindruck, er verstand, was ich sagte, er kannte Fred. Eine Antwort war aus ihm nicht herauszubringen. Meine Suche blieb erfolglos.

Ich rief Heather an. Sie nannte mir einen Termin, an dem Fred kommen werde. Zumindest habe er es versprochen. Sobald ich einträfe, werde sie fortgehen.

In der Nacht vor diesem Treffen wachte ich jede Stunde auf. Ich war mir sicher, ich würde versagen. Ich wollte Fred Hilfe anbieten. Er sollte sich jederzeit an mich wenden können, auch wenn ihn vorläufig nur mein Geld interessierte. Ich würde es ihm geben. In Tagesrationen, damit ich mit ihm in Kontakt bliebe. Aber was sollte ich tun, wenn er mich zurückwies, mit mir gar nichts zu tun haben wollte? Ich überlegte mir, wie ich ihn an mich binden könnte, und kam auf keinen grünen Zweig. Um halb sieben Uhr in der Früh gab ich es auf, noch Schlaf zu finden. Ich ging ins Wohnzimmer hinab. Auf dem Bildschirm gab es nur mehr ein Thema: Der Golfkrieg war ausgebrochen. Drei Stunden später saß ich im Flugzeug nach Saudi-Arabien.

Oft denk ich, er ist nur ausgegangen und wird wieder nach Hause gelangen. Als er tot war, wollte ich ihn keinen Augenblick mehr allein lassen, als könnte ich noch irgend etwas gutmachen. Er stand hinter mir. Ich spürte, wie er mich anblickte. Er hatte in Wien eine Wohnung im selben Haus wie ich. Ich hörte ihn die Wohnungstür aufsperren. Ich hörte, wie er in der Nacht mit Freunden heimkam. Ich lief hinaus ins Stiegenhaus, schlich leise die Treppen hinab, ganz langsam, bis das Ganglicht ausging. In der Dunkelheit stand ich vor seiner Wohnungstür und horchte. Ich sperrte auf, ich legte mich in sein Bett. Ich roch Fred an seinem Bettzeug. Ich stellte mir vor, wie er den Tod vor sich hatte und trotzdem bei der Kamera blieb. Er hat die Chance gehabt, zu entkommen. Die Menschen in den Logen und Galerien weiter oben starben ein wenig später als die im Parkett. Sie bewegten sich noch, da war unten schon alles still. Wenn er gleich geflüchtet wäre, er hätte es als einziger Kameramann geschafft.

Er spürt den Bittermandelgeruch. Jetzt müßte er in den Inspizientenraum laufen. Aber er tut es nicht. Seine Augen beginnen zu brennen. Die Gedärme drängen herauf. Mit einem Mal ist er sicher, daß auch er gleich sterben wird. Aber anstatt zu flüchten, beginnt er zu zoomen. Die Gegenstände verschwimmen, bewegen sich wie Wellen von ihm weg. Es reckt ihn. Er tritt einen Schritt zur Seite, um zu kotzen, hält aber die Hand noch am Zoom-Knopf. Es krümmt ihn zusammen. Er läßt die Kamera los, sucht vor sich Halt. Er stürzt, stürzt, unendlich tief, tausende Meter, kann nicht mehr atmen, kann sich nicht mehr bewegen. Es gibt keinen Boden. Wie ein Glockenspiel hört er aus der Ferne die Todesschreie der anderen. In seinem Inneren hat sich ein Feuer entzündet. Es breitet sich mit rasender Geschwindigkeit im ganzen Körper aus. Bis ein glühender Ball aus seinem Inneren fährt und im fernen Nebel verschwindet.

Das Napoleon-Spiel

Ein Roman
AtV 1125, 208 Seiten, DM 14.–.
Aufbau Taschenbuch Verlag, Berlin

Als Hardcover DM 29.80,
Aufbau-Verlag, Berlin

Um was es geht:
Es war eine Tötung, kein Mord, schreibt der angesehene Rechtsanwalt in einem Brief an seinen Verteidiger. Es wird die Beichte eines besessenen Mannes, der nur eine Leidenschaft kennt, das Spiel, und nur eine Furcht, die Langeweile. Und wie seinem Vorbild Napoleon bleibt ihm am Ende nichts, um dem Abgrund des Überdrusses zu entgehen, als eine Kette neuer Spiele auszulösen. Mit dieser leider unerläßlichen Tötung bringt er seine Spielbälle wieder in eine aussichtsreiche Position.

PETER HACKS
Er gehört zu den wenigen, die mit der Sprache keine Sorgen haben.

FRANKFURTER RUNDSCHAU
Heins Themen drehten sich immer um das nostalgische Spannungsverhältnis zwischen Ich und Gesellschaft. Das Napoleon-Spiel *nun verzichtet auf jegliche Wertung und Sozialpädagogik. Der Leser wird mit der Verführung Wörles, mit der Amoral des deutschen Ästheten, der sich seine Welt selbst erschafft, allein gelassen. Was daraus wird, liegt jenseits der Literatur. Auf dieses Buch wird man in späteren Literaturgeschichten oft zu sprechen kommen.*

Der Autor:

Aufgewachsen in einer sächsischen Kleinstadt, besucht er ein Gymnasium in Westberlin, weil ihm als Pfarrerssohn die ostdeutsche Oberschule verwehrt wird. In den 70er Jahren Dramaturg, später Hausautor an der Ostberliner Volksbühne. Den großen Durchbruch erzielt er 1982 mit dem Buch *Der fremde Freund* (Drachenblut), das zusammen mit den Romanen *Horns Ende* und *Der Tangospieler* eine Art erzählender Chronik über 30 Jahre DDR-Geschichte darstellt.

Die Tötung Bernhard Bagnalls erfolgte am Abend des 21. Juni. Sechs Monate zuvor war mein Vater gestorben. Sein Tod war insofern ein auslösendes Moment, als ich den alten Herrn (meine Stiefmutter starb bereits vor sieben Jahren) nicht mit den Mißlichkeiten hatte behelligen wollen, die auch für ihn nach meiner Verhaftung enstanden wären.

Ich wurde im August 1932 in Stettin geboren. Mein Vater war der Besitzer der Süßwarenfabrik Frieder Wörle & Co., einem Betrieb mit achtzehn Angestellten, mit wenigen Ausnahmen weiblichen. Meine Mutter war eine Dame der Gesellschaft, was für sie eine Tätigkeit darstellte, die sie als Beruf und Berufung empfand und der sie nicht weniger eifrig, selbstbewußt und unduldsam gegenüber jeder Nachlässigkeit nachging als der Superintendent oder der Direktor des Landgerichts ihrem Amt. Ich war das einzige Kind meiner Eltern und wurde verwöhnt. Ich hatte ein Kindermädchen, das später einer Mamsell wich, beide Damen waren sehr viel älter als meine Mutter und langweilten mich. Allerdings hatte ich ihnen gegenüber einen Vorteil, den ich bald erkannte und nutzte.

Meine Mutter, allein um die bessere Gesellschaft Stettins besorgt und um sich selbst als eines ihrer vorzüglichsten Mitglieder, erwartete von den Damen vor allem, nicht belästigt zu werden. Gelegentliche Klagen der altjüngferlichen Erzieherinnen hörte sie sich stets mit einem deutlich erkennbaren Widerwillen an, und ihre kurze und abschließende Bemerkung zu den in einem spitzen und gekränkten Ton vorgetragenen Beschwerden bestand in einem Hinweis oder vielmehr Befehl, die ihnen aufgetragene Arbeit selbständig und untadelig zu erledigen und nicht weiter die Dame des Hauses mit Kinderkram zu behelligen. Ich hatte also leichtes Spiel mit Kindermädchen und Mamsell. Sie waren es, die sich um einen Kompromiß mit mir bemühen mußten, was nichts anderes bedeutete, als daß sie sich meinen Bedingungen zu unterwerfen hatten, um nicht von meiner Mutter gerügt zu werden. Diese Konstellation erlaubte gewiß keine Erziehung nach den Grundsätzen und Lehrmeinungen der damals führenden Pädagogen, aber ich hatte eine glückliche Kindheit (und ich denke, dieses frühe Glück ersetzte reichlich eine lehrgerechte und methodische Betreuung).

Mein Vater gehörte nicht zur Gesellschaft. Er führte zwar in der dritten Generation jene backsteinerne Süßwarenfabrik, die meiner Mutter den Zugang zu den gesellschaftlichen Kreisen der Stadt ermöglicht hatte, aber Vaters Interessen, Haltung und Benehmen schlossen ihn – nach meiner Mutter Ansicht, aber auch nach seiner eigenen – aus den Salons aus. Er hatte, zusammen mit seinem Vornamen, die Gründermentalität seines Großvaters geerbt und zog es vor, bis in den späten Abend im Kontor zu bleiben und erschien zu Hause, selbst wenn Gäste eingeladen waren, erst in den Nachtstunden. Sein Verhältnis zu mir war fürsorglich, aber nicht eigentlich zärtlich oder väterlich. Da ich sein einziges Kind war, behandelte er mich, soweit ich zurückdenken kann, nie als ein Kind, sondern immer als den Erben seiner Fabrik. Es bedurfte eines verlorenen Krieges, um mich von der Last väterlicher Süßwaren zu befreien.

Ich gedachte in späteren Jahren häufiger des mir bestimmten Büros im Norden Stettins und stellte mir vor, wie ich mit vierzig oder fünfundvierzig Jahren, nachdem ich ein halbes Leben als Juniorchef der bevorzugte Laufbursche meines Vaters gewesen wäre, die Leitung der Fabrik übernähme und bis an das Ende meines Lebens die Ware der Lieferanten prüfte, die Kunden hofierte, die Angestellten ermahnte und die Lagerbestände kontrollierte. Ich würde mich um neue Produkte bemühen und gleichzeitig versuchen, der klassischen Palette meiner Produkte ihren Markt zu erhalten. Aufmerksam hätte ich das Verhalten der Konkurrenz zu beobachten und mich um junge, selbstbewußte Arbeitskräfte für die Werbung und den Vertrieb zu kümmern. Und sicher würde ich weiterhin die kleinen Blechschachteln »Schoko-Wör« verkaufen, wenn auch nicht mehr ausschließlich an die Luftwaffe wie in den letzten Jahren der Existenz der Fabrik. Ich wäre vermutlich mit einem Mädchen aus Stettin verheiratet oder mit der Tochter eines meiner Lieferanten. Ich hätte Kinder, und gewiß hätte ich mit einer oder auch mehreren meiner Angestellten ein Verhältnis. Ich gehörte zu den Honoratioren von Stettin, wäre Mitglied des Deutschen Klubs, des Kegelvereins und Sponsor der Feuerwehr und anderer gemeinnütziger Einrichtungen. Ein hübsches kleines Leben, nur leicht getrübt von den schweren Düften der klebrigen Süßwarenmasse und der im Keller lagernden, aber das ganze Gebäude beherrschenden öligen Essenzen, die mir schon als Kind zuwider waren.

Vater sah es gern, wenn ich, der künftige Erbe, ihn in der Fabrik besuchte. Ich durfte, solange ich wollte, in seinem Zimmer sitzen, oder ich konnte durch die hellblau gefliesten Räume wandern und den Frauen bei der Arbeit zusehen. In den Kriegsjahren arbeiteten – abgesehen von einem Rentner im Lager und einem verkrüppelten Maschinisten – nur noch Frauen in dem Gebäude. Ich war regelmäßig in unserer Fabrik, einmal wöchentlich, meistens mittwochs, weil da die Schule bereits am späten Vormittag zu Ende war. Ich ging jedoch nicht nur so häufig zu Vater, um mich der heimischen Aufsicht zu entziehen, der Mamsell mit ihren drei dicken Warzen im Gesicht, und den sehr seltenen Kontrollen meiner Mutter. Die Besuche in der Fabrik wagte Mutter mir nicht zu verbieten, obgleich sie darüber nicht erfreut war, da sie die Tätigkeit ihres Ehemannes degoutant fand und meine Vorliebe für die Fabrik mißbilligte. Daheim gab es darüber gelegentlich Auseinandersetzungen, die aber nur kurz waren, denn Vater nahm mein Interesse an seiner Arbeit und meiner künftigen Erbschaft befriedigt zur Kenntnis und förderte es nach Kräften, und Mutter wurde dieses Themas rasch überdrüssig und widmete sich wieder ihrer eigentlichen Berufung.

Ich genoß die kleinen Auseinandersetzungen und war stolz auf meinen Vater, der durchsetzte, daß ich, wann immer ich es wünschte, die Fabrik aufsuchen konnte. Ich hätte es nicht ertragen, diese Besuche aufzugeben, ich war süchtig nach der Fabrik, sie war meine Leidenschaft, die erste wirkliche Leidenschaft des Elf- oder Zwölfjährigen. Ich verspürte ein Kribbeln, wenn ich mich ihr näherte, das, sobald ich die roten Backsteine des Gebäudes erblickte, langsam nachließ, um einer um so heftigeren Vorfreude zu weichen.

Ich haßte die Schokolade, die mein Vater produzierte, und die Pralinen und Bonbons, die immer stärker nach Fett stanken und deren Nachgeschmack um so hartnäckiger an Lippen und Gaumen blieb, je länger der Krieg dauerte und je schneller die Front sich Deutschland näherte. Und ich ekelte mich vor den Gerüchen, die aus den Lagerräumen im Keller aufstiegen und durch das ganze Haus waberten, selbst in dem mit schweren, dunklen Möbeln ausgestatteten Büro meines Vaters roch es streng nach den Vorratstonnen, die einmal im Monat durch ein Pferdefuhrwerk von der Bahnstation geholt wurden.

Was mich in die Fabrik zog, mir den Mund ausdörrte und mir in den Augen brannte, was mich dazu brachte, meinen Ekel vor den dampfenden Kesseln voll klebriger Süße und dem Geruch billigen Fetts zu überwinden und Woche für Woche einen ganzen Nachmittag dort zu verbringen, waren die Frauen. Die Frauen, die am Band saßen und die Pappschachteln und Blechdosen füllten.

Ich wußte, daß ich für sie nur ein Kind war. Ich wußte, daß sie mit mir nur spaßten und wohl heimlich über mich lachten und vielleicht gar dumme und böse Witze machten, ich war schließlich auch der Sohn des gefürchteten Chefs und der Nachfolger. Engelshaar, riefen sie mich, und ich wußte, daß dieses Kosewort nicht nur freundlich gemeint war, es sollte auch eine kränkende und herabwürdigende Bemerkung und vor allem eine Schutzbehauptung für die Frauen sein, da mich dieses Wort zu einem kleineren Kind machte und machen sollte, als ich es war. Mit zwölf Jahren ist ein Junge kein Engelshaar mehr, und die Frauen wußten das ebensogut wie ich. Ich ließ mich auf ihr Spiel ein, ich verzog keine Miene, wenn sie mich mit diesem verhaßten Namen riefen. Es war eine Verabredung zwischen den Frauen und mir, mein wirkliches Alter zu übersehen und so zu tun, als sei ich noch immer das kleine Kind mit Goldhaar, das ich sicher irgendwann einmal gewesen war. Eine Verabredung, die wir nie ausgesprochen hatten, die wir nie aussprechen mußten.

Der Kosename war für mich kränkend, denn nichts wollte ich weniger sein als ein Kind, und nichts war mir damals verhaßter, als wenn man sich in der Familie und vor Gästen über meine früheren Äußerungen unterhielt und belustigte, doch ich fühlte instinktiv, daß ich keinesfalls diesen leicht durchschaubaren Irrtum aufklären durfte, wenn ich nicht meiner ganzen Seligkeit verlustig gehen wollte. So nahm ich die ärgerliche Kränkung hin, da ich ahnte, daß die Wahrheit meine Vertreibung aus dem Paradies bedeuten würde. Zudem genoß ich das Gefühl, ein erfolgreicher Betrüger zu sein, denn gleichzeitig und trotz meiner Vermutung war ich in jener Zeit felsenfest davon überzeugt, daß es mir irgendwie gelungen sei, alle Frauen, die an dem breiten, hellgrauen Gummiband saßen, über mein tatsächliches Alter zu täuschen. Erst sehr viel später, als Vaters Fabrik längst hinter einer unpassierbaren Grenze lag und jene Jahre in Stettin von den nachfolgenden Ereignissen verschüttet wurden und fast vergessen waren, wurde mir klar, daß ich keinesfalls der glänzende Spieler gewesen war, wie ich mir eingeredet hatte, sondern daß damals jeder jeden und sich selbst betrog. Eines kleinen Vergnügens wegen, das keiner aufgeben wollte. Wir, die Frauen und ich, gingen mit dem Glück unserer Mittwochnachmittags-Leidenschaft sorgsamer um, als es heute üblich ist. Wir ließen den bunten Schmetterling weiter fliegen und hüteten uns, ihm die Flügel auszureißen. Wir weigerten uns, auch die unansehnliche Raupe zu sehen, der er entschlüpfte. Wir wollten etwas genießen und schlossen daher die Augen. Ich weiß wie Sie, Herr Fiarthes, beides ist aus der Mode gekommen, und als Entschuldigung für unser Benehmen kann ich nur anführen, daß wir – die Frauen und ich – damals nicht sehr gebildet waren. Wir wußten es nicht besser und waren daher glücklich.

Wenn ich am Mittwoch Vaters Fabrik betrat, stürzte ich keineswegs sofort in den großen Saal im Erdgeschoß, in dem die Frauen an einem Band saßen, das die Konfektstücke aus der Halle mit den Rührwerken und Formmaschinen durch einen Mauerdurchbruch zu ihnen transportierte. Zuerst besuchte ich meinen Vater und Frau Rupert im ersten Stock und blieb für eine halbe Stunde bei ihnen.

Frau Rupert war Buchhalterin und Sekretärin und eine Frau mit großen Brüsten, die stets Häkelpullover trug, durch die ihre rosa Unterwäsche durchschimmerte. Sie war eine Perle an Fleiß und Gewissenhaftigkeit und lebte, da sie alleinstehend war, nur für ihre Arbeit und den Betrieb. Mein Vater schätzte und bezahlte sie hoch, denn er hatte begriffen, daß sie durch ihre äußerst penible Genauigkeit eine der Säulen der Süßwarenfabrik war. Schoko-Wör, das ist eigentlich unsere Frau Rupert, sagte er in ihrer Gegenwart häufiger zu mir. Sie wehrte immer geschmeichelt ab, aber als Vater die Fabrik aufgeben und mit uns aus der bedrohten Stadt fliehen mußte, lehnte sie es ab, auf den Treck mitzukommen, und vergiftete sich mit Zyankali. (In ihrem Abschiedsbrief zitierte sie ein Gedicht, das von Todessehnsucht sprach. Todessehnsucht war mir an Frau Rupert nie aufgefallen, und ich vermute, es war eher die Sehnsucht, einmal in ihrem Leben einen anderen Geschmack im Mund zu haben als die durchdringliche Süße der Schoko-Wör-Pralinen.)

Wenn ich an den Hallen im Erdgeschoß vorbei und die gußeiserne Treppe in den ersten Stock hinaufgegangen war, um in Vaters Büro zu gelangen, setzte ich mich auf einen der Besuchersessel und sah meinem Vater und Frau Rupert bei ihrer Arbeit zu. Ich muß sehr interessiert und aufmerksam gewirkt haben, denn ab und zu blickte einer der beiden auf, betrachtete mich lächelnd und sagte etwas Lobendes. Nachdem ich eine Zeitlang den Telefongesprächen und ihren kurzen, gegenseitigen Bemerkungen zugehört hatte, stand ich langsam auf und verabschiedete mich, um die weiteren Räume der Fabrik zu inspizieren. Vater ermunterte mich jedesmal ausdrücklich, indem er zu der kichernden Frau Rupert äußerte, daß der Juniorchef nun sein Imperium besichtige.

Ich schlenderte aus dem Zimmer, darum bemüht, ruhig zu wirken und ein wenig gelangweilt. Im Erdgeschoß öffnete ich die Eisentür zum Saal, und obgleich ich immer versuchte, leise und überraschend einzutreten, knackte die Tür so laut, daß es die Geräusche im Saal übertönte und alle Frauen den Kopf zu mir gewandt hatten, wenn ich eintrat. Da ist ja unser Engelshaar, sagte dann eine der Frauen. Ich blieb wortlos an der Tür stehen. Die Frauen lächelten mich an, und ich wurde zu meinem Ärger verlegen und blickte auf meine Schuhe. Komm, mein Kleiner, rief Sophia, die in der Nähe der Eingangstür saß. Ich schob mich langsam vorwärts und stellte mich neben sie. Die Frauen kicherten, und Sophia umfaßte mich und zog mich auf ihren Schoß. Als ich sicher auf ihren Schenkeln saß, ließ sie mich los, um wieder mit beiden Händen die schwarzbraunen oder in farbiges Papier eingewickelten Konfektstücke zu greifen und in die Pappschachteln oder Blechdosen zu ordnen. Ich sah auf ihre Hände und verzog keine Miene. Sophias Finger glitten über das langsame Band und pickten aus dem vorbeigleitenden Durcheinander die richtigen Stücke heraus und legten sie mit den gleichen ruhigen und unablässigen Bewegungen in die vorgesehenen Öffnungen des gestanzten Futters der Verpackungen. War ein Karton gefüllt, stellte sie ihn mit der linken Hand zur Seite und griff gleichzeitig mit der rechten nach dem Stapel, um sich einen neuen Karton oder eine der Dosen zu nehmen. Ich saß aufrecht auf ihrem Schoß und wartete, bis Sophia endlich sagte: Nun sitz doch bequem, kleiner Mann. Dann lehnte ich mich zurück und rutschte auf ihrem Schoß so lange hin und her, bis mein Kopf zwischen ihren Brüsten zu liegen kam. Sophia füllte unentwegt weiter die Schachteln und Dosen, und ich atmete durch Mund und Nase, ich sog ihren Duft in mich und preßte meinen Körper fest an ihren. Und als ob mir nur darum zu tun sei, noch bequemer zu sitzen, schob ich mich hin und her, um erneut und anders ihren Körper und ihre Brüste zu berühren. Ich bewegte unmerklich den Kopf, damit ich ihre Schulter oder ihren Hals spüren konnte. Ich tippte mit der Nase auf den bunten Stoff der Kittelschürze oder streichelte mit den Ohren ihre Haut. Die Augen verschloß ich nicht, obwohl ich es liebend gern getan hätte, um mich stärker auf Sophias Duft konzentrieren zu können. Aber ich durfte die anderen Frauen nicht aus den Augen lassen. Ich fürchtete, sie würden meine verstohlenen Bewegungen entdecken und damit mein heimliches Vergnügen. Ich fürchtete ihren Spott, aber vor allem fürchtete ich, sie würden dahinterkommen, daß ich kein Kind mehr war, das man nach Belieben auf den Schoß nehmen und drücken konnte. (Mein Gott, das war, was Frauen betrifft, nicht die letzte Dummheit und auch nicht mein größtes Mißverständnis. In den ersten dreißig Jahren meines Lebens begriff ich eigentlich alles erst hinterher. Dann war ich sehr gut und wurde immer besser, was das Begreifen betraf, aber leider nicht mehr zwanzig. Das Leben wäre eine faireres Spiel, wenn man gelegentlich einen Blick ins Drehbuch werfen könnte.)

Ich hielt mißtrauisch Ausschau, was die Frauen machten, während ich mit behutsamen und kräftigen Bewegungen meines Kopfes Sophias Körper erkundete. (Die Frauen schauten verstohlen und kichernd zu mir, um zu sehen, wohin ich meine Nase steckte.) Sophia füllte weiterhin das Konfekt ein, ihren Kopf hatte sie vorgebeugt, um besser das Band zu sehen, aber auch um mir ins Ohr zu flüstern: Sei nicht so grob, was machst du denn, mein Kleiner, du tust mir weh. Aber all das sagte sie ohne jeden Vorwurf, eher liebevoll, so daß ich jede ihrer Ermahnungen als eine neue Gelegenheit gebrauchte, um mich an sie zu pressen, sie zu berühren und ihre nackte Haut zu riechen.

Irgendwann sagte die Nachbarin (Therese, die Älteste, Mitte Dreißig, rötliche Haut, stets leichter Zwiebelgeruch, ein großes Medaillon oberhalb ihrer Brüste, das meinem Kopf eine Orientierungshilfe gab) zu Sophia: Nun gib mir mal den Kleinen. Und ohne sich von deren Protest abhalten zu lassen, faßte sie mich mit beiden Händen und zog mich von Sophias Schoß auf den ihren. Sophia beschwerte sich laut, die anderen Frauen juchzten, und Therese sagte zu mir: Nun setz dich mal bequem hin, mein goldenes Engelshaar. Und ich rutschte mit meinem Hintern auf ihrem Schoß hin und her, bis ich auch Therese ausreichend fühlen und riechen und streicheln konnte. Daß auch Therese zufrieden war, spürte ich an ihrem leisen Schnaufen. Sie blies mir ihren Atem ins Ohr und flüsterte fortwährend: Ach, du mein Engelshaar. Die Konfektstücke ließ sie dann an sich vorbeirollen, ohne sie zu greifen, nur um ihrem Engelshaar über den Kopf zu streicheln oder mit der Hand über meinen Hals und Rücken zu gleiten. Und die Konfektstücke sammelten sich am Ende des Bandes, von wo aus sie wieder an den Anfang der breiten und schweren Gummischlaufe gebracht wurden, um erneut vor den Frauen entlangzuziehen. (An diesen Mittwochnachmittagen kamen ein paar Schoko-Wör-Dosen weniger zum Versand an die Luftwaffe. Einige der Piloten stiegen ohne die sicher heißgeliebten Blechdosen meines Vaters auf oder erhielten wegen ihrer unzureichenden Ausrüstung – kein Schoko-Wör im Gepäck! – keine Starterlaubnis. Ich wußte es damals nicht, aber während mein Hinterkopf die Brüste der Angestellten meines Vaters erkundete, betrieb ich unzweifelhaft Wehrkraftzersetzung. Damals ein todeswürdiges Vergehen, heute eher eine Heldentat. Ein zwölfjähriger Widerstandskämpfer! Verehrter Herr Kollege Fiarthes, wollen Sie nicht diese Volte vor Gericht schlagen?)

Anschließend griff Maria nach mir. Sie zerrte an meinem Arm, bis Therese mich freigeben mußte. Maria trug keinen Büstenhalter. Ich weiß nicht, ob ich es allein bemerkt hätte (ein Hinterkopf tastet nur ungenau), aber die anderen Frauen wiesen mich darauf hin, jeden Mittwoch erneut, unter lautem Kreischen, die Hände vor den Mund gepreßt. Mein Hinterkopf fühlte, wie gesagt, die befreiten Brüste nicht, aber da ich um ihre Hüllenlosigkeit wußte, war meine Fantasie angeregt, und ich glaubte, die Brust bei Maria deutlicher zu spüren als bei den anderen Frauen.

Auf Maria folgte Gerti. Sie war die einzige, die nicht nach mir griff, ihr wurde ich auf den Schoß gesetzt. Sie war auch die einzige, die mir nichts ins Ohr flüsterte und die sich nicht an mich lehnte. Sie war erst siebzehn oder achtzehn Jahre, aber in den wenigen Jahren, die uns trennten, war eine unüberwindliche Hürde enthalten, die Geschlechtsreife. Beide waren wir, wenngleich auf verschiedenen Seiten, dieser Barrikade zu nah, als daß sie auch für Gerti zu übersehen war. Ich saß bewegungslos auf ihrem Schoß. Wenn sie mich unabsichtlich berührte, während ihre Finger durch die Konfektstücke schwirrten, knurrte sie leise und verärgert. Und irgendwann gab sie mir einen Stoß mit einer Bewegung ihrer Schulter und sagte: Nun geh schon weiter. Ich ließ mich rasch und eigentlich etwas erleichtert auf den Fußboden gleiten.

Gertis Nachbarin streichelte mir über den Kopf, bevor sie mich mit beiden Händen griff und auf ihren Schoß zog (Brigitte, stark parfümiert, ein schlanker Oberkörper auf einem breiten Becken, großporige Oberarme). Sie hauchte mir ihren heißen Atem in den Nacken, und ich genoß es als Versprechen, ein Versprechen, das ich noch nicht einzufordern vermochte.

Blättern Sie nicht, Herr Kollege. Wir sind beide erfahren und geübt, Akten zu lesen. Und wenn Sie mir diese Routine nicht absprechen wollen, so sollten Sie mir auch zugestehen, daß ich Ihnen kein Papier übergebe, in dem Seiten oder auch nur Zeilen zu überblättern sind. Die wenigen Bemerkungen zu meiner Kindheit haben hier ihren Platz. Denn was Sie zu erfahren oder zu begreifen wünschen, ist damit verwoben. Verehrter Kollege, wenn Sie mich nur einmal gesehen hätten, damals, für eine Sekunde, einen Jungen mit kurzen Hosen und beinlangen, graubraunen Strümpfen, der mit einer Rute in einer Pfütze rührt oder sich von erwachsenen Frauen verstohlen und sehr gern auf ihren Schoß ziehen läßt, Sie stünden nicht weiter vor einem Rätsel bei dem Fall Wörle. Und ich schreibe diese Seiten schließlich nur, um Ihnen diesen Blick zu eröffnen, den Augenblick meiner Kindheit.

Wir sind nicht am Ende dieser Reihe der Damen meiner Kindheit, aber Sie haben genug gesehen, Herr Fiarthes. Ich bedauere noch heute, daß dies alles vorschnell im Krieg versank. Für zwei, drei Jahre wenigstens hätten diese Mittwochnachmittage ihren Platz in meinem Leben haben sollen, die zwei, drei Jahre, die mir fehlten, um jene Barriere zu überwinden, die mich damals quälte und beunruhigte, auf die ich von den Erwachsenen hingewiesen und über die auch die Frauen am Band bei meinen Besuchen sprachen, spöttisch, mitleidig oder auch mit aufmunternd gemeinten bösen Anspielungen. Eine Barriere oder doch wohl mehr ein Durchgang, den ich als Kind betreten hatte und als pickliger junger Mann verlassen würde. Diesen Übergang, ich hätte ihn gern in der Begleitung meiner Mittwochnachmittags-Frauen vollzogen. Der Krieg ging für mich zu früh verloren oder hatte zu früh begonnen. Auch ich muß mich zu den Kriegsverlierern zählen, und damit meine ich keineswegs die Süßwarenfabrik des Vaters.

Beim nächsten Mann wird alles anders

FTV 23787, 336 Seiten, DM 16.90.
Fischer Taschenbuch Verlag, Frankfurt/Main

ANNABELLE
Die Autorin Eva Heller bringt das Wunder eines Frauenbuchs zustande, bei dem man ständig stillvergnügt grinsen und oft laut herauslachen muß.

DER TAGESSPIEGEL
Eva Hellers Roman ist ein Feuerwerk sprühender und witziger Einfälle. Wie der feministische Alltag karikiert wird, zeigt, daß Theorie und Praxis in der deutschen Frauenbewegung immer noch weit auseinanderklaffen.

DER SPIEGEL
Ungewöhnlich für das Frauenbuch-Genre, wo sturzbetroffene Wehleidigkeit oder soziologische Männerherrschaftsanalyse den Ton angeben, dringt Eva Heller mit Scherz und Ironie in die tiefe Bedeutung.

Die Autorin:

Eva Heller, geboren 1948, wohnt in Frankfurt. Neben ihren Cartoons übers progressive Frauenleben wie *Küß mich, ich bin eine verzauberte Geschirrspülmaschine!* oder *Vielleicht sind wir eben zu verschieden* oder *Willst du meine Teilzeit-Lebensgefährtin werden,* schrieb Eva Heller sozialwissenschaftliche Fachbücher. 1993 erschien ihr zweiter Roman und wurde ebenfalls sofort zum Bestseller: *Der Mann, der's wert ist.*

Ich wache auf und bin Prinzessin Diana. Neben mir in den champagnerfarbenen Seidenkissen – ist es Charles, mein Ehemann und Erbe des britischen Königreichs? Ja, es ist Charles. Er war schon beim Polo-Training, war leise gegangen, um mich nicht zu wecken, und nun liegt er wieder an meiner Seite, frisch geduscht. Ich glaube, er tut nur so, als ob er schläft. Ich, Prinzessin Diana, fahre mir durch die blonden Locken, sie sind etwas zerzaust, und vermutlich glänzt meine Nase, wie manchmal am Morgen. Um Charles diesen Anblick zu ersparen, halte ich kokett den Rüschenkragen meines Janet-Reger-Nachthemds vor die Nase und frage: »Oh Love, are you sleeping anymore?«

Nein, er hatte nur so getan, weil er dachte, daß ich noch schlafe! Ich sehe Charles, meinen Ehemann und Erben des britischen Königreichs an mit meinen blauen Augen und frage: »Oh Love, please help me – was soll ich zum Frühstück zu mir nehmen? Kaffee oder Schokolade? Und was soll ich heute anziehen, wenn ich im Museum deiner Urgroßeltern die Insekten-Ausstellung eröffne?«

Charles sieht mich an und sagt: »Oh Love, was du tragen wirst, es wird vollkommen sein, weil du vollkommen bist. Zieh doch deine neue rosa Bluse an.« Und dann sagt er: »Please Love, probier mal die neue Kaffeemischung, sie ist aus deiner Lieblingskolonie.«

Ja, Charles löst all meine Probleme! Ich drücke eine Taste der Rufanlage neben unserem Bett.

»Yes, Your Royal Highness?« antwortet die Chef-Kammerzofe.

»Ich werde heute meine neue rosa Bluse tragen.«

»Yes, Your Royal Highness«, antwortet die Chef-Kammerzofe, »You will look beautiful!«

Als ich noch überlegte, wie mein Leben wäre, wenn zum Beispiel ich Prinzessin Diana wäre – also nicht, daß Diana meine Idealfrau wäre, die ist mir zu bürgerlich, also zu etabliert, zu konservativ, viel zu wenig intellektuell; aber Charles, der ist zwar optisch nicht mein Typ, aber der wäre wenigstens ein Mann, der weiß, was er will! dachte ich gerade, als mich ein größerer Gegenstand am Kopf traf. Es wurde dunkel um mich. Die Tür meines Zimmers wurde zugeknallt. Es war mein Bademantel.

Albert hatte ihn auf mein Bett geworfen beziehungsweise auf mich.

Vermutlich hatte ich wieder das Verbrechen begangen, meinen Bademantel auf seinen Haken im Bad zu hängen. Du liebe Güte! Wie ich seine Pedanterie verabscheue. Ich hatte mal gelesen, daß Schizophrene derartige Ordnungswarnsysteme haben. Wahrscheinlich leidet Albert unter einer fortgeschrittenen Schizophrenie. Demnächst wird er verlangen, daß ich im Allibertkasten meinen Kamm, die Nagelfeile und die Zahnbürste exakt im Abstand von zwölf Millimeter nebeneinanderlege oder sonst was Wahnsinniges. Seit einem Jahr bereits bewacht er seine persönlichen Zahnpastatuben – weil ich die Tuben nicht ordnungsgemäß aufrolle: es wäre Verschwendung, eine Tube von der Mitte auszuquetschen, so blieben in allen Falten Reste zurück. Er hat mit einem Skalpell eine meiner leeren Tuben aufgeschlitzt und mir zu beweisen versucht, daß in der Tube eine Restmenge sei, mit der man sich mindestens fünfmal die Zähne putzen könne. Ich hab ihm die Restmenge geschenkt. Was er total verdrängt, ist die Tatsache, daß bei ihm jedesmal die fünffache Menge Zahnpasta aus der Tube quillt, eben weil er die Tuben so prall aufrollt. Und das ist die totale Verschwendung. Aber es hat keinen Zweck, mit ihm darüber zu diskutieren.

Ich schmiß den Bademantel vom Bett. Er fiel auf ein Weinglas, das vor dem Bett stand. Das hatte ich leider vergessen. Solange Albert noch in der Wohnung war, konnte ich nicht aufstehen und die Scherben wegräumen, er hätte wieder rumgemeckert, er würde Gläser nicht auf dem Fußboden stehen lassen, ich sei schlampig – die alte Leier. Das Glas war eines von denen, die Albert von seiner hysterischen Mutter geschenkt bekommen hatte. Geschah ihm recht, er hatte schließlich den Bademantel nach mir geworfen. Es war sieben Uhr siebzehn, vor sieben Uhr dreiunddreißig fuhr er nie in die Klinik.

Um sieben Uhr achtunddreißig endlich knallte er die Wohnungstür hinter sich zu. Ich konnte wieder frei atmen. Ich war erschöpft und mußte noch zwei Stunden schlafen.

Dann fand ich im Waschbecken einen Zettel. »Das Waschbecken muß geputzt werden!!!« stand drauf. Ich holte mir einen Filzer von Alberts Schreibtisch. »Gut beobachtet!!!!!!« schrieb ich auf den Zettel dazu und legte ihn zurück ins Waschbecken, nachdem ich mir die Zähne geputzt hatte. Dabei bemerkte ich zwei Haare im Waschbecken. Albert und ich haben fast dieselbe dunkelbraune

Haarfarbe, aber meine Haare sind viel länger als seine. Die beiden Haare waren lang und folglich eindeutig von mir. Ich nahm die Nagelschere, kürzte die Haare auf Alberts Haarlänge und legte sie auf den Zettel drauf, als Garnierung sozusagen. Ha ha ha.

Im Kühlschrank lag noch ein Zettel: »Du schuldest mir DM 10,85!!!« Das war die Frechheit. Ich zählte meine Joghurts – er hatte wieder einen gestohlen! – Natürlich, in der Mülltüte lag ein leerer Becher. Den hatte ich nicht gegessen. Aber ich hatte die Joghurts bezahlt. Ich holte den Joghurtbecher aus der Mülltüte und sammelte darin die Scherben des Weinglases. Sein Weinglas gegen meinen Joghurt: damit waren wir quitt.

Der Ärger machte mich so schlapp, daß ich mit meiner Kaffeetasse zurück ins Bett ging. Es war nicht mehr auszuhalten mit Albert. Seit drei Jahren kannten wir uns, seit zwei Jahren wohnten wir zusammen. Warum eigentlich? Keine Ahnung! Ich jedenfalls konnte mich nicht erinnern, daß ich jemals den Wunsch gehabt hätte, mein Leben an der Seite eines schizophrenen Geizhalses zu verplempern. Er wird stündlich geiziger. Seit einem Jahr ist er Assistenzarzt, und ich dachte, wenn er mal Geld verdient, wird er großzügiger, ha ha, im Gegenteil. Er verdient jetzt viermal soviel Geld, wie ich von meinen Eltern bekomme, aber da er jetzt angeblich nur für die Steuer arbeitet, muß ich als arme Studentin die Joghurts des reichen Arztes bezahlen.

Weihnachten war der Höhepunkt gewesen. Ich hatte das Essen eingekauft: 79 Mark 85 hatte ich insgesamt bezahlt, ich werde es nie vergessen. Aber er hat mir statt 39 Mark 92 lediglich 39 Mark 48 gegeben, weil ich nicht nur eine, sondern zwei kleine Dosen Erbsen gekauft hatte, wir brauchten fürs Weihnachtsessen aber nur eine Dose. Die andere, sagte Albert, würde ich bestimmt irgendwann alleine essen. Also hat er sich an der zweiten Dose Erbsen zu 98 Pfennig nicht beteiligt.

Und diesem Geizhals hatte ich eine phantastische Uhr geschenkt! Ganz in Schwarz, auch das Zifferblatt, nur die Zeiger weiß. 109 Mark hatte ich mir vom Munde abgespart, und da meckerte er wegen einer Dose Erbsen. Und als Albert dann mit seinem schäbigen Weihnachtsgeschenk ankam – blöde Mokkatassen vom Trödler und ein Blumenübertopf in Kackbraun –, da packte mich die totale Wut. Ich hab die Uhr ins Klo geschmissen und sie vor seinen Augen runtergespült. Jawohl, ha ha. Weg war sie. Schließlich soll man seine Gefühle spontan ausleben.

Albert hat dann die Mokkatassen in die Badewanne geschmissen. Das war wieder typisch. Alles was ich mache, macht er nach. Er ist total reaktiv. Das geht mir auf den Wecker. Nur die Scherben aus der Badewanne raussammeln, das durfte ich natürlich ganz alleine machen.

Es war ein entzückendes Fest gewesen. Ehrlich. Albert brüllte die ganze Zeit herum, ich sei genauso jähzornig wie mein Vater, ich solle mich mal im Spiegel ansehen, ich hätte hysterische Augen und so weiter. Das ganze Haus konnte sein Gebrüll hören.

Die Leute würden mich für geistig behindert halten, wenn ich mir das noch länger bieten ließe. Ich stand auf und beschloß, mein Leben zu ändern. Und zwar sofort. Es war der zweite Mittwoch im Januar, eigentlich hätte ich schon zu Neujahr beschließen sollen, mich endgültig von Albert zu trennen. Aber es war noch nicht zu spät.

Während ich meine rosa Strickstrumpfhosen suchte, schwor ich mir, daß Albert ausziehen muß. Schließlich habe ich zuerst hier gewohnt. Meine Eltern würden bestimmt Verständnis dafür haben, daß ihr einziges Kind unter solchen Bedingungen nicht leben und schon gar nicht studieren konnte. Die paar Mark mehr, die ich nun als alleinstehende Studentin brauchen würde, die mußten sie mir geben! Außerdem, für alle Fälle, hatte ich das Aussteuersparbuch meiner alten Tante Frida selig. Es wäre sicher ganz in ihrem Sinne, wenn ich ihr Erbe verwenden würde, um mich von den Männern unabhängig zu machen! Jawohl. Freilich, meine Eltern durften es nicht erfahren, wenn ich mehr als die Zinsen von meinem Sparbuch abheben würde. Mein Vater würde toben. Mein Vater lebt in dem Wahn, die Aussteuer eines Mädchens sei dazu da, um sich einen Ehemann zu kaufen. Wenn sie einen Kandidaten aufgegabelt hat, dann zeigt sie ihm ihr Aussteuersparbuch, und der Macker darf sich dann überlegen, ob er künftiger Besitzer der Frau beziehungsweise des Aussteuersparbuchs sein will... exakt so stellt es sich mein Vater vor! Wieviel wohl meine Mutter für ihn bezahlt hatte? Ich habe es nicht nötig, mich zu verkaufen. Ich werde niemals heiraten!

Die rosa Strumpfhosen waren unauffindbar. Sicher hatte Albert sie irgendwohin geworfen. Eigentlich hatte ich meine neue rosa Bluse anziehen wollen, weil heute nachmittag das erste Mal nach den Weihnachtsferien endlich wieder das Seminar bei Gottfried Schachtschnabel war. Aber ohne die rosa Strümpfe war die rosa Bluse unterbewertet. Es war alles Mist. Albert mußte so schnell wie möglich aus meinem Leben verschwinden.

Ich hatte mich entschlossen. Ich schrieb Albert einen Brief.

»Albert!!!
Verschwinde so schnell wie möglich aus
meinem Leben
+ der Wohnung!!!
Hochachtungsvoll
Deine Constanze Wechselburger.«

Dann strich ich das »Hochachtungsvoll« durch und schrieb drüber: »Mit der Dir gebührenden Hochachtung.« Das war's. Ich warf den Zettel auf sein Bett. Der heutige Tag war der Beginn meines neuen Lebens.

Der Zettel lag immer noch da, als ich abends von der Akademie zurückkam. Ich las ihn noch mal und strich dann das Wort »Deine« durch – aber so, daß er sehen konnte, daß ich »Deine« gestrichen hatte. Dann beschloß ich, in meine Stammkneipe abzuziehen. Zwar war es eigentlich zu früh, im Café Kaputt läuft vor neun nichts ab, aber ich wollte lieber nicht zu Hause sein, wenn Albert meinen Brief fand.

Fristlos gekündigt hab ich ihm, dachte ich unterwegs.

Ich fühlte mich unheimlich gut.

»Weißt du, was heute für ein Tag ist?« fragte mich Sieglinde Schadler am Telefon.

»Der 1. Februar. Warum?«

»Wolf-Dietrich hat Geburtstag. Achtunddreißig wird er! Man glaubt es nicht, er sieht aus wie höchstens fünfunddreißig! Ich hab heute Urlaub genommen, heimlich, ich geb für Wolf-Dietrich eine

Surprise-Party. Willst du mir kurz helfen?«

»Ich könnte den Käse in Würfel schneiden«, bot ich Sieglinde sofort an, ich hatte nämlich ziemlich Hunger.

»Nein, ich brauch jemand, der mir hilft, das Tandem aus dem Keller zu holen. Komm schnell rüber zu uns.«

Unterwegs am Kiosk kaufte ich mir zwei Hanuta-Waffeln. Es war schon zwei Uhr mittags, und eigentlich hatte ich mich auf mein Frauenseminar vorbereiten wollen, gerade hatte ich anfangen wollen. Aber Nachbarschaftshilfe ist auch wichtig. Ich beschloß, das Frauenseminar fallenzulassen, schließlich hat man auch als Kinderlose seine Verpflichtungen! Dafür nahm ich mir vor, morgen ganz früh aufzustehen und den ganzen Tag lang Hegel zu lesen. Hoffentlich gab es heute abend bei Sieglinde was Anständiges zu essen. Hoffentlich nicht nur Wein und Käsewürfel.

Das Tandem war matschgrün und elend schwer. Als ein anderer Mieter hörte, wie wir das Tandem gegen das Treppengeländer knallten, half er uns, das Rad in den dritten Stock zu schleppen. Sieglinde war in Todesangst, ihr Tandem könnte sich einen Kratzer zuziehen. Es ging aber alles gut, nur mein Sweatshirt und die helle Jeanshose des Mannes bekamen von der Fahrradschmiere ab. »Wie gut, daß man das waschen kann«, tröstete uns Sieglinde.

Bis zur Bescherung am Abend mußte das Tandem in Sieglindes Zimmer versteckt werden. Sieglinde hat das größte von den vier Zimmern der Wohnung für sich, weil sie da immer die Wäsche zum Trocknen aufhängt. Hier, zwischen Sieglindes beigen Seidenunterröcken und Büstenhaltern und Wolf-Dietrichs beigen Unterhosen, sah das grün-bräunliche Tandem sehr hübsch aus, fand ich.

»Wie willst du es verpacken?« fragte ich Sieglinde.

Das hatte sie sich noch nicht überlegt.

»Vielleicht können wir einfach ein paar blaßrosa Schleifen dranmachen«, sagte ich. Das gefiel Sieglinde. Sie hatte jedoch nur lila Geschenkband im Haus, das aber in rauhen Mengen. Das Band hätte es mal sehr günstig im Angebot gegeben, erklärte Sieglinde und fügte hinzu: »Nicht, daß du denkst, ich sei Feministin.« Das lila Band paßte farblich zwar nicht so gut zu dem Rad, fand ich, aber Sieglinde fand, darauf käme es nicht an, das Rad sei gut und teuer genug. Was es gekostet hatte, würde sie mir erst abends verraten, um auch mir eine Überraschung zu bereiten, und sie brauche mich jetzt nicht mehr, den Rest würde sie alleine schaffen. Auf jeden Fall solle ich pünktlich um sieben kommen, damit ich vor Wolf-Dietrich da sei, es sei ja eine Surprise-Party. Und, wenn es ginge, solle ich bitte Albert mitbringen.

Ich rief Albert in der Klinik an. Er fragte, warum uns Sieglinde nicht schon früher eingeladen hätte. Sie hätte ihn bereits vorletzte Woche einladen wollen. Aber jetzt so plötzlich. »Wahrscheinlich ist es das, was sich Sieglinde unter einer Surprise-Party vorstellt«, sagte er dann, und ohne weiteres Gezeter versprach er, um sechs nach Hause zu kommen und dann mit mir rüberzugehen.

»Hast du ein Geschenk für Wolf-Dietrich?« fragte er noch. Ich sagte Albert, daß ich gedacht hätte, daß ich Wolf-Dietrich den kackbraunen Keramikübertopf schenken könnte, den er mir zu Weihnachten geschenkt hatte. Albert meckerte, der Blumenübertopf sei sehr teuer gewesen, und überhaupt fände er es unpassend, einem Mann einen Blumenübertopf zu schenken. Ich erinnerte ihn aber daran, daß Wolf-Dietrich Pflanzen liebt. Albert sagte dann, es sei ihm egal. Er bringe Wolf-Dietrich eine Flasche Wein mit.

Wir waren die ersten Gäste. Aber gleich nach uns kamen Sieglindes Bruder, den ich noch nie gesehen hatte, und dessen Freundin, dann Sieglindes Freundin Petra und deren Mann, dann noch ein Mann. Sieglinde sagte, wir seien alles private Freunde, Wolf-Dietrich hätte einen offiziellen Kreis nicht gewünscht, auch sie fände es viel schöner, wenn sich alles ganz ungezwungen von selbst ergebe. Eigentlich hätte ich gern gewußt, wie der einzelne Mann hieß, und hoffte auf eine Chance, ein Gespräch anfangen zu können, aber Sieglinde sagte, wir sollten bitte nicht so ungemütlich herumstehen, sondern uns alle hinsetzen, »macht es euch gemütlich«, sagte sie. Jedes Paar setzte sich in eine andere Ecke. Ich setzte mich direkt zu den Käsewürfeln, so waren Albert und ich wenigstens beschäftigt. Die anderen saßen zu weit weg von den Käsewürfeln. Alle lauschten wir nun ganz ungezwungen Sieglinde. »Wolf-Dietrich muß gleich kommen«, sagte sie dauernd, und: »Ich bin ja so gespannt, was Wolf-Dietrich sagt.«

Es war so gemütlich wie im Zahnarzt-Wartezimmer.

Beim vorletzten Käsewürfel erschien Wolf-Dietrich. Er wirkte nicht besonders überrascht, als er in seinem Wohnzimmer uns Gratulanten vorfand. Nur daß Albert und ich auch da waren, schien ihn echt zu erstaunen.

Dann kam die Überraschung. Sieglinde konnte es, während wir gratulierten, schon nicht mehr aushalten. Wolf-Dietrich ließ also unsere Geschenke unausgepackt auf der Fensterbank stehen. Wolf-Dietrich mußte mit geschlossenen Augen auf dem Sofa warten. Petra hielt ihm extra sicherheitshalber die Augen zu und die Ohren. Mit ihrem Bruder schob Sieglinde das Tandem ins Wohnzimmer. Alle schrien »Ah!« oder »Oh!«

Als Wolf-Dietrich die Augen aufmachte, war er vollkommen platt. Es blieb ihm einfach der Mund offen stehen. Wir lachten alle.

»Da bist du platt, was!« schrie Sieglinde. »Das ist eine tolle Überraschung, was!«

Das Tandem sah jetzt echt irre aus. In dem kleinen Wohnzimmer wirkte es riesig. Und es war total mit lila Schleifen besetzt. Vier lila Schleifen auf dem Gepäckträger, vier lila Schleifen auf den Pedalen, an jedem Lenkergriff eine Schleife, an den Handbremsen auch, an den Radspeichen je vier Schleifen, eine Schleife war ums Rücklicht gewickelt, eine ums Vorderlicht...

»Dreiundzwanzig Schleifen sind es insgesamt«, schrie Sieglinde, »ich hab geschuftet!«

»Was ist das?« fragte Wolf-Dietrich, der immer noch auf dem Sofa saß.

»Ein Tandem«, sagte ich.

»Wie kommst du zu einem Tandem?« sagte Wolf-Dietrich. »Ist das wieder eine Kaffee-Zugabe von Tchibo?«

»Es ist überhaupt nicht von Tchibo«, sagte Sieglinde, »was du immer denkst.«

»Wo ist es her?« sagte Wolf-Dietrich leise.

»Erst mußt du sagen, daß es dir gefällt«, sagte die Freundin von Sieglindes Bruder.

»Erst will ich wissen, wo es her ist«, antwortete Wolf-Dietrich.

Sieglinde war ein bißchen bleich geworden, etwas matschgrünlich, aber vielleicht war es nur ein Lichtreflex des Tandems.

»Es hat sechshundertfünfundneunzig Mark gekostet«, sagte sie. »Inklusive Lieferkosten und drei Mark Trinkgeld. Günstig, was? Ich hab gerade noch das letzte Tandem erwischt. Alle Leute sind verrückt nach Tandems. Es ist ein hochwertiges Markenfabrikat, es war nur trotz der hochwertigen Markenqualität so preiswert, weil es bei Eduscho im Sonder…«

»Mein Gott, Eduscho!« schrie Wolf-Dietrich. »Man kann es also nicht umtauschen. Ich habe gehofft, ich könnte es umtauschen gegen Chrom-Aluminium-Felgen für mein Rennrad! Aber du mußt ein Rad kaufen bei Eduscho!« Dann schloß Wolf-Dietrich die Augen.

»Ihr könntet es bestimmt gegen ungefähr siebzig Pfund Kaffee umtauschen bei Eduscho«, sagte Albert.

»Mein Gott!« schrie Wolf-Dietrich. »Wie ich diese Kaffee-Zugaben hasse.«

Wir standen alle etwas blöde um das Tandem herum. Ich probierte, ob wenigstens die Fahrradklingel ging. Sie ging gut.

»Möchte jemand der Anwesenden äußerst günstig ein Tandem erwerben?« Wolf-Dietrich hatte die Augen wieder aufgemacht.

»Es ist doch ein tolles Rad«, sagte Sieglindes Bruder, »damit könnt ihr doch gemeinsam…«

»Bis ultimativ nächsten Freitag ist dieses Ding aus dem Haus«, schrie Wolf-Dietrich. »Entweder dieses Tandem oder ich!«

»Also«, sagte Albert, »unter bestimmten Umständen hätte ich gerne ein Tandem…«

»Ausgezeichnet«, schrie Wolf-Dietrich, »du kannst es sofort mitnehmen.«

»Nein!« schrie Sieglinde.

»Paß auf!« schrie Wolf-Dietrich und rannte zum Fenster, »ich schmeiß es dir direkt auf den Radweg!«

Sieglinde schrie: »Nein, nein, nein«, und wir stürzten uns auf Wolf-Dietrich, weil unsere Geschenke auf dem Fensterbrett standen, und Wolf-Dietrich hätte garantiert den immer noch eingepackten Blumenübertopf kaputtgemacht.

»Ich möchte bloß wissen, was sich die Alte dabei gedacht hat.« Wolf-Dietrich setzte sich wieder aufs Sofa und schloß die Augen wieder.

Sieglinde flüsterte Albert zu, daß Wolf-Dietrich immer Schwierigkeiten hätte, seine Gefühle zu zeigen. Albert sagte laut zu Sieglinde, sie könnte mal mit ihm auf dem Tandem fahren, er fände das toll. Sieglinde heulte Wolf-Dietrich an, daß alle anderen Männer mit ihren Frauen Tandem fahren würden, bloß Wolf-Dietrich nicht.

Wolf-Dietrich schrie, er mache sich nicht lächerlich und fahre mit seiner Alten hinterm Arsch durch die Gegend. Dann fragte er Sieglinde weiter, was sie sich dabei gedacht habe? Ob ihr schon aufgefallen sei, daß er ein Rennrad besitze für über dreitausend Mark? Ob er das wegschmeißen solle, um mit ihr auf einer Kaffeemühle durch die Gegend zu schleichen?

Der Bruder von Sieglinde schob das Rad ins Wäschetrockenzimmer zurück. Der einzelne Mann, den Wolf-Dietrich vorher als »Georg« begrüßt hatte, sagte, daß es am vernünftigsten sei, wenn man das Tandem umständehalber billiger abgeben würde. Und es sei am vernünftigsten, eine Anzeige im ›Käsblatt‹ aufzugeben, da koste ein Inserat gar nichts.

Wolf-Dietrich kriegte sich dann wieder ein. Und von allen Geschenken gefiel ihm der Blumenübertopf am besten! Sieglinde brachte als »Versöhnungs-Drink«, wie sie es nannte, für jeden eine Pflaume und eine Kirsche in Likör, sie hatte die Ränder der Gläser in gestoßenen Kristallzucker getaucht, das sah gut aus, nur hatte ich nachher den Mund voller Zucker. Dann gab es Schinkenröllchen mit Fleischsalat und Avokadocreme gefüllt und mit Fleischsalat gefüllte Avokados und Nudelsalat mit Nordsee-Shrimps, die sehen zwar nicht so gut aus wie die Tiefsee-Shrimps, sind aber teurer, erklärte uns Sieglinde.

Albert und ich gingen bald nach dem Imbiß nach Hause. Wir haben uns an diesem Abend dann nicht mehr gestritten. Ich finde, wenn sich andere Leute streiten, wirkt das immer sehr beruhigend auf die eigene Beziehung.

Wolfgang Hilbig

Ich

FTV 12669, 320 Seiten, DM 16.90.
Fischer Taschenbuch Verlag, Frankfurt/Main

Als Hardcover DM 39.80,
S. Fischer Verlag, Frankfurt/Main

NEUE ZÜRCHER ZEITUNG

Alles hat System in diesem Text. Er ist selbst System. Die Macht – der SED-Staat und dessen Polizeiapparat – hält sich kalkulierbare Außenseiter, wie den hier Ich geheißenen Spitzel. Ich pflegt sein Innenleben, hat musische Neigungen, erkennt Begabungen, die dem System zuwiderlaufen, so den überwachten Reader, der sein Publikum mit repetitiven, interpunktionslosen Texten begeistert (verführt sagt Ich). Ihm fällt das Dubiose an den ›Halb- und Dreivierteloppos‹ ins Auge. Er kommentiert Dissidenz und Eingebundene bei den Aussteigern vom Prenzlauer Berg. … „Das sei ein Stasi-Mitarbeiter, mit dem man ein Bier trinken und über Literatur reden könne."

Die Dämonie der Figur liegt in ihrer beflissenen Menschlichkeit, ihrem tiefen Sinn fürs Höhere. Indem sie die Mangelhaftigkeit der totalen Organisation mit schmerzvollem Blick durchschaut und dann doch mit sensibler Schwäche darin verharrt, macht sie das System unangreifbarer als jeder explizite Hardliner.

Nicht von ihren Ansichten, sondern ausschließlich von der Sprache her läßt Hilbig die Figur sich selbst enttarnen.

Der Autor:

© Claus Gretter

Wolfgang Hilbig wurde am 31. August 1941 in Meuselwitz bei Leipzig geboren. Besuch der achtklassigen Volksschule, dann Lehre als Bohrwerkdreher. 1967/68 delegierte ihn sein Betrieb zu einem „Zirkel schreibender Arbeiter". Heizer in Meuselwitz, häufiger Berufs- und Wohnortwechsel. 1979 erschien bei S. Fischer sein Gedichtband *Abwesenheit,* der ihm wegen Devisenvergehen einige Wochen Gefängnis einbrachte. Dann Veröffentlichungen in der DDR. Seit 1986 in der Bundesrepublik.

DER VORGANG

Jetzt bewege ich mich wieder um meine kalten Ecken. Ich bin wieder auf dem Weg, doch ich werde darüber nicht berichten. Keine kurzen Bewegungen der unteren Gesichtshälfte, diesmal nicht, denn es ist soweit, daß ich sagen müßte, es gehöre zu meinem Wesen, auf dem Weg zu sein. Das Wesen aber läßt man besser aus dem Spiel: wo ich mitspiele, bleibt jeder nur ein Zuträger von Bällen; und es soll auch von der Art des Spiels nur das unbedingt Dazugehörige ins Feld gebracht werden. – Der Weg, straßauf, straßab ... unten entlang, oben entlang: zu meinem Wesen gehört eine Vorliebe für die sogenannten kleinen Schritte; ich könnte sagen, ich bin nicht der Mensch, der sich auf Biegen und Brechen durchsetzt. Ich bin nicht eben das, was man als skrupulös diagnostiziert, doch ich wäge die Schritte ab, die ich unternehme, – die meisten jedenfalls, aber dazu noch später.

Dennoch gelingt es mir öfter als gewöhnlich, mit dem Kopf durch die Wand zu kommen. Und es ist mir im Grunde leicht gewesen, das meiste zu erreichen. Frühzeitig hat man mich gelehrt, daß man Vorteile für sich den Machtinhabern dieser Welt am schnellsten entreißt, wenn man es im Bündnis mit ihnen tut. Man muß das begriffen haben: man entlockt ihnen ihr Einverständnis nicht, man zwingt es ihnen ab. Und sie mögen sich davon betrogen oder bestohlen fühlen, noch mehr aber fühlen sie sich geschmeichelt, denn mit jedem Vorteil für sich beansprucht man etwas von ihrem Eigenen. Mit jedem Quentchen eines Vorzugs, den man ihrer Verfügungsgewalt entzieht, erweist man ihrem Besitz eine Ehre, die er vielleicht nicht hätte, würde sich niemandes begehrlicher Blick darauf richten. So fühlen sich die Mächtigen am wohlsten, wenn sie sich bedroht glauben. Und wenn nirgendwo die Anzeichen für eine Palast- oder Straßenrevolte zu erkennen sind, erfinden sie solche.

Lassen Sie mich zum Anfang zurückkehren: Meine Schritte mit dem Kopf durch die Wand benutzten freilich die dafür vorgesehenen Öffnungen, Fenster und Türen; seltener Dachöffnungen oder Kamine, dafür sind es immer häufiger die Keller, die mir den gewünschten Zugang verschaffen. Letztere Möglichkeit ergab sich für mich allerdings erst in Berlin: längere Zeit wohnte ich in einer Straße, die ganz aus den kahlen Reihen rußdunkler Mietskasernen bestand, welche wahrscheinlich von der Jahrhundertwende her stammten. Unter diesen Blocks führte ein einziger durchgehender Kellergang von einer Querstraße zur nächsten, und oft sogar über die Querstraße hinaus bis unter die nächste Häuserreihe. Ganz gleich, welchen Hauseingang man benutzte, wenn man in den Keller kommen konnte, gelangte man immer, unter der Erde, bis in das Haus, in dem man etwas zu suchen hatte oder in dem man Einwohner war, vorausgesetzt, man vermochte anhand der Kellertreppen die Häuser zu zählen, die man unterquerte. Es gab eine Zeit, da hatte ich die Gewohnheit angenommen, in jedem Hausflur, den ich betrat, zuerst die Tür zum Keller zu suchen und diese nach Möglichkeit aufzuschließen, in der Absicht, die Verfügbarkeit möglichst weniger Ein- oder Ausgänge in der Stadt dem Zufall zu überlassen, – es war zu einer Zeit, in der ich meine Aufgaben noch viel zu ernst nahm. Eine solche Vorsorge zu treffen – in wieviel Fällen war sie vergeblich, weil der nächstbeste ordnungsliebende Mensch, seine Kohleneimer schleppend, die Tür wieder verschloß –, erscheint mir unterdessen als eine Überbewertung des sogenannten konspirativen Elements, das dem Tätigkeitsbereich zwangsläufig eignet, in dem ich mich bewege. Die Müdigkeit solchen unnötigen und anfängerhaften Pedanterien gegenüber ist, nebenbei gesagt, das erste Anzeichen für einen gewissen Aufstieg, den viele von uns, die jahrelang noch glauben möchten, sie seien Neulinge – ein Glauben, mit dem sich eine dürftige, sehr trügerische Hoffnung verbindet –, nicht bemerken können, oder nicht wahrhaben wollen.

Ich streckte also stets zuerst den Kopf durch die Türöffnung hinein und suchte so die Gesamtatmosphäre des Hausflurs mit allen meinen Sinnen aufzunehmen. Ich mühte mich, das Dunkel mit dem Blick zu durchdringen, indem ich das Gesicht ein paarmal hin und her drehte, es war eine fast bohrende Bewegung: der Flur war vollkommen lichtlos, auch das um eine Biegung liegende Fenster auf dem ersten Treppenabsatz ließ keinen Schimmer herein: es mußte also auf einen dunklen Hinterhof führen. Gleichzeitig – während ich mit angehaltenem Atem horchte – roch ich in den Hausflur: ich schnüffelte … es waren da die üblichen Schwelgerüche von Kohle, die kühle salpetrige Ausdünstung alter Wände, die unter abblätternder Ölfarbe hervorkroch: ich sah den Flur schon vor mir, ehe ich Licht machte. Vielleicht witterte ich auch etwas von unappetitlichen Speisegerüchen, die aus den Wohnungen kamen und hier unten sich mischten wie in einem Trog; und ich bemerkte kein Anzeichen von Zigarettenrauch, seit wenigstens einer halben Stunde hatte niemand auf der Treppe geraucht, was bedeutete, daß ich sehr spät am Platz war. – All dies hatte ich schon wahrgenommen und registriert, wenn mein Körper bis zum Hals noch draußen im Freien war, beide Schultern dem Holz der Türflügel angepreßt, und die gekrümmte Rückseite über das Trottoir gereckt, leicht breitbeinigen Stands, damit ich auf dem Schneematsch nicht den Halt verlöre. – So überwachte ich den Hausflur länger als eine Minute … und einmal, ich erinnerte mich, wurde ich in dieser Stellung überrascht. Jemand tippte mir mit dem Zeigefinger hart auf die Wirbelsäule, es ähnelte einem Morsezeichen. Ich schrak zusammen, denn ich hatte keinen Schritt gehört. Es war Feuerbach, der sich von hinten angeschlichen hatte und lachend sagte: Alle Wetter… was ist denn das für eine Haltung? – Alle Wetter! äffte ich ihn nach – ich wußte, daß er gern mit Lektüreergebnissen, besonders mit stereotypen Wendungen aus den Übersetzungen englischer oder amerikanischer Literatur um sich warf –, alle Wetter, sind Sie aber leise angekommen! – Weil ich nicht stören wollte, sagte er, denn Sie sind bestimmt wieder mal den Musen auf der Spur? – Ohne meine Antwort abzuwarten, ging er weiter mit seinem Gang, der lässig schlendernd sein sollte, doch immer ein wenig zu schnell dafür, zu hektisch wirkte, als habe er sich in Gedanken stets über etwas zu beruhigen, das ihm unangenehm war. – Er ist eben doch nur ein Militär, dachte ich, ihm nachstarrend, bis er um die nächste Ecke bog. Und ich überlegte, ob er noch einmal auf mich hergeschaut habe, als er verschwand. – Nein, sagte ich, so wäre er in die Verlegenheit gekommen, noch einmal zu grüßen, denn er ist ein aufmerksamer Mensch, und zweifelsfrei hat er meinen Blick im Rücken gespürt. Und da er jede Art von preußischem Stil zu belächeln pflegt und in der Regel beim Grüßen, ausgesucht lässig, mit zwei Fingern winkt, muß er sich das Zurücksehen in einem Moment wie dem gegenwärtigen verkneifen, – um der lieben Unauffälligkeit willen.

Wenn ich hier ein letztes Mal abschweifen darf: *Feuerbach*, dies ist natürlich ein Künstlername, und man erzählt sich – ich verrate bestimmt nicht zuviel –, daß er eigentlich *Wasserstein* geheißen hat. Dieser Name mißfiel ihm selbst aufs äußerste, gab er doch oft genug zu Spötteleien Anlaß in einem Verein, in dem allerwegen mit Namen gewirkt wird. Dennoch wechselte er ihn aus Trotz nicht, obwohl es vorkam, daß einer der Häuptlinge ihn fragte: Wasserschwein, wie lange wollen Sie Ihre Sippe noch mit dieser Gattungsbezeichnung irritieren? Das ist ja sogar für uns Philosemiten zuviel. Und fängt der BGS nicht zu grinsen an, wenn Sie mal reisen müssen? – Dies war eine definitive Aufforderung, ein Ultimatum fast, wenn man wußte, von wem es kam. Aber Feuerbach soll sich erst gefügt haben, nachdem auf dem Klo eine mit blauem Filzstift geschriebene Warnung entdeckt wurde: *Die Wassersteine bitte nicht in den Mund nehmen!* Man wußte, daß damit jene Stücke einer weißen wachsähnlichen Substanz gemeint waren, die zur Geruchsvertilgung in die Pissoirbecken geworfen werden; es war ein wirklich vollbärtiger Witz, der sich fast wortwörtlich auf den Wänden aller öffentlichen Bedürfnisanstalten wiederholt. Aber man hörte ein langes Gelächter durch die Korridore gehen, und die Inszenierung erfüllte ihren Zweck. Es hieß, daß Feuerbach geknirscht habe: Wenn ich den rauskriege, der macht mir ein Jahr Dienst auf der Klappe! – Endlich aber nahm der so Verhöhnte sein würdiges Pseudonym an.

Ich drückte auf den Lichtknopf und sah, daß mich meine Sinne nicht getäuscht hatten. Die mit düsterem Ocker bedeckten Wände ließen überall den Schwamm durch, dicht über dem schmutzigen und zerbröckelnden Fliesenboden war die Farbe förmlich heruntergespült worden; breite bräunliche Zungen von Nässe zogen sich bis zu der ehemals weißen Stuckdecke empor, sie schienen direkt aus dem berlinischen Sumpfuntergrund zu stammen und drangen besonders in der Nähe der Kellertür herauf. – Langsam begann ich die Treppen zu ersteigen, ganz nebenbei las ich sämtliche Namen auf den Türschildern an den Wohnungseingängen; ich kann behaupten, daß sich mindestens die Hälfte davon meinem Gedächtnis einprägte, und damit lag ich weit über dem Durchschnitt: und es gab auf jedem Stockwerk jeweils zwei Wohnungen. Nur ganz oben in der fünften Etage war eine einzelne Tür, und hier war ich am Ziel. Unterwegs war mir das Treppenlicht ausgegangen, ich hatte es neu einschalten müssen; zuvor hatte ich mich in der Dunkelheit auf das Gesims eines Treppenfensters gestützt, um auszuruhen; ich wollte keineswegs außer Atem bei meinen Gastgebern eintreffen. Von dem Fenster aus blickte ich über das weite wüste Feld der Dächer im Hintergrund der Häuserzeile, wo der Rauch aus den Schornsteinen stieg und sich mit dem Dunst des Himmels mischte. Und ich sah, daß die Nächte über der Großstadt nicht eigentlich dunkel sind, sie stellten nur ein schattiges verwischtes Grau dar, dann und wann rötlich verfärbt vom Widerschein, der von einigen verkehrsreichen Straßen heraufleuchtete. – Während dieser Verschnaufpause entsann ich mich einer kurzen Erzählung von Thomas Mann, die den Titel *Beim Propheten* trägt. Ich dachte daran, wie sich der Autor einen Absatz lang bei einem Treppenaufstieg aufhält: mit welchen Sätzen aber, in denen die Länge und Mühe dieses Emporsteigens so wunderbar deutlich und zugleich ironisch bedeutsam wird. – Was ist das doch für eine Geschichte! dachte ich. Staunenswert, ein Glanzstück der Prosa, vielleicht einfach genial. So etwas werdet *Ihr* nie zustande bringen!

Ich hatte es mit einem sonderbaren Ingrimm gedacht, der mir schon wenig später, als ich oben geläutet hatte und eingelassen wurde, ganz unangebracht vorkam. Man bedeutete mir, ich müsse mich still verhalten, denn die Lesung habe schon begonnen. – Drinnen fand ich mich in einem eher kleinen Raum, der dicht gefüllt war mit einem in, wie mir schien, selbstvergessener Konzentration lauschenden Publikum – kaum jemand drehte den Kopf nach mir um –, das sich auf langen Bänken und zusammengerückten Stühlen aufreihte. Diesem Publikum gegenüber saß an einem winzigen Tisch ein junger, sehr schlanker Mann – ich kannte ihn schon – und las mit leiser Stimme einen Text, aus dem sich ein Getümmel von Wörtern und Sätzen absatzlos und, ich hörte es sofort, auch interpunktionslos in das Zimmer ergoß. Bei meinem Eintritt stockte er keineswegs, in sich versunken und seinen Wortreihen folgend las er ruhig fort, leise und schnell, ohne auch nur einmal die hinter kleinen kreisrunden

Brillengläsern liegenden Augen aufzuheben. Ich zog dennoch die vorwurfsvollen oder irritierten Blicke einiger Zuhörer auf mich, als ich mich, so vorsichtig wie möglich, hinter dem Publikum vorbeidrückte und mich auf das äußerste Ende der letzten Bank setzte, die meinem linken Oberschenkel noch Platz bot. Ich murmelte eine Entschuldigung gegen meine Nachbarin, die vergeblich noch einen Zentimeter nach innen zu rücken suchte, wobei sie mir das blasse Gesicht zuwandte und flehentlich einen Zeigefinger auf die Lippen legte. – Der Lesende hinter seiner Tischlampe war nun für mich nicht mehr sichtbar, da zusammengedrängte Schultern und die Phalanx teils gesenkter, teils zurückgebogener Köpfe ihn verdeckten. Aber ich wußte, wer da vorn las, und auch der Text, der hier vorgestellt wurde, war mir, zumindest seinem Wesen nach, schon bekannt. Es war eine unaufhörliche Abfolge von Metaphern, Serien von Metaphern wurden miteinander verknüpft: die meisten davon waren offensichtlich der Literatur entnommen, doch selbst einem, der dieses Feld beherrschte, konnte nur ein kleiner Teil davon bekannt sein. So waren viele dieser Zitate womöglich erfundene Zitate, oder sie waren zumindest entstellt, verwandelt, unkenntlich gemacht. Dennoch schien der Schreiber dieses Textes eine Methode entwickelt zu haben, die all seine Zusammensetzungen wie längst bekannte, wahllos aus den verschiedensten Werken – und besonders aus Werken der sogenannten modernen Literatur – herausgeklaubte Fügungen sich anhören ließ. Oder es lag dies nur an der Art seiner Vortragskunst, welche pausenlos, schnell, aber nicht hastig, monoton, aber immer deutlich und präzise war.

Ich hatte einen Teil des »Vorgangs: Reader« vor mir; ich hatte es mit einem Vorgang zu tun, der für mich zu den interessantesten und zugleich ärgerlichsten Vorgängen gehörte, mit denen ich mich habe beschäftigen müssen. Er nahm zuweilen – aber dies vielleicht nur in meinen Augen – den Charakter eines Lauffeuers an, das unvermutet an den verschiedensten Stellen der Stadt auftauchte, und uns in Atem hielt ... aber vielleicht hielt es nur mich in Atem. Und dies schon über den Zeitraum eines guten Jahrs hinweg: immer wieder schien das Feuer eingedämmt, oder es schien versiegt – es wäre mir rätselhaft gewesen, wer es hätte, und wie, aufhalten können –, doch dann flammte es irgendwo wieder auf. – Freilich gebrauchte ich einen schlechten Vergleich, das Ganze war kein Lauffeuer, sondern eine wohlorganisierte Geschichte, dennoch unterlag ich manchmal dem beängstigenden Eindruck, es habe sich in der Zwischenzeit, in den Wochen, in denen es unsichtbar war, im Unterirdischen fortgearbeitet, in den Kellern der Häuser – die ich längst nicht alle kannte –, in den reich verzweigten und unübersichtlichen Gängen unter dem Pflaster der großen Stadt Berlin: dort sei der Brand langsam, aber stetig weitergeschwelt, düster glimmend im Dunkel, und den Unterboden des Häusermeers mit den gefährlichen Ballungen und Verdichtungen seines Rauchs anfüllend, während oben im Licht so lachhafte Figuren wie der Major Feuerbach ihrem blauäugigen und eitlen Tagewerk nachgingen. – Und ihm, dem Liebhaber amerikanischer Romane, so stand zu vermuten, hatte der Vorgang, dem ich jetzt oblag, natürlich seinen Namen zu verdanken.

Man wußte, daß *Reader*, der Verfasser dieses Textes – welcher nach seinem eigenen Wort ein *unabschließbarer Text* war –, inzwischen über ein ständig wachsendes Publikum verfügte, dessen kleine Gemeinden in vielen Vierteln der Stadt nisteten, ja daß Readers Ruf seit einiger Zeit sogar über die Stadtgrenze hinweg reichte, daß er es aber strikt vermied, eine über die seiner Leseveranstaltungen hinausgehende Öffentlichkeit in Anspruch zu nehmen, wiewohl er dazu beste Chancen gehabt hätte. Freilich war es geschehen, daß irgendein Radiosender von drüben den Bandmitschnitt eines seiner Vorträge ins Programm nahm, da Reader jedoch nicht zu bewegen schien, sich mit den Rundfunkredaktionen oder den Journalisten über sich und seine Absichten näher einzulassen, erlosch deren Interesse bald wieder; es gab genug bereitwilligere Figuren in jener Szene, die man als die inoffizielle Kulturszene im Ostteil Berlins bezeichnen mochte, und es gab dort genügend Ereignisse, die spektakulärer aussahen. Nun hätte eine solche Abstinenz die Medien erst recht reizen müssen ... es war nicht der Fall: und wie es die Regel war, folgte unser eigenes Interesse demjenigen der Medien nach und verharrte auf sehr gemäßigtem Niveau. Vor einem Jahr noch waren wir hellwach, und es schien, als käme augenblicklich das gesamte Spektrum der Aktivitäten zum Einsatz, mit dem man im Zielgruppenbereich ein neu aufgetauchtes

Phänomen im allgemeinen zu beglücken pflegt, – es blieb aber nicht dabei, und nicht lange danach hatte ich den wenig erhebenden Verdacht, ich sei als einziger mit einer Nebensache betraut. Niemand schien daran zu denken, meine Neigung zu Konkurrenzgefühlen zu mobilisieren, ein ganzes Jahr lang war auf weiter Flur kein Mensch zu entdecken, den ich hätte um seine Erkenntnisse beneiden können ... und dann glaubte ich zu bemerken, daß Feuerbach die Akte, die über den »Vorgang: Reader« angelegt worden war, vor mir verbarg: schon immer hatte ich gesehen, daß die Akte schmal war, – sie war schwachbrüstig und wollte nicht wachsen! Wenn ich mich am späten Nachmittag im Büro ausruhte – meist bei Einbruch der Dunkelheit, wenn die Angestellten schon nach Hause gegangen waren, was als eins der letzten Privilegien gelten konnte, die mir noch übrigblieben: allein in Feuerbachs Zimmer sitzen zu können! –, schräg gegenüber dem Schreibtisch des Oberleutnants ... er manchmal auch als Hauptmann firmierte ... auf dem Klientenhocker, den ich an den Fensterstock gerückt hatte – was den Major, ich wußte es, furchtbar ärgerte; aber er schaffte sich nur mit kleineren Bosheiten Luft: Machen Sie meinen zukünftigen Stuhl nicht dreckig, Sie Katakombensau! ... oder so ähnlich –, wenn ich dort also eine oder zwei Stunden hockte... und ich hockte dort, weil ich gestört sein wollte; für ungestörte Stunden hatte ich noch einen anderen Platz... starrte ich, kettenrauchend und Unmengen von Kaffee trinkend, auf die Vorgangsakte, die im hellgelben Preßspanregal hinter dem Schreibtisch stand: sie war ihnen nicht einmal einen der schwarzgrauen Ordner wert, zwischen denen sie ihr kindisches Rosa versteckte und fast erdrückt wurde, sie war nur ein schmächtiger Schnellhefter, sie war tuberkulös, diese Akte, sie war eine Mißgeburt. – Schon bald nach der Einleitung des Vorgangs hatte ich mich darüber gewundert, wie standhaft sich derselbe im verbalen Bereich aufhielt. Und ich suchte nach Anzeichen für Unzufriedenheit mit diesem Umstand ... einmal – oder gar schon im Wiederholungsfall – hatte ich vor Feuerbach die Lesungen Readers als ein Phänomen bezeichnet, ich weiß nicht mehr, ob mit Absicht oder nur in einer Eingebung: das Wort war in unserem Sprachgebrauch ganz undenkbar, scheint es doch ein Problem zu umschreiben, das nicht sofort zu lösen ist, dem vielleicht sogar eine gewisse Undurchdringlichkeit anhaftet. Es war in diesem Moment mein eigenes Wort: Feuerbach tolerierte es mit seinem Grinsen, das eine Mischung von Hinterlist und Großzügigkeit war, doch aus dem Nebenzimmer, zu dem die Tür offenstand, tönte ein ingrimmiger Baß: Sagen Sie doch dem Mann endlich, daß wir es hier mit Aufklärung zu tun haben ... und daß er sein mystisches Geraune gefälligst unten lassen soll in seiner Loge, wo sie ihre Messen feiern!

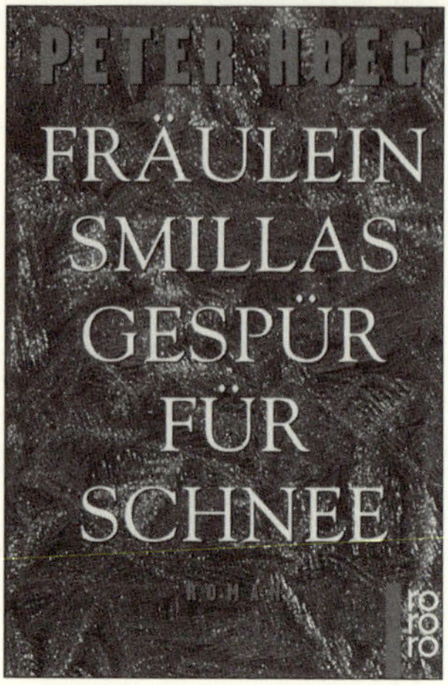

Fräulein Smillas Gespür für Schnee

Aus dem Dänischen von Monika Wesemann
rororo 13599, 528 Seiten, DM 19.90.
Rowohlt Taschenbuch Verlag, Reinbek

Als Hardcover DM 45.–,
Hanser Verlag, München

Als Audio-Cassette bei DerHörVerlag, München
(2 Cass., DM 29.90)

FRANKFURTER ALLGEMEINE ZEITUNG
Mit dem Dänen Peter Høeg hat Europa einen neuen, bedeutenden Schriftsteller.

SONNTAGSBLATT
Ein Buch, dessen Heldin unvergeßlich bleiben wird ... Smilla ist nicht nur eine starke Frau, sie ist auch eine große Frauengestalt – eine der größten in der kleinkarierten Literatur dieser Jahre.

DER SPIEGEL
Eine aberwitzige Verbindung von Thriller und hoher Literatur.

SÄCHSISCHE ZEITUNG
Peter Høegs Erzähltalent ist sensationell.

DIE ZEIT
Smilla: Glaziologin, Misanthropin, Racheengel, Emma Peel und Jeanne d'Arc, Rambo und Greenpeace-Vorkämpferin in einer Person, sarkastisch, gelegentlich sentimental, mit Klugheit geschlagen, Schnee und Eis sind ihr lieber als die Liebe.

Der Autor:
Peter Høeg, geboren am 7. Mai 1957 in Kopenhagen, studierte Literaturwissenschaft und trat als Tänzer und Schauspieler an dänischen und schwedischen Bühnen auf. Er schrieb Theaterstücke, einen Band Erzählungen und u.a. die Romane *Vorstellung vom zwanzigsten Jahrhundert* und *Der Plan von der Abschaffung des Dunkels.* Peter Høeg lebt in Brumleby auf Østerbro, Dänemark.

In meinem Leben kommen einige Internate vor. Ich arbeite täglich daran, das zu verdrängen, und über lange Zeiträume hinweg gelingt es mir sogar. Nur momentweise schafft es vielleicht eine vereinzelte Erinnerung, sich ans Licht hochzuarbeiten. Wie jetzt die ganz spezielle Stimmung in einem Schlafsaal. In Stenhøj bei Humlebæk, nördlich von Kopenhagen, lagen wir in Schlafsälen. Einer war für Mädchen, einer für Jungs. In der Nacht mußten die Fenster offen sein. Und unsere Decken waren zu dünn.

In der Morgue, im Leichenschauhaus der Amtsgemeinde Kopenhagen, im Keller des Gerichtsmedizinischen Instituts des Reichskrankenhauses, schlafen die Toten in bis knapp über den Gefrierpunkt gekühlten Schlafsälen den letzten, kalten Schlaf.

Überall ist es sauber, modern und endgültig. Sogar im Schauraum, der wie ein Wohnzimmer gestrichen ist, in den man ein paar Stehlampen gestellt hat und wo eine Grünpflanze den Mut zu bewahren sucht.

Über Jesaja liegt ein weißes Laken. Jemand hat einen kleinen Blumenstrauß darauf gelegt, als habe er versucht, die Topfpflanze zu unterstützen. Jesaja ist vollständig zugedeckt, doch an dem kleinen Körper und dem großen Kopf sieht man, daß er es ist. Die französischen Schädelmesser hatten in Grönland große Probleme. Sie arbeiteten mit der Theorie, daß zwischen der Intelligenz eines Menschen und seiner Schädelgröße ein kausaler Zusammenhang bestehe. Bei den Grönländern, die sie für eine Übergangsform der Affen hielten, fanden sie die größten Schädel der Welt.

Ein Mann in weißem Kittel hebt das Laken vom Gesicht. Jesaja sieht so intakt aus, als habe man ganz vorsichtig Blut und Farbe abgelassen und ihn schlafen gelegt.

Juliane steht neben mir. Sie ist in Schwarz und bereits den zweiten Tag nüchtern.

Als wir den Flur entlanggehen, ist der weiße Kittel bei uns.

»Sie sind Angehörige«, schlägt er vor. »Eine Schwester?«

Er ist nicht größer als ich, aber breit, und hat eine Haltung wie ein Widder, der zum Stoßen ansetzt.

»Arzt«, sagt er. Er zeigt auf seine Kitteltasche und merkt, daß dort kein Schild ist, das ihn ausweist.

»Tod und Hölle«, sagt er.

Ich gehe weiter. Er ist dicht hinter mir.

»Ich habe selber Kinder«, sagt er. »Wissen Sie, ob es ein Arzt war, der ihn gefunden hat?«

»Ein Mechaniker«, antworte ich.

Er fährt im Fahrstuhl mit hinauf. Plötzlich habe ich das Bedürfnis zu wissen, wer Jesaja angefaßt hat.

»Haben Sie ihn untersucht?«

Er antwortet mir nicht. Vielleicht hat er mich nicht gehört. O-beinig eiert er vor uns her. An der Glastür zieht er plötzlich ein Stück Pappe heraus, wie ein Exhibitionist, der den Mantel aufreißt.

»Meine Karte. Jean Pierre, wie der Flötist. Lagermann, wie die dänische Lakritze.«

Juliane und ich haben kein Wort zueinander gesagt. Doch als sie sich in das Taxi gesetzt hat und ich gerade die Tür zumachen will, greift sie nach meiner Hand.

»Die Smilla«, sagt sie, als rede sie von einer nicht Anwesenden, »ist eine feine Dame. Hundertprozentig, verdammt noch mal.«

Das Auto fährt los, und ich richte mich auf. Es ist fast zwölf. Ich habe eine Verabredung.

»Reichsobduzentur für Grönland« steht an der Glastür, auf die man stößt, wenn man den Frederik-V.-Vej zurück und am Teilum-Gebäude und Gerichtsmedizinischen Institut vorbei zum neuen Trakt des Reichskrankenhauses gegangen ist und den Fahrstuhl genommen, die Stockwerke, in denen den Fahrstuhlknöpfen zufolge die *Grönländische medizinische Gesellschaft*, das *Polarzentrum* und das *Institut für Arktische Medizin* untergebracht sind, passiert hat und hinauffährt in den fünften Stock, eine Dachetage.

Heute morgen habe ich das Polizeipräsidium angerufen, das mich zur Abteilung A durchgestellt hat, die mich mit dem Nagel verbunden hat.

»Sie können ihn in der Morgue sehen«, sagt er.

»Ich will auch mit dem Arzt sprechen.«

»Loyen«, sagt er. »Sie können mit Loyen reden.«

Hinter der Glastür führt ein kurzer Flur zu einem Schild, an dem *Professor* steht und in kleineren Buchstaben *J. Loyen*. Unter dem Schild ist eine Tür, hinter der Tür eine Garderobe und dahinter ein kühles Büro mit zwei Sekretärinnen unter Fotoabzügen von Eisbergen auf blauem Wasser und in strahlender Sonne, dahinter fängt das richtige Büro an.

Hier drinnen haben sie keinen Tennisplatz angelegt. Nicht, weil kein Platz wäre, sondern sicher, weil Loyen ein paar in seinem Garten in Hellerup und zwei weitere am Dünenweg in Skagen hat. Und weil es die gewichtige Feierlichkeit des Raumes beeinträchtigt hätte.

Auf dem Fußboden liegt ein dicker Teppich, zwei Wände sind von Büchern bedeckt; Panoramafenster mit Aussicht über die Stadt und über den Fælledpark, ein in die Mauer eingelassener Safe, goldgerahmte Gemälde, ein Mikroskop über einem Lichttisch, eine Glasvitrine mit einer vergoldeten Maske, die aussieht, als käme sie aus einem ägyptischen Sarkophag, zwei Sofaecken, zwei abgeschaltete Bildschirme auf einem Sockel und noch immer so viel Platz, daß man, wenn man die Schreibtischhockerei satt hätte, einen Bürolauf machen könnte.

Der Schreibtisch ist eine große Mahagoniellipse, und von dorther erhebt er sich und kommt mir entgegen. Er ist zwei Meter groß und um die Siebzig, aufrecht, im weißen Kittel und sonnengebräunt wie ein Wüstenscheich, mit dem freundlichen Ausdruck von jemandem, der auf dem Kamel sitzt und zuvorkommend auf den Rest der Welt herabblickt, der unten im Sand vorbeikrabbelt.

»Loyen.«

Den Titel läßt er zwar weg, aber er klingt trotzdem mit. Der Titel und die Tatsache, die wir nicht vergessen dürfen, daß der Rest der Weltbevölkerung mindestens einen Kopf tiefer steht und es hier, unter seinen Füßen, jede Menge Ärzte gibt, die es nicht bis zum Professor gebracht haben; über seinem Kopf hat er nur die weiße Decke, den blauen Himmel und den lieben Gott, und vielleicht nicht einmal das.

»Nehmen Sie Platz, gnädige Frau.«

Er strahlt Zuvorkommenheit und Dominanz aus, und ich sollte glücklich sein. Andere Frauen vor mir sind glücklich gewesen, und viele andere werden es noch sein – kann man sich in den schweren Augenblicken des Lebens etwas Besseres zum Anlehnen wünschen als zwei Meter gutpolierte ärztliche Selbstsicherheit, und das auch noch in einer so geborgenen Umgebung wie hier?

Auf dem Tisch steht eine gerahmte Fotografie der Arztgattin, des Airedaleterriers und von Vatis drei großen Jungs, die sicher Medizin studieren und in allen Prüfungen, einschließlich der klinischen Sexologie, eine Eins kriegen.

Ich habe nie behauptet, ich sei vollkommen. Vor Menschen, die Macht haben, sie genießen und ausnutzen, werde ich ein anderer, minderwertigerer und schlechterer Mensch.

Aber ich zeige es nicht. Ich setze mich auf die Stuhlkante und lege die dunklen Handschuhe und den Hut mit dem dunklen Schleier an den Rand der Mahagoniplatte. Professor Loyen hat, wie sooft, eine schwarze, trauernde, fragende, unsichere Frau vor sich.

»Sie sind Grönländerin?«

Dank seiner fachlichen Erfahrung sieht er das.

»Meine Mutter kam aus Thule. Sie haben Jesaja... untersucht?«

Er winkt bestätigend.

»Was ich gerne wissen möchte: Woran ist er gestorben?« Die Frage überrumpelt ihn etwas.

»Am Sturz.«

»Aber was heißt das, rein physisch?«

Einen Moment lang denkt er nach, er ist es nicht gewöhnt, das Selbstverständliche formulieren zu müssen.

»Er ist schließlich vom sechsten Stockwerk gefallen. Der Organismus als Ganzes bricht ganz einfach zusammen.«

»Aber er hat irgendwie so unbeschädigt ausgesehen.«

»Das ist bei Sturzunfällen normal, meine Liebe. Aber...«

Ich weiß, was er sagen will. ›Nur, bis wir sie aufmachen. Dann ist alles nur noch Knochensplitter und innere Blutungen‹.

»Aber sie sind es nicht«, vollendet er.

Er richtet sich auf. Er hat anderes zu tun. Das Gespräch nähert sich seinem Ende, ohne in Gang gekommen zu sein. Wie so viele Gespräche zuvor und danach.

»Hat es Spuren von Gewaltanwendung gegeben?«

Ich überrasche ihn nicht. In seinem Alter und seinem Beruf läßt man sich nicht so leicht überraschen.

»Nicht die geringste«, sagt er.

Ich bleibe ganz still sitzen. Es ist immer interessant, Europäer der Stille zu überlassen. Für sie ist sie eine Leere, in der die Spannung steigt und ins Unerträgliche wächst.

»Wie sind Sie denn auf die Idee gekommen?«

›Meine Liebe‹ hat er jetzt gestrichen. Ich überhöre die Frage.

»Wieso sind dieses Büro und diese Institution eigentlich nicht in Grönland?« frage ich.

»Das Institut ist erst drei Jahre alt. Vorher hat es keine Obduzentur für Grönland gegeben. Die Staatsanwaltschaft in Godthåb benachrichtigte gegebenenfalls das Gerichtsmedizinische Institut in Kopenhagen. Diese Stelle hier ist neu und zeitlich begrenzt. Das Ganze soll im Laufe des nächsten Jahres nach Godthåb verlegt werden.«

»Und Sie?« sage ich.

Er ist es nicht gewöhnt, verhört zu werden, gleich wird er aufhören zu antworten.

»Ich leite das Institut für Arktische Medizin. Ursprünglich bin ich jedoch Gerichtspathologe. In dieser Etablierungsphase fungiere ich als amtierender Leiter der Obduzentur.«

»Führen Sie alle gerichtsmedizinischen Obduktionen an Grönländern durch?«

Ich habe blind zugeschlagen. Aber es muß ein harter, flacher Ball gewesen sein, denn jetzt zucken seine Lider.

»Nein«, erwidert er und spricht nun sehr langsam, »aber ab und zu helfe ich der dänischen Staatsobduzentur. Sie haben jedes Jahr Tausende von Fällen aus dem ganzen Land.«

Ich denke an Jean Pierre Lagermann.

»Haben Sie die Obduktion allein gemacht?«

»Wir folgen, außer in ganz speziellen Fällen, einer festen Routine. Ein Arzt arbeitet mit einem Laborangestellten und manchmal auch mit einer Krankenschwester.«

»Kann man den Obduktionsbericht einsehen?«

»Sie würden ihn sowieso nicht verstehen. Und was Sie verstehen könnten, würden Sie nicht mögen!«

Einen kurzen Moment lang hat er die Selbstbeherrschung verloren. Sie ist jedoch sofort wieder da.

»Diese Berichte gehören der Polizei, die die Obduktionen offiziell bestellt. Und im übrigen auch bestimmt, wann die Beerdigung stattfinden kann, da sie die Totenscheine unterschreibt. Das Gesetz über die Öffentlichkeit der Verwaltung gilt für zivilrechtliche Angelegenheiten, nicht für strafrechtliche.«

Er ist mittendrin im Match und ganz vorn am Netz. Seine Stimme nimmt einen beruhigenden Klang an.

»Sie müssen schon verstehen, in einem Fall wie diesem, wo auch nur der geringste Zweifel an den Umständen des Unglücks aufkommen kann, ist die Polizei und sind wir an einem möglichst gründlichen Gutachten interessiert. Wir untersuchen alles. Und wir finden alles. In den Fällen, in denen jemandem etwas angetan worden ist, ist es so gut wie unmöglich, keine Spuren zu hinterlassen. Es gibt Fingerabdrücke, zerrissene Kleidung, das Kind verteidigt sich und hat Hautzellen unter den Nägeln. In diesem Fall nichts von alldem. Nichts.«

Das war der Satz- und Matchball. Ich erhebe mich und ziehe die Handschuhe an. Er lehnt sich zurück.

»Selbstverständlich sehen wir den Polizeibericht«, sagt er. »Aus den Spuren ging ja deutlich hervor, daß er allein auf dem Dach war, als es passierte.«

Ich wandere den langen Weg bis in die Mitte des Zimmers, und von dort aus schaue ich zu ihm zurück. Irgend etwas hatte ich zu fassen gekriegt, ich weiß nur nicht, was. Doch jetzt sitzt er wieder auf dem Kamel.

»Rufen Sie ruhig wieder an, gnädige Frau.«

Es dauert einen Augenblick, bis sich der Schwindel gelegt hat.

»Wir haben«, sage ich, »alle unsere Phobien. Irgend etwas, wovor wir richtig Angst haben. Ich habe meine, und Sie haben sicher auch Ihre, wenn Sie den schußsicheren Kittel ausziehen. Wissen Sie, was Jesajas Phobie war? Die Höhe. Er hüpfte bis zum ersten Stock, und von da ab kroch er, mit geschlossenen Augen und beiden Händen am Geländer. Stellen Sie sich das vor, jeden Tag, die Innentreppe hoch,

Schweiß auf der Stirn, Wackelpudding in den Knien, fünf Minuten vom ersten bis zum dritten Stock. Seine Mutter hatte schon, bevor sie überhaupt eingezogen waren, darum gebeten, nach unten ziehen zu dürfen. Aber Sie wissen ja – wenn man Grönländer ist und Sozialhilfeempfänger...«

Es dauert geraume Zeit, bis er antwortet.

»Nichtsdestoweniger ist er dort oben gewesen.«

»Ja«, sage ich, »das ist er wohl. Aber sehen Sie, Sie hätten mit einem Wagenheber kommen können. Oder auch mit unserem berühmten Schwimmkran Herkules, und Sie hätten ihn trotzdem keinen Meter auf das Gerüst gebracht. Was mich wundert, was ich mich in den schlaflosen Nächten frage, ist, was ihn bei dieser Gelegenheit dahinauf gebracht hat.«

Noch immer sehe ich seine kleine Gestalt unten im Keller liegen. Ich schaue Loyen nicht einmal an. Ich gehe einfach.

Juliane Christiansen, die Mutter von Jesaja, ist eine warme Empfehlung für die heilsame Wirkung des Alkohols. Wenn sie nüchtern ist, ist sie steif, stumm und gehemmt. Wenn sie voll ist, ist sie quietschvergnügt und spritzig.

Da sie heute morgen Antabus genommen und nach der Rückkehr aus dem Krankenhaus sozusagen auf die Tablette getrunken hat, tritt diese schöne Verwandlung natürlich durch den Schleier eines vergifteten Organismus zutage. Aber trotzdem geht es ihr spürbar besser.

»Smilla«, sagt sie, »ich liebe dich.«

Man sagt, in Grönland wird viel getrunken. Das ist eine vollkommen unsinnige Untertreibung. Es wird kolossal getrunken. Deshalb habe ich auch dieses spezielle Verhältnis zum Alkohol. Wenn ich Lust auf etwas Stärkeres als Kräutertee kriege, denke ich immer daran, was der freiwilligen Alkoholrationierung in Thule vorausging.

Ich bin schon öfter in Julianes Wohnung gewesen, aber wir haben immer in der Küche gesessen und Kaffee getrunken. Die eigenen vier Wände der Leute muß man respektieren. Vor allem, wenn ihr Leben ansonsten bloßliegt wie eine offene Wunde. Doch jetzt treibt mich das dringliche Gefühl, eine Aufgabe zu haben, ich spüre, daß irgend jemand etwas übersehen hat.

Ich stöbere also herum, und Juliane läßt mich machen, was ich will. Erstens hat sie ihren Apfelwein aus dem Supermarkt, und zweitens bezieht sie schon so lange Sozialhilfe und liegt schon so ewig unter dem Elektronenmikroskop der Behörden, daß sie sich schon gar nicht mehr vorstellen kann, daß man etwas ganz für sich haben kann.

Die Wohnung strahlt die spezielle Art von häuslicher Gemütlichkeit aus, die sich einstellt, wenn man lange genug mit Clogs auf den versiegelten Dielen herumgelaufen ist, genug brennende Zigaretten auf der Tischplatte vergessen und häufig seinen Rausch auf dem Sofa ausgeschlafen hat und der schwarze Fernseher, der so groß ist wie ein Konzertflügel, das einzig Neue und Funktionierende ist.

Die Wohnung hat ein Zimmer mehr als meine, das Zimmer von Jesaja. Ein Bett, ein niedriger Tisch und ein Schrank. Auf dem Fußboden ein Pappkarton. Auf dem Tisch zwei Stöcke, ein Stein zum Himmel-und-Hölle-Spielen, eine Art Saugnapf, ein Modellauto. Und alles farblos wie Strandsteine in einer Schublade.

Im Schrank Regenmantel, Gummistiefel, Clogs, Pullover, Unterwäsche, Strümpfe, alles in wildem Durcheinander hineingestopft. Meine Finger tasten unter den Kleiderstapeln und auf dem Schrank. Doch da ist nur der Staub vom letzten Jahr.

Auf dem Bett in einer durchsichtigen Plastiktüte seine Sachen aus dem Krankenhaus. Regenschutzhosen, Turnschuhe, Sweatshirt, Unterwäsche, Strümpfe. Aus seiner Hosentasche ein weißer, weicher Stein, der als Kreide gedient hat.

Juliane steht in der Tür und weint.

»Ich habe nur die Windeln weggeschmissen.«

Einmal im Monat, wenn auch seine Höhenangst zunahm, benutzte Jesaja ein paar Tage lang eine Windel. Einmal habe ich selbst welche für ihn gekauft.

»Wo ist sein Messer?«

Sie weiß es nicht.

Auf dem Fensterbrett steht, ein kostbarer Ausruf in die Gedämpftheit des Zimmers, ein Schiffsmodell. Auf dem Sockel steht: ›Motorschiff Johannes Thomsen der Kryolithgesellschaft Dänemark‹.

Ich habe noch nie versucht herauszubekommen, wie Juliane sich eigentlich über Wasser gehalten hat.

Ich lege den Arm um ihre Schultern.

»Juliane«, sage ich. »Würdest du mir bitte deine Papiere zeigen.«

Wir anderen haben eine Schublade, eine Mappe, eine Klarsichthülle. Juliane hat sieben fettige Briefumschläge, in denen sie die gedruckten Zeugnisse ihres Daseins aufbewahrt. Für viele Grönländer ist die schriftliche die schwerste Seite von Dänemark. Die staatsbürokratische Papierfront aus Anträgen, Formularen und Schriftwechseln mit der jeweils zuständigen Behörde. Die Tatsache, daß selbst eine fast analphabetische Existenz wie die von Juliane einen solchen Berg von Papier eingebracht hat, entbehrt nicht einer feinen und zarten Ironie.

Die kleinen Zettel mit den Terminen für das Alkoholambulatorium Sundholm, Geburtsurkunde, fünfzig Gutscheine vom Bäcker am Christianshavn Torv, die bei fünfhundert Kronen einen kostenlosen Kuchen einbringen. Kontrollkarten vom Rudolph-Bergh-Institut für sexuell übertragbare Krankheiten. Alte Steuerkarten, Kontoauszüge von der Sparkasse. Eine Fotografie von Juliane bei Sonnenschein im Kongens Have. Krankenversicherungskarte, Paß, Inkassoauszüge von den Elektrizitätswerken. Briefe von Ribers Kreditauskunftei. Ein Bündel dünne Blätter, die aussehen wie Gehaltsstreifen und aus denen hervorgeht, daß Juliane jeden Monat 9400 Kronen Pension bezieht. Ganz unten in dem Haufen liegt ein Bündel Briefe. Ich habe es nie über mich bringen können, Briefe anderer Leute zu lesen. Die private Post überspringe ich also. Ganz unten liegen die offiziellen, maschinenschriftlichen Bescheide. Ich will sie schon zurücklegen, da sehe ich ihn.

Einen sonderbaren Brief. ›Hiermit teilen wir Ihnen mit, daß der Aufsichtsrat der Kryolithgesellschaft Dänemark auf seiner letzten Sitzung beschlossen hat, Ihnen als Witwe von Norsaq Christiansen eine Witwenpension zuzuerkennen. Sie erhalten eine Pension von monatlich 9000 Kronen, die an den Index der Lebenshaltungskosten angeglichen wird.‹ Unterzeichnet ist der Brief im Namen des Aufsichtsrats mit ›E. Lübing, Leiterin der Buchhaltung‹.

Daran ist erst mal nichts Seltsames. Aber als der Brief fertig war, hat ihn jemand um neunzig Grad gedreht. Und mit Füller schräg an den Rand geschrieben: ›Es tut mir so leid. Elsa Lübing‹.

Aus den Randnotizen kann man etwas über seine Mitmenschen

erfahren. Über Fermats verschwundenen Beweis wurde viel nachgegrübelt. In einem Buch, in dem es um die nie bewiesene Behauptung ging, daß man eine Quadratzahl oft in der Summe von zwei anderen Quadratzahlen auflösen könne, daß dies jedoch bei ganzzahligen Exponenten, die größer als zwei sind, nicht möglich sei, hatte Fermat am Rand hinzugefügt: ‹Für diesen Satz habe ich einen wirklich wunderbaren Beweis gefunden. Leider ist der Rand zu schmal dafür.›

Vor zwei Jahren hat im Büro der Kryolithgesellschaft Dänemark eine Dame gesessen und einen äußerst korrekten Brief diktiert. Er hält alle Formalitäten ein, enthält keine Tippfehler und ist überhaupt, wie es sich gehört. Danach hat man ihn ihr zum Durchlesen gegeben, sie hat ihn gelesen und unterschrieben. Dann hat sie einen Augenblick dagesessen. Und dann das Papier gedreht und geschrieben: ›Es tut mir so leid.‹

»Wie ist er gestorben?«

»Norsaq? Er war bei einer Expedition an die Westküste dabei. Es war ein Unfall.«

»Was für ein Unfall?«

»Er hat etwas gegessen, was er nicht vertragen hat. Glaube ich.«

Sie sieht mich hilflos an. Die Menschen sterben eben. Man kommt nicht weiter, wenn man darüber nachgrübelt, wie oder weshalb.

Lust

rororo 13042, 256 Seiten, DM 12.90.
Rowohlt Taschenbuch Verlag, Reinbek

PONGAUER NACHRICHTEN (Österreich)
Der umstrittene Bestseller der österreichischen Autorin muß nicht ausschließlich als Antiporno gelesen werden, sondern kann durchaus auch als Heimatroman betrachtet werden. Kalt, sprachlich ebenso virtuos wie brutal, schildert die Autorin die Angst des Direktors einer Papierfabrik vor der Krankheit Aids, „die ins letzte Alpental vorgedrungen ist", und die Flucht seiner Ehefrau vor den sexuellen Attacken ihres Gatten. In einem Land wie Salzburg, dessen größter Industriebetrieb eine Papierfabrik ist, erscheint die Rezeption des Romans um eine Dimension erweitert: „Nur was das Wasser macht, weiß niemand. Aber was wir mit dem Wasser gemacht haben, sieht man gleich, nachdem die Zellulosefabrik sich in den Bach, der ohne Weile eilt, entleert hat. Der soll sein Gift woanders hintragen, wo gern Fischleichname gegessen werden."

HAMBURGER MORGENPOST
Über das Obszöne in ihrer Prosa hat sie sehr viele Interviews gegeben. Sie hat dabei so ausgepackt, daß sie später über das, was sie zu Sexualität, Gewalt und Machtausübung der Männer über die Frau gesagt hat, selbst erschrocken ist. Die Gefahr (Stellen) aus dem Zusammenhang zu reißen und falsche Schlüsse daraus zu ziehen, droht im Fall von Lust *nicht. Denn es besteht fast nur aus solchen Stellen.*

Die Autorin:
Elfriede Jelinek wurde 1946 in Mürzzuschlag/Steiermark geboren. Sie lebt in Wien und zehn Tage monatlich bei ihrem Mann in München. Von ihr erschienen bei Rowohlt: *wir sind lockvögel, baby; Michael. Ein Jugendbuch für die Infantilgesellschaft; Die Liebhaberinnen; Die Ausgesperrten; Die Klavierspielerin* und zuletzt *Oh Wildnis oh Schutz vor ihr.*

Vorhängeschleier spannen sich zwischen der Frau in ihrem Gehäuse und den übrigen, die auch Eigenheime und Eigenheiten besitzen. Die Armen, auch sie haben ihre Wohnsitze, in denen ihre freundlichen Gesichter zusammengefaßt sind, nur das immer gleiche scheidet sie. In dieser Lage schlafen sie ein: indem sie auf ihre Verbindungen zum Direktor hinweisen, der, atmend, ihr ewiger Vater ist. Dieser Mann, der ihnen die Wahrheit ausschenkt wie seinen Atem, so selbstverständlich regiert er, der hat gerade genug von den Frauen, daß er mit lauter Stimme herumschreit, er brauche nur diese eine, die seine. Er ist unwissend wie die Bäume ringsum. Er ist verheiratet, das ist ein Gegengewicht zu seinen Vergnügungen. Die beiden Eheleute erröten nicht voreinander, lachen und sind und waren sich alles.

Die Wintersonne ist derzeit klein und deprimiert eine ganze Generation junger Europäer, die hier heranwächst oder zum Schifahren herkommt. Die Kinder der Papierarbeiter: Die Welt könnte von ihnen erkannt werden um sechs Uhr früh, wenn sie in den Stall gehen und grausame Fremde für Tiere werden. Die Frau geht mit ihrem Kind spazieren. Sie gilt allein schon mehr als die Hälfte von allen Körpern hier, die andre Hälfte arbeitet in der Papierfabrik unter dem Mann, nachdem die Sirene aufgejault hat. Und die Menschen halten sich genau an das nächste, das sich unter ihnen ausstreckt. Die Frau hat einen großen reinen Kopf. Sie geht mit dem Kind eine gute Stunde lang fort, aber das Kind, betrunken vom Licht, will lieber unempfindlich werden im Sport. Kaum läßt man es aus den Augen, schmeißt es seine kleinen Knochen schon in den Schnee, baut Bälle und wirft damit. Der Boden scheint vom Blut wie frisch hergerichtet. Auf dem verschneiten Weg zersplitterte Vogelfedern. Ein Marder oder eine Katze haben ihr natürliches Schauspiel geboten, auf allen vieren kriechend, ein Tier ist gegessen worden. Der Kadaver ist verschleppt. Die Frau ist aus der Stadt hierher gebracht worden, wo ihr Mann die Papierfabrik leitet. Der Mann wird nicht mitgezählt unter den Bewohnern, er zählt allein. Das Blut spritzt auf dem Weg herum.

Der Mann. Er ist ein ziemlich großer Raum, in dem Sprechen noch möglich ist. Auch der Sohn muß schon beginnen, Geige zu lernen.

Der Direktor kennt seine Arbeiter nicht einzeln, aber er kennt ihren Gesamtwert, grüß euch Gott, alle miteinander. Ein Werkschor ist angeschafft worden und wird mit Spendengeldern unterhalten, damit der Direktor mit sich dirigieren kann. Der Chor fährt mit Bussen herum, damit Menschen sagen können, das war einmalig. Dafür müssen sie oft eine Runde durch die Kleinstädte machen, ihre ungemessenen Schritte und ihre unmäßigen Wünsche vor den Auslagenscheiben der Provinz spazierenführen. Der Chor bietet sich in den Sälen von vorn dar, die Rückfront gegen die Wirtshauskanten gerichtet. Den Vogel, wenn er fliegt, sieht man auch nur von unten. Mit bedächtigen arbeitsamen Schritten quellen die Sänger aus dem gemieteten Bus, der von ihrem Mist dampft, und sie erproben ihre Stimmen gleich in der Sonne. Die Gesangeswolken erheben sich unter der Hülle des Himmels, wenn die Gefangenen vorgeführt werden. Ihre Familien hausen derweil ohne den Vater und mit nur geringem Einkommen. Sie essen Würste und trinken Bier und Wein. Sie schaden ihren Stimmen und Sinnen, weil sie beides unbedacht einsetzen. Schade, daß sie nur von Geringen abstammen, ein Orchester aus Graz könnte jeden einzelnen von ihnen ersetzen, aber auch unterstützen, je nachdem wie es aufgelegt wäre. Diese schrecklich schwachen Stimmen, von Luft und Zeit bedeckt. Der Direktor will, daß sie mit ihren Stimmen um seine Fürsorge betteln gehn. Auch Geringe können bei ihm einen großen Anfang machen, wenn sie ihm musikalisch aufgefallen sind. Der Chor wird als das Hobby des Direktors gepflegt, die Männer stehen in ihren Laufställen, wenn sie nicht fahren. Der Direktor steckt auch eigenes Geld hinein, wenn es um die blutigen, stinkenden Ausscheidungen der Bezirksmeisterschaft geht. Er gewährt sich und seinen Sängern Bestand über den flüchtenden Augenblick hinaus. Die Männer, diese Bauwerke oberhalb der Erde, und sie wollen immer noch weiterbauen. Damit ihre Frauen sie an ihren Werken noch erkennen, wenn sie in Pension gehen. Aber an den Wochenenden, da werden die Himmlischen schwach. Da steigen sie nicht aufs Baugerüst, sondern aufs Wirtshauspodium und singen unter Zwang, als könnten die Toten zurückkommen und applaudieren. Die Männer wollen größer sein, und dasselbe wollen ihre Werke und Werte. Ihre Erbaulichkeiten.

Die Frau ist manchmal nicht zufrieden mit diesen Makeln, die auf ihrem Leben lasten: Mann und Sohn. Der Sohn eine farbige Abbildung, ein einmaliges Kind, aber es läßt sich fotografieren. Es läuft hinter dem Vater her, damit aus ihm auch ein Mann werden kann. Und der Vater legt ihm die Geige an, daß die Schaumflocken vom Gebiß sprühen. Die Frau haftet mit ihrem Leben dafür, daß alles klappt und sie sich wohl fühlen aneinander. Über diese Frau hat der Mann sich weitergegeben an die Ewigkeit. Diese Frau ist möglichst guter Herkunft gewesen und hat sich ans Kind weitergegeben. Das Kind ist brav, außer im Sport, wo es wild sein darf und sich nichts gefallen läßt von den Freunden, die es, einstimmig, als ihre Leiter in den Himmel der Vollbeschäftigung gewählt haben. Sein Vater läßt sich nicht von der Erde verwehen, er leitet die Fabrik und sein Gedächtnis, in dessen Taschen er nach den Namen der Arbeiter kramt, die dem Chorsingen zu entkommen versuchen. Das Kind fährt gut Schi, die Dorfkinder vergehen wie das Gras darunter. Sie stehen neben ihren Schuhen. Die Frau in ihrem Tagesbeutel, der jeden Tag ausgewaschen wird, stellt sich nicht mehr auf die Bretteln, nein, sie gewährt dem Kind Anker an ihrer seligen Küste, aber das Kind rennt immer wieder davon, um sein Feuer zu den armen Kleinhäuslern zu tragen. Angesteckt sollen sie werden von seinem Schwung. In seinem schönen Gewand will es über die Erde fahren. Und der Vater ist angefüllt wie eine Schweinsblase, er singt, spielt, schreit, fickt. Der Chor zieht ihm zu Willen von Feld zu Fels, von Würsteln zu Braten, und singt ebenfalls. Er fragt nicht, was er dafür bekommt, aber seine Mitglieder werden nie von der Lohnliste gestrichen. So hell ist das Haus eingerichtet, das spart man am Licht wieder ein! Ja, es ersetzt das Licht, und Gesang würzt das Gericht.

Der Chor ist frisch eingetroffen. Ältere Inländer die ihren Frauen zu entkommen wünschen, manchmal auch die Frauen selbst mit ihren steifen Locken (die heilige Macht der Friseure auf dem Land, die die schönen Frauen mit kräftigen Prisen Dauerwellen würzen!), sie sind aus den Fahrzeugen gestiegen und machen sich einen Festtag. Der Chor kann ja nicht vor Licht und Luft alleine singen. Ruhig tritt die Frau des Direktors am Sonntag nach vorn. In der Stiftskirche, wo

Gott, dessen bloßer Eindruck auf seinen Bildern empörend ist, mit ihr redet. Die alten Frauen, die dort knien, wissen schon, wie's ausgeht. Sie wissen, wie das Ende lautet, aber dazwischen haben sie aus Zeitmangel nichts gelernt. Sie hangeln sich jetzt von Hinweistafel zu Hinweistafel des Kreuzwegs nur damit sie in Bälde dem himml. Vater, dem Glied der Einfältigkeit gegenüber treten dürfen, als Aufnahmezeugnis ihre schlaffen Bälge in der Hand. Am Ende steht die Zeit still, und das Gehör bricht aus dem Geröll lebenslanger Wahrnehmung aus. Schön ist die Natur in einem Park und Gesang in einem Wirtshaus.

Inmitten all der Gebirgsstöcke ringsum, zu denen die trainierten Sportler auf Besuch kommen, merkt die Frau, daß ihr ein fester Halt fehlt, eine Haltestelle, wo das Leben warten könnte. Die Familie kann Gutes tun, aber sie muß dafür auch gut essen und die Beute der Feiertage einbringen. Die Geliebtesten hängen an der Mutter, selig sitzen sie beisammen. Die Frau spricht zu ihrem Sohn, durchzieht ihn (Speck, in dem die Maden der Liebe weiden) mit ihrem leisen, zärtlichen Geschrei. Sie ist besorgt um ihn, schützt ihn mit ihren weichen Waffen. Jeden Tag scheint er ein wenig mehr zu sterben, je älter er wird. Den Sohn freut das Gejammer der Mutter nicht, gleich fordert er ein Geschenk. In solch kurzen Abhandlungen wünschen sie sich zu verständigen: mit einer Spiel- und Sportwarenhandlung. Lieb wirft sie sich über den Sohn, aber auch als rauschender Bach fließt sie unter ihm dahin, verhallt in der Tiefe. Sie hat nur dieses eine Kind. Ihr Mann kommt aus seinem Büro zurück, und gleich reißt sie ihren Körper eng an sich, damit die Sinne des Mannes nicht auf den Geschmack kommen. Musik aus dem Plattenspieler und dem Barock ertönt. Möglichst einig sein mit den Farbfotos aus dem Urlaub, sich von einem Jahr zum nächsten nicht verändern. Kein wahres Wort ist an diesem Kind dran, es will nur mit seinen Schiern losziehen, das schwöre ich Ihnen.

Der Sohn spricht außerhalb der Fütterungszeiten wenig mit seiner Mutter, obwohl diese ihn beschwörend mit einer Decke aus Essen überzieht. Die Mutter lockt das Kind auf einen Spaziergang und bezahlt pro Minute dafür, denn sie muß dem schön gekleideten Kind zuhören. Es spricht ja selbst wie aus dem Fernsehen, von dem es sich ernährt. Jetzt geht es wieder fort, ohne sich zu fürchten, denn es hat heute das Grauen der Videos noch nicht geschaut. Die Bergsöhne schlafen manchmal schon um acht Uhr abends, während der Direktor mit geschickten Händen noch einmal Kunst in seinen Motor füllt. Und welche mächtigere Stimme ist es, die die Herden auf der Wiese aufzustehen heißt, alle zusammen? Und die armen Müden auch, in der Früh, wenn sie ans andre Ufer hinüberschauen, wo die Ferienhäuser der Reichen stehen? Ich glaube, sie nennt sich Ö3 Wecker und läßt ab sechs Uhr früh Schlager vom Band, diese fleißigen Nagetiere, die uns schon vom Morgen an den Tag wegfressen.

In den Hitlerzimmern der Tankstellen schlagen sie jetzt wieder aufeinander ein, diese kleinen Geschlechter an ihren Gängelbändern, die sich unter ihren bunten Schirmchen verschwenden wie ihre halben Portionen Eis. So schnell ist es immer vorbei, und so lang dauert die Arbeit und stehen die Felsen. Diese Leute können sich durch endlose Wiederholungen doch nur einfach vervielfältigen. Diese hungrige Meute, die zieht ihr Geschlecht aus den Türln, die sie praktisch an sich angebracht hat. Fenster haben diese Leute nicht, damit sie ihre Partner dabei nicht auch noch anschauen müssen. Wie Vieh hält man uns, und da machen wir uns noch Sorgen ums Fortkommen!

Auf der Erde liegen friedliche Wege. In der Familie wartet immer einer umsonst oder fällt im Kampf um seinen Vorteil. Sicherheit gibt der Mutter die viele Mühe, die das Kind, gekrümmt um das Instrument, wieder vernichtet. Die Einheimischen sind hier nicht heimisch, sie müssen zur Ruhe gehen, wenn in den Sportlern das abendliche Leben erst richtig erwacht. Denen gehört der Tag und gehört die Nacht. Die Mutter überwacht das Kind, indem sie auf ihrer Wohnmauer hockt, damit es dem Kind nicht zu wohl wird. Diese Geige ist dem Kind nicht sehr zugeneigt. In den Katalogen gehen die Gleichgesinnten trotzig ihren eigenen Weg, damit sie sich gegenseitig ins Maß einschenken können. Es werden Kontaktanzeigen gelesen, und jeder freut sich an seinem eigenen kleinen Licht, das er in die

Dunkelheit eines fremden Leibes wirft. Tüchtige Lebenstischler annoncieren, um ihre kleinen Wandverbaue in fremden dunklen Nischen anbringen zu dürfen. Einer allein sollte sich selbst eigentlich nicht zuviel werden! Der Direktor liest die Anzeigen und bestellt seiner Frau im Fachhandel ein Fach, in das sie sich legen kann, aus roter Perlonspitze mit Löchern in der Stille, durch die die Sterne scheinen. Dem Mann genügt eine allein nicht, doch die drohende Krankheit hemmt ihn, seinen Stachel auszufahren und Honig zu saugen. Eines Tages wird er drauf vergessen, daß sein Geschlecht ihn hinwegzuraffen vermag, und er wird seinen Teil von der Ernte einfordern: wir wollen Spaß! Wir wollen in uns abzweigen! Kompliziert liegen die Anzeiger auf ihren Matratzen und beschreiben die Pfade, auf denen sie wandeln. Hoffentlich geht ihnen ihr Ofen nicht aus, so daß sie selber ausgehen und Enttäuschungen erleben müssen. Dem Direktor genügt seine Frau nicht, aber jetzt ist er, ein Mensch mit Öffentlichkeitsrecht, auf diesen Kleinwagen angewiesen. Er versucht das Beste: zu leben und geliebt zu werden. Die Kinder der Zweckdienlichen: selbst sind sie Bedienstete in der Papierfabrik (das Ungebundene reizt sie, aus dessen Stoff die Bücher gebunden werden), sie haben eine unschöne Form. Sirenen müssen ihnen erst jaulen, um sie zu beleben. Gleichzeitig werden sie aber aus dem Leben wieder hinausgeworfen und fallen wie Katarakte, überflüssig, von der Höhe ihrer Ersparnisse hinab. Das Steuer ist ihnen schon entrissen worden, und ihre Frauen steuern an ihrerstatt den sicheren Hafen an, den zu vermeiden und zu verminen die Männer sich soviel Mühe gaben. Sie sind von dürren Stöcken gelesen, und sie sind schnell ausgelesen. Auf ihren Matratzen werden sie von Todeslust ergriffen, und ihre Frauen kommen von ihrer eigenen Hand um (oder müssen von der öffentlichen Hand erhalten werden). Sie sind nicht privat, denn sie haben keine schöne Wohnung, sie sind nur, was man von ihnen sieht und was man manchmal vom Chor hört. Nichts Gutes. Können vieles gleichzeitig tun und kräuseln doch nicht das Wasser im Becken, wo die Frau des Direktors sich in ihrem Badeanzug nach der Decke streckt, die sich weit oben in der Natur befindet, unermeßlich hoch und fern von uns Normalverbrauchern.

Das Wasser ist blau und geht nie zur Ruhe. Doch der Mann kommt von seinem Tageswerk nach Hause zurück. Geschmack ist nicht jedermanns Sache. Das Kind hat heute nachmittag Unterricht. Der Direktor hat alles auf Computer umgestellt, schreibt sich als Hobby die Programme selbst. Nicht liebt er Wildes, der stumme Wald sagt ihm gar nichts. Die Frau öffnet die Tür, und er erkennt, daß nichts zu groß für seine Herrschaft ist, aber auch nichts darf zu klein sein, sonst wird's sofort geöffnet. Seine Gier ist aufrichtig, sie paßt zu ihm wie die Geige unter das Kinn seines Kindes. Die Lieben begegnen sich im Haus mehrmals, denn ihnen kommt alles aus dem Herzen und wird ins Helle hinein verkündet. Der Mann möchte jetzt mit seiner himmlischen Frau allein sein. Die armen Leute müssen zahlen, bevor sie sich ans Ufer legen dürfen.

Jetzt hat die Frau nicht einmal Zeit, die Augen niederzuschlagen. Der Direktor pflichtet ihr nicht bei, als sie in die Küche will und etwas hinrichten. Er ergreift entschieden ihren Arm. Zuerst will er sie sich vornehmen, dafür hat er 2 Termine abgesagt. Die Frau öffnet den Mund, um ihm abzusagen. Sie denkt an seine Kraft und schließt den Mund wieder. Dieser Mann würde auch im Schoß von Felsen seine Melodie spielen, er würde schallend auf der Geige und dem Glied streicheln. Immer wieder geht dieses Lied los, dieser knallende Laut, der so überraschend furchtbar ist, von unwilligen Blicken begleitet. Diese Frau hat nicht das Herz, sich abzuschlagen, sie wandelt wehrlos. Der Mann ist immer bereit und freut sich auf sich. Der fröhliche Tag ist Armen wie Reichen gegönnt, doch leider gönnen ihn die Armen den Reichen nicht. Die Frau lacht nervös, als sich der Mann, noch im Mantel, gezielt vor ihr entblößt. Er entblödet sich nicht, seinen Schwanz dahingestellt zu lassen. Die Frau lacht lauter und schlägt sich mit der Hand erschrocken auf den Mund. Ihr werden Prügel angedroht. Sie hallt noch wider von der Musik auf dem Plattenteller, wo sich ihre und andrer Menschen Gefühle in Gestalt von Joh. Seb. Bach, für den menschl. Genuß bestens geeignet, im Kreis herum drehen. Der Mann ragt inmitten seiner Stacheln von Haar und Hitze aus sich heraus. So vergrößern die Männer sich und ihre Werke, die aber bald wieder hinter ihnen zusammenfallen. Sicherer stehen die

Bäume im Wald. Der Direktor spricht ruhig von der Fut und wie er sie gleich auseinanderreißen wird. Er ist wie betrunken. Seine Worte schwanken herum. Er hält die Frau mit der linken Hand an der Hüfte fest und zieht ihr, wenn überhaupt, die zweckdienliche Kleidung über den Kopf. Sie zappelt vor seinem Schwergewicht. Er schimpft laut über ihre Strumpfhosen, die er ihr längstens verboten hat. Strümpfe seien weiblicher und nützen die Löcher besser aus, wenn sie nicht überhaupt neue schaffen. Er werde die Frau ab sofort mindestens zweimal zur Gänze auskosten, kündigt er an. Die Frauen, mit Hoffnungen zugepflanzt, leben von der Erinnerung, die Männer jedoch vom Augenblick, der ihnen gehört und sich, sorgsam gepflegt, zu einem Häuferl Zeit zusammensetzen läßt, das ebenfalls ihnen gehört. In der Nacht müssen sie schlafen, da können sie nicht nachtanken. Sie sind lauter Feuer und erwärmen sich (über sich) in kleinen Gefäßen. Überraschenderweise ist diese Frau heimlich durch Tabletten unfruchtbar gemacht, des Mannes nie besänftigtes Herz würde es nicht gestatten, daß aus seinem immer vollen Tank kein Leben ausgeschenkt werden kann.

Das Echolot
Ein kollektives Tagebuch
Januar und Februar 1943

72076, 4 Bände i. Kass., DM 148.–.
btb, München

Als Hardcover DM 348.–,
Knaus Verlag, München

Volker Hage in DER SPIEGEL
Vielleicht wird sich Echolot *als eines der letzten literarischen Wagnisse dieses Jahrhunderts erweisen.*

Frank Schirrmacher in FRANKFURTER ALLGEMEINE ZEITUNG
Wenn die Welt noch Augen hat zu sehen, wird sie, um es in einem Wort zu sagen, in diesem Werk eine der größten Leistungen der Literatur unseres Jahrhunderts sehen.

DIE WELT
Schon nach wenigen Wochen zeigte sich, daß hier ein kollektives Tagebuch entsteht, das Leser, die einen Sinn für Ausführlichkeit haben, quasi an- und einsaugt. Es läßt demjenigen, der sich damit zu befassen beginnt, kaum eine Chance zu entkommen. Er wird sich in den Mitteilungen der vielen Menschen verlieren, wiederfinden, er wird erschrecken, lachen, sich wundern und empören. Und dann wird er erkennen, daß die schrecklichen Vereinfacher im Unrecht sind, und wenn er zu ihnen gehört, vielleicht stutzen und alles noch einmal überdenken.

Der Autor:

Walter Kempowski, 1929 in Rostock geboren, wurde 1944 aus politischen Gründen in eine Strafeinheit der Hitlerjugend eingewiesen. 1948 wurde er in der damaligen „Ostzone" wegen angeblicher Spionage zu fünfundzwanzig Jahren Zwangsarbeit verurteilt, wovon er acht Jahre im Zuchthaus Bautzen verbüßte. Nach seiner Amnestierung studierte er Pädagogik und war als Lehrer und Universitätsdozent tätig. Kempowski verfaßte unter anderem die aus sechs Romanen bestehende *Deutsche Chronik* sowie die Romane *Hundstage* und *Sirius. Eine Art Tagebuch.*

Dienstag, 16. Februar 1943

Gehet ein durch die enge Pforte. Denn die Pforte ist weit, und der Weg ist breit, der zur Verdammnis abführet; und ihrer sind viele, die darauf wandeln. Und die Pforte ist eng, und der Weg ist schmal, der zum Leben führet; und wenige sind ihrer, die ihn finden.
HERRNHUT MATTH. 7.13,14

Ein Gott wird mich befreien, wenn mein Herz es will. (Griech.)
TAGEBUCH QUAATZ

Zusammenballung aller Kräfte sichert den deutschen Sieg
SCHLAGZEILE

Morell, Dr. Theodor 1885–1948 Führerhauptquartier
Injektion wie immer (2 Traubenzucker).

Kronika, Jacob 1897–1982 Berlin
Hitler hat einen seiner hysterischen Wutanfälle bekommen, nachdem man ihm nicht länger verhehlen konnte, daß der Chef der Stalingrad-Truppen, General Paulus, kapituliert hat und in russische Gefangenschaft gefallen ist – ohne daß er, wie Hitler bisher geglaubt hat, tödlich verwundet war.

»Warum hat er sich nicht erschossen?« – hat der Führer ein ums andere Mal geschrien.

Thöt, Karl Führerhauptquartier
Nervenzusammenbruch Dr. Dörrs, dem bereits am Vortage eine auffallende Gleichgültigkeit – fast Apathie – vorausgegangen war… Am Nachmittag veranlaßte Dr. Hagen eine ärztliche Untersuchung durch Professor Brandt.

Bormann, Martin 1900–1945 **Führerhauptquartier**

An Gerda Bormann

Mein liebstes Mammi-Mädchen,

Schon heute – siehst Du, wie fleißig ich bin! – bekommst Du noch einen Brief. Aber dieses Mal nicht nur, um Dir zu schreiben, offen oder durch die Blume, daß Du die beste aller Frauen bist, die ich kenne oder je gekannt habe, sondern aus einem gewichtigeren, aus einem unmittelbar dringlichen Grund. Trotz der enormen Kürzung unserer Frontlinie durch den Rückzug – deswegen mußten wir so weit zurück – ist unser südlicher Sektor in keinster Weise eine »Front«; über riesige Flächen haben wir zur Zeit leeren Raum. Um diese äußerst schwierige und gefährliche Situation zu meistern, zieht der Führer näher an die Front. Morgen früh wird er mit einer kleinen Eskorte von Vertrauten dorthinfliegen. Wir anderen, also Keitel, Schaub, ich selber, Puma usw. werden für einige Tage hierbleiben – wahrscheinlich zwei oder drei Tage –, und werden dann in unsere Sommerquartiere gehen, die wenigstens teilweise in Höchstgeschwindigkeit in Ordnung gebracht worden sind. Behalte dies völlig für Dich! Lammers, Hitler, Ribbentrop usw. sollen beständig in ihren Winterquartieren bleiben!

Wegen des militärischen Versagens unserer Alliierten, ist der Krieg in eine kritische Phase gekommen, die entscheidend für uns ist. Das Fehlen der Männer, die wir in Stalingrad verloren haben, macht sich jetzt schmerzhaft bemerkbar. Trotz allem habe ich nicht den leisesten Zweifel, daß der Führer die derzeitige unerfreuliche Situation bewältigt, wie er auch andere dieser Art bewältigen wird, die in Zukunft auftauchen werden.

Dennoch ist es notwendig für uns, in völliger Ruhe und Gelassenheit, darüber nachzudenken, was geschehen soll, wenn ich eines Tages nicht zu Dir zurückkehre. Selbst in Friedenszeiten kann ein guter Bürger von einem herunterfallenden Ziegelstein getroffen werden und in Kriegszeiten von einer Bombe – und unser Leben ist lange Zeit gefährlicher gewesen, als all dieses.

Da ich leider kein Eigenheim zu Verfügung habe – Krummbeck ist zur Zeit nichts weiter als ein schöner Traum –, wirst Du weder im Sonnenwinkel noch in dem Haus in Obersalzberg, das an mein Büro gebunden ist, bleiben können – jedenfalls nicht für immer. Aus diesem Grund habe ich mich vor einigen Tagen nach dem Bergle erkundigt. Wenn es leer gestanden hätte, hätte ich es für Dich gekauft oder gemietet.

Sollte der Krieg eine schlimme Wendung nehmen, jetzt oder zu einem späteren Zeitpunkt, wäre es ohnehin besser für Dich, in den Westen zu ziehen, da Du einfach alles tun mußt, um Deine – unsere – Kinder aus jeglicher Gefahr herauszuhalten. Zur richtigen Zeit werden sie das Werk der Zukunft fortführen müssen. Es ist also schade, das das Bergle vergeben war, sonst hätte ich es für Dich gekauft.

Wenn die Lage wirklich hoffnungslos würde, könntest Du hoffentlich nach Lörrach gehen, zumindest für kurze Zeit, bis Du weiter sehen kannst.

Wie auch immer, ich schreibe dies nur zur Vorsicht, für alle Fälle; ich selber bin mehr denn je davon überzeugt, daß der Endsieg unser ist – wenn wir nur zeigen, daß wir ihn wirklich verdienen. In diesem Ringkampf der Giganten müssen wir wirklich jeden Muskel anspannen, jeden Atemzug nutzen, da unser Gegner dies tut!

Paß auf Dich auf, mein Liebstes, mir zulieb und all unseren Kindern zuliebe. Und sei nicht traurig! »Ein Leben ohne Gefahr ist kein Leben«, wie unser Freund Kluge einen seiner drei Schüler sagen läßt.

Mit Liebe Dein M. B.

Aus dem Klassenbuch eines Gymnasiums (Quarta)

1.	Akk. der Richtung § 121	
2.	Maximilian	
3.	Übungen	Dierks fortdauernd unfleißig
4.	Zeitbestimmungen	
5.	ausgefallen wegen Alarm	

Pettenberg, Heinz 1900–1974 **Köln**

Alarm von 3.05 bis 3.31 Uhr. Klatschender Regen. Wir ziehen uns an und lassen die Kinder schlafen.

Jürgens, Hans-Jürgen * 1926 — Ostfriesische Inseln

Bei Norderney strandet um 16.45 Uhr das holländische Motorschiff »Reni«. Die Besatzung wird durch das Rettungsboot von Langeoog geborgen.

Jürgens, Friedrich-Wilhelm * 1926 — Wangerooge

Gendarmerie-Meister Kleen teilt mit, daß Flugblätter und gefälschte Urlaubermarken abgeworfen und gefunden wurden. Nach einem Erlaß des Reichsministers für Ernährung und Landwirtschaft werden ab 1. März auf die Konservenkarte je Verbraucher 100 g Trockengemüse abgegeben.

Geburtenregister eines mecklenburgischen Kreiskrankenhaus

Mutter:	Behrens, Olga, Ehefrau, geb. 17.4.1915 zu Ribnitz
Säugling:	weiblich, Gew. 3320 gr, Länge 51 cm, Kopfumf. 34 cm, Nabel hat stark nachgeblutet, Entl. Gew. 3600 gr
Verlauf:	1.30 Wehenbeginn, 1.45 Blasensprung, 4.00 Geburt, 4.30 Placenta, 4.40 2 ccm Secacornin
II.Partus.	Normaler Verlauf, ging am 9. Tag nach Hause.

Beckmann, Max 1884–1950 — Amsterdam

Fr. war da, immerhin ein Mensch, der ein wirkliches Verhältnis zu meinen Bildern hat.

Hauptmann, Margarete 1875–1957 — Dresden, Hotel Bellevue

Früh Sonne, mittags Regen, Wind, kühl. ½ I: Frau Elis. Schucht u[nd] Dr. Koestel, die zum Lunch bleiben, auch Külz dabei. Tee: Wilh. Buller. Abends m[it] Külz.

Hauptmann, Gerhart 1862–1946 — Dresden, Hotel Bellevue

Die überwiegende Wichtigkeit des friedlichen Standes und der blutige Luxus des Krieges.
Besuch von Frau Schucht.

Du läßt uns arme Reichen
teils hüpfen und teils schleichen;
du läßt uns Lieder singen
und miteinander ringen;
und loben Gott und Vater!
Wo bleibt die alma mater.

Ich habe nie geprunkt, am wenigsten in meiner Dichtung.

Ditzen, Rudolf (Hans Fallada) 1893–1947 **Carwitz**

trübe – regnerisch – windig I mm
Holz sägen, hauen + packen
Die kleine Gans legt das erste Ei!
Volk II starker Totenfall [bei Bienen] festgestellt
Briefe

Kreuder, Ute *1923 **Erlangen**

An ihre Mutter
Herzensliebste!
»Und das Leben, das Leben ist schön so wie du...« Ach, ich sing' heut' schon den ganzen Tag und freu' mich ja so auf die Heimfahrt. Ich seh' mich schon immer früh halb sieben Uhr anschleichen, in der Küche einen warmen Kaffee und sonstwas Gutes finden, mit Dir, Geliebte! im grauen Schlorchele, ach und dann unser erster Stadtgang, unser feines Behagen mittags, o, Geliiiiiipte, ich kann's nicht mehr erwarten, mein Herz brennt mir weg vor Sehnsucht nach Euch.

Mit Gift hast Du vollkommen recht! Wir leben zwar in dem grauenhaftesten, gottlosesten, fürchterlichsten aller Kriege, können aber im Grunde froh sein, solange die Abschlachterei noch geregelt und weit vom Schuß vor sich geht. Vielmehr müssen wir den heißersehnten Frieden fürchten, und eine Giftpille wäre eine enorme Beruhigung. Aber woher. Wenn jemand Gift kriegen können muß, dann sind wir es wahrhaftig, wo wir nichts als lauter Ärztebekannte haben!

Da muß wirklich was unternommen werden für den köstlichen Frieden. Ich wollt' Dir noch von München erzählen, gestern hab ich mich endlich mal erkundigt, was da eigentlich los ist, immerzu hört man München, München! Da hat der köstliche Gauleiter Sauckel, oder wie das Arschloch heißt, eine Rede gehalten, daß die Studentinnen lieber, statt auf der Uni rumzulungern, heiraten, Kinder kriegen und sich an den Kochtopf stellen sollten, denn sie wären ja doch bloß auf der Uni, um einen Mann zu suchen. Und die, die wirklich arbeiteten, könnte man schon gar nicht brauchen, weil die viel zu stur wären! Diese Rede ist wirklich Tatsache, wie weit alles andere danach übertrieben ist, weiß ich nicht, jedenfalls hatten die Studentinnen doch den Charakter, bei diesen freundlichen Ausführungen geschlossen das Lokal zu verlassen, worauf sie unten gleich verhaftet und größtenteils in die Munitionsfabrik gesteckt wurden. Darauf machten die Studenten Sprechchöre, daß sie ihre Studentinnen wiederhaben wollten, worauf auch die Studentenkompanie aufgelöst wurde und die armen Kerls teils postwendend wieder an die Front geschickt wurden. Die schönsten Küsse…

Samberger, Leo **(München)**

Eines Tages, es war der 16. Februar 1943, lag in meinem Briefkasten ein zum Brief gefaltetes Flugblatt. Ich habe es gelesen und meinen Augen nicht getraut: Hier war offen ausgesprochen, was alle Einsichtigen dachten. Ich war fasziniert von dem Inhalt und begeistert von dem Mut der tapferen Schreiber, die um einer hohen Idee willen so offensichtlich ihr Leben aufs Spiel setzten.

Auch waren in diesen Tagen allenthalben, vor allem an den Wänden der Hauptfront der Universität, über Nacht mit meterhohen Buchstaben in leuchtender Farbe die Worte »Freiheit« und »Nieder mit Hitler« aufgemalt worden – links und rechts vom Haupteingang der Universität besonders auffallend.

Nach wenigen Stunden war dort eine Kolonne von eifrigen Putzfrauen, unterstützt von übereifrigen Systemanhängern dabei, die Schrift zu beseitigen. Sie machten dies geschickterweise gerade so, daß sie den Buchstaben entlang die Farbe wegfegten, so daß die Schrift für lange Zeit zwar nicht mehr in Farbe, aber durch die Aufhellung der Striche als stilles Mahnmal zu sehen war, das Krieg und Niederlage überstand.

Scholl, Sophie 1921–1943 **München**

An Fritz Hartnagel

Mein lieber Fritz!

Noch einen kurzen Gruß, bevor ich wieder in meine Vorlesungen laufe. Ich hatte es Dir ja, glaube ich, schon geschrieben, daß ich zehn Tage daheim war, um dort zu helfen. Diese Tage, obwohl ich nicht viel zu meiner eigenen Beschäftigung komme, tun mir immer wohl, und wenn es nur deshalb wäre, weil mein Vater sich so freut, wenn ich komme, und sich wundert, wenn ich wieder gehe, und weil Mutter um so tausend Kleinigkeiten besorgt ist. Diese Liebe, die so umsonst ist, ist für mich etwas Wunderbares. Ich empfinde sie als etwas vom Schönsten, was mir beschieden ist.

Die 150 km, die zwischen Ulm und München liegen, verändern mich dann so rasch, daß ich selbst erstaunt bin. Ich werde von einem harmlosen ausgelassenen Kind zu einem auf sich gestellten Menschen. Doch dieses Alleinsein tut mir gut, wenn ich mich auch manchmal nicht so wohl darin befinde, weil ich doch von Menschen recht verwöhnt bin. Aber geborgen fühle ich mich erst dort, wo ich merke, daß eine selbstlose Liebe da ist. Und die ist doch verhältnismäßig selten.

Wie geht es Dir? Schon vierzehn Tage sind vergangen seit Deinem letzten Brief aus Stalino, und ich bin ein bißchen unsicher, wenn ich mich an Dich wende, weil ich nicht weiß, wie es um Dich steht, und welche Gefühle ich Dir entgegenbringen darf. Doch sei versichert, daß es immer die der Liebe und Dankbarkeit sind. Deine Sophie

Scholl, Hans 1918–1943 **München**

An Rose Nägele

Liebe Rose!

Dein letzter Brief hat mich traurig gemacht. Ich las ihn und sah Deine Tränen durch die Worte schimmern und kann sie nicht trocknen. Warum schreibst Du nur so? Lebe ich auch im steten Wechsel von Gestern zu Heute und Morgen, so bleibt doch die Schönheit des Vergangenen unberührt und ungemindert schön. Und ein Abglanz jenes vergangenen Sommers leuchtet bis in die Gegenwart hinein. Soll der Schatten der Traurigkeit dieses Licht auslöschen?

Heute muß ich so sein, wie ich bin. Ich bin äußerlich wie innerlich fern von Dir, aber niemals fremd. Noch nie war meine Achtung vor Deinem reinen Herzen größer als in diesen Tagen, da das Leben zu einer steten Gefahr geworden ist. Aber weil ich die Gefahr selbst gewählt habe, muß ich frei, ohne Bindung, dorthin steuern, wo ich es haben will. [...] Abgründe tun sich auf, tiefste Nacht umgibt mein suchendes Herz – aber ich stürze mich hinein. Wie groß ist das Wort Claudels: La vie, c'est une grande aventure vers la lumière.

Es wäre vielleicht gut, wenn wir in Zukunft in unseren Briefen uns nicht so sehr die Reflexionen unserer Herzen als unseres Verstandes mitteilen würden. Ich freue mich, wenn Du mir bald wieder schreibst.

Herzliche Grüße Hans

Söhngen, Josef 1894–1970 **(München)**

Dienstag, den 16.2.43, kam H[ans] S[choll] nochmals in ziemlicher Erregung zu mir und ließ mich das bereits fertiggestellte Flugblatt lesen. Ich glaubte einige Einwendungen gegen den Text machen zu müssen, aber er sagte mir, daß er nun nichts mehr ändern wolle und könne. Er hatte die Absicht, diese Blätter in den nächsten Tagen in der Universität zu verteilen, es war ihm aber nicht ganz klar, wie er es machen wollte, und ich beschwor ihn, es niemals in der Form, wie er es etwa meinte, vor den Türen der einzelnen Institute oder auf den Treppen oder der Garderobe in größerer Anzahl hinzulegen, da die Möglichkeit, daß er dabei beobachtet werde, viel zu groß sei. Ich bat ihn auch dringend, nichts mehr in dieser Form zu tun, die ihn allzusehr exponierte. Es müsse ein Weg gefunden werden, daß er etwas anonym bleibe. Er antwortete mir darauf, er sei vollkommen darüber orientiert, daß die Gestapo ihn strengstens verfolge und, wie ihn sein Gewährsmann dahin unterrichtete, seine Verhaftung in diesen Tagen erfolgen würde, dann müsse er noch einmal aktiv sein, ehe er unschädlich gemacht würde, er würde aber, das könne er mir auf das Bestimmteste versichern, nichts mehr in politischem Sinne unternehmen, das ihn so sehr belasten könnte wie seine bisherigen Pläne und

Absichten, und daß er sich wieder ganz seinem Studium und seinen Plänen widmen wolle.

Weisenborn, Margarete (Joy) *1914 **Gefängnis,**
An Günther Weisenborn Berlin-Charlottenburg

Mein Herzensjunge! Mein geliebter Pitt! Heute bekam ich endlich, endlich mal wieder Post von Dir, und gleich zwei Briefe, ich danke Dir ja so von Herzen. Und das liebe Bildchen aus Sorenbohm, es weckte so viele Erinnerungen an die herrliche Zeit. Denk Dir, da war man frei, man konnte einfach in einen Zug steigen und wieder aussteigen, wo man wollte! Oh, mein geliebter Junge, ich bin bei Dir immer, immer, immer. Ja, unsere Liebe besteht hier die Feuerprobe, und ich werde sie bestehen, da kannst Du gewiß sein! Mir geht es hier gut, komme auch jetzt öfter an die Luft, was das für mich bedeutet, kannst Du Dir denken. Du brauchst Dir also keine Sorge um mich zu machen. Es war ja so wunderbar, Dich noch mal gesehen zu haben, ich kann Dir heute sagen, daß ich damals krank vor Sehensucht nach Dir war, aber nun halte ich wieder eine Strecke des mühsamen Weges durch, immer mit der großen Hoffnung im Herzen, daß die Sonne auch für uns zwei einmal wieder scheinen muß, denn unsere Liebe steigt über alle Gitter hinaus. Ich mußte erst mal einige Wochen hier sein, darum habe ich noch nicht geschrieben, aber ich hoffe sehr, daß ich Dir jetzt jede Woche einmal schreiben darf. Deine Lieder sind mir immer wieder neu und ein großer Trost in dieser dunklen Zeit, was Du mir damit gibst, ahnst Du nicht! Ob es Dir gut geht? Ob Du Dich sehr einsam fühlst? Ich komme zu Dir, ich setze mich auf Deine Pritsche und lache Dich an. Nicht traurig sein, mein Pitt! Du wirst ja geliebt! Wollen wir eine Partie zusammen spielen? Warte, ich zünde mir ganz schnell ein Zigarettchen an! Ach, es sind keine da? Wie schade, ich sehne mich so danach. Aber wenn nicht, ich bin ja Kummer gewöhnt. Also, spielen wir! Was denn! Du bist schon matt? Mein armer, lieber Pitt, komm, dafür nehme ich Dich ganz lieb und fest in den Arm, und nun bist Du plötzlich nicht mehr »matt«, sondern ganz munter. Komm, wir lassen die olle Zelle allein, wir gehn jetzt etwas bummeln, wie denkst Du über Kino? Mein einzigster Junge, wann werden wir wohl in Barning sitzen, wann werden wir unter der großen Kastanie sitzen, und Klein-Michael und Klein-Joyken werden uns auslachen, weil wir uns so altmodisch liebhaben!? Wann? Wann? Wann? Ich kann es kaum erwarten. Aber es wird kommen der Tag, ganz bestimmt, ich glaube fest daran. Halte Dich gesund, was auch geschehe, mein Junge, ich bleib es auch. Der Frühling naht, und hier ist es so schön warm, nach der Kälte am Alex war das für mich wie ein Paradies. Ich muß Schluß machen. Der Brief soll fort, damit Du Dir keine Sorgen machst, ich werde durchhalten, und Du auch, nicht wahr? Was macht Camilla Horns Stück? Ist es fertig? Das Lied ist wunderschön, es paßt gut in das Stück. Mein Junge, mein Lieb, schnell noch einen innigen Kuß, und noch einen, ach, ich kann kein Ende finden, halt mich fest in Deinen starken Armen Dein gefangenes Joyken

Klöntsch, Herta, * 1916 (U-Gefängnis Berlin-Moabit)

Alle Tage waren gleich. Morgens aufstehen, Wasser in Empfang nehmen, waschen, Bett entwanzen, Zelle saubermachen. Die Waschschüssel mit Ziegelsteinpulver polieren, frühstücken, arbeiten. Mittag essen, Geschirr saubermachen, auf- und abgehen, fünf Schritte hin, fünf Schritte her, arbeiten. Abendessen, wieder einige Male fünf Schritte hin, fünf Schritte her, dann lesen. Ich befand mich in einem Zustand der Gleichgültigkeit, des Resignierens.

Zum Lesen kam ich per Zufall. Die Bücherkalfaktrice kam einfach in meine Zelle, weil meine Lieblingsbeamtin es so wollte. Sie meinte, die Gestapo hat bis jetzt nichts dafür oder dagegen gehabt, dann würde sie sicherlich auch weiterhin nichts dagegen haben. Es geschah auch wirklich nichts. Ich bekam jede Woche ein Buch, das ich mir aussuchen konnte. Es gab gute Bücher, nicht alles war Tendenz. Das Lesen tat mir gut, und ich grübelte nicht mehr so sehr.

Offensichtlich war mein Fall abgeschlossen. Ich wurde noch einmal zur Gestapo geholt, mußte was unterschreiben, und mir wurde ein knallroter Bogen ausgehändigt mit viel Geschriebenem. Das weiß ich: Tatbestand: Wehrkraftzersetzung. Darunter: Hat sich durch volkswidriges Verhalten außerhalb der Volksgemeinschaft gestellt. Unterzeichnet:

Heydrich.

Von meiner Beamtin hörte ich, so ein Schein könnte meine

nähere Zukunft verändern. Was wird, das war die Frage! Es hieß ja immer, ich würde zum Tode verurteilt. Dieser Schein aber bedeutete: KZ. Was ist besser, ein Ende mit Schrecken, oder ein Schrecken ohne Ende oder langsames Ende?

Der Anwalt durfte kommen, beschicken konnte er jedoch nichts. Keine Einsicht in die Akten. Es hieß, Hitler wollte diesen Mammutprozeß selber bearbeiten. Er war in dieser Zeit viel in Ostpreußen, wo er sein Hauptquartier hatte, auf einem Gut. Somit waren auch unsere Akten dort. Der Anwaltbesuch war immer eine Abwechslung, mehr nicht, denn sagen konnte er nicht viel, nur immer blabla, es waren stets zwei Uniformierte dabei. Höchstens: »Ihr Karl läßt Sie herzlichst grüßen.«

Bis überhaupt unser Prozeß stattfand, sah ich den Anwalt allerhöchstens zweimal. Das war, jedenfalls in der damaligen Zeit, für unsere politischen Fälle der notarielle Beistand.

Dann durfte ich allein in die Freistunde, eine halbe Stunde immer rund. Mal rechtsherum, mal linksherum. Dieser Alleingang dauerte nicht lange. Nicht genug Personal, Moabit quoll über.

Cwojdrak, Günther * 1924 — U-Gefängnis Munsterlager

Habe die letzte Nacht, frierend, ohne Decken, auf hartem Holz in einer zugigen, nur mangelhaft geheizten Zelle liegend, nicht schlafen können; bin in der dunklen, engen Einsamkeit umhergetappt. Heute morgen gab es einen Schluck lauwarmen »Kaffee«, ein Stück Brot hatte ich noch vom Abend.

Jetzt ist es später Nachmittag. Essen habe ich noch nicht wieder bekommen. Habe zu lesen versucht. Brief an meine Mutter, Selbstgespräch: an deine Liebe zu deinem Jungen glaube ich so felsenfest, wie ich an alles andere nicht glaube.

Ausgerechnet jetzt muß mir jenes lächerliche Lied einfallen: »Es geht alles vorüber…« Ja, alles geht einmal vorüber, wenn man eben nicht selbst vorübergeht.

Haulot, Arthur * 1913 — Dachau

Ein guter Tag, der jedoch schlecht endet: 37,5 Grad. Das Fieber ist wieder da. Scheiße!

Roman eines Schicksallosen

Aus dem Ungarischen von Christina Viragh
288 Seiten, DM 38.–. Rowohlt Berlin

DIE ZEIT IM BUCH, Wien
Der Roman eines Schicksallosen von Imre Kertész ist nicht der erste und wahrscheinlich auch nicht der letzte KZ-Roman … Er unterscheidet sich jedoch von anderen derartigen Romanen darin, daß er das Leben im Konzentrationslager aus einer ganz neuen Perspektive zeichnet, aus der eines 15jährigen Jungen als Ich-Erzähler … der dann nach Auschwitz, Buchenwald und Zeitz transportiert wird und ein Jahr im KZ verbringt. Nach vielen Heimsuchungen und einem längeren Aufenthalt in den Krankenstationen kehrt er nach Ungarn zurück.

Iris Radisch in DIE ZEIT
Die gutwillige Anpassung des jungen Auschwitzhäftlings an den Alltag des Grauens ist für den Leser, der alles besser weiß, eine Qual, widerspricht dieses biedermännische Weltvertrauen doch allen Hoffnungen auf Pathos, Läuterung und Analyse, für die Holocaustliteratur … üblicherweise zuständig ist. Die Versuche, das Geschehen im nachhinein nach Opfern und Tätern, Anklägern und Beklagten zu sortieren und nicht aus der, kunstvoll wiederhergestellten, Idiotie des Augenblicks zu erzählen, hält Kertész für ein zweites Vergehen an den Toten. Der Roman eines Schicksallosen *sollte keinen einzigen Satz von außen enthalten. Nur aus der Perspektive der natürlichen Dummheit des Menschen ist davon zu erzählen, wie Auschwitz möglich war …*

Der Autor:
Imre Kertész, 1929 in Budapest geboren, wurde 1944 nach Auschwitz deportiert und 1945 in Buchenwald befreit. Übersetzer von Freud, Nietzsche, Hofmannsthal, Canetti, Wittgenstein u.a. Die jahrzehntelange Arbeit an diesem Roman finanzierte er durch Unterhaltungsstücke für das Theater. Bei Rowohlt Berlin erschien *Kaddisch für ein nicht geborenes Kind, Ich ein anderer* und *Galeerentagebuch.*

Es gibt wohl keinen neuen Gefangenen, meine ich, der sich nicht zu Anfang ein wenig über diese Situation wunderte: so haben wir Jungen uns auf dem Hof, auf dem wir nach dem Bad endlich anlangten, zunächst noch lange gegenseitig betrachtet, angestaunt und hin und her gedreht. Dabei wurde ich auf einen anscheinend noch jungen Mann in meiner Nähe aufmerksam, der seine ganze Kleidung lange versunken und doch auch irgendwie zaghaft abtastete, als wollte er sich nur von der Qualität des Stoffes, gewissermaßen von seiner Echtheit überzeugen. Dann sah er auf, als wollte er gerade zu einer Bemerkung ansetzen, doch dann, als er um sich herum auf einmal nur noch solche Bekleidung erblickte, sagte er doch nichts – so war zumindest in dem Augenblick mein möglicherweise natürlich auch falscher Eindruck. Auch so, wie er jetzt war, kahlgeschoren und in einem wegen seines hohen Wuchses etwas zu kurzen Sträflingsanzug, erkannte ich ihn an seinem knochigen Gesicht als den Verliebten, der ungefähr eine Stunde zuvor – denn so viel Zeit mochte von unserer Ankunft bis zu unserer Verwandlung vergangen sein – das schwarzhaarige Mädchen nur unter solchen Schwierigkeiten losgelassen hatte. Etwas bereute ich hier aber sehr. Ich hatte zu Hause einmal aufs Geratewohl ein Buch vom Regal genommen, das, wie ich mich erinnere, etwas versteckt war und wer weiß wie lange schon ungelesen dort verstaubte. Es war von einem Gefangenen geschrieben, und ich hatte es dann nicht zu Ende gelesen, weil ich seinen Gedanken nicht so recht folgen konnte, und dann auch, weil die Personen schrecklich lange Namen hatten, meist sogar drei, die man sich nicht merken konnte, und schließlich, weil es mich überhaupt nicht interessierte, nun ja, und dann auch, weil mich vor dem Leben der Gefangenen ein bißchen schauderte: auf diese Weise war ich für den Bedarfsfall unvorbereitet geblieben. Ich habe mir von dem Ganzen nur gemerkt, daß der Gefangene, der das Buch geschrieben hat, sich angeblich an die erste, von ihm also weiter weg liegende Zeit der Gefangenschaft besser erinnern konnte als an die späteren, dem Zeitpunkt des Schreibens näher liegenden Tage. Das hielt ich damals für ein wenig zweifelhaft, sozusagen für eine Erfindung. Nun, ich glaube, er hat doch die Wahrheit geschrieben – auch ich erinnere mich nämlich am besten an den ersten Tag, tatsächlich, wenn ich's bedenke, genauer als an die folgenden. Zuerst fühlte ich mich irgendwie als Gast in der Gefangenschaft – was ja leicht erklärlich ist und im Grunde genommen der trügerischen Gewohnheit von uns allen, ja im Grunde der menschlichen Natur überhaupt entspricht, wie ich glaube. Der Hof, dieser grell von der Sonne beschienene Platz, wirkte ein wenig kahl, von Fußballplatz, Gemüsegarten, Rasen oder Blumen sah ich hier keine Spur. Alles in allem stand da nur ein schmuckloses, von außen an einen großen Schuppen erinnerndes Holzgebäude: offensichtlich unser Zuhause. Es zu betreten – so erfuhr ich – würde uns erst zur Zeit der Nachtruhe möglich sein. Davor und dahinter eine lange Reihe ähnlicher Schuppen, bis an den Horizont, und auf der linken Seite noch einmal genau die gleiche Reihe, immer mit regelmäßigen Abständen und Zwischenräumen vorn, hinten und an den Seiten. Dahinter die breite, blendende Landstraße – oder eben wieder eine solche Straße, denn auf dem Weg vom Bad hierher waren Straßen, Plätze und die gleichförmigen Gebäude in diesem ungeheuren, überall flachen Gelände nicht mehr im einzelnen auseinanderzuhalten gewesen, zumindest für meine Augen nicht. Dort, wo sich diese Ausfallstraße mit der zwischen den Schuppen verlaufenden Straße kreuzen mußte, hinderte eine spielzeugartige, sehr hübsche rotweiße Schranke am Weitergehen. Auf der rechten Seite hingegen der schon wohlbekannte stachelige Zaun, der, wie ich zu meiner Überraschung vernahm, mit elektrischem Strom geladen war, und tatsächlich, erst da entdeckte ich an den Betonpfeilern die vielen Porzellanhütchen, solche wie zu Hause an den elektrischen Leitungen oder Telegrafenmasten. Der elektrische Schlag – so wurde versichert – sei tödlich: im übrigen genüge es schon, wenn wir den losen Sand des schmalen, am Zaun entlanglaufenden Pfades beträten, um vom Wachtturm aus (sie zeigten darauf, und ich habe darin auch gleich erkannt, was ich von der Station aus für Hochsitze gehalten hatte) ohne jegliche Warnung erschossen zu werden – so warnten uns von allen Seiten eifrig und wichtigtuerisch diejenigen, die sich bereits informiert hatten. Schon bald ist dann die Freiwilligen-Truppe eingetroffen, mit großem Geklapper, unter dem Gewicht der ziegelroten Behälter fast zusammenbrechend. Davor war nämlich das Gerücht aufgekommen und sofort auf dem ganzen Hof aufgegriffen und des langen und breiten erörtert und verbreitet worden: »Bald gibt es eine warme Suppe!« Ohne Frage, auch ich fand es an der Zeit, aber diese vielen strahlenden Gesichter, diese Dankbarkeit, diese fast schon irgendwie kindlich wirkende Freude, mit der die Nachricht aufgenommen wurde, haben mich dann doch ein bißchen erstaunt: deshalb hatte ich wohl das Gefühl, sie galten gar nicht so sehr der Suppe, sondern eher irgendwie der Fürsorge an sich, nach all den vorangegangenen Überraschungen – wenigstens hatte ich dieses Gefühl. Auch war ich ziemlich sicher, daß die Nachricht von dem Mann, dem Gefangenen stammte, der hier gleich als Vorsteher, um nicht zu sagen Hausherr, aufgetreten war. Sein taillierter Anzug, ganz ähnlich dem des Häftlings im Bad, das jetzt schon ungewohnte Haupthaar, darauf eine Kopfbedeckung aus dickem dunkelblauem Filz, die man bei uns zu Hause »Baskenmütze« nannte, die schönen gelben Halbschuhe an seinen Füßen sowie eine rote Binde um seinen Arm machten seine Würde sofort erkennbar, und ich begriff: ich mußte den Spruch, den man mir zu Hause beigebracht hatte und der besagte, »nicht die Kleider machen den Menschen aus«, korrigieren. Ebenso trug er ein rotes Dreieck auf der Brust – auch das zeigte allen sofort, daß er nicht wegen seines Blutes, sondern lediglich wegen seiner Denkweise hier war, wie ich bald darauf erfahren habe. Zu uns war er, wenn auch vielleicht ein bißchen gemessen und kurz angebunden, so doch freundlich, und er erklärte auch gern alles Nötige, und daran fand ich damals auch gar nichts Besonderes, schließlich war er ja schon länger da – so dachte ich. Es war ein hochgewachsener, eher magerer Mann, mit einem etwas zerknitterten, etwas ausgemergelten, doch insgesamt sympathischen Gesicht. Ich habe auch beobachtet, daß er sich öfter ein wenig abseits hielt, und von weitem sah ich ein-, zweimal seinen irgendwie leicht befremdeten, verständnislosen Blick und in seinen Mundwinkeln so etwas wie ein, sagen wir, kopfschüttelndes Lächeln, als würde er sich ein bißchen über uns wundern, ich weiß nicht warum. Später hieß es, er komme aus der Slowakei. Einige von den Unseren sprachen seine Sprache und bildeten öfter eine kleine Gesellschaft um ihn.

Er selbst teilte uns die Suppe aus, mit einem komischen langstieligen Schöpflöffel, der mehr die Form eines Trichters hatte; zwei andere Männer, so eine Art Gehilfen, die ebenfalls nicht zu uns gehörten, händigten dazu rote Emaillenäpfe und zerbeulte Löffel aus – je einen für zwei Personen, da der Bestand knapp sei, wie sie uns mitteilten: weshalb das Geschirr – so fügten sie hinzu – sofort nach Gebrauch zurückzuerstatten sei. Nach einiger Zeit kam auch ich an die Reihe. Suppe, Napf und Löffel erhielt ich mit dem »Zierlederer« zusammen: ich war nicht gerade erfreut, da es noch nie meine Gewohnheit gewesen war, mit anderen zusammen aus ein und demselben Teller und mit ein und demselben Löffel zu essen, doch auch das, ich sah es ein, kann zuweilen im Bereich der Notwendigkeit liegen. Zuerst kostete er von der Suppe, dann reichte er sie sofort an mich weiter. Er machte ein etwas merkwürdiges Gesicht. Ich fragte ihn, wie die Suppe denn sei, aber er sagte, ich solle doch einfach mal probieren. Doch da sah ich schon, wie sich die Jungen ringsum teils entsetzt, teils prustend vor Lachen anschauten. Ich habe dann auch einen Löffel voll genommen und mußte finden, daß die Suppe in der Tat leider nicht eßbar war. Ich habe den »Zierlederer« gefragt, was wir machen sollten, und er hat gesagt, von ihm aus könne ich sie ruhig ausgießen. Zur gleichen Zeit ertönte von hinten eine heitere Stimme, die uns aufklärte: »Das ist sogenanntes *Dörrgemüse*«, sagte sie. Ich erblickte einen untersetzten, schon erfahrenen Mann, unter seiner Nase die weißliche Spur eines ehemaligen eckigen Schnurrbarts, das Gesicht voll wohlmeinenden Wissens. Es standen noch ein paar andere um uns herum, mit angewiderter Miene Napf und Löffel festhaltend, und ihnen erzählte er, daß er schon an dem früheren, dem gegenwärtigen vorangegangenen Weltkrieg teilgenommen hatte, und zwar als Offizier. »Da hatte ich genügend Gelegenheit«, so berichtete er, »dieses Essen gründlich kennenzulernen, und zwar im Kreis der deutschen Kameraden an der Front, mit denen wir uns damals gemeinsam schlugen« – so hat er es formuliert. Für ungarische Mägen sei solches gedörrtes Gemüse – so hat er mit einem irgendwie verständnisvollen, gewissermaßen nachsichtigen Lächeln hinzugefügt – natürlich ungewohnt. Doch er hat uns versichert, daß man sich daran gewöhnen könne, ja, seines Erachtens auch solle, da es viele »Nährstoffe und Vitamine« enthalte, wofür, so erklärte er, das Dörrverfahren und die Kundigkeit der Deutschen auf diesem Gebiet bürgten. »Und überhaupt«, bemerkte er mit erneutem Lächeln, »für den guten Soldaten ist das erste Gebot: alles essen, was es heute gibt, denn wer weiß, ob es auch morgen etwas geben wird«, das waren seine Worte. Und dann hat er tatsächlich seine Ration ausgelöffelt, gleichmäßig, ruhig, ohne eine Miene zu verziehen, bis zum letzten Tropfen. Meine Ration habe ich dann doch an der Barackenwand ausgeleert, so wie ich es von einigen Erwachsenen und Jungen gesehen hatte. Aber ich kam in Verlegenheit, weil ich von weitem den Blick unseres Vorstehers sah und besorgt war, daß es ihn vielleicht kränken könnte; doch es war da nur wieder dieser eigentümliche Ausdruck, dieses unbestimmte Lächeln auf seinem Gesicht, wie ich flüchtig festzustellen meinte. Ich habe dann das Geschirr zurückgebracht und dafür eine dicke Scheibe Brot erhalten, darauf eine weiße Masse, die einem länglichen Klotz aus dem Baukasten ähnelte und auch ungefähr so dick war: Butter – nein, Margarine, wie es hieß. Das habe ich dann verspeist, obgleich ich auch solches Brot noch niemals gesehen hatte: viereckig und als wären die Rinde und das Innere aus dem gleichen schwarzen Schlamm gebacken, mit Strohhalmen und Körnchen dazwischen, die unter den Zähnen knirschten; aber immerhin, es war Brot, und ich hatte auf der langen Reise schließlich doch Hunger bekommen. Die Margarine verstrich ich mangels eines besseren Werkzeugs mit dem Finger, so nach Robinsonart, gewissermaßen, im übrigen genau so, wie ich es bei den anderen gesehen hatte. Dann sah ich mich nach Wasser um, doch unangenehmerweise stellte sich heraus, daß es keines gab: ich war ganz schön ärgerlich, na, nun durften wir also wieder Durst haben, genau das gleiche wie in der Eisenbahn.

Zu dieser Zeit mußten wir, nun aber ganz ernsthaft, auf den Geruch aufmerksam werden. Es wäre schwer, ihn genau zu umschreiben: süßlich und irgendwie klebrig, auch das nun schon bekannte chemische Mittel darin, aber so, daß ich schon fast ein bißchen Angst hatte, das erwähnte Brot würde sich wieder in meiner Kehle zurückmelden. Es fiel uns nicht schwer festzustellen: ein Schornstein war der Sünder, auf der linken Seite, in Richtung der Landstraße, aber noch viel weiter weg. Es war ein Fabrikschornstein, das sah man gleich, und so haben es die Leute auch von unserem Vorsteher in Erfahrung gebracht, und zwar der Schornstein einer Lederfabrik, wie viele auch gleich wußten. Tatsächlich, da fiel mir wieder ein, wenn ich am Sonntag mit meinem Vater ein Fußballspiel in Újpest besucht hatte, war die Straßenbahn an einer Lederfabrik vorbeigekommen, und da mußte ich mir auch jedesmal die Nase zuhalten. Im übrigen – ging die Nachricht – würden wir zum Glück nicht in dieser Fabrik arbeiten müssen: wenn alles gut ging, wenn kein Typhus, keine Ruhr oder sonst eine Epidemie unter uns ausbrach, dann würden wir bald, so beruhigte man uns, zu einem freundlicheren Ort aufbrechen. Deshalb trügen wir auch auf den Kleidern, vor allem aber auch auf der Haut noch keine Nummer wie etwa unser Kommandant, der »*Blockälteste*«, wie man ihn jetzt schon nannte. Von dieser Nummer hatten sich übrigens viele mit eigenen Augen überzeugt: sie sei – so wurde verbreitet – mit grüner Tinte auf sein Handgelenk geschrieben und mit den Stichen einer besonderen Nadel unauslöschlich hineinpräpariert, eintätowiert, wie es hieß. Ungefähr zur gleichen Zeit ist mir auch der Bericht der freiwilligen Suppenholer zu Ohren gekommen. Auch sie hatten, in der Küche, die Nummern gesehen, und auch die waren Gefangenen, die schon länger hier weilten, in die Haut eingeritzt. Vor allem ging die Antwort von Mund zu Mund und wurde auf ihren Sinn hin untersucht und immer von neuem wiederholt, die ein Gefangener gegeben hatte, als einer unserer Leute wissen wollte, was das sei. »*Die himmlische Telefonnummer*«, soll angeblich dieser Gefangene gesagt haben. Wie ich sah, gab die Sache allen ziemlich zu denken, und obwohl ich aus diesen Worten nicht recht klug wurde, mußten sie auch mir, zweifellos, seltsam erscheinen. Auf jeden Fall haben die Leute daraufhin begonnen, sich um den Blockältesten und seine beiden Gehilfen zu scharen, hin und her zu laufen, sie auszufragen, mit Fragen zu belagern und das Erfahrene rasch untereinander auszutauschen, so zum Beispiel die Frage betreffend, ob es Epidemien gebe. »Ja«, lautete die Auskunft. Und was mit den Kranken geschehe. »Sie sterben.« Und mit den Toten? »Die werden verbrannt«, erfuhren wir. Genau besehen – so stellte sich allmählich heraus, ohne daß ich genau hätte verfolgen können, auf welchem Weg – war der Schornstein dort gar nicht wirklich eine Lederfabrik, sondern es war ein »*Krematorium*«, das heißt der Schornstein eines Einäscherungsofens, wie man mich über die Bedeutung des Wortes aufklärte. Da habe ich ihn mir noch etwas genauer angeschaut: es war ein gedrungener, eckiger Schornstein mit einer breiten Öffnung, oben wirkte er wie plötzlich abgeschlagen. Ich kann sagen, daß ich, abgesehen von einer gewissen Ehrfurcht – nun ja, und abgesehen vom Geruch, natürlich, in dem wir schon förmlich steckenblieben wie in irgendeinem Matsch, einem Sumpf – sonst nicht sehr viel spürte. Doch dann konnten wir zu unserer erneuten Überraschung in der Ferne noch einen, dann noch einen und dann, schon am Rand des leuchtenden Himmels, noch einen solchen Schornstein ausmachen, wobei aus zweien ähnlicher Rauch quoll wie aus dem unsrigen, und vielleicht hatten jene recht, denen auch die entfernten Rauchschwaden, die hinter einer Art kümmerlichem Wäldchen aufstiegen, allmählich verdächtig vorkamen und bei denen, meines Erachtens berechtigterweise, die Frage auftauchte, ob die Epidemie wohl solche Ausmaße habe, daß es so viele Tote gab.

Infanta

st 1872, 502 Seiten, DM 19.80.
Suhrkamp Verlag, Frankfurt/Main

NEUE RUHR ZEITUNG
Infanta *hat das Zeug zum Bestseller: Ein Liebesroman in zeitgeschichtlichem Ambiente, von Gewalten durchzogen, in einer sprachlichen Präzision, die den Leser in ihren Sog zieht. … die Geschichte der Liebe eines Mitteleuropäers zu einem phillippinischen Mädchen, angesiedelt in den Wirrnissen der letzten Regierungstage des Diktators Marcos … von Kurt Lukas, Photomodell und Held des Romanes, gibt es nur Hochglanz-Werbephotos. Er existiert nur als Oberfläche … Auf einer entlegenen Missionsstation in Infanta lernt er das Mädchen Mayla kennen. Die uralten Patres, denen sie als Köchin dient, bringen die beiden zusammen, um eine Liebe zu stiften, der sie selbst nicht mehr fähig sind … Doch erst als sie ein Kind erwartet, ist er fähig, sich dieser Liebe eine Zukunft zu denken …*

Werner Fuld in FRANKFURTER ALLGEMEINE ZEITUNG
Ein philosophischer Roman …? Keineswegs, aber ein intelligenter … Es ist ein spannendes Buch, das den Leser so in die Gegenwart der Erzählung hineinzieht, daß er die eigene Zeit vergißt. Etwas Selteneres läßt sich von einem deutschen Roman kaum sagen.

Der Autor:

© Alexander Beck

Bodo Kirchhoff wurde am 6. Juli 1948 in Hamburg geboren. Von 1959-1968 besuchte er ein Internat am Bodensee. Er wurde zu einem Weltreisenden: Amerika, Afrika, Asien und Südamerika. Dazwischen Studium der Pädagogik an der Johann-Wolfgang-Goethe-Universität. 1979 Promotion. Veröffentlichungen, dazwischen wieder Reisen in die USA und Mittelamerika. 1986-1988 Reisen auf die Philippinen, Zeuge des Bürgerkriegs und der Revolution. Vorstudien zu *Infanta.* 1989 Villa Massimo-Stipendium. Roman *Der Sandmann.* Reisen nach Australien und Somalia. Kirchhoff wohnt in Frankfurt.

In diesen Tagen, als in allen Straßen die Angst vor einem Gewaltausbruch wuchs, erhielt Augustin Post aus Infanta. Ein vielversprechend praller Umschlag war mit der letzten Luftfracht in die Hauptstadt gelangt; aufgrund der angespannten Lage wurden Flughäfen geschlossen.

Der Brief *z. Hd. des Novizen Augustin* war an das Priesterseminar der Gesellschaft Jesu adressiert und landete, im Zuge der internen Postverteilung, nach dem Mittagessen beim Empfänger. Augustin sah nur den Poststempel und die Frauenhandschrift, mit der sein Name geschrieben war, und entfernte sich ins Freie. Unter einem Nußbaum, wie sie rings um das Seminar wuchsen, brach er den Umschlag auf, und zum Vorschein kamen ein zweiter Umschlag, *An Mister Kurt Lukas*, sowie ein grauer Zettel. Alles vielversprechend Pralle befand sich in dem zweiten Umschlag, während auf dem Zettel in ermahnender Druckschrift folgendes stand: »Mein lieber Augustin, ich brauche Deine Hilfe. Ich bitte Dich, diesen Brief sofort zu überbringen. Lukas – ich weiß nicht, wie Du ihn genannt hast – ist bestimmt noch in der Stadt und wird in einem der großen Hotels wohnen. Du wirst ihn schon finden; ich danke Dir. M.« Dem schloß sich noch ein P. S. an. »Wenn Du meinen Brief überbracht hast, dann geh zu der Lebenden Mauer und reihe Dich mutig ein. Ich bete für alle, die dort ausharren.«

Augustin setzte sich unter den Baum. Er knüllte den Zettel und glättete ihn wieder, las die Zeilen noch einmal, studierte sie, ob etwas zwischen ihnen stehe, strich über die Schrift und roch am Papier. Der Schlagersänger in ihm hatte gehofft, ein halbverhülltes Liebesgeständnis zu erhalten, das er, Augustin der Vernünftige, dann seitenlang beantworten könnte. Mit brüderlichen Argumenten würde er Mayla jedes über Freundschaft hinausreichende Gefühl für ihn ausreden zugunsten einer wichtigeren Liebe, der zu dem Deutschen aus Rom. Augustin fühlte sich vor allem um diese Antwort gebracht. Wie gern hätte er schriftliche Beweise für seine selbstlose Haltung und erstaunliche Reife geliefert. Aber darauf legte sie offenbar keinen Wert; sie schloß ihn ja auch nur in ein Sammelgebet ein. Jedes ihrer wenigen Worte auf dem Zettel nagte an ihm. Wie viele vollkommen andere Worte mochte der eigentliche Brief enthalten; und warum war nicht er der richtige Empfänger? Warum war alles so verfestigt, obwohl das Leben auch anders sein konnte. So gelöst wie in den letzten Tagen.

Seit Beginn der Unruhen taumelte Augustin von einer Sensation zur nächsten. Überall boten ihm junge Frauen ihren Arm. Nirgends bändelte es sich leichter an als in Menschenketten. Über Maylas Appell an seinen Mut konnte er nur lächeln. Fast täglich fuhr er zu der Lebenden Mauer, um sich in ein Gewoge aus nackten Schultern, warmem Haar und weichen Hüften zu stürzen. Was für ein Segen, daß die neue demokratische Bewegung eine Bewegung der Frauen war. Der Novize hielt den Umschlag gegen die Sonne. Ihre Anrede schimmerte vielleicht durch das Papier, mein Liebster, mein Guter, mein Freund... Aber da war nichts zu erkennen, und er rätselte noch eine Weile. Leichter Wind kam auf. Kleine Zweige fielen aus dem Baum; einer landete in Augustins Schoß. Er griff nach ihm. Er spielte damit. Und zu seiner eigenen Überraschung bohrte er den Zweig wie ein Briefmesserchen durch den Umschlag. Da steckte er nun. Und halb in dem Gefühl von Sünde, halb in dem Bewußtsein, nur fortzusetzen, was er im Kreis der Alten begonnen hatte, das Studium einer Liebe, schlitzte der Novize den Umschlag der Länge nach auf.

Seine Hände zitterten, als er den Brief herauszog; alle Bögen glitten ihm aus den Fingern, der Wind trieb sie hierhin und dorthin. Augustin lief ihnen wie fortgewehten Geldscheinen nach. Während er sie aufhob, zählte er sie. Vierzehn Seiten hatte Mayla geschrieben und eins der Fotos beigelegt, die am Tag seines Abschieds gemacht worden waren – sie, ihr Geliebter und er – das Paar und sein Bote. Er sortierte die Blätter und wartete mit dem Lesen. Dieses sich Bremsen, hoffte er, verringere seine Sünde vielleicht oder gebe ihm Kraft, den Brief zurück in den Umschlag zu schieben. Doch dann sah er die Anrede, »Du, meine Liebe«, und seine Bedenken verflogen. Augustin las.

»Ich weiß nicht, wo Du jetzt gerade bist, ich weiß nur, Du bist nicht bei mir. Als wir uns das letzte Mal sahen, hatte ich Angst vor Dir. Du hast mich betrachtet wie ein Bild. Dich hat nicht mehr interessiert, wer ich bin, Dich hat nur noch interessiert, wem ich gehöre. Ich habe darüber nachgedacht. Ich gehöre mir; aber nur solange ich an uns beide denke. Und deshalb denke ich in jeder Minute an uns. Bischof De Castro hat mich gefragt, ob ich krank sei. Ich habe nein gesagt, doch war das gelogen. Denn ich vermisse Dich. Ich vermisse Deine Hände auf meinen Schultern. Ich vermisse Deine Stimme, die zu mir spricht. Ich vermisse Deinen Mund an meiner Stirn. Und ich stelle mir vor, wo Deine Hände gerade liegen und wer Deine Stimme jetzt hört und was Dein Mund gerade macht, während ich dies schreibe. Und würde alles geben, wenn wir uns nie begegnet wären, und alles, wenn ich Dich wiedersähe.

Was soll ich noch sagen? Ich weiß es nicht; dieser Brief war nicht meine Idee. Heute abend, als ich von der Arbeit kam, traf ich Wilhelm, und damit meine ich Gussmann, denn inzwischen nenne ich ihn so. Er trank mit unserem Totengräber Crisostomo Bier und war guter Stimmung, obwohl sein Husten immer ärger wird. Wir gingen dann ein Stück und gaben uns Mühe, nicht nur von Dir zu sprechen. Wilhelm hält Dich für einen verlorenen Sohn. Alles, was ihm fehlt, ist die Familie, sagte er und riet mir, Dir zu schreiben. Und nachdem wir uns getrennt hatten, lief ich nach Hause und begann sofort diesen Brief. Ich weiß nicht, wie lange ich schon so sitze. Ich weiß nur, daß ich mir meine nächsten Worte – die Worte, die gleich folgen – immer wieder überlege. Jedes zählt, denn jedes kann uns trennen. Ich habe eine Stunde bei Wilhelm gelegen, als Du noch hier warst. Ich erfüllte ihm seinen großen Wunsch. Wir umarmten uns. Es war ganz anders als zwischen Dir und mir, es gibt dafür kein Wort, das ich gebrauchen möchte. Bei unserer letzten Begegnung wollte ich Dir alles erzählen, aber Du hast mich gleichgültig angesehen. Da bin ich gegangen. Ich fürchtete, Du würdest nur Deinen Kopf schütteln und von mir denken, ich liebte jeden. Aber ich liebe nicht jeden. Nie habe ich jemanden geliebt wie Dich. Du bist so unerwartet in mein Leben gekommen, wie meine Familie aus meinem Leben herausgerissen wurde. Und würdest Du mir mitteilen, Du seist nach Rom zurückgekehrt, oder hörte ich gar nichts mehr von Dir, hätte ich noch einmal das Wichtigste verloren. Natürlich stelle ich mich auf diesen Schmerz langsam ein. Ich nehme ihn, so gut ich kann, vorweg. Das ist dann so, als säße ein Tier in meiner Brust und kratzte am Herzen; ich denke an Dich und bekomme kaum Luft, und das ist kein Bild. Es tut mir leid,

Dir das zu schreiben. Ich schäme mich, in Dich zu dringen. Darum berichte ich Dir nun von etwas anderem. Sie haben den Kommandanten erschossen, Du hast vielleicht davon gehört. Aber die Täter waren keine Rebellen, wie es in den Zeitungen heißt, sondern Privatsoldaten. Ich kann Dir das schreiben, denn es ist kein Geheimnis. Sollte jemand den Brief öffnen, bevor er Dich erreicht, wird er nur erfahren, was sich alle bei uns zuflüstern.«

Wie ein Chamäleon hatte Augustin die Farbe gewechselt; ziegelrot waren seine Wangen, auch wenn Mayla die Geheime Polizei meinte. Er war also nicht besser als diese Bande, er konnte nicht tiefer sinken. Er konnte nur weiterlesen und das Beste daraus machen.

»Father McEllis nimmt an, daß es Männer aus der Truppe des Ex-Gouverneurs waren; ich traf ihn auf dem Nachtmarkt. Man vermisse uns beide, sagte er. Es herrsche nun ein anderes Leben auf der Station. Ein stilleres. Father Horgan schlummere nur noch. Father Dalla Rosa lese tagelang oder führe Selbstgespräche vor der Bücherwand. Father Butterworth schreibe an irgend etwas, es sei allen schon unheimlich, man fürchte, an einem Roman, und der Superior krieche nur zu den Messen und Mahlzeiten aus seinen Beeten. Er selbst, sagte Father McEllis, lenke sich, wie immer, durch Wetterbeobachtung ab. Würdest Du nicht zurückkommen, könnte er sich nie verzeihen, daß er Dich und mich zusammengebracht habe – und Gussmann hätte seine Genugtuung. Der Name war kaum gefallen, da verabschiedeten wir uns, und ich war traurig. Ich kann hier mit keinem über Wilhelm reden, als würde ihn hier außer mir auch keiner kennen (er ist übrigens der einzige, der an Deine Rückkehr glaubt). Bis Mitte März sei er noch anzutreffen, läßt er Dir sagen. Ich weiß, er wird sterben. So wie ich weiß, daß ich weiterleben werde, auch wenn ich nichts mehr von Dir höre. Ich hatte einen Geliebten in Infanta; Du bist in mir, das sollte genügen. Manchmal glaube ich, Deinen Mund auf meinem Rücken zu spüren, und mir wird schwindlig. Seit mehreren Tagen geht das schon so, es dreht sich dann alles. Ich darf jetzt nicht mehr an Dich denken und muß den Brief beenden, ich weiß nur nicht, wie. Wie kann man aufhören zu lieben, bitte sag mir das. Was rätst Du mir? Soll ich einfach den Stift aus der Hand legen, aufstehen und hin- und her-

geben bis zum Morgen? Etwas Besseres fällt mir nicht ein, und darum werde ich es tun…«
Doch es folgten noch einige Seiten. Augustin schloß die Augen und versuchte ruhiger zu atmen. Das Herz war ihm in den Hals geschnellt. Erst als es wieder dort schlug, wo es hingehörte, las er weiter.

»Ein Tag und ein Abend sind vergangen, und ich schreibe erneut; je länger dieser Brief wird, je länger wirst Du an mich denken – ich weiß, daß Du beim Lesen an mich denken wirst, denn es geht ja nicht anders. Und Du müßtest es sogar, wenn inzwischen eine neue Frau neben Dir liegt. Natürlich stelle ich mich auch darauf ein. Ich möchte das nicht, aber es geschieht. Sobald ich nicht schlafe, sobald ich nicht arbeite, sobald ich diesen Brief an Dich unterbreche, kommen solche Gedanken. Sie zerstören etwas, ich kann nicht sagen, was. Und obwohl Du sie auslöst, bin ich der Zerstörer. Nicht Du denkst böse, sondern ich. Oder bin nicht ich es, die sich vorstellt, wie Du mich, umschlungen mit einer anderen, vergißt? Du streichelst sie unter den Armen, wie Du mich unter den Armen gestreichelt hast; verrate mir, wie man solche Gedanken vertreibt. Kennst Du die Geschichten von Menschen, die mit Phosphor bespritzt sind? Sie müssen bis zur Nase unter Wasser sein. Sobald sie auftauchen, brennen sie. Dieses Wasser ist mein Brief. Solange ich schreibe, denke ich, was ich will.

Ich liebe Dich, da steht es.

Was kann ich Dir sonst noch sagen? Tage ohne Dich vergehen rascher als Nächte ohne Dich; ich arbeite von früh bis spät. Zur Zeit erstelle ich eine Liste der Ärmsten im Ort. Wie sie heißen, wo man sie findet. Es gibt Menschen, die in Autoreifen leben, sogar eine schwangere Frau. Unanständige und arme Frauen sind hier oft ein und dasselbe, sagt man. Aber das stimmt nicht. Auch wenn es den Anschein hat. Du wirst das noch merken. Falls Du zurückkommst. Ich hoffe es. Ich will nicht einsam sein. Lieber denke ich nie mehr an Dich. Vergessen ist eine schwierige Sache, ich habe sie gelernt. Nur weiß ich nicht, ob etwas Schönes unvergeßlicher ist als etwas Schreckliches. Aber die Methode ist gewiß dieselbe – sich immer ungenauer erinnern. Wie findest Du das Foto? Du siehst älter aus als in Wirklichkeit. Und so, als seist Du allein auf dem Bild. Wenn ich das

Gefühl bekomme, Dich nie wieder zu sehen, werde ich es verbrennen. Und dabei denke ich gerade, Du könntest jeden Moment durch die Tür treten. Und denke das immer noch, während die Nacht langsam zu Ende geht. Liebster. Es wird Morgen, oder vielleicht ist es auch schon Morgen geworden, auf jeden Fall bist Du nicht durch die Tür getreten, und ich schreibe weiter und weiter und stelle mir vor, Du wirst es niemals lesen. Du hast das Land verlassen, und ich kenne Deine Adresse nicht. Ich weiß ja nur, Du wohnst in Rom. Und Rom, erzählten sich die Fathers oft, sei eine große Stadt mit vielen Gassen. Ich werde Dich also nie erreichen, wenn Du Dich nicht meldest. Wenn ich das ganz und gar begriffen habe, kann ich vielleicht wieder schlafen. Weißt Du, daß die Sonne bald aufgeht? Der Himmel ist schon nicht mehr so schwarz; Du kennst ja die schwarzen Nächte, die es hier gibt. Oder hast Du alles vergessen? Erinnere Dich an das Wetterleuchten, wenn plötzlich die Baumkronen auftauchen. Erinnere Dich an den Blick von Deinem Balkon, wenn die Morgensonne durch den Dampf aus dem Tal strahlt. Erinnere Dich an die winzigen Schatten am Mittag. Erinnere Dich an die glimmenden Feuerchen überall, wenn gegen Abend die Maisrösterinnen aus dem Boden wachsen, wie man sagt. Erinnere Dich an die Pfützen auf den Bananenblättern, nachdem es geregnet hat, und an das Summen der wilden Bienen im Garten. Erinnere Dich an die Spatzen in der Kirche, ihre schnellen Flüge zwischen den Pfeilern. Erinnere Dich an das Licht auf den Blechdächern, wenn ein Gewitter abzieht. An Wilhelms Laden mit den Heftchen, die an Schnüren hängen. Oder den Dom der Sterne. Daß mir all dies gleichgültig würde, wenn Du nicht zurückkehrst, davor habe ich Angst.

Jetzt wird es langsam hell. Nachher, um acht Uhr, bringe ich den Brief zur Post, dann kann er heute abend in Cagayan sein. Morgen mittag soll dort noch ein Flugzeug starten, und übermorgen könntest Du den Brief schon lesen. Wenn Augustin Dich findet. Seine Suche nach Dir ist sicher mit Kosten verbunden, vielleicht gibst Du ihm etwas Geld (zehn Dollar, würde ich vorschlagen). Augustin hat ja Spaß an Platten; er ist nicht gerade ein mönchischer Junge. Obwohl ich denke, daß er ein guter Priester wird. Nur etwas unglücklich, weil er nicht heiraten darf. Ich könnte ihn mir verheiratet vorstellen, und Du?

Aber wen frage ich das. Ich schreibe diesen Brief an mich selbst. Er wird an mich zurückgehen. Plötzlich, nach Monaten, liegt er ungeöffnet in meinem Postfach. Und dann weiß ich, daß Du sehr weit weg bist, ferner als der dunkle Pol. Kannst Du meine Schrift noch lesen? Wie ein aufgeschreckter Vogelschwarm die letzte Seite, nicht wahr? Ich schreibe jetzt im Gehen und denke, Du gehst neben mir. Wir gehen gemeinsam durch den Ort. Alle Leute grüßen uns, und wir grüßen zurück. Wir sind früh aufgestanden, weil wir in die Stadt fahren wollen. Wenn du möchtest, bleiben wir über Nacht, sagst Du zu mir, und baden morgen im Meer. Und ich antworte Dir, aber ich kann gar nicht schwimmen, und Du versprichst, es mir beizubringen. Und küßt mich ganz schnell. Und sagst, du mußt keine Angst haben, Schwimmen ist nur schwer, weil es so einfach ist, du darfst dabei nie denken, daß du schwimmst, das ist die Kunst, und ich drücke Deinen Arm und spreche Deinen Namen aus. Oh, Lukas, ich verliere meinen Verstand. Ich muß Schluß machen mit diesem Brief, sonst zerreiße ich ihn am Ende; außerdem erwartet mich der Bischof. Wo bist Du? Hörst Du mich? Noch ein einziger Satz. Hier ist meine Seele, suche mich hier. Mayla.«

Augustin biß die Zähne zusammen. Sein Mund war trocken, sein Haar war naß. Er faltete die vierzehn Seiten wieder, schob sie vorsichtig in den Umschlag zurück und wünschte, er hätte sie nie gelesen. Dem Leben hatte er Geheimnisse entrissen, die er mit keinem teilen konnte. Nur was ihn betraf, schien kein Geheimnis – ein nicht gerade mönchischer Junge war er also, mit Spaß an Platten; später als Priester zwar beliebt, aber unglücklich, wie Gussmann. Offenbar stand es nicht gut um ihn. Augustin sah auf. Der Nachmittagsunterricht fing bald an. Menschenkunde; Father Demetrio, zweimal fünfzig Minuten ex tempore ohne Punkt und Komma. Und während der ganzen Zeit dieser Blick hinter jede Stirn. Er würde ihm ansehen, daß er einen Brief geöffnet hatte. Ja, sogar wissen, von wem dieser Brief stammte und wie sehr er ihn noch immer bewegte. Demetrio hatte ihm ja auch auf den Kopf zu gesagt, man hat dich wegen öffentlichen Singens aus Infanta relegiert – aber gesungen hast du, weil du auf dem Weg zu den Frauen bist! Und natürlich würde er die Herausgabe des Briefs verlangen, von Einbruch in ein fremdes Seelenhaus sprechen und ihn zum Privatissimum bestellen. Zu einer jener Sitzungen, in der man auf jede verdeckte Schwäche und Neigung abgeklopft wurde, vom heimlichen Vergnügen in Menschenketten bis zum Genuß samenvermehrenden Senfs. Und von Baum zu Baum eilend wie ein Soldat unter Feuer, stahl sich Augustin vom Gelände. Vertrauen hatte er mißbraucht, was zählte da noch ein Schülervergehen. Er schob den Umschlag unters Hemd und knöpfte es, trotz feuchter Hitze, bis obenhin zu. Dann sprang er auf ein Jeepney, das in die Gegend der großen Hotels fuhr.

Hanna Krall

Existenzbeweise

Aus dem Polnischen von Esther Kinsky
72233, DM 15.–.
btb, München

Als Hardcover DM 38.–,
Verlag Neue Kritik, Frankfurt/Main

Karl-Markus Gauß in SÜDDEUTSCHE ZEITUNG
In Existenzbeweise *setzt sich die Autorin mit Menschen auseinander, die sich durch die grausamen Ereignisse der Kriegsjahre ihrer Identität nicht sicher sein können und daher verdammt sind, Beweise für ihre Existenz zu suchen. Es sind Menschen, die im Alter von fünfzig Jahren am Sterbebett ihrer Eltern erfahren, daß sie nicht deren leibliche Kinder sind. Irgendwann im Jahr 1942, da im Lande (Polen) der Holocaust exekutiert wurde, haben diese jetzt sterbenden polnischen Katholiken von einer jüdischen Frau, die auf dem Weg ins Ghetto, in die Züge der Vernichtung, zur Hinrichtungsstätte getrieben wurde, ein Kleinkind zugeschoben, zugeworfen bekommen – und dieses Kind angenommen, vor Verfolgung, verborgen, katholisch erzogen und behütet aufwachsen lassen …*

Katharina Döbler in DIE ZEIT
Wahre Geschichten geben nicht auf. Ihr dramaturgischer Aufbau ist im allgemeinen mangelhaft, und ihr glückliches oder unglückliches Ende hängt davon ab, wann man aufhört weiterzuerzählen … Das Buch Existenzbeweise *ist eine Sammlung von wahren Geschichten über Leute, die heute noch leben, obwohl einmal alle Wahrscheinlichkeit dagegen sprach. Damals – vor mehr als fünfzig Jahren – nahmen die Geschichten von wenigen, ganz wenigen, ein glückliches Ende …*

Die Autorin:
Hanna Krall wurde 1937 in Warschau geboren. Nach dem Studium der Publizistik arbeitete sie an einer Warschauer Zeitung. Für drei Jahre war sie in Moskau und arbeitete anschließend (bis 1981) für *Polityka.* 1992 Künstlerstipendium in Berlin; 1995 dreimonatiges Stipendium in Iowa. Bücher in Deutschland: *Unschuldig für den Rest des Lebens; Die Untermieterin; Legoland; Dem Herrgott zuvorgekommen; Tanz auf fremder Hochzeit;* alle im Verlag Neue Kritik, Frankfurt/Main.

Der Fuchspelz

Wir wohnten in einer Pension und verbrachten die Zeit mit leichten Wanderungen. Wir spazierten den Swider entlang, der in diesem Frühling tiefer und breiter war als gewöhnlich. Wir gingen sofort nach dem Frühstück hinaus, denn wir wollten den Trinkern zuvorkommen, die erst gegen Mittag aufwachten. Sie lagerten in den Wäldern der Umgebung, zwischen leeren Bierdosen und Imbißgläsern, Fetzen von Schnur und Plastikfolie.

Frau Miecia schien diesen Müll gar nicht wahrzunehmen. Mit ihren blauen heiteren Kinderaugen sah sie Gärten, Blumen und Korbsessel und sagte: »Die Veranda, die war da, auf der linken Seite. Da haben wir Poker gespielt. Können Sie glauben, daß ich dem Bildhauer Kuna bei einer Partie alles abgenommen habe?«

Die Veranda war vor siebzig Jahren an der Pension Szychowa gewesen, und Frau Miecia war jedes Jahr hierher gekommen. In Swidry spielte sie mit dem Bildhauer Kuna Poker, in Srodborów mit dem Anwalt Duracz Bebte, zu Silvester fuhr man nach Otwock zu den Góreckis. Sie nahmen tatsächlich fünfundzwanzig Zloty pro Tag, also fünf Mal mehr als andere Hoteliers, aber dafür servierten sie französische Sardinen und Rebhuhn mit Orangen.

Alle paar Tage besuchte sie Herr Waldemar, ihr Ehemann. Er kam nur kurz vorbei, denn er war immer noch als Geschäftsmann tätig. In der letzten Zeit dachte er viel über Kinderwagen nach. Er hatte gelesen, daß in Polen jährlich fünfhunderttausend Kinder zur Welt kommen, aber nur wenige Kinderwagen hergestellt werden. Man könnte sie aus Taiwan einführen und für Preise ab zwei Millionen verkaufen.

Ökonomisches Denken hatte Herr Waldemar in seiner Jugend vom Handelsrat der französischen Botschaft gelernt. Er muß gescheit gewesen sein, denn wenn der Rat zur Jagd nach Mexiko fuhr, vertraute er Herrn Waldemar die Leitung des ganzen Büros an.

Herr Waldemar hatte eine andere Frau heiraten sollen, und zwar Antonina Wajman. Ihr Vater hatte Anteile an sechzehn Zuckerfabriken und fuhr einen Citroen mit einer so fantastischen Federung, daß man sich darin wie in einer Wiege fühlte. Der

Hochzeitstermin wurde festgelegt, im Hotel Europejski ein Abendessen und Fahrkarten für die Hochzeitsreise nach Sevilla bestellt, aber dann kam Antoninas Bruder aus Oxford. Er sah sich den jungen Mann an und sagte drei Worte zu seiner Schwester: »Ich rate ab…« Sie gehorchte. Wajman beging unmittelbar nach dem Einmarsch der Deutschen Selbstmord. Antonina wurde auf der arischen Seite festgenommen. Trotz ihrer semitischen Schönheit hatte sie nicht zur Kenntnis genommen, daß Krieg war. Sie war nicht ins Ghetto gegangen. Sie wollte sich nicht verstecken. Sie wurde aus dem Restaurant »Simon und Stecki« abgeführt, jemand, keiner weiß wer, hatte die Polizei angerufen.

Ein halbes Jahr nach der abgesagten Hochzeit fuhr Herr Waldemar auf Urlaub, und in einem Tanzlokal in Jastarnia sah er Fräulein Miecia…

Als ich sie in der Pension in Swidry kennenlernte, waren sie siebenundfünfzig Jahre verheiratet.

Ich besuchte sie gern auf ihrem Zimmer, um englischen Tee zu trinken und Frau Miecias Geschichten zu hören, die immer heiter waren und mit einer Pointe schlossen.

»Silvester verbrachten wir in Otwock«, begann sie eines Nachmittags. »Wir tanzten die ganze Nacht, bis zum Mittagessen an Neujahr, erst am Abend fuhr Waldzio nach Hause, und ich blieb hier. Am Dreikönigstag schneite es. Innerhalb weniger Stunden waren Schneewehen entstanden und die Eisenbahngleise eingeschneit, wir waren von der ganzen Welt abgeschnitten. Wissen Sie, was mein Mann gemacht hat? Er kam mit dem Schlitten von Warschau, um mich zu beruhigen. ›Ich komme bestens zurecht, meine Liebste, wirklich bestens, bleib du hier und erhol dich.‹ Also blieb ich da und erholte mich, bis eine Bekannte anrief, die das Lokal Fregata führte. ›Sie erholen sich da in aller Ruhe in Otwock? Und der Herr Ingenieur kommt schon seit einer Woche jeden Abend zu uns, immer mit derselben Dame…‹ Ich ließ mir einen Schlitten kommen. In Falenica stieg ich in den Zug um. In Warschau ging ich zum Friseur. Merken Sie sich das«, setzte Frau Miecia in einem belehrenden Ton hinzu, »in solchen Situationen muß eine Frau ihre Haare immer gewaschen und gut frisiert haben… Ich rief sein Büro an und sagte ganz ruhig nur diese

Worte: ›Ich warte in der Fregata...‹«

Verträumt lauschte Herr Waldemar seiner Frau. Er griff nach seiner Brieftasche und zog ein Foto heraus. Es zeigte einen jungen Mann in karierten Pumphosen, mit kokett blinzelnden Augen. »Das bin ich«, sagte er. »Damals. Gefalle ich Ihnen?«

»Ja, sehr«, bekannte ich. »Aber was wurde aus dem Gespräch in dem Café?«

»Ein neuer Fuchspelz«, lachte Frau Miecia. »Von Apfelbaum. Wissen Sie, wer das war? Maurycy Apfelbaum, Marszalkowska 125, der eleganteste Kürschner in Warschau. Ein wunderschöner Silberfuchs, wenn ich ihn mir um die Schultern legte, fiel er bis auf die Knöchel...«

»Von Chowanczak«, warf Herr Waldemar ein und lehnte das Foto von dem Mann in Pumphosen an die Zuckerdose.

»Von Apfelbaum, mein Lieber«, versicherte Frau Miecia. »Du weißt doch, daß niemand so schöne Fuchspelze hatte wie er.«

»Miecia. Von Chowanczak. Den Apfelbaum gab es damals nicht mehr.«

»Ach ja...« überlegte sie. »Du hast recht. Den Apfelbaum gab es damals schon lange nicht mehr.«

Ich begriff, daß sich alles, was sie erzählten – die Romanzen, die Seitensprünge, die Schneewehen, der Fuchspelz –, während des Zweiten Weltkriegs abgespielt hatte.

Diese Erkenntnis beschäftigte mich einige Zeit.

Im Sommer wurde Frau Miecia krank. Sogar im Krankenhaus waren ihre Augen heiter und vertrauensvoll, sie erzählte von einer Pension, die sie in Miedzylesie entdeckt hatte, und versprach, daß wir dorthin fahren würden, sobald es ihr besser ginge.

Im Herbst rief ich an.

»Wissen Sie denn nicht, was sie angestellt hat?« In Herrn Waldemars Stimme hörte ich deutlich den Vorwurf. »Gestorben ist sie mir! Sie ist mir gestorben!«

»Und ich habe ihr gesagt«, erzählte er voll Wehmut, als ich ihn besuchte; »komm, ziehen wir nach Tahiti. 1939 hatte in ›Le Matin‹ eine französische Bank annonciert, die für achttausend Zloty auf Tahiti eine lebenslängliche Nutznießung garantierte. ›Miecia‹, flehte ich sie an, ›laß uns alles verkaufen. Laß uns dorthin gehen. Die Lufttemperatur dort fällt nie unter 18 Grad, winters und sommers, Tag und Nacht...‹ Und wissen Sie, was sie geantwortet hat? ›Zieht die Szychowa mit ihrer Pension dann auch um? Und der Schnee, was ist damit?‹ – Also sind wir nicht gefahren. Und sie ist mir gestorben.«

»Hat die französische Bank auf Tahiti denn Unsterblichkeit garantiert?« fragte ich, aber Herr Waldemar hörte nicht zu. Er stand auf. Er führte mich ins Zimmer seiner Frau und öffnete den Schrank.

Ich weiß. Es hört sich unglaubwürdig an, aber er nahm den Silberfuchspelz heraus.

»Meine Frau hat mich darum gebeten...«, sagte er. »Bitte nehmen Sie ihn zum Andenken...«

»Ich hätte lieber was von Apfelbaum«, bekannte ich. »Sie wissen doch, daß keiner schönere Fuchspelze hatte. . .« Und ich hing den Pelz schnell wieder zurück, denn ich fürchtete, Herr Waldemar würde sagen, wo sie ihn gekauft hatten, im Kaufhaus »Wola« zum Beispiel, und mir damit die Pointe verderben.

eweise

erblichkeit

chischen von Susanna Roth
6 Seiten, DM 16.90.
Fischer Taschenbuch Verlag, Frankfurt/Main

Als Hardcover DM 45.–,
Hanser Verlag, München

Uwe Brandner in PAN
Jahrelang war Milan Kundera ein Kultautor mit einer treuen, kleinen Fangemeinde. Mitte der achtziger Jahre erschien dann Die Unerträgliche Leichtigkeit des Seins. *Dieses Buch explodierte weltweit zum Bestseller, sein Titel wurde zum geflügelten Wort, seine Story verfilmt und zum Kinohit … Jetzt hat Kundera seinen neuen, sechsten Roman vorgelegt. Eine Abrechnung mit dem plötzlichen Ruhm? Auch das – hauptsächlich aber ein nachdenklicher Essay-Roman, der dem Leser Einblick in die Werkstatt des Schriftstellers gibt, um ihn dann zu verführen: sind doch der Kampf der Geschlechter und alle Tricks, die unter dem Deckmantel der Liebe angewendet werden, das eigentliche Thema dieses Autors. So deutlich wie in diesem Roman hat sich Milan Kundera bisher noch nie selbst dargestellt …*

Brigitte Habeer in SÜDDEUTSCHE ZEITUNG
… Doch Kundera betont in seinem traurig-klugen Roman, dessen von Susanne Roth in ein weiches Deutsch übertragener Ton nicht anders als schmerzlich-süß genannt werden kann, daß sterblich zu sein die elementarste menschliche Erfahrung ist. Der Mensch jedoch, Thema all seiner Bücher, versteht es nicht, sterblich zu sein, und wenn er gestorben ist, versteht er es erst recht nicht, tot zu sein.

Der Autor:
Milan Kundera, 1929 in Brünn geboren, ging 1975 ins Exil nach Frankreich, wo er seither lebt und publiziert. Seine Bücher wurden in alle Weltsprachen übersetzt. Im Hanser Verlag sind erschienen: *Die unerträgliche Leichtigkeit des Seins; Das Buch der lächerlichen Liebe; Die Kunst des Romans; Verratene Vermächtnisse; Die Langsamkeit; Der Scherz; Abschiedswalzer; Das Leben ist anderswo; Das Buch vom Lachen und Vergessen.* Die ersten fünf Titel sind ebenfalls als Taschenbücher bei S. Fischer Verlag erhältlich.

Die Frau mochte sechzig, fünfundsechzig Jahre alt sein. In einem Fitneß-Club im obersten Stock eines modernen Gebäudes, durch dessen breite Fenster man ganz Paris sehen konnte, beobachtete ich sie von einem Liegestuhl gegenüber dem Schwimmbecken aus. Ich wartete auf Professor Avenarius, den ich hier gelegentlich traf, um mit ihm zu plaudern. Doch der Professor kam nicht, und ich betrachtete die Dame; sie stand, bis zur Taille im Wasser, allein im Schwimmbecken und schaute zu dem jungen Bademeister in Shorts hinauf, der ihr das Schwimmen beibrachte. Er erteilte ihr Befehle: sie mußte sich mit beiden Händen am Beckenrand festhalten und tief ein- und ausatmen. Sie tat dies ernst und eifrig, und es war, als sei aus der Tiefe des Wassers eine alte Dampflokomotive zu hören (dieses idyllische, heute vergessene Geräusch, das sich für diejenigen, die eine Dampflokomotive nicht mehr kennen, nicht anders beschreiben läßt als das Schnaufen einer älteren Dame, die am Rand eines Schwimmbeckens laut ein- und ausatmet). Ich sah sie fasziniert an. Sie fesselte mich durch ihre rührende Komik (der Bademeister war sich dieser Komik ebenfalls bewußt, denn seine Mundwinkel zuckten immer wieder), bis mich ein Bekannter ansprach und meine Aufmerksamkeit ablenkte. Als ich die Frau nach einer Weile wieder beobachten wollte, war die Lektion beendet, die Frau ging am Becken entlang und am Bademeister vorbei hinaus, und als sie vier oder fünf Schritte von ihm entfernt war, drehte sie nochmals den Kopf, lächelte und winkte ihm zu. In diesem Augenblick krampfte sich mir das Herz zusammen. Dieses Lächeln, diese Geste gehörten zu einer zwanzigjährigen Frau! Ihre Hand schwang sich mit bezaubernder Leichtigkeit in die Höhe. Es war, als würfe sie ihrem Geliebten einen bunten Ball zu. Das Lächeln und die Geste waren, im Gegensatz zu Gesicht und Körper, voller eleganter Anmut. Es war die Anmut einer Geste, die in die fehlende Anmut des Körpers getaucht war. Die Frau mußte wissen, daß sie nicht mehr schön war, hatte es aber offenbar in diesem Augenblick vergessen. Mit einem bestimmten Teil unseres Wesens leben wir außerhalb der Zeit. Vielleicht wird uns unser Alter überhaupt nur in außergewöhnlichen Momenten bewußt, und wir leben die meiste Zeit alterslos. Jedenfalls wußte sie in dem Moment, als sie sich umdrehte, lächelte und dem jungen Bademeister zuwinkte (der sich nicht mehr zurückhielt und herausprustete), nichts von ihrem Alter. Eine von der Zeit unabhängige Essenz ihrer Anmut hatte sich für einen Augenblick in einer Geste offenbart und mich geblendet. Ich war auf merkwürdige Weise gerührt. Und vor mir tauchte das Wort Agnes auf. Ich habe nie eine Frau mit diesem Namen gekannt.

In wohligem Halbschlaf liege ich im Bett. Schon um sechs Uhr greife ich im ersten leichten Erwachen nach dem kleinen Transistorradio, das neben meinem Kopfkissen steht, und schalte es ein. Es werden gerade Nachrichten gesendet, ich bin noch nicht in der Lage, die einzelnen Worte zu unterscheiden und schlummere wieder ein, so daß sich die Sätze der Sprecher in Träume verwandeln. Das ist die schönste Phase des Schlafs und der herrlichste Moment des Tages: dank des Radios genieße ich mein wiederholtes Einschlummern und Aufwachen, diese wunderbare Schaukel zwischen Wachsein und Schlaf, die für sich schon ausreicht, um die Geburt in diese Welt nicht zu bedauern. Träume ich es nur, oder bin ich tatsächlich in der Oper und sehe zwei Sänger in Ritterkostümen, die die Wettervorhersage singen? Warum singen sie nicht von der Liebe? Und dann wird mir bewußt, daß es Sprecher sind, die jetzt nicht mehr singen, sondern einander scherzend ins Wort fallen: »Der Tag wird heiß und schwül sein, mit Gewittern«, sagt der erste, und der zweite unterbricht kokett: »Wirklich?« Die erste Stimme antwortet ebenso kokett: »Mais si. Tut mir leid, Bernard. So ist es, und wir werden es ertragen müssen.« Bernard lacht laut und sagt: »Das ist die Strafe für unsere Sünden.« Und die erste Stimme: »Warum, lieber Bernard, sollte ich für deine Sünden büßen?« In diesem Moment lacht Bernard noch lauter, um den Zuhörern zu verstehen zu geben, um welche Art von Sünde es sich handelt, und ich verstehe ihn: es gibt eine einzige tiefe Sehnsucht in unserem Leben: Die ganze Welt soll uns für große Sünder halten! Mögen unsere Laster mit Platzregen, Stürmen und Orkanen verglichen werden! Wenn der Franzose heute den Regenschirm über seinem Kopf aufspannt, muß er sich an Bernards zweideutiges Lachen erinnern und ihn beneiden. Ich drehe weiter zum nächsten Sender in der Hoffnung, interessantere Vorstellungen für das sich nähernde Einschlafen herbeizurufen. Doch auch dort kündigt eine Frauenstimme an, daß der Tag heiß und schwül sein wird, mit Gewittern, und ich bin froh, daß wir in Frankreich so viele Radiosender haben und man auf allen Wellenlängen zur gleichen Zeit immer gleich über das gleiche redet. Eine harmonische Verbindung von Uniformität und Freiheit, was könnte die Menschheit sich Besseres wünschen? Und so drehe ich den Knopf wieder dorthin zurück, wo Bernard eben gerade seine Sünden präsentiert hat, doch statt Bernard höre ich eine andere Stimme etwas über den neuen Typ der Marke Renault singen, ich drehe weiter, und ein Frauenchor preist einen Ausverkauf von Pelzmänteln, ich kehre zu Bernard zurück, vernehme noch die letzten beiden Takte der Hymne auf den Renault, und gleich darauf spricht wieder Bernard selbst. Mit singender, die eben ausgeblendete Melodie nachahmender Stimme verkündet er, daß eine neue Biographie über Ernest Hemingway erschienen sei, die einhundertsiebenundzwanzigste, die diesmal aber wahrlich sehr bedeutend sei, da aus ihr hervorgehe, daß Hemingway sein Leben lang kein wahres Wort gesagt habe. Er habe die Zahl der Verletzungen aus dem Ersten Weltkrieg übertrieben und vorgegeben, ein großer Verführer zu sein, obwohl er im August 1944 und nochmals ab Juli 1959 nachweislich absolut impotent gewesen sei. »Ach tatsächlich?« lacht die zweite Stimme, und Bernard antwortet kokett: »Mais si…«, und wieder sind wir alle auf einer Opernbühne, sogar der impotente Hemingway ist dabei, und eine sehr ernste Stimme erzählt plötzlich von einem Gerichtsprozeß, über den sich in den vergangenen Wochen ganz Frankreich aufgeregt hat: im Laufe einer völlig harmlosen Operation starb eine Patientin infolge einer falsch durchgeführten Narkose. In diesem Zusammenhang machte eine Organisation, die ihren Zweck darin sieht, jene zu schützen, die sie ›Verbraucher‹ nennt, den Vorschlag, in Zukunft alle Operationen zu filmen und zu archivieren. Nur so, behauptet diese ›Verbraucherschutz-Organisation‹, sei es möglich, einem auf dem Operationstisch gestorbenen Franzosen zu garantieren, daß ihn ein Gericht gebührend rächen werde. Dann schlafe ich wieder ein.

Als ich aufwache, ist es schon fast halb neun, und ich stelle mir Agnes vor. Sie liegt wie ich in einem breiten Bett. Die rechte Seite ist leer. Wer mag ihr Mann sein? Offensichtlich jemand, der am

Samstagmorgen früh aus dem Haus geht. Darum ist sie allein und kann wohlig zwischen Erwachen und Träumen hin und her schaukeln.

Dann steht sie auf. Ihr gegenüber steht der Fernseher wie ein Storch auf einem langen Bein. Sie wirft ihr Nachthemd darüber, das den Bildschirm verdeckt wie ein weißer, plissierter Vorhang. Jetzt steht sie direkt vor dem Bett, und ich sehe sie zum ersten Mal nackt, Agnes, die Heldin meines Romans. Ich kann die Augen nicht von dieser schönen Frau abwenden, und sie, sie geht, als spüre sie meinen Blick, ins Nebenzimmer, um sich anzuziehen.

Wer ist Agnes?

Wie Eva aus einer Rippe Adams stammt und Venus aus dem Schaum des Meeres geboren wurde, so ist Agnes aus der Geste jener sechzigjährigen Dame entstanden, die dem Bademeister am Schwimmbecken zugewunken hat und deren Züge in meiner Erinnerung bereits verblassen. Diese Geste rief damals in mir eine grenzenlose, unverständliche Wehmut wach, und aus dieser Wehmut wurde die Frauenfigur geboren, die ich Agnes nenne.

Ist aber der Mensch, und eine Romanfigur vielleicht noch mehr, nicht als einzigartiges, unwiederholbares Wesen definiert? Wie ist es also möglich, daß eine Geste, die ich an einem Menschen A gesehen habe, die mit ihm verbunden war, ihn charakterisierte und seinen persönlichen Charme ausmachte, zugleich zum Wesen eines Menschen B und meiner Träume von ihm wird? Das ist eine Überlegung wert:

Wenn von dem Moment an, da der erste Mensch auf der Erdkugel erschienen ist, ungefähr achtzig Milliarden Menschen über die Erde gegangen sind, ist es wenig wahrscheinlich, daß jeder einzelne über ein eigenes Repertoire an Gesten verfügt. Das ist arithmetisch unmöglich. Zweifellos gibt es auf der Welt viel weniger Gesten als Individuen. Diese Feststellung führt uns zu einem schockierenden Schluß: die Geste ist individueller als ein Individuum. Man könnte dies auch auf die Formel bringen: viele Menschen, wenige Gesten.

Als ich eingangs von der Dame am Schwimmbecken sprach, habe ich gesagt, daß sich »eine von der Zeit unabhängige Essenz ihrer Anmut einen Augenblick lang in dieser Geste offenbart und mich geblendet« hat. Ja, so hatte ich es in jenem Moment gesehen, aber ich habe mich geirrt. Jene Geste hatte nicht eine Essenz der Dame enthüllt, man könnte eher sagen, die Dame habe mich die Anmut einer menschlichen Geste erkennen lassen. Denn eine Geste läßt sich weder als Ausdruck des Individuums noch als dessen Schöpfung betrachten (kein Mensch kann eine vollkommen originelle und nur zu ihm gehörende Geste kreieren), ja nicht einmal als dessen Instrument; im Gegenteil: es sind die Gesten, die uns als ihre Instrumente, ihre Träger, ihre Verkörperungen benutzen.

Agnes war angekleidet und ging in die Diele, hielt dort einen Augenblick inne und lauschte. Aus dem Nebenzimmer waren undeutlich Geräusche zu hören, aus denen sie schloß, daß ihre Tochter gerade aufgestanden war. Als wollte sie eine Begegnung mit ihr vermeiden, beschleunigte sie ihre Schritte und ging hinaus ins Treppenhaus. Sie betrat den Aufzug und drückte auf den Knopf, der das Erdgeschoß bezeichnete. Statt sich in Bewegung zu setzen, begann der Aufzug zu zucken wie jemand, der vom Veitstanz befallen ist. Es war nicht das erste Mal, daß er sie mit seinen Launen überraschte. Einmal fuhr er hinauf, wenn sie hinunterfahren wollte, ein andermal weigerte er sich, die Tür zu öffnen und hielt sie eine halbe Stunde lang gefangen. Sie hatte das Gefühl, als wollte er etwas mit ihr besprechen, ihr mit den primitiven Mitteln eines stummen Tieres etwas mitteilen. Sie hatte sich bereits mehrmals bei der Concierge beschwert, da er sich aber den anderen Mietern gegenüber korrekt und normal verhielt, erklärte die Concierge Agnes‘ Kampf mit dem Aufzug zu deren Privatsache und widmete ihr keine weitere Aufmerksamkeit. Diesmal blieb Agnes nichts anderes übrig, als zu Fuß nach unten zu gehen. Kaum hatte sie die Tür des Aufzugs geschlossen, kam er zur Ruhe und fuhr hinter ihr her.

Samstag war für Agnes der anstrengendste Tag der Woche. Paul, ihr Mann, ging noch vor sieben aus dem Haus und aß dann mit einem seiner Freunde zu Mittag, während sie den freien Tag nutzte, um sich Tausender von Pflichten zu entledigen, die viel unangenehmer waren als die Büroarbeit unter der Woche: sie ging zur Post, um sich dort eine halbe Stunde lang in der Schlange die Füße zu vertreten, kaufte im Supermarkt ein, wo sie sich mit einer Verkäuferin stritt und ihre

Zeit mit Warten vor der Kasse vergeudete, sie rief den Installateur an und bat ihn inständig, genau zur vereinbarten Zeit zu kommen, damit sie seinetwegen nicht einen ganzen Tag zu Hause bleiben mußte. Zwischendurch versuchte sie, wenigstens kurz in die Sauna zu gehen, wohin sie während der Woche nie kam; und das Ende des Nachmittags verbrachte sie mit Staubsauger und Staubtuch, denn die Putzfrau, die freitags kam, arbeitete immer schlampiger.

Dieser Samstag jedoch unterschied sich von anderen Samstagen: es waren genau fünf Jahre her, daß ihr Vater gestorben war. Vor ihren Augen tauchte eine Szene auf: der Vater sitzt über einem Häufchen zerrissener Fotografien, und Agnes' Schwester schreit ihn an: »Wie kommst du dazu, Mamas Fotos zu zerreißen!« Agnes verteidigt den Vater, und die beiden Schwestern streiten sich in einem plötzlichen Anflug von Haß.

Sie setzte sich ins Auto, das vor dem Haus geparkt war.

Ein Aufzug brachte sie in den obersten Stock eines modernen Gebäudes, in dem, mit Aussicht auf Paris, ein Fitneß-Club mit Gymnastikraum, einem großen Schwimmbecken, einem Bassin für Unterwasser-Massagen, einer Sauna und einem türkischen Dampfbad untergebracht war. In der Garderobe dröhnte Rockmusik aus den Lautsprechern. Vor zehn Jahren, als sie zum ersten Mal hierher gekommen war, hatte der Fitneß-Club nur wenige Mitglieder und es herrschte Ruhe. Dann wurde umgebaut, von Jahr zu Jahr mehr modernisiert: immer mehr Glas und Leuchtkörper, immer mehr künstliche Blumen und Kakteen, immer mehr Lautsprecher, immer mehr Musik und auch immer mehr Kunden, die sich dazu noch verdoppelten, seit es die riesigen Spiegel gab, mit denen die Verwaltung eines Tages alle Wände des Gymnastikraums hatte verkleiden lassen.

Sie ging im Umkleideraum zu ihrem Schrank und begann sich auszuziehen. In nächster Nähe unterhielten sich zwei Frauen miteinander. Die eine beschwerte sich mit ruhiger, bedächtiger Altstimme darüber, daß ihr Mann alles auf dem Boden herumliegen lasse: Bücher, Socken, Zeitungen und sogar Streichhölzer und Pfeife. Die andere, ein Sopran, sprach doppelt so schnell; die französische Gewohnheit, die letzte Silbe des Satzes eine Oktave höher auszusprechen, ließ ihre Intonation dem entrüsteten Gegacker eines Huhns ähneln: »Du enttäuschst mich! Das ärgert mich! Du enttäuschst mich! Das mußt du ihm klarmachen! Das darf er sich nicht erlauben! Das ist dein Haushalt! Das mußt du ihm klarmachen! Der kann nicht einfach machen, was er will!« Und als würde sie leiden unter der Diskrepanz zwischen der Freundin, deren Autorität sie anerkannte, und dem Mann, den sie liebte, erklärte die andere melancholisch: »Er ist nun mal so. Er hat schon immer alles auf den Boden geworfen.« Darauf die andere: »Dann soll er damit gefälligst aufhören! Das ist dein Haushalt! Das darf er sich nicht erlauben! Das mußt du ihm klarmachen!«

Agnes beteiligte sich nicht an solchen Unterhaltungen; sie sprach nie schlecht über Paul, obwohl sie wußte, daß andere Frauen darüber manchmal befremdet waren. Sie drehte sich nach der hohen Stimme um: es war ein sehr junges Mädchen mit blondem Haar und engelhaftem Gesicht.

»Nein, nein! Du mußt wissen, daß du im Recht bist! So kann man sich einfach nicht benehmen!« fuhr der Engel fort, und Agnes bemerkte, daß die Frau bei diesen Worten den Kopf mit raschen Bewegungen von links nach rechts und wieder von rechts nach links warf und gleichzeitig Schultern und Augenbrauen in die Höhe zog, als wollte sie verärgert ihrer Verwunderung Ausdruck verleihen, daß jemand sich weigerte, die Menschenrechte ihrer Freundin anzuerkennen. Agnes kannte diese Geste: genauso schüttelte ihre Tochter Brigitte den Kopf und zog dabei Augenbrauen und Schultern in die Höhe.

Sie schloß den Schrank ab und ging durch die Schwingtür in eine geflieste Halle, wo auf der einen Seite die Duschen waren und auf der anderen eine Glastür zur Sauna führte. Dort saßen mehrere Frauen auf Holzbänken dicht nebeneinander. Einige waren in sonderbare Anzüge aus Plastik gepackt, die um ihren Körper herum (oder um bestimmte Körperteile, meist Bauch und Hintern) eine luftdichte Hülle bildeten, was sie noch mehr schwitzen ließ und sie glauben machte, schneller abzunehmen.

Sie kletterte auf die oberste Bank, wo noch Platz war, lehnte sich an die Wand und schloß die Augen. Zwar drang der Lärm der Musik nicht bis hierher, doch das Gerede der Frauen, die alle durcheinandersprachen, war nicht weniger laut. Eine ihr unbekannte junge

Frau betrat die Sauna und begann schon auf der Schwelle, alles zu organisieren: sie zwang die Frauen, näher zusammenzurücken, um einen Platz beim Ofen zu bekommen, dann beugte sie sich zum Krug hinunter und goß Wasser auf den Ofen. Zischend stieg heißer Dampf auf, und die Frau, die neben Agnes saß, schnitt vor Schmerz eine Grimasse und bedeckte mit den Händen das Gesicht. Die Unbekannte registrierte dies und verkündete »Ich mag heißen Dampf; dann spüre ich wenigstens, daß ich in der Sauna bin«. Sie drückte sich zwischen zwei nackte Leiber und fing sofort an, über eine Fernsehdiskussion vom Tag zuvor zu reden, zu der ein berühmter Biologe eingeladen war, der gerade seine Memoiren veröffentlicht hatte. »Er war phantastisch«, sagte sie.

Eine andere Frau fügte beipflichtend hinzu: »O ja! Und so bescheiden!«

Die Unbekannte sagte: »Bescheiden? Haben Sie nicht bemerkt, daß dieser Mensch ungemein stolz ist? Aber mir gefällt dieser Stolz! Ich verehre stolze Menschen!« Und sie wandte sich an Agnes: »Ist er Ihnen auch stolz vorgekommen?«

Agnes sagte, sie habe die Sendung nicht gesehen, und als sähe die Unbekannte darin eine unausgesprochene Meinungsverschiedenheit, wiederholte sie sehr laut, während sie Agnes in die Augen schaute: »Ich verachte Bescheidenheit! Bescheidenheit ist Heuchelei!«

Agnes zuckte mit den Schultern, und die Unbekannte fuhr fort: »In der Sauna muß ich die Hitze richtig spüren. Ich muß anständig schwitzen. Aber dann muß ich unter die kalte Dusche. Kalt duschen, das finde ich göttlich! Ich verstehe die Leute nicht, die sich nach der Sauna unter eine warme Dusche stellen! Übrigens dusche ich morgens auch zu Hause nur kalt. Warme Duschen finde ich ekelhaft.«

Bald konnte die Frau kaum mehr atmen, und nachdem sie nochmals wiederholt hatte, wie sehr sie Bescheidenheit haßte, stand sie auf und ging.

Auf einem der Spaziergänge, die Agnes als Kind mit ihrem Vater gemacht hatte, hatte sie ihn einmal gefragt, ob er an Gott glaube. Der Vater hatte geantwortet: »Ich glaube an den Computer des Schöpfers.« Diese Antwort war so merkwürdig, daß sie dem Kind in

Erinnerung blieb. Merkwürdig war nicht nur das Wort Computer, sondern auch das Wort Schöpfer: der Vater sagte nie Gott, sondern immer Schöpfer, als wollte er die Bedeutung Gottes einzig und allein auf die Leistung eines Ingenieurs reduzieren. Der Computer des Schöpfers: wie aber kann sich der Mensch mit einem Computer verständigen? Agnes fragte den Vater also, ob er bete. Er sagte: »Da könnte man ja genauso zu Edison beten, wenn eine Glühbirne zu brennen aufgehört hat.«

Agnes sagte sich: Der Schöpfer hat eine Diskette mit einem detaillierten Programm in den Computer gelegt und ist weggegangen.

Daß Gott die Welt schuf und sie dann den verlassenen Menschen überließ, die in eine Leere ohne Echo sprechen, wenn sie sich an ihn wenden, dieser Gedanke ist nicht neu. Es ist aber nicht das gleiche, ob wir vom Gott unserer Vorfahren verlassen worden sind, oder vom Gott, der den kosmischen Computer erfunden hat. An Stelle des letzteren steht nämlich ein Programm, das sich in dessen Abwesenheit unaufhaltsam erfüllt, ohne daß irgend jemand auch nur das Geringste daran ändern könnte. Den Computer programmieren: das bedeutet nicht, daß die Zukunft von vornherein im Detail geplant ist, daß ›dort oben‹ alles geschrieben steht. Im Programm war zum Beispiel nicht enthalten, daß im Jahre 1815 die Schlacht bei Waterloo stattfinden und die Franzosen sie verlieren würden, sondern lediglich, daß der Mensch von Natur aus aggressiv ist, daß der Krieg ihm bestimmt ist und der technische Fortschritt diesen Krieg immer schrecklicher werden läßt. Alles andere hat vom Standpunkt des Schöpfers aus keine Bedeutung und ist bloß ein Spiel von Variationen und Permutationen eines allgemeinen Programms, das nicht prophetische Vorwegnahme der Zukunft ist, sondern nur eben die Möglichkeiten eingrenzt, innerhalb derer alle Macht dem Zufall überlassen bleibt.

So war es auch mit dem Projekt Mensch. Im Computer waren keine Agnes und kein Paul programmiert, sondern nur ein ›Mensch‹ genannter Prototyp, nach dessen Muster zahllose Exemplare entstanden sind, Ableitungen des ursprünglichen Modells, die kein individuelles Wesen haben. Ebensowenig wie ein einzelner Wagen der

Marke Renault eines hat. Sein Wesen liegt außerhalb seiner selbst, im Archiv des Hauptkonstruktionsbüros. Die einzelnen Wagen unterscheiden sich nur durch die Herstellungsnummer. Die Herstellungsnummer des menschlichen Exemplars ist das Gesicht, eine zufällige, unwiederholbare Zusammenstellung von Gesichtszügen. Darin spiegelt sich weder der Charakter, noch die Seele, noch das, was wir das Ich nennen. Das Gesicht ist nur die Nummer des Exemplars.

Agnes dachte an die Unbekannte, die vor einer Weile verkündet hatte, sie hasse warme Duschen. Sie war gekommen, um alle anwesenden Frauen davon in Kenntnis zu setzen, daß sie 1) Hitze in der Sauna mochte, 2) Stolz verehrte, 3) Bescheidenheit verachtete, 4) kalte Duschen liebte, 5) warme Duschen haßte. Mit diesen fünf Strichen hatte sie ihr Selbstportrait gezeichnet, durch diese fünf Punkte hatte sie ihr Ich definiert und es allen dargeboten. Und sie hatte es nicht bescheiden getan (sie hatte ja gesagt, daß sie Bescheidenheit nicht ertrage!), sondern militant. Sie hatte leidenschaftliche Wörter verwendet, ich verehre, ich verachte, ich finde es ekelhaft, als wollte sie hervorheben, daß sie bereit wäre, für jeden einzelnen dieser fünf Striche des Portraits, für jeden einzelnen dieser fünf Punkte der Definition in den Kampf zu ziehen.

Weshalb diese Leidenschaft, fragte sich Agnes, und es fiel ihr ein: Als wir so auf die Welt gespuckt wurden, wie wir sind, mußten wir uns zunächst einmal mit diesem Würfelwurf, mit diesem von einem göttlichen Computer organisierten Zufall identifizieren, das heißt: die Verwunderung darüber verlieren, daß ausgerechnet *das* (das, was wir im Spiegel gegenüber sehen) unser Ich ist. Ohne den Glauben, daß unser Gesicht unser Ich ausdrückt, ohne diese grundlegende Illusion, diese Urillusion, könnten wir nicht leben oder das Leben zumindest nicht ernst nehmen. Und es genügt nicht, daß wir uns mit uns selbst identifizieren, wir müssen uns *leidenschaftlich* identifizieren, auf Leben und Tod. Denn nur so sind wir in unseren Augen nicht bloß eine der Varianten des Prototyps Mensch, sondern ein Wesen mit eigener, unverwechselbarer Substanz. Das ist der Grund, weshalb die unbekannte junge Frau nicht nur das Bedürfnis hatte, ihr Portrait zu zeichnen, sondern zugleich allen zu verstehen gab, daß es etwas ganz Einzigartiges und Unersetzliches enthielt, wofür es sich lohnte zu kämpfen, ja sogar das Leben hinzugeben.

Nachdem Agnes eine Viertelstunde in der Saunahitze gesessen hatte, stand sie auf und stieg in das Becken mit dem eiskalten Wasser. Danach legte sie sich in den Ruheraum, zwischen andere Frauen, die auch hier nicht zu reden aufhörten.

Es ging ihr die Frage durch den Kopf, wie der Computer das Sein nach dem Tod programmiert haben mochte.

Es gibt zwei Möglichkeiten. Wenn dem Computer des Schöpfers als einziges Wirkungsfeld nur unser Planet zur Verfügung steht und wir ausschließlich von ihm abhängig sind, kann man nach dem Tod nur mit einer Permutation dessen rechnen, was schon zu Lebzeiten da war; wir werden wieder ähnlichen Landschaften und ähnlichen Wesen begegnen. Werden wir allein oder in der Masse sein? Ach, es ist wenig wahrscheinlich, daß wir allein sein werden, schon im Leben war das Alleinsein selten genug, wie soll es erst nach dem Tod sein! Es gibt so viel mehr Tote als Lebende! Bestenfalls wird das Sein nach dem Tod dem Augenblick ähneln, den Agnes jetzt im Ruheraum auf der Liege verbringt: von überall her wird unaufhörliches Geschnatter von Frauenstimmen zu hören sein. Die Ewigkeit als endloses Geschnatter: ehrlich gesagt kann man sich Schlimmeres vorstellen, doch allein schon der Gedanke, Frauenstimmen hören zu müssen, immerfort, ohne Unterbrechung, in alle Ewigkeit, ist für Agnes Grund genug, wie wild am Leben zu hängen und alles zu tun, um so spät wie möglich zu sterben.

Es gibt allerdings auch noch die zweite Möglichkeit: Neben dem Computer unseres Planeten gibt es noch andere Computer, die ihm übergeordnet sind. In diesem Fall brauchte das Sein nach dem Tod nicht dem zu gleichen, was wir schon erlebt haben, und der Mensch könnte mit dem Gefühl einer vagen, aber berechtigten Hoffnung sterben. Und Agnes stellt sich eine Szene vor, an die sie in letzter Zeit häufig denkt: ein Unbekannter kommt sie und ihren Mann besuchen. Sympathisch und freundlich sitzt er dem Ehepaar gegenüber und unterhält sich mit ihnen. Unter dem Zauber der seltsamen Liebenswürdigkeit, die der Besucher ausstrahlt, ist Paul gutgelaunt, gesprächig und vertrauensvoll und holt schließlich ein Album mit

Familienfotos. Der Gast blättert es durch, und es stellt sich heraus, daß er einige Fotos nicht versteht. Auf einem zum Beispiel stehen Agnes und Brigitte unter dem Eiffelturm, und der Gast fragt: »Was ist das?«

»Das ist doch Agnes!« antwortet Paul. »Und das ist unsere Tochter Brigitte!«

»Das weiß ich«, sagt der Gast. »Ich frage nach dieser Konstruktion.«

Paul sieht ihn verwundert an: »Das ist der Eiffelturm!«

»Ah bon«, wundert sich der Gast: »Das also ist dieser berühmte Eiffelturm«, und er sagt es in demselben Ton, als hätten Sie ihm ein Portrait Ihres Großvaters gezeigt und er hätte gesagt: »Das also ist Ihr Großvater, von dem ich so viel gehört habe. Es freut mich, endlich ein Foto von ihm zu sehen.«

Paul ist verwundert, Agnes eher gelassen. Sie weiß, wer dieser Mann ist. Sie weiß, weshalb er gekommen ist und was er sie fragen wird. Nur deshalb ist sie etwas nervös, denn sie möchte mit ihm allein sein, ohne Paul, und sie weiß nicht, wie sie das anstellen soll.

Mario Vargas Llosa

Tod in den Anden

Aus dem Spanischen von Elke Wehr
st 2774, 383 Seiten, DM 19.80.
Suhrkamp Verlag, Frankfurt/Main

Als Hardcover DM 49.80, Suhrkamp Verlag, Frankfurt/Main

Gustav Seibt in FRANKFURTER ALLGEMEINE ZEITUNG

Der Schauplatz ist entrückt und abgeschlossen. Aus dem Barackenlager einer einsamen Straßenbaustelle in den peruanischen Hochanden sind nacheinander drei Personen spurlos verschwunden. Der Kommissar Lituma und sein Helfer Tomás sehen sich bei ihren Nachforschungen mit einer Mauer des Schweigens konfrontiert. Die Arbeiter, überwiegend Indios, reagieren auf das Verlorengehen ihrer Lagergenossen teilnahmslos und ausdruckslos. Trotzdem scheint der Fall bald klar: In den Tälern des Gebirges herrscht der Terror des „Leuchtenden Pfades", der Befreiungsbewegung, deren Trupps im Morgengrauen wie Naturereignisse einbrechen, Autobusse aufbringen, Dörfer dezimieren und Klassenfeinde ausrotten. In dieser Luft des Schreckens überrascht auch das Verschwinden Einzelner nicht. Daß der auf seinem Außenposten ohne Hilfe bleibende Lituma weiterrecherchiert, erscheint wie ein pedantischer Heroismus der Pflicht.

Eberhard Falcke in DIE ZEIT

Doch der Sendero Luminoso ist nur ein Faden im bunten Gewebe der Fabel. Wie in den meisten anderen seiner Romane hat Vargas Llosa eine Vielzahl von Geschichten und Motiven verwoben. Politik, Sozialverhältnisse, magische Relikte, mythologische Archetypen, private Obsessionen und Träume – all das führt die Erzählung auf dem Schauplatz karger Andentäler zusammen. Ein Mikrokosmos, in dem sich die extremen Gegensätze des Landes widerspiegeln.

Der Autor:

© Jerry Bauer

Mario Vargas Llosa wird am 28.3.1936 in Arequipa (Peru) geboren. Seine Kindheit verbringt er in Bolivien, Nordperu und Lima. Als achtzehnjähriger heiratet er und verarbeitet dies später in seinem Roman *Tante Julia und der Kunstschreiber.* 1963 erscheint sein erster Roman *Die Stadt und die Hunde.* Vargas Llosa lebt einige Jahre in Europa. 1989 bewirbt er sich um die peruanische Präsidentschaft und scheitert im zweiten Wahlgang. Er lebt heute in London. Einige Romane (Auswahl): *Lob der Stiefmutter; Der Geschichtenerzähler; Der Krieg am Ende der Welt; Die geheimen Aufzeichnungen des Don Rigoberto.*

Als er die Indiofrau in der Tür der Hütte auftauchen sah, ahnte Lituma, was die Frau sagen würde. Und sie sagte es, aber in Quechua, vor sich hin mümmelnd, während ein dünner Speichelfaden aus dem Winkel ihres zahnlosen Mundes rann.

»Was sagt sie, Tomasito?«

»Ich versteh sie nicht richtig, Herr Korporal.«

Sein Amtshelfer wandte sich, ebenfalls in Quechua, an die Frau, wobei er ihr mit den Händen zu verstehen gab, sie solle langsam sprechen. Die Indiofrau wiederholte diese ununterscheidbaren Töne, die Lituma wie eine barbarische Musik vorkamen. Plötzlich fühlte er sich sehr nervös.

»Was sagt sie da?«

»Ihr ist der Ehemann abhanden gekommen. Vor vier Tagen, scheint's.«

»Damit sind es drei«, brachte Lituma mühsam hervor und spürte, wie sein Gesicht sich mit Schweiß bedeckte. »Verdammte Scheiße.«

»Also, was machen wir, Herr Korporal.«

»Setz das Protokoll auf.« Ein Schauer lief Litumas Wirbelsäule hinauf und hinunter. »Sie soll dir erzählen, was sie weiß.«

»Was geht hier eigentlich vor«, rief der Gendarm. »Erst der kleine Stumme, dann der Albino. Jetzt einer der Vorarbeiter vom Straßenbau. Das kann doch nicht sein, Herr Korporal.«

Es konnte nicht sein, aber es passierte, und das zum dritten Mal. Lituma stellte sich die ausdruckslosen Gesichter vor, die kleinen eisigen Augen, mit denen die Leute von Naccos, die Hilfsarbeiter des Lagers, die Indios der Bauerngemeinschaft ihn betrachten würden, wenn er sie fragen würde, ob sie wußten, wo der Mann dieser Frau abgeblieben war, und er spürte die gleiche Trostlosigkeit und Ohnmacht wie zuvor, als er versucht hatte, sie über die beiden anderen Verschwundenen auszufragen: Köpfe, die verneinten, einsilbige Antworten, scheue Blicke, gekräuselte Lippen und gerunzelte Brauen, ein Vorgefühl von Bedrohung. Es würde dieses Mal genauso sein.

Sein Amtshelfer Tomás hatte mit der Befragung der Frau begonnen; er machte Notizen in ein Heft, mit einem schlecht gespitzten

Bleistift, den er ab und zu mit der Zunge anfeuchtete. ›Wir haben sie schon auf dem Hals, die Terroristen‹, dachte Lituma. ›In irgendeiner Nacht werden sie kommen.‹ Es war ebenfalls eine Frau gewesen, die das Verschwinden des Albinos angezeigt hatte: Mutter oder Ehefrau, sie hatten es nie erfahren. Der Mann war zur Arbeit gegangen oder von der Arbeit gekommen und nicht an sein Ziel gelangt. Und Pedrito war ins Dorf hinuntergegangen, um eine Flasche Bier für die Polizisten zu kaufen, und nie zurückgekehrt. Niemand hatte sie gesehen, niemand hatte bei ihnen Angst, Besorgnis oder Krankheit bemerkt vor ihrem spurlosen Verschwinden. Hatten vielleicht die Berge sie verschluckt? Nach drei Wochen lebten der Korporal Lituma und der Gendarm Tomás Carreñio genauso auf dem Mond wie am ersten Tag. Und jetzt, der dritte. Eine Riesenscheiße. Lituma wischte sich die Hände an der Hose ab.

Es hatte zu regnen begonnen. Die dicken Tropfen prasselten mit unregelmäßigen, lauten Tönen auf das Wellblech des Daches und ließen es erzittern. Es war noch nicht drei Uhr nachmittags, aber das Unwetter hatte den Himmel verdunkelt, und die Nacht schien hereingebrochen. In der Ferne war Donner zu hören, der in den Bergen widerhallte, ein stoßweises Grollen, das aus dem Innern der Erde aufstieg, von dem diese Hochlandtrottel glaubten, es sei von Stieren, Schlangen, Kondoren und Geistern bevölkert. Glauben die Indios das wirklich? Aber ja, Herr Korporal, sie beten doch sogar zu ihnen und bringen ihnen Opfergaben. Haben Sie nicht die kleinen Teller mit Essen gesehen, die sie ihnen in den Engpässen der Kordillere hinstellen? Wenn man ihm solche Dinge in Dionisios Kantine oder bei einem Fußballspiel erzählte, wußte Lituma nie, ob man im Ernst sprach oder sich über ihn, den Küstenbewohner, lustig machte. Von Zeit zu Zeit zuckte eine kleine gelbliche Schlange durch die Wolken, in der Öffnung, die sich in einer der Hüttenwände befand. Glaubten die Indios wirklich, daß der Blitz die Eidechse des Himmels war? Der dicht herabströmende Regen hatte die Baracken, die Mischmaschinen, die Planierraupen, die Jeeps und die Häuschen der Bauern verschwimmen lassen, die zwischen den Eukalyptusbäumen auf dem gegenüberliegenden Berg hervorschauten. ›Als wären alle verschwunden‹, dachte er. Es gab fast zweihundert Hilfsarbeiter, sie kamen aus

Ayacucho oder Apurímac, aber vor allem aus Huancayo und Concepción, in Junín, und aus Pampas, in Huancavelica. Von der Küste hingegen stammte niemand, soviel er wußte. Nicht einmal sein Amtshelfer kam von der Küste. Aber Tomás wirkte wie ein Kreole, obwohl er in Sicuani geboren war und Quechua sprach. Er hatte den kleinen Stummen Pedro Tinoco mit nach Naccos gebracht, der als erster verschwunden war.

Er war ein gradliniger Mensch, der Gendarm Carreño, wenn auch etwas trübsinnig. In den Nächten öffnete er Lituma sein Herz und zeigte sich zugänglich für freundschaftliche Gefühle. Der Korporal hatte ihm kurz nach seiner Ankunft gesagt: »So, wie du bist, hättest du verdient, an der Küste geboren zu sein. Sogar in Piura, Tomasito.« »Ich weiß, wenn Sie das sagen, dann heißt das viel, Herr Korporal.« Ohne seine Gesellschaft wäre das Leben in dieser Einsamkeit düster gewesen. Lituma seufzte. Was hatte er hier auf der Hochebene zwischen wortkargen, mißtrauischen Indios verloren, die die Politik dazu brachte, sich gegenseitig umzubringen, und die obendrein auch noch verschwanden? Warum war er nicht in seiner Heimat? Er stellte sich vor, wie er, von Bierflaschen umgeben, in der Río-Bar saß, zwischen den Unbezwingbaren, seinen alten Kumpanen, in einer warmen piuranischen Nacht mit Sternen, *valses* und dem Geruch nach Ziegen und Johannisbrotbäumen. Ein plötzlicher Anfall von Traurigkeit verursachte ihm ein dumpfes Ziehen in den Zähnen.

»Fertig, Herr Korporal«, sagte der Gendarm. »Die Señora weiß nicht viel, in Wahrheit. Und sie ist halbtot vor Angst, sehen Sie das nicht?«

»Sag ihr, wir werden unser möglichstes tun, um ihren Mann wiederzufinden.«

Lituma versuchte ein Lächeln und gab der Indiofrau mit der Hand zu verstehen, daß sie gehen konnte. Sie schaute ihn an, ohne eine Regung im Gesicht. Sie war klein und alterslos, ihre Knochen wirkten zerbrechlich wie die eines Vogels, und sie verschwand fast unter den zahlreichen dicken Röcken und dem zerfransten Hut, der halb heruntergerutscht war. Aber in ihrem Gesicht und in ihren runzligen kleinen Augen lag etwas Unzerstörbares.

»Es scheint, als hätte sie das mit ihrem Mann erwartet, Herr

Korporal. ›Es würde passieren, es mußte passieren‹, sagt sie. Aber von den Terroristen oder von der Miliz von Sendero hat sie natürlich nie was gehört.«

Ohne den Kopf zum Abschied zu neigen, drehte die Frau sich um und trat in den strömenden Regen hinaus. Nach wenigen Minuten hatte sie sich, Richtung Lager, in der bleiernen Feuchtigkeit aufgelöst. Der Korporal und der Gendarm verharrten eine ganze Weile, ohne etwas zu sagen. Schließlich klang Lituma die Leichenbitterstimme seines Amtshelfers in den Ohren:

»Ich werde Ihnen was sagen. Sie und ich kommen hier nicht lebend raus. Sie haben uns umzingelt, machen wir uns doch nichts vor.«

Lituma zuckte die Schultern. Im allgemeinen war er es, der den Mut verlor, und sein Amtshelfer hob die Stimmung. Heute tauschten sie die Rollen.

»Mach dir nicht unnötig das Leben schwer, Tomasito. Sonst sind wir halb wahnsinnig, wenn sie kommen, und können uns nicht mal mehr wehren.«

Der Wind brachte das Wellblech des Daches zum Klirren, und der heftig herabstürzende Regen betröpfelte hier und da das Innere der Unterkunft. Sie bestand aus einem einzigen Raum, der durch einen hölzernen Wandschirm unterteilt und durch eine Palisade aus mit Steinen und Erde gefüllten Säcken geschützt war. Auf der einen Seite befand sich der Posten der Gendarmerie mir einem dicken Brett auf zwei Böcken – dem Schreibtisch – und einer Truhe, in der das Registerbuch und die Dienstmeldungen aufbewahrt wurden. Auf der anderen Seite, dicht nebeneinander, weil es so eng war, die beiden Pritschen. Licht erhielten sie durch Kerosinlampen, und sie besaßen ein batteriebetriebenes Radio, mit dem sie, wenn es keine atmosphärischen Störungen gab, *Radio Nacional* und *Radio Junín* hereinbekamen. Der Korporal und der Gendarm hockten die Nachmittage und Abende vor dem Apparat und versuchten, die Nachrichten aus Lima oder Huancayo zu hören. Auf dem Boden aus gestampfter Erde lagen Lama- und Schaffelle; außerdem gab es einen kleinen Kochherd, einen Spirituskocher, Gefäße aus Porongokürbissen, Töpfe, die Koffer von Lituma und Tomás und einen Schrank ohne Boden – die

Waffenkammer –, in dem sie die Gewehre, die Patronentaschen und die Maschinenpistole aufbewahrten. Die Revolver trugen sie immer bei sich und legten sie nachts unter das Kopfkissen. Sie saßen unter dem vergilbten Herz-Jesu-Bild – eine Werbeanzeige von Inca-Cola – und hörten einige Minuten lang dem Regen zu.

»Ich glaube nicht, daß sie sie umgebracht haben, Tomasito«, sagte Lituma schließlich. »Sie werden sie eher mitgenommen haben, für ihre Miliz. Vielleicht waren die drei sogar Terroristen. Läßt Sendero etwa die Leute verschwinden? Sie bringen sie einfach um und lassen ihre Pappschilder zurück, damit man es weiß.«

»Pedrito Tinoco, ein Terrorist? Nein, Herr Korporal, das kann ich Ihnen garantieren«, sagte der Gendarm. »Es bedeutet einfach, daß Sendero schon vor der Tür steht. Uns werden die Terroristen nicht für ihre Miliz rekrutieren. Uns werden sie eher zu Hackfleisch machen. Manchmal frage ich mich, ob man Sie und mich nicht als Opferlämmer hierher geschickt hat.«

»Hören wir auf, uns trübe Gedanken zu machen.« Lituma stand auf. »Mach lieber einen Kaffee bei diesem Scheißwetter. Dann befassen wir uns mit diesem Typen. Wie heißt der letzte?«

»Demetrio Chanca, Herr Korporal. Vorarbeiter der Sprengbohrer.«

»Sagt man nicht, aller guten Dinge sind drei? Vielleicht kriegen wir durch diesen letzten das Rätsel der drei gelöst.«

Der Gendarm nahm die Blechtassen vom Haken und zündete den Spirituskocher an.

»Als Oberleutnant Pancorvo mir in Andahuaylas sagte, man würde mich hierher ans Ende der Welt versetzen, dachte ich: ›Wie schön, in Naccos werden die Terroristen dir den Garaus machen, Carreñito, und je eher, desto besser‹«, sagte Tomás. »Ich war lebensmüde. Zumindest habe ich das geglaubt, Herr Korporal. Aber bei der Angst, die ich jetzt ausstehe, ist klar, daß ich nicht gerne sterben würde.«

»Nur ein Schwachkopf will sich verabschieden, bevor er an der Reihe ist«, erklärte Lituma. »Es gibt die tollsten Dinge im Leben, auch wenn man sie nicht gerade in dieser Gegend findet. Wolltest du wirklich sterben? Darf man wissen, warum, bei deinen jungen Jahren?«

»Warum wohl«, sagte der Gendarm lachend, während er den Kessel auf die blaurote Flamme des Spirituskochers stellte.

Er war ein magerer, knochiger Junge, aber kräftig, mit tiefliegenden, lebhaften Augen, olivgrüner Haut und weißen, vorstehenden Zähnen, die Lituma in seinen schlaflosen Nächten im Dunkeln der Hütte schimmern sah.

»Bestimmt hast du Liebeskummer wegen irgendeines Mädchens gehabt«, mutmaßte Lituma und fuhr sich mir der Zunge über die Lippen.

»Wegen wem soll man denn sonst Liebeskummer haben«, sagte Tomasito mit einem Anflug von Rührung. »Außerdem können Sie stolz sein, sie war auch aus Piura.«

»Eine Landsmännin.« Lituma schmunzelte beifällig.

»Was will man mehr.«

Die nackten Masken

Aus dem Italienischen
von Iris Schnebel-Kaschnitz
dtv 12341, 304 Seiten, DM 14.90.
Deutscher Taschenbuch Verlag, München

Als Hardcover DM 39.80,
Verlag Klaus Wagenbach, Berlin

Als Audio-Cassette bei DerHörVerlag,
München (2 Cass. DM 29.90)

HNA ALLGEMEINE

Luigi Malerba ist nicht in der Situation vieler Schriftsteller früherer Epochen, die ihr Sittengemälde in ferne Zeiten verlegen mußten. Doch der Trick funktioniert auch ohne Zensurdruck. In seinem jüngsten Roman, einer Kriminalgeschichte aus dem römischen Kardinalsmilieu des 16. Jahrhunderts, thematisiert Malerba das moralische „Anything goes“ einer Gesellschaft, die sich buchstäblich sogar des Teufels bedient, um Macht und Pfründe zu mehren oder erotische Genüsse zu sichern ... Obwohl es um Moral geht, moralisiert Malerba nicht. Statt dessen erzählt er in sprachlich geschliffenen, knappen Bildern eine spannende Geschichte. Malerba auf der Höhe seiner Kunst. Ein cooles Vergnügen.

HILDESHEIMER ALLGEMEINE ZEITUNG

Die Handlung, ein erbittertes Ränkespiel der Kardinäle Cosimo Rolando della Torre und Valerio Ottoboni um die Nachfolge des verstorbenen Kardinalkämmerers, spielt während der Abwesenheit des Papstes, zwischen Papstwahl und den einzelnen Reiseetappen des neuen Papstes Hadrian VI. bis zu seiner Ankunft in Ostia und Rom. Mit schwarzem Humor wird die Geschichte der beiden Rivalen erzählt, die in keiner Weise zimperlich sind ... Mit Hilfe eines Diakons und eines Fremden wird das teuflische Duell ausgetragen ... Zuletzt geißelt der reformwillige Hadrian ruchlose Kirchenzustände ...

Der Autor:

Luigi Malerba wurde am 11. November 1927 in Berceto bei Parma geboren und lebt heute in Rom und Orvieto. Er ist Mitbegründer der „Gruppe 63“ und einer der bedeutendsten Autoren der italienischen Gegenwartsliteratur. Wichtige literarische Veröffentlichungen: *Die Entdeckung des Alphabets; Die Schlange; Salto mortale; Der Protagonist; Die nachdenklichen Hühner; Tagebuch eines Träumers; Das griechische Feuer.*

Der junge Bischof Ottoboni hatte sich – kaum unter dem Pontifikat Leos X. aus Venedig angekommen – in einem dreistöckigen Palast beim Alten Zollamt nahe dem Pantheon eingerichtet. Er hatte sofort begriffen, wie in Rom der Mechanismus der Ämtervergabe funktionierte und hatte sich mit dem Sekretär der Datarie angefreundet, der ihn stets im voraus benachrichtigte, wenn irgendwelche Pfründen durch Verfall, Verzicht oder Tod eines Amtsinhabers verfügbar wurden. So war der unaufhaltsame Aufstieg des jungen Prälaten in Gang gekommen: die Anhäufung von Pfründen, die Renovierung und Neueinrichtung des prächtigen Palasts unweit des Pantheons und die raschen Schritte hin zum Purpur und zum weltlichen Erfolg.

Unter den hohen Prälaten der Leoninischen Stadt raunte man sich zu, daß Ottoboni Flügel an den Füßen haben müsse wenn nicht gar die Gabe der Allgegenwart. Es war üblich, daß die oberen Hierarchien in den Genuß von Pfründen auch außerhalb der Grenzen ihrer eigenen städtischen oder vorstädtischen Bezirke kamen, aber noch nie hatte man eine derartige Anhäufung von Benefizien gesehen, an so fernen Orten und so weit in den Staaten der Christenheit verstreut. Nie hätte Ottoboni all die ihm zugewiesenen Prälaturen besuchen können, selbst wenn er sich entschlossen hätte, alle Jahre seines Lebens auf dem Meer oder den staubigen Straßen Europas zu verbringen. Bereits ein Jahr nach seiner Ankunft in der Hauptstadt zum Kardinal an der Kirche der Heiligen Francesca Romana ernannt, war Valerio Ottoboni zugleich Bischof von Gloucester, Primat von Reims. Als Mitgift von seinem Vater hatte er bereits in jungen Jahren die Titel des Kanonikus der Kathedralen von Fiesole und Arezzo erhalten, sowie die des Rektors zu Carmignano, zu Giogoli und zu San Casciano. In der Folge hatte er seine kanonischen Lehrbefugnisse auf San Pier di Casale, San Marcellino di Cacchiano, San Govanni im Valdarno, auf Speyer in der Pfalz und Mainz ausgedehnt. Er war Prior in Montevarchi geworden, Cantor an Sant' Antonio zu Florenz, Propst zu Prato, Abt an San Giovanni zu Passignano, am Miransù im Valdarno, an der Santa Maria von Morimondo, an San Martino zu Fontedolce, an San Salvatore von Vaiano, an San Bartolomeo zu Anghiari, an San Lorenzo von Coltibuono, an der Santa Maria von Montepulciano, an Saint Julien von Tours, an San Clemente zu Volterra, an Santo Stefano zu Bologna, zu Pin im Poitou und in La Chaise-Dieu.

Kardinal Ottoboni rechtfertigte die Anhäufung von Benefizien mit den Ausgaben für Haushalt, Marstall, die gleichermaßen kostspieligen für Stallknechte und Pferde, und mit der Speisung der Armen, die in Wahrheit aus den Resten des Fischmarkts und den Gemüseabfällen vom Campo de' Fiori zubereitet wurde. Es war eine so karge und unappetitliche Speisung, daß die Bettler des Bezirks, allesamt abgemagert wie Gekreuzigte, sich eines Tages auf der Straße des Alten Zollamts vor seinem Hause versammelten und zu fluchen begannen, und einer von ihnen schleuderte sogar seine Schüssel voll Suppe gegen ein Fenster der Beletage, wo sich der Kardinal eingeschlossen hatte.

Die Liste der Pfründen des Kardinals Ottoboni erregte Heiterkeit beim Volk und Zorn bei den anderen Purpurträgern, aber seine Informanten in den Büros der Datarie und die Gunst des Generalsekretärs ließen nicht davon ab, seine Kollektion noch zu erweitern und seine unersättliche »libido pecuniae« zu befriedigen. Allerdings erwies sich der Erwerb von Benefizien, zumal derer im Ausland, vom pekuniären Standpunkt her fast immer als mittelmäßiges Geschäft, weil der Aktivposten der Zehnten und Regalien in den jährlichen Abrechnungen, die bei der Buchhaltung der Ehrwürdigen Apostolischen Kammer eingingen, jeweils durch Steuern beträchtlich gekürzt erschien.

Mit der Angelegenheit hatte sich auch Pasquino in einem Schmähgedicht befaßt, das in Knittelversen und dialektaler Rede die acht Todsünden des Kardinals – hier Ottovizzi genannt – aufzählte und mit einer obszönen Anspielung auf die exzessive Nutzung seiner beiden gefräßigen Körperöffnungen schloß. Nachdem der Kardinal das Plakat durch einen Bediensteten hatte abreißen lassen, wurde er zur Zielscheibe weiterer und noch unanständigerer Spottgedichte, die binnen kurzem in aller Munde waren von einem Tiberufer zum andern.

»Die Spottverse des Pasquino sind ein Zeichen meines Erfolgs«, sagte der Kardinal zu denen, die ihn fragten, wie er sich gegen diese Beleidigung zu verteidigen gedächte. »Gibt sich Pasquino etwa mit Stallburschen oder zerlumpten Klerikern ab?«

Nach der umstrittenen Wahl des flämischen Papstes hatte sich auch Kardinal Ottoboni in freiwilliger Haft im Palast am Alten Zollamt eingeschlossen und wagte sich nur eskortiert von acht bewaffneten Männern von dort wegzubewegen, um sich der Feindseligkeit der Bevölkerung nicht auszusetzen, aber mehr noch aus Angst vor den Übeltätern, welche nun freie Bahn hatten in dieser Stadt – anheymgegeben dem Verfall und gänzlicher Auflösung; in keynerlei Achtung mehr vor ehrwürdiger Gesetzesmacht, verdancke es sich Gottes oder der Menschen Hand; in solcher Trübsal und solcher Elendigkeit – ein Rom, gefallen und zur Beute geworden einer jeglicher Unthat.

Auf den Straßen begegnete man Gaunern, Halunken oder maskierten Männern, die zu Fuß oder zu Pferd umherstreiften, bewaffnet mit Schwertern und Keulen – den wahren Herren der Stadt. Die unbewaffneten Bürger bogen bei ihrem Anblick um die nächste Ecke oder verschwanden im ersten offenen Haustor. Andere Bürger, einstmals durch die Angst vor Galgen oder Gefängnis gebremst, zogen des Nachts umher, um sich für eine Beleidigung zu rächen, einen Rivalen auszuschalten oder einfach aus einer finsteren Laune. Jeden Morgen fand man in den Staub hingestreckte Opfer, Männer und Frauen im eigenen Blut. Und wer nicht den Mut hatte, sich allein auf die nächtlichen Straßen zu wagen, der rief junge Leute zu Hilfe, die für wenig Geld zu jeder Schandtat bereit waren.

Von beißendem Hunger geplagte Bedienstete trotteten barfuß über das in der Sonne glühende Pflaster von Haus zu Haus, mit Botschaften, worin die zum Schutz ihrer Gesundheit und ihrer Gold- und Silberschätze eingeschlossenen Herren sich gegenseitig um Hilfe baten. Das gleiche taten die hohen Prälaten, die leichte Zielscheiben wurden, wenn sie sich ohne den Schutz wohlbewaffneter Männer auf die Straße wagten. Die käuflichen Frauen vom Ortaccio oder vom Pozzo Bianco verließen ihre Viertel, um ihre Blößen zur Schau zu stellen und boten ihre Betten für wenige Karlinen feil: den Ausländern, Handelsleuten, Priestern, Pilgern oder Glücksrittern, die auf den Straßen anzutreffen waren. Zur allgemeinen Unordnung gesellte sich der Schrecken der Pest, und täglich erhielt man Kunde von ach zu vielen neuen Opfern.

In seinem schattigen und luxuriösen Palast verkrochen, wohlgeschützt durch starke Eisengitter und bewaffnete Gendarme, konnte Kardinal Ottoboni also noch immer seine privaten Vergnügungen und Privilegien genießen und spann – mit immer kühnerer Entschlossenheit – seine weltlichen Netze. Köche, Bäcker, Konditoren und Mundschenke standen ihm zu Diensten, und er führte in Rom, zum großen Erstaunen seiner Gäste, erstmals den Gebrauch der Gabel ein, die aus Venedig importiert, dort ihrerseits durch Import aus Byzanz in Gebrauch gekommen war. Wildgerichte, süße Mehlspeisen, edle Weine kamen an der Tafel des Hauses Ottoboni zum Verzehr, serviert auf prunkvollen Gedecken aus Porzellan, Silber, Kristall und leinener Tischwäsche aus Reims und Flandern.

Seine Kandidatur für das Amt des Kardinalkämmerers – so berichtete der Diakon Baldassare dem Kardinal della Torre – genoß weitreichende Unterstützung durch seine Beziehung zu den hohen Prälaten, die in seinem Haus verkehrten und an seinen Banketten teilnahmen. Die Präsenz des Kardinals Ottoboni bei den Jagdpartien Leos X. in den Wäldern der Magliana, gab ihm das Recht, auch nach dem Tod des Papstes jene Streifzüge zu unternehmen, die ihm gestatteten, mit Wild beladen nach Hause zurückzukehren. Wiewohl von Schulden und persönlicher Knickerigkeit erdrückt, war Ottoboni ein großer Meister in privaten Zeremonien und in der Kunst der Schmeichelei. Womit er indes am meisten die Gunst der höchsten Ränge des Päpstlichen Hofs errungen hatte, das waren süßsaure Wildschweinkeulen, am Spieß gebratene Fasane, in Mehl gewälzte Gänsebrüste, mit Feigen gefüllte Wachteln, in Schweineschmalz frittierte Lauchstengel, ungarische Torten und exotische Früchte wie Datteln und Bananen.

Sich diese Gunstbezeugungen zu erhalten wurde indes immer schwieriger und kostspieliger. Bald nach der Wahl des neuen Papstes – noch immer abwesend von Rom – hatte es eine starke Verteuerung der »verschifften Weine« aus Sizilien und Kreta gegeben – wegen der türkischen Piraten, die das ganze Mittelmeer unsicher machten. Man hatte dann entdeckt, daß die Piraten oft als Türken verkleidete Römer waren, aber die Wirkung auf die Preise nahm keine Rücksicht auf die Nationalität der Räuber.

Die Personen, die Zutritt zu seiner Tafel erhielten, wurden vom

Kardinal Ottoboni stets nach seinem Vorteil und in großer Heimlichkeit ausgewählt, so als schämte er sich vor den Mitgliedern seiner familia dieser luxuriösen Tafelfreuden, von denen auch seine wachsende Leibesfülle zeugte, während die Fischlieferung für das tägliche Essen im Haus stets kärglich war und der Fisch nicht besonders frisch. Darüber hinaus steckte der Marketendler, der sich für schlecht bezahlt hielt, bei jedem Marktgang einige Bronzemünzen in die eigene Tasche. So wurden die Mitglieder des Hausstands mit dem schlechtesten Weißwein aus Albano versorgt, einem unverdaulichen Wein, der Vernebelung im Kopf und Gefühllosigkeit in den Beinen hervorrief.

Schon vor seiner Ankunft in der Hauptstadt hatte der flämische Papst mittels eines pontifikalen Gesandten die in den päpstlichen Palästen wohnenden Kardinäle aufgefordert, sich unverzüglich eine andere Bleibe zu suchen – mit Ausnahme des Kardinals Schinner, der mit den ersten und dringendsten Reformen betraut worden war. Dieser Schinner war ein harter und kantiger Mann, der ein kehliges Latein sprach, das seine Gesprächspartner erschreckte. Von den in Rom ansässigen Kardinälen wurde er mit jenen fränkischen Barbaren verglichen, die sich in der letzten unglückseligen Zeit des Imperiums in die römische Armee und die römischen Institutionen eingeschlichen hatten. Man nannte ihn den »Hochwürdigen Prügel«, einerseits wegen der Rigidität seiner Gestalt, andererseits weil er mit der Funktion eines Prüglers nach Rom gekommen war.

Und so rissen sich nun, ungeachtet der Gefahren auf den römischen Straßen, die aus ihren vatikanischen Wohnungen vertriebenen Kardinäle um die Einladungen beim Kardinal Ottoboni, weil sie sich plötzlich nicht nur ihrer bequemen Unterkünfte beraubt sahen, sondern vor allem jener reich gedeckten Tafeln der vatikanischen Küchen, die vom Präfekten der Vorratskammern direkt beliefert wurden. Viele von ihnen mußten sich damit abfinden, in verstreuten Herbergen der Hauptstadt zu wohnen, die nicht immer bequem waren, und nicht immer ihren Ansprüchen und Bedürfnissen genügten. So war das Haus des Kardinals Ottoboni für sie zum Ort der Erholung von ihrer gemeinsam beklagten »iniquitas rerum« geworden

– ein eleganter, ständig überfüllter Versammlungsort und eine Quelle von Informationen, Klatsch und Intrigen jeglicher Art.

Für den Kardinal della Torre waren bereits die Unternehmungslust und die Erfolge seines Rivalen ein Grund des Leidens, aber eine besondere Nachricht, die ihm zu Ohren kam, rief die schwärzeste Bestürzung bei ihm hervor. Die erste Information kam vom Diakon Baldassare, der ihm alle Gerüchte überbrachte, die er auf der Straße und auf den Märkten oder in der Hostaria delle Palline an der Ripa Grande auflas, wohin er sich zusammen mit dem Vorratsverwalter begab, um die griechischen und toskanischen Händler für den monatlichen Vorrat an Wein, schwarzem Pfeffer und anderen Gewürzen für die Tafel des Kardinals zu treffen. Die schöne Palmira wurde beim Morgengrauen gesehen, als sie durch eine Seitentür den Palast des Kardinals Ottoboni am Alten Zollamt verließ. Zwei Fischer auf dem Weg zum Fischmarkt hatten sie trotz des Schals, der einen Teil des Gesichts bedeckte, an ihren roten Haaren und an dem leicht hinkenden Gang erkannt. Ein weiteres Indiz für die vermuteten erotischen Exzesse des Kardinals Ottoboni waren die speziellen Speisen, die er bei den Köchen zusätzlich zu seinen Banketten, vor allem aber für seine geheime Tafel bestellte: alle Arten von Schalentieren, vor allem die berühmten »Weichlinge«, die Krabben ohne Panzer. Diese nackten Schalentiere, die nur in den Zeiten der Mutation zu haben waren, hatten nunmehr den Namen »Weichlinge á la Ottoboni bekommen, weil er sie aus ihrem Ursprungsort Venedig in Rom eingeführt hatte, wobei er selbst ihre aphrodisischen Kräfte rühmte.

Leo X., der keinerlei Interesse an Liebesdingen hatte, und alles verabscheute, was sich darauf bezog, drohte eine Steuer auf diese und andere aphrodisische Speisen einzuführen, aber dann endete alles mit einer Posse. Kardinal Ottoboni, der sich zunächst als Namensgeber jener Köstlichkeit geschmeichelt fühlte, geriet nämlich selbst in Bedrängnis, weil die Preise der »Weichlinge« wegen ihres Erfolgs in den Himmel stiegen.

Trotz der aphrodisischen Speisen war es niemandem gelungen, Kardinal Ottoboni irgendeine handfeste und wahrhaftige Liebesgeschichte nachzuweisen. Nur ein paar rasche nächtliche Übergriffe ohne Überfrachtung mit Gefühlen. Neue und lautstarke Gerüchte waren jedoch seit jenem Tag im Umlauf, an dem die Pagen seines Hauses unter den Augen zahlreicher Tischgenossen die Figur einer nackten Frau in die Mitte der festlich gedeckten Tafel stellten, aus einer weißen Zuckermasse modelliert und hingestreckt auf einem silbernen Tablett. Auf dem Kopf und zwischen den Beinen der Figur sprossen zwei Büschel roter Locken, welche die Haare darstellen sollten und Dantes »dunklen Wald« – nach Kardinal Ottobonis boshafter und metaphorischer Interpretation. Chimäre, Fiktion, Metapher und Allegorie waren am Tisch des Kardinals nicht neu, aber einige Tischgenossen wollten in der Zuckerfigur sogleich das Bild der schönen Palmira wiedererkannt haben. Woher stammten also die verdächtigen roten Locken? Über ihre Herkunft hatten sich bei den ehrenwerten Gästen dieses Abends lebhafte Mutmaßungen, auch der unzüchtigsten Art entzündet. Am Ende des Banketts wurde die Statue Stück um Stück von den Tischgenossen verschlungen, die sich sogar noch um die Reste stritten. Der schnappte sich ein Bein, der einen Fuß, der die Schenkel, die Brüste, den Bauch, den Kopf, die Arme.

Als vom Tisch auch noch die letzten Krümel der knusprigen Zuckermasse verschwunden waren, fragten sich alle, wo wohl die beiden roten Lockenbüschel geblieben seien. Nunmehr mit großer Wahrscheinlichkeit den intimen Teilen Palmiras zugeschrieben, wurden die roten Haare und ihr Geheimnis zum Gegenstand frenetischer Boshaftigkeiten und anderer heikler Bemerkungen, die der Kardinal selbst eifrig nährte, wohl wissend, daß die beste Würze seiner Tafel der Klatsch sei. Und natürlich kam das Gerücht von der Zuckerfigur auch dem Kardinal della Torre zu Ohren, der darüber in Verzweiflung geriet.

In Wirklichkeit war einer ziemlich verbreiteten Meinung zufolge die allererste und einzige Liebe des Kardinals Ottoboni das Geld, und er war es auch, dem man das im päpstlichen Rom umlaufende Wort »homo sine pecunia imago mortis« – ein Mann ohne Geld ist ein Bild des Todes – zuschrieb. Auch seine Jagd nach Benefizien entsprang offensichtlich nicht einer weltlichen Eitelkeit, sondern einem streng wirtschaftlichen Kalkül.

Kardinal della Torre, der dagegen eine geheime Verbindung seines

Rivalen zu Palmira argwöhnte, hatte den Palast am Alten Zollamt lange überwachen lassen, ohne etwas Konkretes herauszufinden, nach jener ersten vom Diakon Baldassare aufgelesenen Information der Fischer und nach den Nachrichten über die Diatribe der roten Locken.

Ist es denn möglich, daß ein junger Franziskanerdiakon, der in Demut lebt, der seine Gebete verrichtet und alle Gebote befolgt, bis auf dann und wann eine sommerliche Trägheit oder ein paar abendliche unkeusche Gedanken, der jede Woche beichtet und im Wachen wie im Schlafen in der Gnade des Herrgotts lebt – ist es möglich, daß er Gegenstand und Sitz teuflischer Höllenkünste wird? Der Diakon Baldassare dachte an sich selbst, aber er versuchte, sich in eine zweite Person zu versetzen, um die Seltsamkeit seines Falls genauer zu ergründen. Er hatte den Eindruck, auf diese Weise besser überlegen zu können – mit größerer Objektivität und sogar mir einer gewissen beherzten Klugheit.

Warum nur, fragte er sich schon seit den ersten Klosterjahren und nach und nach mit immer größerer Insistenz – wie eine Krankheit, die sich im Lauf der Zeit verschlimmert – warum nur wurde er jedesmal, wenn er eine Kirche betrat und in die Nähe des Heiligen Tabernakels ging, von diesen Hustenanfällen gepackt, die ihm die Brust erschütterten und ihm Augen und Gedanken verwirrten? Er hatte gehört, daß die Sinne gewisser Menschen durch den Blütenstaub, der im Frühling durch die Luft fliegt, verändert würden, und daß andere jedesmal zu husten begönnen, wenn sie eine Katze berühren, so als ginge von diesen unschuldigen Tieren irgendein verderbliches Fluidum aus. Aber das Allerheiligste? Welches Fluidum ging von diesem aus? Und von welchen Schwächen war er, der arme Diakon geplagt, der fast wie zum Hohn den Namen eines der Heiligen Drei Könige trug? Kaum entfernte er sich von dem heiligen Ort, verschwand der Husten wie durch Zauberei und sein Atem wurde regelmäßig, und so war es ihm schon etliche Male ergangen.

Im Laufe der Jahre war diese Empfindlichkeit, die er noch niemandem zu gestehen gewagt hatte, immer schlimmer geworden und hatte zu weiteren unerklärlichen Belästigungen bei den heiligen

Orten geführt. Jedesmal wenn er an einer Kirche vorbeikam, überraschten den armen Diakon so hartnäckige und wiederholte Niesanfälle, daß er ganz und gar durchgeschüttelt wurde und Bäche von Tränen vergoß. Für einen ehrbaren jungen Mann war das ein großes Ungemach und eine große Peinlichkeit, besonders seit das Niesen den anderen Ordensbrüdern aufgefallen war. Sehr bald wurde es Gegenstand schwindelerregender Gerüchte, die schließlich auch dem Prior des Franziskanerklosters in der Via della Scrofa zu Ohren kamen, wo der junge Diakon auch nach seiner Einstellung als Kammerdiener in der familia des Kardinals della Torre seine Zelle behalten hatte.

Er war, dieser Prior, ein alter Mann von außerordentlich strengem Glauben und unsäglichem Geiz. Es hieß, daß er gewissen Damen, die mit Schleppe zum Beichtstuhl gekommen waren, die Absolution verweigert und sie bei den Offizieren der Sittenpolizei angezeigt habe, und daß er jede Bemalung des Gesichts als eine Beleidigung des Schöpfers ansah, der eine Korrektur seines Werks nicht zulassen könne. Aber seine Strenge richtete sich hauptsächlich gegen die jungen Franziskanermönche des Klosters in der Via della Scrofa. Die Ordensbrüder hungerten weit über das Maß der Buße und des Fastens hinaus und sogar mit einiger Gefahr für ihre Gesundheit. Die Zellen befanden sich im Dachgeschoß, von Ratten verseucht und im Winter den kalten Zuglüften ausgesetzt, die durch Tür- und Fensterritzen drangen, und im Sommer der brennenden Hitze, wenn die Kupferplatten des Dachs zu glühen begannen und die Räume in Backöfen verwandelten.

Die armen Mönchlein, denen es im Winter an Decken auf ihren bäuerlichen Strohsäcken fehlte, hatten sich im Sommer angewöhnt, ihre Gebete in der Klosterkapelle auszudehnen, um sich in der Kühle des Erdgeschosses zu erholen. Es schien fast, als würde ihr Glaube sich in der sommerlichen Hitze erwärmen, denn mehr als einmal überraschte der Prior die Klosterbrüder beim gemeinsamen Gebet, zu Stunden, die für ihre Studien in den Zellen oder für die Arbeit im Obst- und Gemüsegarten bei der Via delle Fornaci bestimmt waren.

Und so ließ er denn zu Zeiten, wo das Gebet zur Sünde zu werden drohte, die Kapelle verriegeln.

Die seltsamen Gerüchte über den jungen Diakon Baldassare, der bei der familia des Kardinals della Torre Dienst tat, waren dem Prior also zu Ohren gekommen. Er beschloß zu klären, ob sie begründet waren, und welche Maßnahmen gegebenenfalls getroffen werden mußten. Der Prior zog es vor, in größter Heimlichkeit zu handeln, was in diesem Kloster voll schwatzhafter Brüder nicht leicht war.

Animal Triste

FTV 13933, DM 16.90.
Fischer Taschenbuch Verlag, Frankfurt/Main

Als Hardcover DM 36.–, S. Fischer Verlag,
Frankfurt/Main

Marcel Reich-Ranicki in DER SPIEGEL
Dieser monologische, dieser konsequent in sich gekehrte Roman ist, was es sonst nicht gibt: zart und aggressiv in einem. Er will weder die Vielfalt der Schöpfung verkünden, noch das Geheimnis des Daseins ergründen. Er will nur das Glück und Unglück einer Liebenden spürbar und erkennbar machen, einer Frau, die es der Liebe verdankt, daß ihre Existenz einen Sinn hat …

Sabine Dultz im MÜNCHNER MERKUR
… ein Liebesroman unserer Zeit, sehr gefühlvoll, ziemlich traurig … Aber immer mit der der Autorin und ihrer Hauptfigur eigenen Fähigkeit zur Distanz, zur ironischen Brechung, zur provokanten Wahrheit. Hinter der tristen Situation lauert bei Monika Maron doch immer auch die Komödie.

Anita Pollak im KURIER, Wien
… Mehr als Maron es sich eingestehn will, ist ihr Liebesroman ein Zeitroman, ja vielleicht der bis jetzt eindrucksvollste deutsche Wenderoman. Da entsteht aus vielen kleinen Episoden ein Panorama des privaten Lebens in einer hochpolitischen Zeit, die mit der Nachkriegskindheit beginnt und noch immer nicht beendet ist.

Die Autorin: Nach dem Abitur arbeitete Monika Maron ein Jahr als Fräserin. Ihr Studium der Theaterwissenschaft und Kunstgeschichte schloß sie mit einem Diplom ab, wechselte aber dann zum Journalismus. Sie arbeitete sechs Jahre als Reporterin – zunächst für die Zeitschrift Für Dich und später für die Wochenpost. Seit 1976 ist Monika Maron freie Schriftstellerin. Romane bei S. Fischer: *Stille Zeile Sechs; Die Überläuferin; Flugasche, Animal Triste.*

© Jonas Maron

Franz und ich sitzen zwischen den fleischfressenden Pflanzen. Franz zupft an den Saiten einer Gitarre, die er selbst mitgebracht oder die meine Tochter damals, als sie auszog, vergessen hat. Es ist alles so lange her, sagt Franz.

Ja, sage ich, es ist alles sehr lange her.

Wir waren noch nicht alt, als wir uns trafen, jedenfalls fand ich Franz nicht alt und er mich nicht. Aber ebensowenig waren wir jung, was den Vorteil hatte, daß wir uns viel erzählen konnten.

Wie hieß das, woraus die Schuhe waren, damals nach dem Krieg, fragt Franz.

Igelit.

Igelit hieß das, ja, sagt Franz, Igelit.

Und ich sage auch noch mal: Igelit, Igelit. Und hast du auch getrocknete Kartoffeln gegessen?

Natürlich, sagt Franz, aber die roten lieber, die waren süßer als die weißen.

Nein, Franz sagt nicht natürlich, er sagt freilich. Wozu ich natürlich sage, das nennt Franz freilich, weil ich aus Berlin bin, und Franz ist aus Ulm.

Darum hat Franz von den Besatzungssoldaten nach dem Krieg auch Schokolade und Kaugummi bekommen und ich nichts, denn Franz' Soldaten waren Amerikaner, meine waren Russen, die hatten selber nichts.

Dann stelle ich Franz die Frage, die jedem Mann meiner Generation, sofern er sie mit Ja beantworten muß – und das müssen die meisten – ein übertrieben herzliches Gelächter abnötigt: die Frage nach dem Leibchen, das, sobald das Wort ausgesprochen war, in jedem Detail beschrieben werden mußte, dieses hemdchenähnliche, vorn oder hinten zu knöpfende, mit langen Strumpfhaltern versehene Kleidungsstück, das Knaben wie Mädchen zugemutet wurde, für Knaben aber eine besondere Demütigung bedeutete. An Hansis von Strumpfhaltern bespanntes Schenkelfleisch zwischen den kurzen Hosenbeinen und den dunkelbraunen gerippten Baumwollstrümpfen mit den weißen Wäscheknöpfen für die Strumpfhalter an der Seite erinnere ich mich genau. Später durfte Hansi lange Hosen tragen, während mir ein atlasseidenes, biederes, zugleich mit Peinlichkeit behaftetes Stück weiblicher Unterbekleidung verpaßt wurde, ein sogenannter Strumpfhaltergürtel oder Hüfthalter wobei nicht klar war, ob er außer den Strümpfen auch die Hüfte zu halten hatte oder diese ihn. Wenn ich mein von rosa Gummistrapsen prostituiertes Bein betrachtete, mußte ich oft an Hansis unschuldige Knabenschenkel denken und an das verhaßte Leibchen, das ich nun über meiner sich zögernd wölbenden Brust nicht mehr tragen durfte. Statt dessen schenkte mir meine Mutter einen ebenfalls atlasseidenen rosafarbenen Büstenhalter, den, obwohl er lächerlich klein war, meine Brüste längst nicht füllten. Trotzdem bestand meine Mutter darauf daß ich ihn trug. So, glaube ich, begann mein Leben als Frau.

Franz gab zu, daß auch er wenigstens einen Winter lang ein Leibchen tragen mußte. Aber seine Mutter, eine große Verehrerin männlicher Tugenden, die, wie Franz glaubte, bis ins Alter bedauert hat, als Frau geboren zu sein, hätte ihrem einzigen Sohn diese Schmach nicht länger als unvermeidlich zugemutet.

Ihren beiden Töchtern wird auch sie rosa oder weiße Strumpfhaltergürtel und Büstenhalter angelegt haben wie einem Pferd das Zaumzeug. Franz durfte studieren, die Schwestern Annemarie und Erika gingen zur Handelsschule und in die renommierteste Tanzstunde von Ulm, wo Annemarie, die jüngere, einen Abiturienten aus einer akzeptablen Familie kennenlernte, mit dem sie sich eineinhalb Jahre später verlobte und weitere vier Jahre später verheiratete. Erika mußte noch zur Reitschule geschickt werden. Nach einem erfolglosen halben Jahr entschloß sich die Mutter, auch noch das Geld für den Tennisclub aufzubringen, was sich später als unnötige Ausgabe erwies, denn kurz darauf fand sich doch im Reitclub ein geeigneter Kandidat, ein fünfzehn Jahre älterer Bauingenieur, der seine anfänglichen Skrupel wegen des Altersunterschieds überwand und bereits nach drei Monaten der näheren Bekanntschaft um Erikas Hand anhielt.

Ja, die fünfziger Jahre, sagt Franz, aber die Ehen haben gehalten.

Seit wann gibt es eigentlich Strumpfhosen, frage ich.

Franz zupft an der Gitarre, starrt auf seine mageren Füße, die bleich und lang auf dem schwarzen Laken liegen. »Es hängt ein Pferdehalfter an der Wand«, singt Franz.

Strumpfhosen, ich weiß nicht, Heidrun hatte noch keine. »Fragst du mich, warum ich traurig bin...«

Franz singt so schön, daß ich nur sehr leise, fast unhörbar mitzusingen wage.

Ich frage nicht, wer Heidrun ist, denke aber, daß sie Franz' Jugendliebe war, das dunkelhaarige Mädchen auf dem Foto, das er mir einmal gezeigt hat, und wenn nicht diese, dann eine andere, an die er sich genau erinnert, so genau, daß er die Strumpfhalter an ihren Schenkeln vor sich sieht, so wie ich die von Hansi Petzke.

Franz kannte viele Lieder, manche kannte ich auch, zum Beispiel das von den wilden Schwänen, die auszogen und danach nicht mehr gesehen waren. Oder das Lied, in dem ein Mädchen nach ihrem Liebsten ruft: »Mein Liebster, bist du tot?« weil der Garten, von dem sie geträumt hat, ein Friedhof war und das Blumenbeet ein Grab. Die Lieder hatte ich in der Schule gelernt, was Franz verwunderte. Daß eine andere, ältere Zeit in unserer seltsamen Zeit fortgelebt hatte, konnte er sich nicht vorstellen.

Dabei ist es an dem Lagerfeuer von Franz' Alpenverein wahrscheinlich ähnlich zugegangen wie an unserem, nur die Lieder waren andere. Wir sangen »Spaniens Himmel breitet seine Sterne über unsern Schützengräben aus« und »Katjuscha«, während Franz und sein Alpenverein ihren mehrstimmigen Gesang dem Zillertal und dem Edelweiß widmeten: »Zillertal, du bist mei Lust« und: »Das schönste Blümlein auf der Alm, das ist das Edelweiß«.

Aber »Jetzt fahr'n wir übern See, übern See« und »Laurentia, liebe Laurentia mein« und »Ännchen von Tharau« und »Wahre Freundschaft« sangen wir alle, was ich mir, anders als Franz, schon immer so gedacht hatte.

Nur die Kirchenlieder, die kannst du nicht, sagt Franz.

Das Besondere an Franz ist, daß er mich an niemanden erinnert. Wenn mir ein mit Franz vergleichbarer Mann aber nie zuvor begegnet ist und wenn mir Franz trotzdem vertraut ist wie kein anderer Mann, den ich länger und genauer gekannt habe als ihn, kann das nur bedeuten, daß ich mir, ehe ich Franz traf, ein Bild von ihm gemacht haben muß; nicht ein Bild von Franz, dem Hautflüglerforscher aus Ulm, sondern von einem, der sich als letztendlicher Sinn aller himmelschreienden Sehnsucht eines Tages offenbaren würde, offenbaren mußte, weil sonst diese ganze umtriebige Hoffnung ein gemeiner Betrug der Natur gewesen wäre, eine paradiesische Fata Morgana auf dem Weg ins Verdursten.

Ich gebe zu, keine Kirchenlieder zu kennen, und biete stattdessen an, die Stalinhymne auf russisch vorzusingen. Franz lacht. Entweder glaubt er nicht, daß ich die Stalinhymne auf russisch singen kann, oder er findet komisch, daß ich es kann. Ich knie mich auf, gürte meinen Morgenmantel fester und singe so inbrünstig, wie ich es damals, elf- oder zwölfjährig, in der Schule gelernt habe:

О Сталине мудром,
родном и любимом,
прекрасную песню
поёт весь народ.

Ich glaube, daß es ein Fehler war, Franz dieses Lied vorzusingen, jedenfalls es so vorzusingen, wie ich es getan habe: doppelt furchtbar, verdorben im Glauben und hemmungslos im Verrat. Schon während ich sang, hatte ich das Gefühl, daß in Franz, obwohl er sich vergnügt gab, etwas aufglomm, das verächtlich zu nennen wohl übertrieben, befremdlich aber zu geringfügig wäre.

Vielleicht hat er von mir mehr Scham erwartet für meinen fehlgeleiteten Glauben, und wenn ich mich schon nicht schämte, hätte ich mich selbst nicht so verhöhnen dürfen. Vielleicht dachte Franz, daß jemand, der seinen frühen, wenn auch falschen Glauben so preisgeben konnte, immer alles preisgeben würde, daß so einem, wie meine Mutter gesagt hätte, gar nichts heilig war. Franz glaubte auch nicht an den Gott, von dem er sang, aber er verhöhnte ihn nicht, ihn nicht und sich selbst auch nicht. Franz hatte eben das Glück, daß man ihm die richtigen Lieder beigebracht hat. Wahrscheinlich kennt heute, dreißig oder vierzig Jahre später, kein Kind, auch kein russisches Kind mehr die Stalinhymne, aber die Kirchenlieder lernen sie immer wieder. Als Franz einmal, fast unsichtbar, im Schatten der Nacht und nur als Stimme wahrnehmbar, leise sang: »So nimm denn meine Hände und führe mich, bis an mein selig Ende und ewiglich«, dachte ich, er sänge es ohnehin nur für mich.

An dem Abend, als ich für Franz die Stalinhymne sang, vergaß ich den keimenden Verdacht, den ich in seinen kleinen hechtgrauen Augen wahrzunehmen glaubte, bald wieder. Erst später, nachdem Franz verschwunden war und ich jeden Satz, jeden Blick, jede Geste zurückrief um in ihnen die ersten Zeichen des Verrats zu suchen, erinnerte ich mich meines kleinen Unbehagens, von dem ich letztlich bis heute nicht genau weiß, ob es nicht ganz aus mir selbst kam, ob ich nicht glaubte, Franz müsse mich verdächtigen, weil ich selbst nicht sicher war, ob meine mutwillige Selbstverhöhnung nicht nur ein ehrenhafter Versuch war, das Nichts, das mein unschuldiger grandioser Irrtum in meiner Seele hinterlassen hatte, zu verbergen.

Es fällt mir mit den vielen Jahren, die seitdem vergangen sind, immer schwerer, die erste Erinnerung zu bewahren. Ich befürchte manchmal, sie gar nicht mehr zu kennen. Mit den Erinnerungen verhält es sich wie mit dem Fremdkörper im Innern einer Perle, zuerst nur ein lästiger Eindringling ins Muschelfleisch, den die Muschel mit ihrem Mantelepithel umschließt und eine Perlmuttschicht nach der anderen um ihn wachsen läßt, bis ein schillerndes, rundes Gebilde mit glatter Oberfläche entsteht; eigentlich eine Krankheit, von den Menschen zur Kostbarkeit erhoben. Sicher weiß ich nur, daß Franz an diesem Abend bei mir war, daß ich ihm, im Bett kniend, die Stalinhymne vorgesungen habe, daß er unbestimmte Zeit später, in einer Nacht im Herbst, es hat nicht geregnet, meine Wohnung verlassen hat und nicht zurückgekommen ist. Daß zwischen den beiden Ereignissen ein Zusammenhang besteht, kann wahr sein und ebensogut das Ergebnis meines andauernden sinn-suchenden Erinnerns.

An diesem Abend bat ich Franz, noch einmal das Lied vom Wildschütz Jennerwein zu singen. Von allen Liedern, die Franz kannte, hörte ich das am liebsten, und ich glaube, daß er es auch am liebsten sang. Die Bluttat, von der es berichtete, war so traurig, wie seine Reime komisch waren. Franz sang es mit einer mannhaften, in sich gekehrten Entrüstung, wie seine Verfasser es gesungen haben mögen, als sie ihren gemeuchelten Josef oder Alois Jennerwein zu Grabe trugen. An den Text kann ich mich, wohl wegen seiner stolzen Ungeniertheit, bis heute erinnern:

Es war ein Schütz in seinen besten Jahren,
der wurde weggeputzt von dieser Erd.
Man fand ihn erst am neunten Tage
zu Schliersee auf dem Peissenberg.
Auf hartem Fels hat er sein Blut vergossen
und auf dem Bauche liegend fand man ihn.
Von hinten war er angeschossen,
zerschmettert war sein Unterkinn.
Pfui deinem Schuß, du feiger Jager.
Der Schuß bringt dir kein Ehrenkreuz.

Obwohl Franz nicht im geringsten an einen bayrischen Bergbauern des neunzehnten Jahrhunderts erinnerte, empfand ich eine unbestimmte Verwandtschaft zwischen dem Lied und ihm. Franz schien sich in dem archaischen männlichen Gestus, den er für die Dauer des Gesangs annehmen durfte, zu gefallen; und mir gefiel er auch.

Franz und ich hielten uns für ein Wunder. Wahrscheinlich halten sich alle Liebenden für ein Wunder; wir uns eben auch. Natürlich war das Wunder nicht, daß wir dieselben und verschiedene Lieder kannten, wenn unsere nächtlichen Gesänge auch eine wundersame Art waren, einander die Lebensgeschichten zu erzählen. Das eigentliche Wunder waren unsere Körper, die, seit Franz zum ersten Mal mit seinen Fingerrücken meine Wange berührt hatte, mehr zu wissen schienen als wir. Auch wenn ich selbst nicht genau sagen kann, wer wir ohne unsere Körper eigentlich sind, ist die Behauptung, sie seien in unserem Fall eigenmächtige Akteure gewesen, ganz sicher nicht falsch. Sie sehnten sich nacheinander, als hätte man sie ihr Leben lang gewaltsam voneinander ferngehalten, und wenn sie sich endlich wieder ineinander verschlingen durften, kam eine erschöpfte Seligkeit über sie, als hätten sie endlich, endlich ihr Ziel erreicht, als sei es ihre Bestimmung gewesen, einander zu finden, und als seien sie sich der Gefahr, diese Bestimmung zu verfehlen, immer bewußt gewesen. In unserem Alter hätte man nicht einmal behaupten können, unsere Körper folgten in blinder Gier dem arterhaltenden Diktat der Natur. Eher mag es der Gedanke an das Ende gewesen sein und die Angst vor dem unwiderruflichen Versäumnis, die allem, was in uns jung war, zu bedenkenloser Herrschaft verhalfen. Es ist das Junge, das Unbelehrte in uns, das liebt. Das Alter erfindet sich gegen die Trostlosigkeit verschiedene Gefühle, die man, obwohl sie mit meiner Leidenschaft für Franz nichts, gar nichts zu tun haben, auch als Lieben bezeichnet: Tierliebe, Kinderliebe, Naturliebe, Liebe zur Arbeit und zu Gott, Menschenliebe, Musikliebe, Kunstliebe im allgemeinen und so weiter.

Der belehrte Mensch liebt, was sich ihm nicht entziehen kann. Er kauft sich einen Hund und liebt ihn. Wenn der Hund stirbt, kauft er sich einen neuen und liebt den Hund weiter. Ich habe es mir leicht gemacht; ich liebte, ehe ich Franz traf, den ewigen Brachiosaurus.

Margriet de Moor

Erst grau dann weiß dann blau

Aus dem Niederländischen von Heike Baryga
dtv 8463, 288 Seiten, DM 5.–.
Deutscher Taschenbuch Verlag, München

Als Hardcover DM 36.–,
Hanser Verlag, München

Andrea Köhler in NEUE ZÜRCHER ZEITUNG
An einem Abend im Mai des Jahres 1980 entdeckt Robert Noort, verkrachter Künstler und erfolgreicher Geschäftsmann, daß seine Frau verschwunden ist ... Magda bleibt unauffindbar. Kein Brief, kein Anruf geben Auskunft, wo sie sich herumtreibt. Alles, was sie mitgenommen hat, ist ein Porträt, das ihre Eltern als junges Brautpaar zeigt ... Eines Tages, zwei Jahre sind vergangen, ist Magda wieder da. Sie steht am Spülbecken, wäscht sich die Hände und lächelt ihrem Mann über die Schulter hinweg zu. Und dann folgt der unglaubliche Satz: „Was meinst du, sollen wir trotz der vielen Wespen draußen essen?“

Rolf Michaelis in DIE ZEIT
Da wird aus dem psychologisch-realistischen Roman eine Parabel: Die zwei Jahre Abwesenheit markieren einfach Distanz – auch zwischen Liebenden ... Robert jedenfalls wird durch Magdas beharrliches Schweigen auf Fragen nach ihrer zweijährigen Abwesenheit so verletzt, daß er an einem Gewitterabend die zur Fremden neben ihm gewordene Geliebte umbringt. Kein letzter Liebesakt, hilfloser Mord aus Vereinsamung ... spannend zu lesen ...

Die Autorin: Margriet de Moor, geboren 1941, studierte in Den Haag Gesang und Klavier. Nach einer Karriere als Sängerin, vor allem mit Liedern des 20. Jahrhunderts, studierte sie in Amsterdam Kunstgeschichte und Architektur. Sie veröffentlichte bisher die Erzählungsbände *Rückenansicht, Doppelporträt* und *Ich träume also;* außerdem neben *Erst grau dann weiß dann blau* den Roman *Der Virtuose* und *Der Herzog von Ägypten.*

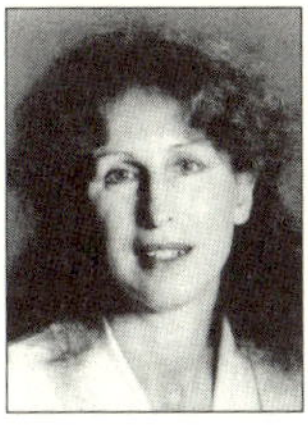

Als er Freitag am frühen Abend in die Oude Zeestraat fährt und in der Straßenbiegung sein Haus liegen sieht, fällt ihm auf, daß die blaßrot gestreiften Markisen heruntergelassen sind. Das Speicherfenster ist hochgestellt. Im Vorgarten beschreibt ein Rasensprenger über den Rosen eine durchsichtige Acht. Sie ist zu Hause.

Er parkt seinen Wagen in der Einfahrt, steigt aus und bückt sich, um die kleinen Kläffer zu streicheln, die aus dem Haus auf ihn zugestürmt sind. Den ganzen Tag über war es sehr warm, plötzlich fühlt er die feuchten Flecke an seinem Hemd. Ruhig, Junge, immer mit der Ruhe. Er krault das Fell auf den Köpfen, unter den Schnauzen, zwischen den Pfoten, bis die Tiere schließlich, ungeduldiger als er, wieder davonspringen. Einen Augenblick später steht er auf der Schwelle zur Küche. Und dort ist auch Magda.

Sie sagt: »Was meinst du, sollen wir trotz der vielen Wespen draußen essen?«

Sie steht am Spülbecken und wäscht sich die Hände. Sie lächelt ihm über die Schulter hinweg zu. Sie geht, in einen Dunst aus Knoblauch und angebratenem Fleisch gehüllt, auf ihn zu.

Er gerät nicht in Panik. Er erkennt das Kleid aus grüner Shantungseide wieder und sieht, daß seine Frau nicht einen Zentimeter, aber auch nicht einen einzigen Zentimeter dicker oder dünner geworden ist. Ihm kommt auch ihr Haar, das blond ist wie das eines Fjordpferdes, ganz vertraut vor, wie früher fällt es ihr über die Schulter. Ja, stellt er fest, es ist wirklich alles wie immer, ihre nackten Arme, ihre nackten Beine, die verschossenen Espadrilles, die sie wahrscheinlich ausgeklopft hat, als sie sie heute aus dem Wandschrank gefischt hat. Es gibt eine Zeit des Gehens und eine Zeit des Kommens. Mir gibt man zu erkennen, daß ich in diesem speziellen Fall der Rebellion die beiden Zeitpunkte lieber kurz hintereinander sehen sollte. Und der zufriedene Ausdruck in ihrem Gesicht, die Unordnung in ihrer Küche und sogar ihr Hund, der wie ein alter schwarzer Lumpen auf seinem vertrauten Platz liegt und atmet, wollen mir weismachen, daß in den vergangenen zwei Jahren mit Magda nichts, so gut wie nichts passiert ist.

Er erwidert ihren Kuß. »Wie du möchtest, wie du möchtest«, sagt er. Nur ganz kurz kreuzen sich unruhig ihre Blicke, es kann sein, daß gleich geheult, gejammert und gewinselt wird: Bewegungen, die die Wahrheit einkreisen. »Aber ich dusche erst noch.«

Mit den Augen von jemandem, der nicht ganz bei Trost ist, betrachtet er sich im Badezimmer im Spiegel. Er hat nirgends einen Koffer entdeckt, nirgends ein Flugticket, eine Bahnkarte oder eine Ansichtskarte mit der Empfangshalle eines Hotels. Eine Reise, die keine Spuren hinterlassen hat, wird wie ein Traum verschwinden, hastig, töricht und chaotisch, ohne für jemanden auch nur das geringste Zeugnis abzulegen.

Anfangs beruhigt ihn die Situation. Magda ist – unverändert – zurück, und alles geht wieder seinen gewohnten Gang.

Auf dem Sekretär im Nebenzimmer stapeln sich wieder die Wörterbücher und Nachschlagewerke. Wenn er früher als gewöhnlich nach Hause kommt, sieht er, wie sie hinter dem Fenster sitzt, raucht und nachdenkt, eine Tasse Tee steht in Reichweite. Manchmal klingelt das Telefon, und sie unterhält sich lebhaft. Wer hat angerufen, fragt er kurz darauf. Morgen mittag werden hier alle Gasgeräte kontrolliert, der Durchlauferhitzer im Bad und in der Küche und der kleine Ofen, erklärt sie ernst.

Er nickt und ist mit seinen Gedanken schon woanders, abgelenkt von dem Geschmack in seinem Mund, der ihn seit kurzem zu den unmöglichsten Gelegenheiten belästigt. Es ist ein zähes, schleimiges Gefühl, vielleicht ist es Durst, vielleicht Angst, es fängt im Unterkiefer an den Seiten an und breitet sich dann vom Gaumen aus auf dem Weg zum Hals und zur Nase über die ganze Mundhöhle aus, oft kann er es nur mit einem Schluck Whisky direkt aus der Flasche stillen.

Im Haus wieder das übliche Treiben. Es klingelt an der Tür. Hier ist ihre saubere Wäsche. Hier sind die Heidepflanzen für ihren Garten. Guten Tag, ich komme von der Glaubensmission. Er versteht nicht ganz, warum ihn die Lieferanten und Leute im Dorf – anfangs – so freundlich grüßen. Es ist beunruhigend. Es ist doch alles ganz normal? Es ist ein normaler schöner Sommer, und oft gehen sie frühmorgens im Meer schwimmen. Komm, sagt Magda und taucht aus dem Wasser neben ihm auf, zum Frühstück bekommst du einen Hering. An der Bude auf dem Boulevard starrt er sie an wie einen Bären auf der Kirmes. Ihre Augenlider, Lippen und Nägel sind vom Salzwasser leuchtend rosa geworden. Ist das vielleicht ein Grund für den Fischverkäufer, ihnen eine Gewürzgurke mit Senf zu schenken? Und was hat es zu bedeuten, daß ihm, nachdem sie auf dem Markt Krebse und bunte Blumen gekauft haben, auf den Arm geklopft wird? Eine Bäuerin bietet ihnen einen kleinen schneeweißen Käse aus eigener Herstellung an. Als die schmuddelige, senile Frau vielsagend auf die Dillspitzen auf dem Käse hinweist und danach – Hand, Ellenbogen – eine obszöne Gebärde macht, fällt ihm nichts anderes ein, als sich bei ihr mit einer Verbeugung zu bedanken.

So wird es für sie Herbst, Winter. Wenn er jetzt mit Magda ein Geschäft betritt, fangen die Gespräche über das eigenartig windstille Wetter wieder an zu stocken, dann redet man nicht mehr über die Temperaturen, die seit Jahren nicht mehr so hoch gewesen sind und dafür sorgen, daß sowohl vom Meer als auch vom Land her ein lauwarmer Dunst ins Dorf zieht, ein Nebel, der mit Salz-, Mist- und Erdpartikeln vermischt ist, die Fassaden angreift und erbarmungslos in die Häuser eindringt und dort in den Kellern zu Algenwuchs führt, es gibt wirklich niemanden, dem das Freude machen könnte.

Insgeheim wundert er sich über Magda. Nichts scheint sie zu stören. Sie schläft, während er mit geöffneten Augen versucht, seine Atmung zu regulieren. Es bietet sich immer an, an die Noort GmbH zu denken: wer die Gabe besitzt, so gelassen einen Betrieb zu leiten, der muß auch in der Lage sein, in der beklemmenden Dunkelheit der Nacht seine Muskeln zu entspannen. Es wäre auch nicht so schlimm, an den Fluß zu denken oder an die Landungsstege oder die Lastwagen oder die Hölle aus Feuer und Krach, wenn er es nur schaffen könnte, das Rätsel in seinem Innern einfach ein Rätsel sein zu lassen: dieses schlafende Wesen neben dir, das eine andere Zigarettenmarke raucht, das in der Abenddämmerung sitzt, ohne etwas Bestimmtes zu sehen, das im Bett über mehr Kraft verfügt – woher kommt eigentlich der Eindruck, daß diese Frau nicht hundertprozentig genau diejenige ist, die du, früher einmal, sehr genau gekannt hast?

Im Februar wird es plötzlich kalt. Das Dorf atmet auf und sprüht eine dünne Wasserschicht über die Tennisplätze des Kasinos.

Aber er, Robert, reist geschäftlich nach Algier, führt in der Hitze seine Verhandlungen und ist wieder zu Hause, als, früher und sonniger denn je, die Tulpensaison beginnt. Das Dorf wird von Touristen überschwemmt. Sie laufen scharenweise durch die Felder und bevölkern mit Armen voller Blumen die Gassen um die Kirche.

Kurz nach Ostern ist das Meer schon so warm, daß vor den Strandcafes die Laufplanken ausgelegt werden. Aber ein Wind, der vom Land kommt, lockt wochenlang in grauenhaften Mengen Quallen an die Küste. Als Robert nach der Arbeit über den Astridboulevard fährt, sieht er, daß die Schwimmer im Sand sitzen und fassungslos auf die durchsichtigen bläulichen Kreaturen starren.

Wie viele andere auch, fühlt er sich am Ende des Sommers ausgelaugt. Als Magda und er eines Abends mit ein paar alten Freunden draußen sitzen, ist ihm der Besuch eine Last. Er muß sich sehr zusammenreißen, um auf eine Bemerkung von Erik nicht einfach weiter zu schweigen. Am liebsten würde er sich aus jedem Gespräch heraushalten und jede Gesellschaft meiden, besonders jetzt, da die Hitze immer noch nicht nachgelassen hat und er in der schrägen Mischung aus Mond- und Neonlicht und mit dem Gesumm der Mücken in den Ohren seine Aufmerksamkeit unmöglich etwas anderem widmen kann, als der Abwehr der Frage, die sich ihm jetzt Tag und Nacht wie eine Faust in den Brustkorb drückt und von dort alles beherrscht, was er hört und sieht, den Garten, der nach Fäulnis riecht, die Hündchen, die unter seinem Stuhl nach Luft schnappen, die ermüdeten Gesichter von Erik und Nellie und die distanzierte Haltung von Magda. Er streckt seine Hand aus: sie reicht ihm ein Glas Whisky mit Eis. Er nimmt einen Schluck, nickt, als ob er einem Argument von Erik zustimme, und verzieht sein Gesicht zu einem Lächeln. Ist es denn nicht lächerlich, dieses Gekrieche auf dem Boden, dieses Gejaule wie ein Hund, dieses Händewringen, um sich eine Frage zu verkneifen, die sich Menschen eben oft stellen und auch ganz normal eine Antwort darauf bekommen – einfach so, beim Friseur, auf der Straße, im Kino –, während sich in diesem Fall, im Fall von Magda, die zwei Jahre vom Erdboden verschwunden war, die vier klaren, präzise abgegrenzten Wörter nicht zur Frage formen, sondern zum Hindernis, zum Abgrund, zum Giftpfeil, der bis zum äußersten Punkt gespannt im Bogen ist und dann, endlich, mit der Kraft eines ausbrechenden Pferdes, losgelassen wird … »Wo bist du gewesen?«

Ha! Sogar als ich im Bus nach Leiden saß, wußte ich noch nicht, wohin ich eigentlich genau fahren wollte. Das klingt vielleicht seltsam, soll es doch, von mir aus, aber wenn mich an diesem Tag etwas gleichgültig ließ, dann war es der Unterschied zwischen seltsam und nicht seltsam, eine Haltung, die ich seitdem verinnerlicht habe. Gut. Ich stieg an der ersten Haltestelle ein, beim Kreisel zwischen den Dünen. Zu dem gutaussehenden Fahrer mit Schnauzer sagte ich: »Einmal einfach nach Hartebrugkerk«, danach setzte ich mich auf einen Fensterplatz und stellte erschrocken fest, daß ich der einzige Fahrgast war. Ich hatte meine Jacke noch nicht aufgeknöpft, und schon schlossen sich die Türen. Der Motor heulte auf. Trotz des ohrenbetäubenden Lärms muß ich sofort eingeschlafen sein, denn an den Anfang der Fahrt, die Strecke über den Astridboulevard, kann ich mich nicht mehr erinnern, ich kann mich nur an das Pferd erinnern, von dem ich in dem Moment träumte, als der Bus plötzlich bremste: eine Stute mit gutmütigen schwarzen Augen. Ein paar Minuten blieben wir stehen. Weil es mir aus einem unbestimmten Grund schwerfiel, wach zu werden, machte ich keine Anstalten, mich darum zu kümmern, was los war. Aber ganz unabhängig davon setzte sich der Bus wieder in Bewegung. Als ich wieder zu mir kam, schaute ich aus dem Fenster.

Dort, am Ende der graubraunen Fläche, lag das Dorf, in dem ich jahrelang gewohnt hatte, ich befand mich noch in der Nähe meines Zuhauses. In der Nähe der leichten, hellen Welt der Wassertürme und Bunker, des Dünensandes, der sich an den Bürgersteigen sammelt, der Fischer, die jedes Jahr wieder einer neben dem anderen von den Touristen fotografiert werden. Wenn ich wollte, könnte ich sogar noch den Klang meiner Schritte auf den Straßen hören, ein sonores Geräusch, das dröhnt wie ein Zug Soldaten, was legt man in seinem irdischen Leben doch für Strecken zurück. Besonders wenn es regnete, schaute ich mir gerne die Häuser an. Am liebsten waren mir die häßlichen düsteren Fassaden, es reizte mich, mich in den Geruch ihrer verborgenen Treppenhäuser hineinzudenken, in die Treppenabsätze, die Badezimmer aus Terrazzo und die Schlafzimmer mit dunkler Tapete, und dabei zu erschaudern: Wenn es sein müßte, Robert, würde ich es mit dir hier bestimmt aushalten können!

Ich wußte nicht, ob ich ihn verlassen hatte. Ich saß in einem schaukelnden Bus, sah, wie das Dorf und die Dünen aus meinem Augenwinkel verschwanden, und wußte nicht, ob ich meinen Mann verlassen hatte. Wie wäre das möglich gewesen? Wer jahrein, jahraus immer die gleiche Liebe genossen hat, wird früher oder später entdecken, daß er niemals ganz allein in einen Aufzug oder einen Zug steigt, niemals ohne einen Schatten eine Blume oder einen Himmel betrachtet, niemals an den Lippen eines Freundes hängt, ohne zu spüren, daß irgendwo im Dunkeln deine Hand gedrückt wird, nein, ich wußte es nicht. Ich wußte nur, daß ich morgens mit dem festen Vorsatz wach geworden war, meine Sachen zu packen.

Ich werde mein rotes Kleid anziehen, dachte ich, als ich die Vorhänge zurückschob, mal sehen, ob ich einen meiner aprikosenfarbenen Unterröcke wiederfinde. Die Dinger sind vielleicht altmodisch geworden, aber sie sind genau das richtige für einen feuchten Frühlingstag wie diesen, und ich beugte mich über die Fensterbank, um das Fenster zu schließen, das nachts offengestanden hatte. Ich sah, wie sich in der Scheibe kurz ein Frauengesicht mit schläfrigen Augen und fröstelnd lächelndem Mund spiegelte. Das bist du, Magda, Magda, die in einem Leben voller Sonnenschein und Wärme einige außergewöhnliche Augenblicke erlebt hat, aber jetzt, zum Zeitpunkt der Abfahrt, überrascht ist, daß sie eigentlich von kaum etwas Abschied nehmen muß. Und ich drehte mich um, um das Bett zu machen, was nicht viel Arbeit war, denn in den Nächten, in denen Robert nicht da war, lag ich bewegungslos wie ein Stein da. Ich darf nicht vergessen, gleich noch auf die Bank zu gehen, dachte ich unter der heißen Dusche.

Zehn nach neun. Ein bißchen spät dran für die Hunde. Als ich mit nassen Haaren die Treppe herunterkam, erwarteten mich die drei Tiere bereits, ich öffnete mit Schwung die Tür zum Garten, und sie stürmten hinaus. Für einen Augenblick blieb ich auf der Schwelle stehen. Das satte Grün, die Blumen im frisch gemähten Gras waren größtenteils meiner Mühe zu verdanken. Es ist eine elendige Plackerei, wenn man in diesem Dorf den Seewind bezwingen will, man hört viele darüber klagen, und viele geben irgendwann auf: dann eben doch nur Muscheln, Tulpen und Töpfe mit Begonien, die zum Überwintern in den Schuppen kommen! Ich schaute zu den Beeten neben der Auffahrt hinüber. Dank der Buchenhecke von Roberts Mutter würden mir meine Phloxes und Dahlien im August bis zur Hüfte reichen …

Das war vorher ihre Küche, ihr Ofen, ihr rot-gelb gefliester Boden. Ich öffnete den Vorratsschrank und griff in einer urgroßmütterlichen Geruchswolke von Bohnen, Schmalz und Vollkornmehl nach dem Sack mit Hundefutter und dem Brot. Als ich hier vor Jahren die Hausherrin wurde, hatte ich nichts dagegen einzuwenden gehabt, so raffgierig und wählerisch wie meine Schwiegermutter weiterzumachen, nein, ganz und gar nicht, ich kann mich an die fröhliche und verschworene Stimmung dieser Tage noch genau erinnern, an die Schritte auf den Treppen, das Ausräumen der Kommoden, all das gab mir das Gefühl, in etwas Altes und Bleibendes geraten zu sein:

»Wo steckst du denn bloß!« rief Robert, als er unerwartet nach Hause kam. Er hatte noch nicht zu Ende gesprochen, schon hörte er unter dem Flur mein: »Ich komme!«, zu seinen Füßen öffnete sich die Luke, und ich kletterte heraus, eingehüllt in Staub und Spinnweben und den Geruch nach seit Jahren verschwundenen Sternrinetten. »Ah … Robert! Was für ein wunderbarer Tag, und was für eine Sonne! Sieht ganz so aus, als ob es wieder Sommer würde!«

Hinter mir hörte ich etwas schnaufen, die Tiere waren aus dem klatschnassen Garten zurückgekommen und wollten fressen. Ich tat einen Schritt zur Seite, um den Kläffern, die an mir hochsprangen, auszuweichen. Anatole war brav, der Bouvier stand neben der Küchentür und starrte mich in festem Vertrauen an. Sollte ich sie jetzt, wo es noch möglich war, einmal richtig verwöhnen? Ich zerschnitt das Herz, wärmte die Milch auf und vermischte das Gemüse mit dem Mais. Anatole hat beim Essen mehr Manieren als ein Mensch. Er schnappt vorsichtig mit den Lippen, ruckt kurz mit dem Kopf, kaut ein paarmal mit weit offener Schnauze und macht eine kleine

Bewegung mit dem Hals. Schluck und weg. Sein Napf ist im Nu leer. Anschließend leckt er sich gründlich die Nase und die grauschwarzen Haare sauber. Ich kniete neben ihm nieder und streichelte seinen Rücken, als Antwort darauf wedelte er verhalten mit dem Schwanz und warf mir einen verständigen Blick zu. Dieses Tier kannte mich, es kannte mich durch und durch. Was kümmerte ihn schon die Dissonanz zwischen mir und meinem ungewöhnlichen Geruch.

Dann wurde es auch für mich Zeit, zu frühstücken und ein paar Kleinigkeiten in eine Tasche zu packen. An der Garderobe, ich hatte meine Jacke schon an, kam ich kurz ins Zweifeln. O Gott! Was für ein wunderbares Licht durchflutet den Flur, und was für einen Glanz die Holzvertäfelung hat! Ein Haus wie im Traum, ein Leben wie im Traum, wie kann ich es schaffen, wenigstens diesen Moment, dieses klare, nüchterne Staunen festzuhalten? Draußen waren Schritte zu hören. Mit Gewalt wurde ein Stapel Post ins Haus gedrückt. Ein Fächer aus unbekannten Mitteilungen lag auf der Fußmatte. Ich drehte mich auf dem Absatz um. Auf geht‘s, dachte ich, jetzt mit den Hunden zu Nellie.

Die Entdeckung des Himmels

Aus dem Niederländischen
von Martina den Hertog-Vogt
rororo 13476, 800 Seiten, DM 19.90.
Rowohlt Taschenbuch Verlag, Reinbek

Als Hardcover DM 49.80,
Hanser Verlag, München

WOCHENPOST
Ein literarischer Großversuch, zum Ende des ausgehenden 20. Jahrhunderts noch einmal eine Art Pandämonium unserer Zeit zu verspiegeln: der Verlust des Glaubens und die Entzauberung des Himmels, die Entzweiungen der Religionen, der Verfall von politischer und gesellschaftlicher Moral, das historische Trauma des Holocaust, die Abtreibungs- und Euthanasiefrage, die Frage nach den Grenzen unserer forschenden Eingriffe in die Schöpfung ... So darf man auf die antreibende Faust'sche Frage des Buches, was denn noch diese Welt zwischen Himmel und Erde in ihrem Innersten zusammenhält, mit einigem Recht und Augenzwinkern antworten: Romane wie dieser.

BRIGITTE
In diesem überschäumenden Roman voller phantastischer Einfälle geht es nicht nur um eine wunderbare Dreiecks-Liebesgeschichte, sondern auch um eine göttliche Mission: Da den Menschen überhaupt nichts mehr heilig ist und sie beständig ihren eigenen Untergang vorantreiben, soll ein Engel die Tafel mit den zehn Geboten in den Himmel zurückbringen ... ein großer, tragikomischer Wurf über den Untergang des Abendlandes.

Der Autor:
Harry Mulisch, geboren 1927 in Harlem, ist der Sohn eines ehemaligen Offiziers aus Österreich-Ungarn, der im 2. Weltkrieg mit den deutschen Besatzern kollaborierte, und einer Jüdin aus einer Frankfurter Familie. 1961 war Mulisch Beobachter des Eichmann-Prozesses in Jerusalem und veröffentlichte darüber das Buch *Strafsache 40/61*. Mit seinem in 21 Sprachen übersetzten politischen Roman *Das Attentat* gelang ihm auch internationational der Durchbruch.

Nach Hause bringen

Auf interessierte Fragen nach seiner Entdeckung gab Onno nie eine Antwort. »Lies es nach«, pflegte er zu sagen, »im *Journal of Near Eastern Studies*. Ich mache nicht gerne Überstunden.« Aber jetzt, auf die Frage, wie er diese Schrift entziffert habe, erklärte er geduldig, daß keine Rede sein könne von Entziffern, da sie seit Jahr und Tag lesbar gewesen sei. Sie bestehe in groben Zügen aus dem griechischen Alphabet, aber es sei kein Griechisch, es sei unbegreiflich. Es sei, wie wenn jemand, der kein Griechisch könne, das griechische Alphabet lerne und dann versuche, die Ilias zu lesen. Die Etrusker seien ein italienisches Volk, dozierte er, das in der heutigen Toskana gelebt habe: *Tusci* nannten sie die römischen Eroberer. Das Lateinische sei voller etruskischer Lehnwörter, wie zum Beispiel *persona* für Maske, aber ansonsten sei nur von wenigen Wörtern die Bedeutung bekannt, zum Beispiel die für Gott, Frau und Sohn. Das Problem sei, daß es eine größere *›bilingue‹* wie Champollions Stein von Rosette nicht gebe, mit demselben Text jeweils im Etruskischen und in einer bekannten Sprache. Die Etrusker hätten wohl etwas mit den Griechen zu tun, ihre Sprache jedoch nichts mit dem Griechischen. Sie schrieben ihre Sprache phonetisch, mit griechischen Buchstaben, wie Gymnasiasten der ersten Klasse ihre Namen oder Niederländer die lateinischen Buchstaben. Das Volk sei etwa im neunten Jahrhundert vor Christi Geburt von irgendwoher gekommen, wo auch Griechen gewesen seien. Aber – und das sei der entscheidende Einfall gewesen – es sei natürlich auch möglich, daß die Griechen irgendwann *ihr* Alphabet von den Etruskern übernommen hätten, um damit ihre eigene Sprache phonetisch zu schreiben: Griechisch. Das sei jedoch ziemlich abwegig; aber über diesen Gedankengang sei er, gestützt von allerlei archäologischen Überlegungen, auf die kretischen Sprachen gekommen: Linear B aus dem fünfzehnten Jahrhundert vor Christus, vor fünfzehn Jahren durch seinen Kollegen Michael Ventris entziffert, und Linear A aus dem achtzehnten Jahrhundert, hinter denen sich wiederum semitische Ursprünge verbargen …

»Kurz, mein bester Watson«, sagte er, als sie an Schiphol vorbeifuhren, »durch Kombinieren und Deduzieren und eine ganze

Menge Glück und Weisheit kam ich dahinter. Der hochgelehrte Pellegrini hält mich zwar immer noch für einen Phantasten und Scharlatan, aber das deutet hauptsächlich auf seine autistische Art hin.«

»Was hast du studiert?«

»Jura.«

»Jura?«

»Das ist ein Familienleiden.«

»Aber all die Sprachen...«

»Liebhaberei. Ich bin Amateur, wie der große Ventris, der von Haus aus Architekt war. Wenn es sein muß, lerne ich eine Sprache in einem Monat. Ich konnte bereits lesen, als ich drei Jahre alt war.«

»Und wie viele Sprachen beherrschst du?«

»Im Zählen bin ich schlecht. Das ist wahrscheinlich eher dein Metier. Wie viele Sterne gibt es?«

»Wir haben sie noch nicht alle gezählt. Die Zahl ist übrigens nicht konstant. Schon allein in unserem eigenen Milchstraßensystem gibt es etwa einhundert Milliarden. Genauso viele, wie der Mensch Gehirnzellen hat.«

»*Speak for yourself.*«

»Darüber hinaus sind auch noch etwa hundert Milliarden extragalaktische Systeme bekannt, das sind genauso viele, wie ich Gehirnzellen habe, also kannst du es dir ausrechnen. Eine Eins mit zweiundzwanzig Nullen. Wie viele Sprachen gibt es?«

»Nicht der Rede wert. Rund fünftausendzweihundert.«

»Kannst du auch Hieroglyphen lesen?«

»Welche Hieroglyphen?«

»Ägyptische.«

»Ist ganz einfach. Aufsagen kann ich sie auch. *Paut neteroe her resch sep sen ini Asar sa Heroe men ah maä kheroe sa Ast auau Asar.* Was soviel heißt wie:›Der Paut der Götter ist erfreut über die Ankunft von Osiris' Sohn Horus, aufrecht im Herzen, dessen Wort absolut ist, Sohn der Isis, Erbe des Osiris‹.«

»Nur zu. Was bedeutet *Paut?*«

»Ja, das ist ein bißchen schwierig. Zu dumm, daß du das fragst. Nach Meinung der meisten Kenner meint es wohl die Ursubstanz, aus der die Götter gemacht sind; aber eigentlich ist es noch komplizierter, denn im Totenbuch sagt der Schöpfergott: Ich brachte mich selbst hervor aus der Ursubstanz, die ich erschuf. Aber laß dich nicht ermüden mit solchen archaischen Paradoxa.«

»Sie kommen mir aber ziemlich modern vor«, sagte Max. »Wo wohnst du? Ich setze dich vor deiner Tür ab.«

Es stellte sich heraus, daß sie beide im Zentrum wohnten, nicht sehr weit voneinander entfernt. Während sie in die Stadt hineinfuhren, erzählte Onno, daß er die Hieroglyphen bereits lesen konnte, als er elf Jahre alt war. Er hatte es sich selbst beigebracht mit Hilfe eines alten englischen Lehrbuchs, das er für zwei Groschen auf dem Markt erstanden hatte, und auf diese Weise, mit einem Wörterbuch, hatte er zugleich auch Englisch gelernt. Das sei im letzten Kriegswinter gewesen, sagte er, in dem ihm Hunger und Kälte definitiv den Rest gegeben hätten – aber er frage sich gerade, warum er das jetzt einem Wildfremden erzähle. Zu Hause, als Junge, habe er nie über seine Sprachstudien gesprochen. Er hatte gedacht, jeder, der sich nur die Mühe machte, könnte das auch. So ging es wohl immer mit dem Talent: einem Dichter war es unvorstellbar, daß jemand nicht schreiben konnte. Daß es trotzdem nicht jeder konnte, wurde ihm erst nach dem Krieg klar, als die Familie einmal Urlaub in Finnland machte. Sie waren in ihrem Hotel in Hämeenlinna, irgendwo zwischen den trübsinnigen Seen und Nadelwäldern, und am Abend vor ihrer Abreise war das Essen kalt oder bestenfalls lauwarm. Der Vater rief den Geschäftsführer, der daraufhin tat, als ob er den Ober maßregelte; tatsächlich aber sagte er, daß er sich von diesen popeligen Käseköpfen nichts gefallen zu lassen brauche, denn morgen würden sie ohnehin verschwinden zu ihren stumpfsinnigen Tulpen und Windmühlen. Woraufhin er, Onno, den Geschäftsführer fragte, ob vielleicht er nicht ganz richtig im Kopf sei, in dieser Form über seine Gäste zu sprechen, und ob er vielleicht wolle, daß ihm der Schädel eingeschlagen werde mit einem echten holländischen Holzschuh. Alle waren sprachlos. Er konnte Finnisch sprechen! Nach drei Wochen! Eine ugrische Sprache! Und als er das perplexe Gesicht seines Vaters sah, hatte er gedacht: – Ich bin dir überlegen, Exzellenz.

»Bist du der Sohn von *jenem* Quist?« fragte Max überrascht.

»Ja, von *jenem* Quist.«

»War er vor dem Krieg nicht Premierminister oder so was?«

»Würdest du vielleicht etwas weniger salopp von meinem Vater sprechen, Delius, Max? Die vier Jahre Kabinett Quist gehören zu den dunkelsten der menschlichen Kultur. Das niederländische Volk ächzte unter der theokratischen Schreckensherrschaft meines Herrn Vaters, über den ich kein schlechtes Wort hören möchte –und schon gar nicht aus dem Mund von jemandem mit einem derart lächerlichen Automobil.«

»Es hat uns zumindest nach Hause gebracht«, sagte Max und hielt an. »Du selbst kannst gar nicht Auto fahren, wenn du mich fragst.«

»Natürlich nicht! Wofür hältst du mich? Für einen Chauffeur? Es gibt Dinge, die man nicht können darf. Was man zum Beispiel auch nicht können darf, ist, das Essen mit Gabel und Löffel zwischen den Fingern einer Hand vorzulegen, denn dann ist man ein Ober. Das kannst du natürlich auch, aber ein Gentleman wie ich tut das ganz ungeschickt mit zwei Händen, und dann lasse ich noch immer die Hälfte auf das Tischtuch fallen, und so gehört sich das auch.«

Im Licht der Straßenlaternen in der schmalen Gasse konnten sie einander jetzt besser sehen. Onno fand, daß Max eigentlich viel zu gepflegt aussah, um ernst genommen werden zu können; er trug eine Art angelsächsisches, bourgeoises Outfit, mit Jackett und kariertem Hemd, das ihm bei seinen Brüdern und Schwägern über die Maßen zuwider war. Max seinerseits fand, daß Onno keine schlechte Figur als Leierkastenmann machen würde; zudem gab es um seine Ohren und am Kinn einige Stellen, die er beim Rasieren ausgelassen hatte. Vielleicht war er beim Stieren auf seine Ideogramme kurzsichtig geworden.

Onno schlug vor, zu Max' Haus zu fahren, er würde dann zu Fuß zurückgehen. Zufrieden stellten sie fest, daß noch Leute auf der Straße waren und überall in den Häusern noch Licht brannte, während in Den Haag schon alles Leben vollständig verschwunden war. Vor dem hohen Zaun am Park schloß Max sein Auto ab und zog seinen Mantel an; Onno sah, daß er auch noch Wildlederschuhe trug. Er wollte sich verabschieden, aber jetzt war es Max, der sagte:

»Komm, ich begleite dich ein Stück.«

Aus der Richtung des Leidseplein waren Polizeisirenen zu hören: es war etwas im Gange, vielleicht Nachgeplänkel einer Demonstration gegen die Amerikaner in Vietnam.

»Bist du etwa auch Ehrendoktor der Universität von Uppsala?« erkundigte sich Onno.

»So weit habe ich es noch nicht gebracht.«

»Du bist also *kein* Ehrendoktor an der Universität von Uppsala?« rief Onno entsetzt und blieb stehen. »Kann jemand wie ich sich dann eigentlich mit dir unterhalten?« Plötzlich veränderte er den Ton, während er Max weiterhin ansah. »Weißt du, daß dein Gesicht überhaupt nicht zusammenpaßt? Du hast stahlharte, äußerst unsympathische blaue Augen, aber zugleich einen lächerlich weichen Mund, mit dem ich mich nur ungern zeigen würde.«

Max sah zu ihm auf. Onno war fast um einen Kopf größer als er.

»Das stimmt«, sagte er nach einem kurzen Zögern.

»Nein, das stimmt *nicht*.«

»Es stimmt, daß es nicht stimmt.«

»Und deine Nase sollte am besten mit dem Mantel der Liebe zugedeckt werden.«

»Jagdhunde haben immer lange Nasen, denn damit kann man besser riechen. Du solltest es nicht persönlich nehmen, aber ein Pekinese riecht gar nichts. Und übrigens, ich bin kein *doctor cum grano sali*s, so wie du, dafür aber ein echter, so richtig mit Dissertation und so.«

»Ich höre schon. Du bist einer von diesen armen Typen, die meinen, daß die Leistung ein größeres Verdienst ist als das Talent. Worüber hast du promoviert?«

»Über Wasserstofflinien.«

»Was um alles in der Welt ist das denn?«

»Das kannst du nicht verstehen. Dafür muß man sehr gescheit sein.«

Max vermeldete, er sei Astronom an der Sternwarte in Leiden. Er habe unlängst ein Angebot bekommen, *fellow* am Mount Palomar Observatorium in Kalifornien zu werden, wo ein Leidener Kollege von ihm mittlerweile das Sagen habe, der Entdecker der Quasare; aber er interessiere sich mehr für Radio-Astronomie, mit der man das Unsichtbare sehen könne, sogar tagsüber. Optische Astronomen seien blasse Nachtwächter, und wenn eine Wolke aufziehe, könnten sie sich wieder aufs Fahrrad setzen und gegen den Wind nach Hause radeln; außerdem habe er nachts etwas Besseres zu tun. Er fahre regelmäßig nach Dwingeloo in Drenthe, zum Radioteleskop. Bei Westerbork werde jetzt ein riesiges Synthese-Radioteleskop gebaut, das aus zwölf Spiegeln bestehe, von denen einer bereits fertig sei. Es werde das größte Instrument der Welt, von dem er sich viel verspreche.

»Übrigens, du sagtest gerade, daß bei dir eigentlich alles im Krieg angefangen hätte – bei mir ist das vielleicht auch so. Mitten in der Stadt war der Himmel damals so klar wie jetzt vielleicht nur noch auf hoher See, oder auf dem Mount Palomar. Ich war irgendwann in einem Internat, bei den Patres. Wenn die nachts in der Kapelle die Messe sangen, wachte ich manchmal auf und lehnte mich aus dem Fenster. Ich glaube, daß diese stillen Nächte und die Sterne und dieses Gregorianische und dieser Krieg damals den Grundstein gelegt haben für meine Berufswahl, um es einfach mal so zu nennen. Vielleicht, weil die Sterne nichts mit dem Krieg zu tun hatten.« Bei dem Wort ›Sterne‹ schaute er kurz hinauf zum Himmel, aber vor der grauen Wolkendecke war jetzt nur der Widerschein der Stadt zu sehen.

»Du bist also von Haus aus römisch-katholisch. Oder bist du es immer noch?«

»Von Haus aus bin ich gar nichts.«

»Wie bist du dann in diese Anstalt geraten?«

Max schwieg. Er schlug den Kragen seines kamelfarbenen *British Warm* hoch, zog das Revers übereinander und hielt es mit seiner behandschuhten Hand fest.

Unten in der Kapelle die Patres:

Kyrie eleison, Kyrie eleison,
Christe eleison, Christe eleison.

Am Himmel der Große Bär und Kassiopeia, der Polarstern – in dem die Achse des Himmelsgewölbes rotierte. Wo war seine Mutter?

Er sah zu Onno.

»Soll ich es dir erzählen?«

Onno sah, daß er einen Nerv getroffen hatte.

»Wenn es nicht für meine Ohren bestimmt ist, will ich es nicht hören.«

Max wunderte sich jetzt über sich selbst. Nicht, daß er etwas zu verbergen hätte, aber es war für ihn nicht gerade ein Thema, um Konversation zu machen. Mit seinen Kollegen und Freunden sprach er nie darüber, von seinen Freundinnen ganz zu schweigen, und auch er selbst dachte eigentlich selten daran. Es war wie mit dem Talent, über das Onno gesprochen hatte: jeder Mensch war natürlich einzigartig, und das entdeckte er erst, wenn ein anderer sich in ihn verliebte, oder wenn sich nie jemand in ihn verliebte – aber auch außergewöhnliche Umstände konnten selbstverständlich erscheinen, einfach weil sie waren, wie sie waren; und auch dann entstand das Bewußtsein ihrer Außergewöhnlichkeit erst, wenn andere sie außergewöhnlich fanden. Auch ein Königssohn brauchte einige Zeit, bis er begriff, daß nicht für jeden im Land die Fahnen gehißt wurden, wenn er Geburtstag hatte.

Die Grachten waren gefroren. In den verschatteten Tiefen waren noch Schlittschuhläufer unterwegs; schweigende Gestalten glitten mit den Händen auf dem Rücken vorbei und bremsten kratzend vor den Brücken, unter denen dem Eis nicht zu trauen war. Während Max und Onno durch die Stadt gingen, am Rijksmuseum vorbei und über Brücken mit bizarren Dekorationen aus Sandstein und Gußeisen von Meeresungeheuern, die über die Dünen gekrochen waren, erzählte Max, wie es seine Eltern in den Wirren des Ersten Weltkriegs nach Amsterdam verschlagen hatte, wie sie zueinander fanden, wie sie sich voneinander trennten und seine Mutter dann in Amsterdam-Süd lebte, hinter dem Concertgebouw. Sein Vater wollte sie beide nie wiedersehen, und als der Zweite Weltkrieg kam, mußte etwas in ihn gefahren sein. Er kam wieder in Kontakt mit den alten österreichischen Freunden aus dem Ersten Weltkrieg, die inzwischen, nach dem *Anschluß*, großdeutsche Generale und SS-Obersturmbannführer geworden waren. Er, Max, wußte das alles eigentlich nur vom

Hörensagen; er hatte sich nie darum gekümmert. Vielleicht mußte sein Vater einen Beweis für seine deutschfreundliche Gesinnung erbringen. Er war noch immer mit einer Jüdin verheiratet, hatte »Rassenschande« begangen, sogar ein Kind mit ihr gezeugt: vielleicht mußte er das erst klären. Jedenfalls spielte er, was die Handelsbeziehungen mit der Besatzungsmacht anging, eine führende Rolle, sein Büro entwickelte sich zu einer halboffiziellen Regierungsstelle, die auf Raub, vor allem jüdischer Güter, spezialisiert war, und über einen Rechtsanwalt ließ er Eva Delius-Weiß wissen, daß er die Scheidung wünschte. Sie ging nicht darauf ein: ihre Ehe mit einem Arier schützte sie vor Deportation, vielleicht mehr noch als das Kind, das sie von ihm hatte. Das Drängen auf eine Scheidung lief im Grunde auf einen verkappten Mordanschlag hinaus. Wie sich nach dem Krieg herausstellte, schaltete Delius in dieser Sache schließlich seine früheren Kameraden ein.

An einem Morgen im Jahre 1942, erzählte Max, er wurde in diesem Jahr neun, holte ihn der Hausmeister aus der Klasse; im Zimmer des Direktors stand ein Militärpolizist mit einer hohen Mütze, Stiefeln und einer weißen Tresse über der Schulter. Max wurde mitgeteilt, daß seine Mutter plötzlich mit unbekanntem Ziel abgereist sei, er solle mitkommen und seine Sachen zusammensuchen. Als er zu Hause ankam, stand vor dem Haus bereits ein Umzugslaster, der in riesigen Buchstaben die Aufschrift *Puls* trug, daran erinnere er sich noch genau; einige Männer trugen das Klavier hinaus, in der Wohnung gingen Männer mit Listen umher, um all das zu registrieren, was sie nicht in die eigene Tasche steckten. Deutsche waren nirgends zu sehen, nur zwei Beamte der Gemeindepolizei. Alles war durchwühlt worden, im Schlafzimmer seiner Mutter waren alle Schubläden und Schränke offen, ihre Kleider lagen auf einem Haufen am Boden. Er bekam fünf Minuten, um seine Besitztümer zu sammeln, danach wurde er in ein römisch-katholisches Kolleg gebracht. In seiner Unschuld sagte er, er wolle zu seinem Vater: er wußte noch nicht, daß er Gift war für ihn. Die Großeltern, die einzigen Verwandten, die er noch hatte in den Niederlanden, waren irgendwo untergetaucht, er wußte nicht, wo – und er wußte auch nicht, daß sein Vater inzwischen auch deren Adresse verraten hatte und sie sich wie seine Mutter via Durchgangslager Westerbork auf dem Transport nach Auschwitz befanden, von wo keiner von ihnen zurückkehrte. Der Kollaborateur war ein Kriegsverbrecher geworden. Alles, was den Namen Weiß trug, mußte ausgelöscht werden – und Gott weiß, wer sonst noch. Max erzählte, daß die Patres ihn nach einigen Wochen bei einem kinderlosen, schon etwas älteren katholischen Ehepaar unterbrachten, das nicht einmal von ihm verlangte, vor dem Essen ein Kreuz zu machen. Manchmal radelte er an dem Haus, in dem er gewohnt hätte, vorbei: die Eingangstür und die Fenster waren mit Backsteinen zugemauert. Von seinem Vater hörte er erst wieder nach dem Krieg, als er vor Gericht stand – und danach noch einmal: ein kurzer Zeitungsbericht meldete seine Hinrichtung.

Nachbarn

detebe 22927, 352 Seiten, DM 19.80.
Diogenes Verlag, Zürich

Als Hardcover DM 38.–,
Diogenes Verlag, Zürich

Sigrid Löffler in DIE WOCHE
Sibylle Mulot geht durchs Leben und stößt dabei auf die fabelhaftesten Geschichten. Sie muß ihre Erzählstoffe nicht erst suchen – die Stoffe drängen sich ihr auf. Vielleicht weil sie die Dinge schwernimmt und dann ganz leicht macht. Eine anmutige Erzählerin von eigentümlichem Charme.

SÜDDEUTSCHE ZEITUNG
Eine literarische Begegnung, wie man sie sich öfter wünschen würde.

DIE PRESSE, Wien
Sibylle Mulot zeichnet die Charaktere der Nachbarn, die einst Nebenbuhler waren, sich bis aufs Messer verfeindet glaubten und nun alles zu verdrängen scheinen, feinfühlig und genau. Der Leser ist von der Kunst der Menschenschilderung ebenso gefangen wie von der erstaunlichen Erhellung jener letzten Kriegstage, deren Zeugen immer weniger werden.

FRANKFURTER ALLGEMEINE ZEITUNG
Sibylle Mulot ist eine kluge Psychologin und gelassene Moralistin, vor allem ist sie eine geschickte Dramaturgin.

Die Autorin: Sibylle Mulot wurde 1950 in Reutlingen geboren. In ihre Lieblingsbücher schrieb sie mit fester Hand: „Dieses Buch khört mir". Aus derselben Zeit stammt die Überzeugung, empfangenes Lesevergnügen müsse man, egal auf welche Art, weitergeben. Sie studierte Germanistik und Romanistik und promovierte 1977 über Robert Musil. Danach Journalistin bei der *Süddeutschen Zeitung*. Lebte viele Jahre in Rom, Wien und München. Lernte ihren niederländischen Mann in einem Wiener Straßencafé kennen. Heute lebt sie mit ihm und zwei Töchtern in Frankreich.

Die Küche in Judiths Haus war nicht groß, aber sie wirkte geräumig. Ein Fenster ging auf die Straße. In der Mitte des quadratischen Raumes stand ein runder Tisch, um den man anders als im dunklen Salon sogar herumgehen konnte. Hier bereitete Judith jeden Abend *La Soupe*, wie man in Parisey sagte. Wobei Soupe nicht Suppe bedeutete, sondern Mahlzeit. Der mit Nachdruck geäußerte Wunsch Mahlzeit! entsprach in Parisey dem Zuruf *Bonne Soupe!* – und nur in der Familie Lorain wünschte man sich Bon Appétit. Bei ihnen kam Soupe nicht vor, denn eigentlich war es doch ein ordinärer Ausdruck.

In Judiths Küche spielte La Soupe an diesem Abend eine untergeordnete Rolle. Die Teller waren beiseite geschoben, aus den Tiefen ihres Hochzeitsbüfetts hatte Judith eine Lesebrille hervorgeholt, und auf dem Tisch zwischen Mutter und Tochter lag ein handschriftlicher Brief. Judith hatte sehr gute Augen; die Lesebrille war eine Respektsbezeugung gegenüber Gedrucktem und Geschriebenem, sie setzte sie auch auf, wenn das Gemeindeblatt kam oder wenn sie ins Kochbuch schaute.

Die Diskussion war ausgesprochen animiert. Man konnte sagen, beide Damen gingen abwechselnd hoch wie eine *Soupe au lait*, die bekanntlich leicht überkocht.

»Und ich sage dir«, rief Judith, »er hat es die ganze Zeit gewußt. Vierzig Jahre lang hat er etwas von Renés Tod gewußt, und du wirst sehen, am Ende ist er selber noch der Mörder.«

»Und ich sage dir«, rief ihre Tochter erregt, »wenn er beichten wollte, dann würde er es bei einem Priester tun. Er hat erst nach seiner Pensionierung überhaupt angefangen, sich damit zu beschäftigen, *seit fünfzehn Jahren*, steht hier, und er hat jetzt etwas herausgefunden, was er mir mitteilen will.«

Sie hielt einen kurzen Moment inne, weil sie ihrer Mutter eine schwierige und gleichzeitig banale Beweisführung vorlegen wollte. Warum sollte mir Lorain heute dringend etwas mitteilen wollen, was er schon früher wußte? Oder umgekehrt: Wenn er etwas schon immer gewußt hat, warum sollte er es mir jetzt erst sagen?

»Dafür müßte er einen besonderen Grund haben«, folgerte Renée. »Aber vielleicht den, daß er bald stirbt.«

Judith hatte derweil nachgerechnet und herausgefunden, daß es stimmte. Jawohl, Lorain war vor fünfzehn Jahren pensioniert worden. »Aber das beweist gar nichts.«

Der Brief, der die beiden so beschäftigte, hatte folgenden Wortlaut:

Parisey, den 5. Mai 1986

Liebe Renée,
ich bin am Ende meines Lebens zu dem Schluß gekommen, daß du ein Anrecht darauf hast, zu erfahren, welch unglückselige Verkettungen zum Tod deines Vaters in den letzten Kriegstagen geführt haben, die ich von Herzen bedauere. Ich möchte betonen, daß dieser Entschluß nicht der Laune eines Augenblicks entspricht, sondern reiflich erwogen wurde. Ich beschäftige mich nicht erst seit heute mit den Geschehnissen von damals. Seit vielen Jahren, genauer gesagt seit etwa fünfzehn Jahren, bin ich dabei, den Ereignissen von damals nachzugehen, um ein möglichst vollständiges Bild der Zeit und ihrer menschlichen Akteure zu gewinnen. Dies ist keine leichte Aufgabe. In der Abgeschiedenheit meines Hauses, oder sagen wir ruhig: in der Einsamkeit meines jetzigen Lebens habe ich mich natürlich befragt, warum ich es tue.

Während wir handeln, sind wir blind. Damals, als mein Gewissen und meine Gesinnung mich zwangen, in den Untergrund zu gehen und eine aktive Rolle im Widerstand zu spielen, war ich jung. Nicht mehr ganz jung – jung mit Erfahrung. Ich schmeichle mir nicht, wenn ich sage, daß ich für meine Feinde ein gefährlicher Gegner war, der alle Voraussetzungen mitbrachte, die man brauchte. Energie, jugendliche Entschlossenheit, genaueste Orts- und Menschenkenntnis, Erfahrung. Ich habe immer nach bestem Gewissen gehandelt, auf der Basis einer bürgerlichen Moral, die mir nie verlorengegangen ist; dennoch muß ich heute sagen, wie ich eingangs schon erwähnte: Wir waren blind.

Einerseits tasteten wir uns – wie jeder Mensch – durch den Tunnel der unvorhersehbaren Zeit voran. In diesem Sinn ist jeder Mensch in seiner unmittelbaren Gegenwart blind und kommt erst nachträglich dazu zu sehen. Andererseits war die besondere Situation

detebe 23139, 352 Seiten
DM 18.90

»Ihre Krimis mit dem attraktiven Kommissar Brunetti haben eine ähnliche Sogwirkung wie die Stadt, in der sie spielen.« *Brigitte*
»Eine der erfolgreichsten Kriminalautorinnen der letzten Zeit.« *Der Spiegel*

»Ein Sonderfall des deutschen Literaturbetriebs. Süskinds Erfolg beruht auf gehobener Unterhaltung und sinnlichem, ungekünsteltem Erzählen.« *Facts*
In 37 Sprachen übersetzt, weltweit 10 Millionen verkaufte Exemplare!

detebe 22800, 336 Seiten
DM 16.90

detebe 20481, 336 Seiten
DM 18.90

»Tom Ripley – ein Meilenstein der Kriminalliteratur.« *Die Woche*
»Die Romane von Patricia Highsmith entwickeln eine wahre Sogwirkung. So wie gute Literatur es eben tut.« *Facts*

»Wenn es eine Renaissance des Erzählens gibt, dann hier.« *Der Spiegel*
»Bernhard Schlink schreibt schwungvolle Romane, in denen die politische Aktualität und die deutsche Vergangenheit präsent sind.« *Der Tagesspiegel*

detebe 22953, 208 Seiten
DM 14.90

Diogenes *Das*

detebe 22831, 416 Seiten
DM 19.90

»Leon de Winter gehört zu den wenigen Autoren, die es verstehen, gute Literatur zu schreiben und zugleich glänzend zu unterhalten.« *Süddeutscher Rundfunk*
»Ein Kultautor und gewiefter Erzähler.« *Neue Zürcher Zeitung*

»McEwan ist das, was man so einen geborenen Erzähler nennt. Man liest ihn mit Spannung, mit Genuß, mit Vergnügen, mit Gelächter.« *Der Spiegel*
»Einer der größten europäischen Schriftsteller.« *L'Espresso*

detebe 23162, ca. 368 S., ca. DM 16.90, ET 7/00

detebe 22951, 288 Seiten
DM 16.90

»Dieser Arjouni hat den genauen, gnadenlosen Blick.« *Der Tagesspiegel*
»Jakob Arjounis Texte haben Qualität. Sie sind ambitioniert, unaufdringlich-provokativ und höchst politisch.« *General-Anzeiger*

»Alle Romane John Irvings sind gute Beispiele dafür, wie ein Autor seinen Lesern viel Spaß bereiten kann und ihnen dabei auch noch so etwas wie tiefere Bedeutung mit auf den Weg gibt.« *Focus*

detebe 21837, 848 Seiten
DM 24.90

Klasse statt Masse:

Die Buchwerbung der Neun, München, setzt bei ihrem Internetauftritt auf Orientierung für den Verbraucher und stellt unter www.bookscene.de einen „Treffpunkt Buch“ ins Netz. Statt Masse setzt man auf Themenbündelungen rund ums Buch. Überblick schaffen im komplexen „Bücher-Dschungel“ lautet das Motto. Im Vergleich zu anderen Anbietern geht es der Bwd9 deshalb weniger um den reinen Verkauf als um intelligent ver-

Die BEST-OF-Themen im Einzelnen:

- **Ihr Urlaub beginnt bei uns:** Reiseführer, Karten & Bildbände, die in der Strandtasche nicht fehlen sollten
- **Abenteuer Extreme:** Abenteuer-Reisen zum Nachlesen
- **digit@ll:** Brandaktuelle Computerbücher & Software
- **Kommit:** Die Sommerhits im Taschenbuch 2000
- **Einfach Klasse:** Schlaue Bücher, mit denen Lernen Spaß macht
- **BuchSzene:** Die tollsten Neuheiten im Frühjahr 2000
- **Profits:** Bücher für intelligentes Management
- **Genuss mit Vergnügen:** Bücher für Feinschmecker
- **SchmökerSpass:** Hits für Kids
- **BücherFest:** Buchsterne zum Verschenken
- **BücherBesten:** Die Top Seller des Jahres

www.bookscene.de

netzte Informationen. Mit wenigen „Klicks“ findet der Kunde auf der **bookscene** die Besten der besten Bücher auf einen Blick. Welche Bücher den Best-of-Label im Print- und Internet-Auftritt verdienen, entscheiden hochqualifizierte BuchhändlerInnen vorab in Redaktionskonferenzen, denn aus dem täglichen Umgang mit Kunden kennen sie deren Bedürfnisse ganz genau.

Was findet der Kunde unter Special-Interest ?

Kunden, die sich für Reisen, Gesundheit und andere Spezialgebiete interessieren, es aber leid sind, sich durch globale Suchmaschinen zu kämpfen, können aufatmen: Unter Special-Interest finden sie zu sämtlichen Trend-Themen die wichtigsten Titel. Auch hier treffen BuchhändlerInnen wieder die entscheidende Vorauswahl!

Die Special-Interest-Themen im Einzelnen:

- **Treffpunkt China:** Die Verkaufsschau und Wanderausstellung 2000
- **Gesund Leben:** Bücher für mehr Spaß am Leben
- **Mein Tier:** Ratgeber für Tierliebhaber
- **Goethe Literaturbühne:** Goethe mal ganz anders
- **Hörbuch:** Die Welt der Bücher auf MC und CD
- **Der Literaturführer 1945 bis heute:** Autoren und ihre Bücher
- **LOOK:** Für junge Leser und ihre Eltern

... und was die bookscene sonst noch zu bieten hat:

- Aktuelle Buchbesprechungen & Autorenportraits
- Verlagsinformationen und - verlinkungen
- Ausgeklügeltes Bestellsystem (Bestellmöglichkeit über die Buchhandlung in der Nähe des Kunden)
- Attraktive Gewinnspiele auf jeder Themenseite
- Tolle Events
- Aktuelle Bestsellerlisten

...und jede Menge Unterhaltung

dazu angetan, daß wir, scheinbar unabhängig agierend, doch auf eine nachdrückliche Art von anderen ›Fadenziehern‹ abhängig waren – sowohl auf unserer eigenen Seite als auf der Seite des Feindes –, die oft genug diktierten, was wir später als unabänderliche, unüberwindliche Hindernisse und Gegenkräfte zu spüren bekamen. Wir waren also nur ein kleines Zahnrad in einem großen Mechanismus, unser Horizont war der eines kleinen Zahnrads, und unsere Befugnisse waren im Gegensatz dazu die – eines Gottes.

Es ist dieser grausame Gegensatz, der mich in vierzig Jahren Frieden ununterbrochen gequält hat. Zunächst unterschwellig, überdeckt von der Arbeit und der Sorge ums tägliche Brot, um die Familie. In letzter Zeit brach der Konflikt immer offener aus. Zehn Monate meines Lebens waren es nur, die ich als Chef eines relativ großen Maquis in den Wäldern verbracht habe. Sieg, Ruhm, Auszeichnungen und Ansehen schienen die unmittelbare Belohnung dafür zu sein, aber in Wirklichkeit hat sich das Gewicht dieser Bürde als schwerer erwiesen. Sie drückt mich, und ich muß versuchen, sie abzuarbeiten.

Wenn ich vorhin sagte, daß wir die Befugnisse eines Gottes und die Sehschärfe eines Schwachsichtigen hatten, dann meine ich damit nicht, daß wir uns in unseren Entscheidungen immer getäuscht hätten. Ich habe mich sehr genau geprüft und kann heute sagen, die Menschenleben, die ich auslöschen mußte, um größeres Unheil zu verhindern, waren nicht leichtfertig geopfert. Getäuscht habe ich mich allenfalls in der Wahl meiner engeren Mitarbeiter. Darin sehe ich heute den größten Fehler, den ich zu meinem unendlichen Bedauern nicht mehr rückgängig machen kann.

Kernpunkt meiner Arbeit, die ich dir gerne zugänglich machen möchte, ist eine möglichst genaue Dokumentation aller Todesfälle, die auf unser Konto gehen, auf das Konto der Widerstandsgruppe Vogesen Süd. Ich weiß, daß ich mich damit außerhalb meiner eigenen gesellschaftlichen Gruppe stelle, die ihr Augenmerk bisher ausschließlich und allein auf die Toten richtete, die sie selbst zu beklagen hatte. Diese Einseitigkeit indessen will ich nicht länger mittragen. Ich bin bei meinen Recherchen auch auf den Fall deines Vaters, René Pasteur, gestoßen, der nicht in meine Zuständigkeit fiel, sondern in die des damaligen Unterleutnants Marcel Gibet, der in den letzten Kriegswochen zu meinem Leidwesen angefangen hatte, auf eigene Faust zu operieren. Formell war Gibet mir noch unterstellt, faktisch tat er in dieser Zeit mit einer Gruppe von Kumpanen, was er wollte. Es ist für dich kein Trost, aber dein Vater gehört wohl zu einer größeren Zahl von Opfern, die unter mysteriösen Umständen und wahrscheinlich nicht aus politischen Gründen zu Tode gekommen ist.

Ich kann nicht sagen, daß ich alle Umstände dieses Todes schon erfaßt hätte. Aber das, was ich bisher herausgefunden habe, kann und will ich nicht länger geheimhalten. Ich würde dich daher bitten, mich möglichst bald zu besuchen, an einem Sonn- oder Feiertag vielleicht, denn das, was wir zu besprechen haben, wird seine Zeit brauchen.

Mit herzlichem Gruß und besten Wünschen verbleibe ich

Dein Nachbar
Charles Lorain

Judith sah hinter ihrer Brille aus wie eine Eule. Beim wiederholten Lesen hatte sie etwas entdeckt, das sie nicht für sich behalten konnte.

»Er lädt dich ein«, sagte sie zu ihrer Tochter. »Es ist eine richtige Einladung, wie sagt man – offiziell, und auch noch an einem Sonntag.«

Renée antwortete nicht.

»Du gehst natürlich hin«, sagte Judith. »Nein, du fährst! Du fährst die lange Auffahrt hinauf und parkst *offiziell* vor der Freitreppe.«

»Das tu ich natürlich nicht«, sagte Renée. »Jeder kennt hier mein rotes Auto.«

»Na und? Lorain hat dich eingeladen, also fährst du vor.«

»Maman, das ist doch krasser Unsinn! Willst du wirklich, daß alle in der Straße darüber reden? Ja, du willst das natürlich, für dich ist es ein Triumph, aber ich, ich will lieber alles herausfinden. Ob dir das paßt oder nicht, ich werde mich hintenherum zu ihm ins Haus schleichen, wenn alle in den Häusern sind und essen.«

Ah! Es war ein schwerer Schlag für Judith. Sie weigerte sich einzusehen, daß Renée vielleicht recht hatte.

»Hör mal«, sagte Renée, »wir wollen doch herausfinden, wo sie ihn verscharrt haben. Wie kann ich das tun, wenn alle von vornherein gewarnt sind!« Und sie lenkte ihre Mutter auf ein anderes Problemgebiet, auf die immer wieder fesselnde Frage des Was-bringe-ich-ihm-mit.

Judiths Küchenfenster ging zur Straße hinaus und verdunkelte sich manchmal, wenn Menschen an die Scheibe klopften. Kurz nachdem es geklopft hatte, klingelte es auch. Renée öffnete und ließ Madame Grosmougin herein. Die kleine Dame mit den schwarzen Haaren und den wie Gras wachsenden Wimpern blieb in der Küchentür stehen, lächelte, faltete die Hände vor ihrem Bauch und sagte:

»Ich sammle für den Basar der Guten Werke.«

»Guten Abend«, sagte Judith. »Deswegen warst du doch heute früh schon mal hier.«

»Ja«, sagte Madame Grosmougin gedehnt, »bei dir! Aber Renée war noch nicht zu Hause, und da dachte ich...«

»Ich habe nichts«, sagte Renée schroff. »Und meine Kröte hat man mir auch gestohlen.«

Madame Grosmougin lachte. »Die hätte ich sowieso nicht mitgenommen. Viel zu schwer. Apropos: Hat sich der Dieb gemeldet?«

»Nein«, sagte Renée. »Ich wußte das schon im voraus. Aber manchmal tut man etwas, das sinnlos ist.«

»Bei dem Basar dachte ich eher an etwas Gebasteltes ... von den Schwererziehbaren vielleicht.«

»Im Moment habe ich nichts.«

Sie will mich loswerden, dachte Madame Grosmougin. Das ist klar und deutlich.

»Lorain hat uns einen Brief geschrieben«, warf Judith in diesem Moment ein und wurde von ihrer Tochter mit einem strafenden Blick bedacht.

»Soso«, sagte Madame Grosmougin. »Das ist aber interessant.« Nach kurzem Nachdenken kam sie zu dem Schluß, daß man wohl etwas mehr Neugier von ihr erwarten durfte, und sie fragte interessiert: »Ach ja? Worum geht es denn?«

»Um nichts«, sagte Renée wegwerfend. »Er hat uns einfach mal eingeladen. Als guter Nachbar.«

»Er weiß was von früher«, sagte Judith. »Renée geht natürlich hin.«

Da sagte die kleine Dame: »Aber Lorain liegt doch im Krankenhaus. Habt ihr davon nichts gehört?«

Cees Nooteboom

Die folgende Geschichte

Aus dem Niederländischen
von Helga von Beuningen
BS 01141, 147 Seiten, DM 17.80.
ST 2500, 147 Seiten, DM 12.80.
Suhrkamp Verlag, Frankfurt/Main

Als Hardcover DM 28.–,
Suhrkamp Verlag, Frankfurt/Main

Rüdiger Safranski in DIE ZEIT
Mit Eleganz und Spielwitz, mit Melancholie und Ironie betritt Nooteboom in seiner Erzählung das geheimnisvolle Spiegelkabinett unseres Bewußtseins. Da wacht Herman Mussert, ehemals Lehrer für alte Sprachen und jetzt Verfasser von Reiseführern, in einem ihm vertrauten Zimmer in Lissabon auf und weiß doch genau, daß er sich am Abend zuvor in Amsterdam zu Bett gelegt hat. Er hatte vor dem Einschlafen Bilder, wie sie von der Voyager-Sonde beim Verlassen des Sonnensystems zur Erde gefunkt wurden, betrachtet. Jetzt beim morgendlichen Aufstehen in Lissabon, erinnert er sich jäh, mit welchem Gefühl er am Abend zuvor in Amsterdam offenbar eingeschlafen war, es war die Angst, „ich könnte von der Erde, die so lose und schutzlos im Raum hing, herunterfallen." … Cees Notteboom hat auf wunderbare Weise eine Geschichte erzählt, deren eigentliche Hauptfigur die Poesie selbst ist. Sie kann kein Ende finden, weil sie noch mit jedem Ende, und also auch mit dem Tod, etwas anfangen kann …

Dirk Schümer in FRANKFURTER ALLGEMEINE ZEITUNG
Cees Nooteboom gestaltet … einen kurzen Roman, der wie immer bei diesem Autor durch stilsicheren Zugriff auf die Erzählformen verschiedener Zeiten und Kulturen, durch straffe Komposition von Handlungsfragmenten besticht.

Der Autor:

© Simone Sassen

Cees Nooteboom wurde 1933 in Den Haag geboren. Mit siebzehn Jahren ging er nach Paris, um zunächst als Journalist zu arbeiten. Obwohl bereits 1955 sein erster Roman erschien *(Das Paradies ist nebenan)*, galt Nooteboom zunächst als Journalist und Verfasser subtil erzählter Reiseberichte. So berichtete er 1956 über den Ungarn-Aufstand, 1963 über den SED-Parteitag und fünf Jahre später über die Studentenunruhen in Paris. 1980 fand Nooteboom mit dem Roman *Rituale* zurück zur fiktionalen Prosa. Cees Nooteboom lebt in Amsterdam und auf Menorca.

Jetzt ist nur noch Deng da, und er ist vor mir an der Reihe. Das Schiff scheint zu schleichen, es will nirgends mehr hin. Ich weiß den nächtlichen Urwald rings um uns, wenn wir an einer Siedlung vorbeikommen, rieche ich den Geruch getrockneter Fische und faulender Früchte. Manchmal höre ich die Stimmen von Kindern über dem Wasser, manchmal kommt ein Kahn mit Indianern vorbei, dann höre ich noch eine Weile das Schluchzen des Dieselmotors. Coari, Fefé, die Welt hat noch Namen.

Ihr seid schon da, als ich eintrete. Meine Geschichte werde ich dir allein erzählen müssen. Du trägst deine Persephone-Maske (Pater Fermi: »Aber Sie als Kenner der Klassik müssen doch wissen, daß der Tod eine Frau ist«), aber Professor Deng sieht etwas anderes, etwas, das vielleicht mit dem Dichter zusammenhängt, mit dem er sein Leben verbracht hat wie ich das meine mit Ovid, und plötzlich läßt er uns mit seiner Altmännerstimme die Menge hören, die ihn niederschreit, seine eigenen Studenten in den Tagen der Kulturrevolution, auf einem Podest habe er stehen müssen und sei bespuckt und geschlagen worden, weil er die Revolution verraten habe und sich in den dekadenten, feudalistischen Hervorbringungen der ausbeutenden Klasse gesuhlt habe, weil er eine Kaste, die das Volk erniedrigt hätte, verherrlicht habe und sich mit Produkten des Aberglaubens und den belanglosen persönlichen Gefühlen von Menschen aus einer verachtenswerten Epoche beschäftigt habe. Er hatte Glück gehabt, er war lebend davongekommen und an einen entlegenen Ort auf dem Land verbannt worden, wo er weitergelebt habe, bis wieder neue Veränderungen gekommen seien, doch irgend etwas war gebrochen und angeknackst, wie Qu Yuan fühlte er sich gefangen in einer vergifteten Zeit, in der er nicht leben wollte, und als er gesehen hatte, daß das Rad der Veränderung sich wieder einmal eine Umdrehung weiterdrehte, hatte er der Welt den Rücken zugewandt und war gegangen. Er zitierte seinen Dichter: »Ich war am Morgen geschmäht und am selben Abend noch aus dem Weg geräumt.« Mit nichts als seinem Gedicht im Gepäck hatte er sich aufgemacht, bis er an einen Fluß kam, und so hatte er sein Leben hinter sich gelassen, wie ein Ding am Ufer. Das Wasser war schwer in seine Kleider gedrungen, er war wie ein kleines Boot geschwommen und hatte gewartet, bis der Wind aufkommen und er seine große Reise antreten würde. Um sich hatte er das Wasser mit allerlei Stimmen gehört, ganz hell und leise hatte es geklungen. Sein Arm machte eine Bewegung zu dir hin, es war schon fast nichts mehr von ihm zu sehen, als bestünde er aus hauchdünner, uralter Materie, und du hattest die gleiche Bewegung gemacht und warst bereits aufgestanden.

Im entfernten Spiegel des Salons sah ich mich allein dasitzen und dachte an diesen Mann in Amsterdam, das Foto in der Hand, den Traum, den er träumte, in dem ich an ihn dachte. Ich ging an diesem Mann, der Sokrates glich, vorbei nach draußen, ich sah in die blinden Augen unter den groben Brauen, auf den denkenden Neandertaler-Kopf, der an mich dachte in Amsterdam. Das Schiff hinterließ kaum mehr ein Zeichen, das Wasser war so still und schwarz, daß ich die strahlenden Schlangen und Skorpione, die Götter und Helden sich im Glas spiegeln sah, ich hätte mich auch gern hineingleiten lassen wie Professor Deng, ich hatte die Wollust des Abschieds auf seinem Gesicht gesehen. Von den Ufern ertönte ein tiefes Quarren von Kröten oder Riesenfröschen.

Wie lange ich da stand, weiß ich nicht, die Sonne tauchte noch einmal von Osten her den Urwald in eine schreckliche Glut, noch einmal strich der hastige Schein des Tages über den Fluß, bis das Schwarz sich wieder über alles legte, Vögel und Bäume, und es einhüllte. Unwissend war dieser Mann in Amsterdam schlafen gegangen, nicht wissend, was für eine Reise er machen würde. Jemand würde ihn finden, sobald ich dir meine Geschichte erzählt haben würde. Leute würden kommen, um diesen gedrungenen Körper aufzubahren, in Westerveld einzuäschern, meine unmögliche Familie würde meine Ovid-Übersetzung wegwerfen oder weiß der Himmel ebenfalls verbrennen, Dr. Strabo's Reiseführer würden vielleicht noch zehn Jahre weiter erscheinen, bis sie einen anderen Idioten gefunden hätten, ein ehemaliger Schüler würde die Todesanzeige von Herman Mussert lesen und sagen, he, Sokrates ist tot, und gleichzeitig würde ich mich verwandeln, nicht meine Seele würde auf die Reise gehen, wie der echte Sokrates geglaubt hatte, sondern mein Körper würde aus dem Universum nicht wegzubekommen sein, er würde den phantastischsten Metamorphosen unterliegen und würde mir nichts davon erzählen, weil er mich längst vergessen hätte. Einst hatte der Staub, aus dem er bestand, eine Seele beherbergt, die mir geglichen hatte, jetzt hatte mein Staub andere Pflichten. Und ich? Ich mußte mich umdrehen, die Reling loslassen, alles loslassen, dich anschauen. Du winktest, es war nicht schwer, dir zu folgen. Du hattest mich etwas gelehrt über die Unermeßlichkeit, daß die kleinste Zeiteinheit einen maßlosen Raum an Erinnerung bergen kann, und während ich so klein und zufällig bleiben durfte, wie ich war, hattest du mich gelehrt, wie groß ich war. Du brauchst mir nicht mehr zu winken, ich komme schon. Keiner der anderen wird meine Geschichte hören, keiner von ihnen wird sehen, daß die Frau, die da sitzt und auf mich wartet, das Gesicht meiner allerliebsten Kriton hat, des Mädchens, das meine Schülerin war, so jung, daß man mit ihr über die Unsterblichkeit sprechen konnte. Und dann erzählte ich ihr, dann erzählte

ich dir

DIE FOLGENDE GESCHICHTE

Stewart O'Nan

Engel im Schnee

Deutsch von Thomas Gunkel
256 Seiten, DM 39.80.
Rowohlt Verlag, Reinbek

DER SPIEGEL
Im Mikrokosmos der pennsylvanischen Kleinstadt spürt der US-Schriftsteller Stewart O'Nan die großen Tragödien menschlicher Verstrickungen auf. Meisterhaft zeigt er kleine Demütigungen und Mißverständnisse im täglichen Leben, unerfüllte Hoffnungen rund um Liebe und Leid, die zu Dramen eskalieren. Er zeichnet ebenso realistische wie bewegende Porträts von Menschen, die um ihren Job, ihre Würde und ein wenig Glück kämpfen, fischt gründlich in der trüben Brühe aus gescheiterten Beziehungen, verschmähten Gefühlen und Einsamkeit – und läßt den Leser mitleiden. Sein spannendes Erzählwerk ist zum Heulen traurig und voller Schönheit, seine Sprache genau und von bestechendem Charme. Die literarische Szene ist um einen exzellenten Erzähler reicher.

NEW YORK TIMES BOOK REVIEW
... ein erstaunlicher Roman: zutiefst realistisch, dicht, poetisch und perfekt ausbalanciert.

Thomas Steinfeld in FRANKFURTER ALLGEMEINE ZEITUNG
Er [der Nouveau roman] ging in Langweile unter. Wenn er jetzt in den Vereinigten Staaten neu ersteht, hat er sich von der falschen Alternative und damit von seinem programmatischen Charakter befreit. Jetzt ist er beides: erzähltes Abenteuer und abenteuerliches Erzählen. Mühelos trägt er nun das Bild einer ganzen Geschichte.

Der Autor:

Stewart O'Nan wurde in Pittsburgh geboren und wuchs in Boston auf. Er arbeitete als Flugzeugingenieur und studierte in Cornell Kunst. Heute lebt er in Ithaca, New York. *Engel im Schnee* ist sein erster Roman. Er erhielt dafür 1993 den William-Faulkner-Preis.

IN DEM HERBST, ALS MEIN VATER FORTGING,

spielte ich in der Band, in der Mitte der zweiten Posaunenreihe, weil ich Anfänger war. Dienstags und mittwochs nach der Schule übten wir im Musiksaal, aber freitags führte uns Mr. Chervenick in unseren Daunenjacken, Steelers-Bommelmützen und klobigen Stiefeln nach draußen und über die Fußgängerbrücke, die sich über die Interstate zum Footballplatz der Junior High-School spannte. Dort scherten wir, wie das Footballteam selbst, im rechten Winkel oder Bogen aus und führten ein von Mr. Chervenick Schrägmarsch genanntes Manöver aus, bei dem wir – alle 122 – zum Finale jeder Halbzeitshow die Figur eines wirbelnden Trichters beschrieben, die dem Spitznamen unseres Schulteams alle Ehre machte: die goldenen Tornados. Wir kriegten es nie ganz richtig hin, obwohl Mr. Chervenick uns jeden Freitag zu inspirieren versuchte, indem er in seinem schokoladenbraunen Ledermantel, seinen Glacéhandschuhen und seinen Schuhen aus Korduanleder über das vom Rauhreif schlüpfrige Gras hetzte, um uns in Formation zu halten, bis er eine widerspenstige Oboe, statt sie wieder auf Kurs zu bringen, voller Abscheu bei den Schultern packte, so daß die ganze Holzbläsergruppe und dann die Blechbläser und die Trommeln stehenbleiben und wir noch mal von vorn anfangen mußten.

An einem Freitag Mitte Dezember übten wir noch spät den Tornado. Die Abenddämmerung hatte sich über den Himmel zu breiten begonnen, und es schneite, aber am Samstag sollte unser letztes Heimspiel stattfinden, und Mr. Chervenick überredete den Hausmeister, die Lampen einzuschalten. Tagsüber waren zwei bis drei Zentimeter Schnee gefallen, und es war unmöglich, die Linien zu erkennen. »Falsch, falsch, falsch!« brüllte Mr. Chervenick. Als das Mädchen, das das Xylophon zog, ausrutschte und sich den Fuß verstauchte, blies er dreimal auf seiner Pfeife, was bedeutete, daß wir zu einer abschließenden Gardinenpredigt antreten mußten, bevor wir gehen konnten. Er stieg die drei Stufen seines Podests auf Rädern hinauf und ließ uns eine Minute lang schweigend dastehen, damit wir begriffen, wie enttäuscht er war. Schnee legte sich auf unser Haar. Durch das dichte Gestöber, das im Schein der hohen Lampen trieb, drang das klirrende Rasseln der Ketten eines Sattelschleppers auf der Interstate. Im Tal lagen, von einer Wolkendecke eingehüllt, der brennende Straßengitterrost von Butler, der schwarze Fluß, die geschäftigen Fabriken.

»Wir haben dieses Jahr alle sehr hart gearbeitet«, sagte er, atmete dampfend aus und legte eine Pause ein, als würde er zu einem vollen Stadion sprechen und darauf warten, daß seine Worte durchs Rund hallten. Warren Hardesty neben mir murmelte irgendwas – einen Witz, eine Entgegnung –, und dann hörten wir etwas, das ich (von meinem eigenen .22er, dem Mossberg meines Vaters, den abendlichen Nachrichten aus Vietnam) sofort als Schüsse erkannte. Eine ganze Salve. Sie knatterten wie Feuerwerkskörper, hallten über die kahlen Bäume auf der anderen Seite des Highways. Sie kamen ganz aus der Nähe. Die Band drehte sich unisono danach um, wozu Mr. Chervenick uns noch nie hatte bringen können.

Die Jagdsaison für Rehe hatte gerade begonnen, und wir alle wußten, daß die Stadtwerke hinter dem Wasserturm eine Schneise geschlagen hatten und auch über das Besitzrecht an den paar überwucherten Feldern verfügten, die man aus dem Wald geschnitten hatte, aber jeder von uns, der eine Waffe besaß, wußte, daß Schilder dort das Jagen verboten, weil das Land zu nahe an der Straße und der Schule lag. Und es war auch nicht die richtige Zeit zum Jagen, es war stockdunkel geworden. Wir sahen uns an, als wollten wir einander unsere Überraschung bestätigen.

Auch Mr. Chervenick schien zu verstehen, obwohl er nicht gerade der Typ war, der jagen ging. Er lobte unsere Hingabe, entließ uns und steuerte, statt uns über die Fußgängerbrücke zurückzubringen, über den leeren Parkplatz auf die beleuchteten Türen der Junior High zu, stand dann davor und klopfte an die Scheibe, bis der Hausmeister ihn hereinließ.

Was wir da gehört hatten, war, wie jemand umgebracht worden war, jemand, den die meisten von uns, wenn auch nur flüchtig, kannten. Ihr Name war Annie Marchand, und ich hatte sie zunächst – Jahre vorher – nur als Annie die Babysitterin kennengelernt. Zu jener Zeit hieß sie Annie Van Dorn. Sie lebte damals bei ihren Eltern im von uns aus nächsten Haus an der Straße. Genaugenommen waren wir aber keine Nachbarn; zwischen unserem neuen aufgestockten Holzbungalow und ihrem kastenförmigen Neoklassizismusbau erstreckte sich eine Meile weit ein Feld, das Mr. Van Dorn einem alten Farmer namens Carlsen verpachtet hatte. Doch jedesmal, wenn meine Mutter und mein Vater beschlossen zu flüchten, um auswärts zu Abend zu essen oder ins Kino zu gehen, hielt Mr. Van Dorns Lieferwagen am Ende unserer Einfahrt, und Annie sprang mit ihrer Handtasche und ihren Schulbüchern heraus, bereit, mich beim Candyland zu schlagen und meiner Schwester Astrid beizubringen, wie man Eyeliner aufträgt.

Ich vermute, daß Astrid sie zunächst mehr liebte als ich. Mit dreizehn war Annie größer als unsere Mutter und auffallend dünn. Das rote Haar reichte ihr bis zur Taille; ihre Finger steckten voller Ringe von Bewunderern. Sie roch nach dem Ölheizungskessel der Van Dorns, nach Secret-Deodorant und Juicy-Fruit-Kaugummi, und sie machte Pizza und sang »Ruby Tuesday« und, für mich, »Mr. Big Stuff«. Ich gebe zu, daß sie in unseren Tagträumen manchmal zu unserer Mutter wurde. Einmal haben wir uns einen ganzen Abend lang über das Wort »Milch« gestritten, das wir – wie die meisten Leute aus dem Westen Pennsylvanias – »Mülch« aussprechen, aber das änderte nichts daran, daß wir für sie schwärmten. Diese Schwärmerei zog sich über mehrere Jahre hin, wie eine wunderbare Liebesaffäre. Annie verließ uns erst, als meine Schwester alt genug war, um auf mich aufzupassen, und da war sie schon mit der Schule fertig und arbeitete, und manchmal konnte meine Mutter sie sowieso nicht für freitags bekommen. Dann sahen wir sie im Maverick ihres Bruders Raymond vorbeifahren oder hinter ihrem Freund auf dessen Honda sitzen, aber das kam selten vor. Ein paar Jahre lang wurde sie – durch die räumliche Nähe und ihre Abwesenheit – zu etwas Fernem und Geheimnisvollem. Mein Schlafzimmer lag zu dem Feld hin, und nachts beobachtete ich die gelben Augen ihres Hauses und stellte mir vor, daß auch sie in ihrem abgedunkelten Zimmer zu mir herüberschaute.

Danach war sie, wie ihre Brüder, ausgezogen, hatte geheiratet und ein Mädchen zur Welt gebracht, aber es war nicht gut gelaufen für sie. In diesem Frühjahr hatten sie und ihr Mann sich getrennt. Die inzwischen verwitwete Mrs. Van Dorn lebte allein im Haus der

Familie. Meine Mutter schaute jeden Tag nach der Arbeit kurz bei ihr vorbei, und in diesem Herbst war Annie oft da, in der Küche, und die beiden bemitleideten sich verbittert beim Kaffee. Sie müssen gedacht haben, das Schlimmste sei schon passiert.

Meiner Mutter zufolge wollte Mrs. Van Dorn, daß Annie wieder bei ihr einzog. Annie und ihre Tochter wohnten allein neben der High-School oberhalb der Stadt. Ihr Haus war das einzige in der Turkey Hill Road, einer von Wald umgebenen Sackgasse, die am Fuß des County-Wasserturms endete. Die Straße hatte früher mal die alte Route 2 gekreuzt, aber beim Bau der Interstate hatte die Regierung die ganzen Häuser aufgekauft und die Straße auf beiden Seiten abgesperrt. Hinter einer in Signalfarben gestreiften Leitplanke verschwand der rissige Straßenbelag im Gestrüpp. Die anderen Häuser hatten Pech gehabt und standen noch dort hinten, überwuchert, die Schindeln moosbedeckt; wir feierten immer Partys darin. Mrs. Van Dorn machte sich Sorgen um Annies Sicherheit, aber sie und Annie kamen – wiederum meiner Mutter zufolge – nicht gut genug miteinander aus, um zusammenzuwohnen, und so blieb Annie, wo sie war.

Bei der Vernehmung sagte ihre nächste Nachbarin Clare Hardesty, daß sie die Schüsse gehört habe und ans Fenster gegangen sei. Die Straße sei leer und der angestrahlte Wasserturm im Schnee kaum noch zu sehen gewesen. Bei Annie habe Licht gebrannt; eine bunte Lichterkette habe an einem Baum geschimmert. Clare hatte kein Auto gesehen, das nicht hierhergehörte, womit, so erklärte sie, das von Annies Freund gemeint sei. Die beiden hätten sich vor kurzem getrennt; das habe sie mitbekommen. Als sie angerufen habe, habe niemand abgehoben, also habe sie die Stiefel und einen Mantel angezogen und sei die Straße hinuntergegangen. Die Haustür sei offen gewesen, das Licht sei auf den Schnee draußen gefallen. (Hier wurde sie nach Fußspuren befragt, nach einer zerbrochenen Fensterscheibe, nach Glasscherben auf dem Teppich im Bad; davon wisse sie nichts, davon wisse sie nichts.) Obwohl niemand im Haus gewesen sei, müsse sich drinnen etwas abgespielt haben. Sie habe das Telefon ausprobiert und sei dann zu ihrem Haus zurückgelaufen, um die Staatspolizei anzurufen.

Und erinnern Sie sich daran, bemerkt zu haben, steht im Protokoll, ob die Hintertür zu diesem Zeitpunkt offenstand?

Daran erinnere sie sich nicht, antwortete Clare Hardesty.

Ich weiß – und alle, mit denen ich aufgewachsen bin, wissen es –, daß die Hintertür offenstand und daß zwei Fußspuren von dort in den Wald führten. Wir folgten ihnen zuerst in unserer Vorstellung, in jenen verschneiten Nächten allein im Bett (Annies Atem, wie ihre nackten Füße einsanken), und dann, als die Mutigen schon hingepilgert waren, zogen wir in der Mittagspause unsere Stiefel an, überquerten die Interstate und rutschten den Hügel hinunter zu der Stelle, die wir alle einhellig ansteuerten, direkt jenseits der Holzbrücke über die Überlaufrinne von Marsdens Teich. Sowohl der Teich als auch der Bach waren zugefroren, nur die Überlaufrinne erzeugte ein Geräusch. Die romantischeren unter den furchtlosen Mädchen hatten Rosen in eine aus Schnee geformte Vase gestellt, jeden Tag eine frische zwischen die verwelkten. Irgend jemand hatte ein Kreuz in den Schnee gestampft, das im Januar säuberlich von Bierdosen gesäumt war. Auf einer Seite lag ein Haufen lippenstiftverschmierter Zigarettenkippen und verbrannter Streichhölzer wie eine Opfergabe. Wir standen da, allein oder in Gruppen, und blickten zurück über das Gewirr von kahlen Bäumen, hinter denen sich der Wasserturm und darunter, nicht zu sehen, ihr Haus erhob. Wir reichten einen Joint oder ein Schillum herum und sprachen davon, daß sie immer noch in den Bäumen und im Bach gegenwärtig sei, weil die Seele niemals sterbe. Irgend jemand hatte immer Kaugummi dabei, und ich erinnere mich daran, wie ich kaute und das Gefühl im Kiefer verlor und dachte, daß es stimmte, daß ich Annie dort spüren konnte. Aber bei anderen Gelegenheiten spürte ich gar nichts, nur Heißhunger und ein Schwindelgefühl, für das ich mich später schämte.

Im März schwänzten Warren Hardesty und ich die Schule, gingen von dieser Stelle den ganzen Weg bis zum Rand ihres Grundstücks und verfolgten so ihre letzten Schritte zurück. Es war weiter, als wir dachten, und wir mußten stehenbleiben und uns einen Grasjoint reinziehen, den ich mir aufgehoben hatte. Warren hatte etwas Brombeerbranntwein in einer Plastikfeldflasche der Girl Scouts dabei. Es war Montag, um die dritte Schulstunde. Das Haus stand zum

Verkauf, aber niemand wollte es haben. Die Farbe blätterte ab, auf der von Fliegengittern geschützten Veranda lag noch ihr ganzes Gerümpel – Gartenstühle, Kaninchenkäfige, Bälle, denen die Luft ausgegangen war. Warren versuchte mich dazu anzustacheln, daß ich den Rasen überquerte und das Haus berührte.

»Mach du's doch«, sagte ich.

»Quatsch, ich wohne doch gleich die Straße rauf.«

»Na und?« sagte ich.

Wir taten es gemeinsam und ließen zwei Paar Stiefelspuren im unberührten Schnee zurück. Wir legten beide eine behandschuhte Hand an die Verandatür. Durch eins der Flügelfenster konnte ich die Ecke eines Teppichs und einen Stuhl sehen und Licht, das durch die blauen Vorhänge davor fiel.

»Laß uns reingehen«, sagte Warren.

»Du spinnst wohl«, sagte ich.

»Angsthase«, sagte er, als wäre noch jemand anders da und begutachtete uns.

Ich ließ meinen Handschuh auf die Türklinke sinken.

»Ich bleibe direkt hinter dir«, versprach Warren.

Die Türfeder leistete Widerstand, machte ein Geräusch, als würde jemand darauf herumklimpern. Ich steckte meinen Kopf hinein. Ein Schlauch lag aufgerollt wie eine Schlange neben einer durchgescheuerten Chaiselongue; darüber waren zwei Wäscheleinen gespannt, an denen noch ein paar graugewordene Klammern hingen. Ich stellte mir Annie mit einem Korb voll Wäsche vor und fragte mich, ob sie wohl einen Trockner oder auch nur eine Waschmaschine besaß, weil wir – das heißt, meine Mutter – in unserem alten Haus immer beides gehabt hatten und jetzt keines von beiden mehr.

Warren schubste mich von hinten, und ich fiel über die Bank eines Campingtischs und warf einen Stapel Kartons um. Einer ging auf, und ein gelber Briefkasten für den *Butler Eagle* rollte heraus. Ich schrie, als wäre es ein Kopf. Warren rannte in Richtung Wald davon und lachte sich tot. Ich rappelte mich auf, lief ihm nach und rief: »Arschloch!«

Später gingen wir zurück, feierten erst an dem Campingtisch und dann, als wir uns wohler fühlten, im Haus selbst. Wir saßen im kalten Wohnzimmer auf dem Sofa, reichten die Feldflasche hin und her und tranken auf Annies Wohl. Wir nahmen nie jemand anderen mit, und wir gaben acht, daß wir hinter uns aufräumten. Wir versprachen, nie etwas mitgehen zu lassen oder auch nur von der Stelle zu bewegen. Warren nannte das die Verhaltensregel Nummer eins.

So war ich mit vierzehn, und ich bin nicht stolz darauf, wie ich mich in ihrem Haus benommen habe, aber heute glaube ich, daß ich hingegangen bin, weil ich schon damals wußte, daß ich Annie näher war als all diese Mädchen mit ihren Rosen und die Leute, die zu ihrer Beerdigung gingen. Wir hatten eine Vorgeschichte. Bekifft versuchte ich, mir ihr Leben dort auszumalen und ihren Tod, obwohl es mir damals unmöglich war, das richtig zu verstehen. Ich habe wohl damit versucht, mich von ihr zu verabschieden. Das Haus hat sich seit damals nicht allzu sehr verändert. Schließlich brach jemand ein, der weniger ehrfürchtig war und Feuer legte, und die Polizei vernagelte es mit Brettern. Es steht immer noch da, samt den verbrannten Möbeln und allem. Ich hin dagewesen.

Meine Mutter und ich haben eigentlich nie darüber geredet, was vorgefallen ist. Wir wechselten erschüttert ein paar tröstende Worte, und es herrschte Trauerstimmung im Haus, aber während die Zeitungen voller Berichte waren, sprachen wir nicht über den Mord selbst oder darüber, wie und warum es dazu gekommen war. Heute verstehe ich, daß sie (und ich auch, obwohl ich mir das damals nicht eingestand) ihre eigene sich dahinschleppende Tragödie durchmachte und ihren Schmerz für uns beide brauchte. Sie rief meinen Vater noch an, um dafür zu sorgen, daß er mich jeden zweiten Samstag abholte, aber sie redeten nur noch über Geld und die Regelung seiner Besuche.

Wir gingen alle zu einem Psychiater, der in Verbindung mit unserer Kirche stand, einzeln, an verschiedenen Wochentagen. Ich erinnere mich, daß Dr. Brady und ich meistens über Eishockey sprachen, obwohl er sich in jeder Sitzung unverblümt erkundigte, wie es mir zu Hause, in der Schule, in der Band, bei meiner Mutter, meinem Vater gehe.

»Okay«, sagte ich ihm.

Wenn meine Mutter mich abholte, fragte sie unweigerlich:

»Meinst du, daß es hilft?«

»Schätze schon«, sagte ich.

Astrid, in Tennstädt, Westdeutschland, bei der Air Force, rief einmal im Monat an, um zu hören, wie es uns gehe, und um ihren Kontostand zu überprüfen. Ihre Staffel flog Aufklärungsflüge; »Geheimoperationen« nannte sie das, obwohl wir alle wußten, daß es sich nur um Luftaufnahmen von Rußland handelte. Sie legte die Hälfte ihres Soldes auf die Seite, indem sie den Betrag an die Mellon Bank in Butler überwies, und jedesmal, wenn meine Mutter mich in die Stadt zu Dr. Brady fuhr und wir an der Zweigstelle vorbeikamen, dachte ich an Astrids Geld dort drinnen, das sich, geborgen wie in einem Nest, vermehrte. Ich dachte sehnsüchtig, daß wir, wenn ihre Dienstzeit um wäre, zusammen in der Stadt über Woolworth's wohnen könnten und ich dort in der Schallplattenabteilung arbeiten könnte. Am Telefon sprachen wir miteinander wie Gefangene. Sie stellte lange, unerträgliche Fragen (»Was glaubst du, warum reden sie nicht miteinander, wenn sie doch zu demselben Typen gehen, und warum gehst du ganz allein hin?«), auf die ich unter dem wachsamen Lächeln meiner Mutter nur mit »Ich weiß nicht« antworten konnte. Meine Mutter wartete bis nach Weihnachten damit, ihr von Annie zu erzählen, und als ich ans Telefon kam, weinte Astrid und war wütend, als hätte ich es verhindern müssen.

»Es geht einfach alles in die Binsen bei euch, was?«

»Ich weiß nicht«, sagte ich. »Glaub schon.«

Alles was mein Vater zu dem Mord sagte, war, daß es eine rundum schlimme Sache sei. Er hatte – wenn auch nur kurz – mit Glenn, Annies von ihr getrennt lebendem Mann, zusammengearbeitet. Ich bekam meinen Vater in diesem Winter nicht oft zu Gesicht, und wenn, dann wählten wir sorgfältig unsere Worte, wie Überlebende. Er sagte nicht ein Wort gegen oder zugunsten von Glenn Marchand. Der Standpunkt meines Vaters war, daß mehr dahinterstecke, als wir zu erfahren berechtigt seien. Das gehe uns nichts an. Für mich war das genauso, als hätte er zugegeben, daß er die ganze Geschichte kenne. Ich wollte, daß er mir alles erzählte, weil meine Mutter es nicht getan hatte und ich es wissen mußte. Ich kannte nur die Gerüchte und das, was ich aus der Zeitung folgern konnte, während er beide Beteiligten gekannt hatte. Er wollte nicht darüber reden, und ich bin froh, daß er es nicht getan hat, denn wenn er mir damals gesagt hätte, wie er die Sache sah, hätte ich es wahrscheinlich genausowenig verstanden wie die Gründe, warum er meine Mutter verlassen hatte.

Der dritte Zustand

Aus dem Hebräischen von Ruth Achlama
st 2331, 366 Seiten, DM 17.80.
Suhrkamp Verlag, Frankfurt/Main

Als Hardcover DM 42.–,
Insel Verlag, Frankfurt/Main

Bettina Schulte in BADISCHE ZEITUNG

Dieser Neurotiker ... Fima ist der so liebenswürdige wie lebensuntüchtige, so redebegeisterte wie liederliche, so selbstironische wie seiner Umwelt besserwisserisch auf die Nerven fallende Protagonist von Amos Oz' jüngstem Roman – einer Chronik der laufenden Ereignisse im Staate Israel, gespiegelt im Bewußtsein eines „Schlehmils und Schlimasels", der als angehender Historiker zu den schönsten Hoffnungen berechtigte, seit den jugendlich erotischen Eskapaden seines „Geißbockjahrs" aber irgendwie aus der Bahn geworfen ist ...Weil sich Amos Oz Zeit nimmt zum Erzählen, schafft er Atmosphäre ... in geduldiger sprachlicher Präzisionsarbeit ...

Jochen Hieber in FRANKFURTER ALLGEMEINE ZEITUNG

Daß er mit poetischen Mitteln die Geschichte seines Landes aufbewahrte und nachzeichnete, macht ihn ... zu einem der wenigen israelischen Schriftsteller von weltliterarischem Rang. Diesen Rang festigt sein neuer Roman – er zeigt den Autor Amos Oz auf einem Höhepunkt seiner Kunst.

Der Autor:

Amos Oz wurde im Mai 1939 in Jerusalem geboren. Er wuchs in einer gebildeten rechts-zionistischen Gelehrtenfamilie auf, die 1933 nach Palästina ausgewandert war. Leben im Kibbuz; Wehrdienst; anschließend Studium der Literatur und Philosophie. Danach wieder Kibbuz – Schriftsteller, Lehrer und Landwirt. Panzersoldat im Sechs-Tage-Krieg und Jom-Kippur-Krieg. Mitglied der Friedensbewegung *Schalom achschaw* (peace now); Einsatz für Verständigung zwischen Israelis und Palästinensern. 1992 erhielt er den Friedenspreis des deutschen Buchhandels.

Flausensack

Um zwölf Uhr hörte er in den Nachrichten, ein junger Araber sei heute morgen von einem Plastikgeschoß tödlich getroffen worden, das offenbar bei einem Zwischenfall mit Steine werfenden Jugendlichen im Flüchtlingslager Jabaliya aus dem Gewehr eines Soldaten abgefeuert worden sei. Der Leichnam sei von Vermummten aus dem Krankenhaus in Gaza entführt worden, und die Umstände des Vorfalls würden weiter ermittelt. Fima sinnierte ein wenig über die Formulierung der Nachricht. Besonders verabscheute er die Wendung »von einem Plastikgeschoß tödlich getroffen«. Und ereiferte sich über das Wort »offenbar«. Danach ärgerte er sich allgemeiner über das Passiv, das dabei war, die Texte öffentlicher Verlautbarungen und vielleicht die Sprache überhaupt zu erobern.

Obwohl uns womöglich gerade die Scham, ein gesundes, löbliches Schamgefühl, daran hindert, einfach mitzuteilen: Ein jüdischer Soldat hat einen arabischen Jugendlichen erschossen. Andererseits gaukelt uns diese verunreinigte Sprache doch dauernd vor, schuld seien das Gewehr, die zu ermittelnden Umstände, das Plastikgeschoß – als sei diese ganze Unreinheit Schuld des Himmels, unausweichliche Vorbestimmung.

Und eigentlich, dachte er weiter, wer weiß?

Es liegt doch schon so ein geheimer Zauber in dem Ausdruck »Schuld des Himmels«?

Zum Schluß wurde er auf sich selber wütend: nix Zauber und nix geheim. Laß endlich den Himmel in Ruhe.

Fima hielt sich eine Gabel an Stirn, Schläfe, Hinterkopf und versuchte zu erraten oder zu empfinden, was sich in der Sekunde abspielen mochte, in der das Geschoß eindrang und die Schädeldecke durchschlug: kein Schmerz, keine Erschütterung – vielleicht, meinte er, vielleicht nur ein scharfes Aufblitzen von Ungläubigkeit, von Unvorbereitetsein, wie ein Kind, das sich darauf eingestellt hat, eine väterliche Ohrfeige einzustecken, während der Vater ihm statt dessen plötzlich einen weißglühenden Spieß gezielt in den Augapfel stößt. Gibt es den Bruchteil einer Sekunde, ein Zeitatom, in dem, wer weiß, vielleicht die Erleuchtung kommt? Das Licht der sieben Himmel?

Wodurch alles, was vage und verschwommen im Leben war, einen winzigen Augenblick aufklart, bevor die Dunkelheit sich herabsenkt? All die Jahre lang sucht man eine komplizierte Lösung für ein vertracktes Rätsel, und da im letzten Moment blitzt eine einfache Lösung auf?

An diesem Punkt sagte Fima sich mit wütend heiserer Stimme: Genug mit dem Gehirnterror. Die Worte »vage« und »verschwommen« erregten seinen Widerwillen. Er erhob sich, ging hinaus, schloß die Wohnungstür hinter sich ab und achtete besonders darauf, in welche Tasche er den Schlüssel steckte. Unten im Hausflur sah er in seinem Briefkasten einen weißen Umschlag durch die Löcher schimmern. Aber in der rechten Hosentasche war nur der Wohnungsschlüssel. Der Briefkastenschlüssel mußte wohl auf dem Schreibtisch liegengeblieben sein. Wenn nicht in der Tasche einer anderen Hose. Oder auf einer Ecke der Küchentheke. Er zögerte, ließ die Sache aber auf sich beruhen, da er annahm, daß es doch nur die Wasser- oder Telefonrechnung oder auch bloß Reklame war. Dann aß er Rührei mit Wurst, gemischten Salat und Kompott in dem kleinen Lokal gegenüber und erschrak mittendrin, weil er durchs Fenster in seiner Wohnung Licht brennen sah. Er überlegte kurz, erwog die unwahrscheinliche Möglichkeit, daß er persönlich sowohl hier als dort weilte, rang sich aber lieber zu der Annahme durch, die Störung sei wohl eben beseitigt und der Strom wieder eingeschaltet worden. Ein Blick, auf die Zeiger seiner Uhr sagte ihm, wenn er jetzt in die Wohnung hinaufgehen, das Licht ausmachen, den Briefkastenschlüssel suchen und den Brief befreien wollte, würde er zu spät zur Arbeit kommen. Deshalb zahlte er und sagte: »Vielen Dank, Frau Schönberg.«

Worauf sie ihn wie immer verbesserte: »Der Name ist Scheinmann, Dr. Nissan.«

Und Fima fortfuhr: »Aber gewiß doch. Natürlich. Verzeihung. Und was schulde ich Ihnen? Nein? Ich hab‘ schon bezahlt? Dann habe ich mich anscheinend nicht zufällig geirrt. Ich wollte zweimal zahlen, weil das Schnitzel – Schnitzel? – besonders gut geschmeckt hat. Verzeihung, danke und auf Wiedersehen. Ich muß mich beeilen. Schaun Sie bloß mal, wie‘s regnet. Sie sehen ein bißchen müde aus?

Traurig? Vielleicht wegen des Winters. Macht nichts. Es wird schon aufklaren. Seien Sie gegrüßt. Auf Wiedersehen. Bis morgen.«

Als der Autobus zwanzig Minuten später an der Kongreßhalle hielt, dachte Fima, daß es eine ausgesuchte Dummheit gewesen war, heute ohne Schirm aus dem Haus zu gehen. Und der Wirtin zu versprechen, es werde schon aufklaren. Woher wollte er das wissen? Ein schmaler, blitzblanker Speer rötlichen Lichts brach plötzlich zwischen den Wolken durch und entzündete ein Fenster hoch oben in den Höhen des Hilton-Hotels, daß es ihm die Augen blendete. Trotz des Gleißens sah er jedoch ein einzelnes Handtuch an einem Balkongeländer im zehnten oder zwanzigsten Stockwerk des Hotelturms flattern und meinte, ganz scharf und genau den Parfümhauch der Frau, die sich damit abgetrocknet hatte, zu wittern. Dabei sagte er sich: Schau doch mal einer an, wie nichts auf der Welt wirklich vergeudet wird, nichts gänzlich verlorengeht und kaum eine Minute ohne ein kleines Wunder verstreicht. Vielleicht fügt sich alles zum Guten.

Die Zweizimmerwohnung am Rand von Kiriat Jovel hatte ihm sein Vater 1965 anläßlich seiner zweiten Eheschließung gekauft, knapp ein Jahr, nachdem Fima seinen Bachelorgrad an der Geschichtsfakultät in Jerusalem mit Auszeichnung erworben hatte. In jenen Tagen hatte sein Vater große Hoffnungen auf ihn gesetzt. Auch andere glaubten damals an Fimas Zukunft. Er erhielt ein Stipendium und hätte beinah ein Magisterstudium angeschlossen, so daß man schon an Promotion und wissenschaftliche Laufbahn dachte. Aber im Sommer 1960 traten eine Reihe von Störungen oder Komplikationen in seinem Leben ein. Bis auf den heutigen Tag grinsten seine Freunde wohlwollend vergnügt, sobald das Gespräch, in seiner Abwesenheit, auf »Fimas Geißbockjahr« kam: Man erzählte sich, Mitte Juli, einen Tag nach der letzten Abschlußprüfung, habe er sich im Garten des Klosters Ratisbon in die französische Fremdenführerin einer katholischen Reisegruppe verliebt. Er hatte auf einer Bank im Garten gesessen und auf eine Freundin, die die Schwesternschule besuchte, gewartet – eine gewisse Schula, die zwei Jahre später seinen Freund Zwi Kropotkin heiratete. Ein Oleanderzweig blühte ihm in den Fingern, und über seinem Kopf debattierten die Vögel. Von der Nachbarbank aus fragte Nicole ihn: Vielleicht gibt es hier Wasser? Sprechen Sie Französisch? Fima bejahte beides, obwohl er keine Ahnung hatte, wo es Wasser gab, und auch nur sehr spärliche Französischkenntnisse besaß. Von diesem Moment an blieb er ihr auf den Fersen, wohin sie sich in Jerusalem auch wandte, ließ trotz ihrer höflichen Bitten nicht locker und gab selbst nicht auf, als der Gruppenleiter ihn warnte, er müsse sich über ihn beschweren. Als sie zur Messe in die Dormitionskirche ging, wartete er eineinhalb Stunden vor der Schwelle auf sie wie ein Gassenköter. Jedesmal, wenn sie das King's Hotel gegenüber dem Terra-Santa-Gebäude verließ, fand sie Fima, begeistert, ungestüm, mit brennenden Augen, vor der Drehtür. Als sie das Museum besuchte, lauerte er ihr vor jedem Pavillon auf. Kaum hatte sie das Land verlassen, sauste er in ihrem Gefolge nach Paris und von dort – bis vor ihr Haus in Lyon. Bei Mondschein nach Mitternacht, so hieß es in Jerusalem, war Nicoles Vater in den Garten hinausgekommen und hatte mit einem doppelläufigen Jagdgewehr auf Fima geschossen, wobei er ihn am Oberschenkel streifte. Drei Tage verbrachte Fima im Franziskanerhospital, begann sich schon zu erkundigen, wie man zum Christentum übertrat. Nicoles Vater kam ins Krankenhaus, bat ihn um Verzeihung und erbot sich, ihm beim Religionswechsel behilflich zu sein, aber inzwischen hatte Nicole auch von ihrem Vater genug und flüchtete vor beiden zu ihrer Schwester nach Madrid und von dort zur Schwägerin nach Malaga, während Fima – dreckig, verzweifelt, glühend und stoppelgesichtig – ihr in Zügen und verrußten Bussen nachreiste, bis ihm in Gibraltar das Geld ausging und man ihn unter Einschaltung des Roten Kreuzes fast gewaltsam auf einem panamaischen Frachtschiff heimholte. Bei der Ankunft in Haifa wurde Fima festgenommen und saß sechs Wochen in einem Militärgefängnis, weil er mit Kugelschreiber das Datum auf dem Passierschein geändert hatte, der dem Reservesoldaten den Aufenthalt im Ausland erlaubt. Zu Beginn dieser Liebesaffäre soll Fima zweiundsiebzig Kilo gewogen haben, während die Gefängniswaage im September keine sechzig anzeigte. Er wurde aus der Haft entlassen, nachdem sein Vater sich bei einem hohen Beamten für ihn eingesetzt hatte, und verknallte sich prompt lauthals und skandalträchtig in die Gattin eben dieses Beamten, eine bekannte Dame der Jerusalemer Gesellschaft, die über eine Sammlung wertvoller Radierungen verfügte und rund zehn Jahre jünger als ihr Mann, aber mindestens acht Jahre älter als Fima war. Im Herbst wurde sie schwanger von ihm und übersiedelte in sein Zimmer im Musrara-Viertel. Die ganze Stadt zerriß sich die Mäuler über die beiden. Im Dezember ging Fima erneut an Bord eines Frachtschiffs, diesmal unter jugoslawischer Flagge, und gelangte nach Malta, wo er drei Monate auf einer Zierfischzuchtfarm arbeitete und seinen Gedichtband *Augustinus' Tod und seine Auferstehung im Schoße Dulcineas* verfaßte. In der maltesischen Hauptstadt Valetta verguckte sich die Eigentümerin der billigen Pension, in der er wohnte, im Januar in ihn und zog mit Sack und Pack zu ihm ins Zimmer. Aus Angst, sie könne ebenfalls schwanger werden, entschloß er sich zu einer Ziviltrauung. Diese Ehe dauerte kaum zwei Monate, denn inzwischen war es seinem Vater, unter Mithilfe von Freunden in Rom, gelungen, seine Fährte aufzuspüren und ihm mitzuteilen, daß seine Jerusalemer Geliebte die Leibesfrucht verloren habe, in Depression versunken und bereits zu Ehemann und Kunstsammlung zurückgekehrt sei. Fima, der sein Handeln nun für völlig unverzeihlich hielt, beschloß schweren Herzens, sich sofort von der Pensionswirtin zu trennen und den Frauen für immer fernzubleiben. Eine Liebesverbindung führe unweigerlich zu Unheil, dachte er, während liebesfreie Verbindungen nur Erniedrigung und Unrecht brächten. Er verließ Malta völlig mittellos an Deck eines türkischen Fischdampfers, in der Absicht, sich für mindestens ein Jahr in ein bestimmtes Kloster auf Samos zurückzuziehen. Unterwegs packte ihn das Grauen bei dem Gedanken, seine Exfrau könne womöglich ebenfalls schwanger sein, und er erwog, zu ihr zurückzukehren, meinte dann jedoch, es sei klug gewesen, ihr sein Geld, aber keinerlei Anschrift zurückzulassen, so daß sie ihn nirgends suchen konnte. Er ging in Saloniki von Bord, verbrachte eine Nacht in der Jugendherberge, und dort träumte er in süßem Schmerz von seiner ersten Liebe, Nicole, deren Spuren er in Gibraltar verloren hatte. Im Traum hieß sie plötzlich Therese, und Fima sah, wie sein Vater Therese und das Baby im Keller des Jerusalemer YMCA-Gebäudes mit geladenem Jagdgewehr gefangenhielt, wurde aber erst gegen Ende des Traums selber zu dem gefangenen Kind. Am nächsten Morgen stand er auf und machte sich in Saloniki auf die Suche nach einer Synagoge, obwohl er nie die Religionsgesetze eingehalten hatte und fest glaubte, daß Gott weder fromm war noch sich für Religion interessierte. Aber da er keine andere Anschrift hatte, beschloß er, halt einmal dort nachzusehen. Vor der Synagoge traf er drei junge Mädchen aus Israel, die auf einer Rucksacktour durch Griechenland waren und eben in die nördlichen Bergregionen weiterziehen wollten, denn inzwischen war der Frühling angebrochen. Fima schloß sich ihrem Treck an. Unterwegs fand er, dem Vernehmen nach, Gefallen an einer der drei, Ilia Abarbanel aus Haifa, die für ihn große Ähnlichkeit besaß mit Maria Magdalena auf einem Gemälde, von dem er sich partout nicht erinnern konnte, wo er es gesehen hatte und von wem es stammte. Und da Ilia sein Werben nicht erhörte, schlief er ein paarmal mit ihrer Gefährtin Liat Sirkin, die ihn in ihren Schlafsack eingeladen hatte, als sie eine Nacht in irgendeinem Gebirgstal oder heiligen Hain verbringen mußten. Liat Sirkin lehrte Fima zwei, drei sonderbare, durchdringende Genüsse, und er meinte, über das erhebende fleischliche Vergnügen hinaus auch feine Anzeichen geistiger Freuden zu empfinden: Fast schon von Tag zu Tag stärker erfaßte ihn eine geheimnisvolle Bergeslust, verbunden mit einem Wonnegefühl, in deren Folge solch scharfe Beobachtungsgaben in ihm erwachten, wie er sie noch nie gekannt hatte, weder vorher noch nachher. Damals in den Bergen Nordgriechenlands konnte er den Sonnenaufgang hinter einem Olivenhain betrachten und die Schöpfung der Welt darin erblicken. Oder in der Mittagshitze an einer Schafherde vorbeikommen und dabei die absolute Gewißheit erlangen, daß er jetzt nicht zum ersten Mal lebte. Oder auf der weinbewachsenen Terrasse eines Dorfgasthauses bei Käse, Salat und Wein sitzen und mit eigenen Ohren den Schneesturm über die Tundren des Polarkreises tosen hören. Auch spielte er den Mädchen auf einer Querflöte vor, die er aus Schilfrohr gebastelt hatte, und schämte sich nicht, vor ihnen zu tanzen und zu springen und kindliche Späße zu treiben, bis er ihnen glockenreines Mädchenlachen und schlichte Freude entlockte. Die ganze Zeit über sah er keinen Widerspruch zwischen seiner schmachtenden Sehnsucht nach Ilia und den Nächten mit Liat, achtete aber kaum auf die Dritte im Bunde, die meist Schweigen wahrte. Dabei hatte gerade sie ihm den Fuß verbunden, als er barfuß in eine Glasscherbe getreten war. Die drei Mädchen und auch die anderen Frauen, die es in seinem Leben gegeben hatte, einschließlich seiner Mutter, die in seinem zehnten Lebensjahr gestorben war, verschmolzen in seinen Augen fast zu einer einzigen. Nicht etwa, weil er meinte, Frau sei gleich Frau, sondern weil es ihm in der Festbeleuchtung, die sein Inneres überflutete, manchmal schien, als gebe es die Unterschiede von Mensch zu Mensch, zwischen zwei Menschen, gleich ob Mann, Frau oder Kind, nicht wirklich, außer vielleicht in der äußerlichsten Schicht, der wechselnden Schale: wie das Wasser die Form von Schnee, Dunst, Dampf, Eisbrocken, Wolkenfetzen oder Hagel annehmen kann. Oder wie die Kloster- und Kirchenglocken des Dorfes sich in Klang und Takt unterschieden, aber dasselbe Ziel verfolgten. Diese Gedanken teilte er den Mädchen mit, von denen zwei es glaubten, während die dritte ihn ›mein Geliebter‹ nannte und sich damit begnügte, seine Hemden zu flicken, und auch darin sah Fima nur verschiedene Ausdrucksformen desselben Inhalts. Das zurückhaltende Mädchen, Jael Levin aus Javne'el, weigerte sich nicht, an ihren gemeinsamen Nacktbädern in milden Vollmondnächten teilzunehmen, wenn sie eine Quelle oder einen Bach fanden. Einmal sahen sie aus der Ferne verstohlen einen etwa fünfzehnjährigen Schafhirten seinen Trieb bei einer Ziege befriedigen. Und einmal sahen sie zwei fromme alte Frauen in schwarzer Witwenkleidung mit großen Holzkreuzen auf der Brust am hellen Mittag mitten auf dem Feld stumm und reglos mit gefalteten Händen auf einem Stein sitzen. Eines Nachts hörten sie aus einer leeren Ruine Singen. Und einmal begegnete ihnen unterwegs ein alter, runzliger Mann, der im Gehen auf einem kaputten Akkordeon spielte, das keinen Ton mehr von sich gab. Am nächsten Morgen ging ein kurzer, starker Schauer nieder, eine Art griechischer Spätregen, und die Luft wurde derart klar, daß man über große Entfernungen hinweg die Eichenwipfel schemenhaft über den roten Ziegeldächern der kleinen Dörfer in den Tälern schwanken sah, während dunkle Zypressen- und Kiefernwäldchen sich fast Nadel für Nadel auf den fernen Berghängen abhoben. Ein Berg trug noch eine Schneekappe, die wegen des tiefen Himmelsblaus nicht weiß, sondern sattsilbern schimmerte. Auch Vogelschwärme schwebten wie im Schleiertanz über sie hinweg. Fima sagte plötzlich ohne Grund oder Zusammenhang etwas, das die drei Mädchen zum Lachen brachte: »Hier«, sagte er, »liegt der Hund begraben.«

Ilia sagte: »Ich fühle mich träumender als im Traum und wacher als im Wachen. Man kann es nicht erklären.«

Liat meinte: »Es ist das Licht. Einfach das Licht.«

Und Jael: »Wer hat Durst? Gehn wir ans Wasser runter.«

Knapp einen Monat nach Ende dieser Reise fuhr Fima nach Javne'el, um das dritte Mädchen zu suchen. Er erfuhr, daß Jael Levin Luftfahrttechnik am Haifaer Technikum studiert hatte und in einer geheimen Luftwaffenanlage in den Bergen westlich von Jerusalem arbeitete. Nach fünf oder sechs Begegnungen fand er, daß ihre Nähe ihm Ruhe einflößte und seine Nähe sie auf ihre gemäßigte Weise amüsierte. Als er sie zögernd fragte, ob sie nach ihrer Ansicht zueinander paßten, antwortete Jael mit den Worten: Du redest ziemlich schön. Darin meinte er einen Anflug von Zuneigung zu sehen. Die er in sein Herz schloß. Danach suchte und fand er Liat Sirkin und saß eine halbe Stunde lang mit ihr in einem kleinen Strandcafé, nur um sicher zu sein, daß sie nicht von ihm schwanger war. Aber nach dem Kaffee ließ er sich erneut dazu verleiten, mit ihr zu schlafen, in einem billigen Hotel in Bat-Jam, und war nun wieder nicht sicher. Im Mai lud er alle drei nach Jerusalem ein und stellte ihnen seinen Vater vor. Der Alte faszinierte Ilia mit seinen Kavaliersmanieren im alten Stil, unterhielt Liat mit lehrreichen Anekdoten und Fabeln, zog beiden aber Jael vor, bei der er »Anzeichen von Tiefe« wahrnahm. Fima stimmte ihm zu, obwohl er keineswegs sicher war, worin diese Zeichen bestanden. Trotzdem ging er weiter mit ihr aus, bis sie einmal zu ihm sagte: »Sieh mal dein Hemd an. Halb in der Hose und halb draußen. Warte. Ich bring's in Ordnung.«

Und im August 1961 saßen Jael und Efraim Nissan schon verheiratet in einer kleinen Wohnung, die ihm sein Vater am Ende von Kiriat Jovel, am Rand Jerusalems, gekauft hatte, nachdem Fima im Beisein eines Notars ergeben ein ihm vom Vater vorgelegtes Dokument unterzeichnet hatte, in dem er sich unwiderruflich verpflichtete, künftig jede Handlung zu unterlassen, die sein Vater als »Abenteuer« bezeichnen würde. Außerdem versprach er darin, nach

Ablauf des verlorenen Jahres sein Magisterstudium aufzunehmen. Der Vater seinerseits verpflichtete sich in der besagten Urkunde, das Studium seines Sohnes und Jaels Ausbildung zu finanzieren, und versprach den beiden sogar einen bescheidenen monatlichen Zuschuß für die Dauer der ersten fünf Ehejahre. Damit verschwand Fimas Name aus den Jerusalemer Stadtgesprächen. Die Abenteuer hörten auf. Das Jahr des Geißbocks machte dem der Schildkröte Platz.

Christoph Ransmayr

Morbus Kitahara

FTV 13782, DM 18.90.
Fischer Taschenbuch Verlag, Frankfurt/Main

Als Harcover DM 44.–,
S. Fischer Verlag, Frankfurt/Main

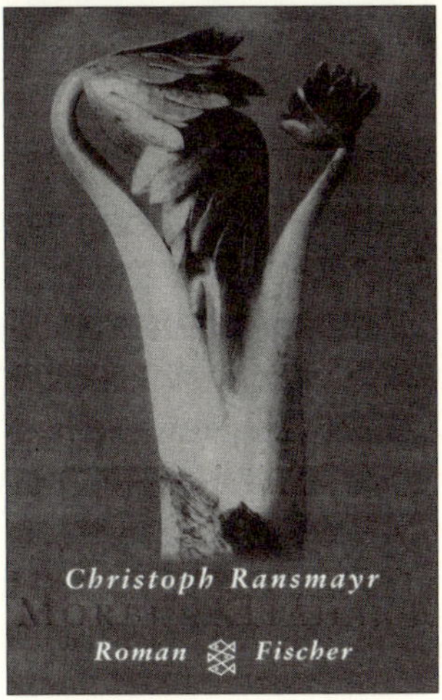

Volker Hage in DER SPIEGEL

Der Krieg ist vorbei. Nachdem die halbe Menschheit in der Erde und im Feuer verschwunden ist, kehrt Frieden ein. Doch was für einer? ... Christoph Ransmayr ... hat etwas schier Aussichtsloses gewagt, und es ist ihm mit gestalterischer Kraft und erzählerischer Bedachtsamkeit geglückt – falls von glücken in diesem Zusammenhang überhaupt zu reden ist: Er erzählt noch einmal vom entfesselten Krieg, der scheinbar zum Stillstand gekommen ist, von den gigantischen Greueln und Alpträumen. Und er erzählt das bis zur Unkenntlichkeit Bekannte wie neu, zum erstenmal mit einer das Mythologische streifenden Konzentration auf wenige Personen und in einer fesselnden, alles historisch Fixierte umwendenden Prosa.

PROFIL, Wien

Es ist ein großer Roman ... ein bis ins kleinste Detail durchkonstruiertes Buch. Wie viele Kreise der Autor öffnet, um sie zu einem Zeitpunkt, wo man es nicht mehr vermuten würde, wieder zu schließen. Was für ein Wortschatz sich funkelnd eröffnet ... Doch verzaubert Ransmayr weit über seine handwerklichen Fähigkeiten hinaus. Die Bestimmtheit, mit der er, ohne jemals prätentiös zu sein, Leben und Tod, Freundschaft und Liebe, Hoffnung und Abschied, Gewalt und Grausamkeit, Apathie und Wut allein aus dem Klang seiner Sprache entstehen läßt, ist von großem Format.

Der Autor:

© Didi Sattmann

Christoph Ransmayr wurde 1954 in Wels/Oberösterreich geboren. Abitur 1972. Kulturredakteur beim *Wiener Extrablatt*. Mitarbeit bei *TransAtlantik*, *Geo* und *Merian*. Seit 1982 freier Schriftsteller. 1984 Veröffentlichung des Romans *Die Schrecken des Eises und der Finsternis.* 1988 Veröffentlichung von *Die letzte Welt*, ein Roman um den römischen Dichter Ovid. Deutsche Buchhändler wählten ihn zum „Autor des Jahres" 1988. Sieben Jahre nach dem Bestsellererfolg *Die letzte Welt* legte Ransmayr mit *Morbus Kitahara* einen weiteren Roman vor. Ransmayr lebt und arbeitet seit 1994 in West Cork/Irland.

Ein Feuer im Ozean

Zwei Tote lagen schwarz im Januar Brasiliens. Ein Feuer, das seit Tagen durch die Wildnis einer Insel sprang und verkohlte Schneisen hinterließ, hatte die Leichen von einem Gewirr blühender Lianen befreit und ihnen auch die Kleider von ihren Wunden gebrannt: Es waren zwei Männer im Schatten eines Felsüberhanges. Sie lagen wenige Meter voneinander entfernt in menschenunmöglicher Verrenkung zwischen Farnstrünken. Ein rotes Seil, das die beiden miteinander verband, verschmorte in der Glut.

Das Feuer loderte über die Toten hinweg, löschte ihre Augen und Gesichtszüge, entfernte sich prasselnd, kehrte im Sog der eigenen Hitze noch einmal wieder und tanzte auf den zerfallenden Gestalten, bis ein Wolkenbruch die Flammen in die eisengraue Asche gestürzter Quaresmeirabäume zurücktrieb und schließlich alle Glut in das feuchte Herz der Stämme zwang. Dort erlosch der Brand.

So blieb ein dritter Leichnam von der Einäscherung verschont. Weitab von den Überresten der Männer lag eine Frau unter Luftwurzeln und schaukelnden Trieben. Ihr schmaler Körper war von Schnabelhieben zerhackt, ein Fraß schöner Vögel, war zernagt, ein Labyrinth der Käfer, Larven und Fliegen, die diese große Nahrung umkrochen, umschwirrten, umkämpften: ein Flor aus seidig glänzenden Flügeln und Panzern; ein Fest.

Der Pilot eines Vermessungsflugzeuges, das in diesen Tagen über der Bahia de São Marcos dröhnende Schleifen zog und vor aufziehenden Sturmwolken immer wieder nach dem Cabo do Bom Jesus abdrehte, sah auf jener felsigen, kaum zehn Seemeilen vor der Atlantikküste umbrandeten Insel die Bänder des Buschfeuers dahin und dorthin verlaufen, einen rauchenden, verrückten Weg durch die Wildnis. Der Landvermesser überflog die Verwüstung zweimal und schloß dann einen von atmosphärischem Rauschen gestörten Funkspruch mit jenem Eintrag, der auf seiner Karte unter dem Namen der Insel stand: *Deserto*. Unbewohnt.

Der Schreier von Moor

Bering war ein Kind des Kriegs und kannte nur den Frieden. Wann immer die Rede von der Stunde seiner Geburt war, sollte er daran erinnert werden, daß er seinen ersten Schrei in der einzigen *Bombennacht* von Moor getan hatte. Es war eine regnerische Aprilnacht kurz vor der Unterzeichnung jenes Waffenstillstandes, der in den Schulstunden der Nachkriegszeit nur noch *Der Friede von Oranienburg* hieß.

Ein Bombergeschwader zog damals nach der adriatischen Küste ab und warf den Rest seiner Feuerlast über dem See von Moor in die Finsternis. Berings Mutter, eine Schwangere mit geschwollenen Beinen, trug eben einen Sack Pferdefleisch vom Anwesen eines Schwarzschlachters. Das weiche, kaum ausgeblutete Fleisch lag schwer in ihren Armen und zwang sie zu einer Erinnerung an den Bauch ihres Mannes – als sie über den Platanen am Seeufer eine ungeheure Faust aus Feuer zum Himmel steigen sah, und noch eine … und ließ den Sack auf dem Feldweg zurück und begann wie von Sinnen auf das lodernde Dorf zuzulaufen.

Die Hitze des größten Brandes, den sie je gesehen hatte, versengte ihr schon Augenbrauen und Haare, als aus einem schwarzen Haus plötzlich zwei Arme nach ihr griffen und sie in die Tiefe eines Kellers zerrten. Dort weinte sie, bis ihr ein Krampf den Atem nahm.

Zwischen schimmeligen Fässern brachte sie dann ihren zweiten Sohn um Wochen zu früh in eine Welt, die in das Zeitalter der Vulkane zurückzufallen schien: In den Nächten flackerte das Land unter einem roten Himmel. Am Tag verfinsterten Phosphorwolken die Sonne, und in Schuttwüsten machten die Bewohner von Höhlen Jagd auf Tauben, Eidechsen und Ratten. Aschenregen fiel. Und Berings Vater, der Schmied von Moor, war fern.

Noch Jahre später sollte dieser Vater, taub für die Schrecken der Geburtsnacht seines Sohnes, seine Familie mit der Beschreibung jener Leiden ängstigen, die er, *er* in diesem Krieg ertragen hatte. So trocknete Bering jedesmal die Kehle aus, und seine Augen brannten, wenn er wieder und wieder hörte, sein Vater habe als Soldat solchen Durst gelitten, daß er am zwölften Tag einer Schlacht sein eigenes

Blut trank. Es war in der libyschen Wüste. Es war am Paß von Halfayah. Dort hatte die Druckwelle einer Panzergranate den Vater ins Geröll geworfen. Und als ihm in der Glut dieser Wüste plötzlich ein rotes, seltsam kühles Rinnsal über das Gesicht lief, schob der Vater den Unterkiefer vor wie ein Affe, schürzte die Lippen und begann zu schlürfen, verstört und voll Ekel zuerst, dann aber mit wachsender Gier: Diese Quelle würde ihn retten. Er kehrte mit einer breiten Narbe auf der Stirn aus der Wüste zurück.

Berings Mutter betete viel. Auch als der Krieg mit seinen Toten von Jahr zu Jahr tiefer in die Erde sank und schließlich unter Rübenfeldern und Lupinen verschwand, hörte sie in Sommergewittern noch immer das Donnern der Artillerie. Und in manchen Nächten erschien ihr die Heilige Maria wie damals und flüsterte ihr Prophezeiungen und Nachrichten aus dem Paradies zu. Wenn Berings Mutter nach dem Erlöschen Mariens ans Fenster trat, um das Fieber der Erscheinung zu lindern, sah sie das lichtlose Ufer des Sees und ein hügeliges Brachland, das in schwarzen Wogen auf noch schwärzere Bergketten zurollte.

Berings Brüder waren beide verloren; tot der eine, der jüngere, ertrunken im See von Moor, als er im eisigen Wasser einer Bucht nach *Zähnen* tauchte, nach der versenkten, von Rotalgen und Süßwassermuscheln überwachsenen Munition einer versprengten Armee, nach kupfernen Projektilen, die er mit Steinen von den Patronenhülsen geklopft, durchbohrt und wie Fangzähne an einer Schnur um den Hals getragen hatte. Verloren auch der andere, der ältere, ein Auswanderer irgendwo in den Wäldern des Staates New York. Die letzte, Jahre zurückliegende Nachricht von ihm, eine Ansichtskarte, zeigte den Hudson River, dessen graue Flut immer auch die Trauer über den Ertrunkenen wieder wachrief.

Wenn Berings Mutter am Todestag ihres ertrunkenen Sohnes ein Gebinde blauer Anemonen und in Holznäpfe eingegossene Wachslichter im See aussetzte, dann trieb stets auch ein Licht für die Polin Celina davon, die ihr in der Bombennacht beigestanden war.

Celina, eine aus Podolien verschleppte Zwangsarbeiterin, hatte sich damals in den Erdkeller eines brennenden Weingutes geflüchtet und Berings Mutter mit in die Sicherheit gezerrt. Sie hatte der schreienden, von plötzlichen Wehen überfallenen Schmiedin zwischen Eichenfässern ein Lager aus Säcken und feuchter Pappe bereitet und dann das Neugeborene mit einem Schürzenband und ihren Zähnen abgenabelt und mit Wein gewaschen.

Während aus der Oberwelt allein das Krachen und die Erschütterungen der Einschläge in die von Unschlittkerzen kaum erhellte Tiefe drangen, hielt die Polin Mutter und Kind in ihren Armen, betete laut zur Schwarzen Madonna von Tschenstochau und trank dazu mehr und mehr schlecht vergorenen Wein, bis sie zwischen Stoßgebeten und Litaneien Gericht zu halten begann über die vergangenen Jahre:

Der Feuersturm dieser Nacht sei die Strafe der Madonna, daß Moor seine Männer in den Krieg geworfen und in schrecklichen Armeen nach Szonowice, ja bis an das Schwarze Meer und nach Ägypten habe ziehen lassen, Vergeltung dafür, daß ihr Bräutigam Jerzy an den Ufern des Bug als Lanzenreiter gegen Panzer stürmen mußte und dann von den Laufketten … seine schönen Hände … sein schönes Gesicht…

Fürstin des Himmels!

Strafe für das verglühte Warschau und für den Steinmetz Bugaj, der mit seiner ganzen Familie und Nachbarschaft auf den Holzplatz der Köhlerei von Szonowice getrieben wurde; ihr eigenes Grab mußten sie dort schaufeln,

Madonna, Trösterin der Betrübten!

Rache für die entehrte Schwägerin Krystyna,

Du Zuflucht der Sünder!

und für den Kürschner Silberschatz aus Ozenna … Zwei Jahre hatte sich der Unglückliche in einer Kalkgrube versteckt gehalten, bis man ihn verriet und fand und in Treblinka für alle Ewigkeit in den Kalk warf,

Königin der Barmherzigkeit!

Sühne! für die Asche auf der polnischen Erde und für die zerstampften Wiesen Podoliens …

So klagte und weinte die Polin Celina noch, als es in der Oberwelt längst totenstill geworden und Berings Mutter vor Erschöpfung eingeschlafen war.

Die Männer von Moor, flüsterte Celina in die winzigen Fäuste des Säuglings, die sie wieder und wieder an ihren Mund drückte und küßte, die Männer von Moor hätten sich gegen die ganze Welt erhoben – und diese Welt werde nun in ihrer Wut wie das Jüngste Gericht mit allen Lebenden und Toten über die Felder heranstürmen, Engel mit Flammenschwertern, Kalmücken aus den Steppen Rußlands, Horden friedloser Seelen, die ohne den Trost der Kirche aus ihren sterblichen Hüllen geschlagen worden waren, Gespenster...! Und polnische Ulanen, rasend auf ihren Pferden, und von Patronengurten und Bajonetten klirrende Juden aus dem Heiligen Land und alle, die nichts mehr zu verlieren und keinen anderen Glauben zu gewinnen hatten als den an die Rache,

Amen.

Die Zwangsarbeiterin Celina Kobro aus Szonowice in Podolien war schließlich das erste Opfer in Moor, das vier Tage später unter den Kugeln eines siegreichen, über das Dorf hereinbrechenden Bataillons starb. Es war ein Mißverständnis. Ein schreckhafter Infanterist verwechselte die vermummte Gestalt der Polin, die ein Pferd durch die Dunkelheit führte, mit einem Heckenschützen, einem flüchtenden Feind, schrie zweimal vergeblich in einer unverständlichen Sprache *Halt* und *Alarm* – und schoß.

Schon der erste Feuerstoß traf Celina in Brust und Hals und verwundete das Pferd. Celina hatte dem Ackergaul die Nüstern zugebunden und seine Hufe mit Putzlappen umwickelt, um das herrenlose Tier in aller Stille aus dem überrannten Dorf ins Versteck einer Fichtenschonung zu führen und so vor der Beschlagnahme oder Schlachtung zu retten; der Gaul war ihre Beute. Er sprang lahmend in die Nacht davon, während Celina auf moosigen Steinen lag und die näherkommenden Sturmschritte des Infanteristen nur noch als den fernen, seltsam feierlichen Lärm ihres Todes wahrnahm: ein Blätterrauschen, ein Brechen von Zweigen, ein tiefes, abgrundtiefes Atmen – und endlich jenen unterdrückten Schrei, einen Fluch des Schützen, nach dem jedes Geräusch erstarb und für immer an die Stille zurückfiel.

Celina wurde am nächsten Morgen unter den verkohlten Akazien der Bahnstation neben einem Mineur aus dem Moorer Steinbruch begraben, einem kriegsgefangenen Georgier, der wenige Stunden nach dem Einmarsch der Sieger an seinem Hunger gestorben war.

Schon in den ersten Wochen nach ihrem Tod schienen nicht nur Celinas Prophezeiungen aus Berings Geburtsnacht, sondern noch ihre geheimsten Racheträume aus den Jahren ihrer Verschleppung wahr zu werden:

In Moor wurden Bürger aus ihren Häusern gejagt. Die Höfe von geschlagenen Parteigängern des Kriegs brannten. In Moor mußten ehemals gefürchtete Aufseher aus dem Steinbruch jede Demütigung schweigend ertragen; zwei von ihnen pendelten am siebenten Tag nach der Befreiung, es war ein kalter Freitag, an Drahtseilen im Wind.

In Moor wurden Hühner und magere Schweine als bewegliche Ziele über den *Platz der Helden* und rußige Felder gejagt und zur Übung der Scharfschützen getötet und das Aas den Hunden überlassen – im hungernden Moor ... und alle plötzlich verjährten Ehrenzeichen, Orden und Heldenbüsten sanken, in Fahnen und abgestreifte Uniformen gewickelt, zum Grund von Jauchegruben hinab oder verschwanden auf Dachböden, in Kellerverstecken, auch im Feuer und in hastig geschaufelten Erdlöchern. In Moor herrschten die Sieger. Und was immer an Klagen über diese Herrschaft in der Kommandantur vorgetragen wurde – die Antworten und Bescheide der Besatzungsarmee waren zumeist nur eine böse Erinnerung an die Grausamkeit jenes Heeres, in dem Moors Männer gedient und gehorcht hatten.

Es waren zwar nicht die Reiter des Jüngsten Gerichts, die auf lehmverkrusteten Packpferden durch das Dorf zogen, und aus Panzerluken und von den offenen Verdecks der Truppentransporter starrten nicht die Racheengel und Gespenster aus Celinas Prophezeiung herab – in der zur *Kommandantur* verwandelten Gemeindestube bezog aber, als erster einer Reihe fremder Befehlshaber, ein Oberst aus Krasnojarsk Quartier, ein flachsblonder Sibirer mit wäßrigen Augen, der die Getöteten seiner eigenen Familie nicht vergessen konnte, unter schweren Träumen stöhnte und auf alles, was sich während der scheinbar regellos verhängten Ausgangssperren in Moors Gassen und Gärten bewegte, schießen ließ.

Der Krieg war vorüber. Aber das von allen Schlachtfeldern so weit entfernte Moor sollte allein im ersten Jahr des Friedens mehr Soldaten sehen als in den eintönigen Jahrhunderten seiner bisherigen Geschichte. Dabei schien es manchmal, als würden in dem von Gebirgen umschlossenen Moorer Hügelland nicht bloß die Aufmarschpläne der Strategen vollzogen, sondern als müßte ein ebenso monströses wie verworrenes Manöver die gesammelte Macht der Welt ausgerechnet an *diesem* entlegenen Ort vorführen: Auf den zerwühlten Feldern und Weinrieden Moors, auf leeren Güterwegen und jeden Schritt verschlingenden, morastigen Wiesen überlagerten und durchkreuzten sich in diesem ersten Jahr die Besatzungszonen sechs verschiedener Armeen.

An der Kartenwand der Kommandantur erschien das Moorer Hügelland nur noch als ein Schnittmusterbogen der Kapitulation. Immer neue Verhandlungen zwischen rivalisierenden Siegern bestimmten und verzerrten die Demarkationslinien, verfügten Täler und Straßenzüge aus der Gnade des einen in die Willkür des nächsten Generals, teilten Kraterlandschaften, versetzten Berge ... Und schon die Konferenz des nächsten Monats beschloß wieder alles anders und neu. Einmal geriet Moor für zwei Wochen in ein plötzlich aufklaffendes Niemandsland zwischen den Armeen, wurde geräumt – und wieder besetzt. Auch das Beringsche Gehöft blieb von flüchtigen Grenzen eingeschnürt und war doch niemals mehr als eine armselige Beute, die rußige Schmiede, der leere Stall, eine Schafweide, Brachland.

Waren es in den ersten beiden Wochen des Waffenstillstandes allein die Sibirer des Krasnojarsker Obersten gewesen, die Moor in ihrer Gewalt hatten, so marschierte nach ihrem Abzug eine marokkanische Batterie unter französischem Befehl in das Dorf. Es wurde Mai, aber das Jahr blieb kalt. Die Marokkaner schächteten zwei in den Ruinen des Moorer Sägewerks versteckte Milchkühe, entrollten Gebetsteppiche auf dem Pflaster vor der Kommandantur, und zum ungläubigen Entsetzen von Berings Mutter schlug kein Blitz aus dem Blau des Himmels, als ein *Afrikaner* die Madonna der Friedhofskapelle von ihrer vergoldeten Holzwolke schoß.

Die Batterie blieb bis in den Sommer. Dann rückte ein

Regiment schottischer *Highlanders* nach, gälische Scharfschützen, die mindestens einmal die Woche den Jahrestag einer anderen unvergessenen Schlacht mit Flaggenparaden, Dudelsackmusik und schwarzem Bier feierten – und schließlich, die wenigen bestellten Felder waren schon abgeerntet und lagen nun wieder so dunkel und kahl wie alles Land im Frost, löste eine amerikanische Kompanie die Highlanders ab, und das Regime eines Majors aus Oklahoma begann.

Major Elliot war ein eigensinniger Mann. Er ließ an die Eingangstür der Kommandantur einen Garderobenspiegel schrauben und fragte jeden Bittsteller oder Beschwerdeführer aus den besetzten Gebieten, wen oder was er vor seinem Eintreten in diesem Spiegel gesehen hätte. War er wütend oder schlecht gelaunt, wiederholte er eine Abfolge immergleicher, bohrender Fragen so lange, bis der Bittsteller endlich beschrieb, was der Kommandant hören wollte – einen Schweinsschädel, Borsten und Klauen einer Sau.

Mit Major Elliot sollten aber nicht nur seltsame Strafen über Moor kommen, Demütigungen, die von den Besiegten schließlich als unbegreifliche Verrücktheiten hingenommen wurden, sondern auch eine spürbare Erleichterung: An die Stelle der wilden und regellosen Rache befreiter Zwangsarbeiter oder durchziehender Truppen trat nun das Standrecht einer siegreichen Armee. Im ersten Friedenswinter verging kaum ein Tag, an dem nicht wenigstens eine neue Vorschrift gegen das drohende Chaos erlassen wurde, Gesetze gegen Plünderer, Saboteure oder Kohlendiebe. Ein dürrer, von Baseball und deutschen Dichtern des neunzehnten Jahrhunderts begeisterter Sergeant übersetzte Paragraph um Paragraph der neuen Strafbestimmungen in eine seltsame Kanzleisprache und schlug sein Werk dann an das Schwarze Brett der Kommandantur.

Während das Dorf seiner Geburt mit jedem Tag armseliger wurde, lag Bering in zerschnittene Fahnen gewickelt in einem Wäschekorb, der von einem Deckenbalken pendelte, lag und schrie, ein magerer, von der Krätze geplagter Säugling, lag in seiner nach Milch und Speichel riechenden Hilflosigkeit – und wuchs. Sollte Moor zugrunde gehen, der Sohn des in der Wüste verschollenen Schmieds wurde mit jedem Tag zäher. Er schrie und wurde gestillt, schrie und wurde getragen, schrie und wurde von der Schmiedin, die viele Nächte am Pendel seines Korbes durchwachte und dabei die Madonna um die Heimkehr ihres Mannes anflehte, geküßt und auf den Armen gewiegt. Als ob ihn jeder Kontakt mit der Erde in Schrecken versetzte, ertrug der Säugling keinen festen Ort und tobte mit offenen Augen, wenn seine Mutter ihn erschöpft aus dem Korb und zu sich ins Bett nahm. Wie sehr sie ihn auch zu besänftigen versuchte und auf ihn einsprach, er schrie.

Es war dunkel in Berings erstem Jahr. Die beiden Fenster seiner Kammer blieben bis tief in den Frieden von Oranienburg vernagelt: Wenigstens dieser Raum, der einzige im Haus des Schmieds, der nach der Bombennacht von Moor ohne Mauerrisse und Brandspuren war, sollte vor Plünderern und schwirrenden Eisensplittern sicher sein. In den Feldern lagen immer noch Minen. So schaukelte, schwebte, segelte Bering durch seine Dunkelheit dahin und hörte aus der Tiefe unter sich manchmal die brüchigen Stimmen dreier Legehennen, die in der Bombennacht aus dem brennenden Stall der Schmiede gerettet und schließlich mit aller wertvollen Habe in die unversehrte Kammer geschlossen worden waren.

Das Kollern und Scharren dieser Hühner in ihrem Drahtkäfig war in Berings Dunkelheit stets lauter als das Getöse der ausgesperrten Welt. Selbst das Dröhnen der auf den Wiesen manövrierenden Panzer drang durch die Bohlen der Vernagelung nur dumpf und wie aus großer Ferne an die Schaukel des Säuglings. Bering, ein Fliegender unter gefangenen Vögeln, schien die Hühner zu lieben – und hielt manchmal sogar in seinem verzweifelten Schreien inne, wenn eines der Tiere plötzlich ruckend und blinzelnd seine Stimme erhob.

Wenn seine Mutter von Gehöft zu Gehöft und manchmal tagelang über die Dörfer ging, um Schrauben, Hufnägel und schließlich selbst das im Keller versteckte Schweißgerät der Schmiede gegen Brot, Fleisch oder ein Glas schimmeliger Marmelade einzutauschen, hielt Berings Bruder Wache, ein eifersüchtiger, jähzorniger Halbwüchsiger, der das schreiende Bündel haßte. Ratlos vor Wut zerriß der Bruder Insekten, Nachtfalter und Schaben, die er aus der Wandtäfelung scheuchte, zupfte Fadenbeinchen, eines nach dem anderen, aus den Panzern von Käfern, warf die Verstümmelten den

Hühnern unter dem Korb des Säuglings zum Fraß vor und versetzte das Geflügel nach solchen Fütterungen mit einer Kerzenflamme in Panik. Reglos lauschte Bering dann den Stimmen der Angst.

Noch Jahre später bedurfte es bloß eines Hahnenschreis, um in ihm rätselhafte Empfindungen wachzurufen. Oft war es ein melancholischer, ohnmächtiger Zorn, der keinen bestimmten Gegenstand hatte und ihn doch mehr als jeder tierische oder menschliche Laut mit dem Ort seiner Herkunft verband.

Berings Mutter glaubte an ein Zeichen des Himmels und trug den Hühnerkäfig entsetzt aus der Kammer, als der Säugling an einem verschneiten Morgen im Februar nach einer Stunde der Ruhe und des gebannten Zuhörens wieder zu schreien begann – und seine Stimme dem Krächzen eines Huhnes glich: Der Schreier kollerte wie eine Legehenne! Der Schreier ruderte mit den Armen, streckte verkrampfte weiße Fingerchen wie Krallen aus seinem Korb. Und hob er nicht auch ruckend den Kopf?

Der Schreier wollte ein Vogel sein.

Stier

st 2255, 372 Seiten, DM 18.80.
Suhrkamp Verlag, Frankfurt/Main

Matthias Bischoff in FRANKFURTER ALLGEMEINE ZEITUNG
Ein perfekter Roman ist nicht notwendig ein lesenswertes Buch. Dies ist eine literarische Binsenweisheit. Umgekehrt aber gilt: Auch ein Werk mit kleinen Mängeln kann durchaus ein großes, ein wichtiges Buch sein, das den Nerv seiner Zeit trifft. Mit Stier hat der Berliner Autor Ralf Rothmann einen solchen Roman geschrieben: Ein wesentliches Kapitel der Geschichte der Bundesrepublik, der zwischen Melancholie und Furore pendelnde Abgesang auf die verlorene Generation der siebziger Jahre.

Peter Henning in STUTTGARTER ZEITUNG
... was Rothmanns ersten Roman vor allem zu einem kleinen Ereignis werden läßt, ist die Art und Weise, wie es dieser Erzähler versteht, das Lebensgefühl einer ganzen Generation in seinen mit- und ineinander verwobenen Anekdoten zu destillieren. So blickt Rothmann im ersten ... Kapitel noch einmal zurück, auf seine biographischen Anfänge als Maurerlehrling im Ruhrgebiet – sein allzu reduziertes „Wochenendleben" als an der „Herzkrankheit Frau unheilbar infizierter Rotlichtcasanova". Kunstvoll zeichnet der Autor die Schauplätze und Fassaden in einem bemerkenswert milden Licht ... Rothmann hat sich freigeschrieben, hat sich mit diesem Roman endgültig als genuine, literarische Stimme etabliert.

Der Autor:

© Renate von Mangoldt/LCB

Ralf Rothmann ist 1953 in Schleswig geboren. Er wuchs im Ruhrgebiet auf und arbeitete nach der Volksschule u.a. als Maurer, Krankenpfleger, Drucker und Koch. 1984 erschien sein erster Gedichtband *Kratzer.* 1986 erhielt er den Märkischen Kulturpreis. Der hier angezeigte Roman erschien 1991; im Jahr 1994 erschien sein zweiter Roman *Wäldernacht*. Rothmann lebt und arbeitet in Berlin. Reisen durch Mexiko und Südamerika.

Auch kam mir der Gedanke, mich einmal in die gröbsten Geheimnisse seines Metiers einführen zu lassen, denn mein diesbezügliches Nullwissen wurde mir immer unbehaglicher, sah man doch schon karamelverklebte Schulanfänger Programme in Taschencomputer tippen, die, hochgerechnet, ganze Galaxien in eine Handvoll Staub verwandeln konnten.

Es gibt einen Humor, der die schärfsten Kanten rund macht; er ist in Amerika zu Hause, hauptsächlich wohl in New York, wo man ohne ihn kaum überleben kann, und Jack Greg hatte ein gesundes Maß davon mitgebracht; riß er doch eines Nachts, genauer eines Morgens gegen vier sein Fenster auf und brüllte aus vollem Hals: Oh Mann! in den Hof. – Ich glaub, meine Diskette eiert!

Anlaß für diesen Ausbruch war ein langanhaltender Brummton, der nach und nach zu einem höllischen Geheul hochgeschraubt wurde. Die Fußböden vibrierten, Gläser klirrten, Krumen auf dem Brotbrett tanzten – offenbar befand sich das ganze Haus auf rasender Talfahrt; dann ein Krachen, zwei Atemzüge lang Ruhe, und schließlich ein endloses, von Möwenschreien durchsetztes rhythmisches Rauschen, so gewaltig, als hielte sich jemand Pazifikwellen im Keller.

Das alles war natürlich Musik, und der Komponist ein gerade zwanzigjähriger französischer Punker namens Jean-Claude, der manchmal grüne oder gelbe, manchmal bordeauxrote Haare trug. Er hatte das Hochparterre bezogen und begann den Tag gewöhnlich um drei Uhr nachmittags mit »My Way« von den SEX PISTOLS. Dann, bis Mitternacht etwa, solange seine vielen Freunde bei ihm saßen und die Bierdosen sich unter dem Fenster häuften, spielte er die etwas angestaubten Klassiker des Punk, die bekannte Preßluftmusik, die immerhin den Vorzug hat, daß die Stücke kurz sind; ehe man sich über ihre Lautstärke aufregen kann – vorbei. Nach zwölf aber, bei offenen Fenstern und in der Einsamkeit süß duftender Haschischwolken, komponierte und probierte er seine Synthesizer-Sinfonien, endlose Start- und Landegeräusche, elektronisch verstärktes Urblubbern, zweitausendzweihundertzweiundzwanzig Mal »Kein Anschluß unter dieser Nummer« mit Baßhintermalung.

Der Bub hat Talent, sagte meine rührende Vermieterin und bat mich alten Knacker um Verständnis für die Jugend im allgemeinen und das »Künstlervolk« im besonderen. Sie empfahl mir »Stopstop«, kleine, gelbe Schaumgummikugeln, die sich dick machten im Ohr und wirklich keine Geräusche mehr durchließen, nicht einmal das eigene Husten; doch blieben die dumpfen Schwingungen, das allgegenwärtige Vibrieren, und ich bewegte mich durch meine Zimmer wie unter Wasser.

Jean-Claude hörte natürlich kein Telefon, und traf ich ihn beim Bäcker oder im Supermarkt, grüßte er stets so freundlich und heiter vertraut, daß ich es nicht fertigbrachte, mich über die Musik zu beschweren. – Obwohl sein schmales, blasses Gesicht gezeichnet war von den normalen Exzessen durchwachter Nächte, sah man ihm ein schlummerndes Format an, den Adel der Leidensfähigkeit, was um so faszinierender wirkte, als der Junge davon nichts zu wissen schien. Er tänzelte vor der Kasse herum, schnitt einem Baby Fratzen, ließ die Finger über Keksdosen, Chipstüten und Waschpulvertrommeln trappeln, imitierte Gitarren- und Posaunentöne mit den Lippen und lachte, als die Kassiererin ihn zurechtweisend ansah, lachte so strahlend und über sich selbst erstaunt unter seinen königsblauen Strähnen, daß sie sich mehrmals nach ihm umdrehte und mir achtzehn Mark für ein Päckchen Brühwürfel berechnete.

Eines Nachts – Stunden lag ich bereits wach auf meiner dröhnenden Matratze – war das Maß jedoch voll. Ich streifte die Straßenschuhe über die nackten Füße, zog meinen Morgenmantel an (seit dem Tod meines Vaters besaß ich einen Morgenmantel) und lief hinaus, in den Flur.

Aber während ich, den Gürtel zusammenzurrend, die Treppenstufen hinunterstieg, fand ich mich auch schon unmöglich. Alle Appartements, Zimmer und Löcher fielen mir ein, in denen ich gewohnt hatte, Mietshäuser voll rechtschaffener Menschen, die früh aufstehen und hart arbeiten mußten und unter denen es immer einen gegeben hatte, der kurz nach Mitternacht vor meiner Tür stand in dieser Uniform der Trostlosigkeit – blaugrau gestreifter Morgenrock, offene Schuhe an den nackten Füßen, Haare zerzaust – und sich über mein dauerndes Schreibmaschinengeklapper beschwerte. Natürlich sah ich das stets ein, aber ebenso natürlich war ich wütend auf diese

Schlafmützen, die mich wieder und wieder aus dem Rhythmus rissen mit ihrem Geklingel, und betete zu meinem Stern, mich niemals so werden zu lassen, so kleinlich im Kopf und im Herzen so alt.

Nun, mit sechsunddreißig Jahren, stand ich vor Jean-Claudes Tür, die übrigens schwarz gestrichen war, mattschwarz, und ließ die Faust, die ich zum Klopfen erhoben hatte, wieder sinken. »Cops are Bastards« stand rot auf der verbeulten, in der Zugluft rappelnden Briefschlitzklappe, und in der Wohnung schien ein Waldbrand zu toben; ich hörte es fauchen und lodern, knistern und knacken, hörte galoppierende Wildschweinherden und röhrende Hirsche und stellte mir vor, wie hart dieser kleine Teufel schuftete an seinen Foltermaschinen und daß er wohl auch einmal müde würde. Also stopfte ich die Hände in die Taschen und drehte mich auf den Absätzen um.

Das Treppenlicht ging aus und wieder an – und plötzlich stand, Lutscher im Mund, Jean-Claude vor mir mit großen Augen. Im linken Arm ein Sixpack Bier, im rechten eine Plastiktüte, aus der es nach Pommes Frites und Brathähnchen roch, trat er einen Schritt zurück und wurde rot.

Seinen Lippenbewegungen zufolge fragte er, ob die Musik zu laut sei, und ich, unfähig so schnell mein strenges Beschwerdegesicht wiederzufinden und auch schon bedauernd, bei ihm diese Verlegenheit verursacht zu haben, rief: Ein bißchen!

Während er sich an der Tür zu schaffen machte, stammelte er wohl Entschuldigungen und sah mich reuevoll an. – Wie deprimierend spießig stand ich nun vor diesem sanften Wilden, der sich die Lidränder schwarz nachgezeichnet hatte und für den ich vermutlich ein alter Sack, die Ausgeburt des Üblichen, eine gestreifte Normalnull war. Und gab es bei aller Einsicht nicht auch etwas Skeptisches in seinen Augen, als wäre ich nicht recht bei Trost, als hätte ich gesagt, paß auf, mir blühen deine Blumen zu laut?

Hast du das alles ganz allein komponiert? fragte ich schnell, und wieder wurde er rot, der Gute, und lud mich mit einer Kopfbewegung in die Wohnung.

Der lange Flur sah aus wie das Innere eines U-Bahnwagens: Zeitungsfetzen und zertretene Bierdosen auf dem Boden und an den Wänden keine Stelle, die nicht besprüht oder bekritzelt war mit unleserlichen Graffitys. Dagegen roch es aus der dunklen Küche eher ländlich. In dem Zimmer, über dem ich zwei Stockwerke höher schlief, waren Lautsprecher, Verstärker, Rhythmusmaschinen und Synthesizer bis unter die Decke gestapelt, überall lehnten elektrische Gitarren, ein halbes Dutzend, und in der Ecke stand ein komplettes Schlagzeug aus Plexiglas. In einer der Trommeln lebte eine weiße Ratte, der Jean-Claude ein paar Pommes Frites zuwarf, ehe er die Tonbandmaschinen, riesige Mehrspurräder, die während seines Einkaufs weitergelaufen waren, etwas leiser stellte.

Er zerpflückte das Hähnchen in handliche Stücke, und wir hockten uns auf herumliegende, mit Silberstoff bezogene Kissen und aßen. Dabei freute er sich über mein staunendes Interesse an seinem Gerätepark und drückte mit fettigen Fingern oder abgenagten Knochen auf Knöpfe, Tasten und Regler. Klangwelle um Klangwelle, riesige Brecher, schlugen über uns zusammen, und er zeigte mir, was Delta-Trigger, Bluegrass-Sticker oder Squeeze-Boomer sind und wie man dieses irrsinnig steife Waldbrandfeeling rauskriegt. Auch gefielen mir die Experimente, die er mit einem winzigen selbstklebenden Mikrophon anstellte: Er brachte es zum Beispiel an meiner Gurgel an, drehte den Verstärker laut auf, und als ich aus einer Bierdose trank, hatte ich momentlang die Vision, von einem Erzengel verschluckt zu werden.

Zum Abschied – es wurde bereits hell im Hof – versprach er mir, in Zukunft weniger Lärm zu machen. Seine Crash- und Trash-Zeit gehe sowieso zu Ende, und er wolle nun einmal den Mondschein vertonen. – Den Mondschein vertonen? – Die Lichtwellen einer Mondphase in Schallwellen übersetzen und mit dem Material dann schöne, softe Lieder machen, sagte Jean-Claude mit einem schönen, soften Ausdruck in den Augen und schenkte mir ein paar Cassetten, die er mit eigenen Kompositionen bespielt hatte. Und noch heute, wenn ich sie in angenehmer Lautstärke höre, kann ich ihnen einen gewissen Zauber nicht absprechen. Der Junge hat Talent.

Ich fand mich also ab mit den Geräuschen unter mir, und zwar nicht nur, weil mir die Verursacher sympathisch waren, obwohl das in solchen Fällen von Bedeutung ist, wie ich noch erfahren sollte. Vielmehr begriff ich die Nachbarschaft dieser Leute auch als Chance, als eine Art Belebung meiner eigenen Existenz, die zusehends Staub ansetzte, wie mein bedenklicher Hang zu blankpolierten Schuhen zeigte und die Eigenart, alles Neue oder Fremde gleich als Bedrohung zu empfinden statt als Bereicherung. Jean-Claude und Jack Greg verkörperten die unmittelbare Gegenwart, und der Kontakt zu ihnen würde die Textur meines Lebens hoffentlich vor dem Verfilzen bewahren, dachte ich und staunte einmal mehr über die sanfte Logik meines Schicksals, in dem sich bisher noch alles Widrige – irgendwann, irgendwie – als förderlich erwiesen hatte.

Trotzdem träumte ich eines Nachts, die beiden Jungen hätten mich gefesselt und geknebelt, in einen Sarg gelegt und den Deckel über mir zugeschlagen, wobei sie unzählige Nägel gebrauchten und noch hämmerten, als ich bereits erwacht im Bett lag und mir den Schweiß abwischte. – Bei näherem Hinhören kam der Lärm jedoch aus der Wohnung über mir: Stiefelabsätze und herumgeschleifte Kisten oder Koffer, und plötzlich polterte es, als würde eine Wagenladung Kohlen auf den Holzfußboden gekippt. Ich dachte an neue Mieter, einen nächtlichen Einzug, und suchte nach meinen »Stopstop«-Kugeln.

Des Mauren letzter Seufzer

Aus dem Englischen von Gisela Stege
60704, 624 Seiten, DM 19.90.
Verlag Droemer Knaur, München

Als Hardcover DM 49.90,
Kindler Verlag, München

Als Audio-Cassette bei DerHörVerlag, München
(4 Cass. DM 59.90)

Sigrid Löffler im LITERARISCHEN QUARTETT
Von hoher Komik und sprachlicher Erfindungskraft. Ein großer Roman mit wunderbaren Frauenfiguren. Salman Rushdie ist ein großer Fabulierer. Sein Roman ist ein Lebensprojekt – eine Melange zwischen Abendland und Morgenland.

Erdmute Heller in FRANKFURTER ALLGEMEINE ZEITUNG
Wer immer noch glaubte, daß die Satanischen Verse *vor allem ein succes de scandale waren, wird durch Rushdies literarisches Comeback eines Besseren belehrt: Er hat ein wahnwitziges, aber dennoch großartiges Buch geschrieben, brüchig wie seine eigene Biographie – ein polyphones Hohngelächter auf die ihm widerfahrende Obszönität und den Zustand der Welt. Nicht etwa geschrieben aus Haß, sondern diktiert von einer großen Sehnsucht nach Liebe, Harmonie und Versöhnung. Ließen die resigniert-düsteren Zwischentöne seiner Erzählung* Harun und das Meer *noch befürchten, er habe unter dem Druck seiner existentiellen Bedrohung die Sprache verloren, ihm sei ... der Stoff ausgegangen, aus dem die Märchen sind, so läßt der neue Roman keinen Zweifel daran, daß der große Magier des Wortes seine phantastische Sprache wiedergefunden hat.*

DER SPIEGEL
Rushdie hat es den Zweiflern gezeigt. Er hat allen Drohgebärden zum Trotz den größten Trumpf ausgespielt, über den ein Autor verfügen kann: Unter bedrückenden Umständen, unter Polizeischutz und bei ständig wechselnden Wohnsitz schrieb er ein literarisches Meisterwerk.

Der Autor:

© Monika Zucht

Salman Rushdie wurde 1947 in Bombay geboren und studierte in Cambridge Geschichte. 1983 erregte er mit dem Roman *Mitternachtskinder* weltweit Aufsehen. Nur wenige Monate nach der Veröffentlichung des Romans *Die satanischen Verse* im Jahr 1988 sprach der iranische Revolutionsführer Khomeini wegen Blasphemie eine Fatwa über Rushdie aus. Seither lebt der Autor, dessen Bücher vielfach ausgezeichnet wurden und in etwa zwei Dutzend Sprachen übersetzt vorliegen, an einem unbekannten Ort in England. Die Fatwa ist immer noch nicht aufgehoben.

Ich kann sie nicht mehr zählen, die Tage, die vergangen sind, seit ich vor den Schrecken von Vasco Mirandas wahnwitziger Festung in dem andalusischen Bergnest Benengeli geflohen bin; seit ich im Schutz der Dunkelheit dem Tod davongelaufen bin und eine an die Tür genagelte Botschaft hinterlassen habe. Und seit jenem Tag hat es auf meinem hungrigen, hitzeverschleierten Weg immer wieder Bündel beschriebener Blätter gegeben, Hammerschläge, den schrillen Aufschrei von Zwei-Zoll-Nägeln. Vor langer Zeit, als ich noch nicht trocken hinter den Ohren war, sagte meine Geliebte voll Zärtlichkeit zu mir:

»Ach, Moor, du merkwürdiger schwarzer Mann, immer vollgestopft mit Thesen und nirgends eine Kirchentür, an die du sie nageln kannst.« (Sie, eine entschieden fromme, unchristliche Inderin, scherzte über Luthers Protest in Wittenberg, um sich über ihren Geliebten, einen entschieden unfrommen indischen Christen, lustig zu machen: Welch seltsame Wege Geschichten doch nehmen, auf welchen Zungen sie letztlich landen!) Leider hörte meine Mutter das; und schoß sofort, blitzschnell wie eine zuschnappende Schlange, zurück: »Vollgestopft mit Fäkalien, willst du wohl sagen.« Ja, Mutter, auch diesmal hattest du wieder das letzte Wort: wie immer.

»Amrika« und »Moskva« hat mal jemand sie genannt, Aurora, meine Mutter, und Uma, meine Liebste, hat die beiden großen Supermächte als Spitznamen für sie benutzt. Und alle Leute sagten, sie sähen sich ähnlich, ich aber vermochte eine solche Ähnlichkeit nicht zu erkennen, ganz und gar nicht. Beide sind inzwischen tot, eines unnatürlichen Todes gestorben, und ich befinde mich in einem fernen Land, den Tod auf den Fersen und ihre Geschichte in meiner Hand, eine Geschichte, die ich an ein Tor, einen Zaun, einen Ölbaum geschlagen, die ich über diese Landschaft meiner letzten Reise verteilt habe, jene Geschichte, die mit mir endet. Auf der Flucht habe ich die Welt zu meiner persönlichen Piratenkarte gemacht, mit verborgenen Hinweisen, verstreuten X-Markierungen, die zum eigentlichen Schatz führen sollen – zu mir. Wenn meine Jäger dieser Spur folgen, werden sie mich finden: wartend, ohne zu klagen, außer Atem, bereit. *Hier stehe ich. Ich konnte nicht anders.*

(Hier sitze ich, wäre wohl treffender. In diesem finsteren Wald – das heißt, auf diesem Ölberg, in diesem Gehölz, beobachtet von den seltsam schiefgeneigten Steinkreuzen eines kleinen, überwucherten Friedhofs gleich unterhalb der Zufahrt zur Tankstelle von Ultimo Suspiro –, ohne den Trost eines vergilschen Begleiters oder dem Bedürfnis nach ihm, an einem Ort, der die Mitte meines Lebensweges sein müßte, aus vielen, komplizierten Gründen aber zum Ende der Straße geworden ist, breche ich, verdammt noch mal, vor Erschöpfung zusammen.)

Und, jawohl, meine Damen, sehr vieles ist angeschlagen, angenagelt worden. Flaggen, zum Beispiel, die man zeigen will. Doch nach einem gar nicht so langen (wenn auch fahnenbunten) Leben sind mir plötzlich die Thesen ausgegangen. Das Leben selbst ist Kreuzigung genug.

Wenn einem der Dampf ausgeht, wenn der Atem, der einen vorwärtstreibt, beinah erstorben ist, wird es Zeit, Beichte abzulegen. Nennt es Testament oder Letzten Willen, was ihr wollt; den Saloon zum letzten Lebenshauch. Daher dieses »Hier-stehe-oder-sitze-ich« – ich, der ich die Sentenzen meines Lebens in die Landschaft genagelt und die Schlüssel zu einem roten Fort in der Tasche habe. Daher diese Augenblicke des Wartens unmittelbar vor der endgültigen Kapitulation.

Also ist es jetzt angemessen, vom Ende zu sprechen; von dem, was war und wohl nicht mehr sein wird; von dem, was richtig war und was falsch. Ein letzter Seufzer für eine verlorene Welt, eine Träne für ihren Untergang. Aber auch ein letztes Hurra, ein finales, skandalöses Gewirr unentwirrbarer Geschichten (Wörter müssen genügen, denn visuelle Medien sind nicht greifbar), und für die Totenwache eine Reihe von rauhen Männergesängen. Die Erzählung des Moor, eines Mauren, oder auch Mohren, inklusive Ton und Wut. Wollen Sie? Naja, auch wenn Sie nicht wollen. Und damit kann ich anfangen kann, reichen Sie mir bitte den Pfeffer!

Wie bitte?

Selbst die Bäume sind so verblüfft, daß sie zu sprechen beginnen. (Haben Sie etwa noch nie, wenn Sie einsam und verzweifelt waren, mit den Wänden gesprochen, mit Ihrem blödsinnigen Hund oder in die leere Luft hinein?)

Ich wiederhole: den Pfeffer, bitte; denn ohne die Pfefferkörner hätte das, was in Ost und West heute endet, gar nicht erst begonnen. Der Pfeffer war es, der Vasco da Gamas Dickschiffe veranlaßte, über die Meere zu segeln, von Lissabons Leuchtturm Torre de Belém bis zur Küste von Malabar, anfangs nach Calicut und später, wegen des Lagunenhafens, nach Cochin. Im Kielwasser jener portugiesischen Erstankömmlinge segelten Engländer und Franzosen, so daß wir zur Zeit der Entdeckung Indiens – aber wie konnten wir *ent*deckt werden, da wir doch zuvor niemals *be*deckt gewesen waren? – »weniger ein *sub-continent* als ein *sub-condiment* waren, wie meine vornehme Mutter es formulierte: »Von Anfang an war es kristallklar, was die Welt von der verdammten Mutter Indien wollte«, pflegte sie zu sagen. »Scharfe Sachen wollten sie, genau wie ein Mann, der zu einer Hure geht.«

Meine Geschichte handelt von einem hochgeborenen Mischling, der in Ungnade fiel: von mir, Moraes Zogoiby, genannt Moor, fast während meines ganzen Lebens der einzige männliche Erbe der Gewürz- und Großhandelsmillionen der Dynastie Da-Gama-Zogoiby aus Cochin, und von meiner Verbannung aus dem, was ich mit Fug und Recht als mein natürliches Leben betrachtet habe, der Verbannung durch meine Mutter Aurora, geborene da Gama, berühmteste unserer modernen Malerinnen, eine große Schönheit, zugleich aber scharfzüngigste Frau ihrer Generation, die an jeden, der in ihre Reichweite kam, sofort gepfefferte Bemerkungen austeilte. Auch ihre Kinder hatten keine Gnade zu erwarten. »Wir Rosenkranz-Kreuzigungs-Beatnik-Mädchen haben glühheißen Chili in den Adern«, pflegte sie zu sagen. »Keine Sondervorrechte für Fleisch- und Blutsverwandte! Wir leben von Fleisch, meine Lieblinge, und an Blut können wir uns berauschen.«

»Ein Sprößling unserer dämonischen Aurora zu sein«, erfuhr ich schon, als ich noch jung war, von dem goanischen Maler V. (für Vasco) Miranda, »heißt im wahrsten Sinne des Wortes ein moderner Luzifer zu sein. Du weißt schon: Sohn des aufblühenden Morgens.« Damals war meine Familie bereits nach Bombay umgezogen, und derartige Aussprüche galten im Paradies von Aurora Zogoibys legendärem Salon als Kompliment. Mir sind diese Worte jedoch als

Prophezeiung im Gedächtnis geblieben, denn es kam der Tag, da ich in der Tat aus jenem legendären Garten vertrieben und ins Pandämonium geschleudert wurde. (So aus meiner natürlichen Umgebung verbannt, was blieb mir übrig, als mich dem Gegenteil zuzuwenden? Das heißt, dem *Unnaturalismus*, dem einzig wahren Ismus dieser verrückten, überdrehten Zeit. Würde nicht jeder, der aus den Grenzen des Erlaubten verstoßen wird, danach trachten, Licht ins Dunkel des Unerlaubten zu bringen? Und so stürzte Moraes Zogoiby, aus seiner persönlichen Geschichte vertrieben, kopfüber der Weltgeschichte entgegen.)

Und der Ursprung von allem: ein Pfeffersack!

Das heißt, nicht nur Pfeffer, sondern auch Kardamom, Cashewnüsse, Zimt, Ingwer, Pistazien, Nelken; dazu Kaffeebohnen sowie das große, allmächtige Teeblatt persönlich. Tatsache aber bleibt, daß es, um mit Aurora zu sprechen, »der Pfeffer war, zuerst und in einziger Linie – jawohl, in einziger Linie, denn warum in erster Linie sagen? Warum überhaupt in einer Linie stehen, wenn man als einziger und erster dastehen kann?« Was auf die Geschichte im allgemeinen zutrifft, trifft im besonderen auf die Geschicke unserer Familie zu: Pfeffer, das begehrte Schwarze Gold von Malabar, war die erste Handelsware meiner stinkreichen Sippe, der reichsten Gewürz-, Nuß-, Bohnen- und Blätterhändler von Cochin, die ohne jeden anderen Beweis als einer jahrhundertealten Tradition behaupteten, illegitime Nachkommen des großen Vasco da Gama zu sein

Keine Geheimnisse mehr. Ich habe sie alle angenagelt.

[. . .]

Im wohlriechenden Halblicht des C-50 Godown Nr. 1 packte Aurora da Gama Abraham Zogoiby beim Kinn und sah ihm tief in die Augen … nein, Männer, ich kann das nicht! Es sind meine Mutter und mein Vater, von denen ich hier spreche, und obgleich Aurora die Große von allen Frauen wohl am wenigsten Schamgefühl besaß, habe ich vermutlich, zusätzlich zu meinem eigenen, auch noch ihren Anteil davon geerbt. Habt ihr jemals den Schwanz eures Vaters, die Muschi eurer Mutter gesehen? Ja oder nein spielt keine Rolle, der springende Punkt ist, daß es mythische Orte gibt, mit Tabus belegt; zieh dir die Schuhe aus, dies ist geweihter Boden, wie die Stimme auf dem Berg Horeb sagte, und wenn Abraham Zogoiby die Rolle des Moses spielte, dann war meine Mutter Aurora so sicher wie das Amen in der Kirche der brennende Dornbusch. Gesetzestafeln, Feuersäule, *ich bin, der ich bin* ... jawohl, in der Tat, sie versuchte sich als Gott des Alten Testaments. Manchmal glaube ich, daß sie in der Badewanne das Teilen der Wogen geübt haben muß.

»Ich konnte nicht warten«, wie Aurora selbst es auszudrücken pflegte. In ihrem gold-orangefarbenen, von Zigarettenrauch erfüllten Salon, in dem junge Schönheiten sich auf den Sofas rekelten, während die Herren vor ihnen auf Perserteppichen hockten und ihnen die Füße mit den Knöchelkettchen und den lila lackierten Nägeln liebkosten, und während Auroras alternder Ehemann mit vor Verlegenheit zuckenden Lippen im Straßenanzug in einer Ecke lehnte, die Hände hilflos flatternd, bis sie sich endlich um meine jungen Ohren schlossen, trank meine Mutter Champagner aus einem opalisierenden Glas, das wie eine sich öffnende Blüte geformt war, und schilderte mit lässiger Detailtreue und fröhlich über ihre jugendliche Verwegenheit lachend, ihre Entjungferung. »Beim Kinn, ehrlich! Einfach gezogen hab' ich ihn, und er ist mir gefolgt, ist aus seinem Sessel geschossen wie der Korken aus einer Flasche, und ich hab' ihn am Kinn geführt. Meinen ganz persönlichen Yahoody. Meinen in-jenen-Tagen geliebten Juden.«

In-jenen-Tagen ... es wird noch mehr zu sagen sein über die Grausamkeit dieses Ausdrucks, flüchtig hingeworfen mit einer leichten Handbewegung, einem wegwerfenden Klirren der Armbänder. Aber im Augenblick befinden wir uns ja noch in jenen Tagen, befinden wir uns *genau an jenem Tag*, und so führte sie ihn beim Kinn, und er folgte; verließ seinen Posten und folgte unter den zweifellos mißbilligenden Blicken der Hauptbuch haltenden Dreifaltigkeit der Kontrolleure Kalonjee, Mirchandalchini und Tejpattam seinem Kinn, unterwarf sich seinem Schicksal. Schönheit ist eine Art Vorsehung, Schönheit spricht Schönheit an, erkennt und billigt, glaubt fest, daß sie alles rechtfertigen kann, so daß die beiden, obwohl sie nicht mehr voneinander wußten als die Worte *christliche Erbin* und *jüdischer*

Angestellter, schon jetzt die wichtigste Entscheidung von allen getroffen hatten. Ihr ganzes Leben lang hat Aurora Zogoiby keinerlei Zweifel daran gelassen, warum sie ihren Exportbuchhalter in die dunstigen Tiefen des Speichers geführt und ihm dann bedeutet hatte, ihr zu folgen, als sie eine lange, wippende Leiter bis zur höchsten Höhe der entlegensten Stapel emporkletterte. Jedem Versuch zu einer psychologischen Analyse widerstehend, wies sie zornig die Theorie zurück, daß sie infolge der allzu vielen Todesfälle in der Familie eine leichte Beute für den Charme eines älteren Mannes gewesen sei, daß Abrahams Miene verletzter Güte sie zunächst fasziniert und dann gebannt habe: daß es ganz einfach ein Fall gewesen sei, bei dem die Unschuld sich von der Erfahrung angezogen fühlte. »Erstens einmal«, argumentierte sie unter Jubel und Beifall, während Daddy Abraham meine Verachtung auf sich zog, weil er sich voll Scham davonstahl, »Sie müssen schon entschuldigen, aber wer hat wen wohin gezogen? Mir scheint, ich war der Zieher, nicht die Gezogene. Mir scheint, daß Abie die süße, hilflose Unschuld war und ich eine gewiefte, fünfzehnjährige Person. Und zweitens war ich immer anfällig für einen Helden, einen *loverboy*, einen schönen, kräftigen, knackigen Burschen.«

Weit, weit oben, dicht unterm Dach des Speichers Nr. 1, legte sich Aurora da Gama mit fünfzehn Jahren auf die Pfeffersäcke, atmete die heiße, gewürzduftbeladene Luft und wartete auf Abraham – der zu ihr kam wie ein Mann, der in sein Verderben rennt, zitternd, aber entschlossen, und hier, an dieser Stelle, gehen mir die Worte aus, darum werden Sie von mir nicht die blutigen Details dessen erfahren, was geschah, als sie, und dann er, und dann beide, und danach sie, woraufhin er, und daraufhin wiederum sie, und somit, und außerdem, und eine kurze Zeitlang, und dann eine lange Zeitlang, und leise, und geräuschvoll, und am Ende ihrer Durchhaltekraft, und schließlich, und danach, bis ... puh! Boy! Endlich geschafft! Nein. Es gibt noch mehr. Die ganze Geschichte muß erzählt werden.

Folgendes möchte ich sagen: Was die beiden hatten, war mit Sicherheit heiß & hungrig. Rasende Liebe! Die Abraham nach Hause trieb, um Flory Zogoiby gegenüberzutreten, und ihn dann veranlaßte, sein Volk im Stich zu lassen und nur ein einziges Mal zurückzublicken.

Daß er gleich für diese Gunst das Christentum bekenne, forderte der Kaufmann von Venedig im Augenblick seines Sieges über Shylock und zeigte damit ein sehr begrenztes Verständnis für die Eigenschaft der Gnade; und der Herzog stimmte zu: *Das soll er tun; ich widerrufe sonst die Gnade, die ich eben hier erteilt...* Was Shylock aufgezwungen wurde, hätte Abraham freiwillig gewählt, weil er die Liebe meiner Mutter der Liebe Gottes vorzog. Er war bereit, Aurora nach den Gesetzen Roms zu heiraten – und oh, welch ein Ungewitter sich hinter dieser Aussage verbirgt! Doch ihre Liebe war stark genug, allen Schlägen standzuhalten, den ganzen Ansturm des Skandals zu überstehen; und es war mein Wissen von ihrer Kraft, das mir die Kraft verlieh, als ich wiederum – als meine Geliebte und ich – aber in diesem Fall hat sie, meine Mutter – anstatt – als ich es mit Sicherheit erwartete – hat sie sich gegen mich gewandt, und gerade, als ich sie am dringendsten brauchte, hat sie – gegen ihr eigenes Fleisch und Blut ... Wie Sie sehen, bin ich wiederum noch nicht in der Lage, diese Geschichte zu erzählen. Wieder einmal haben mich die Worte verlassen.

Pfefferliebe: So sehe ich sie. Abraham und Aurora erlebten eine Pfefferliebe, da oben, auf dem »Malabar Gold«. Sie kamen von diesen hohen Stapeln mit mehr herab als dem Geruch der Gewürze in ihren Kleidern. So leidenschaftlich hatten sie einander verschlungen, so gründlich hatten sich Schweiß, Blut und andere Sekrete ihrer Körper in dieser mit Gerüchen geschwängerten Luft mit den Düften von Kardamom und Kümmel vermengt, so innig hatten sie sich vereinigt, nicht nur miteinander, sondern mit-dem-was-in-der-Luft-hing, jawohl, und mit den Gewürzsäcken selbst – von denen einige, wie ich gestehen muß, zerrissen waren, so daß Pfefferkörner und Samen herausquollen und zwischen Beinen, Bäuchen und Schenkeln zerquetscht wurden –, daß sie auf ewig Pfeffer und Gewürze ausschwitzen und auch ihre Körpersekrete nach dem riechen und sogar schmecken sollten, was in ihre Haut gepreßt worden war, was sich mit ihren Liebesergüssen vermischt, was von ihnen bei diesem transzendenten Fick eingeatmet worden war.

Na bitte; man beschäftigte sich nur lange genug mit einem Thema, und die Worte kommen von selbst. Aber Aurora gab sich bei diesem Thema niemals schüchtern. »Seit damals, wissen Sie, hab‘ ich den guten Abie hier von der Küche fernhalten müssen, weil der Gestank gemahlener Gewürze, meine Lieben, weil der bewirkt, daß er sofort mit den Hufen scharrt. Was dagegen mich selbst betrifft, so schrubbele und rubbele und wienere ich mich, pflege mich gründlich, parfümiziere das Zimmer mit feinsten Düften, und deswegen bin ich, wie jedermann sehen kann, so süß, wie ich süßer nicht werden kann.« Vater, o Vater, warum hast du zugelassen, daß sie dir dies antut, warum hast du dich zur alltäglich-allnächtlichen Zielscheibe ihres Spottes machen lassen? Warum haben wir das alle getan? Hast du sie wirklich noch immer so sehr geliebt? Haben wir sie in jenen Tagen alle geliebt, oder waren es einfach ihre Macht über uns und die passive Hinnahme unserer Versklavung, die wir fälschlich für Liebe hielten?

»Von nun an werde ich immer für dich sorgen«, versprach mein Vater meiner Mutter, nachdem sie sich zum erstenmal geliebt hatten. Sie sei eine angehende Künstlern, antwortete sie. »Für den wichtigsten Teil von mir kann und werde ich daher selber sorgen.«

»Dann«, gab Abraham demütig zurück, »werde ich für den weniger wichtigen Teil von dir sorgen, der Teil, der essen, genießen und ausruhen muß.«

Bernhard Schlink

Der Vorleser

detebe 22953, 208 Seiten, DM 14.90.
Diogenes Verlag, Zürich

Als Hardcover DM 34.–,
Diogenes Verlag, Zürich

Als Audio-Cassette bei Litraton
(5 Cass. DM 99.–)

FRANKFURTER RUNDSCHAU
Es gibt wenige deutsche Krimiautoren, die so raffinierte und sarkastische Plots schreiben wie Schlink und ein so präzises, unangestrengtes Deutsch.

DER SPIEGEL
Wenn es eine Renaissance des Erzählens gibt, dann hier.

FRANKFURTER ALLGEMEINE ZEITUNG
Einfühlsame Sprache von höchster Präzision. Ein genuiner Schriftsteller, der hier ans Licht kommt. Diese traurige Geschichte ist Schlinks persönlichstes Buch.

LE MONDE, Paris
Die Stärke von Schlinks Buch liegt darin, daß es keiner der Fragen ausweicht, die aus dem Zusammenprall von Gegenwart und Vergangenheit, von Liebe und Verachtung, von dem Wunsch zu begreifen und dem Bedürfnis zu verurteilen, entstehen.

RHEINISCHER MERKUR
Ganz unsentimental werden wir hineingezogen in dunkle Gefühle um Schuld und Sühne.

Der Autor:

© Klaus-Peter Studré

Bernhard Schlink wurde 1944 bei Bielefeld geboren und wuchs in Heidelberg auf. Er wurde Jurist, Richter und Professor – „vielleicht weil die Wahrheit des Rechts ebenso in Worten und Sätzen liegt wie die Wahrheit von Geschichten und weil die Dinge hier wie dort zu ihrem Ende gebracht werden müssen". Er schreibt Kriminal- und andere Romane, hat in Mannheim, Freiburg und New York gelebt und wohnt derzeit in Bonn und Berlin. Er würde gern in einem Haus auf der Düne am Meer wohnen.

Warum macht es mich so traurig, wenn ich an damals denke? Ist es die Sehnsucht nach vergangenem Glück – und glücklich war ich in den nächsten Wochen, in denen ich wirklich wie blöd gearbeitet und die Klasse geschafft habe und wir uns geliebt haben, als zähle sonst nichts auf der Welt. Ist es das Wissen, was danach kam und daß danach nur ans Licht kam, was schon da war?

Warum? Warum wird uns, was schön war, im Rückblick dadurch brüchig, daß es häßliche Wahrheiten verbarg? Warum vergällt es die Erinnerung an glückliche Ehejahre, wenn sich herausstellt, daß der andere die ganzen Jahre einen Geliebten hatte? Weil man in einer solchen Lage nicht glücklich sein kann? Aber man war glücklich! Manchmal hält die Erinnerung dem Glück schon dann die Treue nicht, wenn das Ende schmerzlich war. Weil Glück nur stimmt, wenn es ewig hält? Weil schmerzlich nur enden kann, was schmerzlich gewesen ist, unbewußt und unerkannt? Aber was ist unbewußter und unerkannter Schmerz?

Ich denke an damals zurück und sehe mich vor mir. Ich trug die eleganten Anzüge auf, die ein reicher Onkel hinterlassen hatte und die an mich gelangt waren, zusammen mit mehreren Paaren zweifarbiger Schuhe, schwarz und braun, schwarz und weiß, Wild- und glattes Leder. Ich hatte zu lange Arme und zu lange Beine, nicht für die Anzüge, die meine Mutter herausgelassen hatte, aber für die Koordination meiner Bewegungen. Meine Brille war ein billiges Kassenmodell und mein Haar ein zauser Mop, ich konnte machen, was ich wollte. In der Schule war ich nicht gut und nicht schlecht; ich glaube, viele Lehrer haben mich nicht recht wahrgenommen und auch nicht die Schüler, die in der Klasse den Ton angaben. Ich mochte nicht, wie ich aussah, wie ich mich anzog und bewegte, was ich zustande brachte und was ich galt. Aber wieviel Energie war in mir, wieviel Vertrauen, eines Tages schön und klug, überlegen und bewundert zu sein, wieviel Erwartung, mit der ich neuen Menschen und Situationen begegnet bin.

Ist es das, was mich traurig macht? Der Eifer und Glaube, der mich damals erfüllte und dem Leben ein Versprechen entnahm, das es nie und nimmer halten konnte? Manchmal sehe ich in den Gesichtern von Kindern und Teenagern denselben Eifer und Glauben, und ich sehe ihn mit derselben Traurigkeit, mit der ich an mich zurückdenke. Ist diese Traurigkeit die Traurigkeit schlechthin? Ist sie es, die uns befällt, wenn schöne Erinnerungen im Rückblick brüchig werden, weil das erinnerte Glück nicht nur aus der Situation, sondern aus einem Versprechen lebte, das nicht gehalten wurde?

Sie – ich sollte anfangen, sie Hanna zu nennen, wie ich auch damals anfing, sie Hanna zu nennen – sie freilich lebte nicht aus einem Versprechen, sondern aus der Situation und nur aus ihr.

Ich fragte sie nach ihrer Vergangenheit, und es war, als krame sie, was sie mir antwortete, aus einer verstaubten Truhe hervor. Sie war in Siebenbürgen aufgewachsen, mit siebzehn nach Berlin gekommen, Arbeiterin bei Siemens geworden und mit einundzwanzig zu den Soldaten geraten. Seit der Krieg zu Ende war, hatte sie sich mit allen möglichen Jobs durchgeschlagen. An ihrem Beruf als Straßenbahnschaffnerin, den sie seit ein paar Jahren hatte, mochte sie die Uniform und die Bewegung, den Wechsel der Bilder und das Rollen unter den Füßen. Sonst mochte sie ihn nicht. Sie hatte keine Familie. Sie war sechsunddreißig. Das alles erzählte sie, als sei es nicht ihr Leben, sondern das Leben eines anderen, den sie nicht gut kennt und der sie nichts angeht. Was ich genauer wissen wollte, wußte sie oft nicht mehr, und sie verstand auch nicht, warum mich interessierte, was aus ihren Eltern geworden war, ob sie Geschwister gehabt, wie sie in Berlin gelebt und was sie bei den Soldaten gemacht hatte. »Was du alles wissen willst, Jungchen!«

Ebenso war es mit der Zukunft. Natürlich schmiedete ich keine Pläne für Heirat und Familie. Aber ich nahm an der Beziehung von Julien Sorel zu Madame de Rênal mehr Anteil als an der zu Mathilde de la Mole. Ich sah Felix Krull am Ende gern in den Armen der Mutter statt der Tochter. Meine Schwester, die Germanistik studierte, berichtete beim Essen von dem Streit, ob Herr von Goethe und Frau von Stein eine Liebesbeziehung hatten, und ich verteidigte es zur Verblüffung der Familie mit Nachdruck. Ich stellte mir vor, wie unsere Beziehung in fünf oder zehn Jahren aussehen könne. Ich fragte Hanna, wie sie es sich vorstellte. Sie mochte nicht einmal bis Ostern denken, wo ich mit ihr in den Ferien mit dem Fahrrad wegfahren wollte. Wir könnten als Mutter und Sohn ein gemeinsames Zimmer nehmen und die ganze Nacht zusammenbleiben.

Seltsam, daß mir die Vorstellung und der Vorschlag nicht peinlich waren. Bei einer Reise mit meiner Mutter hätte ich um das eigene Zimmer gekämpft. Von meiner Mutter zum Arzt oder beim Kauf eines neuen Mantels begleitet oder von einer Reise abgeholt zu werden, erschien mir meinem Alter nicht mehr gemäß. Wenn sie mit mir unterwegs war und wir Schulkameraden begegneten, hatte ich Angst, für ein Muttersöhnchen gehalten zu werden. Aber mich mit Hanna zu zeigen, die, obschon zehn Jahre jünger als meine Mutter, meine Mutter hätte sein können, machte mir nichts aus. Es machte mich stolz.

Wenn ich heute eine Frau von sechsunddreißig sehe, finde ich sie jung. Aber wenn ich heute einen Jungen von fünfzehn sehe, sehe ich ein Kind. Ich staune, wieviel Sicherheit Hanna mir gegeben hat. Mein Erfolg in der Schule ließ meine Lehrer aufmerken und gab mir die Sicherheit ihres Respekts. Die Mädchen, denen ich begegnete, merkten und mochten, daß ich keine Angst vor ihnen hatte. Ich fühlte mich in meinem Körper wohl.

Die Erinnerung, die die ersten Begegnungen mit Hanna hell ausleuchtet und genau festhält, läßt die Wochen zwischen unserem Gespräch und dem Ende des Schuljahrs ineinander verschwimmen. Ein Grund dafür ist die Regelhaftigkeit, mit der wir uns trafen und mit der die Treffen abliefen. Ein anderer Grund ist, daß ich davor noch nie so volle Tage gehabt hatte, mein Leben noch nie so schnell und dicht gewesen war. Wenn ich mich an das Arbeiten in jenen Wochen erinnere, ist mir, als hätte ich mich an den Schreibtisch gesetzt und wäre an ihm sitzengeblieben, bis alles aufgeholt war, was ich während der Gelbsucht versäumt hatte, alle Vokabeln gelernt, alle Texte gelesen, alle mathematischen Beweise geführt und chemischen Verbindungen geknüpft. Über die Weimarer Republik und das Dritte Reich hatte ich schon im Krankenbett gelesen. Auch unsere Treffen sind mir in der Erinnerung ein einziges langes Treffen. Seit unserem Gespräch waren sie immer am Nachmittag: wenn sie Spätschicht hatte, von drei bis halb fünf, sonst um halb sechs. Um sieben wurde zu Abend gegessen, und zunächst drängte Hanna mich, pünktlich zu Hause zu sein. Aber nach einer Weile blieb es nicht bei den eineinhalb

Stunden, und ich fing an, Ausreden zu erfinden und das Abendessen auszulassen.

Das lag am Vorlesen. Am Tag nach unserem Gespräch wollte Hanna wissen, was ich in der Schule lernte. Ich erzählte von Homers Epen, Ciceros Reden und Hemingways Geschichte vom alten Mann und seinem Kampf mit dem Fisch und dem Meer. Sie wollte hören, wie Griechisch und Latein klingen, und ich las ihr aus der Odyssee und den Reden gegen Catilina vor.

»Lernst du auch Deutsch?«

»Wie meinst du das?«

»Lernst du nur fremde Sprachen, oder gibt es auch bei der eigenen Sprache noch was zu lernen?«

»Wir lesen Texte.« Während ich krank war, hatte die Klasse »Emilia Galotti« und »Kabale und Liebe« gelesen, und demnächst sollte darüber eine Arbeit geschrieben werden. Also mußte ich beide Stücke lesen, und ich tat es, wenn alles andere erledigt war. Dann war es spät, und ich war müde, und was ich las, wußte ich am nächsten Tag schon nicht mehr und mußte ich noch mal lesen.

»Lies es mir vor!«

»Lies selbst, ich bring's dir mit.«

»Du hast so eine schöne Stimme, Jungchen, ich mag dir lieber zuhören als selbst lesen.«

»Ach, ich weiß nicht.«

Aber als ich am nächsten Tag kam und sie küssen wollte, entzog sie sich. »Zuerst mußt du mir vorlesen.«

Sie meinte es ernst. Ich mußte ihr eine halbe Stunde lang »Emilia Galotti« vorlesen, ehe sie mich unter die Dusche und ins Bett nahm. Jetzt war auch ich über das Duschen froh. Die Lust, mit der ich gekommen war, war über dem Vorlesen vergangen. Ein Stück so vorzulesen, daß die verschiedenen Akteure einigermaßen erkennbar und lebendig werden, verlangt einige Konzentration. Unter der Dusche wuchs die Lust wieder. Vorlesen, duschen, lieben und noch ein bißchen beieinanderliegen – das wurde das Ritual unserer Treffen.

Sie war eine aufmerksame Zuhörerin. Ihr Lachen, ihr verächtliches Schnauben und ihre empörten oder beifälligen Ausrufe ließen keinen Zweifel, daß sie der Handlung gespannt folgte und daß sie

Emilia wie Luise für dumme Gören hielt. Die Ungeduld, mit der sie mich manchmal bat weiterzulesen, kam aus der Hoffnung, die Torheit müsse sich endlich legen. »Das darf doch nicht wahr sein!« Manchmal drängte es mich selbst weiterzulesen. Als die Tage länger wurden, las ich länger, um in der Dämmerung mit ihr im Bett zu sein. Wenn sie auf mir eingeschlafen war, im Hof die Säge schwieg, die Amsel sang und von den Farben der Dinge in der Küche nur noch hellere und dunklere Grautöne blieben, war ich vollkommen glücklich.

Robert Schneider

Schlafes Bruder

RBL 1518, 204 Seiten, DM 16.–.
Reclam Leipzig

Als Hardcover DM 32.–, Reclam Leipzig

Als Audio-Cassette bei
schumm sprechende bücher
(5 Cass. DM 68.80)

Erich Hackl in DIE ZEIT
... keine Musikerbiographie, kein Traktat vom verkannten Genie, kein grantiger Dorfroman, wie wir ihn im Thomasbernhardtösterreich leider allzu oft finden. Eher ist er [der Roman] eine unfromme Heiligenlegende, ein höhnisches Andachtsbuch für die lesenden Stände, geschrieben im Geist skeptischer Aufklärung und durchwirkt von heißer Leidenschaft: Leiden und lieben muß der Mensch, selbst um den Preis des Lebens. Mag sein, daß dies eine altmodische Botschaft ist; allein, wir wollen daran glauben.

Thomas Rietzschel in FRANKFURTER ALLGEMEINE ZEITUNG
Noch bevor die Handlung einsetzt, werden wir unterrichtet über das Ende des Romans und sind doch schon nach drei Zeilen gespannt wie selten. Der Ausgang läßt Geheimnisvolles ahnen, er stimmt uns ein auf die alte Geschichte von Liebe und Tod. Mit einem Kunstgriff, einem epischen Kunstgriff fürwahr, hat uns der Erzähler gewonnen; unversehens der Zeit entrückt, tauchen wir ein in die Vergangenheit, um teilzunehmen am Schicksal eines seltsamen Mannes.

Thomas E. Schmidt in FRANKFURTER RUNDSCHAU
... ein eindringlicher und dabei überaus lesbarer Text. Er ist erzähltechnisch perfekt aufgebaut.

Der Autor:
Robert Schneider, 1961 in Bregenz geboren, wuchs in einem Bergdorf in den rheintalischen Alpen auf, wo er noch heute als freier Schriftsteller lebt. Studium der Komposition, Kunstgeschichte und Theaterwissenschaft in Wien. Theaterstücke und Drehbücher. *Schlafes Bruder* ist sein erster Roman, 1992 erschienen, übersetzt in 11 Sprachen. Theaterstück *Dreck;* der dramatische Monolog wird zum meistgespielten Theaterstück der Saison 1993 (mehr als 30 Inszenierungen). 1997 erschien der zweite Roman *Die Luftgängerin.*

Das Wunder seines Hörens

Den ganzen Nachmittag schwappte der Nebel vom Rheintalischen herauf und herein in den Weiler Hof, wo das Anwesen des Seff Alder lag. Der Nebel gefror in den Wäldern, zog eisige Fäden von den Zweigen und beschlug die Rinde der Tannen südseitig. An diesem Nachmittag lagen sich Mond und Sonne gegenüber. Der Mond eine zerbrochene Hostie, die Sonne die Wange der Mutter. Das Kind stand auf dem Schemel am Fenster des Bubengadens, das die Seffin jetzt doppelt verriegelte, indem sie zwischen Griff und Stock ein Holzscheit sperrte. Elias stand und stierte hinab zum Waldrand, dahinter die Emmer floß. Sein Gemüt wurde ihm elend. Er müsse hinunter.

In der Nacht erwachte das Kind vom bloßen Klang der niedergehenden Schneeflocken. Irr vor Freude sprang es zum Fenster, schob es auf und blieb dort unersättlich lauschend bis zum Morgengrauen. In jener Zeit schlief sein Bruder Fritz schon nicht mehr bei ihm. Die Eltern hatten den Fritz in ihre Kammer genommen, ihn vor dem verwunschenen Kind zu schützen. Als am Morgen die Seffin das Kind entdeckte, hatte es eine schweißglühende Stirn, und in der Folge lag es zehn Tage hochfiebrig zu Bett, jedoch von einer unerklärlichen Fröhlichkeit, denn es sang den halben Tag alle Lieder der Kirche im Jahreskreis.

Damals verstand das Kind wenig. Es begriff nicht, weshalb es schweigen mußte, wenn ein Fremder ins Haus trat, wo doch der Bruder immer dabei sein durfte. Begriff nicht, weshalb die Mutter nicht bei ihm wachen wollte, bis daß jener herrliche Klang der Schneeflocken wiederkäme. Begriff auch nicht, weshalb es ihre Ohrläppchen nicht greifen durfte, wenn es einschlafen wollte. Als sie ihm sogar das Singen verbieten wollte, begann das Kind so herzzerreißend zu flennen, daß sie schließlich doch einwilligte und es ihm wenigstens zur Nachtzeit erlaubte.

An dieser Stelle müssen wir das Geheimnis dieses Kindes eröffnen, weil das sonderbare Verhalten der Seffin sonst unerklärlich bliebe. Elias hatte die gläserne Stimme, das Wort stammte vom Onkel Oskar Alder, dem Organisten und Lehrer von Eschberg. Das Phänomen dieser eigentümlichen Stimme läßt sich medizinisch nicht erhellen, es rührt von Geburt her. Wenn das Kind zu reden anhob, tönte aus dem Mund ein einziges, hohes Pfeifen. Die Stimme verfügte über keine eigentliche Sprechmelodie, sie modulierte nicht, sondern pfiff als ewig gehaltener Ton. Dieser Umstand hatte bei der Taufe den Seff frösteln gemacht, denn er wähnte damals den Makel endgültig geworden. Er verlor darüber kein einziges Wort, wie sein Mund überhaupt wenig Worte verlor.

An diesem Nachmittag, an welchem sich Sonne und Mond gegenüberlagen, stahl sich der fünfjährige Elias aus dem Bubengaden. Etwas rief. Er mußte hinunter.

Niemand sorgte sich um Elias. Man sorgte sich in Eschberg überhaupt nicht um seine Kinder. Als bei einem fürchterlichen Wetterschlag ein Aldersches im braun stürzenden Wasser der Emmer ertrunken war, schlich sich die Mutter mit den Worten aus der Sache, daß bisher noch jedes den Weg von selbst heimgefunden, und daß halt der Herrgott dem armen Göblein die Stunde aufgesetzt habe. Einige Tage nach jenem Unwetter begann Seff das Schwemmholz der Emmer auszurichten. Dieses Recht stand den Bauern seit Jahrhunderten an. Was einer an Schwemmholz ausrichten konnte, gehörte ihm, war Freiholz. Das Ausrichten des Holzes war aber stetiger Anlaß zu Streitereien und blutigen Händeln, denn es mochte durchaus geschehen, daß mutwillig eine fette Tanne vom Waldstück des Nachbarn mitfiel und hartnäckig als Schwemmholz ausgegeben wurde.

Anläßlich dieser Ausforstung der Emmer durfte Elias den Vater begleiten. Und dort entdeckte das Kind jenen Ort, genauer gesagt jenen wasserverschliffenen Stein, der ihn auf so unheimliche Art und Weise anzog. Seff war damals aufgefallen, wie das Kind beim Sanden und Schlammen plötzlich innehielt, das Köpfchen nervös von der einen auf die andere Seite warf, als müßte es angestrengt zuhören. Dann stieg und kletterte das Kind gehetzt durchs Unterholz, als würde es von einer unbekannten Macht gerufen. Wie es schließlich alles ihm Erreichbare an Mund und Ohren führte, Schlamm, Kiesel, Käfer, Salamander, Gräser und faulende Blätter, rief Seff es beim Namen, ihm zu bedeuten, daß es ja nicht allein in dieser Wildnis sei. Daraufhin erschrak das Kind so entsetzlich, daß es laut zu weinen anfing und sich lange nicht mehr trösten lassen wollte. Auch wich es keinen Fußbreit mehr von einem bestimmten Steinvorsprung, und Seff mußte den Jungen mit Gewalt vom Stein zerren und unter seinen Arm zwingen. Aufgrund dieser Beobachtung dürfen wir behaupten, daß das Wunder den Elias nicht wie ein Blitz aus offenem Himmel getroffen hat, sondern sich mählich, ja beinahe menschlich ankündigte.

Der Stein rief. Elias mußte hinunter. Er stahl sich die Stiege hinab und durch die Tenne hinaus in den dampfenden Kuhstall. Von dort nahm er den Pfad, den kein Fenster des Hauses zeigte. Trotzdem rannte er das erste Wegstück, rannte so lange, bis er wußte, daß man den Hof nicht mehr ausmachen konnte. Er tat einen Pfiff vor Freude, purzelte und schlug den Weiler hinab zum Bachbett der Emmer. Aber Seff, der im angrenzenden Weiler Mist austrieb, sah ihn. Sah das luftige Pünktchen Mensch im großen Weiß des Feldes. Sah, wie es im Zickzack hinterm Waldrand verschwand. Seff schremmte die Mistgabel in den gefrorenen Boden, trichterte die Hände an den Mund, wollte dem Sohn zujuchzen, ließ aber davon ab. Er wollte das Kind in seiner fröhlichen Einsamkeit nicht stören. Seff blickte glasig auf jenene Waldschatten, dahinter der Bub verschwunden war. Dann nahm er die Gabel wieder zur Hand und stieß sie kraftvoll, ja wütend in den rauchenden Misthaufen. »Gottverreckt mit dem Bub ist etwas falsch!« und die Klatter flog weiter hinab als alle anderen.

Da ging es, das sonderbare Kind, stapfte durch die nebelverfrorene Landschaft. Es wanderte eine halbe Stunde oder mehr, umkletterte geschickt den ersten Wasserfall, dann den zweiten. Auf seiner Wanderung mußte es oft innehalten, weil es sich nicht satt hören konnte am sirrenden Ton der Eisflocken, die allerorten von den Zweigen rieselten. Ausgelassen vor Übermut spitzte Eslias die schweren, sperrigen Lederschuhe in den gefrorenen Schnee. Und der Harsch wirbelte in tausend Funken auseinander, wisperte und zirpte in so mannigfaltigen Klängen, wie solches Elias zuvor noch nie gehört hatte. Selbst der wunderliche Klang der Schneeflocken jener Nacht war nichts mehr im Vergleich mit diesem grandiosen Konzert.

Weiter schuhte Elias, immer weiter. Er raffte sein Höschen, zog die Nase hoch und den Filzhut des Vaters tiefer ins Gesicht. Den Hut hatte er einst an sich genommen und wollte ihn nicht mehr wieder herausgeben. In schweren Nächten nahm er ihn dann aus dem Laubsack und roch so lange daran, bis er getröstet war. Er roch den kalten Schweiß, das Haupthaar, den Geruch des Viehs – es war der Stallhut des Vaters.

Je näher Elias zum wasserverschliffenen Stein kam, je unruhiger ging sein Herzschlagen. Es war ihm, als würde allmählich das Geräusch seiner Schritte, sein Atem das Wispern des Harsches, das Ächzen im Waldholz, das Raunen des Wassers unter dem Eis der Emmer, ja als würde alles um ihn herum anschwellen und immer lauter und mächtiger tönen. Als Elias endlich den Steinvorsprung erklettert hatte, hörte er daß von seinem Herzen ein Donner ausging. Er muß etwas von dem Kommenden geahnt haben, denn er fing plötzlich an zu singen. Dann geschah das Wunder. An diesem Nachmittag hörte der fünfjährige Elias das Universum tönen.

Weil ihn wieder am Kopf fror, langte er nach dem Hut, ihn noch tiefer ins Gesicht zu ziehen. Davon entstand ein so gewaltiger Knall in den Ohren, daß er verschockt vom Steinvorsprung rutschte und rücklings in den Schnee fiel. Was er als letztes von der Wirklichkeit sah, war ein Büschel blonder, blutiger Haare. Während er stürzte, vervielfachte sich sein Gehör.

Der kleine Körper fing an, sich zu verändern. Jäh traten die Augäpfel aus ihren Höhlen, ja stülpten sich über die Lider und dehnten sich bis unter die Augenbrauen. Und der Flaum seiner Brauen verklebte sich auf der tränenden Netzhaut. Die Pupillen flossen auseinander und quollen über das gesamte Weiß der Iris. Ihre natürliche Farbe, das melancholische Regengrün verschwand, und es trat ein gleißend ekelhaftes Gelb an ihre Stelle. Der Nacken des Kindes versteifte, und sein Hinterkopf bohrte sich schmerzlich in den harten Schnee. Dann bäumte sich das Rückgrat, der Bauch blähte auf, der Nabel wurde hart wie Horn, und Blut sickerte aus der längst verwachsenen Haut des Nabels. Das Gesicht des Kindes aber bot einen derart entsetzlichen Anblick, als lägen alle je gehörten Wehschreie des Menschen und der Kreatur in ihm eingegraben. Die Kiefer traten hervor, die Lippen verkümmerten auf zwei dünne, blutleere Striche. Nach der Reihe fielen dem Kind die Zähne ein, denn das Zahnfleisch schwand, und es ist unerklärlich, weshalb Elias nicht daran erstickt ist. Dann, ungeheuerlich, wurde ihm das Gliedchen stämmig, und das frühe Sperma rann mit Urin und dem Blut des Nabels in einem dünnen Rinnsal warm die Leistenbeugen hinab. Während des ganzen Geschehens verlor das Kind alle Exkremente des Körpers, vom Schweiß bis zum Kot in ungewöhnlich großen Mengen.

Was es dann hörte, war der schwarze Donner, der von seinem Herzen kam. Ein Donner heute, ein Donner morgen. Das will heißen, daß ihm die Empfindung der Zeit abhanden ging. Darum können wir nicht bestimmen, wie lange Elias wirklich im Schnee gelegen hat. Nach menschlichem Ermessen vielleicht einige Minuten, nach göttlichem wohl eine Zeit von Jahren, wie ein merkwürdiger Umstand noch erhellen wird.

Geräusche, Laute, Klänge und Töne taten sich auf, die er bis dahin in dieser Klarheit noch nie gehört hatte. Elias hörte nicht bloß, er sah das Tönen. Sah, wie sich die Luft unaufhörlich verdichtete und wieder dehnte. Sah in die Täler der Klänge und sah in ihre gigantischen Gebirge. Er sah das Summen seines eigenen Bluts, das Knistern der Haarbüschel in den Fäustchen. Und der Atem schnitt die Nasenflügel in derart gellenden Pfiffen, daß sich eine föhnartige Sturmesbö wie ein Säuseln dagegen ausgenommen hätte. Die Säfte des Magens gluckten und klackten schwer ineinander. Es gurrte in den Eingeweiden von einer unbeschreiblichen Vielfalt. Gase dehnten sich, zischten oder knallten auseinander, die Substanz seiner Knochen vibrierte, und selbst das Augenwasser zitterte vom dunklen Schlagen seines Herzens.

Und abermals vervielfältigte sich sein Gehörkreis, explodierte und stülpte sich gleichsam als ein riesenhaftes Ohr über den Flecken, auf dem er lag. Horchte hinunter in hundert Meilen tiefe Landschaften, horchte hinaus in hundert Meilen weite Gegenden. Über die Klangkulisse der eigenen Körpergeräusche zogen mit wachsender Geschwindigkeit um vieles gewaltigere Klangszenarien. Szenarien von ungehörter Pracht und Fürchterlichkeit. Klangwetter, Klangstürme, Klangmeere und Klangwüsten.

Mit einem Mal erkannte Elias in dieser unheimlichen Geräuschmasse das Herzschlagen seines Vaters. Doch das Herz des Vaters schlug so unrhythmisch, so ohne Abstimmung und Gleichklang in sein eigenes, daß Elias, hätte er alle Sinne beisammen gehabt, verzweifelt wäre. Aber Gott in seiner unendlichen Grausamkeit hörte nicht auf zu zeigen.

In Strömen unvorstellbaren Ausmaßes prasselten die Wetter des Klanges und der Geräusche auf die Ohren des Elias nieder. Ein irres Durcheinander von Hunderten von Herzen hub an, ein Splittern von Knochen, ein Singen und Summen vom Blut ungezählter Adern, ein trockenes sprödes Kratzen, wenn sich Lippen schlossen, ein Brechen und Krachen zwischen den Zähnen, ein unglaubliches Getöne vom Schlucken, Gurgeln, Husten, Speuzen, Rotzen und Rülpsen, ein Glucksen von gallertigen Magensäften, ein lautes Platschen von Urin, ein Rauschen von Haupthaar und das noch wildere Rauschen vom Haar der Tierfelle, ein dumpfes Schaben von Textilien auf Menschenhäuten, ein dünnes Singen, wenn Schweißtropfen verdampften, ein Gewetze von Muskeln, ein Geschrei von Blut, wenn Glieder von Tieren und Menschen stämmig wurden. Nicht zu reden vom wahnhaften Chaos der Stimmen und Laute des Menschen und aller Kreatur auf und unter der Erde.

Und tiefer ging sein Ohr, hinein in alles Geschrei, Geschwatze,

Gekeife, in alles Reden und Flüstern, Singen und Stöhnen, Grölen und Johlen, Flennen und Schluchzen, Seufzen und Keuchen, Schlürfen und Schmatzen, ja hinein in das plötzliche Schweigen, wo in Wahrheit die Stimmbänder noch vom Klang der eben gesagten Worte heftig vibrierten. Ja selbst das Dröhnen der Gedanken blieb dem Kind nicht unerhört. Immerfort verpotenzierte sich sein Gehörkreis und wurde immer pittoreskerer Klänge ansichtig.

Dann das unbeschreibliche Konzert von Geräuschen und Lauten aller Tiere und aller Natur und die nicht enden wollende Zahl der Solisten darin. Das Muhen und Blöken, das Schnauben und Wiehern, das Gerassel von Halfterketten, das Lecken und Zungengewetze an Salzsteinen, das Klatschen der Schwänze, das Grunzen und Rollen, das Furzen und Blähen, das Quieken und Piepsen, das Miauen und das Gebell, das Gackern und Krähen, das Zwitschern und Flügelschlagen, das Nagen und Picken, das Grabschen und Scharren …

Und er sah noch tiefer und noch weiter. Sah das Getier des Meeres, den Gesang von Delphinen, den gigantischen Wehklang sterbender Wale, die Akkorde riesiger Fischschwärme, das Klicken des Planktons, das Zirbeln, wenn Fische ihren Laich absetzen, sah das Hallen von Wasserfluten, das Zerschellen unterirdischen Gebirgs, das gleißende Gellen der Lavaströme, den Gesang der Gezeiten, die Meeresgischt, das Surren der tausend Zentner Wassers, das die Sonne aufsog, das Raunen, Krachen und Bersten gigantischer Wolkenchöre, den Schall des Lichtes … Was sind Worte!

Von einem letzten Klang ist zu berichten, einem Klang von so filigraner Gestalt, daß der doch in all dem Rumor des Universums hätte untergehen müssen. Aber der Klang blieb und ging nicht unter. Er drang her von Eschberg. Es war das weiche Herzschlagen eines ungeborenen Kindes, eines Fötus, eines weiblichen Menschen. Was Elias gehört und geschaut hatte, vergaß er, aber den Klang des ungeborenen Herzens nicht mehr. Denn es war das Herzschlagen jenes Menschen, der ihm seit Ewigkeit vorbestimmt war. Es war das Herz seiner Geliebten. Unglaublich ist es, daß Elias diesen Gewaltakt überlebt hat und unglaublich, daß er nicht irrsinnig geworden ist davon.

Nach menschlichen Ermessen hätte das Kind auf der Stelle ertauben müssen. Es ist drum ungeheuerlich, daß sein Gehör nicht den geringsten Schaden gelitten hat, jedenfalls finden wir keine späteren Anzeichen, die darauf hindeuten möchten. Gott, wie es schien, war noch nicht fertig mit ihm. Gott war noch lange nicht fertig mit ihm.

Nach dem furchtbaren Hörerlebnis traten die Deformationen am Leib des Kindes zurück. Die Augäpfel schwanden auf ihre ursprüngliche Größe, das Rückgrat glättete sich, die Verkrampfungen der Glieder entspannten. Desgleichen schrumpften die so schrecklich ausgetretenen Kiefer. Aber das gleißende Gelb der Pupillen färbte sich nicht mehr in jenes melancholische Regengrün. Vom Hinterkopf war das Haar in großen Büscheln abgefallen, und die Zähne hatte es allesamt verloren. Der Makel währte aber nicht lang, denn bald zahnte der Mund, und die Zweiten wuchsen dem Kind überfrüh. Neben dem gespenstischen Gelb der Pupillen zeigten sich weitere, nicht minder gespenstische Veränderungen.

Die gläserne Stimme hatte mutiert. Sie war angeschwollen, hatte an Umfang und Volumen gleichermaßen zugenommen. Das Organ des Kindes hatte sich zu einer volltönigen Baßstimme entwickelt. Diese merkwürdige Stimme erregte im Dorf ein so breites Aufsehen, daß die Eltern vor lauter Scham beschlossen, den Elias im Gaden einzusperren und ihn hinkünftig zu halten wie einen Fallsüchtigen. Eine andere Veränderung zeigte sich darin, daß ihm an den Schläfen, auf der Oberlippe, am Kinn, in den Achselgruben und auf dem Geschlecht ein dünner Haarflaum gewachsen war. Der Körper des Elias Alder hatte pubertiert.

Unerklärlich bleibt ferner, wie das Kind überhaupt noch heimgefunden hat. Die Haintzin, die an diesem Dezembernachmittag auf ein Schwätzchen in das Haus des Alder Seffe gekommen war, sah es zuerst. In der Küche dampfte es vom Grieß, den die Seffin zum

Nachtmahl vorkochte. Sie stand beim Herd und störte mit der Kelle den Brei. Ja, auf diesem Buben liege Gottes Fluch, das leuchte ihr von Tag zu Tag klarer. Die Haintzin nickte den klotzigen Kopf und wischte gelangweilt mit ihrer gichtigen Hand den Beschlag von der Festerscheibe. Zwar habe sie, fuhr die Seffin fort, etwas Unbestimmtes geahnt, als sie das Kind ausgetragen, habe jedoch gemeint, es seien nur Hirngespinste.

Plötzlich schrie die Haintzin kehlig auf: »Mein Gott und mein Herr! Der nackige Bub, der nackige Bub liegt draußen im Schnee!«

Die Pfanne schepperte zu Boden, die Tür riß auf, ein Holzschlapfen blieb auf der Schwelle liegen. Die Seffin stolperte über den Schnee hinunter und barg ihr Kind mit entsetzten Armen, drückte es so fest an ihren Körper, daß es kaum mehr zu Atem kam. Sie trug es in die Küche zurück, legte es auf den blanken Holztisch, es dort anzukleiden. Als die beiden Weiber den Elias so daliegen sahen, stieg ihnen die Schamesröte ins Angesicht, denn sie gewahrten, daß sein Gliedchen angeschwollen war. Erschrocken stürzte die Seffin nach dem Waschzuber, zog eine Windel hervor, wandte den Buben eiligst ab vom glasigen Blick der Haintzin, wollte ihn wickeln, aber drückte ihm das Geschlecht so fest vom Bauch weg, daß Elias irr vor Schmerzen aufheulte.

»Mein Gott und mein Herr! Was ist das für eine Stimm'! Wie das Röhren eines Hirsches!« bekreuzigte sich die Haintzin und hub sich entgeistert davon.

Freilich, sie verließ den Hof nicht ohne das hochheilige Versprechen, keinem ein Sterbenswörtchen von dem Vorfall zu erzählen, weshalb denn auch am Sonntag jedermann neugierig auf die Alderschen Eheleute schielte. Einige Weiber mochten in Gedanken fast hoffärtig werden, hatten sie ihren Gatten ja nur ein Mongoloides geboren und nicht einen Teufel mit Augen gelb wie Kuhseiche.

Ein anderes Weib aber, die Nulfin, die ihm fünften Monat schwanger ging, legte ihr Gebetbüchlein auf den Bauch und tat ein Gelübde. Wenn es ein an Leib und Seele Gesundes würde, schwur sie der Muttergottes, wolle sie an ihrem Altar monatlich einen Blumenstrauß aufstellen, solange sie, Virgina Alder, lebe.

Die Seffin hat sich später bittere Vorwürfe gemacht, hat sich laut vor ihrem Mann angeklagt, wie es nur geschehen konnte, daß ihr die unzüchtige Gebärde am Körper des Buben nicht schon im Schnee aufgefallen war. So hätte niemand davon erfahren, und das Haar und die Zähne seien ihm ja schnell nachgekommen. Aber es nützte nichts. Elias wurde zum vielbetuschelten Rätsel von Eschberg.

In den ersten Nächten schliefen Seff und sein Weib nicht im Elterngaden, sondern in der Tenne, droben auf dem Heustock. Den Fritz betteten sie zwischen sich. In dieser Zeit lag die Seffin wach bis in den frühen Morgen, und ihre Gedanken scharten sich immer beengender um das vermeintlich besessene Kind. Als sie ihrem Seff riet, es möchte durchaus eine Pfette vom morschen Dachgebälk zufällig auf den Jungen niederstürzen oder das Kind könnte unglücklicherweise in der Emmer ertrinken, oder eine läufige Kuh möchte es zu Tode hornen, da schlug Seff ihr die Faust so gewaltig ins gottverreckte Maul, daß die Kinnlade auskegelte. Von da an wurde zwangsläufig nichts mehr über den Jungen geredet, und als die Seffin wieder sprechen konnte, hatte sie den Mut am Leben verloren. Doch sie gab die Hoffnung auf eine Besserung der Zustände nicht auf, wovon im kommenden Kapitel zu erzählen ist.

Dietrich Schwanitz

Der Campus

44192, 384 Seiten, DM 15.–.
Goldmann Verlag, München

Als Hardcover DM 38.–,
Eichborn Verlag, Frankfurt

LIBRO JOURNAL, Wien
Ein Musterbild des (neu)deutschen Professors: smart, medientauglich, strategisch geschickt, psychologisch geschult, fachlich versiert, höflich, korrekt, nicht ganz glücklich, aber standesgemäß verheiratet (ein Kind), liberal und, wenn es sein muß, ein bißchen links – Hanno Hackmann ist im Begriff, zum Star-Soziologen aufzusteigen. Die gediegene Hamburger Akademie öffnet bereits ihre Pforten, doch da schlägt das Schicksal zu. Die scheinbar harmlose Affäre des Professors mit der überspannten Studentin Babsi gerät zum Alptraum, denn plötzlich wird Hackmann nicht nur der sexuellen Belästigung, sondern sogar der Unzucht mit Abhängigen, moderner ausgedrückt: des sexual harassment verdächtigt. Lustvoll beschreibt Schwanitz (selbst Anglistik-Professor an der Uni Hamburg) nun, wie das Monument zu bröckeln beginnt und Hackmann zum Spielball universitärer Intrigen wird. Damit hat Schwanitz den deutschen Universitätsroman schlechthin geschrieben, mit dem nötigen Schwung, den Pointen und dem Biß, den dieses Genre erfordert. Eine Glanzleistung.

Der Autor:
Dietrich Schwanitz wurde 1940 in Werne an der Lippe (Ruhrgebiet) geboren, verbrachte seine Kindheit bis zum elften Lebensjahr bei mennonitischen Bergbauern in der Schweiz ohne Schulbesuch, wurde nach seiner Rückkehr von einem tollkühnen Gymnasiallehrer in die höhere Schule aufgenommen und studierte nach dem Abitur Anglistik, Geschichte und Philosophie in Münster, London, Philadelphia und Freiburg, wo er in Anglistik promoviert wurde und sich nach Forschungsaufenthalten in den USA auch habilitierte. Seit 1978 lehrt er als Professor für englische Literatur und Kultur an der Universität Hamburg.

»Verflucht!«

Hanno Hackmanns Hand öffnete und schloß sich vergeblich. Zwei Zentimeter entfernt lag der Manschettenknopf auf dem Teppichboden unter dem Biedermeier-Bett, aber er konnte ihn nicht zu fassen kriegen. Bloß mit dem Hemd bekleidet, noch ohne die zugehörige Smoking-Hose, hatte er sich ganz unter das Bett gezwängt und steckte nun fest wie in einer Felsspalte. Er konnte nicht mehr vor und zurück. In seinem Kreuz spürte er die Querleiste der Matratze, die ihn flach auf dem Boden preßte. Dieses verdammte Biedermeier-Bett! Daß seine Frau auch alle Möbel durch Antiquitäten ersetzen mußte! Ärger quoll in ihm auf, während er versuchte, die rechte Schulter noch einen Zentimeter vorwärts zu renken. Das alte extra große Bett war das Symbol ihrer Jugend gewesen. Er hatte es geliebt, wie Napoleon Austerlitz geliebt hatte. Und nun hatte Gabrielle es auf den Sperrmüll gestellt, und der Möbelwagen von Kempner & Co. hatte Biedermeier-Möbel aus Kirschbaum gebracht, aus dem das Sägemehl der Jahrtausende rieselte. Seitdem konnte man kein Whiskyglas mehr beiläufig auf den Tisch stellen, ohne daß Gabrielle panisch herbeistürzte, um einen Untersatz drunterzuschieben. Und wenig später, nachdem die Orgie des Biedermeier begonnen hatte, bat sie ihn darum, er möchte sie fortan nicht mehr Gabriele nennen, sondern Gabrielle.

»Gabrielle!«

Keine Antwort. Sie war sicher im Bad. Wahrscheinlich noch im totalen Déshabillé. Dabei mußten sie sich beeilen. Er selbst hielt den Festvortrag, da konnten sie nicht zu spät kommen. Bilder von befrackten Männern und abendkleidumhüllten Frauen mit leeren, lächelnden Gesichtern besetzten sein Hirn. Zwar würden sie keinen Schimmer haben, wovon er sprach, aber nicht verständlich sollte er sein, sondern erhebend, zwingend, interessant, opak. Idioten! Kaum hatte er seiner Forschungsrichtung einen Namen gegeben – Neokonstruktivismus –, war er ein akademischer Guru geworden, und man hatte ihn mit Ehren überhäuft. Vergangene Zukunft war bei ihm Konstruktion der Kontingenz geworden. Und das hatte er dann mit der neuen Historik verknüpft; atemberaubend. »Sie sind jetzt ein ›Olympier‹«, hatte der alte Professor Straub ihm gesagt und das

Waschbrett seiner gewaltigen Stirn vorgebeugt, »also gehören Sie auf den Olymp«. Und nun lag er hier, ohne Hosen, flach auf dem Bauch unter dem Bett, das so unverrückbar zu sein schien, als wäre es festgeschraubt.

Wenn er langsam den Rücken wölbte, konnte er es vielleicht nach oben drücken. Der Manschettenknopf blinkte höhnisch. Da verdunkelte sich plötzlich sein Blickfeld, und eine weiche warme Wand drückte sich gegen sein Gesicht. Die verdammte Katze! Er versuchte, den Kopf zu drehen. Da hatte sie schon auf den Hinterpfoten gewendet, und mit routiniertem Hüftschwung warf sie sich, puckelverkürzt und aufschnurrend, von der anderen Seite gegen sein Gesicht. Ihm blieb die Luft weg. Sein Kopf ruckte zurück. Ein scheußliches Geräusch hinter ihm teilte ihm mit, daß das Ende einer kaputten Matratzenfeder seinen Hemdkragen zerfetzt hatte. Verzweifelt versuchte er, seine Hand zurückzuziehen, um die Katze abzuwehren, die wieder zum Schmiegeangriff ansetzte. Ihr Schnurrmotor lief jetzt so gleichmäßig wie sein Mercedes. Ein neuer Erstickungsanfall und der gedämpfte Aufschrei:

»Gabrielle!«

»Was ist, mein Schatz? Wo bist du denn?«

Er sah ihre rotlackierten Zehennägel unter der Bettkante auftauchen. Zu spät erkannte er, was sie vorhatte.

»Neiiin!«

Da warf sie sich schon auf das Bett. Das Fallgewicht von 68 Kilo übertrug sich auf das Zentrum der Matratze und übersetzte sich in die Bösartigkeit von wenigen Stahlfedern. Eine von ihnen bohrte sich in seinen Nacken. Eine andere erwischte die Katze. In Sekundenschnelle verwandelte sich das weiche Kuschelfell in eine fauchende Granate. Mit allen vier Krallen explodierte sie in Hanno Hackmanns Gesicht.

»Ahhhh! Verfluchte Bestie! Sie bringt mich um!«

Aus den Kratzspuren auf Stirn und Wange quoll langsam das Blut. Die Katze schoß wie eine Kugel unter dem Bett hervor und verschwand. Das Gewicht der Stahlfedern verlagerte sich jetzt in Richtung Rücken.

»Hanno, hast du die Katze gequält?«

Ihr Gesicht erschien kopfüber unter der Bettkante wie ein umgekehrt untergehender Mond.

»Bitte geh sofort vom Bett runter. Du zerquetschst mich!«

»Oh, Hanno!« Klang das etwa neckisch? Natürlich, sie war wieder verspielter Laune, denn sie warf sich mit ihren 68 Kilo herum, so daß die Stahlfedern ihn nun in die Nieren trafen.

»Versprich mir, daß wir nachher noch ins ›Bon Jour‹ gehen.« Heiteres Gelächter. »Sonst presse ich dich zu Tode.«

Der Schmerz in seinem Gesicht verschmolz mit tiefem Ärger. Seine Leiden wirkten auf sie wie Sekt. Jedesmal, wenn es ihm schlechtging, tat sie so, als ob das besonders lustig wäre. Sie zeigte dann wieder jene ungeteilte reine Gutgelauntheit wie in der Zeit ihrer ersten Bacchanalien. Damit stempelte sie seine Klagen zum Jammergeschrei eines kleinen Kindes, das versuchte, wie ein Mann zu wirken. Wie sollte er wie ein Mann wirken, wenn er ohne Hosen unter einem Biedermeier-Bett eingeklemmt war und vergeblich versuchte, gleichzeitig einen Manschettenknopf zu angeln und seinen Hemdkragen von einer kaputten Stahlfeder der Matratze zu lösen, während eine Katze sein Gesicht zerfleischte!

Da schrillte das Telefon.

Plötzlich gab die Matratzenfeder seinen Hemdkragen frei.

»Ich nehme ab.«

Gott sei Dank – sie wälzte sich vom Bett und eilte die Treppe hinab. Hanno wühlte sich rückwärts Zentimeter um Zentimeter unter der Matratze hervor und ging ins Bad. Aus dem Spiegel starrte ihm eine Ruine entgegen. Die sensiblen generösen Züge seines Renaissance-Gesichts waren entstellt. Hatte Babsi ihm nicht gesagt, er sähe aus wie der Ritter von Cellini? Lächerlich! Jetzt sah er aus wie ein Trunkenbold, der in einen Stacheldraht gefallen war. Vorsichtig machte er einen Waschlappen naß und tupfte das Blut ab. Vielleicht konnte er flüssiges Pflaster auf die Wunden sprühen und sie dann mit Tipp-Ex zuschmieren. Sein Gesicht: ein Text mit Tippfehlern! Haha, ein Witz für Dekonstruktionisten. Der Dämon Selbstironie begann ihn zu belästigen. So konnte er doch nicht den Festvortrag halten! Mit einem Gesicht wie ein korrigiertes Manuskript würde ihm niemand mehr zuhören. Da konnte er sich genausogut eine Nudel an die Nase hängen. So etwas ruinierte den besten Vortrag. Und er war ein Darsteller! Er spielte auf dem Manuskript wie auf einer Orgel – er zog alle Register, säuselte wie der milde Zephyr und ließ dann wieder den Orkan des historischen Pathos anschwellen, daß die Zuhörer vom Atem der Geschichte in die Lüfte gehoben wurden. Aber solch ein Gesicht gehörte in die Komödie! Vielleicht konnte er eine Locke über die Stirnwunde hängen lassen. Der Ritter Cellinis nach der Schlacht! Wo war der Haarfestiger?

»Mein Gott, wie siehst du denn aus?«

Gabrielle betrachtete ihn von hinten im Spiegel.

»Die Katze hat mich zerfleischt.«

Wieder dieses heitere Gelächter.

»Die Leute werden sagen, ich hätte dich zerkratzt. Oder diese Babsi.«

»Babsi?«

»Ja, sie hat gerade angerufen. Ich hab ihr gesagt, du könntest jetzt nicht telefonieren, du hättest noch keine Hose an. – Wer ist Babsi, Hanno?«

Der Ton der Frage war wie fernes Wetterleuchten.

»Babsi? Keine Ahnung.«

Also hatte sie angerufen! Und sie hatte ihm doch hoch und heilig versprochen, es nie zu tun.

»Du bist ein schlechter Lügner.«

»Ich schwöre dir, ich weiß nicht, wer Babsi ist. Ich habe Hunderte von Studentinnen, und ich kann nicht alle Namen behalten. Was weiß denn ich, wer Babsi ist. Die nennen sich doch alle beim Vornamen, aber ich kenne nur die Nachnamen!«

War das zuviel an Erklärung? Verriet er sich damit? Wirkte er vielleicht nicht nonchalant genug, wenn er diese komplizierten Deklarationen abgab? Er mußte diesen Eindruck vermeiden.

»Hilf mir lieber, die Kratzwunden loszuwerden.«

»Gemeinsam mit Babsi über einen Liebesroman gebeugt, der Text steuert dem Höhepunkt zu, da kann sie sich nicht mehr zurückhalten und bohrt ihre Nägel in dein Gesicht.«

Das Lachen nahm jetzt einen metallischen Ton an.

»Komm, ich mach dir Puder drauf. Setz dich und halt still.«

Ihre Hände waren überraschend zart. Er hatte das schon fast vergessen. Sie stand zwischen seinen Beinen und streute milden Mondstaub auf die zerfurchte Landschaft seines Professorenantlitzes. Wie süß das Mondlicht auf dem Ufer sitzt! Wie ein Echo aus fernen Zeiten regten sich milde priapische Gefühle in ihm. Vielleicht könnte er ja eine eheliche Renaissance versuchen, einen neuen Aufbruch in die grünen Weiden antiker Heiterkeit.

»Du machst das wunderbar, Gabrielle!«

»Ha.« Ein bitter-satirischer Ausruf. »Babsi zerfetzt dir das Gesicht, und ich bin da, um es zu reparieren.«

So war sie! Sie hatte vergessen, daß nicht Babsi, sondern ihre eigene verfluchte Katze ihm das Gesicht zerfleischt hatte. Sie konnte das Innere ihres Schädels nicht von der Außenwelt unterscheiden. Sie war eine Psychopathin! Sie brachte es fertig zu sagen: »Ich möchte etwas Tee!« Und wenn man ihn ihr eingoß, empört einzuwenden: »Wenn ich Tee sage, meine ich doch Kaffee«, so als ob das jeder wissen müßte. Sie trat einem vor das Schienbein und sagte dann: »Es ist aber lieb gemeint.« Sie war eine Irre! Sie hatte ihm sogar schon eine Szene gemacht, weil er sie in einem ihrer Träume mit einer Studentin betrogen hatte! Sie hatte es geträumt und ihn beim Frühstück dafür beschimpft. So ging das nicht weiter! Aber erst mußte er Babsi loswerden.

»Ausländer raus!« stand mit Filzstift auf dem verschmutzten Sitz der U-Bahn geschrieben, die sie ratternd zur Akademie brachte. Hanno stellte sich vor, wie ein glatzköpfiger Barbar mit stumpfem Grinsen die Parole auf den Sitz schmierte. Um sie herum drängten sich die Verdammten der städtischen Vorhölle. Im Ecksitz war eine Schnapsleiche in sich zusammengesunken. Ihr gegenüber saß lallend ein Irrer, dessen unnatürlich helle Augen in blödem Glanz flimmerten, während aus seinem Munde der Speichel troff und in einem elastischen, mal länger, mal kürzer werdenden Gummifaden im Rhythmus der U-Bahn an seinem Kinn pendelte. Neben ihm goß sich ein junger Asozialer eine Dose Bier in den unrasierten Schlund. Auf seinem nackten Oberkörper trug er nichts als eine umgedrehte Fellweste, und auf seinen muskulösen Oberarmen waren Ritterkreuze

eintätowiert. Das war eine Kriegserklärung an jene beiden schuhcremeschwarzen Afrikaner, die auf der anderen Seite des Ganges stumm wie Idole aus dem Fenster starrten, aus dem man nur auf die vorüberfliegenden Lichter der Unterwelt blickte. Sie können jeden Moment übereinander herfallen, schoß es Hanno durch den Kopf. Neben ihm saß aufgerichtet Gabrielle im Abendkleid und versuchte, niemanden anzublicken. Sie hatte den Wagen nehmen wollen, aber er hatte eingewandt, daß sie keinen Parkplatz finden würden. Das stimmte zwar, aber er wollte sie auch dazu zwingen, von ihrem snobistischen Biedermeier-Roß zu steigen und dem arbeitenden Volk ins Gesicht zu sehen, das mit der U-Bahn fuhr.
Gabrielle stammte aus dem Milieu des vertriebenen Landadels aus dem Osten, der nach dem Krieg alles verloren hatte. Ihr Vater, der Rittmeister, war irgendwo im 2. Punischen Krieg verschollen und sie selbst mit ihrer Mutter und ein paar hochnäsigen Schwestern in einer Flüchtlingsmansarde aufgewachsen. Doch der Familienschmuck und die Manieren waren vererbt worden. Anfangs hatte das Hanno beeindruckt. Im Einheitsbrei der Angestelltenkultur hatte ihn Gabrielle mit dem Abglanz der Belle Epoque verzaubert, während Mutter und Schwestern ihn umschmeichelten. Er war junger Assistent damals und – wenn auch kein Adliger – so doch keine schlechte Partie. Übler war schon, daß er wie ein Sozialist redete, und am schlimmsten war, daß er Bier zum Essen trank. Von jeder Realität unkontrolliert wucherten die Prätentionen, bis sich die Krautjunkermädchen wie die Töchter des Zaren vorkamen. Und allmählich war ihm der verkrampfte Snobismus auf die Nerven gefallen. Von der Generosität der Noblesse – wenn es sie je gegeben hatte – war nichts übriggeblieben. Das ganze Gehabe diente nur noch der sozialen Abgrenzung.

Doch war er nicht genauso? Die Betrachtung der U-Bahn-Insassen erfüllte ihn mit Ekel. Vor der Gewalt dieses Abscheus schmolzen alle linksliberalen Prinzipien dahin. Der Speichelfaden des Irren hatte seinen Oberschenkel erreicht, und mit der interessierten Sachlichkeit eines Menschenaffen zerrieb dieser ihn auf dem Stoff seiner Hose, während die U-Bahn ihre Höllenfahrt fortsetzte. Er blickte verstohlen auf Gabrielle. Da bemerkte er, wie die Frau, die ihm direkt gegenübersaß, durch ein eigenartiges Beben geschüttelt wurde. Es war eine Riesin von geradezu überwältigender Leibesfülle. Mußte sie sich übergeben? Das würde zu einer Sintflut führen. Wieder lief das Beben durch sie hindurch. Nun versuchte sie aufzustehen. Beim zweiten Versuch schaffte sie es. Sie wuchs zu gewaltiger Höhe, wieder wurde sie von einem Zittern geschüttelt, im selben Moment bremste der Zug, weil er in den Bahnhof einlief. Langsam wie das Schicksal fiel sie seitlich auf Hanno, wischte ihn vom Sitz und begrub ihn unter sich, zusammen mit all den leeren Bierdosen, Abfällen und weggeworfenen Zeitungen, die dort auf dem Boden verstreut lagen. Hanno war erstaunt, wie weich sie sich trotz ihres gewaltigen Gewichts anfühlte. Niemand unter den U-Bahn-Insassen regte sich, während er sich unter der Gigantin hervorarbeitete. Durch den direkten Kontakt war er der einzige, der die Schallmauer der Unverbindlichkeit durchbrochen hatte und sich zum Handeln aufgefordert fühlte. Er sprang zur offenen Wagentür und rief dem aufsichtsführenden Beamten zu, daß er den Zug anhalten solle, es gäbe einen Notfall. Dann befahl er dem jugendlichen Biertrinker mit den Tätowierungen:

»Los, fassen Sie mit an!«

Gehorsam packte der die Beine der Gigantin und drehte sie mit ihrem Rumpf zur Tür. Immer noch liefen Wellen spasmischer Erschütterungen durch ihren gewaltigen Leib. Als sie sie hochheben wollten, war sie viel zu schwer. So schleiften sie sie einfach wie einen Pferdekadaver über den Boden in Richtung Wagentür. In der Mitte der Tür, die nach beiden Seiten hin aufging, ragte der Haltegriff vom Fußboden herauf und ließ nur die halbe Türbreite frei. Sie paßte nicht durch. Sie steckte fest. Da sie den Fehler begangen hatten, den Rumpf mit den Beinen zuerst durchzuhieven, wurde nun durch ihr Gezerre das Kleid der Riesin über die Hüften bis unter die Achseln gezogen und legte einen gewaltigen Leib frei, blond wie ein Weizenfeld, durch den in regelmäßigen Wellen die Spasmen liefen wie der Wind durchs Getreide. So lag sie halb noch im U-Bahn-Wagen und halb auf dem Bahnsteig. Die Passanten stiegen gleichgültig an ihr vorbei ein und aus. Der Aufsichtsbeamte starrte zu ihnen herüber wie gelähmt, während Hanno und der asoziale Biertrinker an der Gigantin zerrten und schoben. Plötzlich, schlagartig und mit einem Ruck, hatten sie sie durch und wälzten sie auf den Bahnsteig.

»Rufen Sie den Notarzt«, schrie Hanno dem Beamten zu, »und wo ist hier eine Bahre?«

Der Beamte zeigte auf die Tür mit dem Rote-Kreuz-Zeichen in seinem Häuschen, als ob er weiter nichts mit der Sache zu tun hätte. Hanno zerrte an der Tür. Sie klemmte. Schließlich sprang sie auf, und eine Lawine aus Plastikeimern, Schrubbern, Besen und Streugut schwappte ihm entgegen, doch eine Bahre war nicht dabei.

»Wo ist die Bahre?«

Der Beamte wies wieder stumm auf die Tür, die Hanno gerade geöffnet hatte. Das verstand der Zugführer der U-Bahn offenbar als Abfahrtssignal, denn er schloß plötzlich die Türen und setzte die U-Bahn in Bewegung. Hanno sah nur noch die Rücklichter. Ein Nervenschock schoß ihm in den Rücken. Die Tasche mit dem Vortrag war in der U-Bahn neben seinen Sitz gestellt. Hoffentlich würde Gabrielle an sie denken. Er mußte die Riesin ihrem Schicksal überlassen. Ob vielleicht der Bahnbeamte durchtelefonieren konnte?

»Können Sie zu dem Zug durchtelefonieren, der gerade abgefahren ist?«

Der Beamte glotzte ihn verständnislos an.

»Da ist eine wertvolle Tasche mit einem Vortrag von mir drin.«

»Vortrag?«

Die Monotonie seines Berufes hatte den Mann offenbar geistig zerrüttet.

»Nein, eine Tasche mit einer Million DM. Ich muß sie wiederhaben.«

»Wenden Sie sich an die Bahnpolizei. Da bin ich nicht zuständig. Außerdem dürfen wir nicht mit Passagieren sprechen.«

Vielleicht nehmen sie für solche Jobs gleich geistig Unterbelichtete. Er konnte nichts anderes tun als beten, daß Gabrielle an seine Tasche dachte, und die nächste U-Bahn nehmen. Als sie einlief, lag die Gigantin immer noch auf dem Bahnsteig, und die Passanten fluteten um sie herum. Fünf Stationen später, am Rathausmarkt, hetzte Hanno in großen Sprüngen die Rolltreppe hoch und bog um die Marmormauer.

»Hallo, Hanno, warte mal.«

Auch das noch. Ihm blieb heute nichts erspart. Neben ihm tauchte Norbert der Penner auf, der hier seinen Stammplatz hatte. Hanno hatte ihn glatt vergessen, sonst hätte er den anderen U-Bahn-Ausgang genommen. In einer Stunde der Menschlichkeit hatte er ihn mal zum Bier eingeladen. Daraus waren zehn Bier geworden, und im Zuge des Besäufnisses hatte ihm Norbert seine Lebensgeschichte erzählt. Als Revanche hatte Hanno ihm eine stilisierte Version seiner eigenen Geschichte erzählt. Norbert war ein begabter Zuhörer, während er ein Bier nach dem anderen in sich hineinschüttete, und so hatte Hanno mehr erzählt, als ihm lieb war. Nun konnte er Norberts Zutraulichkeit nicht mehr ertragen. Wenn er ihm gar nicht mehr ausweichen konnte, kaufte er sich jedesmal mit 10 DM frei. Aber das steigerte seine Popularität nur noch. »Hanno ist ein Gentleman«, pflegte Norbert zu sagen.

»Warte doch mal, Hanno, ich muß dir was erzählen.«

Norbert machte alle Anstalten, ihm zur Akademie zu folgen.

»Norbert, ein andermal, ich hab jetzt keine Zeit.«

Norbert hatte eine andere Beziehung zur Zeit. »Ja, aber das ist wichtig, Hanno.«

Hanno blieb stehen und blickte Norbert flehend an.

»Norbert, bitte, bleib jetzt hier stehen. Ich bin in Schwierigkeiten. Ich kann dir jetzt nicht zuhören.«

Damit raste er weiter. Aber das mit den Schwierigkeiten hätte er nicht sagen sollen. Norbert holte ihn wieder ein.

»Schwierigkeiten?« keuchte er. »Was für Schwierigkeiten? Ich bin doch dein Freund, ich helf dir, Hanno, auf mich kannst du dich verlassen!«

Inzwischen waren sie am Jugendstilportal der Akademie angekommen. Über ihnen leuchtete das golden ausgemalte Auge der Freimaurer und schaute auf sie herab. Hier hatte einmal die Loge residiert. Durch die Glastüren konnte er die festlich gekleideten Gäste zu den Garderoben fluten sehen. Gabrielle? Wo war Gabrielle? Er mußte sie sofort finden. Ob sie vielleicht gar nicht da war und noch an der U-Bahn auf ihn wartete? Er verwarf den Gedanken wieder, während er sich gleichzeitig hektisch mit dem Problem abmühte, wie er Norbert loswerden konnte. Die Gäste versammelten sich links und rechts vom Festsaal an zwei Garderoben, und oben auf der Galerie gab es noch eine dritte. Er trat durch die Glastür und blieb unschlüssig stehen. Hinter ihm quetschte sich Norbert in die Vorhalle. Da stakste ihm der Kollege Günter mit dem schlechten Mundgeruch entgegen. Er hatte die Angewohnheit, ihm Geheimnisse ins Ohr zu flüstern, die keine waren, und kam ihm deshalb immer zu nahe. Doch jetzt blieb er plötzlich stehen, während sein Lächeln abstürzte:

»Mein Gott, Hackmann, was ist Ihnen denn passiert?«

Hanno verstand nicht. Meinte er vielleicht Norbert, der schmutzig und grinsend hinter ihm stand? Doch dann ging ihm auf, daß Günter sich auf die Kratzspuren in seinem Gesicht bezog. Er hatte sie über der Aufregung mit dem Manuskript beinah vergessen.

»Ach, das sind meine Stammesnarben. Hören Sie, Günter, haben Sie vielleicht meine Frau gesehen?«

Jetzt kam er doch näher und raunte ihm anzüglich ins Ohr:

»Sie haben wohl Streit mit ihr, was? Na ja, Civil Society ist Ihr Spezialgebiet. Ich freue mich schon auf den Vortrag.«

Er verschwand in der Menge.

Hyäne! Aber Hanno hatte keine Zeit, die Gemeinheit der Bemerkung auszukosten, denn auf der anderen Seite näherte sich der Silberschopf des Akademiepräsidenten Weizmann. Ein Elektroschock durchfuhr Hanno. Wie, wenn er Weizmann sagte, er solle die Veranstaltung absagen? Oder wenn er ihm einfach sagte, er werde über ein anderes Thema vortragen? Wie, wenn er nicht über den Florentiner Republikanismus und die Tradition der Civil Society sprechen würde, sondern über den maroden Zustand der Universität? Eine Welle von republikanischem Mut quoll in ihm hoch, der ihm angst machte. Panik beschlich ihn wegen seiner eigenen verzweifelten Courage. Immer faselte er von Civil Society, warum sollte er nicht mal die Zivilcourage zeigen, die dazugehörte?

»Da sind Sie ja, mein Lieber.« Weizmann klopfte ihm auf den Rücken. »Wo haben Sie denn gesteckt? Wir haben schon Ausschau nach Ihnen gehalten. Sind Sie unter die Schlagenden geraten?« ›Gott sei Dank, jokoser Ton‹, dachte Hackmann. »Die guten alten Traditionen, sie kommen alle wieder, habe ich recht?« Plötzlich vertraulich: »Ehrlich gesagt, diese ganzen neuen Typen sind doch nichts als Neckermannprofessoren. Sie sind einer der wenigen, mein Lieber, der noch die Statur der alten Ordinarien wie Dibelius aufweist. Aber sagen Sie's nicht weiter, sonst werde ich gekreuzigt.« Wieder klopfte er ihm auf den Rücken. »Civil Society – das ist ein mutiges Thema für diese Feiglinge. Aber reden Sie nicht zu schnell, meine Frau hört nicht mehr so gut.«

Da drängte sich jemand nach vorn. Um Himmels willen, Norbert! Er stupste Hanno in die Seite und deutete auf Weizmann.

»Macht er dir Schwierigkeiten? Soll ich ihm eine auf die Nuß geben?«

Weizmann schaute verdutzt auf Norbert.

Hannos Hirn raste. Nach einer Ewigkeit wandte er sich an Weizmann und hörte sich sagen:

»Ich glaube, der Elektriker hat einen Fehler in der Tonanlage gefunden, den er mir zeigen will«, sprach's und zerrte Norbert zur Seite. Da kam ihm die Idee.

»Hör zu, Norbert: Du gehst zur linken Seite, Richtung Garderobe, und wenn du eine blonde Frau mit einem Riesenrückenausschnitt im schwarzen Kleid sichtest, dann sagst du ihr, sie soll sich nicht von der Stelle rühren, ich komme gleich. Ich gehe zur anderen Seite, und nachher treffen wir uns hier.«

Norbert legte die Hand an die imaginäre Mütze, grüßte wie ein Soldat, der einen Befehl entgegennimmt, drehte sich um und verschwand nach links, während Hanno sich nach rechts vorarbeitete.

Zu beiden Seiten nickte, grüßte, winkte, scherzte, lächelte seine gelehrte Kollegenschaft und die Bildungssociety der Stadt.

Da, der Rückenausschnitt!

»Gabrielle!«

Sie drehte sich um.

»Mein Gott, da bist du ja. Ich hatte solche Sorge, sie würden dich auf der Polizei festhalten. Hier ist dein Vortrag.«

Eine Zentnerlast fiel ihm vom Herzen. Vor Erleichterung umarmte er sie.

»Ich liebe dich.«

Der Liebhaber des Vulkans

Aus dem Amerikanischen von Isabell Lorenz
FTV 10668, DM 18.90.
Fischer Taschenbuch Verlag, Frankfurt/Main

Als Hardcover DM 49.80,
Hanser Verlag, München

Sigrid Löffler in DEUTSCHES ALLGEMEINES SONNTAGSBLATT

Um ihren Stoff zu finden, unternahm Susan Sontag eine Exkursion auf dem Flohmarkt der Geschichte – dorthin wo die Vergangenheit verramscht wird, wertloses Zeugs, und wo doch Funde möglich sind. Eine solche Trouvaille, die vielleicht die Rettung lohnt, ist das Liebespaar Lady Hamilton und Lord Nelson. Susan Sontag hat im Ramsch der Geschichte gestöbert und das notorische Triangel hervorgeholt: den Ehemann, die Frau und den Liebhaber. Historisch gesprochen: Lord Hamilton, den Cavaliere, die schöne Dorfschmiedstochter Emma Hart, die Frau des Cavaliere, und Admiral Nelson, den Sieger von Abukir, Kopenhagen und Trafalgar.

Susan Sontag weiß natürlich: Diese Konstellation einer historischen Dreisamkeit – Hahnrei plus Liebhaber – hat ihre Disposition zur Schnulze hinlänglich bewiesen. Die Autorin benutzt den romantischen Mythos und sein Kitsch-Potential ..., um souverän mit ihm zu spielen – immer haarscharf an der Kante zwischen Einfühlung und Demontage, zwischen Sympathie und Distanz. Sie führt das berühmte Paar ohne seine romantische Aura vor: bei Sontag ist Lady Hamilton eine korpulente Ex-Schönheit mit einem Stich ins Alkoholisch-Vulgäre, die ihren Liebhaber Nelson, einen dünnen, kleinen, eitlen Invaliden mit Augenklappe und leerem Ärmel, wuchtig überragt. Vollends monströs werden die beiden bei der Niederschlagung der Revolution in Neapel – zwei grausame Vollstrecker der Konterrevolution und Restauration, zwei verliebte Exekutoren. Ihr Ende ist elend – und da gehört ihnen wieder das Mitgefühl der Autorin ...

Die Autorin:

Susan Sontag, geboren 1933 in New York City. Studium in Berkeley und Chicago. Mit 18 Jahren heiratet sie den Soziologen Philip Rieff – ein Sohn, die Ehe wird geschieden. Seit 1960 Lehrtätigkeit an mehreren amerikanischen Colleges und Universitäten. Mit 28 Jahren beginnt ihre literarische Karriere: neben Romanen, Kurzgeschichten und Essays schreibt sie auch Film-Drehbücher und führt Regie. Sie lebt heute in New York als freie Schriftstellerin, verbringt aber regelmäßig einen Teil des Jahres in Europa, meist in Paris.

Man hat ihn oft als klein beschrieben. Gewiß, er war klein, ein ganzes Stück kleiner als der Cavaliere und seine junge Frau, und zudem schlank, er hatte ein fesselndes, gebräuntes Gesicht – das tief auf seinem breiten, viereckigen Hals saß – mit buschigen Brauen, schweren Lidern, einem tiefen Philtrum unter der kühnen Nase, vollen Lippen, einem breiten Mund, dem schon eine beträchtliche Anzahl Zähne fehlte. Als sie ihm das erste Mal begegneten, hatte er noch keine bedeutenden Schlachten geschlagen. Doch er hatte schon diesen Blick, diesen hungrigen Blick, der von der Kraft zeugte, sich ganz und gar auf eine Sache konzentrieren zu können, den Blick eines Mannes, dem es bestimmt war, es weit zu bringen. Achtet auf ihn, sagte der Cavaliere – der ein untrügliches Gespür dafür hatte, ob ein junger Mann vielversprechend war oder nicht –, er wird der tapferste Held werden, den England je hervorgebracht hat. Doch die Fähigkeiten des Cavaliere, einen Menschen im Hier und Jetzt einzuschätzen, waren nicht so bemerkenswert. Ein Star ist immer ein Star, auch wenn er die ihm gemäße Form noch nicht gefunden hat, und auch später noch, wenn die guten Rollen nicht mehr zu haben sind. Und der fünfunddreißigjährige Kapitän war zweifellos ein Star – wie die Frau des Cavaliere.

Sie hatte, trotz ihrer großen Begabung für spontane Begeisterung, gerade dies nicht erkannt. Gewiß, seine Ankunft war aufregend gewesen, es war aufregend, mit dem Cavaliere am Fenster des Observatoriums zu stehen und zuzusehen, wie der mit vierundsechzig Geschützen bestückte Doppeldecker, über den er das Kommando hatte, die *Agamemnon*, stolz in die Bucht gesegelt kam, und das kaum sechs Monate, nachdem das böse Frankreich England den Krieg erklärt hatte. Aber sein kurzer Aufenthalt war denkwürdig gewesen – hauptsächlich wegen der Rolle, die sie dabei gespielt hatte. Er hatte dem Cavaliere eilige Depeschen von Lord Hood überbracht. Man brauchte neapolitanische Truppen, die die Koalitionsarmee verstärken und sie bei der Verteidigung der Stadt Toulon unterstützen sollten, wo eine royalistische Fraktion gegen den Widerstand der immer stärker werdenden republikanischen Kräfte die Macht ergriffen hatte; und tatsächlich hatte sie ihm seine sechstausend Truppen verschafft, als der Cavaliere von dem verängstigten König und seinen Ratgebern weder ein Ja noch ein Nein zu erhalten vermochte, sie bekam sie auf dem Weg, den Frauen gehen, über die Hintertreppe, indem sie das Ersuchen des Kapitäns in das Schlafgemach der mächtigsten Stimme im Staatsrat trug, zu der Königin, die dort völlig abgeschieden lag und in Kürze den siebzehnten Prinzen oder die siebzehnte Prinzessin zur Welt bringen sollte und deren Unterstützung die Frau des Cavaliere sich versicherte. Man lud ihn zum Essen in den königlichen Palast, wo ihm der Ehrenplatz zur Rechten des Königs zugewiesen wurde, und die Frau des Cavaliere, die zur Rechten des Kapitäns saß, dolmetschte seine Versuche, mit dem König über die französische Gefahr ins Gespräch zu kommen, und ebenso die lange, weitschweifige Anekdote des Königs über einen riesigen Eber, den er erlegt und bei dem er drei Hoden vorgefunden hatte. Sie war zufrieden, weil es ihr gelungen war, ihn zu beeindrucken. Sein Besuch dauerte fünf Tage. Nach ihm kamen noch viele berühmte Besucher Sie gewährte ihm keine Vorzugsbehandlung.

Er ging fort. Die Geschichte beförderte ihn. Es war eine Zeit für entschlossene Männer von unnatürlichem Ehrgeiz und von kleiner Statur, die in der Nacht höchstens vier Stunden Schlaf brauchten. Unter dem Baldachin vieler Himmel, auf der wogenden See und dem schlingernden Schiff setzte er dem Feind nach. Viele Schlachten gereichten ihm jetzt zur Ehre. Der Krieg beschlagnahmte Teile seines Körpers. Die *Captain*, mit vierundsiebzig Geschützen bestückt, später die *Theseus*, ebenfalls mit vierundsiebzig Geschützen, waren ihm Insel, Königreich, Mittel, um aufzusteigen, Bühne. Fünf Jahre vergingen. Er wurde ein Held, *der* Held für die Herrscher Neapels, die in Furcht vor dem kleinen entschlossenen Mann lebten, der sich an die Spitze einer zersplitterten Revolutionsbewegung gesetzt und deren Energien in einen augenscheinlich unaufhaltsamen Feldzug gelenkt hatte, in dessen Verlauf Europa von Frankreich erobert und die alten Monarchien überall abgeschafft werden sollten. Er wird uns retten, nur er kann uns retten, sagte die Königin. Der König pflichtete ihr bei. Der britische Gesandte, der den verlängerten Arm britischer Macht verkörperte, konnte nicht umhin zuzustimmen. In den vergangenen zwei Jahren hatte er mit dem jungen Kapitän, der inzwischen Admiral geworden war, viele Briefe gewechselt, in denen der

Cavaliere seine Bemühungen, das feige Neapel für die britische Sache zu gewinnen, beschrieben hatte. Auch die Frau des Cavaliere hatte ihm geschrieben. Sie bewunderte gern, und hier war nun jemand, der ihre Bewunderung wirklich verdiente. Sie braucht ihre bestimmte Dosis Verzückung. Und sie braucht sie immer öfter.

Er durchkreuzte das Mittelmeer, das Meer des Krieges, und hielt sie beide lakonisch über seine Anhäufung furchtbarer Verwundungen auf dem laufenden.

Alles war einfach, natürlich, schmerzlich, erhebend. Die Welt bestand aus den vier Elementen – Land und Wasser, Feuerkraft und alles hinter sich lassender Luft. Von den vielen Segelschiffen der Flotte, über die er das Kommando begehrte, die alle einen wohlklingenden Namen, eine Geschichte hatten, die mit Blut und Schweiß getränkt waren, führte er jetzt die mit vierundsiebzig Geschützen bestückte *Vanguard*, die mehr als sechshundert Offiziere und Besatzungsmitglieder trug. In seiner geräumigen, luxuriös ausgestatteten Admiralskajüte verbrachte er so wenig Zeit wie möglich. Er schritt bei Tag und Nacht über das Deck. Er hatte das Privileg, stets die Sonne auf- und wieder untergehen zu sehen. Er hatte ungehinderte Sicht. Im Wasser bewegt man sich immer, auch wenn man stillsteht. Oben in der Luft glitten die Vögel dahin wie winzige Drachen, und segeltuchartige vertikale Wolken breiteten sich aus, legten sich schräg. falteten sich zusammen, drehten sich um die eigene Achse, bäumten sich auf im Wind und zogen das Schiff mit dem Wetter vorwärts; Bewegung heißt immer Bewegung mit dem Wetter. Der Kreislauf des Lichts, der Kreislauf der Pflichten – er überwachte alles. Wenn er sehr müde wurde, stand er auf dem Achterdeck, ohne sich zu rühren, damit er gesehen wurde. Er glaubte, daß es einen bestimmten Zauber ausübte, wenn man ihn dort stehen sah – er hatte das bei seinen Männern schon erlebt, und nicht nur auf dem Höhepunkt einer Schlacht –, und er glaubte, es erschrecke den Feind. Und so war es auch.

Gerächt, rief die Königin, als in Neapel die Nachricht eintraf, die Flotte des jungen Admirals habe die französische Flotte auf dem Nil geschlagen. Hype hype hype ma chere Miledy Je suis folle de joye, schrieb sie ihrer lieben Freundin, der Gemahlin des britischen

Botschafters, die in Ohnmacht gefallen war, als sie die Nachricht erhalten hatte, die erfreuliche Nachricht von seinem Sieg. Ich bin auf mein Seite gefallen & ich habe mir wehegethan aber was macht das schon, schrieb sie dem Admiral. Dabei zu stärben wäre mir ein Ähre – nein ich würde nicht stärben wolln ehe ich nicht den Sieger vom Nil gesähen & umärmt habe.

*

Und der Held stürmte in ihrer beider Leben.

22. September 1798. An der Spitze der kleinen Flottille imposanter, über und über mit Emblemen verzierter Boote, die in der Mittagshitze herausgerudert und -gesegelt kamen, um die *Vanguard* zu begrüßen, befand sich die königliche Barke, von Caracciolo, dem Admiral der neapolitanischen Flotte, gelotst, mit dem König und der Königin und mehreren ihrer Kinder an Bord, die alle unter einem geschmückten Baldachin saßen; ihnen folgte eine Barke mit Musikern aus dem königlichen Orchester. Die Barke mit der britischen Flagge trug den Cavaliere und seine Dame, die prächtig in Blau und Gold, den Farben der Bourbonen, gekleidet war; ein blaues Kleid mit goldener Spitze und einen marineblauen Schal mit goldenen Ankern verziert und goldene Ohrringe in Form von Ankern. Das königliche Orchester spielte tatsächlich »Rule, Britannia« richtig, und der Cavaliere mußte lächeln, als er an den Text dachte:

Die See sei überall dir untertan:
Und dein sei jedes Gestade, das sie umspült

Dicht dahinter drängten sich an die fünfhundert Feluken, Barken, Jachten und Fischerboote, die schaukelten und schlingerten und gegeneinander stießen und die voller fröhlich rufender, winkender Menschen waren. Als die königliche Gesellschaft und der Cavaliere mit seiner Frau an Bord des Schiffes gingen, jubelte die Menschenmenge dem König zu, und der Held nahm die grüne Augenklappe, die er trug, ab und steckte sie in seine Tasche.

Unser Befreier, sagte der König. Erlöser und Retter sagte die Königin. Oh, rief die Frau des Cavaliere, als sie ihn so sah, abgehärmt, hustend, sein Haar zwar gepudert, aber zu lang, sein leerer rechter

Ärmel an der Brustseite seiner Galauniform festgesteckt, eine tiefrote Narbe über seinem blinden Auge, wo er in der Schlacht auf dem Nil von einem Eisensplitter getroffen worden war. Oh! Und sie fiel gegen ihn.

Sie fiel in meinen Arm, es war eine ganz rührende Szene, erzählte der Held seiner Frau in einem langen Brief, der den Prunk beschrieb, mit dem man ihn empfangen hatte: die Bucht, in der es von Booten, die ihn willkommen heißen wollten, nur so wimmelte, die Banner, die Salutschüsse, die Geschütze, die von den Wällen von Sant'Elmo über die Stadt dröhnten, und die *vivas* der vielen Menschen in ihren mit Spitzen verzierten Samtgewändern, all die Menschen, die sich ihm entgegendrängten, als er an Land ging, und die ihm durch die Straßen hinterherwogten. Sonnenlicht tat ihm im Auge weh, wenn er die Klappe nicht trug, und Neapel war überflutet von Sonnenlicht. Doch glücklicherweise kam der Abend bald und mit ihm ein prächtiges Feuerwerk, an dessen Ende die britische Flagge und seine Initialen in den Himmel gezeichnet zu sehen waren, und auf den steil abfallenden Plätzen tanzten die Menschen und zündeten Freudenfeuer an. Die Art, wie die einfachen Menschen mich empfingen, ging wirklich zu Herzen. Im Palazzo des Cavaliere leuchteten dreitausend Lampen einer Abendgesellschaft, bei der der ehrerbietige Admiral Caracciolo ihm seinen Respekt erwies, und die er genoß und auf der er es lange aushielt.

Sein rechter Arm schmerzte, der Phantomarm, der gleich unterhalb seiner rechten Schulter ansetzte, Hustenanfälle plagten ihn, er hatte Fieber. Er hatte sich zusammengenommen, er klagte ungern. Er war von jeher klein und schmächtig gewesen, aber er war kräftig. Er wußte, wie man das Unerträgliche ertrug. Krank sein war wie eine Welle, man mußte nur aushalten, und sie würde vorübergehen. Sogar der entsetzliche Schmerz der Amputation, bei der er nicht einmal einen Schluck Rum bekommen hatte, und der zusätzliche Schmerz, als der Stumpf, wegen der Unfähigkeit des Chirurgen, drei Monate lang geeitert hatte, sogar das war nur eine Welle gewesen.

Wie die Wellen, die das Schmerzensboot wiegten – das kleine Boot, das den Helden von der Schlacht forttrug, in der zu kämpfen ihm nicht mehr vergönnt war. Das Boot, aus dem er als rechtshändiger Held gestiegen war, mit dem Schwert in der Hand, um eine nächtliche Attacke vom Meer her gegen ein spanisches Fort zu befehligen; das Boot, das seinen besinnungslosen Körper aufnahm, als er nach hinten kippte, nachdem eine Kartätsche ihm den Ellenbogen zerfetzt hatte, das Boot, das seine verzweifelten Männer wendeten und in die Bucht hinausruderten, in der Hoffnung, das Flaggschiff zu erreichen, bevor er an dem Blutverlust sterben würde. Er hatte das Bewußtsein wiedererlangt und zerrte an der Aderpresse unterhalb seiner Schulter, als sie an einem der Beiboote vorüberkamen, das unterhalb der Wasserlinie getroffen worden war und jetzt sank, und er bestand darauf, zu stoppen und die Überlebenden an Bord zu nehmen – noch mehr Wellen, noch eine weitere Stunde, bevor sie die verdunkelte, vor Anker liegende und im Wasser schaukelnde *Theseus* erreichten. Wütend fuhr er die an, die ihm helfen wollten: Laßt mich in Ruhe! Ich habe ja noch meine Beine und noch einen Arm!, wickelte sich ein Tau um den linken Arm und hievte sich selbst an Bord, rief nach dem Chirurgen, der ihm den rechten Arm wegschneiden mußte, ganz oben, da wo die Aderpresse war, und eine halbe Stunde später war er schon wieder auf den Beinen und erteilte dem zweiten Kommandanten mit ernster, ruhiger Stimme Befehle.

Jetzt war er ein linkshändiger Held.

Aber was war schon seine Tapferkeit verglichen mit der des Kapitäns der achtzig Kanonen starken *Tonnan*t im vergangenen Monat bei der Schlacht auf dem Nil, der im britischen Geschützfeuer beide Arme und ein Bein verloren hatte. Dieser Dupetit Thouars weigerte sich standhaft, unter Deck gebracht zu werden, gab Befehl, von der Kombüse ein Faß Kleie heraufzuholen, und wies seine Männer an, ihn bis zum Schlüsselbein in das Faß mit der Kleie zu setzen, und dann leitete er noch zwei Stunden lang den Einsatz der Geschütze, bis alles Blut und Leben von ihm gewichen war. Dieser Kopf, der aus dem Faß mit zusammengeklumpter roter Kleie herausragte, beschwor seine Mannschaft noch mit seinen letzten Worten, eher das Schiff zu versenken als sich zu ergeben. Das war ein wahrhaft ritterlicher und tapferer Mann! rief der Held – dessen Heldenwelt zwangsläufig viel Platz für Tapferkeit und entsetzlichen, tapfer ertragenen Schmerz hatte.

Aber auch für Feigheit: Nachdem die Mannschaft der *Tonnant* gesehen hatte, daß der Kopf ihres Kapitäns nun nie mehr sprechen würde, brachten sie das Schiff aus der Schußlinie und übergaben es zwei Tage später dem siegreichen Briten. Aber ist es nicht das Ziel eines Helden, aus seinen Feinden Feiglinge zu machen?

Ein Held war stoisch. Und ein Held gestand sich auch ehrlich sein Verlangen nach Ruhm ein. Als ernsthaften Sohn eines Geistlichen – seine Mutter war gestorben, als er neun Jahre alt war – hatte es ihn im Alter von zwölf Jahren zur See gezogen, und sein Kopf war voll gewesen von edlen Vorbildern aus Büchern; er zitierte gern Shakespeare und sah sich in der Rolle des »Heißsporns«, allerdings ohne dessen trauriges Ende: tapfer, ungestüm, warmherzig ... und, folglich, versessen auf Ruhm und Ehre. Für eitel und naiv hielt er sich nicht. Er bewunderte Mut. Standhaftigkeit, Großzügigkeit, Aufrichtigkeit. Er wollte sich selbst akzeptieren können. Er wollte sich nicht enttäuschen. Er nahm sich vor, ein Held zu werden. Er wollte sich Lob verdienen, wollte ausgezeichnet werden, im Gedächtnis bleiben, eine Rolle in den Geschichtsbüchern spielen. Er sah sich auf Historienbildern, als Porträtbüste, als Statue auf einem Sockel und sogar oben auf einer hohen Säule auf einem öffentlichen Platz.

Er hatte immer größer sein wollen, aber in der Galauniform gefiel er sich. Er hatte eine Frau in England, eine Witwe, die er aus Liebe geheiratet hatte und der er sich zärtlich verbunden fühlte und die er zum letzten Mal gesehen hatte, als er vor einem Jahr nach Hause geschickt worden war, um sich von der verpfuschten Amputation zu erholen. Er bewunderte ihren würdevollen Charakter und ihren Geschmack, was Kleidung betraf, und betrachtete es als Ehre, daß sie in die Ehe mit ihm eingewilligt hatte. Er hatte seinen Stiefsohn Josiah, Fannys einziges Kind aus ihrer ersten Ehe, mit zur See genommen und hielt sie in seinen wöchentlichen Briefen über die Fortschritte und auch über das ungebührliche Betragen des Jungen auf dem laufenden. Er rechnete nicht mehr damit, selber Kinder zu haben. Sein Ruhm würde das Fortbestehen seines Namens gewährleisten, seine großen Taten würden seine Nachkommen sein.

Schon zwei Tage nach der Amputation hatte er damit begonnen, schnell und leserlich mit der linken Hand schreiben zu lernen, obwohl er Mühe hatte, dies neue Tier, den Rücken seiner linken Hand, nicht dauernd zu beobachten – es war ein Gefühl, als würde ein anderer seine Briefe und Depeschen schreiben.

Er wollte sich nicht schwach fühlen, und bis jetzt hatte er sich auch noch nie schwach gefühlt, nicht einmal in dem Boot, auch nicht, als der Chirurg tat, wie ihm befohlen. Vielleicht hatte er nie Schwäche empfunden, weil ihn nie jemand wirklich getröstet oder wie einen leidenden Menschen behandelt hatte. Als Kind hatte er verkündet, sie sollten ihn nicht wie ein Kind behandeln, er sei stark, und niemand solle sich um ihn sorgen, er wolle sich um sie sorgen; und von der Zeit an hatten ihn sein Vater, seine Geschwister, seine Frau immer beim Wort genommen. Die Menschen wollten an ihn glauben, das gehörte dazu, wenn man ein Star war.

Er erklärte dem Cavaliere und seiner Frau, er wolle in einem Hotel absteigen. Sie wollten davon nichts hören. Er wurde im besten Zimmer im oberen Stockwerk der hochherrschaftlichen Residenz des britischen Gesandten zu Bett gebracht. Er bat die Frau des Cavaliere, sich seinetwegen keine Umstände zu machen. Eine Weile allein zu sein, sei alles, was er brauche, dann werde er sich schon wieder erholen. Das Haus im italienischen Stil war sehr groß, und es gab mehr Dienstboten als in einem englischen Haus vergleichbaren Ranges, so wie man das in einem unterentwickelten Land auch erwartete, doch sie bestand darauf, viele Aufgaben der Krankenpflege mit Unterstützung ihrer Mutter selber zu übernehmen. Er verlor die Besinnung, kaum daß man ihn zu Bett gebracht hatte, und erwachte, als er den ländlich-ungeschliffenen Klang von Mrs. Cadogans Stimme und ihre ländlich-ungeschliffenen Anordnungen hörte. Na, nu ham Se man keine Angst, ich tu Ihnen schon nichts, lassen Se mich man Ihre Schulter anheben … Er dachte daran, wie seine Frau Tag für Tag zusammengezuckt war, wenn sie seine Wunde behandelt hatte, wie sehr sie der Anblick des glühendroten, eiternden Stumpfes erschüttert hatte. Die Frau des Cavaliere öffnete inzwischen die Fenster und beschrieb ihm den imposanten Ausblick über die Bucht und auf Capri und den rauchenden Berg in der Ferne, für den sich der Cavaliere, wie er wußte, besonders interessierte. Sie erzählte ihm den neuesten Hofklatsch. Sie sang für ihn. Und sie berührte ihn. Sie schnitt ihm die

Fingernägel an der linken Hand und wusch seine arme aufgerissene Stirn mit Milch. Als sie sich über ihn beugte, um ihn zu waschen und ihm das Haar zu schneiden, kam ein Duft nach Orangen oder, süßer noch, nach Lilien aus ihren Achselhöhlen; er hatte nicht gewußt, daß eine Frau so duften konnte. Er hielt die Augen geschlossen und atmete den Duft tief durch die Nase ein.

Sie schien ihn sehr zu bewundern, und das gefiel ihm. Wie jedermann kannte auch er ihre Geschichte: die gefallene Frau, die der Cavaliere unter seinen Schutz genommen hatte und die eine untadelige Ehefrau geworden war. Doch sie besaß eine Wärme und eine Direktheit, die man in der höfischen Welt niemals fand. Und zuweilen stellte sie Fragen. die eine wohlerzogene Dame niemals gestellt hätte. So fragte sie ihn zum Beispiel nach seinen Träumen, eine ziemlich ungehörige Frage, doch ihm gefiel das. Das Problem war nur, daß er keine Träume hatte, jedenfalls keine, die ihm im Gedächtnis geblieben waren, er hatte nur Erinnerungen – an Schlachten, an den Lärm und das Blut und die Angst. Da war allerdings ein Traum, den er in letzter Zeit öfter gehabt hatte: Er träumte, er habe noch beide Arme. Er war auf Deck, mitten im Schlachtengetümmel, aufs äußerste angespannt, hielt mit der rechten Hand sein Fernglas ans Auge und winkte mit der linken Kapitän Hardy zu; die Szene war ganz lebensnah, das heißt, genau wie im wirklichen Leben und auch so, wie es auf einem Bild hätte sein können, mit einer Ausnahme: Da es nie wieder so sein konnte (er erinnerte sich nicht daran, ob er auch sein Auge wiederhatte), wußte er, daß es ein Traum sein mußte und zwang sich aufzuwachen. Aber diesen Traum konnte er keinem erzählen. Es würde sich anhören, als wolle er Mitleid erwecken.

Er versuchte, Träume zu erfinden. Träume, die einem Helden angemessen waren. Ich habe geträumt, sagte er, ich stieg eine breite Treppe hinauf. Oder: Ich habe geträumt, ich stand auf dem Balkon eines Palastes. Oder aus Angst, das könne zu prahlerisch klingen: Ich habe geträumt, ich war allein, in einem Tal, und ging über ein weites Feld voller Blumen. Und ... (nur weiter so!) ... ich habe geträumt, ich saß auf einem Pferd, ich habe geträumt, ich überquerte einen nebelverhangenen See, ich habe geträumt, ich war bei einem großen Bankett – nein, das klang zu abgeschmackt.

Was zum Teufel träumt man denn? Hatte er vergessen, wie man mit einer schönen Frau Konversation macht? Verdammt noch mal! Er war kaum besser als ein wildes Tier. In letzter Zeit hatte er nur an Seekarten gedacht und an Taktik und an die Bereitschaft der Geschütze und an das Wetter und an die Horizontlinie und an die Kampflinie und zuweilen an die Frau in Livorno und ständig an Napoleon und jetzt auch an den Schmerz in seinem rechten Arm, dem fehlenden Arm, dem Geisterarm.

So müde und fieberkrank er auch war, er wollte es noch einmal versuchen.

Ich habe geträumt, ich war in einem Theater – nein. Ich habe geträumt, ich verschaffte mir Zugang zu einem Schloß und fand ein geheimes Zimmer – nein. Ja, jetzt erinnere ich mich, ich stand auf einer Klippe, unter mir die tosende Brandung – nein. Ich überquerte einen Ozean auf dem Rücken eines Delphins und hörte eine Stimme, die mich rief, die Stimme einer Meerjungfrau – nein. Ich habe geträumt, ich habe geträumt …

Sie muß geahnt haben, daß er sich das alles nur ausdachte, um ihr eine Freude zu machen. Er selbst hätte diese Träume nicht für überzeugend gehalten; sie klangen wie Bilder. Er fand nichts dabei, sich die Träume auszudenken. Er wünschte nur, sie wären besser erfunden. Er suchte nach einer poetischen Art …

Horst Stern

Klint

42809, 320 Seiten, DM 14.90.
Goldmann Verlag, München

Als Hardcover DM 39.80,
Albrecht Knaus Verlag, München

SÜDDEUTSCHE ZEITUNG
Horst Stern hat etwas zu sagen – vielleicht das Wichtigste, was in der gegenwärtigen Situation einer ökologischen Apokalypse noch zu sagen ist... Unter den deutschsprachigen Schriftstellern der Gegenwart gehört er zur ersten Garnitur... .

DEUTSCHLANDFUNK
Sterns eruptive Sprachgewalt und Bilderfülle machen diesen Roman zu einem literarischen Genuß. Man liest Klint nicht ohne Erschütterung.

TZ
Horst Stern ist hier eine faszinierende Mischung aus mythologischer Weltschau, Science fiction und Öko-Schock gelungen.

TAZ
Die Titelfigur ist ein Sonderling, der sich umbringt – verzweifelt über die Menschheit, die seiner Meinung nach der Apokalypse entgegensteuert. Klint fühlt sich als Warner, und er fühlt sich belächelt. Die Romanfigur wirkt wie das Alter ego des Autors. Mit diesem Buch schrieb er sich wohl seine Enttäuschung von der Seele.

Der Autor:

© Herlinde Koelbl

Horst Stern, geboren 1922, brachte als einer der ersten Journalisten mit seinem Fernsehfilm über gestörte Mensch-Tier-Beziehungen und den Ausverkauf der Natur die ökologische Diskussion in Gang. Nach seinen aufsehenerregenden Veröffentlichungen – u.a. *Rettet den Wald* – überraschte er seine Leser 1986 mit seinem ersten literarischen Werk *Mann aus Apulien. Die privaten Papiere des italienischen Staufers Friedrich II.* Ihm folgte 1989 die *Jagdnovelle.* Horst Stern lebt heute in Irland.

Im November 1986, dem Jahr, das man später das Tschernobyljahr nennen sollte, fuhr ich nach Triest. Nach zehnstündiger, ermüdender Bahnfahrt durch Oberbayern, das Salzburger Land, Kärnten und Friaul kam ich um zehn Uhr abends an. Die Langsamkeit des Zuges, sein Stocken in den Bahnhöfen kleiner Städte, sein lähmendes Verweilen an kleinlichen Staatsgrenzen – das alles hatte in mir das Gefühl aufkommen lassen, daß das ganze Leben um mich herum zu stocken begann, daß der Blutfluß alles Lebendigen thrombotisch wurde, verklumpt vom Müll gescheiterter hybrider Gedanken und träge geworden durch die Ermüdung der Gewissen. Ich folgte den wenigen mit mir Angekommenen aus dem Bahnhof. Es regnete, und die Bora probierte mit böigen Stößen die Kraft ihrer Lungen für ihre bevorstehenden Winterattacken auf die Stadt an der Adria, eine Stadt, der man schon den Namen *Nekropolis* gegeben hat: Triest, wo das weiße Haar der Greisinnen im Café degli Specchi an der Piazza Unità den Blauschimmer der Autoabgase trägt. Triest, wo dreimal soviel gestorben wie geboren wird, so daß man dem Andrang der Toten auf dem Friedhof Santa Anna nur noch mit der Reihenbettung nach Sterbejahren beikommt. Triest, wo die meiste Arbeit vergeben wird an Pfleger und Ärzte für die an Leib oder Seele Kranken und wo die Arbeitslosigkeit nur die Totengräber verschont. Triest, wo die Winterbora um die Häuser heult und sie mit Türen und Fensterläden klappern läßt wie Totengebein. Die Stadt, in deren Straßenschluchten das Gold der im Meer versinkenden Sonne für die Armen ist und das Gold der Rentenberge in den Banken und Versicherungen für die Reichen. Triest, die schöne Verkalkte, die sich in ihren habsburgisch-nostalgischen Festen dem Karst hinter sich zuwendet, während sie dem Hafen und seinen Versprechungen von Zukunft den Rücken kehrt und die marmornen Quais vor dem Blau des adriatischen Meeres zu Parkplätzen macht. Triest, das den nekrophysikalischen Forschungen Paläste baut und den Studenten und Professoren die aufgelassenen Irrenhäuser von San Giovanni als Orte des Nachdenkens über die Welt von morgen zuweist. Triest, in dessen Kongreßhaus auf der Hafenmole die Warnungen der Wissenden in den Wind gesprochen sind und die Worte der Nichtwisser zu Taten werden: Betonpisten um die weißen, mit Hibiskus und Oleander, Steineichen und wilden Oliven geschmückten Karstschultern der Stadt und Tunnelbauten, die wie Wunden sind in ihrem schönen, ans Meer hingelagerten Leib.

Über diese Stadt wollte ich schreiben.

Ich hatte im *Jolly* reserviert, obwohl ich mir einen unpassenderen Namen für ein Hotel in dieser Stadt kaum vorstellen konnte. Es war nicht mein erster Aufenthalt hier. Ich war durch die Romane Italo Svevos auf sie aufmerksam geworden, eines Triestiners, den einzig der Ire James Joyce gefördert hatte, der hier eine Zeitlang als Lehrer für Englisch lebte und an seinem *Ulysses* arbeitete. Die italienische literarische Kritik nahm kaum Notiz von Svevo, zu neu war, was er schrieb. Durch seine Figuren des frühen zwanzigsten Jahrhunderts geht ein heilloser Riß; hinter den bürgerlichen Fassaden aus Anstand und Konvention versuchen sie sich insgeheim an einem Triebleben, in dem schon das Wetterleuchten der heraufkommenden Psychoanalyse ist und die Zersplitterung moderner Seelen unter den Bedrohungen des Menschen und der Natur.

War ich in Triest, wurde ich von zwei Orten angezogen und konnte ihrem Besuch nicht widerstehen: Santa Anna zuerst, ein Totenacker von stadtgleicher Ausdehnung und mit Quartieren für die gängigsten Religionen; es herrscht auf diesem Friedhof eine Geschäftigkeit der Totengräber und der Blumenverkäufer, der Trauernden und der bloß Flanierenden, der zahllosen streunenden Katzen auch, daß einem hier der Tod vollends vorkommen will wie ein Hauptdarsteller Triestiner Lebens.

Und dann San Giovanni.

Seit den siebziger Jahren ist dieses Spital ein Wallfahrtsort für die Jünger der Antipsychiatrie, einer Bewegung, die das Irrenhaus für die eigentliche Krankheit seiner Insassen hält und ihre Betreiber, die Ärzte, für die intellektuellen Handlanger der konservativ Mächtigen, auf deren Geheiß sie Freiheitsberaubung an Menschen verüben, die schuldlos aus der Norm des Bürgerlichen herausgefallen waren. 1973 revoltierten junge Ärzte, Pfleger und Patienten gegen diese Mesalliance aus pervertierter Medizin und politischer Macht. Sie öffneten die Tore und schwärmten singend und tanzend in eine entsetzte Stadt aus. An die Gebäude von San Giovanni schrieben sie mit dicken Lettern: »La Libertà é la Therapia«.

Ich ging gern im großen Park von San Giovanni spazieren. Mit großem Vergnügen betrachtete ich die Wände der vielen, nun leerstehenden Häuser, auf die die Kranken von damals im Verein mit kunstgewandten Therapeuten grellfarbige, kühn konzipierte Symbole der Freiheit gemalt hatten, Bilder des Ausstiegs aus einem Leben voll ärztlicher Gewalt: auf fliegende Vögel, startende Hubschrauber, Leitern, über die sie zu den Fenstern hinaus himmelwärts kletterten – alles so, als sei die Erde mit ihren Schrecken kein lebenswerter Ort mehr. Traf ich einen hier Verbliebenen, grüßte ich freundlich und blieb nur selten ohne Gegengruß. Manchmal versuchte ich ein Gespräch und erfuhr Wissenswertes, das einer Nachprüfung standhielt. Daß, zum Beispiel, die Triestiner Universität die aufgelassenen Irrenhäuser hier für Lehrzwecke benutzen würde, hörte ich von einem, der sich als *Cato* vorstellte, mit den korrekten Vornamen des römischen Rhetors. Dabei faßte er sein schäbiges Jackett auf eine Weise bei den Revers, als raffte er über der Brust eine Toga zusammen. Während er sprach, wetterleuchtete eine Art grimmiger Lust auf seinem von innen heraus zerstörten, sehr beweglichen Gesicht, so als hielte er es für einen Akt höherer Gerechtigkeit, daß die Adepten des wissenschaftlichen Fortschritts sich alsbald Auge in Auge mit jenen befinden würden, denen sie die Welt immer unbegreiflicher, fremder, angstvoller machten. Als er ging, drehte er sich noch einmal um und hob, meine Aufmerksamkeit fordernd, einen Zeigefinger. »Ceterum censeo«, sagte er würdevoll, ganz der alte Rhetor, »Carthaginem esse delendam.« Dabei wies er mit einer schwungvollen Rundumbewegung der Hand auf die alten Irrenhäuser um uns herum. Ich ließ mich mit einem zustimmenden Nicken auf ihn ein, und es schien ihn zu freuen. Gemessenen Schritts ging er davon.

Längst schon empfinde ich den Schauder nicht mehr, der an einem Ort wie diesem den Gesunden bei der Begegnung mit einem Kranken leicht befällt. So setzte ich mich im oberen Teil des Parks auch gern unter diese Menschen, in einer Cafeteria, die sie selber betrieben. Aus den Fenstern kann man auf eine kleine Piazza schauen, einen von Arkadengängen gesäumten Platz, der ein beliebter Treffpunkt von Patienten ist, die es vorziehen, in San Giovanni als freie Menschen zu bleiben und das Angebot der neuen Psychiatrie, hier

Bett und Essen zu bekommen, annehmen, statt als Ungeliebte zu ihren Familien zurückzukehren. Eine der Arkadenwände ist mit einem großen Segelboot bemalt, es hat den Märchennamen *Califfo* am Bug und trägt mehrere nach Haartracht und Hautfarbe deutlich unangepaßte Menschen unter einem tiefblauen Himmel mit dem Wind fort. Es ist ein hintergründiges Bild, das sich erst dem erschließt, der die unmittelbare Umgebung in seine Betrachtung einbezieht. Unter der Wasserlinie des Bootes ist die Wand, auf die es gemalt ist, vorgezogen, so daß ein Behältnis entstand für zwei Mülltonnen hinter eisernen Türen. Man kann sich des Eindrucks nicht erwehren, daß das Boot dem Abfall der Gesellschaft, ja ihr selbst davonsegelt, ist doch auf die Eisentüren vor den Mülltonnen mit dickem Pinsel groß das Wort INFERNO gemalt.

Das Behältnis ist oben mit einer Abdeckung in der Breite der Mülltonnen versehen. Dadurch entsteht eine Liegefläche, auf die ich am Tag meines diesmaligen Besuches einen Mann hinaufsteigen und sich auf ihr ausstrecken sah. Er trug seine Verstörung deutlich im Gesicht, schien aber nichts dagegen zu haben, daß einige Psychotouristen, die in San Giovanni stets anzutreffen sind, der Versuchung nicht widerstehen konnten, ihn zu fotografieren, war die Szene für den einschlägig Interessierten doch symbolträchtig wie ein Bild aus einem Fellini-Film: Hingestreckt zwischen Himmel und höllischem Inferno ein an der Gesellschaft der Angepaßten gescheiterter, auf ihrem Müll gestrandeter Mensch.

Als ich mit einem Pfleger, der an einem Nachbartisch sein *Cornetto* in den Kakao tunkte, über den Mann auf dem Müll eine Unterhaltung anfing, erfuhr ich, daß dieser nicht der Entdecker der Liegestatt dort drüben sei, daß er vielmehr auf ihr eine Haltung nachahmte, wie sie hier kürzlich von einem Mann eingenommen worden war, den keiner gekannt hatte, der auch nur zwei, drei Tage lang hier gesehen worden war und dann auf eine merkwürdige Weise in einer abgelegenen Karsthöhle nördlich von Triest ums Leben kam, ob durch Selbstmord oder Unfall, das wisse man nicht. Er soll von Beruf Journalist gewesen sein, aus München stammend.

So erfuhr ich von Klint.

Ich zog bei Zeitungen und Polizei Erkundigungen ein. Das

Interesse an diesem Mann war nicht groß, ein Geisteskranker offenbar, wie so viele in Triest, denn wer sonst würde im beginnenden Winter in eine offene Karsthöhle hinabsteigen, um in ihr zu übernachten. So sei er halt erfroren. Immer folgte der Auskunft ein Achselzucken.

Ich fuhr zu der Höhle, die man mir auf meiner Karte bezeichnet hatte. Sie lag unter einer umzäunten Baustelle der Universität Triest, die hier irgendwelche seismografischen Geräte zu installieren im Begriff war. Über der Höhle befand sich eine muldenartige Doline aus brüchigem Kalkgestein, wie sie im Karst häufig ist. Als sie eingestürzt war, hatte sie den Weg in die Tiefe einer Tropfsteinhöhle freigegeben. Vom Abbruchrand führte eine Eisenleiter nach unten, neben ihr verliefen die Seile eines Materialaufzugs. Die Höhle lag verlassen, nirgendwo sah man Arbeiter. Ich stieg über die Leiter in die Tiefe. Auf dem Höhlenboden erschwerte Bauschutt das Gehen. Papierabfälle und leere Flaschen lagen herum. Was hatte ein deutscher Journalist an diesem entlegenen Ort zu suchen gehabt?

Während ich so umherging und mit einem Fuß absichtslos an dieses oder jenes stieß, wie einer, der etwas sucht, doch nicht recht weiß, was eigentlich, stolperte ich über einen Packen Papier, der in Zeitungen eingewickelt und mit Bindfaden verschnürt war. Er lag inmitten kleinerer Felsbrocken in der Nähe eines noch rohen, erst teilweise mit wissenschaftlichem Gerät bestückten Betonfundaments, über dem von der hohen Decke an einem Stahlseil ein Pendel hing. Ich hockte mich hin und schnürte das Paket auf. Zum Vorschein kamen maschinengeschriebene Texte in deutscher Sprache. Sie waren mit Korrekturzeichen versehen, wie sie nur Berufsschreiber benutzen. Zwischen den Seiten lagen kleinformatige handschriftliche Notizen und szenische Entwürfe von einer solchen Phantastik, daß es mir schwerfiel, mit dem Lesen aufzuhören. Ich blickte zum Deckenloch hinauf, um zu sehen, ob mich jemand beobachtete. Da war keiner. Wozu die Papiere den Behörden ausliefern? Nicht nur, daß ihre Untersuchung der Höhle höchst oberflächlich ausgefallen sein mußte, denn sie hatten übersehen, was ich fand, oder es für bedeutungslos gehalten, Obdachlosengepäck, Warmhaltepapier. Also würden sie sich von meinem Fund womöglich bis zu einem Grad belästigt fühlen, wo sie ihn ungelesen in einem Aktenschrank verschwinden ließen.

Im Hotel las ich weiter. So fasziniert war ich, daß ich meine geplante Arbeit über Triest aufgab, anderntags nach Deutschland zurückfuhr und mit Recherchen an Orten begann, die in den Klintschen Manuskripten genau beschrieben waren. Ich befragte Kollegen, die ihn gekannt hatten. Ich reiste nach Madrid und Rom, an die Schauplätze seiner phantastischen Geschichte, und suchte dort nach den Personen, die er beschrieben hatte. Einige fand ich, einen Priester darunter und eine Astronomin, Ärzte, Polizisten, Gefängniswärter und einen Richter. Andere fand ich trotz großer Anstrengung nicht. Ich mußte sie schließlich, wie die römischen Untersuchungsbehörden auch, für die Produkte von Halluzinationen halten, zu denen Klint dennoch in Beziehungen gelebt hatte, als wären sie Menschen aus Fleisch und Blut gewesen.

Ich brauchte ein ganzes Jahr. Danach kannte ich diesen Klint wie einen Bruder und kann es nun wagen, seine Texte nicht einfach nur zu veröffentlichen, sondern sie mit Übergängen zu versehen, die, wie unsicher und schwankend auch immer, über Abgründe hinweggeleiten, die sich vor dem Leser unversehens auftun.

Klint war Journalist gewesen, einer von der unspezifischen, dafür in Leinen gebundenen Sorte, die man Publizist nennt. Kollegen hatten ihn sagen hören, nicht er hätte sich diesen Beruf gewählt, sondern dieser ihn. Er war in jungen Jahren durch ein ungewöhnliches Schreibtalent aufgefallen, als er in München Biologie studierte. Wenn man ihn damals fragte, warum gerade Biologie, pflegte er achselzuckend zu sagen: »Es war nichts anderes frei.« Eine Leidenschaft für das kreatürliche Leben, an der er einmal zugrunde gehen sollte, hatte am frühen Klint niemand bemerkt. In studentischen Blättern schrieb er Glossen und Satiren auf Uni-Klatsch und war damit in der Lokalpresse zitierfähig geworden, und eines Tages fand er sich als festangestellter Schreiber in einer Zeitungsredaktion wieder. Das Studium gab er auf, dagegen nicht, wie seine frühen Arbeiten ausweisen, die Ernsthaftigkeit im Umgang mit geistigen Materialien. Der Autodidakt wurde, über die Jahre, Autor, und schließlich Autist. Man sagte mir, daß er stets Schwierigkeiten damit gehabt hätte, offen auf andere Menschen, besonders auf Fremde, zuzugehen. Im Umgang mit Informanten scheute er jede Vertrautheit, die den Boden von Interview und Informationsgespräch verließ. Er ging selten Beziehungen ein, die durch anderes am Leben erhalten werden mußten als das Wechselspiel von Fragen und Antworten und den Austausch der Argumente. Schon das Anknüpfen solcher Kontakte fiel ihm schwer, und es kam vor, daß er auf ein Thema verzichtete, wenn eine erste Recherche erkennen ließ, daß es ohne intensive Einfühlung in die Motive fremder Menschen nicht machbar sein würde.

Mit zunehmenden Jahren schien sich seine von ihm zwar diskret, aber doch unübersehbar für andere zur Schau getragene Distanziertheit noch verstärkt zu haben, und bald trug er sie als einen von Gefühlen entleerten, Kälte abstrahlenden Raum um sich herum, so wie eine undressierte Raubkatze ihre Flucht- und Angriffsdistanzen stets mit sich trägt: Überschreitet man die äußere Grenze eines solchen Individualraumes, so weicht das Tier aus, verletzt man die innere, attackiert es im Zorn.

In dieser Entfremdung von den Menschen ist gewiß der Grund zu suchen für Klints späteren Rückzug in die Essayistik, wo die kühle Reflexion des mit feinsten Antennen Aufgenommenen herrscht, wo der Gedanke zählt und das abgewogene Wort. Ich fand eine diesbezügliche Randglosse in einem seiner Texte: »Zum Greuel geworden ist mir die einem Interviewpartner abgewonnene direkte, meist banale Rede und die Vulgarität gedankenarmer, vor *action* keuchender Sätze, die sich meist auch noch an einer Interpunktion verschlucken, wie sie von manchen Redakteuren in sie hineingeworfen wird wie Fleischbrocken in einen hechelnden Hund.« Darum wohl begann er gegen Ende seines Lebens, sich in zwei »Schreibsträngen«, wie er das nannte, zu äußern: einem an Fakten orientierten und von Recherchen getragenen, das war sein Brotberuf, er mußte leben, und einem zweiten, spekulativen. Darin brauchte er keine Rücksicht zu nehmen auf kollegiale Ermahnungen, einfacher zu schreiben und »Sprachanhäufungen« zu vermeiden – ein Wort, das ich in seiner Korrespondenz mit einer Redaktion fand. Er ließ in diesem Strang II seine Gedanken fliegen, ließ Wörter miteinander kopulieren, die dann absonderliche Kinder hervorbrachten, und baute statisch bedenkliche Sätze. Das las sich dann, etwa in einem Text über die globale Verschmutzung der Erde, so:

Komme ich an, wo ich noch niemals war, sehe ich, daß ich alles schon kenne. Es sind selbst die Orte mit den magischen Namen schon mit einem Schmutzfilm überzogen, der kein in Würde gealterter Firnis ist. Es faulen diese Orte von außen und haben ihre Fäulnis vom fauligen Denken, sind sie doch Gedankenorte, und keiner ist von der Fäulnis ausgenommen –

– Nicht die capricornischen Joseph-Conrad-Orte mit den großen, sich träge drehenden Ventilatoren über den Kneipentresen. Wo früher von der Malaria vergilbte, vom Tod abgemahnte, gleichwohl in rohseidenen Anzügen einhergehende Weiße den schlitzäugigen Barfrauen am hibiskusroten Abend in die Kleidausschnitte fielen (und am safran gelben Morgen in die Schmuddelbetten), da sitzen heute die Jogging-Shoe-Kids mit den Billigtickets von Hongkong Air und den Wegwerfkameras von Kodak und halten ihre halbsteife Lust auf curryfarbenes Fleisch mit Aidsängsten nieder

– Nicht die einst blauen Buchten mit den grün wogenden Schatten des Wasserfarns auf rosa quarzenem Grund. Es beißen in ihn nun die rostigen Anker der Tankschiffe. Der schlierige Abschaum aus ihren Bäuchen ist Letzte Ölung für ein Wasser, das schon sein Leichenhemd trägt, eines, das bestickt ist mit braunblasigem Teerschaum und zersplitterten Paletten, mit leeren Whiskyflaschen und zerfleddertem Tabak, mit Waschmitteltrommeln und Mennigeimern, mit kopflastig schwimmenden Kondomen und fett eingeschwärzten toten Möwen

– Nicht die im atlantischen Meer versunkene Insel Platons. Auf ihre algenbärtigen Häuser und Türme mit den im Golfstrom lautlos schwingenden Glocken aus Fischblasenhaut, darin die Seelen der Ertrunkenen wohnen, sinkt nun aus den Kloaken schwarzer Schiffe ein Säureschleier nieder. Er ist verwoben mit immer wiederkehrenden, ihn in die Tiefe ziehenden feststofflichen Mustern, an denen die Heringe zerren, mit denen die Dorsche spielen, an die der Kabeljau prüfend die Kiemen legt. Muster aus dem strahlenden Müll der Pharmazien

– Nicht der mit Odinshühnchen gesprenkelte eisblaue Nordmannshimmel. Seine einst reinweißen Wolken haben jetzt schwefelgelbe Ränder, so daß der Schnee, der aus ihnen zur Erde fällt, die schimmernden Gesichter der Gletscher verätzt…

Das Parfum

detebe 22800, 336 Seiten, DM 16.90.
Diogenes Verlag, Zürich

Als Hardcover DM 39.–,
Diogenes Verlag, Zürich

Als Audio-Cassette bei Litraton
(8 Cass. DM 139.–)

FRANKFURTER ALLGEMEINE ZEITUNG
Ein ungeheuerlicher erzählerischer Elan: überraschend, märchenhaft und fürchterlich furchteinflößend.

LE FIGARO, Paris
Anders als alles bisher Gelesene. Ein Phänomen, das einzigartig in der zeitgenössischen Literatur bleiben wird.

STERN
Ein Monster betritt die Literatur: Jean-Baptiste Grenouille. Ein Literaturereignis!

DER SPIEGEL
Im Winter 1984 betrat ein Mann die literarische Szene in Deutschland, der seitdem zu den raffiniertesten und verblüffendsten Gestalten dieser an raffinierten und verblüffenden Gestalten armen Epoche gehörte.

Der Autor:

© Philipp Keel

Zu schreiben begann er während seines Geschichtsstudiums in München und Aix-en-Provence. Er war Mitautor der Fernsehdrehbücher von *Monaco Franze* und *Kir Royal* von Helmut Dietl. 1980 schrieb Süskind, obwohl er nicht Kontrabaß, sondern Klavier spielt, den einaktigen Monolog *Der Kontrabaß*. Seit der Uraufführung im Münchner Cuvilliéstheater zählt es zu den meistgespielten Stücken in ganz Europa. Ursprünglich als Kurzgeschichte geplant, wuchs *Das Parfum,* Süskinds erster Roman, unversehens zu etwas Größerem – zu einem der erfolgreichsten deutschsprachigen Romane dieses Jahrhunderts.

Im achtzehnten Jahrhundert lebte in Frankreich ein Mann, der zu den genialsten und abscheulichsten Gestalten dieser an genialen und abscheulichen Gestalten nicht armen Epoche gehörte. Seine Geschichte soll hier erzählt werden. Er hieß Jean-Baptiste Grenouille, und wenn sein Name im Gegensatz zu den Namen anderer genialer Scheusale, wie etwa de Sades, Saint-Justs, Fouchés, Bonapartes usw., heute in Vergessenheit geraten ist, so sicher nicht deshalb, weil Grenouille diesen berühmteren Finstermännern an Selbstüberhebung, Menschenverachtung, Immoralität, kurz an Gottlosigkeit nachgestanden hätte, sondern weil sich sein Genie und sein einziger Ehrgeiz auf ein Gebiet beschränkte, welches in der Geschichte keine Spuren hinterläßt: auf das flüchtige Reich der Gerüche.

Zu der Zeit, von der wir reden, herrschte in den Städten ein für uns moderne Menschen kaum vorstellbarer Gestank. Es stanken die Straßen nach Mist, es stanken die Hinterhöfe nach Urin, es stanken die Treppenhäuser nach fauligem Holz und nach Rattendreck, die Küchen nach verdorbenem Kohl und Hammelfett; die ungelüfteten Stuben stanken nach muffigem Staub, die Schlafzimmer nach fettigen Laken, nach feuchten Federbetten und nach dem stechend süßen Duft der Nachttöpfe. Aus den Kaminen stank der Schwefel, aus den Gerbereien stanken die ätzenden Laugen, aus den Schlachthöfen stank das geronnene Blut. Die Menschen stanken nach Schweiß und nach ungewaschenen Kleidern; aus dem Mund stanken sie nach verrotteten Zähnen, aus ihren Mägen nach Zwiebelsaft und an den Körpern, wenn sie nicht mehr ganz jung waren, nach altem Käse und nach saurer Milch und nach Geschwulstkrankheiten. Es stanken die Flüsse, es stanken die Plätze, es stanken die Kirchen, es stank unter den Brücken und in den Palästen. Der Bauer stank wie der Priester, der Handwerksgeselle wie die Meistersfrau, es stank der gesamte Adel, ja sogar der König stank, wie ein Raubtier stank er, und die Königin wie eine alte Ziege, sommers wie winters. Denn der zersetzenden Aktivität der Bakterien war im achtzehnten Jahrhundert noch keine Grenze gesetzt, und so gab es keine menschliche Tätigkeit, keine aufbauende und keine zerstörende, keine Äußerung des aufkeimenden oder verfallenden Lebens, die nicht von Gestank begleitet gewesen wäre.

Und natürlich war in Paris der Gestank am größten, denn Paris war die größte Stadt Frankreichs. Und innerhalb von Paris wiederum gab es einen Ort, an dem der Gestank ganz besonders infernalisch herrschte, zwischen der Rue aux Fers und der Rue de la Ferronerie, nämlich den Cimetière des Innocents. Achthundert Jahre lang hatte man hierher die Toten des Krankenhauses Hôtel-Dieu und der umliegenden Pfarrgemeinden verbracht, achthundert Jahre lang Tag für Tag die Kadaver zu Dutzenden herbeigekarrt und in lange Gräben geschüttet, achthundert Jahre lang in den Grüften und Beinhäusern Knöchelchen auf Knöchelchen geschichtet. Und erst später, am Vorabend der Französischen Revolution, nachdem einige der Leichengräben gefährlich eingestürzt waren und der Gestank des überquellenden Friedhofs die Anwohner nicht mehr zu bloßen Protesten, sondern zu wahren Aufständen trieb, wurde er endlich geschlossen und aufgelassen, wurden die Millionen Knochen und Schädel in die Katakomben von Montmartre geschaufelt, und man errichtete an seiner Stelle einen Marktplatz für Viktualien.

Hier nun, am allerstinkendsten Ort des gesamten Königreichs, wurde am 17. Juli 1738 Jean-Baptiste Grenouille geboren. Es war einer der heißesten Tage des Jahres. Die Hitze lag wie Blei über dem Friedhof und quetschte den nach einer Mischung aus fauligen Melonen und verbranntem Horn riechenden Verwesungsbrodem in die benachbarten Gassen. Grenouilles Mutter stand, als die Wehen einsetzten, an einer Fischbude in der Rue aux Fers und schuppte Weißlinge, die sie zuvor ausgenommen hatte. Die Fische, angeblich erst am Morgen aus der Seine gezogen, stanken bereits so sehr, daß ihr Geruch den Leichengeruch überdeckte. Grenouilles Mutter aber nahm weder den Fisch- noch den Leichengeruch wahr, denn ihre Nase war gegen Gerüche im höchsten Maße abgestumpft, und außerdem schmerzte ihr Leib, und der Schmerz tötete alle Empfänglichkeit für äußere Sinneseindrücke. Sie wollte nur noch, daß der Schmerz aufhöre, sie wollte die eklige Geburt so rasch als möglich hinter sich bringen. Es war ihre fünfte. Alle vorhergehenden hatte sie hier an der Fischbude absolviert, und alle waren Totgeburten oder Halbtotgeburten gewesen, denn das blutige Fleisch, das da herauskam, unterschied sich nicht viel von dem Fischgekröse, das da schon lag, und lebte auch nicht viel mehr, und abends wurde alles mitsammen weggeschaufelt und hinübergekarrt zum Friedhof oder hinunter zum Fluß. So sollte es auch heute sein, und Grenouilles Mutter, die noch eine junge Frau war, gerade Mitte zwanzig, die noch ganz hübsch aussah und noch fast alle Zähne im Munde hatte und auf dem Kopf noch etwas Haar und außer der Gicht und der Syphilis und einer leichten Schwindsucht keine ernsthafte Krankheit; die noch hoffte, lange zu leben, vielleicht fünf oder zehn Jahre lang, und vielleicht sogar einmal zu heiraten und wirklich Kinder zu bekommen als ehrenwerte Frau eines verwitweten Handwerkers oder so ... Grenouilles Mutter wünschte, daß alles schon vorüber wäre. Und als die Preßwehen einsetzten, hockte sie sich unter ihren Schlachttisch und gebar dort, wie schon vier Mal zuvor und nabelte mit dem Fischmesser das neugeborene Ding ab. Dann aber, wegen der Hitze und des Gestanks, den sie als solchen nicht wahrnahm, sondern nur als etwas Unerträgliches, Betäubendes – wie ein Feld von Lilien oder wie ein enges Zimmer, in dem zuviel Narzissen stehen –, wurde sie ohnmächtig, kippte zur Seite, fiel unter dem Tisch hervor mitten auf die Straße und blieb dort liegen, das Messer in der Hand.

Geschrei, Gerenne, im Kreis steht die glotzende Menge, man holt die Polizei. Immer noch liegt die Frau mit dem Messer in der Hand auf der Straße, langsam kommt sie zu sich.

Was ihr geschehen sei?

»Nichts.«

Was sie mit dem Messer tue?

»Nichts.«

Woher das Blut an ihren Röcken komme?

»Von den Fischen.«

Sie steht auf, wirft das Messer weg und geht davon, um sich zu waschen.

Da fängt, wider Erwarten, die Geburt unter dem Schlachttisch zu schreien an. Man schaut nach, entdeckt unter einem Schwarm von Fliegen und zwischen Gekröse und abgeschlagenen Fischköpfen das Neugeborene, zerrt es heraus. Von Amts wegen wird es einer Amme gegeben, die Mutter festgenommen. Und weil sie geständig ist und ohne weiteres zugibt, daß sie das Ding bestimmt würde haben verrecken lassen, wie sie es im übrigen schon mit vier anderen getan habe, macht man ihr den Prozeß, verurteilt sie wegen mehrfachen Kindermords und schlägt ihr ein paar Wochen später auf der Place de Grève den Kopf ab.

Das Kind hatte zu diesem Zeitpunkt bereits das dritte Mal die Amme gewechselt. Keine wollte es länger als ein paar Tage behalten. Es sei zu gierig, hieß es, sauge für zwei, entziehe den anderen Stillkindern die Milch und damit ihnen, den Ammen, den Lebensunterhalt, da rentables Stillen bei einem einzigen Säugling unmöglich sei. Der zuständige Polizeioffizier, ein gewisser La Fosse, war die Sache alsbald leid und wollte das Kind schon zur Sammelstelle für Findlinge und Waisen in der äußeren Rue Saint-Antoine bringen lassen, von wo aus täglich Kindertransporte ins staatliche Großfindelheim von Rouen abgingen. Da nun aber diese Transporte von Lastträgern vermittels Bastkiepen durchgeführt wurden, in welche man aus Rationalitätsgründen bis zu vier Säuglinge gleichzeitig steckte; da deshalb die Sterberate unterwegs außerordentlich hoch war; da aus diesem Grund die Kiepenträger angehalten waren, nur getaufte Säuglinge zu befördern und nur solche, die mit einem ordnungsgemäßen Transportschein versehen waren, welche in Rouen abgestempelt werden mußte; da das Kind Grenouille aber weder getauft war noch überhaupt einen Namen besaß, den man ordnungsgemäß in den Transportschein hätte eintragen können; da es ferner seitens der Polizei nicht gut angängig gewesen wäre, ein Kind anonymiter vor den Pforten der Sammelstelle auszusetzen, was allein die Erfüllung der übrigen Formalitäten erübrigt haben würde … – aus einer Reihe von Schwierigkeiten bürokratischer und verwaltungstechnischer Art also, die sich bei der Abschiebung des Kleinkinds zu ergeben schienen, und weil im übrigen die Zeit drängte, nahm der Polizeioffizier La Fosse von seinem ursprünglichen Entschluß wieder Abstand und gab Anweisung, den Knaben bei irgendeiner kirchlichen Institution gegen Aushändigung einer Quittung abzugeben, damit man ihn dort taufe und über sein weiteres Schicksal entscheide. Im Kloster von Saint-Merri in der Rue Saint-Martin wurde man ihn los. Er erhielt die Taufe und den Namen Jean-Baptiste. Und weil der Prior an diesem Tage gute Laune hatte und seine karitativen Fonds noch nicht erschöpft waren, ließ man das Kind nicht nach Rouen expedieren, sondern auf Kosten des Klosters aufpäppeln. Es wurde zu diesem Behuf einer Amme namens Jeanne Bussie in der Rue Saint-Denis übergeben, welche bis auf weiteres drei Franc pro Woche für ihre Bemühungen erhielt.

Einige Wochen später stand die Amme Jeanne Bussie mit einem Henkelkorb in der Hand vor der Pforte des Klosters von Saint-Merri und sagte dem öffnenden Pater Terrier, einem etwa fünfzigjährigen kahlköpfigen, leicht nach Essig riechenden Mönch »Da!« und stellte den Henkelkorb auf die Schwelle.

»Was ist das?« sagte Terrier und beugte sich über den Korb und schnupperte daran, denn er vermutete Eßbares.

»Der Bastard der Kindermörderin aus der Rue aux Fers!«

Der Pater kramte mit dem Finger im Henkelkorb herum, bis er das Gesicht des schlafenden Säuglings freigelegt hatte.

»Gut schaut er aus. Rosig und wohlgenährt.«

»Weil er sich an mir vollgefressen hat. Weil er mich leergepumpt hat bis auf die Knochen. Aber damit ist jetzt Schluß. Jetzt könnt Ihr ihn selber weiterfüttern mit Ziegenmilch, mit Brei, mit Rübensaft. Er frißt alles, der Bastard.«

Pater Terrier war ein gemütlicher Mann. In seine Zuständigkeit fiel die Verwaltung des klösterlichen Karitativfonds, die Verteilung von Geld an Arme und Bedürftige. Und er erwartete, daß man ihm dafür danke sagte und ihn des weiteren nicht belästigte. Technische Einzelheiten waren ihm sehr zuwider, dennn Einzelheiten bedeuteten immer Schwierigkeiten, und Schwierigkeiten bedeuteten eine Störung seiner Gemütsruhe, und das konnte er gar nicht vertragen. Er ärgerte sich, daß er die Pforte überhaupt geöffnet hatte. Er wünschte, daß diese Person ihren Henkelkorb nähme und nach Hause ginge und ihn in Ruhe ließe mit ihren Säuglingsproblemen. Langsam richtete er sich auf und sog mit einem Atemzug den Duft von Milch und käsiger Schafswolle ein, den die Amme verströmte. Es war ein angenehmer Duft.

»Ich verstehe nicht, was du willst. Ich verstehe wirklich nicht, worauf du hinauswillst. Ich kann mir nur vorstellen, daß es diesem

Säugling durchaus nicht schaden würde, wenn er noch geraume Zeit an deinen Brüsten läge.«

»Ihm nicht«, schnarrte die Amme zurück, »aber mir. Zehn Pfund habe ich abgenommen und dabei gegessen für drei. Und wofür? Für drei Franc in der Woche!«

»Ach, ich verstehe«, sagte Terrier fast erleichtert, »ich bin im Bilde: Es geht also wieder einmal ums Geld.«

»Nein!« sagte die Amme.

»Doch! Immer geht es ums Geld. Wenn an diese Pforte geklopft wird, geht es ums Geld. Einmal wünschte ich mir, daß ich öffnete, und es stünde ein Mensch da, dem es um etwas anderes ginge. Jemand, der beispielsweise eine kleine Aufmerksamkeit vorbeibrächte. Beispielsweise etwas Obst oder ein paar Nüsse. Es gibt doch im Herbst eine Menge Dinge, die man vorbeibringen könnte. Blumen vielleicht. Oder wenn bloß jemand käme und freundlich sagte: ›Gott zum Gruße, Pater Terrier, ich wünsche Ihnen einen schönen Tag!‹ Aber das werde ich wohl nie mehr erleben. Wenn es kein Bettler ist, dann ist es ein Händler, und wenn es kein Händler ist, dann ist es ein Handwerker, und wenn er kein Almosen will, dann präsentiert er eine Rechnung. Ich kann schon gar nicht mehr auf die Straße gehen. Wenn ich auf die Straße gehe, bin ich nach drei Schritten umzingelt von Individuen, die Geld wollen!«

»Nicht von mir«, sagte die Amme.

»Aber ich sage dir eines: Du bist nicht die einzige Amme im Sprengel. Es gibt Hunderte von erstklassigen Ziehmüttern, die sich darum reißen werden, diesen entzückenden Säugling für drei Franc pro Woche an die Brust zu legen oder ihm Brei oder Säfte oder sonstige Nährmittel einzuflößen ...«

»Dann gebt ihn einer von denen!«

»... Andrerseits ist es nicht gut, ein Kind so herumzuschubsen. Wer weiß, ob es mit anderer Milch so gut gedeiht wie mit deiner. Es ist den Duft deiner Brust gewöhnt, mußt du wissen, und den Schlag deines Herzen.«

Und abermals nahm er einen tiefen Atemzug vom warmen Dunst, den die Amme verströmte, und sagte dann, als er merkte, daß seine Worte keinen Eindruck auf sie gemacht hatten:

»Nimm jetzt das Kind mit nach Hause! Ich werde die Sache mit dem Prior besprechen. Ich werde ihm vorschlagen, dir künftig vier Franc in der Woche zu geben.«

»Nein«, sagte die Amme.

»Also gut: fünf!«

»Nein.«

»Wieviel verlangst du denn noch?« schrie Terrier sie an. »Fünf Franc sind ein Haufen Geld für die untergeordnete Aufgabe, ein kleines Kind zu ernähren!«

»Ich will überhaupt kein Geld«, sagte die Amme. »Ich will den Bastard aus dem Haus haben.«

»Aber warum denn, liebe Frau?« sagte Terrier und fingerte wieder in dem Henkelkorb herum. »Er ist doch ein allerliebstes Kind. Er sieht rosa aus, er schreit nicht, er schläft gut, und er ist getauft.«

»Er ist vom Teufel besessen.«

Rasch zog Terrier seine Finger aus dem Korb.

»Unmöglich! Es ist absolut unmöglich, daß ein Säugling vom Teufel besessen ist. Ein Säugling ist kein Mensch, sondern ein Vormensch und besitzt noch keine voll ausgebildete Seele. Infolgedessen ist er für den Teufel uninteressant. Spricht er vielleicht schon? Zuckt es in ihm? Bewegt er Dinge im Zimmer? Geht ein übler Gestank von ihm aus?«

»Er riecht überhaupt nicht«, sagte die Amme.

»Da hast du es! Das ist ein eindeutiges Zeichen. Wenn er vom Teufel besessen wäre, müßte er stinken.«

Und um die Amme zu beruhigen und seinen eigenen Mut unter Beweis zu stellen, hob Terrier den Henkelkorb hoch und hielt ihn sich unter die Nase.

»Ich rieche nichts Absonderliches«, sagte er, nachdem er eine Weile geschnuppert hatte, »wirklich nichts Absonderliches. Mir scheint allerdings, als ob da etwas aus der Windel röche.« Und er hielt ihr den Korb hin, damit sie seinen Eindruck bestätige.

Die schöne Frau Seidenman

Aus dem Polnischen von Klaus Staemmler
detebe 21945, 272 Seiten, DM 16.90.
Diogenes Verlag, Zürich

Als Hardcover DM 36.–,
Diogenes Verlag, Zürich

Als Audio-Cassette bei Litraton
(8 Cass. DM 138.–)

FRANKFURTER ALLGEMEINE ZEITUNG
Ein leises und sehr poetisches Buch – damit wir nicht vergessen, was niemand hören und sehen und wissen mag.

NEUE ZÜRCHER ZEITUNG
Andrzej Szczypiorski belegt, daß der Roman keineswegs tot ist, daß menschliche Schicksale im doppelten Sog der Geschichte und der Zeit noch immer, und zwar auf höchstem Niveau, in der Romanform darstellbar sind.

SÜDDEUTSCHE ZEITUNG
Erzählt ohne Sentimentalität und hurrapatriotische Ausbrüche, dafür mit Humor und Verständnis für menschliche Träume und Sehnsüchte.

DER STANDARD, Wien
Andrzej Szczypiorski beherrscht wie sonst nur wenige die Kunst des erzählerischen Details, die Kunst, mit wenigen Andeutungen Atmosphären zu schaffen, in denen die Figuren aus ihrer Künstlichkeit heraustreten und schließlich ebenso an Glaubwürdigkeit gewinnen wie das Anliegen des Autors: die Beförderung der Menschlichkeit.

Der Autor:

© Isolde Ohlbaum

Als die Hitlertruppen ins Land einfielen, gab die Weltliteratur dem 15-jährigen Andrzej Szczypiorski Halt. Die Frontbewegungen interessierten ihn weit weniger als die Schicksale bei Leo Tolstoi oder Thomas Mann, wo er die „echten Deutschen“ fand. Die deutsche Sprache erlernte er im KZ Sachsenhausen. Nach dem Krieg arbeitete er als Rundfunkjournalist, 1956-58 als Presse- und Kulturattaché in Kopenhagen. Nach der Rückkehr wurde er Schriftsteller, bald jedoch ein verbotener und veröffentlichte im Untergrund. 1992 war er zwei Jahre Mitglied des frei gewählten polnischen Senats.

Die Zelle war ein enger Käfig. In ihr stand ein einziger Stuhl. Auf drei Seiten Mauern. Nur zum Gang ein von der Decke bis zum Steinfußboden reichendes Gitter. Unter der Decke brannte eine starke Glühbirne ohne Schirm.

Irma Seidenman setzte sich auf den Stuhl, wie man ihr befohlen hatte. Der Wärter schloß das Gitter ab und ging mit schwerfälligen Schritten davon.

Sie war hier nicht allein. Sie hörte die Atemzüge anderer Menschen, die in den Käfigen längs des Ganges eingeschlossen waren. Aber nur die Atemzüge.

Irma Seidenman neigte den Kopf in die Hände, stützte die Ellbogen auf die Knie und erstarrte gebückt in Konzentration und Stille. In ihr lebte eine Neugier, das Verlangen, jeden vergehenden Augenblick, die Stille, die eigenen Atemzüge und Herzschläge exakt mitzuerleben.

Irma Seidenman widerfuhr, was sie erwartet hatte. Fast jeden Tag der letzten zwei Jahre war sie auf ein solches Ende vorbereitet gewesen. In der Stadt hatte sie Legenden über den Gang mit den engen Käfigen gehört. Sie hatte sich den Gang vorgestellt. Er erwies sich als ein wenig anders, kleiner, vielleicht etwas gemütlicher, nicht so entsetzlich wie in den Berichten, denen sie mit bedrücktem Herzen gelauscht hatte. Jetzt befand sie sich in diesem Gang. Sie mußte nicht mehr befürchten, hierher zu kommen. Die Mauern, das Gitter, die Glühbirne, die gedämpften Atemzüge in der Nähe, aber auch der eigene Atem, seltsam gleichmäßig und leise. Ihr eigener Organismus gewöhnte sich an den Gang, paßte sich ihm an. Das war jetzt Irma Seidenmans gesamte Welt. Sie mußte darin leben.

Plötzlich dachte sie, das Leben sei nur das Vergangene. Es gebe kein anderes Leben als die Erinnerung. Die Zukunft existiere nicht, weder hier hinter den Gittern noch überall draußen, auf der Straße, im Wald, auf dem Meer, in den Armen des geliebten Mannes. Das Leben sei das in Erfüllung Gegangene, dessen wir gedenken, das geschehen und verflossen ist, um als Erinnerung zu bleiben. Die Zukunft kann nicht das Leben sein, dachte Irma Seidenman, weil es mich in der Zukunft nicht gibt, weil ich dort weder Hunger noch Durst, weder Kälte noch Wärme empfinde. Was irgendwo und irgendwann geschehen wird, ist noch jenseits von mir, verborgen hinter Mauer und Gitter, hinter meinem Raum und meinem Verständnis, es ist noch auf fernen Sternen, in der kosmischen Vorsehung. Mein Leben ist hier, denn ich bin hier, mein Körper, vor allem meine Erinnerung. Nur was schon geschehen ist, ist mein Leben, sonst nichts! An das Leben denken, heißt darum, an die erinnerte Vergangenheit denken, und jeder Augenblick ist Vergangenheit, das Abschließen des Gitters ist Vergangenheit, das Vorneigen des Kopfes, das Stützen in die Hände ist Vergangenheit. Das habe ich erlebt, mein Gott! Ich habe nichts erlebt als das, woran ich mich erinnere. Außerhalb der Erinnerung existiert nichts.

Sie erinnerte sich an ihren Mann, Dr. Ignacy Seidenman, einen großen, schlanken Menschen, den sie sehr geliebt hatte, obwohl sie keine Kinder bekamen. Zu Anfang ihrer Ehe bedauerten sie das, fanden sich aber bald damit ab und suchten das Glück zu zweit. Dr. Ignacy Seidenman starb an Krebs im Jahre 1938. Als er gestorben war, glaubte Irma Seidenman, nicht länger leben zu können, die Verzweiflung schien ihr unerträglich. Doch nach einiger Zeit beschäftigte sie das Ordnen seines wissenschaftlichen Nachlasses, seiner Arbeiten auf dem Gebiet der Röntgenologie sehr, das machte den Schmerz um den Verlust weniger quälend. Später stellte sie ziemlich unverhofft und nicht ohne Verwunderung fest, daß die Röntgenologie sie mehr fesselte als der Gedanke an ihren abwesenden Mann. Zunächst hatte sie sich nur verpflichtet gefühlt, in dem chaotischen wissenschaftlichen Werk des Doktors Ordnung zu schaffen, sie hatte das als ihre moralische Pflicht gegenüber seinem Andenken empfunden. Nach einiger Zeit jedoch bemerkte sie wesentliche Lücken in diesen Notizen, Aufnahmen, Krankengeschichten, Folgerungen – und fühlte etwas wie Scham, daß ihr Mann, ein so fleißiger und vernünftiger Mensch, eine gewisse Unordnung und Unachtsamkeit nicht vermieden hatte. Sie konnte das nicht so lassen, sie konnte Dr. Ignacy Seidenmans Erbe nicht einer böswilligen Kritik aussetzen. Deshalb reiste sie nach Paris, zu Professor Lebrommel und suchte bei ihm Hilfe. Ihre Zeit reichte nicht aus, mit den Tausenden von Mappen und Umschlägen ins Reine zu kommen – der Krieg brach aus. Zu dieser Zeit nahm Ignacy Seidenman in ihrem Leben weniger Platz ein als sein

Archiv. Und dieses Archiv bewirkte, daß sie gar nicht daran dachte, ins Ghetto zu ziehen. Sie hatte hellblondes Haar, blaue Augen, eine gerade, wohlgeformte Nase und zarte, ein wenig ironisch geschnittene Lippen. Sie war eine sehr schöne Frau von sechsunddreißig Jahren und besaß ein beträchtliches Kapital in Schmuck und Golddollars. Dr. Seidenmans Archiv brachte sie bei Freunden unter, in einer geräumigen hölzernen Villa in Józefów, während sie selbst, nachdem sie, um ihre Vergangenheit zu vertuschen, dreimal die Wohnung und die Personalpapiere gewechselt hatte, schließlich als Maria Magdalena Gostomska, Offizierswitwe, eine hübsche Einzimmerwohnung in Mokotów mietete. Um ihren Lebensunterhalt brauchte sie sich nicht zu sorgen, zudem waren ihre Bedürfnisse bescheiden, sie gab sich mit der Existenz einer alleinstehenden Frau zufrieden, die in dieser Welt des Wahnsinns weiter damit beschäftigt war, das Werk des verstorbenen Doktors zu vervollständigen. Ziemlich regelmäßig fuhr sie nach Józefów und machte Notizen am Rande der Manuskripte ihres Mannes, unterhielt Kontakte mit Warschauer Ärzten, vertrauenswürdigen Leuten, die sogar in dieser grausamen Zeit zu einem Gespräch mit der schönen und klugen Frau bereit waren. Sie beschäftigte sich so intensiv mit den Problemen der Röntgenstrahlen und den Rätseln der Röntgenologie, daß sie die Hölle nicht zu bemerken schien, in der damals alle lebten.

Doch sie bemerkte die Hölle. Sie sagte, auch in der Hölle müsse man so lange wie möglich seinen Weg gehen. Manchmal machte sie sich Vorwürfe, daß sie die Nachrichten von der anderen Seite mit einer gewissen Gleichgültigkeit aufnahm. Aber sie hatte ihre Verstorbenen nicht im Ghetto. Sie hatte sie nirgendwo, denn der Friedhof, auf dem Dr. Ignacy Seidenman ruhte, war dem Erdboden gleich gemacht worden, die Grabtafeln gestohlen oder als Straßenpflaster vorgesehen. Dr. Seidenmans Körper existierte nicht mehr, aber Irma Seidenman war überzeugt, er selbst existiere irgendwo, vielleicht in Gottes Nähe, vielleicht als geistige Energie im Kosmos oder als Bestandteil der Luft, die sie atmete, als Bestandteil des Wassers, das sie trank. Außerdem bleib Dr. Ignacy Seidenman als Erinnerung in ihrem Leben. Sie sah ihn oft, sie sprach des Abends mit ihm, er kam im Traum zu ihr, nicht als Geliebter, nicht als Ehemann, sie spürte weder seine Arme noch seine Küsse, sondern nur seine Anwesenheit, seine konzentrierte, schweigende, vielleicht sogar ein wenig kapriziöse Anwesenheit; denn Dr. Seidenman hatte ein Recht dazu, ihr ihre Kritik, ihre Verbesserungen übel zu nehmen, die sie in seine Manuskripte einzufügen sich verpflichtet fühlte. Manchmal stritt sie im Traum mit ihrem Mann, doch war ihr immer klar, daß sie sich mit sich selber stritt, weil ihr Mann nicht mehr lebte und man sich mit ihm nicht streiten konnte.

Sie waren also die ganzen Jahre beieinander, sie sehr real, mit ihren vielen kleinen und größeren Sorgen, auch mit der großen Angst, die aus dem Wissen um ihre Herkunft resultierte, um ihr Judentum; es war allerdings gut versteckt dank ihres Aussehens, ihrer vorzüglichen Papiere und der Freundlichkeit ihrer näheren Umgebung, die keinen Verdacht hegte, und wenn sie ihn hegte, stand sie unter dem Druck zweier Jahrtausende europäischer Zivilisation. Sie waren also beieinander, nur Dr. Seidenman ein wenig im Abseits, zum Glück unsichtbar und unerreichbar für die Verfolger.

Irma Seidenman sagte sich täglich, es werde ihr zweifellos gelingen, den Krieg zu überleben, das Werk ihres Mannes zu ergänzen und danach zu veröffentlichen, was sie nicht nur für einen Beweis ihrer Liebe und ihres Gedenkens hielt, sondern auch – nicht ohne Beschämung und ein wenig Eitelkeit – für ihren eigenen röntgenologischen Erfolg, der umso größer sei, als sie über keine medizinische Ausbildung verfügte, vielmehr alles dank ihrer Intelligenz, Arbeitsamkeit und Hartnäckigkeit erreicht hatte. Sie fühlte sich dermaßen sicher auf dem Boden ihrer Überlegungen und Beobachtungen, daß sie beabsichtigte, in Zukunft die verspätete Anstrengung des Medizinstudiums auf sich zu nehmen, vielleicht gar unter Leitung von Professor Lebrommel, der auch der Lehrer ihres verstorbenen Mannes gewesen war.

Sie sagte sich also, sie werde den Krieg überleben, und glaubte zugleich, das sei ein völlig absurder Gedanke, weil sie bestimmt entlarvt würde und das Schicksal der anderen Juden teilen müsse. Sie wartete auf diesen Tag mit bitterer Neugier und war fest entschlossen, ruhig und ohne Klage zu sterben, weil sie ja viel erreicht habe und mit jedem Tag dem Ende ihrer Arbeit am Werk ihres Mannes näher komme. Sie wollte sehr gern noch eine Zeitlang leben, noch etwas ergänzen, korrigieren, ändern, verfiel aber nicht in fieberhafte Unruhe. Selbst wenn sie es nicht schaffen sollte, das wußte sie genau, würden andere es schaffen, irgend jemand ganz bestimmt, weil es vernünftige und anständige Menschen auf der Welt gibt, die ihre Mühe fortsetzen und das Werk zu Ende führen würden. Sollten sich aber solche Menschen nicht finden, so hätte Dr. Ignacy Seidenmans Werk ohnehin seinen Sinn verloren.

Sie hoffte zu überleben und war genauso überzeugt, sie würde umkommen – ein sehr menschlicher, natürlicher Geisteszustand, der sie nicht in Erstaunen versetzte. Als sie aber ein Haus auf der Krucza-Straße verließ und von Angesicht zu Angesicht auf Bronek Blutman stieß, von dem sie gehört hatte, er sei Polizeispitzel und verrate Juden, um auf diese Weise seinen Kopf, den Kopf eines jüdischen Eintänzers auf den Dancing-Lokalen der Vorkriegszeit, zu retten, war ihr erster Gedanke eine banale Erledigung der Angelegenheit.

Bronek Blutman sagte: »Welche Begegnung, liebe Frau Seidenman. Immer noch so elegant, na na!«

»Ich werde vor Ihnen nicht so tun als ob«, entgegnete sie ruhig. »Wir können das erledigen.«

»Was können wir denn erledigen, meine Hübsche?« fragte Bronek Blutman.

»Wieviel wollen Sie? Sie sind ein junger, gut aussehender Mann, solche Männer pflegen größere Ausgaben zu haben.«

»Liebe Frau Seidenman«, antwortete Bronek Blutman, »mir helfen weder Schweinchen noch Harte. Ich habe mein bestimmtes Kontingent.«

»Ich will nicht schlechter sein, als ich bin, aber ihr Kontingent können Sie woanders erfüllen.«

»Kommt nicht in Frage«, sagte Blutman. »Ich meine es ernst. Und deshalb gehen wir jetzt zur richtigen Stelle.«

»Sie machen ein schlechtes Geschäft, Herr Bronek. Ich bin nicht Frau Seidenman. Ich heiße Gostomska, mein Mann war Artillerieoffizier und ist 1939 gefallen.«

»Alle sind wir 1939 gefallen«, entgegnete Bronek Blutman. »Los, gehen wir, meine Liebe!«

»Man kann mir nichts beweisen.«

»Das Beweisen übernehme ich.«

Da zuckte Irma leichthin mit den Schultern, obwohl sie eine schreckliche Kälte rund um das Herz spürte und die Beine unter ihr nachgaben.

»Können die überhaupt einem kleinen Juden glauben, wenn eine Offizierswitwe dem entschieden widerspricht?«

»Machen Sie sich nicht lächerlich, liebe Frau Seidenman. Gehen wir!«

Er faßte sie unter, leicht und sanft, denn er war ein guter Eintänzer gewesen.

»Ich heiße Gostomska«, sagte sie laut. Ein Passant schaute herüber und zog die Brauen zusammen.

»Ich heiße Gostomska und bin keine Jüdin«, wiederholte sie noch lauter. Zwei Männer blieben stehen.

»Was wollen Sie von dieser Dame?« fragte einer.

»Das geht Sie nichts an«, entgegnete Bronek Blutman schroff.

»Sie sind selbst Jude«, sagte der Mann.

»Ich weiß am besten, wer ich bin«, rief Bronek und zog Irma Seidenman am Arm.

Eine freie Rikscha kam vorbei. Er hielt sie an. Sie stiegen ein. Auf dem Gehweg standen die beiden fremden Männer, ihre Gesichter verrieten Angst, Unbehagen und Spott. Bronek Blutman legte seine Hand auf Irmas Nacken.

»Immer schon hatte ich Appetit auf Sie«, sagte er heiter, »aber jetzt ist's zu spät.«

»Nehmen Sie Ihre Hand weg, sonst kriegen Sie eins in die Schnauze!« rief sie. »Ich heiße Gostomska, Maria Magdalena Gostomska.«

»Die große Sünderin«, murmelte Bronek und lachte auf. Aber die Hand nahm er fort. Irma Seidenman wandte sich an den Rikschafahrer. Sie gab ihm ihre Anschrift und bat ihn, Dr. Adam Korda, ihren Nachbarn, zu benachrichtigen, daß sie irrtümlicherweise als Person jüdischer Abstammung festgehalten worden sei.

»Ein Skandal!« sagte sie mit heftigem Abscheu. Der Rikschafahrer versprach, Dr. Korda zu benachrichtigen.

Dr. Korda ahnte nichts von Irmas jüdischer Herkunft.

Erst seit einigen Monaten war er ihr Nachbar. Als Altphilologe interessierte er sich für das Judenproblem nur darum, weil es etwas mit Tacitus und der Zerstörung des Tempels zu Jerusalem durch Titus zu tun hatte. Von Zeit zu Zeit brachte er Irma ein wenig Hagebutten-Konfitüre, sie plauderten abends ein bißchen über die schlechten und schwierigen Zeiten. Irma nannte seinen Namen und seine Adresse, weil er einfach ein anständiger Mensch war und es darauf ankam, einen anständigen Menschen wissen zu lassen, daß sie in Kürze umgebracht würde.

In der Folgezeit dachte sie nicht an Dr. Korda. Auch an Bronek Blutman dachte sie von dem Augenblick an nicht mehr, als er Stucklers Zimmer verlassen hatte. Stuckler saß hinter dem Schreibtisch, sie auf einem Stuhl davor. Sie schaute durch das breite Fenster hinaus in den blauen Himmel.

Sie gab nichts zu. Hartnäckig sagte sie: »Ich kenne diesen Menschen nicht und bin keine Jüdin. Ich heiße Maria Magdalena Gostomska und bin Offizierswitwe. Sie haben ja meine Papiere.«

Er hatte ihre Kennkarte, aber nicht nur das. Er hatte auch einen alten, abgenutzten Ausweis des Kreises der Offiziersfamilien aus der Stadt Grodno, ausgegeben im Jahr 1937. Er hatte die Fotografie eines korpulenten Mannes über vierzig in Uniform und mit den Rangabzeichen eines Hauptmanns. Auch die Fotografie war in Grodno angefertigt. Irma Seidenman besaß gute Papiere. Stuckler öffnete und schloß das silberne Zigarettenetui mit den goldenen Buchstaben I. S. Sie hatte das Zigarettenetui von ihrem Mann Dr. Ignacy Seidenman kurz vor seinem Tode bekommen, es war sein letztes Geschenk, von dem sie sich nie hatte trennen wollen. Bronek Blutman hatte lächelnd auf das Zigarettenetui hingewiesen und zu Stuckler gesagt: »Sehen Sie doch, Herr Sturmführer, das ist wohl der beste Beweis. I. S., Irma Seidenman, oder, wenn Sie wollen, Ignacy Seidenman. Den habe ich auch gekannt.«

»Wo ist er?« fragte Stuckler.

»Der lebt nicht mehr. Vor dem Krieg gestorben«, antwortete Bronek.

»Das ist nicht mein Zigarettenetui«, sagte sie. »Ich habe es vor ein paar Wochen gefunden. Sie sehen ja selbst, es ist aus Silber. Und die Buchstaben aus Gold. Solche Dinge wirft man heutzutage nicht fort.«

Das hatte sie viele Male wiederholt, auch als Bronek Blutman nicht mehr im Zimmer war. Stuckler öffnete und schloß träge das Zigarettenetui. Nach drei Viertelstunden ließ er Irma abführen.

Sie saß im Käfig, und was sie im Lauf dieses Vormittags erlebt hatte, war jetzt ihr wirkliches Leben.

Das Zigarettenetui, dachte sie. Immer und über alles entscheidet eine Kleinigkeit. Das Zigarettenetui, ohne das man sehr gut leben kann, sein Fehlen würde man nicht bemerken. Der Mensch ist nur ein Objekt unter Objekten. Das Zigarettenetui. Irma war sicher, ohne dieses verdammte Metallbehältnis wäre sie entlassen worden. Aussehen und Papiere zeugten zu ihren Gunsten. Zwar hatte Stuckler sich in einem bestimmten Augenblick erhoben und aufmerksam ihre Ohren betrachtet, war aber gleich hinter seinen Schreibtisch zurückgekehrt. Sie hatte von dem Unsinn mit den Ohren jüdischer Frauen gehört. Was die Männer anging, ließ man sie den Hosenschlitz öffnen. Bei den Frauen suchten sie etwas an der Ohrmuschel. Sie wußten selbst nicht, was sie suchten, aber sie waren gewissenhaft und wollten keine Irrtümer begehen. Irgend jemand in Berlin hatte sich ausgedacht, die Ohrmuschel der jüdischen Frau weise geheimnisvolle Rassenmerkmale auf. Doch diese Merkmale gab es nicht. Deshalb tasteten sie die Ohren ab, prüften die Ohren – und blieben weiter im Ungewissen. Stuckler kehrte enttäuscht hinter seinen Schreibtisch zurück. Aber er hatte das Zigarettenetui. Hätte er das Zigarettenetui nicht gehabt, so hätte er Irma Seidenman entlassen. Dessen war sie fast sicher.

Sterben wegen einer solchen Kleinigkeit, dachte sie, ist wahrhaft ungerecht. Sie hatte gar nicht das Gefühl, als Jüdin zu sterben, weil sie sich nicht als Jüdin fühlte und das Judesein auf keinen Fall als einen Makel ansah. Sie war überzeugt, infolge des Zigarettenetuis sterben zu müssen. Und dieser Gedanke erschien ihr lächerlich, dumm, böse und hassenswert.

Antonio Tabucchi

Erklärt Pereira

Deutsch von Karin Fleischhanderl
dtv 12424, 224 Seiten, DM 14.90.
Deutscher Taschenbuch Verlag, München

Als Hardcover DM 36.–,
Hanser Verlag, München

Als Audio-Cassette bei DerHörVerlag, München
(6 Cass. DM 79.90)

BRIGITTE

Portugal zur Zeit der Salazar-Diktatur. Pereira, Ende 50 und Liebhaber von Limonade und Omeletts, lebt 1938 als Kulturredakteur einer kleinen Zeitung recht komfortabel. Eines Tages platzt ein engagierter Student in sein Leben – und Pereira kann sich nicht mehr um die Politik herumdrücken. Mit leichter Hand und alles andere als belehrend erzählt Tabucchi seine subtile Parabel über Resignation und Rebellion.

WOCHENPOST

Das Wunderbare an Tabucchis Parabel ist, daß sie eine moralische Geschichte erzählt, ohne eine Moral von der Geschicht' zu haben ... Ein Denk-, Spiel- und Rätselstück, wie Tabucchis frühere Bücher nur mit mehr Bodenhaftung.

RHEINISCHER MERKUR

Ein Glanzstück ... wunderbar schwebend erzählt, als bedürfe es dazu keiner Mühe und Kunstfertigkeit.

Der Autor:

Antonio Tabucchi wurde im September 1943 in Vecchiano bei Pisa geboren, lehrt als Professor portugiesische Sprache und Literatur und lebt in Genua und Vecchiano. *Erklärt Pereira* bekam 1994 sowohl den Premio Viareggio als auch den Premio Campiello und stand in Italien acht Monate lang auf der Bestsellerliste. Die Geschichte wurde mit Marcello Mastroianni verfilmt.

Das Mädchen, das dann kam, erklärt Pereira, trug einen Hut aus Zwirn. Sie war wunderschön, von heller Hautfarbe, mit grünen Augen und wohlgerundeten Armen. Sie trug ein Kleid mit Trägern, die sich im Rücken überkreuzten und die ihre weichen und schön geformten Schultern betonten. Das ist Marta, sagte Monteiro Rossi, Marta, darf ich dir Doktor Pereira von der *Lisboa* vorstellen, er hat mich heute abend engagiert, von nun an bin ich Journalist, wie du siehst, habe ich Arbeit gefunden. Und sie sagte: Sehr erfreut, Marta. Und dann, zu Monteiro Rossi gewandt, sagte sie: Ich weiß nicht, warum ich zu einer Veranstaltung wie dieser gekommen bin, aber da ich schon einmal hier bin, warum tanzt du nicht mit mir, mein Dummerchen; angesichts der verlockenden Musik und des wunderbaren Abends?
Pereira erklärt, daß er allein am Tischchen sitzen blieb, er bestellte noch eine Limonade und trank sie in kleinen Schlucken, wobei er die jungen Leute betrachtete, die Wange an Wange tanzten. Pereira erklärt, in diesem Augenblick habe er wieder an sein bisheriges Leben gedacht, an die Kinder, die er nicht gehabt hatte, aber zu diesem Thema will er keine weiteren Erklärungen abgeben. Nach dem Tanzen setzten sich die jungen Leute an das Tischchen, und Marta sagte, als ob sie von etwas anderem spräche: Heute habe ich die *Lisboa* gekauft, leider berichtet sie nicht von dem Mann aus dem Alentejo, den die Polizei auf seinem Fuhrwerk umgebracht hat, sie berichtet nur von einer amerikanischen Yacht, keine sehr interessante Nachricht, finde ich. Und Pereira, der ein ungerechtfertigtes Gefühl der Schuld empfand, antwortete: Der Herausgeber ist auf Urlaub, ich kümmere mich nur um die Kulturseite, denn wissen Sie, ab nächster Woche wird die *Lisboa* eine Kulturseite haben, ich bin dafür zuständig.

Marta nahm den Hut ab und legte ihn auf den Tisch. Unter dem Hut quoll eine Woge kastanienbrauner Haare hervor, die rot schimmerten, erklärt Pereira, sie schien ein paar Jahre älter zu sein als ihr Gefährte, vielleicht war sie sechsundzwanzig oder siebenundzwanzig, und er fragte sie: Und was machen Sie so? Ich schreibe Geschäftsbriefe für eine Import-Export-Firma, antwortete Marta, aber ich arbeite nur am Vormittag, damit ich am Nachmittag lesen, spazierengehen und hin und wieder Monteiro Rossi treffen kann. Pereira erklärt, es sei ihm merkwürdig erschienen, daß sie den jungen Mann mit Monteiro Rossi, mit seinem Nachnamen ansprach, als ob sie nur Studienkollegen wären, aber er sagte nichts, sondern wechselte das Thema und meinte, einfach um etwas zu sagen: Ich dachte, Sie sind ein Mitglied der Salazar-Jugend. Und Sie? erwiderte Marta. Ach, sagte Pereira, meine Jugend ist schon einige Zeit vorbei, und was die Politik anbelangt, die mich, nebenbei gesagt, nicht sehr interessiert, mag ich keine Fanatiker, mir scheint, die Welt ist voller Fanatiker. Man muß zwischen Fanatismus und Glauben unterscheiden, antwortete Marta, denn Ideale kann man haben, zum Beispiel daß die Menschen frei und gleich und auch Brüder sein sollen, entschuldigen Sie, eigentlich plappere ich die Französische Revolution nach, glauben Sie an die Französische Revolution? Theoretisch ja, antwortete Pereira; und er bereute das »theoretisch«, denn er hätte gerne gesagt: praktisch ja; aber eigentlich hatte er gesagt, was er dachte. Und in diesem Augenblick stimmten die beiden Alten mit der Geige und der Gitarre einen Walzer in F-Dur an, und Marta sagte: Doktor Pereira, diesen Walzer würde ich gerne mit Ihnen tanzen. Er sei aufgestanden, erklärt Pereira, habe sie am Arm genommen und zu der Tanzfläche geführt. Und er tanzte diesen Walzer fast schwungvoll, als ob sein Bauch und das ganze Fleisch wie durch einen Zauber verschwunden wären. Und dabei betrachtete er den Himmel über den bunten Glühbirnen auf der Praça da Alegria, und er fühlte sich winzig klein, eins mit dem Universum. Da ist ein fetter ältlicher Mann, der mit einem jungen Mädchen auf irgendeinem Platz des Universums tanzt, dachte er, und derweil kreisen die Gestirne, das Universum ist in Bewegung, und vielleicht betrachtet uns jemand von einem Observatorium in der Unendlichkeit aus. Dann kehrten sie an ihr Tischchen zurück, und Pereira erklärt, daß er dachte: Warum habe ich keine Kinder bekommen? Er bestellte noch eine Limonade, in der Hoffnung, sie würde ihm guttun, denn am Nachmittag bei dieser mörderischen Hitze hatte er Probleme mit der Verdauung gehabt. Und Marta plauderte derweil, als ob sie sich durch und durch wohl fühlte, und sagte: Monteiro Rossi hat mir von Ihrem journalistischen Projekt erzählt, ich halte das für eine gute Idee, es gibt einen Haufen Schriftsteller, die gut und gern abtreten könnten, zum Glück ist dieser unausstehliche

Rapagnetta, der sich D'Annunzio nannte, vor ein paar Monaten gestorben, aber auch um Claudel, diese Betschwester, wäre es nicht schade, meinen Sie nicht? Und Ihre Zeitung, die anscheinend zum Katholizismus tendiert, würde gewiß gern darüber berichten, und auch dieser Gauner Marinetti, dieser widerliche Typ, der sich, nachdem er den Krieg und die Granaten besungen hat, auf die Seite von Mussolinis Schwarzhemden geschlagen hat, könnte das Zeitliche segnen. Pereira begann leicht zu schwitzen, erklärt er, und flüsterte: Fräulein, sprechen Sie leiser, ich weiß nicht, ob Sie sich ganz im klaren darüber sind, wo wir uns befinden. Und da setzte Marta ihren Hut wieder auf und sagte: Tja, mir reicht es hier, mir geht das hier auf die Nerven, Sie werden sehen, bald fangen sie an, Militärmärsche zu spielen, ich lasse Sie lieber mit Monteiro Rossi allein, ihr habt gewiß einiges zu besprechen, ich gehe inzwischen zum Tejo hinunter, ich brauche frische Luft, gute Nacht und auf Wiedersehen.

Pereira erklärt, daß er sich etwas erleichtert fühlte, er trank seine Limonade aus und war versucht, noch eine zu bestellen, zögerte jedoch, weil er nicht wußte, wie lange Monteiro Rossi noch bleiben wollte. Also fragte er: Was meinen Sie, sollen wir noch etwas zu trinken bestellen? Monteiro Rossi stimmte zu, sagte, daß er den ganzen Abend zur Verfügung habe und Lust habe, über Literatur zu sprechen, er hatte so selten Gelegenheit, für gewöhnlich sprach er über Philosophie, er kannte nur Leute, die sich ausschließlich mit Philosophie beschäftigten. Und in diesem Augenblick fiel Pereira ein Satz ein, den sein Onkel, der ein gescheiterter Dichter war, immer zu ihm gesagt hatte, und er sprach ihn aus. Er sagte: Der Philosophie scheint es nur um die Wahrheit zu gehen, aber vielleicht phantasiert sie, und der Literatur scheint es nur um die Phantasie zu gehen, aber vielleicht sagt sie die Wahrheit. Monteiro Rossi lächelte und sagte, das scheine ihm eine schöne Definition der beiden Disziplinen zu sein. Also fragte ihn Pereira: Und was halten Sie von Bernanos? Zunächst einmal schien Monteiro Rossi ein wenig verwirrt zu sein und fragte: Der katholische Schriftsteller? Pereira nickte, und Monteiro Rossi sagte leise: Hören Sie, wie ich Ihnen bereits heute am Telefon gesagt habe, denke ich nicht sehr viel an den Tod, und ich beschäftige mich auch nicht allzusehr mit dem Katholizismus, wissen Sie, mein Vater war Schiffsingenieur, er war ein praktischer Mann, der an den Fortschritt und an die Technik glaubte, er hat mich in diesem Sinne erzogen, er war zwar Italiener, aber vielleicht hat er mich ein wenig auf englische Art erzogen, mir eine pragmatische Sicht der Dinge vermittelt; ich mag zwar Literatur, aber vielleicht haben wir einen unterschiedlichen Geschmack, zumindest in Hinsicht auf gewisse Schriftsteller, aber ich brauche dringend Arbeit und bin bereit, für alle Schriftsteller, von denen Sie beziehungsweise die Redaktion Ihrer Zeitschrift es wünschen, Nachrufe im voraus zu schreiben. In diesem Augenblick, erklärt Pereira, habe ihn eine Anwandlung von Stolz überkommen. Er fand es ärgerlich, daß ihm dieser junge Mann eine Lektion in Berufsethos erteilte, mit einem Wort, er fand ihn arrogant. Und da beschloß er, ebenfalls einen arroganten Ton anzuschlagen, und er antwortete: Ich bin, was meine literarischen Entscheidungen anbelangt, nicht vom Herausgeber abhängig, für die Kulturseite bin ich selber zuständig, und ich wähle die Schriftsteller aus, die mich interessieren, deshalb beschließe ich, Sie mit der Aufgabe zu betrauen und Ihnen freie Hand zu lassen, ich hätte Ihnen gern Bernanos und Mauriac vorgeschlagen, weil sie mir gefallen, aber ich schreibe Ihnen nichts vor, Sie sind es, der entscheidet, machen Sie, was Ihnen gefällt. Pereira erklärt, daß er es augenblicklich bereute, ein solches Zugeständnis gemacht, sein Verhältnis zum Herausgeber aufs Spiel gesetzt zu haben, um diesem jungen Mann freie Hand zu lassen, den er nicht kannte und der ihm freimütig gestanden hatte, seine Dissertation abgeschrieben zu haben. Einen Augenblick lang hatte er das Gefühl, in der Falle zu sitzen, er begriff, daß er sich freiwillig in eine dumme Situation manövriert hatte. Aber zum Glück nahm Monteiro Rossi das Gespräch wieder auf und begann von Bernanos zu sprechen, den er offensichtlich ziemlich gut kannte. Und dann sagte er: Bernanos ist ein mutiger Mann, er hat keine Angst, von den Kellergeschossen seiner Seele zu sprechen. Und bei dem Wort »Seele«, erklärt Pereira, erholte er sich von seinem Schrecken, es war, als ob ihn ein Balsam von einer Krankheit befreit hätte, und dann stellte er eine etwas dumme Frage: Glauben Sie an die Auferstehung des Fleisches? Darüber habe ich noch nie nachgedacht, antwortete Monteiro Rossi, das ist kein Problem, das mich interessiert, ich versichere Ihnen, das ist kein Problem, das mich interessiert, ich könnte morgen in die Redaktion kommen, ich kann Ihnen auch im voraus einen Nachruf auf Bernanos schreiben, aber ehrlich gesagt wäre mir ein Nachruf auf García Lorca lieber. Gewiß, sagte Pereira, die Redaktion bin ich, ich bin in der Rua Rodrigo da Fonseca Nummer sechsundsechzig zu finden, neben der Rua Alexandre Herculano, ein paar Schritte von der jüdischen Fleischerei entfernt, erschrecken Sie nicht, wenn Sie die Portiersfrau auf der Treppe treffen, sie ist eine Megäre, sagen Sie ihr, daß Sie eine Verabredung mit Doktor Pereira haben, und reden Sie nicht zuviel mit ihr, sie ist wahrscheinlich eine Informantin der Polizei.

Pereira erklärt, daß er nicht weiß, warum er das sagte, vielleicht einfach, weil er die Portiersfrau und die salazaristische Polizei verabscheute, jedenfalls war es ihm ein Bedürfnis, es zu sagen, aber nicht, um eine eingebildete Komplizenschaft mit diesem jungen Mann herzustellen, den er noch nicht kannte: nicht deshalb, aber den genauen Grund kennt er nicht, erklärt Pereira.

Geh, wohin dein Herz dich trägt

Aus dem Italienischen von Maja Pflug
detebe 23030, 192 Seiten, DM 14.90.
Diogenes Verlag, Zürich

Als Hardcover DM 32.–,
Diogenes Verlag, Zürich

Als Audio-Cassette bei
schumm sprechende bücher
(4 Cass. DM 68.80)

FRANKFURTER RUNDSCHAU
Ein unsentimentales Plädoyer für die Rehabilitation der Gefühle, für die Wiederentdeckung des Herzens.

SÜDDEUTSCHE ZEITUNG
Eine hinreißend charmante Fabulierin: frische Phantasie, Poesie und Witz … Ein kleines, weises Lehrbuch der Gefühle.

ELKE HEIDENREICH
Ein wunderbarer Roman. Lesen Sie dieses Buch, es wird Sie glücklich machen.

FOCUS
Die Bibel eines neuen Zeitgeists.

DER SPIEGEL
Die erfolgreichste italienische Schriftstellerin.

Die Autorin:

© Marco Delogu

Entdeckt wurde sie durch Federico Fellini, der sie liebevoll beschrieb als eine „befreite Gelsomina, ein faszinierendes, unschuldiges Geschöpf, das es vermocht hat, mich zu rühren, ohne mich zu beschämen". Fellini beschwerte sich bei allen ihm bekannten Literaturkritikern, daß ein solches Talent unentdeckt geblieben war. Besprechungen und Literaturpreise retteten ihr erstes Buch *Love,* das ihr italienischer Verlag schon einstampfen wollte. Wirklich bekannt wurde sie dann drei Jahre später mit ihrem Welterfolg *Geh, wohin dein Herz dich trägt.*

Du bist vor zwei Monaten abgereist, und seit zwei Monaten habe ich, abgesehen von einer Postkarte, auf der du mir mitteilst, daß du noch lebst, keine Nachricht von dir. Heute morgen bin ich im Garten lange vor deiner Rose stehengeblieben. Obgleich es schon Spätherbst ist, hebt sie sich mit ihrem Purpurrot noch einsam und eitel von den anderen Pflanzen ab, die längst die Farbe verloren haben. Weißt du noch, wie wir sie gepflanzt haben? Du warst zehn Jahre alt und hattest gerade *Der kleine Prinz* gelesen. Ich hatte ihn dir als Belohnung für deine Versetzung geschenkt. Du warst von der Geschichte begeistert. Am liebsten von allen Gestalten hattest du die Rose und den Fuchs; den Affenbrotbaum, die Schlange, den Piloten und all die beschränkten, eingebildeten Menschen, die auf ihren winzigen Planeten sitzend durchs All schwebten, mochtest du dagegen nicht. So sagtest du eines Morgens beim Frühstück: »Ich will eine Rose.« Auf meinen Einwand, wir hätten doch schon so viele Rosenstöcke, hast du geantwortet: »Ich will eine, die nur mir gehört, ich will sie pflegen, sie großziehen.« Natürlich wolltest du außer der Rose auch einen Fuchs. Mit der Schlauheit der Kinder hattest du den einfachen Wunsch vor dem fast unerfüllbaren geäußert. Wie sollte ich dir den Fuchs abschlagen können, nachdem ich dir die Rose zugestanden hatte? Darüber haben wir lange gestritten und uns schließlich auf einen Hund geeinigt.

In der Nacht, bevor wir ihn holten, hast du kein Auge zugetan. Alle halbe Stunde hast du an meine Tür geklopft und gesagt: »Ich kann nicht schlafen.« Morgens um sieben warst du schon mit dem Frühstück fertig, gewaschen und angezogen; im Mantel bist du im Sessel gesessen und hast auf mich gewartet. Um halb neun standen wir vor dem Eingang des Tierheims, es war noch zu. Zwischen den Gittern hindurchspähend, sagtest du: »Woran werde ich merken, welcher genau der Richtige für mich ist?« Große Besorgnis lag in deiner Stimme. Ich beruhigte dich. »Mach dir keine Sorgen«, sagte ich, »denk daran, wie der Kleine Prinz den Fuchs gezähmt hat.«

Drei Tage lang gingen wir immer wieder hin. Es gab mehr als zweihundert Hunde dort drinnen, und du wolltest sie alle sehen. Du bliebst vor jedem Käfig stehen, regungslos und scheinbar unbeteiligt, in Gedanken versunken. Die Hunde warfen sich alle gegen das Gitter, bellten, sprangen hoch und versuchten, mit den Pfoten den

Maschendraht zu zerreißen. Eine Wärterin des Tierheims begleitete uns. Da sie dich für ein kleines Mädchen wie alle anderen hielt, zeigte sie dir, um dich zu verlocken, die schönsten Tiere: »Schau den Cockerspaniel«, sagte sie. Oder: »Was hältst du von dem Lassie dort?« Als einzige Antwort gabst du eine Art Grunzen von dir und gingst weiter, ohne ihr zuzuhören.

Buck haben wir am dritten Tag dieses Leidenswegs gefunden. Er befand sich in einer der Boxen auf der Rückseite, wo die kranken Hunde untergebracht wurden. Als wir ans Gitter traten, sprang er uns nicht mit allen anderen entgegen, sondern blieb auf seinem Platz sitzen und hob nicht einmal den Kopf. »Den«, hast du gerufen und auf ihn gezeigt. »Den da will ich!« Erinnerst du dich noch an das entsetzte Gesicht der Frau? Sie konnte einfach nicht begreifen, wieso du ausgerechnet diesen häßlichen Köter mitnehmen wolltest. Denn Buck war zwar ein kleiner Hund, aber in seiner Kleinheit mischten sich fast alle Rassen der Welt. Er hatte den Kopf eines Schäferhundes, die weichen Schlappohren eines Jagdhundes, die krummen Beine eines Dackels, einen buschigen Schwanz wie ein Spitz und das schwarze glatte Fell eines Dobermanns. Als wir ins Büro gingen, um die Papiere zu unterschreiben, erzählte uns die Angestellte seine Geschichte: Er war zu Beginn des Sommers aus einem fahrenden Auto geworfen worden. Beim Fall hatte er sich schwer verletzt, und seitdem hing eines der Hinterbeine wie leblos herab.

Buck sitzt jetzt hier neben mir. Während ich schreibe, seufzt er ab und zu und stupst mich mit der Nasenspitze am Bein. Die Schnauze und die Ohren sind mittlerweile fast ergraut, und über seine Augen hat sich seit einiger Zeit jener Schleier gelegt, der immer die Augen alter Hunde trübt. Es rührt mich, wenn ich ihn ansehe. Es ist, als hätte ich einen Teil von dir hier neben mir, den Teil, den ich am meisten liebe, den, der dich vor so vielen Jahren unter den zweihundert Insassen im Tierheim den unglücklichsten und häßlichsten auswählen ließ.

Seit ich ziellos durch die Einsamkeit des Hauses wandere, sind die Jahre, in denen unser Zusammenleben von Unverständnis und schlechter Laune geprägt war, wie ausgelöscht. Die Erinnerungen, die mich in diesen Monaten umgeben, sind die Erinnerungen an dich als Kind, als verletzliches, ausgesetztes kleines Tierchen. An dieses Kind schreibe ich, nicht an die gepanzerte überhebliche Person der letzten Zeit. Die Rose hat mich dazu angeregt. Heute morgen, als ich an ihr vorbeiging, hat sie mir zugeflüstert: »Setz dich hin und schreib ihr einen Brief.« Ich weiß, daß wir bei deiner Abreise unter anderem vereinbart haben, wir würden uns nicht schreiben, und schweren Herzens halte ich mich daran. Diese Zeilen werden nie den Flug nach Amerika antreten, um zu dir zu kommen. Wenn ich bei deiner Rückkehr nicht mehr da sein sollte, werden sie hier auf dich warten. Warum ich das sage? Weil ich vor weniger als einem Monat zum ersten Mal in meinem Leben schwer krank gewesen bin. So weiß ich jetzt, daß es unter allen Möglichkeiten auch diese gibt: In sechs oder sieben Monaten könnte ich nicht mehr hier sein, um dir die Türe zu öffnen und dich zu umarmen. Eine Freundin sagte vor einiger Zeit, daß bei Menschen, die nie krank waren, die Krankheit plötzlich und heftig auftritt, wenn sie dann kommt. Genau so ist es bei mir gewesen: Eines Morgens, während ich die Rose goß, hat auf einmal jemand das Licht ausgeknipst. Wenn Frau Razman mich nicht durch den Zaun gesehen hätte, der unsere Gärten voneinander trennt, wärst du jetzt höchstwahrscheinlich Waise. Waise? Sagt man das, wenn eine Großmutter stirbt? Ich bin mir nicht sicher. Vielleicht werden Großeltern als etwas so Nebensächliches betrachtet, daß man kein besonderes Wort braucht, um ihren Verlust zu bezeichnen. Nach ihrem Tod ist man weder Waise noch verwitwet. Man läßt sie wie selbstverständlich am Wegrand zurück, so wie man unterwegs zerstreut einen Regenschirm liegenläßt.

Als ich im Krankenhaus aufwachte, erinnerte ich mich an nichts mehr. Mit noch geschlossenen Augen hatte ich das Gefühl, mir wäre ein langer, schmaler, zweigeteilter Schnurrbart gewachsen, ähnlich wie die Schnurrhaare einer Katze. Als ich die Augen aufschlug, wurde mir klar, daß es sich um zwei dünne Plastikschläuche handelte; sie kamen aus meiner Nase und liefen die Lippen entlang. Um mich herum standen überall seltsame Apparate. Nach einigen Tagen wurde ich in ein normales Zimmer verlegt, in dem schon zwei andere Personen lagen. Dort besuchte mich dann eines Nachmittags Herr Razman mit seiner Frau. »Daß Sie noch leben«, sagte er zu mir, »verdanken Sie Ihrem Hund, der wie verrückt gebellt hat.«

Als ich schon wieder aufstehen konnte, kam ein junger Arzt ins Zimmer, den ich auch mehrmals während der Visite gesehen hatte. Er nahm einen Stuhl und setzte sich an mein Bett. »Da Sie keine Verwandten haben, die für Sie sorgen und entscheiden können«, sagte er, »werde ich ohne Vermittlung eines Dritten offen mit Ihnen selbst reden müssen.« Ich sah ihm mehr zu, während er sprach, als daß ich ihm zuhörte. Er hatte schmale Lippen, und wie du weißt, haben mir Menschen mit schmalen Lippen noch nie gefallen. Seinen Worten zufolge war mein Gesundheitszustand so ernst, daß er mir nicht erlaubte, nach Hause zurückzukehren. Er nannte mir zwei oder drei Einrichtungen mit Pflegeabteilung, in die ich hätte gehen können. An meinem Gesichtsausdruck muß er mir etwas angesehen haben, denn er fügte sofort hinzu: »Denken Sie nicht an die Altersheime von früher, heute ist alles anders, die Zimmer sind hell, und rundherum gibt es große Parks, in denen man spazierengehen kann.« – »Herr Doktor«, habe ich daraufhin zu ihm gesagt, »kennen Sie die Eskimos?« – »Natürlich«, antwortete er, während er aufstand. »Nun, sehen Sie, so will ich sterben«, und da er nicht zu verstehen schien, habe ich hinzugefügt: »Ich falle lieber mit dem Gesicht nach unten zwischen die Zucchini in meinem Garten, als daß ich in einem Zimmer mit weißen Wänden noch ein Jahr lang ans Bett gefesselt lebe.« Aber da war er schon an der Tür. Er lächelte bösartig: »So reden viele«, sagte er, bevor er verschwand, »doch im letzten Moment kommen sie alle angerannt, um sich behandeln zu lassen, und zittern wie Espenlaub.«

Drei Tage später unterschrieb ich ein lächerliches Formular, in dem ich erklärte, daß ich, ich allein, die Verantwortung dafür trüge, falls ich demnächst sterben sollte. Das übergab ich einer jungen Krankenschwester mit kleinem Kopf und riesigen goldenen Ohrringen, und dann machte ich mich mit meinen wenigen, in einer Plastiktüte verstauten Habseligkeiten auf den Weg zum Taxistand.

Kaum sah Buck mich am Gartentor auftauchen, fing er an, wie ein Verrückter im Kreis herumzuspringen; danach verwüstete er noch, um seine Freude zu betonen, bellend zwei oder drei Blumenbeete. Diesmal hatte ich nicht das Herz, ihn auszuschimpfen. Als er mit erdverschmierter Schnauze auf mich zukam, habe ich zu ihm gesagt: »Siehst du, mein Alter, wir sind wieder beisammen!« und ihn hinter den Ohren gekrault.

In den folgenden Tagen habe ich wenig bis gar nichts getan. Seit dem Unfall gehorcht die linke Körperhälfte meinen Befehlen nicht mehr wie früher. Vor allem die Hand ist sehr langsam geworden. Da es mich wütend macht, daß sie über mich siegt, tue ich alles, um sie mehr zu benutzen als die andere. Ich habe mir eine rote Schleife ums Handgelenk gebunden, damit ich mich jedesmal, wenn ich etwas in die Hand nehmen muß, daran erinnere, statt der Rechten die Linke zu benutzen. Solange der Körper funktioniert, macht man sich nicht klar, welch großer Feind er sein kann; wenn man nur einen einzigen Augenblick den Willen, ihm zu trotzen, aufgibt, ist man schon verloren.

Für alle Fälle habe ich, angesichts meiner eingeschränkten Bewegungsfreiheit, Walters Frau einen zweiten Schlüssel gegeben. Sie kommt jeden Tag vorbei und bringt mir alles, was ich brauche.

Während ich zwischen Haus und Garten umhergehe, begleitet mich der Gedanke an dich unablässig, ich bin wie besessen. Mehrere Male habe ich schon vor dem Telefon gestanden und den Hörer abgenommen, um ein Telegramm an dich aufzugeben. Doch kaum antwortete die Zentrale, habe ich jedesmal wieder aufgelegt. Abends, wenn ich im Sessel saß – vor mir Leere und rundherum Stille –, fragte ich mich, was besser wäre. Für dich natürlich, nicht für mich. Für mich wäre es viel schöner, wegzugehen, wenn du bei mir wärst. Ich bin sicher, daß du deinen Aufenthalt in Amerika abgebrochen hättest, wenn ich dich von meiner Krankheit unterrichtet hätte, und hierher geeilt wärest. Und dann? Dann hätte ich womöglich noch drei oder vier Jahre zu leben, vielleicht im Rollstuhl, vielleicht halb schwachsinnig, und du würdest mich aus Pflichtgefühl pflegen. Du tätest es mit Hingabe, aber mit der Zeit würde die Hingabe sich in Wut verwandeln, in Groll. In Groll, weil die Jahre verstreichen würden und du deine Jugend vergeudet hättest; weil meine Liebe wie ein Bumerang gewirkt, dein Leben in eine Sackgasse gezwungen hätte. Das sagte die Stimme in mir, die dich nicht anrufen wollte. Kaum beschloß ich, daß sie recht hatte, meldete sich in meinem Geist eine Gegenstimme. Wie würde es dir ergehen, fragte ich mich, wenn dir beim Aufschließen der Tür nicht ich und Buck freudig entgegenkämen, sondern du das Haus leer, schon lange unbewohnt vorfändest? Gibt es etwas Schrecklicheres als eine Rückkehr, die nicht gelingt? Würde es dir etwa nicht wie eine Art Verrat vorkommen, wenn du dort drüben ein Telegramm mit der Nachricht meines Ablebens erhieltest? Wie eine Bosheit? Da du in den letzten Monaten sehr ruppig zu mir warst, würdest du denken, bestrafte ich dich, indem ich fortging, ohne dir Bescheid zu sagen. Das wäre kein Bumerang, sondern ein Abgrund, ich glaube, es ist fast unmöglich, so etwas zu überleben. Das, was du dem geliebten Menschen noch hättest sagen müssen, bleibt für immer in dir; er liegt dort unter der Erde, und du kannst ihm nicht mehr in die Augen schauen, ihn nicht mehr umarmen, nicht mehr sagen, was du ihm noch nicht gesagt hattest.

Die Tage vergingen und ich kam zu keiner Entscheidung. Dann, heute morgen, der Vorschlag der Rose. Schreib ihr einen Brief, ein kleines Tagebuch über dein jetziges Leben, das ihr bleibt. Und so sitze ich nun hier in der Küche, mit einem alten Heft von dir vor mir, und kaue auf dem Stift herum wie ein Kind, das Schwierigkeiten bei seinen Hausaufgaben hat. Ein Testament? Nicht eigentlich, eher etwas, das dich durch die Jahre begleiten soll, etwas, worin du immer lesen kannst, wenn du das Bedürfnis empfindest, mich bei dir zu haben. Fürchte dich nicht, ich will dir weder eine Predigt halten, noch dich traurig machen, sondern nur ein wenig plaudern, mit dem Gefühl der Nähe, die uns einmal verband und die in den letzten Jahren verlorengegangen ist. Da ich lange gelebt habe und von vielen Menschen zurückgelassen wurde, weiß ich unterdessen, daß die Toten einen nicht durch ihre Abwesenheit belasten, sondern durch das, was – zwischen ihnen und uns – nicht ausgesprochen wurde.

Schau, ich mußte plötzlich in fortgeschrittenem Alter Mutterstelle an dir vertreten, in einem Alter, in dem man für gewöhnlich nur Großelternpflichten hat. Das hatte viele Vorteile. Vorteile für dich, weil eine Großmutter als Mutter immer aufmerksamer und gütiger ist als eine Mutter als Mutter, und Vorteile für mich, weil ich mit Gewalt wieder in den Strom des Lebens hineingerissen wurde, anstatt wie meine Altersgenossinnen zwischen einer Partie Canasta und einer Nachmittagsvorstellung im Theater zu verblöden. An einem gewissen Punkt ist jedoch etwas zerbrochen. Schuld waren weder du noch ich, sondern einzig und allein die Naturgesetze.

Kindheit und Alter gleichen sich. In beiden Fällen ist man, aus unterschiedlichen Gründen, recht ungeschützt, man nimmt noch nicht – oder nicht mehr – am aktiven Leben teil, und kann für alles uneingeschränkt offen und empfänglich sein. Während der Pubertät beginnt sich dann ein unsichtbarer Panzer um unseren Körper zu legen. Er bildet sich während der Pubertät und wird während des gesamten Erwachsenenlebens immer dicker. Mit seinem Wachstum verhält es sich ähnlich wie bei den Perlen, je größer und tiefer die Verletzung, um so stärker ist der Panzer, der sich darum entwickelt. Im Lauf der Zeit jedoch nutzt er sich dann an den am stärksten strapazierten Stellen allmählich ab wie ein Kleid, das man zu lange getragen hat, wird fadenscheinig, bekommt bei einer schroffen Bewegung unvermutet einen Riß. Anfangs bemerkst du es gar nicht, du bist überzeugt, daß der Panzer dich noch völlig umgibt, bis du eines Tages auf einmal wegen irgendeiner Dummheit in Tränen ausbrichst wie ein Kind, ohne zu wissen, warum.

Wenn ich sage, daß sich zwischen dir und mir naturgemäß eine Kluft aufgetan hat, meine ich genau das. Zu der Zeit, als dein Panzer sich zu bilden anfing, war meiner schon in Fetzen. Du konntest meine Tränen nicht ertragen, und ich konnte deine plötzliche Härte nicht ertragen. Obgleich ich darauf vorbereitet war, daß sich mit der Pubertät dein Charakter verändern würde, fiel es mir doch sehr schwer, die Veränderung zu ertragen, als sie eingetreten war. Plötzlich hatte ich eine neue Person vor mir, und ich wußte nicht mehr, wie ich diese Person nehmen sollte. Abends, im Bett, wenn ich meine Gedanken sammelte, war ich glücklich über das, was dir passierte. Ich sagte mir, wer die Pubertät unversehrt durchlebt, wird nie wirklich groß. Am Morgen jedoch, wenn du mir die erste Tür vor der Nase zuschlugst, hätte ich nur noch heulen können! Es gelang mir einfach nicht, die Kraft zu finden, um dir die Stirn zu bieten. Falls du je achtzig Jahre alt werden solltest, wirst du verstehen, daß man sich in diesem Alter fühlt wie die Blätter Ende September. Die Tage werden kürzer, und der Baum fängt langsam an, die Nährstoffe abzuziehen. Stickstoff, Chlorophyll und Proteine werden vom Stamm aufgesogen, und mit ihnen gehen auch das Grün und die Elastizität dahin. Man hängt zwar noch dort oben, aber man weiß, daß es nur eine Frage der Zeit ist. Nacheinander fallen die Blätter in deiner Nähe herab, du siehst ihnen beim Fallen zu und lebst in der Angst, es könnte ein Wind aufkommen. Für mich warst du der Wind, die streitsüchtige Lebenskraft deiner Pubertät. Ist dir das nie klargeworden, mein Schatz? Wir haben am selben Baum gelebt, aber zu allzu verschiedenen Jahreszeiten.

Der Tag deiner Abreise kommt mir in den Sinn, wie nervös wir beide waren! Du wolltest nicht, daß ich dich zum Flughafen begleite, und immer, wenn ich dich an etwas erinnerte, was du nicht vergessen solltest, gabst du mir zur Antwort: »Ich gehe nach Amerika und nicht in die Wüste!« Und an der Tür, als ich dir mit grauenhaft schriller Stimme nachrief: »Gib auf dich acht!«, hast du, ohne dich auch nur umzudrehen, zum Abschied zu mir gesagt: »Gib du auf Buck und die Rose acht.«

Im ersten Moment war ich etwas enttäuscht von diesem Abschied, weißt du. Als sentimentale alte Frau erwartete ich mir etwas anderes, Banaleres, etwa einen Kuß oder einen liebevollen Satz. Erst am Abend, als ich, da ich nicht einschlafen konnte, im Morgenrock durch das leere Haus geisterte, wurde mir klar, daß auf Buck und die Rose aufzupassen bedeutete, für den Teil von dir zu sorgen, der weiterhin bei mir lebt, der glückliche Teil von dir. Und mir wurde auch klar, daß sich in der Schroffheit jenes Befehls nicht Empfindungslosigkeit ausdrückte, sondern die äußerste Anspannung einer Person, die sonst gleich zu weinen anfängt. Es ist der Panzer, von dem ich vorher sprach. Deiner ist noch so eng, daß du fast keine Luft bekommst. Weißt du noch, was ich in der letzten Zeit zu dir sagte? Die Tränen, die nicht heraus können, lagern sich auf dem Herzen ab, nach und nach bilden sie eine Kruste und legen es lahm, wie der abgelagerte Kalk mit der Zeit den Mechanismus einer Waschmaschine lahmlegt.

Ich weiß, über meine Beispiele aus dem Reich der Küche kannst du nicht lachen, sondern nur die Nase rümpfen. Laß es gut sein: Jeder empfängt Anstöße aus der Welt, die er am besten kennt.

Der Mann, der ins Sopranfach wechselte

Deutsch von Maria Carlsson
384 Seiten, DM 42.–.
Rowohlt Verlag, Reinbek

Thomas Allmaier in FRANKFURTER ALLGEMEINE ZEITUNG
Wer mit deutscher Literatur umzugehen gewohnt ist, könnte einen Schriftsteller wie John Updike für so etwas wie einen Preisbrecher halten. Updike verkörpert wie kaum ein anderer den fleißigen, handwerklich perfekten, angelsächsischen Erzähler. Wo sich hierzulande mancher für jedes dünne Bändchen gefeiert wissen möchte, schreibt er Jahr für Jahr dicke, pralle, gute Bücher …

Peter Kemp in THE SUNDAY TIMES
Die Erzählungen sind meisterhaft in ihrem gelassenen Voranschreiten, voll von mit Wachheit und Finesse notierten psychologischen Nuancen und gesehenen Details. Updike hat wohl selten so präzise und so kraftvoll, so leidenschaftlich und so voller Mitleid geschrieben wie in diesen scharfsinnigen Texten. Prosa von solcher Qualität garantiert den Nachruhm des vollendeten Porträtisten des amerikanischen Lebens und Sterbens in den letzten Jahrzehnten dieses Jahrhunderts.

Der Autor:

© Claudia Jeczawitz

John Updike, 1932 in Shillington, Pennsylvania, geboren, studierte in Harvard und später an der Ruskin School of Drawing and Fine Arts in Oxford. Von 1955 bis 1957 war er Redaktionsmitglied des *New Yorker.* Er veröffentlichte Romane, Sammlungen von Erzählungen und Essays sowie Gedichte. Ausgezeichnet wurde sein Werk mit dem National Book Award, dem American Book Award, dem National Book Critics Circle Award, dem Prix Médicis und dem Pulitzer-Preis.

Reise zu den Toten

Martin Fredericks, der nach fast dreißigjähriger Ehe allein lebte, war gelegentlichen Belästigungen ausgesetzt. Eines Vorfrühlingstages rief ihn eine College-Freundin seiner früheren Frau an – eine forsche stämmige Person namens Arlene Quint, die als Hauptfach Vergleichende Literaturwissenschaften gehabt hatte – und bat ihn, sie ins Krankenhaus zu fahren. Er war nicht sicher, ob er richtig gehört hatte. »Sofort?«

»Möglichst bald, ja, wenn's dir nichts ausmacht.«

Das Bittende ihrer Stimme war mit etwas Entschiedenem, Förmlichem bewehrt, das er noch aus der College-Zeit in Erinnerung hatte. »Ich dachte, du hast vielleicht das kleine Auto hinten auf dem Hof geparkt, wenn man in dieser Stadt ein Taxi ruft, dauert das Stunden, und dann fahren sie wie die Wahnsinnigen. Ich muß vorsichtig gefahren werden.«

»Tatsächlich?«

»Ja, Marty«, sagte sie. »Ohne dein abruptes Bremsen und Anfahren.«

Sie hatten sich kürzlich erst, nach vielen .Jahren, zum ersten Mal wiedergetroffen: auf einer Party in einem Künstlerloft wenige Blocks entfernt. Sie war über die Begegnung weniger überrascht gewesen als er, denn sie war mit Harriet, seiner früheren Frau, in Kontakt geblieben und wußte, daß er die Vororte verlassen hatte und in die Stadt gezogen war. Auch sie lebte jetzt in der Stadt. Sie und Sherman Quint, Hauptfach Chemie, hatten sich vor einigen Jahren scheiden lassen. Sie liebe es in der Stadt zu leben und ungebunden zu sein, ließ sie Fredericks wissen. Sie sah fahl aus, und ihr zurückgekämmtes schwarzes Haar war von eigenartig ausgeprägten grauen Streifen durchzogen, aber sie schien noch ganz so zu sein, wie er sie in Erinnerung hatte, geradezu und energisch, eine gewisse gutartige Aufsässigkeit ausstrahlend. Sie hatte, ebenso wie seine frühere Frau, auf dem College ein wenig auf künstlerisch gemacht, mit Pferdeschwanz und Bauernrock. jetzt setzte sie sich, immer noch pferdeschwänzig, auf einen Tisch und ließ, wie es schien aus schierer Freude darüber, lebendig und ledig und hier zu sein die drallen Beine baumeln.

Der Tisch hatte eine schwere Holzplatte, an welcher der Künstler, ein kleiner ziegenbärtiger Mann, arbeitete; sie war mit Reißnagellöchern und Tinten- und Farbklecksen übersät. Hinter Arlene hingen, mit Heftzwecken festgepinnt, Kohleskizzen von idealisierten männlichen Akten. Neben ihr ging es steil abwärts: durch ein großes Fabrikfenster mit Stahlstreben sah man auf die Stadt hinunter – bernsteinfarbene, platinweiße und verwischt hingetupfte neonrote Lichter, die sich bis weit in die Ferne erstreckten. Die Stadt war nicht New York, sondern Boston, und nichts, was sie in dieser Richtung sahen, reichte an die Höhe des Lofts heran – die Straßen und Ziegelhausreihen strömten unter ihnen hin wie die Lichter eines Flughafens während des Take-off. Die Freude schimmerte durch Arlenes ein wenig kränkliche Gesichtsfarbe hindurch, und ihre Beine schlenkerten munter weiter – die keulenförmigen Waden, die kleinen flachen weitausgeschnittenen Capezios. Diese Schuhe verrieten ihr Alter; auch Fredericks' frühere Frau hatte bei jedem Wetter Ballerinas getragen, bei Schnee und Regen, als ob das Leben jeden Augenblick in einen Tanz übergehen könnte.

Die Gäste auf dieser Party wirkten alle jung – junge Möchtegernkünstler mit häßlichen Punkfrisuren, über den Ohren rasiert und oben auf dem Kopf pastellig gefärbte Büschel, bei Jungen und Mädchen gleichermaßen, und sie trugen alle sackige Pullover und wurden immer lauter und schriller, je mehr Wein sie aus den billigen Plastikbechern tranken. Einer der Jungen nahm sich einen solchen biegsamen Becherstapel und tat so, als spiele er Akkordeon. Die Stimme des Gastgebers funkte nasal und vergnügt dazwischen. Nur der Gastgeber und sein japanischer Freund schienen ungefähr in Fredericks' Alter zu sein, und obschon die Jugendlichkeit der übrigen ihn beunruhigte, hatte es den Anschein, als verstärke sie Arlenes Freude, ihre ziellose, schlenkernde Fröhlichkeit, die wie die eines kleines Mädchens war, das oben auf einer hohen Mauer sitzt. »He, ich glaube, ich zisch jetzt ab«, sagte er schließlich in sanfter Parodie auf ihre eifrige Anpassung an diese jugendliche Szene. »Soll ich dich nach Hause bringen?«

Ihr Blick wandte sich ihm abrupt zu. Schatten unter ihren Augen verrieten ihre Müdigkeit. »O nein, Marty, es ist noch viel zu früh!« Ihre Stimme klang hoch und wie von weit her. Ihre Lippen schlossen sich nur zögernd wieder über den Zähnen, die ein wenig vorstanden und fleckig waren, als rauche sie viel, was sie schon lange nicht mehr tat. »Lieb von dir, aber ich kann allein gehen. Diese Gegend ist ziemlich sicher.«

Er war froh über diesen Korb; er war mit einer anderen verbandelt und hatte sein Angebot in rein fürsorglicher Absicht gemacht und als versteckte Geste gegenüber seiner früheren Frau. Die beiden Mädchen waren auf dem College eng befreundet gewesen, und deshalb hatte es damals zwischen ihm und Arlene das Tabu des Inzests gegeben. Es war eigenartig zu fühlen, daß das Tabu jetzt aufgehoben und, so relativ spät im Leben, eine mulmige Freiheit über sie alle gekommen war. Freiheit – das war's, was ihre rundlichen schlenkernden Beine ausdrückten. Aber Amerikaner machen zuviel Gedöns um Freiheit, fand Fredericks, und Verfügbarkeit ist nicht gleich Attraktivität. Arlene war mit einer Glasur von Ungesundheit überzogen, und sie war um die Taille dick geworden.

Als er Harriet am Telephon die Begegnung schilderte, sagte sie ihm, Arlene habe Krebs gehabt, aber die Chemotherapie scheine angeschlagen zu haben. Die Krankheit figurierte in seinem Kopf als weiterer Grund, Arlene in Ruhe zu lassen. Sie war besetzt. Allmählich glitt es ihm aus dem Sinn, daß sie eine halbe Meile entfernt wohnte und halbtags in einem Geschäft für Künstlerbedarf nahe der hiesigen Universität arbeitete, bis plötzlich dieser Anruf kam.

Es war Spätnachmittag, fast schon Abend. Die Wolkenkratzer der Innenstadt, die er von seinem Fenster aus sah, wurden in große Blöcke aus Schatten und orangefarbenem Gleißen zerlegt, während die Sonne über den Fens unterging. Als er bei seinem Auto ankam – einem klapprigen Karmann-Ghia-Cabrio, dessen linker Kotflügel verbeult war und dessen Stoffverdeck eines Nachts ein Dieb auf der Suche nach Drogen oder einem teuren Radio aufgeschlitzt hatte–, war es so dunkel, daß er die Scheinwerfer einschalten mußte. Verärgert, geschmeichelt arbeitete er sich im Schrittempo durch den Rushhour Verkehr zur Adresse durch, die Arlene ihm gegeben hatte.

Sie stand im Eingangsflur ihres Gebäudes und kam mit einem kleinen Koffer heraus; sie ging sehr vorsichtig, mit kurzen, langsamen

Schritten. Als er sich ungeschickt hinter dem Steuer hervorzwängte und um das Auto herumging, um ihr den Koffer abzunehmen, hob sie erschreckt die Hand, als habe sie Angst, er könnte gegen sie stoßen. Sie trug einen losen schweren Tuchmantel, aber auch so konnte er sehen, daß mit ihrer Figur etwas nicht stimmte – um die Taille war sie nicht nur dick, sondern geschwollen. Die Straßenbeleuchtung war ihrem Teint nicht förderlich; ihr Gesicht sah grünlich aus, wächsern, die Kuhlen unter ihren Augen wie Daumenabdrücke in Wachs. Sie lächelte über die Intensität, mit der er sie ansah. Arlene, deren Großeltern mütterlicherseits aus Mazedonien eingewandert waren, hatte eine gewisse steife, altväterische Manierlichkeit, und Fredericks spürte, daß sie entschlossen war, ihnen beiden mit dieser Manierlichkeit über die Situation hinwegzuhelfen.

Obwohl das Auto so stand, daß es den zweispurigen Verkehr zwang, sich zu einer Spur zusammenzufädeln, was nicht ohne wütendes Gehupe vonstatten ging, bewegte er sich ebenso ungehetzt wie sie und stellte den Koffer so sanft auf den Rücksitz, als enthalte er ihre Schmerzen.

Sie schlug die Tür auf ihrer Seite zu, blieb aber ein wenig vornübergeneigt sitzen, so daß ihr Profil sich als Schattenriß gegen das Seitenfenster unter dem aufgeschlitzten, mit Klebeband geflickten Verdeck abhob: die scharfe gebogene Nase, die pedantisch über den leicht vorstehenden Zähnen geschlossenen Lippen. Er fragte, bevor er die Kupplung trat: »Okay?«

»Ja, alles bestens«, sagte sie, mit einer Stimme, die so normal war, daß sie ihn überraschte. »Du bist sehr lieb, Marty, daß du das tust.«

»Überhaupt nicht. Welches Krankenhaus?«

Sie nannte eines, das eine Meile entfernt war. Die Dunkelheit nahm zu, der Rush-hour Verkehr war auf dem Höhepunkt, und man mußte oft bremsen und wieder anfahren. Einmal legte sie die Hand aufs Armaturenbrett, wie um sich abzustützen, ließ es dann aber wieder, vielleicht, weil es sich doch nicht lohnte, so unbequem zu sitzen. Das Auto war verrostet und alt und ruckte und holperte beim Fahren, wie vorsichtig er auch schaltete. »Tut mir leid«, sagte er mehr als einmal.

»Du machst das sehr gut«, sagte sie, beinah herablassend.

Er konnte sich nicht vorstellen, daß ein Taxi nicht besser gewesen wäre. Es war, als habe sie beschlossen, jetzt anzunehmen, was sie damals abgelehnt hatte: sein Angebot, sie nach Hause zu bringen. »Tut mir leid, daß das Auto so kalt ist; die Heizung muß jeden Augenblick in Gang kommen.«

»Ich spüre die Kälte nicht.«

»Ist dein – ist dies, äh, was Plötzliches?«

»Es hat sich entwickelt.«

»Im Krankenhaus wissen sie, daß du kommst?«

»O ja. Das wissen sie.«

»Wird es ein langer Aufenthalt?«

»Das liegt bei denen. Ich habe bloß den Balg abzuliefern.«

Den Balg. »Tut mir leid«, sagte er.

»Was tut dir leid, Marty?« Sie hatten sich für die Länge eines Blocks aus dem Verkehrsgewühl befreien können und glitten weich zwischen dreistöckigen Häusern mit runden Erkern dahin, unter Bäumen, die in einem Monat Blätter tragen würden.

»Daß dein Körper, äh, Sperenzchen macht.«

Die reibungslose Fahrt endete; eine Querstraße, eine Hauptverkehrsader, war verstopft. »Ich denke, es wird alles gut werden«, sagte Arlene nach einer Sekunde angespannten Schweigens, in der sie sich vergewisserte, daß es nicht zu einem ruckhaften Halt kommen würde. Ihre Stimme hatte den falschen leichten Ton, in dem man einem Kind Beruhigendes sagt.

»Das will ich auch hoffen«, sagte Fredericks und kam sich töricht und läppisch vor im Verhältnis zu den ungeheuren Bewegungen, den Umwälzungen des Sterbens, die in ihr vorgingen, während sie neben ihm in der tuckernden, kalten, zerschlitzten Höhle des Autos saß.

Sie sagte, mehr im Plauderton: »Man gewöhnt sich. Man findet sich damit ab.«

»Wirklich?«

»Doch, ja«, sagte Arlene schlicht, als sei er jetzt eingeweiht – als kennten er und sie jetzt beide das Geheimnis, das in ihr wuchs. Aber er konnte sich nicht vorstellen, daß der Tod menschliches Maß hatte, daß er etwas Begrenztes war, mit dem man sich abfinden konnte. die Heizung fing an, warm zu werden, als die Lichter des Krankenhauses in Sicht kamen. Sie dirigierte ihn in eine geschwungene Seitenstraße, die in eine schräge Auffahrt mündete. Als Fredericks sacht auf die Türen zufuhr, vermittelte sich ihm der Eindruck regen Tag- und Nacht-Betriebs wie man ihn von Flughäfen kennt oder von Bahnhöfen in der guten alten Zeit – ein unausgesetztes vitales Kommen und Gehen.

Sich hinter dem Steuer hervorschraubend, sagte er: »Warte, ich mach dir auf.«

»Ich schaff's schon allein.« Sie ließ das Schloß aufschnappen und stand neben dem Auto, als er herumkam, um den Koffer vom Rücksitz zu nehmen. Sie hatte das taillenlose ungelenke Aussehen, das Frauen vom Balkan haben, in ihren übereinandergezogenen bäuerlichen Kleidern. Sie war im Begriff, zu ihrem Ursprung zurückzukehren. Ihr Gesicht war dem Licht zugewandt, das durch die Glastüren der Vorhalle fiel.

»Soll ich dich hineinbegleiten?«

»Nein.« Die Antwort war so brüsk, daß sie sich bemühte, sie abzumildern. »Du kannst hier nicht parken. Ich schaff's schon allein.« Sie hörte die Wiederholung und bekräftigte sie: »Ich möchte es allein schaffen. Ich hab's so gewollt. Allein zu sein.« Sie sah ihn mit einem raschen, mißtrauisch weggleitenden Blick an und gewährte ihm dann, die vorstehenden Zähne entblößend, ihr freundliches sachliches Lächeln. »Danke, Marty. Das war eine angenehme Fahrt.«

»Möchtest du Besuch haben?«

»Daran wird's mir nicht fehlen, danke. All die Kinder, die wir aus irgendeinem Grund haben.«

»Ruf mich an, wenn du hier fertig bist und ich dich abholen kann.«

Ihre Lippen schlossen sich langsam über den Zähnen. »Dann wird's wohl mit dem Taxi gehen.« Kein flüchtiger Kuß zum Abschied, obwohl er sich vorgesehen und sie nicht angestoßen hätte. Aber wenn ihr eigener Körper sie im Stich ließ, dachte Fredericks, warum sollte sie ihm dann vertrauen? Sie ging durch die Glastür und drehte sich nicht um. Mit dem kleinen Koffer und dem unförmigen Mantel sah sie von hinten wie eine Einwanderin aus, die gerade angekommen ist.

Vor Arlene hatte es schon einmal eine Frau in Fredericks' Bekanntenkreis gegeben, die im gleichen Alter war wie er und sterben mußte. In dem Vorort, in dem er mit Harriet zu Hause gewesen war, hatte eine gemeinsame Freundin, die vergnügteste Frau in ihrem Klüngel, sich mit Anfang Vierzig eine Brust abnehmen lassen müssen. Jahrelang schien damit das Problem gelöst; eines Tages vertraute sie ihnen dann draußen vorm Supermarkt mit ruppiger Stimme an: »Jetzt haben wir die Bescherung – es ist wieder da!« Das letzte Mal sahen sie sie bei einem kleinen Barbecue-Lunch, und alle Eingeladenen wußten, auch wenn keiner es laut aussprach, daß dies ein Abschied für immer von ihrer Gastgeberin war.

An jenem Sommersonntag, als Fredericks und seine Frau vor dem Anwesen vorfuhren, lag ein neuer grüner Gartenschlauch, der zu einem Blumenbeet hingezogen war, quer über der asphaltierten Auffahrt, und Fredericks bremste. Ihre Gastgeberin, mit Strohhut und in einem losen farbenfrohen Gewand, stand auf dem Rasen und machte ihnen energisch Zeichen, sie sollten weiter vorfahren, auf einen Teil der Grünfläche, der als Parkplatz gedacht war. Zögerlich setzte er das Auto in Gang – einen Volvo-Kombi, der sich so schwerfällig fuhr wie ein Lastwagen – und steuerte auf die Stelle zu, die sie ihm anwies, voller Angst, daß sein Fuß abrutschen und er mit der vorderen Stoßstange diese Frau streifen könnte, die schon schwer genug mit ihrer Krankheit geschlagen war.

Er stieg aus und küßte sie auf die Wangen, die rund und glänzend geworden waren, und erklärte, er habe nicht über den Schlauch fahren wollen. »Ach, der Schlauch!« rief sie mit bestürzender kehliger Kraft aus und machte eine wegwischende, humorvolle Handbewegung. »Pah, der Schlauch!«

Trotzdem, Fredericks ging zurück und legte den Schlauch so, daß das nächste Auto nicht darüberfahren mußte, und versuchte gleichzeitig, sich vorzustellen, wie all dies Zubehör unseres täglichen Lebens, das wir geduldig hegen und verwahren und aufrollen und reparieren, als ob seine Nützlichkeit für alle Zeit gegeben sei, auf jemanden wirken muß, dessen Tod unmittelbar bevorsteht. Der Schlauch. Die Blumen. Der vergessene Unkrautstecher, dessen kanariengelber Griff zwischen den Gierschblättern in der Phloxrabatte leuchtet. Das Gras und die Sonne und der Himmel und die Bäume wie wuchtige, zerschrammte Theaterkulissen – pah! Ihr Wert wurde gerade einer Revision unterzogen, die so gewaltig und vernichtend war, daß Fredericks sich‘s nicht vorstellen konnte. Schon gar nicht konnte er sich‘s im Zusammenhang mit dieser fröhlichen Person vorstellen, die sie bewirtete, die mit den Gästen auf der geschützten Veranda saß, während ihr Mann draußen am Grill, in einer Wolke von Mücken, das Fleisch zubereitete. Ein Zugeständnis an ihre Hinfälligkeit war, daß sie auf einer Aluminium-Chaiselongue lag, an den Füßen dicke wollene Hüttenschuhe, trotz des warmen Tages, und immer noch den Strohhut auf dem Kopf, vielleicht um die unter der Chemotherapie verdorrten Haare zu kaschieren. Die Gäste tranken Wein, und die Atmosphäre wurde immer entspannter und ausgelassener; die Gastgeberin lenkte die Unterhaltung in profane Kanäle – örtliche Baulanderschließung und Filme, die sie gesehen hatten. Sie malte ihnen so lebhaft die Schrecken einer geplanten Kondominiumssiedlung aus, daß alle vergaßen, daß sie nicht mehr dasein würde, um sie zu sehen oder sich mit den Parkproblemen herumzuschlagen, die sich ergäben. Als eine der anderen Frauen einwandte, all diese Filme seien doch irgendwie – mit Emphase – chi*chi*!, rief die Sterbende prompt »Gesundheit!« und setzte dann fröhlich hinzu: »Ich liebe Chichi. Chichi ist das Wahre. Nichts geht über Chichi!« Und durch das Gelächter um sie her zu einem Crescendo aufgestachelt: »Es lebe Chichi!«

Eine Jahreszeit später, bei ihrer Beerdigung, als Fredericks sich vorzustellen versuchte, daß sie irgendwo von Kraft zu Kraft ging, wie es in der Predigt hieß, kam ihm in den Sinn, daß an jenem Nachmittag niemand von ihnen imstande gewesen war, ein würdigeres, liebevolleres Abschiedsthema zu finden als Kondominiumsbauten und Chichi-Filme, und er fragte sich, wo der Gartenschlauch, um den er so besorgt gewesen war, jetzt wohl aufgerollt lag.

Das tägliche Nichts

Aus dem kubanischen Spanisch von Klaus Laabs
72263, 158 Seiten, DM 14.–.
btb, München

Als Hardcover DM 32.–,
Amman Verlag, Zürich

Volker Hage in DER SPIEGEL
Schon vor der Geburt steht die Heldin im Mittelpunkt allerhöchsten Interesses. Es ist Ché Guevara persönlich, der ihrer hochschwangeren Mutter am 1. Mai 1959 auf dem Platz der Revolution in Havanna die kubanische Flagge auf den dicken Bauch legt, während Comandante Fidel Castro große Reden schwingt.
Der Vater, ein treuer Kommunist, ist außer sich vor Freude, aber doch ein wenig enttäuscht, daß seine Tochter nicht noch am selben Tag zur Welt kommt, sondern erst zwei Minuten nach Mitternacht. Er nennt das Kind Patria …
So satirisch schräg läßt die junge Kubanerin Zoé Valdés, selbst 1959 in Havanna geboren und heute in Paris ansässig, die Heldin ihres Romans mitten in die schönsten sozialistischen Hoffnungen hineinplatzen.
Von diesen Träumen ist mehr als drei Jahrzehnte später nicht viel übrig geblieben. Patria hat sich längst einen anderen Namen verpaßt und nennt sich Yocandra … Der Roman zeigt nicht nur in hunderterlei Details kubanisches Alltagselend, sondern zugleich die immer noch ungeheure Lebenskraft der Bewohner jener Insel, auf der man das Paradies aufbauen wollte. Ein wildes und wehmütiges, ein witziges und zärtlich weises Buch ist da gelungen – ein schöneres Geschenk konnte Zoé Valdés ihrer Heimat nicht machen.

Die Autorin:
Zoé Valdés, 1959 auf Kuba geboren, ist Sprach- und Literaturwissenschaftlerin. Sie hat mehrere Jahre in Paris als Angehörige der kubanischen UNESCO-Delegation gearbeitet, kehrte dann wieder nach Havanna zurück, wo sie als Schriftstellerin und Drehbuchautorin tätig war. Heute lebt sie wieder in Paris. Von ihren sieben Büchern ist bis heute keines in Kuba erschienen.

Heroische Geburt

Meine Mutter erzählt, es war der 1. Mai 1959, sie war im neunten Monat, sie wußte schon, daß ich ein Mädchen war. Sie erzählt, daß sie lief und lief, von Alt-Havanna bis zum Platz der Revolution, um den Comandante zu hören. Und mitten in der Rede fing ich an, ihr mit dem Kopf gegen das Becken zu stoßen, ihr die Knochen zu brechen, und sie mußten sie auf Schultern hinaustragen zur Quinta Reina. Als sie an der Tribüne vorbeikamen, legte ihr Che die kubanische Fahne über den Bauch, allerdings nahm sie es kaum wahr, weil ich ihr weiter zusetzte und ihr höllische Schmerzen zufügte, und Fidel setzte seine Ansprache fort, die grüner war als die Palmen, und ich stieß weiter mit dem Kopf um mich, um aus ihrem Körper herauszukommen.

Der Bauch hing ihr bis zur Scham hinunter, sie sagt, sie hatte innerlich ein Gefühl wie eine Explosion von Sternen. Sie schloß die Augen und schmeckte den Schmerz des Wartens. Einmal mehr wartete sie, und diesmal war es ganz anders. Mein Vater kam, noch mit Palmenhut und in der Hand die Machete, überall rieselte rote Erde aus ihm, die er von seinem Körper schüttelte, man hatte ihn von der Zuckerrohrernte geholt. Er kauerte neben ihrem Bauch nieder und erbebte, als er die Fahne sah, meine Mutter erklärte, daß es Che war, der sie ihr über den Bauch gelegt hatte, und er wurde fast ohnmächtig vor Stolz, seine Brust schwoll, er lächelte befriedigt.

Sie sagt, zu diesem Zeitpunkt sei sie noch nicht sicher gewesen, ob es die Wehen waren, sie meinte, es seien vielleicht nur Magenbeschwerden. Nach mehreren Kontraktionen aber dachte sie, es könne sich nicht um einen minder bedeutsamen Vorgang in ihrem Körper handeln. Der Körper meldete sich wie noch nie, in einer neuen Dimension. Ihr Innerstes zeigte sich der Unendlichkeit. Es trennte sie nur noch ein Schritt vom Pochen des Nichts. Und wieviel Leben darin! Mein Vater war nervös, er schwor ihr immer wieder, daß er sie liebte. Sie ohne ihn, das ginge gar nicht. Sie ist hart, vielleicht stellt sie sich hart. Sie ging viele Male aufs Klo und schiß Blut, manchmal war der Kot grünlich. Den ganzen Abend sagte sie leise:

»Ich werde gebären, ich werde gebären.«

Mein Vater erklärt mir, sie sei immer sehr tapfer gewesen. Ich war seine erste und einzige Tochter. Meine Mutter wußte nicht, welche Schmerzen auf sie zukommen mochten, und das ließ sie gespannt sein auf sich selbst, sie ließ sich nicht gehen. Man zog ihr einen lächerlichen Kittel an, sehr kurz und tief ausgeschnitten, und legte sie auf eine feuchte Krankenbahre. Sie spreizt die Beine, jetzt wird sie wissen, wie sehr es schmerzt. Der Arzt befiehlt ihr zu pressen, sobald die Wehen anfangen, er führt seine Hand ein und wühlt und wühlt in ihrem Pressen. Es schmerzt wie der Tod. Dort drinnen ist das Leben, aber so muß das Ende schmerzen. Meine Mutter hatte noch nicht das Fruchtwasser verloren. Man zerstößt ihr die Fruchtblase mit einer langen, weißen Plastenadel. Aus meiner Mutter kommt ein Schwall heißen Wassers, und es glitscht wie ein angenehmes Schmiermittel, das ihr Mut macht. Die Hand des Arztes rüttelt gewaltsam an dem Bauch, wo ich bin. Wo ich war.

Man bringt sie in einen kleinen düsteren Behandlungsraum. Draußen beißt sich mein Vater die Fingernägel ab, reißt sich die Haare aus, nicht einmal zu rauchen getraut er sich. Die Wände des Raums sind grau, die Stühle sind grau, zwei Betten mit spanischen Wänden. In jedem Stuhl jammert eine Schwangere, mit Infusionskanülen an den dunkelviolett angelaufenen Armen. Dort muß sie warten, mit ihrem lächerlichen Kittel, aber auch mit der kubanischen Flagge, die Che ihr über den Bauch gelegt hatte.

Elena Luz erscheint, die Guerilleradoktorin, sie stellt fest, daß sich der Muttermund schon um sieben Zentimeter geöffnet hat, daß die Wehen aber in sehr großen Abständen erfolgen. Man steckt meiner Mutter eine Kanüle in den Arm, der braungebrannt ist von der Sonne der Demonstration und des Aufmarschs zum Ersten Mai, dem internationalen Kampf- und Feiertag der Werktätigen. Meine Mutter erzählt, daß sie sich als ausgeweidetes Stück Vieh fühlte, wie das auf dem berühmten Bild von dem holländischen Maler. Sie hatte über die Schmerzen schon keine Kontrolle mehr. Alle Ärzte kamen, um an ihrem Bauch zu rütteln und ihre seltsamen Hände in sie einzuführen.

Sie geht von dem grauen Stuhl zum Bett und umgekehrt, ein paarmal. Die Ärzte sagen ihr, sie soll pressen. Sie will nicht ohnmächtig werden. Die Hände öffnen wieder ihre Scheide und wandern von einer Seite zur anderen. Ihre Scheide ist wie der Schildkrötenkragen eines Winterpullovers. Sie ergießt sich aus der Scheide, der Klitoris, dem After, sie uriniert, entleert ihr Gedärm. Ihr Körper ist offen, und ihr Inneres der mittelmäßigen Routine ausgeliefert, die sie in den Blicken der Ärzte entdeckt.

Ihre Augen verschleiern ihr Gehirn, sie packt mit aller Kraft ihre Knie und preßt mit dem Gebrüll einer Löwin. Ein Bein rutscht ihr weg, und die Kanüle fällt auf den Fußboden. Man sticht ihr in den anderen Arm. Wieder das fürchterliche Hin-und-Her-Stoßen in ihrem Innern und die unsäglichen Schmerzen. Die Experten meinten, sie sei kurz vor der Entbindung, sie selbst meinte zu sterben, auszulaufen, bis sie völlig leer wäre. Man führte sie in den Kreißsaal, auf halber Wegstrecke riß ihre Scheide entsetzlich auf. Es ist mein Kopf!

Im Kreißsaal angekommen, klettert sie auf die Krankenbahre. Ein Pressen, und nichts. Ein weiteres langes, dreidimensionales Pressen. Mein Kopf ist eingeklemmt. Und noch einmal. Das Pressen, die Kraft, die sie zur Mutter macht und mich zur Tochter. Glühendes Pressen. Einen winzigen Augenblick vom Tod entfernt. Bei diesem Pressen, sagt sie, berührten sich das Leben und das unbekannte Jenseits:

»Ist Gott vielleicht das?« fragt sie sich noch.

Sie sah alles. Als ich aus ihrem Körper herauskam und leise weinte. Ich war fügsam und glitschig. Noch bin ich mir fremd. Meine Mutter hörte auf, ich zu sein. Ich hörte auf, sie zu sein. Man säubert ihr Inneres. Man zeigt ihr die riesige schöne Plazenta. Sie hat noch Schmerzen, überall und nirgends. Man näht sie langsam, und sie weiß, daß sie viel Blut verliert. Wie lange wird das Leben schmerzen? Außerhalb ihres Universums beginne ich meines. Für sie endete der Schmerz. Für mich hatte er soeben begonnen.

Mein Vater sprang vor Freude auf, obwohl er ziemlich enttäuscht war, weil ich nicht am höchsten Feiertag der Werktätigen der siegreichen Revolution zur Welt gekommen war, sondern am 2. Mai. Ich war noch ein vom mütterlichen Schleim schmieriges Etwas, eingewickelt in der kubanischen Fahne, und schon ging es damit los, daß mir meine Pflichten vorgehalten wurden:

»Sie hätte gestern zur Welt kommen müssen, seit zwei Minuten ist es heute, so was Blödes! Sie hätte am Ersten Mai zur Welt kommen müssen!« beklagte er sich unablässig mit überglücklichem Gesicht. Der Doktor tröstete ihn:

»Machen Sie sich nichts draus, Genosse, dieser Tag ist auch ein bedeutendes Datum, es ist der Tag der Episodios Nacionales, der Erschießungen von Madrid, das Bild von Goya, Sie wissen doch?«

Mein Vater hatte von der spanischen Geschichte keinen blassen Schimmer, von überhaupt keiner Geschichte. Allenfalls ein bißchen vom Unabhängigkeitskrieg gegen die Spanier. Er wußte nur, daß sein Feind der Yankee war und daß am Ersten Januar die Revolution geboren worden war und mit ihr seine Tochter, wenn auch erst im Frühjahr, was hier in den Tropen das gleiche ist: eine verdammte Hitze.

»Wie soll die Kleine denn heißen? ... Haben Sie sich schon einen Namen überlegt?«

»Wissen Sie ... Ich würde sie gern Victoria nennen ... oder besser, besser ... Patria! ... Patria, das ist ein origineller Name: Vaterland! ... Und ich bin der Vater, der Vater von Patria, dem Vaterland! Der Vater des Vaterlands! Carlos Manuel de Céspedes! Der erste, der seine Sklaven befreite. Das war ein ganzer Kerl, Mumm in den Klöten, und einen Riesenhammer hatte der!«

Und mein Vater schluchzte gerührt, überzeugt von seiner Ruhmestat.

Die Verteidigung der Kindheit

st 2754, 520 Seiten, DM 18.–.
Suhrkamp Verlag, Frankfurt/Main

Als Hardcover DM 45.–,
Suhrkamp Verlag, Frankfurt/Main

Joseph von Westphalen in DER SPIEGEL

... Der Roman setzt ein mit dem Weggang Alfred Dorns aus dem heimatlichen Sachsen. Es ist keine Flucht. So oft er kann, unterbricht er sein Studium in West-Berlin, um in seinem geliebten Dresden bei seiner geliebten Mutter zu sein ... Sein Held Alfred Dorn ist eine armselige, rührende Erscheinung, eine unausstehliche Mimose, ein Muttersöhnchen, ein Hysteriker. Und doch nimmt man an seinem Schicksal fast ohne Unterlaß mitleidend teil ...

Die Nachkriegszeit, so ließen die Deuter der deutschen Paarung verlauten, sei mit der vollzogenen Vereinigung endgültig vorbei. Prompt und folgsam erklärte der FAZ-Yuppie Frank Schirrmacher die Nachkriegsliteratur für passé in jeder Hinsicht. Wie erheiternd, daß der erste große Roman nach dem lauthals proklamierten Ende der Nachkriegsliteratur – ein wichtiges Stück Nachkriegsliteratur ist ...

Die Nachforschung ergibt, daß 1988 zwei Damen an Martin Walsers Tür klopften. Sie ... hatten vier Kartons mit Schriftstücken bei sich. Es handelte sich um den Nachlaß einer unlängst verstorbenen Person. Wohin damit? ... Vielleicht interessiert sich der Schriftsteller Herr Walser dafür?

Ein Jahr lang wühlte sich Walser in die Zeugnisse dieses vergangenen, fremden Lebens hinein ... Er wird wohl kaum, wie unlängst Walter Kempowski, von einer Illustrierten des Plagiats bezichtigt werden. Er nämlich hat sich seine Figur restlos angeeignet und ein starkes und gewitztes, heiteres und weises Buch geschrieben.

Der Autor:

© Barbara Klemm

Martin Walser, geboren 1927 in Wasserburg/Bodensee, gehört zu den wichtigsten deutschen Nachkriegsautoren. Studium in Regensburg und Promotion mit einer Arbeit über Franz Kafka. Mitarbeit beim *Süddeutschen Rundfunk* und Fernsehen. 1957 erschien sein erster Roman *Ehen in Philippsburg;* 1960 folgte *Halbzeit.* Weitere Romane, die immer bundesdeutsche Wirklichkeit scharf spiegelten: *Das Einhorn* (1966); *Der Sturz* (1973); *Jenseits der Liebe* (1976); *Das Schwanenhaus* (1980); *Meßmers Gedanken. Brandung* (1985); *Jagd* (1988); *Die Verteidigung der Kindheit* (1991); *Ohne einander* (1993); *Finks Krieg* (1996).

Er wird schon Angst gehabt haben, als er in Berlin im Bahnhof Friedrichstraße den Schildern folgte und zwischen scheußlich senfgelben Wänden zu dem Bahnsteig hinauf ging, um droben auf die Bahn zu warten, mit der er den *Demokratischen Sektor* verlassen wollte. Dieses Gefühl, daß die Rechtmäßigkeit, mit der man sich ausgestattet hat, eben doch nicht ausreicht. Papiere der Sächsischen Landeskirche hatte er der Landeskirche drüben zu überbringen. Der Oberkirchenrat, der ihn schickte, wußte, daß der Bote nicht in die DDR zurückkehren würde.

Bevor der Zug abfuhr, wurde Alfred von der Transport-Polizei aus dem Zug geholt. Er zeigte seine Papiere, auch den Brief des Oberkirchenrats, der ihn als Kurier der Landeskirche legitimierte. Dann mußte er aber doch noch seine Tasche öffnen. Zuoberst lag seine Reiselektüre, das Buch von Hubert Ermisch über den Zwinger. Der Polizist lächelte und sagte rein sächsisch: Scheenes Buch. Alfred durfte mit dem nächsten Zug fahren. Der Zwinger, Dresdens Baujuwel, hatte ihn gerettet. Und der Oberkirchenrat. Jetzt hatten sich die langweiligsten Monate seines Lebens, die im Kirchensteueramt verbrachten, doch noch gelohnt. Als er die Referendarprüfung in Leipzig auch beim zweiten Versuch nicht bestanden hatte, war es seiner Tante Lotte gelungen, ihn im Kirchensteueramt unterzubringen.

Als der Zug endlich fuhr, wollte Alfred aufatmen, da sah er aber, daß er einer Bekannten gegenübersaß. Traude Höller. Seine Tanzstundenpartnerin im Sommer 48. Sie studiert schon eine Weile hier, Medizin. Er merkte, daß er ihr nicht richtig zuhören konnte. Für die war Alltag, was für ihn das bisher größte Abenteuer war. Er durfte ihr nicht sagen, auf welcher Fahrt er sich befand. Diese Traude war schon damals eine Enttäuschung gewesen. Wahrscheinlich war ihm die zugeteilt worden. Mit ihr hätte er tanzen lernen sollen. Als er der immer noch gleich schmalen Traude jetzt gegenübersaß, tauchte der Satz seines Vaters auf: Alfred, Mädels sind keine Ware. Offenbar hatte Alfred gesagt, er wolle diese Traude gegen etwas Passenderes eintauschen.

Während Traude Höller noch von den Schwierigkeiten des Medizinstudiums erzählte, wurde ihm klar, daß er sich über sie jetzt nicht mehr ärgern durfte –, dankbar sein mußte er, weil durch ihr Erscheinen jener Vater-Satz aufgetaucht war: Alfred, Mädels sind keine Ware. Dieser Satz hielt sich in ihm, ohne daß Traude noch einmal nötig gewesen wäre, sechsundzwanzig Jahre lang, dann wurde er, während eines Urlaubs in Bellagio, auf eine Serviette notiert; die wurde mit nach Wiesbaden genommen und in den Aktendeckel gelegt, in dem alle Sätze, die in diesem Jahr auftauchten, aufbewahrt wurden. Er hat nie etwas geschrieben, immer nur notiert. Hatte die Mutter gesagt: Ich komme ja doch hinter alles, oder: Du siehst, ich komme hinter alles? Er hat beide Versionen notiert. Ihn quälte es, daß nicht mehr sicher zu entscheiden war, wie die Mutter den Satz tatsächlich gesagt hatte. Er wollte, was gewesen war, retten. Ein Wort zuviel oder zu wenig, und so ein Satz war ihm nichts mehr wert. Zum Glück gab es Sätze von Vater, Mutter und anderen, an denen nicht zu zweifeln war. Was er selbst gesagt hat, hat er nicht aufgeschrieben, als er in den Siebzigerjahren anfing, Sätze aus der Vergangenheit auf dem nächstbesten Papier, und seien's Servietten, zu notieren. Ihm ist offenbar nur im Gedächtnis geblieben, was andere zu ihm gesagt haben.

Im September 1979 schrieb er in Bellagio, im Garten des Hotels Belvedere sitzend, sechs Postkarten an sechs Adressen, fünf davon in der DDR. Als er die Karten schon in Umschläge gesteckt hatte und sie einwerfen wollte, wurde ihm bewußt, daß er diese Karten und das, was darauf stand, nie mehr zu Gesicht bekommen werde. Er ging zurück ins Hotel, kaufte die Karten ein zweites Mal, schrieb auf jede, was er auf ihrem Pendant geschrieben hatte, erst dann konnte er diese Karten einwerfen. Auf den Karten stand sechsmal wortwörtlich das gleiche: Bellagio liege auf einer Halbinsel, es vereinige sich da der Lago di Como mit dem Lago di Lecco, der Ort atme die Pracht des 19. Jahrhunderts, so habe man sich früher in Dresden einen italienischen Badeort vorgestellt, vor ihm sei Liszt hier gewesen; mit der Gräfin Agoult, die ihr zweites Kind, Cosima, am Comer See geboren habe. Auf der Karte an Tante Lotte, die da schon von Dresden nach Bad Homburg gezogen war, setzte er noch dazu: 2 Päckchen *Coffetylin* á 20, bitte, daß mir Migräne nicht den Tag verderbe. Die Karte an Tante Lotte unterschrieb er: Herzliche Grüße von Deinem reizenden

Neffen Alfred. Da war er fünfzig. Er mußte sich wehren gegen das Vernichtetwerden. Ende Februar 53 sammelte er die früheren Sätze, wenn sie auftauchten, noch nicht. Damals genügten ihm noch Fotografien. Das hatte nach dem 13. Februar 1945 begonnen, als mit Dresden auch die Dornsche Wohnung in der Borsbergstraße 28 d verbrannt war und in ihr die Foto-Alben der Familie und drei Filme: *Erster Schultag, Silberne Hochzeit, Konfirmation*. Auf mindestens zweien dieser Filme hatte er die Hauptrolle gespielt. Und ein paar Straßen weiter, in der Kaulbachstraße, waren die Großeltern mütterlicherseits verbrannt. Was hat man denn dann noch, wenn man allmählich merkt, daß es einem auf früher ankommt? Alfred Dorn wäre nie auf den Gedanken gekommen, daß Kunst da einspringen könne. Ihm kam es auf nichts als auf das Faktum an. Was er mit dem Faktum dann anfing, ist dem sogenannten gesunden Menschenverstand nicht begreiflich zu machen. Was hat der, den man geizig nennt, unter dessen ärmlicher Matratze man nach seinem Tod eine halbe Million findet, mit seinem Geld angefangen? Er konnte nicht genug davon kriegen. Alfred Dorn konnte nicht genug Vergangenheit kriegen.

Als er im Bahnhof Zoo ausstieg, verabschiedete er sich von Traude Höller herzlicher, als er sie begrüßt hatte. Vielleicht bleibe er auch hier, sagte er. Dann ging er hinaus in die kalte Berliner Luft, über den Ku-Damm, die Jo achimstaler entlang, er hatte ihren Verlauf vom Stadtplanstudium im Kopf. Später würde sie Bundesallee heißen.

Als er so ging und ging und sich daran zu gewöhnen suchte, daß alles in diesen Schaufenstern nach einem Geld aussah, das er nicht hatte, fiel ihm auf, daß sein Eindruck vom Straßenverlauf und die zu Hause gelernte Straßenführung nicht übereinstimmten. Er hatte, seit er den Bahnhof Zoo verlassen hatte, den Eindruck, er gehe nach Norden. Auf dem Stadtplan führten aber die Joachimstaler Straße und die Bundesallee eher nach Süden. Das wäre ihm nicht wichtig gewesen, wenn nicht die Annahme von OST und WEST damit verbunden gewesen wäre. Er hatte, da er nach Norden zu gehen glaubte, links von sich Westen und rechts Osten angenommen. Das sollte er jetzt umdrehen. Da der Tag ganz trüb war, half ihm kein Sonnenstand. Er spürte, daß es ihm schwindlig werden würde, wenn er diese Korrektur in seinem Kopf durchzusetzen versuchte. Solange er in

Berlin war, lag er, was den Verlauf des Kurfürstendamms angeht, verkehrt. Der erste Eindruck war bei ihm immer unkorrigierbar. Er kam vom Anfang nicht los. Und mit diesem Problem stellte sich jedesmal der Satz ein, den der Vater bei einer Wanderung gesagt hatte: Frauen fehlt jedes Orientierungsvermögen. Seinem Vater würde er von seiner Unfähigkeit, seinen Eindruck mit dem Stadtplan zu versöhnen, nichts sagen. Aber vielleicht würde er seinen Vater nie mehr sehen. Und wenn er der Mutter seine Orientierungsschwäche gestehen würde, würden sie beide darüber lachen.

Der blaue Siphon

detebe 22675, 112 Seiten, DM 12.90.
Diogenes Verlag, Zürich

TAGES-ANZEIGER, Zürich
Mit Der blaue Siphon *hat Urs Widmer einen Höhepunkt erreicht: das schönste und traurigste, heiterste und bedrückendste, das poetischste Buch, das in der Schweiz in den neunziger Jahren geschrieben wurde, eine Liebeserklärung ans Kino, eine Kriegserklärung an die Vernichter der Bilder in unserem Kopf, die melancholische Beschwörung einer Zeit, da das Wünschen noch geholfen hat gegen Gewalt und Krieg.*

DIE WELTWOCHE, Zürich
Ein erzählerisches Wunderwerk. Der blaue Siphon *ist Widmers bislang kindsköpfigste und zugleich ernsteste, seine bislang heiterste und zugleich bedrückendste Erzählung. Harmonie liegt allein in der erzählerischen Form. Eine beispiellos ausgetüftelte und doch verspielte Prosa.*

SÜDDEUTSCHE ZEITUNG
So genial Widmers Erzählung in der Konstruktion ist, so perfekt ist sie in den Details, von denen man gar nicht alle entdecken möchte, um immer noch eines zu finden.

Der Autor:

© Isolde Ohlbaum

Eine bildungsbürgerliche Familie und ein literarisches Umfeld waren der beste Nährboden für das Talent des Baslers Urs Widmer: Sein Vater war Gymnasiallehrer, Literaturkritiker und Übersetzer. Widmers Deutschlehrer im Gymnasium war der Schriftsteller Rudolf Graber. Heinrich Böll war gern- und oftgesehener Gast im Hause Widmer. Das Studium der Germanistik, Romanistik und Geschichte schloß er mit einer Doktorarbeit über die deutsche Nachkriegsliteratur ab. Lektor im Walter Verlag Olten und bei Suhrkamp in Frankfurt. Widmer war Mitbegründer des *Verlags der Autoren.*

Vor wenigen Tagen, vor kaum mehr als einer Woche, hatte ich einen Traum, ein Menschengewimmel, Schreie, und dann stand ich in einem diffusen Nichts, im All vielleicht, und vor mir schwebte, erhöht wie auf einem unsichtbaren Altar, eine Siphonflasche aus blauem Glas, leuchtend in einem sonst unsichtbaren Licht, das das Glas funkeln ließ. Regenbogenfarbblitze in dem tiefen Blau. Ich starrte das Wunder an, und als ich am nächsten Morgen aufwachte, dachte ich eine Weile lang verwirrt an die Botschaft und vergaß sie dann. Gab mich wieder dem Alltag hin. Ölfelder brannten. Bomben fielen auf Städte. Raketen flogen auf der Höhe der Verkehrsampeln Avenuen entlang und detonierten an ihrem Ende. So hatten die Menschen auch früher in den Himmel gestarrt, in Dresden, in Coventry, und die Flugzeuge gesehen, und dann die schwarzen Punkte, die ihnen entgegenfielen, und die Frauen hielten ihren Kindern die Ohren zu, bevor sie zerrissen wurden. So waren andere, rennend, langsamer als die Luftgifte gewesen, krümmten sich in den Straßen. So rannten die in Pompeji, zu spät, dem Hafen zu: der Glutregen war schneller. So fuhren die Napalmstürme durch die Hüttendörfer. So erschlugen die Horden der Hunnen Bauern, deren Beine unter Heuhaufen zappelten. So verreckten die Russen im brennenden Moskau und die Franzosen ohne Schuhe im Schnee, die Beresina noch weit. So kratzte Napoleon ab, ungeliebt. So töteten ohne eine Regung Vietnamesen Millionen Kambodschaner oder Kambodschaner Millionen Vietnamesen, wer weiß das heute noch. Die Juden. Die Sieger halten ihre Siege aus, lebend, und die Toten sind tot. Wer kennt ein Opfer? Ölfelder brannten jedenfalls, und der Alltag bestand darin, daß ich meine Tochter nach den Hausaufgaben fragte und nicht vergaß, das Mineralwasser zu bestellen. Auch hörte ich jede Stunde die Nachrichten.

Am Abend jenes Tags, eines Freitags, ging ich ins Kino, in ein Kino der Innenstadt, in dem ein Film lief, von dem ich nur den Titel wußte und daß er im Tagblatt oder in der Abendschau gelobt worden war. Vermutlich hatte ich da etwas verwechselt, denn der Film war merkwürdig, mehr als seltsam, nicht mein Geschmack. Auch saß ich ganz allein im Kino. Vielleicht war doch ein Montag. Ich saß vorn wie immer, in der allerersten Reihe, weil ich es mag, im Film zu ertrinken. Heute gibt es jene ganz breiten Filme ja schon wieder nicht mehr, jene Cinemascope-Welten, in die ich so sehr eintauchen konnte, daß ich nie alles sah, immer nur Teile, wie im wirklichen Leben. Zum Beispiel merkte ich erst, als ich viel später einmal Doktor Schiwago im Fernsehen sah, auf der beweglichen Briefmarke, daß ich von den Ereignissen immer nur einen Teil wahrgenommen hatte, den rechten oder linken, je nachdem. Zum Beispiel war mir entgangen, daß Julie Christie einmal völlig nackt unter der Tür stand. Ich konnte mich nur an den leeren Blick des Doktors erinnern. Jetzt saß ich also wieder da. Daß ich allein im Kino war, merkte ich allerdings erst beim Hinausgehen, und es kann sein, daß zu Beginn ganz viele dagewesen und vom Film vertrieben worden waren. Ich war geblieben, ich weiß nicht warum, wahrscheinlich, weil ich aus einer Stadt stamme, in der man das, was man bezahlt hat, zu Ende genießt.

Der Film war schwarz und weiß, ohne jedes Blau, und es fällt mir schwer zu sagen, was genau eigentlich in ihm vorging. Alt war er jedenfalls, stumm vielleicht, aus den zwanziger oder dreißiger Jahren, und spielte in Indien oder Pakistan oder Bangladesch. Wer kann jene fernen Länder unterscheiden. Kalkutta oder Hekuba, die Männer trugen Turbane und hatten nackte Oberkörper, und die Frauen waren in Saris gehüllt. Hatten Punkte auf der Stirn. Es ging um einen Wahrsager, der hoch oben auf dem Dach eines Hauses wohnte, inmitten von Hühnern und Ziegen, die auf dem Betondach weideten. Er war uralt, eine Frau vielleicht, denn er trug keinen Bart und Tücher, die den Bart allerdings auch verdecken konnten. Kinder, vielleicht seine Enkelkinder, schleppten Passanten aus den Straßen zu ihm hinauf, nicht mit Gewalt, sondern Versprechungen flüsternd und mit tiefen Blicken lockend, so daß immer erneut unglücklich verliebte Frauen und vor dem Konkurs stehende Handelsherren die Treppen hochstiegen, unendlich verwinkelte Stiegensysteme, in denen keine und keiner ohne die Hilfe der Kinder wieder nach unten finden konnte. Wer nicht bezahlte, wurde nicht ins Freie geleitet, ging Stunden, Tage durch die verwinkelte Hölle, durch Küchen und Schneiderateliers und Schlafsäle voller Matratzen, ohne je die ebene Erde zu erreichen. Hie und da kreuzte eines der Kinder seinen Weg und schaute fragend, und endlich gab auch der Hartnäckigste auf und schüttete alle seine Rupien in die hingestreckte Hand. Der Wahrsager, die Wahrsagerin war teuer. Oft saßen Dutzende von Hilfesuchenden zwischen den Ziegen und den Hühnern, wartend, in den Verschlag eingelassen zu werden. Reiche, Maharadschas vielleicht, schienen ebenso geduldig zu sitzen wie greise Bettler, denen niemand mehr eine Zukunft gegeben hätte. Gleich zu Beginn wurde ein junger Mann in einem Tropenanzug – sogar der Helm fehlte nicht – von einem barfüßigen Jungen in den Hausgang verlockt. Er zögerte, wollte nochmals zurück, zurück zu seiner Frau, die, ein Backfisch mit einem rosa Sonnenschirm, mit flehend ausgestreckter Hand im Straßengewimmel stand, aber es war schon zu spät, schon stieg er die Treppen hoch, entschlossen nun, das Abenteuer zu seinem Ende zu führen – »Warte auf mich!« rief er ins Sonnenlicht zurück, »Wait for me!« –, und als er oben ankam, war er der einzige Kunde, und der junge Führer überließ ihn einer Frau, auch sie fast noch ein Kind, die durch die Tücher des Verschlags lugte und ihm winkte. Sein flaumloses Gesicht war schweißnaß. Im Verschlag drin eine furchtbare Hitze. Der Wahrsager im Dämmerlicht kaum zu sehen, die Wahrsagerin. Er oder sie schaute zuerst lange und sagte dann die Wahrheit. Aber der junge Europäer, ein Brite wohl, hatte Augen nur für die Frau, die mit gesenktem Blick neben dem Alten kauerte, neben ihrem Vater oder ihrer Großmutter vielleicht eher, und so verstand er die Botschaft nicht. Stand auf und bezahlte und lachte, obwohl für ein Lachen kein Grund war. Die Frau, die die Wahrheit sehr wohl verstanden hatte, führte ihn die Treppen hinunter und blieb auf einer der Treppenstufen stehen und drehte sich um und wühlte ihre Lippen in die seinen, und so fand die Gattin die beiden. Sie hatte sich auf eigene Faust in das Labyrinth gewagt, schrie und zeterte und fiel in Ohnmacht und erwachte wieder unter den zärtlichen Backenstreichen des Gatten, und endlich waren beide fähig, sich von der Frau auf die Straße zurückführen zu lassen. Ein letzter Kuß, einen auch für die Gattin, die dennoch wie eine Furie schaute, eine Todwunde. Dann gingen beide davon, ihrem Schicksal entgegen, das am Ende der Straße auf sie wartete und die Frau tötete – ein Fanatiker, der alles Britische haßte, erschoß sie –, während der Mann dann bis zu seinem Lebensende die Stadt nicht mehr verlassen konnte und nach der Frau im Treppenlabyrinth suchte, ohne sie jemals wiederzufinden.

Ich taumelte aus dem Kino ins Freie. Es war dunkel geworden. Viel wärmer als vor zwei Stunden noch. Wind rauschte in den Bäumen. Ich ging die Rämistraße hinauf, in meine Gedanken versunken, die vom Film nicht loskamen. Ich wußte weder den Namen des Regisseurs noch den der Schauspielerin. Der Abspann hatte fremde Zeichen gezeigt. Ich ging quer über den Heimplatz, auf dem zu dieser Zeit weder Trambahnen noch Autos fuhren. Die Straßenbeleuchtung war defekt, jedenfalls brannten die Laternen nicht. In der Hottingerstraße tauchte dann doch ein Auto auf, ein lärmiger Oldtimer mit blauleuchtenden Scheinwerfern, das erste Geräusch in dieser stillen Nacht. Der Fahrer unsichtbar. Ich erschrak, obwohl ich noch nicht wußte, worüber, und begann schneller zu gehen. Hetzte über den Platz voller Bäume und Büsche, in dessen Nähe ich wohnte, wohne, und stand auch gleich vor meinem Haus, das keine Klingel mehr hatte und eine neue Tür, hämmerte dagegen und rief: »Isabelle! Was soll das?«, und endlich wurde auch ein Kopf im ersten Stock sichtbar, aber nicht der Isabelles, sondern eines Mannes, der rief, gleich hole er die Polizei. Ich sagte, ich wohnte hier, was er denn hier tue, wer er denn sei, und als er das Fenster zuschlug und sich nicht mehr rührte, als auch Isabelle schwieg, ging *ich* zur Polizei.

Über eine Schreibmaschine gebeugt saß ein Beamter, der offenbar geschlafen hatte und mich blinzelnd ansah. Er trug eine Uniform wie ein Husar, wie am Sechseläuten, band einen Gurt mit einer riesigen Pistole um und kam zu der Schranke hinübergeschlurft, vor der ich stand. Sah mich aus trüben Augen an, und ich war plötzlich nicht mehr imstande, ihm zu gestehen, daß Isabelle unter einem fremden Mann lag, in einem Haus ohne Klingel und mit einer falschen Tür, und brummte irgend etwas Wirres über die ausgefallene Straßenbeleuchtung, und der Beamte sagte, von einem Ausfall sei ihm nichts bekannt. Ausweis. Ich hatte keinen und tat, als hätte ich ihn nicht gehört, und ging; rannte, als er »Stehenbleiben!« rief und gleich darauf sogar, als ich hinter einem Busch kauerte und er die Außentreppe herabgerannt kam: »Oder ich schieße!« Ich hielt den Atem an, während er direkt vor mir stand und ratlos die leere Hottingerstraße auf und nieder schaute. Endlich verschwand er wieder im Posten. Irgend etwas war seltsam gewesen, mit der Einrichtung, jene

Schranke war neu, und auch das Telefon, ein historisches Ungetüm aus schwarzem Bakelit, war bei meinem letzten Besuch nicht dort gewesen. Immerhin hatte ich den Posten kaum zwei Wochen zuvor besucht gehabt, wegen einer Parkbuße, die ich unter dem Scheibenwischer meines in der blauen Zone stehenden Autos gefunden hatte, obwohl ich die Parkberechtigung für Anwohner hinters Steuer geklemmt hatte. Auch das Schild außen, »Polizei«, war neu, in Buchstaben, die an Filme aus der Nazizeit erinnerten.

Hoffmans Hunger

Aus dem Niederländischen von Sibylle Mulot
detebe 22831, 416 Seiten, DM 18.90.
Diogenes Verlag, Zürich

FRANKFURTER ALLGEMEINE ZEITUNG
Leon de Winter schrieb einen Agentenroman, in dem der Verrat keine Rolle mehr spielt und der Verräter nicht mehr bestraft wird. Der Autor betreibt also nicht nur die Aufhebung eines Genres, sondern zeigt die Auflösung eines Charakters, über den die Geschichte hinweggeht. Ein nachdenkliches Buch.

DIE WELTWOCHE, Zürich
Leon de Winter hat, mit erzählerischer Leichtigkeit, spielerisch-entfesselter Kollisionslust und intellektuellem Furor, einen fulminanten Roman über den Prototyp unseres ausgehenden Jahrhunderts geschrieben, der wunderbar frei ist von der gräßlichen grassierenden Gesinnungsheuchelei.

DER TAGESSPIEGEL
In der niederländischen Gegenwartsliteratur sucht man derart lustvoll geschriebene Zeitromane vergeblich. Leon de Winter ist ein Autor, der zugleich Spaß am Erzählen und dennoch eine Menge zum Hier und Heute zu sagen hat.

Der Autor:

Die Großeltern von Leon de Winter stammen aus dem orthodox-jüdischen Lumpenproletariat, mit Lumpen machte sein Vater nach dem Krieg ein Vermögen. Von der ganzen Familie hatten nur sein Vater, seine Mutter und eine Tante überlebt. Wie andere Kinder mit Grimms und Andersens Märchen, wuchs Leon de Winter mit Erzählungen über den Holocaust und mit jiddischen Geschichten auf. Eine Ausbildung machte er bei der Bavaria Film in München. Für de Winter ist „das Schreiben einer Geschichte etwas sehr Ruhiges in dieser zerfetzten Welt“.

Die Nacht des 21. Juni 1989

Freddy Mancini hatte beim Ungarn vier Steaks verdrückt, aber er hatte Hunger, als er über den Flur zu seinem Hotelzimmer trottete. Es war warm in Europa. Freddys gewaltiger Bauch hing schwer unter seiner schwitzenden Brust, die maßgefertigten Jeans spannten über seinem fetten Hintern. Seine Frau Bobby ging leichtfüßig neben ihm her. Sie machte ihm Vorwürfe, daß er heute abend seine Diät verhunzt habe.

»Verhunzt hast du sie, Freddy! Lernst du's denn nie? Die letzten Tage hast du dich so schön dran gehalten – und nun? Du lernst es wirklich nie.«

In seinem Magen fühlte Freddy ein brennendes Schamgefühl, aber auch der Hunger bohrte weiter – Hunger nach Erfüllung und immerwährender Befriedigung. Er hatte mal gelesen, daß ein besonderer Magennerv das Hungergebiet im Gehirn kitzelte. So erklärten es sich die Rationalisten und Optimisten.

Die Diätassistentin zu Hause in San Diego hatte ihm vor ein paar Monaten etwas anderes gesagt.

»Wie lange kommst du jetzt schon zu mir, Freddy? Drei Jahre?«

»Dreieinhalb. Beinahe vier.«

»Was, schon so lange?«

»Was wolltest du sagen, Sandy?«

»Jedes Pfündchen geht durchs Mündchen, das kennst du ja, aber bei den meisten ist es auch etwas im Gehirn, was sie dick macht. Nur bei dir, Freddy, bei dir sitzt es *ausschließlich* im Gehirn. Bei dir ist Hunger ein mentales Problem.«

Das hatte damals wie eine Zauberformel geklungen, und er hatte einfältig dazu genickt. Dann hatte er sich hinter das Steuer seines Chrysler New Yorker gezwängt und sich auf dem Weg zu seinem Büro, von dem aus er seine zwölf Waschsalons regierte, gefragt, was eigentlich den Hunger in seinem Kopf verursachte. Die Klimaanlage hatte kühle Luft an seine verschwitzten Wangen geblasen. Er war erfolgreich und liebte Bobby; sie hatten drei wohlgeratene Kinder großgezogen, die gut verheiratet waren und ihrerseits Familien gegründet hatten; sie wohnten in einem schönen Haus mit

Schwimmbad, fuhren einen Chrysler, einen Dodge und einen Jeep Cherokee; er war ein guter Amerikaner, zahlte Steuern und wählte die Republikaner, aber er hatte diesen Makel: Er wog dreihundertfünfzig amerikanische Pfund. Alles, was er aß, schlug direkt an. Und nun, in seinem Chrysler, den Blick starr auf die Straße gerichtet, die unter der glühenden kalifornischen Sonne vibrierte, die Worte seiner Diätassistentin noch im Ohr, war ihm plötzlich klargeworden, daß er unglücklich war. Dieser Gedanke machte ihn ganz wirr. Er fuhr auf den Parkplatz eines Supermarktes und starrte dort minutenlang vor sich hin. »Ich bin nicht glücklich«, murmelte er entsetzt. Er hatte alles und war nicht glücklich. Sofort meldete sich sein Schuldbewußtsein: wie konnte er nicht glücklich sein. Bobby! Es würde ihr einen Schlag versetzen, wenn er ihr beim Nachhausekommen erzählte, daß irgend etwas fehlte. Er liebte sie nicht mehr. Nein, Unsinn, natürlich liebte er sie noch, genauso wie die Kinder, die Waschsalons, die Autos, das Haus und die zwei Katzen, aber irgend etwas fehlte. Du lieber Himmel, was war das nur?

Es war ihm vorher nie aufgefallen, daß die Dinge so kompliziert waren. Er wußte nicht, was ihm fehlte. Und das war der Grund für seinen Hunger, schloß er mit deprimierender Klarheit.

Unwillkürlich tastete seine Hand nach dem Zündschlüssel, aber er fuhr nicht los. Durch die Schaufenster des Supermarktes schimmerten Regale mit Lebensmitteln. Er hatte einen beißenden Hunger. Er kämpfte sich aus dem Auto und ging in den Laden. Dort kaufte er einen ganzen Arm voller Tüten, Beutel, Riegel. Im Auto schlang er alles hinunter. Auf dem Beifahrersitz türmte sich das Verpackungsmaterial.

Freddy Mancini begriff an diesem Tag, daß von nun an alles anders sein würde. Äußerlich war ihm nichts anzumerken, aber in seinem Kopf hatte eine Umwälzung stattgefunden, eine Revolution wie in Kuba, und er würde bis an sein Lebensende in einsamer Stille das Gefühl haben, er sei eine unglückliche und tragische Figur, die alles besaß und doch zu kurz gekommen war. Er hatte im kühlen Auto angefangen zu zittern, sein Gesicht in eine offene Tüte gedrückt und Tränen auf die salzigen Chips fallen lassen.

Bobby öffnete die Zimmertür im Hotel International in Prag.

Freddy folgte ihr. Die Mauern strahlten noch die Hitze des Tages aus. Vier Schwangerschaften hatten Bobbys Körper nichts anhaben können. Sie hatte die Figur einer Achtzehnjährigen. Ihre Haut war natürlich älter geworden, aber wenn sie am Strand entlangging, warfen die Knaben noch immer lüsterne Blicke auf ihren Busen und ihren Hintern. Sie schwor ihm, daß er die vier Steaks morgen zu büßen hätte.

»Und außerdem war das Zeug kaum zu fressen!« rief sie verzweifelt, »das sollen Steaks gewesen sein? Lederlappen, die wir nicht mal einem Hund vorsetzen würden! Und du stürzt dich mit einer Gier drauf, als hättest du jahrelang vor lauter Armut Fleisch nur im Schaufenster gesehen! Herrgott, Freddy, du mußt abnehmen, Sandy und Doktor Friedman haben dir doch gesagt, daß du bis zum nächsten Wochenende zwei Kilo runter haben mußt. Lächerliche zwei Kilo! Und was tust du? Du nimmst zwei Kilo zu! Wenn du morgen wagst, überhaupt etwas zu essen, dann schlag ich es dir persönlich aus dem Mund. Zu deinem eigenen Besten.«

»Ich hatte Hunger«, sagte er. »Weil ich das Mittagessen übersprungen habe.«

»Menschenskind! Jetzt gehst du schon hundert Jahre zu Sandy und hältst dich noch immer nicht an die Regeln! Wie oft muß ich es dir noch sagen? Tausendmal? Hunderttausendmal? Du *sollst* ja zu Mittag essen, aber was Leichtes. Und abends ganz normal. Ohne dich derart vollzustopfen. Willst du vielleicht mit neunundvierzig sterben?«

Ja, antwortete er still für sich.

Sie ging ins Bad, und Freddy ließ sich in einen Stuhl sacken. Das Holz ächzte, als er seinen Hintern zwischen die Armlehnen quetschte. Die Kacheln im Bad gaben Bobbys Stimme einen metallischen Klang. Er hörte nicht zu.

Sie hatte ihn auf diese Reise mitgeschleppt, vier Wochen, die ihn ein Vermögen kosteten. Sandy und Doktor Friedman hatten ihm dazu geraten, sie meinten, er würde wahrscheinlich leichter abnehmen, wenn er seine festen Gewohnheiten durchbrach, und Bobby hatte für sie beide diese Gruppenreise gebucht.

Er wußte nicht mehr, in wie vielen Hotels sie schon übernachtet hatten. Heute früh waren sie mit einem klimatisierten Bus mit Bar und WC aus Wien abgefahren, fünf Stunden hatte die Fahrt gedauert. Eine Stunde hatten sie an der Grenze gewartet, während der Bus von ein paar finsteren Männern mit Maschinengewehren gefilzt wurde. In Prag waren sie zunächst im Hotel International abgestiegen und hatten dann eine Stadtrundfahrt gemacht, über die Burg mit ihren Kirchen und Palästen, wo die Regierung ihren Sitz hat, und dann an einem Fluß mit allen möglichen Gebäuden entlang, die er schon wieder vergessen hatte.

Ihr Hotel war ein pompöser Kasten in einem Stil, den man laut Auskunft des österreichischen Reiseführers im Westen den »stalinistischen Zuckerbäckerstil« nannte. Die Eingangshalle war riesig, mit breiten Pfeilern und einer ausladenden Rezeption. Auf dem Marmorfußboden lagen abgetretene Teppiche, die Sitzecken bestanden aus klobigen Möbeln, überall hing dieser penetrante Geruch nach verkochtem Kohl, und obwohl das Gebäude mit seinen breiten Fluren einen anderen Eindruck machte, waren die Zimmer erdrückend klein. Es war eben kein Hilton, nicht einmal ein Ramada Inn oder ein Howard Johnson. Ihr Bus war bequemer.

Im Bett neben ihm atmete Bobby gleichmäßig und ruhig. Der Hunger stach wie ein Bajonett in seinen Magen und schnitt ihm in Herz und Kehle. Der Schlaf konnte ihn davon nicht erlösen. Er hörte, wie die Luft durch seine Nasenlöcher pfiff. Seine fette Brust keuchte auf und ab. Er veränderte seine Lage und richtete sich mühsam auf, zog alle Fettringe und Wülste mit sich hoch. Die Matratze ächzte, als er sich erschöpft und nach Luft ringend wieder fallen ließ. Das Laken klebte an seiner Haut.

Bobby ließ sich nachts von seinem Geschnaufe schon lange nicht mehr aus ihren Träumen reißen. Nach harten Jahren der Gewöhnung an all seine Geräusche war es allein der Wecker von Bell & Howell, der sie mit seinem Gerassel aus dem fernen Land zurückholen konnte, in das sie entschwand, sobald sie das Leselämpchen ausgeknipst hatte. Das Ding hatten sie aus San Diego mitgeschleppt, ohne daran zu denken, daß die hochnäsigen Europäer zwar schon seit Jahren ihr vereinigtes Europa hätschelten, aber noch nicht imstande gewesen waren, einen einheitlichen Stecker und eine einheitliche

Voltzahl einzuführen.

Freddy versuchte sich zu erinnern, vor wieviel Jahren sie zum letzten Mal miteinander geschlafen hatten. Nach der Fehlgeburt war es eigentlich schon vorbei gewesen, und als Bobby mit ihrem letzten Kind schwanger war, hatte sie den Hahn endgültig zugedreht. Damals ging Freddy in die Breite. Er begriff, daß ein Zusammenhang bestand zwischen dem völligen Mangel an Sex und seinem Umfang, aber man konnte natürlich nicht einfach davon ausgehen, daß er sein Normalgewicht zurückbekam, wenn er wieder wöchentlich mit Bobby schlief. Abgesehen davon, daß er physisch dazu gar nicht mehr imstande war, wie er selbst merkte.

Magensäure stieg ihm in den Hals, er schluckte. Sie hatten in einem ungarischen Restaurant zu Abend gegessen, in der Nähe vom Vaclavské Namesti, dem Platz in der Stadtmitte. Fast jeder hatte den grauen Lappen, der auf der Speisekarte als »first class sirloin steak with gypsy sauce« umschrieben wurde, liegengelassen, nur Freddy hatte gleich drei weitere von seinen Nachbarn mitgegessen. Manche hatten sich gegen die Qualitäten der kommunistischen Küche gewappnet und zauberten Hershey-Schokoriegel und Mars-Familienpackungen aus ihren Nylon-Hüfttaschen, ein Autohändler aus Wisconsin, ein gewisser Browning, schwor sogar, im Hotel bekäme man Hamburger mit Ketchup.

Mühsam stieg er aus dem Bett. Bobby atmete friedlich. Sie streifte durch Länder, die er nie betreten würde. Nach dieser Reise würde er für immer in Amerika bleiben. Natürlich fand er es interessant, all die alten Städte und die Geschichte und Tradition und so, aber er fühlte sich hier verloren. Die Tschechoslowakei war ein Entwicklungsland.

So leise wie möglich zog er sich an. In der Stille des Hotels hörte er seinen eigenen keuchenden Atem. Auf jede Bewegung folgte ein schwerer Atemstoß, als hätte er eine Dampfmaschine in der Lunge. Er verließ das Zimmer.

Am Gangende saß ein alter Mann unter einer trüben Funzel und las. Er schaute auf, als er Freddy hörte. Freddy sah den Unglauben in seinen Augen und ging schweigend zum Lift. Irgend jemand aus der Reisegruppe hatte erklärt, daß alle Etagen rund um die Uhr bewacht würden, weniger, um die Gäste vor ungebetenem Besuch zu schützen, als um die eigenen Leute fernzuhalten. Ohne Spezialausweis kam man hier als Tscheche nicht über die Schwelle. Die Hotelhalle war leer. Freddy schleppte sich über den abgetretenen Teppich zur Rezeption. Er sah in der Nähe der Drehtüren zwei Männer in Sesseln herumlungern. Sicherheitskräfte, hatte der Reiseführer gewispert. Er fühlte, wie sich ihre Blicke in seinen Körper bohrten. Nicht ein einziges Kleidungsstück bot ihm Schutz. Er war immer nackt.

An der Rezeption war niemand zu sehen. Es gab auch keine Klingel, um sich bemerkbar zu machen. Er hielt sich am schwarzen Marmortresen fest und wartete. In amerikanischen Hotels hörte man immer Musik, er hatte sich oft gefragt, warum. Jetzt begriff er, wie schwer die Einsamkeit in einem totenstillen Gebäude auszuhalten war. Von fern drangen aus dem Inneren des Hotels ein paar matte Geräusche. Aber sonst kein Straßenlärm, kein Türquietschen, das sein verzweifeltes Schnaufen übertönt hätte.

Zu Hause in San Diego hatte er seine Bewegung und Unternehmungen auf das Notwendigste beschränkt. Er mußte abnehmen, weil er sonst keine fünf Jahre mehr zu leben hatte, aber der Hunger war eine Qual, saß wie ein toller Hund in seinem Magen und fraß wild um sich. Er war unglücklich, und dieses Gefühl, daß wußte er nun, zeichnete sich aus durch das Fehlen von Hoffnung. Sein unstillbares Verlangen nach dem Zustand vollkommener Sättigung trug einen Flor untröstlicher Trauer.

Er wurde ungeduldig. Rief etwas. Erschrak vor den schrillen Tönen, die aus seinem Mund in die Halle drangen. Er hörte, wie die Männer sich hinter ihm aufrichteten. Und in der Türöffnung hinter dem Tresen erschien ein Mann in seinem Alter, so um die fünfzig, in zerknittertem Anzug und mit ganz kleinen Augen. Er hatte ein Nickerchen gemacht.

»Sie wünschen?« fragte er ohne eine Spur von Freundlichkeit. Er musterte Freddy von oben bis unten.

»Meine Frau hat Hunger, ich wollte wissen, ob sie noch etwas zu essen bekommen kann.«

Auf den Körper geschrieben

Deutsch von Stefanie Schaffer-de Vries
FTV 12730, 240 Seiten, DM 14.90.
Fischer Taschenbuch Verlag, Frankfurt/Main

DIE PRESSE, Wien

Das Leben ist kein ruhiger Fluß. Schon gar nicht in dem jüngsten Roman der britischen Autorin Jeanette Winterson. Die 33-jährige Engländerin erzählt darin eine Liebesgeschichte, jedoch keine von der tranig-süßlichen Art, sondern eine, bei der die Leidenschaft ein alles verschlingender Mahlstrom ist … Gleich zu Beginn macht die Autorin alles klar: Wenn Amor auf den Plan tritt, hat die Ratio keine Chance mehr. In einer eruptiven Sprache mit kurzen, harten Sätzen läßt Jeanette Winterson ihre namenlose Erzählfigur, von der anfangs noch nicht klar ist, ob sie Mann oder Frau ist, von aufwühlenden Liebschaften und bizarren Affairen berichten.
Diese Figur, die sich schließlich als Alter ego der Autorin zu erkennen gibt, spielt die Hauptrolle in dem Buch, das in Großbritannien bereits hymnische Kritiken bekommen hat. Als eine Art moderne Freibeuterin in Sachen Sex und Leidenschaft hat die junge Protagonistin ein Sexualleben, das den libidinösen Normalverbraucher erblassen läßt …
Dieser Roman ist kein ruhiger Fluß, eher ein Gewässer mit Stromschnellen – und er gehört zu den interessantesten Neuerscheinungen.

Die Autorin: Jeanette Winterson wurde 1959 in Lancashire geboren. Wie andere mit Lesefibeln und Märchen aufwachsen, wuchs sie mit der Bibel auf. Sie galt als Auserwählte und wurde im Geist der Pfingstbewegung aufgezogen. Beinahe noch ein Kind, verlor sie den Glauben und versuchte auf eigenen Füßen zu stehen. Sie nahm Gelegenheitsarbeiten an als ambulante Eisverkäuferin, als Totenwäscherin, als Hausangestellte in einer Nervenklinik, studierte schließlich in Oxford und lebt als Schriftstellerin mit Peggy Reynolds, einer Anglistin, und zwei Katzen in London.

© Jillian Edelstein

»Ich habe mit Elgin gesprochen«, sagte sie. »Ich habe ihm gesagt, was du mir bedeutest. Ich habe ihm gesagt, daß wir miteinander im Bett waren.«

»Was hat er gesagt?«

»Er hat gefragt, in welchem Bett.«

»In welchem Bett?«

»Unser Ehebett, wie er es wahrscheinlich nennen würde, hat er selbst gezimmert, als wir von meinem Geld in einem kleinen Häuschen lebten. Er war im Praktikum, ich unterrichtete, an den Abenden arbeitete er an dem Bett ... es ist sehr unbequem. Ich habe ihm gesagt, daß wir in meinem Bett waren. ›The Lady's Occasional‹ ... Da wurde er ruhiger.«

Ich konnte Elgins Gefühle in bezug auf sein Bett verstehen. Bathseba hatte immer darauf bestanden, daß wir das Ehebett benutzten. Ich mußte auf seiner Seite liegen. Es war die Verletzung der Arglosigkeit, gegen die ich protestiert hatte, ein Bett sollte ein sicherer Ort sein. Es ist nicht sicher, wenn man ihm nicht den Rücken kehren kann, ohne daß es gleich wieder besetzt wird. Jetzt formuliere ich meine Skrupel, aber damals haben sie mich nicht abgehalten. Dafür verachte ich mich wirklich.

»Ich habe Elgin gesagt, daß ich die Möglichkeit haben muß, dich zu treffen, daß ich frei sein muß, mit dir zu kommen und zu gehen. Ich habe ihm gesagt, daß ich nicht lügen will und daß ich nicht will, daß er mich belügt ... Er fragte mich, ob ich ihn verlassen würde, und ich sagte, daß ich es ehrlich nicht weiß.«

Sie wandte mir ihr ernstes und beunruhigtes Gesicht zu. »Ich weiß es ehrlich nicht. Möchtest du, daß ich ihn verlasse?«

Ich schluckte und rang nach einer Antwort. Die Antwort, die mir direkt aus dem Herzen in die Kehle kam, war: »Ja. Pack sofort deine Sachen.« Aber das konnte ich nicht sagen, ich formulierte die Antwort aus dem Kopf. »Sollen wir vielleicht einmal abwarten, wie es läuft?« Louises Gesicht verriet sie nur für eine Sekunde, aber ich wußte, daß auch sie gewollt hatte, daß ich ja sage. Ich versuchte uns beiden zu helfen.

»Wir könnten uns in drei Monaten entscheiden. Das wäre fairer, meinst du nicht? Elgin gegenüber, dir gegenüber?«

»Und was ist mit dir?«
Ich zuckte die Achseln. »Mit Jacqueline bin ich fertig. Ich bin da für dich, wenn du mich willst.«

Sie sagte: »Ich will dir mehr bieten als bloß Untreue.«

Ich blickte in ihr schönes Gesicht und dachte, »Ich bin noch nicht bereit dafür. Meine Stiefel sind noch voll vom Schlamm vergangener Zeiten«. Ich sagte: »Gestern warst du böse auf mich, du hast mir vorgeworfen, ich würde nach Trophäen jagen, und du hast mir gesagt, ich soll dir meine Liebe nicht erklären, ehe ich mir selbst darüber im klaren bin. Du hast recht gehabt. Gib mir Zeit für die Arbeit, die ich tun muß. Mach es mir nicht leicht. Ich will sicher sein. Ich will, daß du sicher bist.«

Sie nickte. »Als ich dich vor zwei Jahren sah, dachte ich: Das ist das schönste Geschöpf, das ich je gesehen habe, Mann oder Frau.«

Vor zwei Jahren, wovon redete sie?

»Ich sah dich im Park, du bist allein spazierengegangen, du hast mit dir selbst gesprochen. Ich bin dir fast eine Stunde gefolgt, und dann bin ich nach Hause gegangen. Ich dachte nicht, daß ich dich je wieder sehen würde. Du warst ein Spiel in meinem Kopf.«

»Gehst du oft Leuten im Park nach?«

Sie lachte. »Ich habe es nie vorher getan und seither nur noch einmal. Als ich dich zum zweiten Mal sah. Du warst in der British Library.«

»Habe ich an einer Übersetzung gearbeitet?«

»Ja. Ich habe die Nummer deines Stuhls notiert und den Portier gefragt, ob er deinen Namen weiß. Als ich ihn hatte, habe ich deine Adresse herausgefunden, und so kam es, daß du vor sechs Monaten ein bis auf die Haut nasses und verzweifeltes Geschöpf auf der Straße vor deiner Tür fandest.«

»Du hast mir erzählt, dir wäre die Handtasche gestohlen worden.«

»Ja.«

»Alles nicht wahr?«

»Ich mußte mit dir reden. Es war das einzige, was mir einfiel. Nicht sehr gescheit. Und dann lernte ich Jacqueline kennen und dachte, ich muß aufhören, und ich dachte auch an Elgin und versuchte aufzuhören. Ich wiegte mich in dem Glauben, daß wir Freunde sein könnten, daß es mir genügen würde, mit dir befreundet zu sein. Wir sind gute Freunde gewesen, nicht wahr?«

Ich dachte an jenen Tag, an dem ich Louise im Regen gefunden hatte. Sie sah aus wie Puck, aus dem Nebel gesprungen. Ihr Haar schimmerte von glänzenden Regentropfen, der Regen rann ihr über die Brüste, deren Umrisse deutlich durch das nasse Musselinkleid hindurch zu sehen waren.

»Es war Emma, Lady Hamilton, die mich auf die Idee gebracht hat«, sagte Louise, mir meine Gedanken stehlend. »Sie hat ihr Kleid immer naß gemacht, bevor sie ausging. Es war sehr provokant, aber es hat seine Wirkung auf Nelson getan.«

Nicht wieder Nelson.

Ja, jener Tag. Ich sah sie aus dem Schlafzimmerfenster und eilte hinaus. Es war ein Akt der Freundlichkeit meinerseits, aber ein sehr angenehmer. Ich war es, der sie am nächsten Tag anrief. Sie lud mich sehr freundlich zum Essen ein. All das leuchtete mir ein, was mir nicht einleuchtete, war der Ursprung ihres Motivs. Es mangelt mir nicht an Selbstvertrauen, aber ich bin nicht schön, das ist ein Wort, das nur sehr wenigen Menschen vorbehalten ist, Menschen wie Louise selbst. Ich sagte ihr das.

»Du kannst nicht sehen, was ich sehe.« Sie streichelte mein Gesicht. »Du bist ein Teich klaren Wassers, in dem das Licht spielt.«

Jemand hämmerte gegen die Tür. Wir sprangen beide hoch. »Das muß Jacqueline sein«, sagte Louise. »Ich habe mir gedacht, daß sie kommen wird, sobald es dunkel ist.«

»Sie ist kein Vampir.«

Das Hämmern hörte auf, und ein Schlüssel wurde vorsichtig ins Schlüsselloch gesteckt. Hatte Jacqueline sich vergewissern wollen, ob jemand zu Hause war? Ich hörte sie hereinkommen und ins Schlafzimmer gehen. Dann öffnete sie die Tür zum Wohnzimmer. Sie sah Louise und brach in Tränen aus.

»Jacqueline, warum hast du meine Sachen gestohlen?«

»Ich hasse dich.«

Ich versuchte sie dazu zu bringen, sich hinzusetzen und etwas zu trinken, aber kaum hatte sie das Glas in der Hand, schleuderte sie es auf Louise. Es verfehlte sein Ziel und zerschellte an der Wand dahinter. Sie machte einen Satz quer durchs Zimmer, ergriff die größte und schärfste Glasscherbe und ging damit auf Louises Gesicht los. Ich packte sie beim Handgelenk und verdrehte ihr die Hand nach hinten. Sie schrie auf und ließ die Scherbe fallen.

»Raus«, sagte ich, ohne sie loszulassen. »Gib mir die Schlüssel und mach, daß du rauskommst.« Es war, als hätte ich mir nie auch nur das Geringste aus ihr gemacht. Ich hatte nur den Wunsch, sie wegzuwischen. Ihr zorniges, dummes Gesicht auszulöschen. Sie verdiente das nicht, in einem Winkel meines Hirns wußte ich, daß es meine Schwäche war und nicht ihre, die uns zu diesem schmachvollen Tag gebracht hatte. Ich hätte die Wogen glätten sollen, den Angriff parieren, statt dessen schlug ich ihr ins Gesicht und riß ihr meine Schlüssel aus der Tasche.

»Das war fürs Badezimmer«, sagte ich, als sie ihren blutenden Mund betastete. Sie stolperte zur Tür und spuckte mir ins Gesicht. Ich packte sie am Kragen und schleifte sie zu ihrem Wagen. Sie schlitterte davon, ohne die Scheinwerfer einzuschalten.

Ich stand da und sah ihr nach, mit schlaff herabhängenden Armen. Ich stöhnte und setzte mich auf die niedrige Mauer neben dem Haus. Die Luft war kühl und beruhigend. Warum hatte ich sie geschlagen? Ich hatte mir immer etwas darauf zugute gehalten, der überlegene Partner zu sein, der Intelligente, Einfühlsame, der gute Manieren schätzt und sich ihrer befleißigt. Nun hatte ich mich in einer Streiterei als mies und gewalttätig erwiesen. Sie hatte mich in Wut gebracht, und ich hatte zugeschlagen. Wie oft taucht das in den Gerichtssälen auf? Wie oft habe ich über die Gewalttätigkeit anderer verächtlich die Lippen geschürzt? Ich legte den Kopf in die Hände und weinte. Diese häßliche Sache war meine Schuld. Noch eine verfehlte Beziehung, noch ein verletztes Menschenwesen. Wann würde ich endlich aufhören? Ich fuhr mit den Knöcheln über den rauhen Ziegelstein. Es gibt immer eine Entschuldigung, wir finden immer einen guten Grund für unser Benehmen. Aber mir fiel kein guter Grund ein.

»Okay«, sagte ich mir, »Louise ist deine letzte Chance. Wenn du irgend etwas wert bist, zeig es jetzt. Sei ihrer würdig.« Ich ging wieder hinein. Louise saß sehr still da und betrachtete das Glas in ihren Händen, als wäre es eine Kristallkugel.

»Verzeih mir«, sagte ich.

»Mich hast du nicht geschlagen.« Sie wandte sich mir zu, ihre vollen Lippen waren eine lange gerade Linie. »Wenn du mich je schlägst, verlasse ich dich.«

Mein Magen zog sich zusammen. Ich wollte mich verteidigen, aber ich brachte nichts heraus. Ich traute meiner Stimme nicht.

Louise stand auf und ging ins Bad. Ich warnte sie nicht. Ich hörte, wie sie die Tür öffnete und scharf und plötzlich Atem holte. Sie kam und streckte mir die Hand entgegen. Wir verbrachten den Rest der Nacht mit Saubermachen.

Das Interessante an einem Knoten ist seine formale Kompliziertheit. Selbst der einfache klassische Knoten mit seinen drei etwa symmetrischen Schlingen besitzt mathematische und künstlerische Schönheit. Für Gläubige verkörpert der salomonische Knoten den Kern allen Wissens. Für Teppichknüpfer und Stoffweber auf der ganzen Welt liegt die Herausforderung des Knotens in den Gesetzmäßigkeiten seiner Überraschungen. Knoten können ihre Form ändern, aber sie müssen sich an die Spielregeln halten. Ein formloser Knoten ist ein schlampiger Knoten.

Louise und ich wurden von einer einzigen Schlaufe der Liebe zusammengehalten. Die um unsere Körper geschlungene Schnur wies keine scharfen Windungen oder finsteren Biegungen auf. Unsere Handgelenke waren nicht gebunden, und es lag keine Schlinge um unsere Hälse. Im Italien des vierzehnten und fünfzehnten Jahrhunderts gab es einen beliebten Sport, bei dem zwei Kämpfer mit einem starken Strick aneinandergebunden wurden, um sich zu Tode zu prügeln. Oft endete es wirklich mit dem Tod, weil der Verlierer nicht zurückweichen konnte und der Sieger ihn selten schonte. Der Sieger behielt den Strick und knüpfte einen Knoten hinein. Wenn er durch die Straßen ging, brauchte er ihn nur zu schwingen, um den verschreckten Passanten Geld abzuknöpfen.

Ich will nicht dein Spielzeug sein, und ich will nicht, daß du meines bist. Ich will dich nicht zum Spaß schlagen, will nicht die straffen Seile verheddern, die uns binden, dich in die Knie zwingen und wieder hochzerren. Das offizielle Gesicht eines chaotischen Lebens. Ich möchte, daß der Reifen um unsere Herzen uns ein Führer ist und nicht ein Schrecken. Ich will dich nicht näher an mich ziehen, als du ertragen kannst. Aber ich will auch nicht, daß die Leinen schlaff werden, will das Seil nicht ablaufen lassen, bis es lang genug ist, um uns daran zu erhängen.

Ich saß in der Bibliothek und schrieb dies an Louise; dabei betrachtete ich das Faksimile einer illustrierten Handschrift, deren erster Buchstabe ein großes L war. In das L waren Vögel und Engel hineinverwoben, die zwischen den Federstrichen schwebten. Der Buchstabe wa r ein Labyrinth. Außerhalb, auf dem L oben drauf, stand ein Pilger in Hut und Habit. Im Herzen des Buchstabens, der so geformt war, daß er mit seinem eigenen Gegenstück ein Rechteck bildete, war das Lamm Gottes. Wie würde der Pilger sich zurechtfinden in dem Labyrinth, dem Labyrinth, das kein Problem war für Engel und Vögel? Ich versuchte lange, den Pfad zu erforschen, aber immer wieder wurde mir der Weg von hämisch grinsenden Schlangen versperrt. Ich gab es auf, machte das Buch zu und vergaß, daß das erste Wort Liebe gewesen war.

In den folgenden Wochen waren Louise und ich zusammen, sooft wir konnten. Sie war vorsichtig im Umgang mit Elgin, ich war vorsichtig im Umgang mit ihnen beiden. Die Vorsicht erschöpfte uns.
Eines Nachts, nach einer Lasagne mit Meeresfrüchten und einer Flasche Champagner, liebten wir uns so heftig, daß »The Lady's Occasional« von der Turbine unserer Lust über den Boden getrieben wurde. Wir begannen beim Fenster und endeten bei der Tür. Es ist bekannt, daß Weichtiere Aphrodisiaka sind, Casanova aß seine Muscheln roh, bevor er sich mit einer Dame vergnügte, aber er glaubte auch an die stimulierenden Kräfte heißer Schokolade.

Sprache der Finger, Kommunikationsweise der Taubstummen, die auf den Körper des Körpers Sehnen schreibt. Wer hat dich gelehrt, mit Blut auf meinem Rücken zu schreiben? Wer hat dich gelehrt, deine Hände als Brandeisen zu benutzen? Du hast deinen

Namen in meine Schultern geätzt, mir deinen Stempel aufgebrannt. Deine Fingerkuppen sind zu Druckstöcken geworden, du klopfst eine Botschaft auf meine Haut, klopfst Sinn in meinen Körper. Dein Morsecode stört meinen Herzschlag. Ich hatte ein gleichmäßig pochendes Herz, bevor ich dich traf, ich konnte mich darauf verlassen, es war im Einsatz gewesen und stark geworden. Nun änderst du sein Tempo mit deinem eigenen Rhythmus, du spielst auf mir, trommelst mich straff.

Auf dem Körper steht ein geheimer Code geschrieben, sichtbar nur bei bestimmter Beleuchtung. Was im Lauf eines Lebens zusammenkommt, sammelt sich hier. An manchen Stellen ist der Palimpsest so oft bearbeitet, daß die Buchstaben sich anfühlen wie Blindenschrift. Ich halte meinen Körper gerne zusammengerollt den Blicken neugieriger Augen fern. Man soll nie zu viel entfalten, die ganze Geschichte erzählen. Ich wußte nicht, daß Louise lesende Hände haben würde. Sie hat mich in ihr eigenes Buch übersetzt.

Um Elgins willen versuchten wir leise zu sein. Er hatte gesagt, er würde außer Haus sein, aber Louise hatte das Gefühl, er wäre daheim. Schweigend liebten wir uns im Finstern, und als ich mit der Handfläche ihre Knochen nachzeichnete, fragte ich mich, was die Zeit dieser Haut antun würde, die noch so neu für mich war. Könnte ich je weniger für diesen Körper empfinden? Warum geht Leidenschaft vorbei? Die Zeit, die dich verwelken läßt, wird auch mich verwelken lassen. Wir werden fallen wie reife Früchte und zusammen durchs Gras rollen. Liebste Freundin, laß mich neben dir liegen und den Wolken zusehen, bis die Erde uns bedeckt und wir nicht mehr sind.

Am folgenden Morgen war Elgin beim Frühstück. Das war ein Schock für uns. Er war so blaß wie sein Hemd. Louise glitt auf ihren Platz am Ende des langen Tisches. Ich nahm eine neutrale Position etwa in der Mitte ein. Ich strich mir Butter auf eine Scheibe Toast und biß hinein. Das Geräusch ließ den Tisch vibrieren. Elgin zuckte zusammen.

»Mußt du solchen Krach machen?«

»Tut mir leid, Elgin«, sagte ich und spuckte Brösel über das Tischtuch. Louise reichte mir die Teekanne und lächelte.

»Was macht dich so glücklich?« sagte Elgin. »Du bist auch nicht viel zum Schlafen gekommen.«

»Du hast mir gesagt, du würdest bis heute wegbleiben«, sagte Louise ruhig.

»Ich bin heimgekommen. Es ist mein Haus. Ich habe dafür bezahlt.«

»Es ist unser Haus, und ich habe dir gestern abend gesagt, daß wir hier sein werden.«

»Ich hätte ebensogut in einem Bordell schlafen können.«

»Ich dachte, das würdest du tun«, sagte Louise.

Mistlers Abschied

Aus dem Amerikanischen von Christa Krüger
st 3113, 280 Seiten, DM 19.90.
Suhrkamp Verlag, Frankfurt am Main

Als Hardcover DM 39.80,
Suhrkamp Verlag, Frankfurt am Main

FRANKFURTER ALLGEMEINE ZEITUNG

Der Mann hatte seine Diagnose erhalten, und sie lautete auf Leberkrebs. Kurz darauf flog er nach Venedig, dort lief er Geschäftsfreunden über den Weg, leistete sich eine nicht sehr appetitliche Affäre mit einer Fotografin ... Dann trifft er nach mehr als dreißig Jahren eine College-Freundin wieder. Bunny Cutler nennt sie sich jetzt. Und sie lebt in einem Palazzo auf der Giudecca. Sie gehört zu jenen Frauen, die man liebte, aber nie bekam. Begegnet man ihnen, ist der Zauber wieder da. Bunny meint es gut mit dem Moribunden. Als sie ihr Kleid öffnet und er zugreifen darf, bekommt Thomas Mistler kalte Hände und Bunny meint, er habe sich nicht verändert.

»Zu spät« lautet das Fazit dieser Begegnung, ein Verdikt, das auch der Held von »Der Mann, der zu spät kam« sich oft sagen lassen musste und dass auch der glücklichere Schmidt aus Begleys letztem Buch fürchtete ... »Mistlers Abschied« ist Louis Begleys bester Roman. Es ist ein geschliffenes, ein weltläufiges und kundiges Bild eines Charakters, der seine Welt regiert, nicht an ihr leidet. Aus teilnehmender Distanz ist dieses Porträt gezeichnet, in einem Augenblick, da der Held verwundert erkennen muss, dass alles zeitverfallen ist. Niemand wird verurteilt, aber auch nicht mit Wohlwollen verwöhnt. Begley ... verknüpft das Wissen eines »Handorakels« der heutigen USA mit der zergliedernden Psychologie der europäischen Erzähltradition.

Der Autor:

© Jerry Bauer

Louis Begley wurde 1933 in Polen geboren, studierte in den USA Literatur und Recht und lebt seit 1959 als Anwalt in New York. Mit *Lügen in Zeiten des Krieges,* einem Bestseller, erlangte er internationale Anerkennung. Außerdem liegen im Suhrkamp Verlag vor: *Wie Max es sah; Der Mann, der zu spät kam und Schmidt.*

Als er seinen Kofferkuli am Flughafengebäude vorbei zum Landesteg für die Wassertaxis schob, überkam ihn ein Gefühl von Benommenheit, als hätte er zu lange an einer feuchten Zigarre gesogen. Fing er schon an, wie seine Mutter und gewisse alte Damen aus ihrem Bekanntenkreis, mit der Wachsamkeit von Grenzpolizisten auf plötzlich auftretende Schmerzen, Schwellungen und vorher nicht bemerkte Hautausschläge zu lauern? Oder warum sonst wollte er unbedingt wissen, ob diese Mischung aus Erschöpfung und Übelkeit eine ganz neue Formation in der Landschaft seiner Existenz war? Seit den Gesprächen mit den Ärzten wünschte er sich ein Stundenglas, das Sandkorn um Sandkorn das Verrinnen seiner Kraft anzeigte. Wahrscheinlich war kein Meßinstrument empfindlich genug, um die Auswirkungen einer Nacht im Flugzeug und der Wartezeit auf den Anschluß in Roissy zu unterscheiden von den Prozessen in diesem derangierten tauben Organ in seinem Inneren, aber daß er überzeugt war, keinen Schritt mehr gehen zu können, mußte zumindest teilweise ein Signal seiner Leber sein. Mistler hielt sich am Geländer fest, schloß die Augen, öffnete sie wieder und starrte auf das Wasser. Der Kofferkuli war kein Freund. Hätte er einen Gepäckträger gerufen, hätte er sich auf dessen Arm stützen können, und wenn die Geste noch so undelikat war. Er holte tief Luft, um Mund, Lungen und Hirn zu reinigen, und bat den Aufsichtsbeamten, ihm ein Taxi zu besorgen.

Leichter Nebel hing über dem Wasserspiegel der Lagune. Mistler stand achtern, wartete in Vorfreude und ohne Neugier auf das Auftauchen der Inseln. Gischt kühlte ihm das Gesicht. Er zündete sich eine Zigarre an, um den Geschmack seines Speichels zu übertönen, und warf sie schnell weg. Wenn Clara bei ihm gewesen wäre, hätte er ihre Hand gehalten. Sie hatte immer Kaugummi oder Pfefferminz in ihrer Handtasche. Hätte er sie doch lieber mitbringen sollen? Diese Reise, seine harmlose Lüge, die Sehnsucht, etwas nicht näher Bestimmbares zu finden, was sollte das Ganze? Eine Art Wette? Wenn ja, dann gewann und verlor er sie zugleich. Was erwartete er denn? Daß Handeln irgend etwas ändern konnte? In ein paar Wochen oder Monaten, wenn die Krankheit langsam unerträglicher wurde, würde er sehen, was diese Ferien wirklich waren – eine Farce, die er teuer zu bezahlen hatte, mit Krafteinheiten, einer Währung, die durch keine Summe Ruhe oder Schlaf wiederbeschafft werden konnte. War es dann soweit, daß er endlich lernen würde, sich treiben zu lassen, statt immer nur hart am Wind zu segeln und wie besessen darum zu kämpfen, den Kurs zu halten? Sie fuhren in den Kanal ein. Der Bootsmann öffnete die Drosselklappe, das Kielwasser breitete sich aus wie ein Fächer aus weißen Federn. Hier und dort zerrten einzelne Dingis an ihren Ankern. Waren das Aalfischer? Die Sonne blendete Mistler. Er setzte die dunkle Sonnenbrille auf, und als hätte diese Geste magische Kraft, wurden im selben Augenblick der Turm von Madonna dell'Orto und die Fondamenta Nuove sichtbar und rückten näher. San Michele lag vor ihnen. Das Boot fuhr langsamer. Mistler erkannte erst den Umriß von Santa Maria della Misericordia, dann I Gesuiti und die Einfahrt ins Arsenal. Er hätte das Boot gern zum Stillstand gebracht, um die Uferlinie im ganzen vor Augen zu haben und die Stadt stärker in sich aufzunehmen. Dazu hätte er aber nach vorn, durch die Kabine gehen, mit dem Bootsmann sprechen und mit dessen Verständnislosigkeit angesichts eines solchen, nicht im Fahrpreis inbegriffenen Wunsches fertig werden müssen; die Mühe war ihm zu groß. Er begnügte sich mit konzentriertem Hinsehen. Palastfassaden tauchten geheimnisvoll auf und verschwanden, als das Boot sich in die Seitenkanäle einfädelte. Sie kamen am Hotel Metropole vorbei. San Giorgio lag genau vor ihnen. Als sie in den Canal Grande einbogen, tauchte die Dogana und dann Santa Maria della Salute auf, im Glanz von Blau, Gold und Weiß. Das Boot fuhr rückwärts, ein Mann, der sein Leben lang nichts anderes getan hatte, fing das Tau, das der Bootsführer ihm zuwarf, und band es fest. Zum erstenmal in seinem Leben verspürte Mistler eine Art Seekrankheit; er ging an Land und in das Foyer des Hotels.

Signor Anselmo, der Hauptportier, und sein Helfer setzten sich in Bewegung, zwei Männer, die Mistler je nach Laune als Freunde oder Musterbeispiele für fragwürdige Investitionen zum Zweck der Steuerersparnis betrachtete, Investitionen, die keine Einkünfte brachten, aber ständig Bargeld verlangten; die beiden stürzten so eilig auf ihn zu, daß sie den stellvertretenden Hotelmanager abdrängten.

La signora ist schon da, murmelte Signor Anselmo. War der

Mann verrückt geworden? Erkannte er ihn nicht mehr? Was murmelte er da? Clara hatte unmittelbar vor seinem Aufbruch zum Flughafen angerufen und gesagt, sie sei in San Francisco. Falls dies hier ein Filmgag der vierziger Jahre sein sollte, dann konnte sie natürlich in Wahrheit vom Kennedy Airport aus angerufen und einen Alitalia Flug nach Mailand genommen haben, auf diese Weise wäre sie schneller als er mit seinem Flug über Paris in Venedig gewesen. Aber einen Hang zu grellen Überraschungen oder dummen Streichen kannte er nicht an ihr. Wenn dies ein vielleicht gutgemeinter Streich sein sollte, dann wäre er nicht nur unwillkommen, sondern über die Maßen ärgerlich, das konnte man ohne Übertreibung sagen. Mistler hatte nicht mehr genug Zeit, um geduldig hinzunehmen, daß Leute seine Pläne durchkreuzten, und komisch finden konnte er derlei schon gar nicht. Das wußte sie natürlich nicht.

La signora hat Blumen gebracht und ihr Gepäck unten gelassen. Soll ich es hinaufbringen lassen?

Selbstverständlich, mitsamt meinen Taschen. Ich brauche sie sofort.

Willkommen zu Hause in Venedig, Mr. Mistler. Sie haben dasselbe Apartment wie immer. Das war der Stellvertreter des Hotelmanagers.

Danke. Dann müssen Sie mich nicht begleiten. Ich brauche nur den Schlüssel.

La signora hat ihn.

Dann geben Sie mir bitte den Zweitschlüssel.

Er wehrte die Hand ab, die ihn von seinem Aktenkoffer befreit hätte. Er enthielt sein Adreßbuch. In New York war jetzt früher Morgen, die beste Zeit, Leute zu Hause zu erwischen, manche von ihnen, bevor sie aus dem Bett gefunden hatten. Und wenn es ihm noch so schlecht ging, jetzt war es Zeit für seine Anrufe.

Der Aufzug hielt im zweiten Stock. Er folgte dem blutroten Teppich bis zur Doppeltür am Ende des Flurs und öffnete sie. In dem kleinen Vorraum hing ein Regenmantel. Nicht der von Clara. Die beiden riesigen Fenster des Wohnzimmers mit Blick auf den Kanal standen offen. »I've got you under my skin«, peinlich akkurat gepfiffen, scholl ihm aus dem anderen, rechts davon liegenden Zimmer entgegen. Die Tür stand offen. Clara pfiff nicht, sie sang immer Cole Porter und immer falsch. Mistler stellte die Aktentasche auf das Sofa, klopfte und betrat das Zimmer, ohne auf Antwort zu warten. Es war immerhin seine Suite. Auf dem Bett, in einen weißen Frotteebademantel mit dem Namenszug des Hotels gehüllt, saß Lina Verano. Sie trocknete sich die Zehen einzeln mit einem kleinen Handtuch ab.

Mr. Mistler! Sie stand auf. Ihr Haar war naß und hing ihr strähnig über die vollkommen glatten Wangen. Sie sah jetzt hübscher aus als bei Anna, aber in dem harten Tageslicht wirkte sie nicht mehr so jung.

Entschuldigung! Ihr Flugzeug muß zu früh gelandet sein. Ich dachte, Sie kommen erst in einer Stunde, deshalb war ich in der Badewanne. Ich hätte alles wieder aufgeräumt, Sie hätten nichts gemerkt. Schauen Sie, die habe ich alle für Sie geholt.

Sie zeigte mit dem Finger. Auf dem Toilettentisch im Schlafzimmer und auf dem Teetisch und den Guéridons mit den Marmorplatten im Wohnzimmer standen Rosen und Päonien, weiß, rot und rosa.

Sind die nicht schön? Sagen Sie doch was, Mr. Mistler!

Mir fällt nur eins ein: Was machen Sie in meinem Hotelzimmer?

Jemand, wahrscheinlich der Hotelboy, klopfte an die Außentür. Mistler brüllte: *Avanti!* Sein Gepäck. Einen Augenblick danach kam der Boy wieder und zerrte einen grauen Koffer auf Rädern wie einen Hammel am Strick hinter sich her. Mistler gab ihm Trinkgeld und wartete, bis der Mann die Gepäckstücke im Schlafzimmer verstaut hatte.

Ich wiederhole: Was machen Sie hier?

Sie wußten doch, daß ich Sie in Venedig besuchen würde. Sie sagten, das sei in Ordnung. In den *pensioni*, die ich kenne, war kein Zimmer frei, deshalb bin ich hierher gekommen, nur um Sie zu sehen. Meinen Koffer habe ich unten gelassen. Tut mir leid, daß ich Ihr Badezimmer benutzt habe. Ich habe Sie wohl nicht so gut verstanden, wie ich mir einbildete. Ich hatte gedacht, Sie sind ganz froh, wenn Sie mich sehen. Oder lachen. Wer weiß?

Und was, dachten Sie, sagt meine Frau dazu?

Ich wußte, daß sie nicht mitkommt. Ich habe am Tag nach Mrs.

Williams' Party im Hotel angerufen; ich wollte sichergehen, daß Sie hier wohnen, und die haben mir gesagt, Sie hätten Zimmer nur für sich allein bestellt. Dann habe ich zur Sicherheit auch noch bei der Fluggesellschaft nachgefragt. Finden Sie das so schlimm? Ich kann sofort gehen. Wenn ich was finde, wo ich bleiben kann, rufe ich Sie morgen an. Vielleicht muß ich es mit einem Hotel in Mestre versuchen. Die sind nicht so teuer.

Guter Gott, sagte Mistler. In diesem Aufzug wird man Sie nicht gehen lassen. Am Empfang wird man Ihnen sofort den Bademantel abnehmen, und den Zirkus, der dann losgeht, will ich mir gar nicht erst vorstellen. Hören Sie, lassen Sie mir fünfzehn Minuten Zeit. Ich bin sehr müde, und ich muß ein paar Anrufe erledigen.

Es tut mir leid. Ich kann im Schlafzimmer bleiben, solange Sie telefonieren.

Sigrid Damm

Christiane und Goethe. Eine Recherche

541 Seiten, DM 49.80.
Insel Verlag, Frankfurt am Main

FRANKFURTER ALLGEMEINE ZEITUNG

Christiane Vulpius war Leben, nicht Literatur. Die Liebe zu ihr war nicht zur Verwertung bestimmt. Goethe hat aus ihr keinen Roman gemacht ... Sigrid Damm hat alles zusammengetragen, was man über die beiden wissen kann. Sie ist der Versuchung aus dem Weg gegangen, das Fehlende romanhaft zu ergänzen und schreibt doch bei aller Quellentreue voll Anmut und Anteilnahme. Sie geht mit Behutsamkeit zu Werke. Kein Kirchenbuch und keine Champagnerrechnung, kein Zettelchen und kein Dienstbotenklatsch entgehen ihrer Aufmerksamkeit. Aus allem weiß sie Schlüsse zu ziehen. Das Gesamtbild muss unscharf bleiben, doch bilden sich viele kleine Szenen vor unseren Augen. Wie Christiane die Spiele Amors beherrscht in allen zwölf Kategorien. Wie sie mehrere Haushalte leitet, Erbschaftsangelegenheiten erledigt, die boshaften Weimarer Damen erträgt. Sie kann kutschieren, reist allein, trägt zwei Pistolen, trinkt gern Champagner und tanzt ausgezeichnet. Das Buch nimmt uns auch deshalb gefangen, weil Sigrid Damm nicht fertige Ergebnisse vorlegt, sondern uns an einem Recherche-Prozess teilnehmen lässt, in dem sich aus wenigen Bleibseln die Umrisse einer bis dahin unterschätzten Beziehung schattenhaft heraus bilden.

Die Autorin: Sigrid Damm, 1940 in Gotha/Thüringen geboren, lebt als freie Schriftstellerin in Berlin. Studium der Germanistik und Geschichte in Jena, Promotion. 1993 Gastdozentin an den Universitäten Glasgow und Edinburgh. 1994 Gastprofessur in Hamburg. Auszeichnungen u.a.: Lion-Feuchtwanger-Preis, Mörike- und Fontane-Preis; Ehrengabe der Schillerstiftung.

Christiane Vulpius. Christiane von Goethe. Über ein Vierteljahrhundert lebte sie mit Goethe, achtzehn Jahre in freier Liebe, zehn Jahre als seine Ehefrau. Dreiundzwanzig Jahre war sie alt, er achtunddreißig, als sie sich im Juli 1788 erstmals trafen und fast von einem auf den andern Tag ein Liebespaar wurden. Goethe, von der *Begierde* getrieben, die *Pyramide* seines *Daseyns ... so hoch als möglich in die Lufft zu spizzen,* schuf in seiner Lebenszeit mit Christiane ein großes Werk.

Wer war diese Frau? Ein schönes Stück Fleisch, *un bel pezzo di carne, gründlich ungebildet,* wie Thomas Mann sagt, eine *nullité d'esprit,* eine geistige Null, wie Romain Rolland sie nennt, die *Frau* mit dem *halb unanständigen Namen,* die *bekannte Sexualpartnerin des alternden Olympiers,* wie es in Robert Musils »Mann ohne Eigenschaften« heißt?

Die Mitwelt spricht von ihr als *Mätresse* und *Hure,* von Goethes *Kreatürchen, seiner Füchsin, seinem Mensch, seiner dicken Hälfte;* für Wieland ist sie Goethes *Magd,* und ihre offizielle Bezeichnung achtzehn Jahre lang in Weimar ist: *die von Goethische Haushälterin.* Charlotte von Schiller nennt sie *ein rundes Nichts,* Bettina von Arnim *eine Blutwurst,* die *toll* geworden sei. Herzog Carl August schreibt: *Die Vulpius habe alles verdorben.* Christiane als Fußnote in Goethes Leben. Als Peinlichkeit, Verirrung seinerseits. [...]

Ich lese Christianes Briefe. Erstaunlich sind sie, gestisch und genau. Detailfreudig. Eine Frau findet eine Sprache für ihren Körper, ihre Weiblichkeit, ihre Sexualität. Ungewöhnlich für ihre Zeit. Ebenso ungewöhnlich ist, wie sie Alltagsarbeit beschreibt. Eine Frau tritt mir entgegen, unablässig tätig, zwei Haushalte, ein Landgut, zwei Gärten, Krautland. Sie erledigt Erbschaftsangelegenheiten, bereitet den Erwerb von Land und Kaufabschlüsse vor, tätigt Geldgeschäfte. Sie kann einen Schlitten kutschieren. Geht allein auf Reisen, trägt zwei Pistolen bei sich. Sie ißt gern, trinkt gern, am liebsten Champagner. Sie tanzt ausgezeichnet, als Fünfundvierzigjährige nimmt sie noch bei einem Tanzmeister Unterricht. Sie liebt die Komödie, weniger das Lesen, das tut sie nur bei *üblen Wetter* oder aus *langer Weile.* Heiter ist sie, witzig, stets gutgelaunt.

Aus den Briefen – ich lese zwischen den Zeilen, gehe einem Halbsatz, einer Andeutung nach, überdenke, was der Zensur der

Liebe zum Opfer gefallen sein mag, vergegenwärtige mir überlieferte Fakten – tritt mir auch eine ganz andere entgegen: eine Frau, deren Körper von fünf Schwangerschaften gezeichnet ist, die unter dem Tod von vier ihrer Kinder leidet, die lebenslang von Krankheiten gequält wird, Bluthochdruck, Nierenprobleme. Eine Frau, die ihr Altwerden zu fürchten hat. Die ständig überfordert ist, weil sie eine Rolle spielen muß, für die niemand ihr den Text vorgibt; und dennoch hat sie Tag für Tag die Bühne zu betreten, für die sie nicht geschaffen ist. Eine Frau, die stets zuviel Arbeit hat. Die murrt, launisch ist. Stimmungen unterliegt. Depressionen hat. Verletzbar ist. Und einsam. Sehr einsam. Ihre schwere Krankheit in den letzten Lebensjahren. Ihr einsames Sterben, ihr früher Tod. [...]

Sie müssen ein sinnenfrohes, in der Liebe mit Phantasie begabtes Paar gewesen sein. *Dein kleines Naturwesen,* wird sich Christiane einmal nennen; *dein Gleinnes nadur Wessen,* schreibt sie. Für ihre Liebeslust spricht, daß sich in dieser Zeit mehrfach die Reparatur von Betten notwendig macht. *Bett beschlagen, 6 Paar zerbrochenen Bänder dazu mit Nageln ... ein Neu gebrochenes Bette beschlagen ... noch ein Neu Bette beschlagen zum unterschieben,* lauten die Rechnungen des Schlossers Johann Christian Spangenberg an Goethe (GSA 34 VIII, 3).

Als Charlotte von Stein am 22. Juli 1788 auf ihr Landgut nach Schloß Kochberg reist, erwartet sie seinen Besuch. Er zögert ihn lange hinaus. *Ich fürchte mich dergestalt für Himmel und Erde,* schreibt er ihr am 31. August, *daß ich schwerlich zu Dir kommen kann. Die Witterung macht mich ganz unglücklich und ich befinde mich nirgends wohl als in meinem Stübchen, da wird ein Caminfeuer angemacht und es mag regnen wie es will.* Das Bild spricht für sich. Das feindliche Draußen. Er am Kaminfeuer, die südliche Wärme, die Heimlichkeit mit der Geliebten.

Am 15. September endlich entschließt er sich mit anderen zusammen zu einer Fahrt nach Kochberg. Caroline Herder berichtet: *Frau v. Stein, die uns freundlich empfing, doch ihn ohne Herz. Das verstimmte ihn den ganzen Tag. Nachmittag schlief er.*

Goethe stand am Fenster, schreibt Frau von Kalb, *hatte eine Glasscheibe in der Hand und einen Bogen, zeigte, wie bei jeder Bewegung des*

Bogens der Sand auf dem Glase verschiedene Figuren bildete. Das Geringste war ihm bedeutend, was zum Gesetz der Ordnung gehörte, und so interessierte ihn dies wunderbare Spiel lebhaft; und wie unzerstörbar die geheimnisvolle Ordnung der Natur, konnte wohl auch dies Experiment beweisen; die Winde zerstreuen den feinen Sand, doch der leise Strich des Bogens zwingt die Körnchen zu bestimmten schönen Formen.

Was er sagt und tut, hat vermutlich einen Bezug zu Charlotte und zugleich zu seiner Heimlichkeit mit Christiane. Auffällig wird das bei einem Ausflug aller am 7. September nach Rudolstadt. Schiller und Goethe begegnen sich bei dieser Gelegenheit zum erstenmal. Schiller berichtet darüber am 12. September 1788 an Körner. Goethe habe mit *leidenschaftlichen Erinnerungen* über Italien gesprochen. *Vorzüglich weiß er einem anschaulich zu machen, daß diese Nation mehr als alle andere europäische in gegenwärtigen Genüssen lebt, weil die Milde und Fruchtbarkeit des Himmelsstrichs die Bedürfnisse einfacher macht, und ihre Erwerbung erleichtert. Alle ihre Laster und Tugenden sind die natürlichen Folgen einer feurigen Sinnlichkeit.*

Heißt das, an Charlotte gewandt, es gibt noch andere Haltungen in der Welt als die deine? Goethe geht sogar in Details. *In Rom ist keine Debauche* (Liederlichkeit) *mit ledigen Frauenzimmer, aber desto hergebrachter mit den verheurateten. Umgekehrt ist es in Neapel.*

Verteidigung seiner eigenen heimlich praktizierten Lebensform? Goethes aufklärerischer Gestus ist auffällig.

Auch Herder, der auf dem Weg nach Italien ist, bekommt ihn zu spüren. Er reist als Begleiter des Domherrn von Trier und Worms, des Herrn von Dalberg. In Augsburg treffen sie sich. Der Domherr hat eine Mätresse bei sich, Sophie von Seckendorff. Goethe schreibt belustigt: *Da hast Du ja nun gar noch ein zierlich Weibchen im Wagen.* Herder dagegen ist empört, in ihm weckt die *Buhlerei* nur Abscheu, es ist ihm Anlaß tiefsten Ärgers, schließlich der Trennungsgrund von Dalberg. Goethe dagegen sieht es entspannt. *Es ist alles auf höchste gegen die Seckendorff aufgebracht, und das mit Recht,* tröstet Caroline Herder ihren *Mann. Goethe zuckt nur die Achseln.* Er schreibt Herder über Sophie von Seckendorff nach Rom: *Sie versteht ihr Handwerk und der künftige Kurfürst kann zahlen.* Er charakterisiert die Mätresse mit einem Thüringer Mundartausdruck. *Die S. ist eigentlich ein Racker, und spielt ihre Person in der Gesellschaft am besten ... Ich lobe sie indessen, wie der Herr den ungerechten Haushalter.* Dann folgt sein Satz: *Es geht doch nichts über die Huren, dagegen kann kein ehrlicher Mann, keine ehrliche Frau, kein ehrlich Mädchen ankommen.*

Wie hat man sich Charlottes Reaktion und die der kleinen Rudolstädter Gesellschaft auf Goethes Reden von der *Debauche* mit *ledigen Frauenzimmern* und *verheurateten* vorzustellen, wie die des sittenstrengen Herders, der sich in Rom als Bischof von Weimar feiern lassen wird, auf Goethes Lob der Huren?

Dazu muß man wissen, daß Goethe vermutlich nicht unbekannt ist, in welchem Ruf Christiane in bestimmten Kreisen der Weimarer Gesellschaft steht. Caroline Herder zum Beispiel behauptet, sie sei *eine allgemeine H. vorher gewesen.* Als Schiller sechs Jahre später in seiner Zeitschrift »Die Horen« Goethes »Römische Elegien« veröffentlicht, schreibt der Direktor des Weimarer Gymnasiums, Karl August Böttiger, *alle ehrbaren Frauen seien empört über die bordellmäßige Nacktheit.* Herder habe gesagt: *Die »Horen« müßten nun mit dem u gedruckt werden. Die meisten Elegien sind bei seiner Rückkunft im ersten Rausche mit der Dame Vulpius geschrieben. Ergo –*

Goethe provoziert 1788. Andererseits ist er vorsichtig. So bittet er seinen Leipziger Verleger Göschen, der den achten Band seiner Werkausgabe vorbereitet, in einem Brief vom 9. November: *Ich habe Ursache, warum ich die letzten Gedichte der ersten Sammlung – Genuß und der Besuch – nicht abdrucken lassen will; haben Sie also die Güte, solche aus dem Manuscripte zu schneiden und sie mir zurückzuschicken.* Wohl, weil sich »Der Besuch« auf seine Liebste bezieht und »Genuß«, viel früher entstanden, die Zeilen enthält: *Ich habe mir ein Kind gewählt, / Daß uns zum Glück der schönsten Ehe / Allein des Priesters Segen fehlt.* Goethes Schwanken zwischen Provokation und Vorsicht zeigt, wie ungewohnt ihm der Umgang mit der neuen Situation ist; er tastet, sucht, probiert, ist sich seines Handlungsspielraumes noch ungewiß.

Er lebt als *Künstler* und *Gast* zurückgezogen mit seiner Arbeit und seinem Liebchen. *Ich lebe sehr wunderlich. Sehr zusammengenommen, und harre auf Zeit und Stunde,* schreibt er am 22. September, und am

25. Oktober: *Ich bin hier fast ganz allein. Jedermann findet seine Convenienz sich zu isoliren, und mir geht es gar wie dem Epimenides nach seinem Erwachen.*

Im Jahr 1788 kommt der Winter zeitig. Schon Ende Oktober liegt Schnee. *Indessen verwahre ich mich gegen Schnee und Kälte und bin fleißig wie es einem Norden geziemt.*

Tasso wächst wie ein Orangenbaum sehr langsam, schreibt Goethe am 19. Februar 1789 an Carl August, und am 2. März an Herder: *Ich habe mich schon wieder eingehamstert und bin wohl auch nach meiner Art recht vergnügt. Trutz Schnee und Himmelsgrau laß ich mir das Beste von Kunst und Natur fürtrefflich schmecken, und habe meine ganze Einrichtung ad intus gemacht.*

Vom 20. Februar ist ein Brief an Charlotte überliefert: *Ich will dich diesen Abend erwarten. Laß uns freundlich Leid und Freude verbinden damit die wenige Lebenstage genoßen werden.*

...liebe mich, endet er. Der alte vertraute Ton. Schon im nächsten ist von ihren *Vorwürfen* die Rede, aber noch und wieder seine Bitte: *liebe mich.* Und das Versprechen: *Gelegentlich sollst du wieder etwas von den schönen Geheimnissen hören.*

Das Frühjahr kommt mit Stürmen, *ein wahrer Scirocco befreyt* Weimar *vom Schnee,* Hochwasser, *die Ilm war groß, ist aber nur an den niedrigsten Plätzen aus getreten, über den unteren Weg nach dem Brauhauße und hinten an der Quelle, weil das Wehr nicht geöffnet werden konnte.*

In diesem Frühjahr 1789 wird Goethes Liebesverhältnis zu Christiane Vulpius bekannt, wird öffentlich.

Ein erstes Indiz – bei Charlotte von Steins Schwester, Sophie von Schardt, heißt es am 13. Februar: *Es fehlt nicht viel, so wird er* (Goethe) *ebenso careless, ebenso glücklich wie sein Egmont.*

Am 8. März schreibt Caroline Herder ihrem Mann nach Rom: *Ich habe nun das Geheimnis von der Stein selbst, warum sie mit Goethe nicht mehr recht gut sein will. Er hat die junge Vulpius zu seinem Klärchen und läßt sie oft zu sich kommen usw. Sie verdenkt ihm dies sehr. Da er ein so vorzüglicher Mann ist, auch schon 40 Jahr alt ist, so sollte er nichts tun, wodurch er sich zu den andern so herabwürdigt.*

Herder antwortet darauf am 28. März: *Was Du von Goethes Klärchen schreibst, mißfällt mir mehr, als daß es mich wundern sollte. Ein armes Mädchen – ich könnte mir's um alles nicht erlauben! Aber die Menschen denken verschieden, und die Art, wie er hier auf gewisse Weise unter rohen, obwohl guten Menschen gelebt hat, hat nichts andres hervorbringen können. Auf mich macht Italien in allem nun einmal den ganz entgegengesetzten Eindruck. Ich kehre wie ein Geist zurück und kann Dir nicht sagen, wie mir vor dem gewöhnlichen Troß von Buhlereien etc. ekelt.*

Carolines Wort vom *herabwürdigen,* Herders Verweis auf die italienischen Verhältnisse, sein: *ich könnte mir's ... nicht erlauben* charakterisierten die Situation.

Charlotte *verdenkt es ihm sehr.* Sie soll es von ihrem Sohn Fritz erfahren haben, der *die junge Vulpius* eines Tages allein im Gartenhaus antrifft. So jedenfalls beschreibt es Karl von Stein in seinen Erinnerungen. Bedarf es wirklich dieser Nachricht? Hat sie es nicht längst geahnt? Der Streit um die Klärchen-Gestalt, die *Nuance* zwischen *der Dirne* und *der Göttin* hat die literarische Ebene verlassen, ist in ihr Leben getreten. Die Rollenverteilung – *Dirne* und *Göttin* – steht für Charlotte sofort unumstößlich fest.

Eine Frau aus einem anderen Stand, aus dem Bürgertum, die Tochter eines Hofbeamten aus der untersten Schicht. Ein Mädchen, das in Bertuchs *Blumenfabrick* ihr Geld verdient, mit dem Bruder lebt. Ein leichtsinniges Frauenzimmer. Eine junge Frau, halb so alt wie sie.

Charlotte ist empört. Sie sieht ihr Erziehungswerk an Goethe zerstört. Er, den sie zehn Jahre glaubte zum Höchsten hinaufgezogen zu haben, würdigt sich in ihren Augen nun herab. Ihr Standesdünkel und ihre durch die höfische Welt festgefügten Grundwerte des Daseins setzen sie ins Recht. Ihn dagegen ins Unrecht.

In Wirklichkeit ist sie zutiefst in ihrer Weiblichkeit verletzt.

Die Ungleichheit ihrer beider Lebenssituationen. Charlotte geht auf die Fünfzig zu. Ihre Söhne sind erwachsen. Im Vorjahr hat sie Ernst, zwanzigjährig, nach langem Siechtum (vermutlich Knochenkrebs) verloren. Karl, der älteste, ist aus dem Haus. Den jüngsten, ihren Lieblingssohn Fritz, hat sie Goethe anvertraut, dem leiblichen Vater damit eine schwere Kränkung zugefügt. Ihre Ehe ist nicht zuletzt durch diese Kränkung und das Jahrzehnt ihrer Nähe zu

Goethe sinnentleert. Josias von Stein ist zudem krank, leidet an schweren Depressionen. 1789 hat er seinen ersten Schlaganfall. (Nach seinem Tod 1793 findet man bei der Obduktion einen Knochensplitter im Gehirn von einem Reitunfall in jungen Jahren, der vermutlich die Ursache seines schrecklichen Zustandes war.) Für Charlotte wird der Ehemann zunehmend zum Pflegefall. Alles, was sie noch vom Leben erwartet, erwartet sie von Goethe.

Seine völlig andere Situation. Er steht in der Lebensmitte. Seine *Wiedergeburt* in Italien, sein *neues Leben.* Am 28. August 1789 wird er seinen 40. Geburtstag feiern. Er hat seine achtbändige Werkausgabe beendet, die *Summa Summarum seines Lebens,* wie er sagt, gezogen. Er erfährt, daß er Vater wird. Ende April muß Christiane Vulpius die Gewißheit bekommen haben, daß sie in anderen Umständen ist. Seit Anfang Mai vermutlich weiß Goethe um die Schwangerschaft seiner Liebsten. Zunächst hat er wohl die Vorstellung gehabt, mit beiden Frauen zu leben: mit der Sinnenliebe und der Seelenfreundin. Es ist ein alter Wunschtraum. Bereits 1781 hatte er Charlotte geschrieben: *ich habe die ganze Nacht von dir geträumt. Unter anderem hattest du mich an ein artiges Misel verheuratet und wolltest es sollte mir wohlgehen.*

Dieser Wunsch scheitert offenbar an Charlottes abweisender Härte.

Über die Vorgänge zwischen ihr und Goethe im März und April 1789 wissen wir kaum etwas. Goethes spätere Briefe lassen vermuten, sie reagiert mit Abwehr, Vorwürfen, klagt das Gewesene, die Rückkehr der Liebe ein. *Sie will nicht verzeihen und er nicht um Verzeihung bitten,* berichtet Caroline Herder ihrem Mann im Februar, und am 8. Mai, drei Tage nachdem Charlotte zu einem längeren Kuraufenthalt nach Bad Ems abgereist ist: *Sie ist sehr, sehr unglücklich, und Goethe beträgt sich nicht hübsch … Er hat sein Herz, wie sie glaubt, ganz von ihr gewendet und sich ganz dem Mädchen … geschenkt.*

Am Tag ihrer Abreise hat Charlotte Goethe einen Brief übergeben. Da sie alle ihre Briefe später zurückgefordert und vernichtet hat, ist deren Inhalt unbekannt. Ganz sicher war es ein genereller Brief über die Zukunft ihrer Beziehung.

Goethe ist sich da wohl schon bewußt, daß die Trennung unumgänglich ist. Die Klärung seines Verhältnisses zu Charlotte geschieht von seiner Seite aus mit dem Wissen um die Schwangerschaft Christianes. Charlotte dagegen bleibt verborgen, daß er Vater werden wird.

Er läßt sich Zeit mit der Antwort. Einen ganzen Monat. Dann schreibt er Charlotte zweimal, am 1. und am 8. Juni. Er tut den entscheidenden Schritt, führt den Bruch der Beziehung herbei.

Ich danke dir für den Brief, heißt es am 1. Juni, *den du mir zurückließest, wenn er mich gleich auf mehr als eine Weise betrübt hat. Ich zauderte darauf zu antworten, weil es in einem solchen Falle schwer ist aufrichtig zu seyn und nicht zu verletzen. Wie sehr ich dich liebe, wie sehr ich meine Pflicht gegen dich und Fritzen kenne, habe ich durch meine Rückkunft aus Italien bewiesen. Was ich in Italien verlaßen habe, mag ich nicht wiederhohlen, du hast mein Vertrauen darüber unfreundlich genug aufgenommen. ... Leider warst du, als ich ankam, in einer sonderbaren Stimmung und ich gestehe aufrichtig, daß die Art wie du mich empfingst ... für mich äusserst empfindlich war ... Und das alles eh von einem Verhältniß die Rede seyn konnte das dich so sehr zu kräncken scheint.*

Und welch ein Verhältniß ist es? Wer wird dadurch verkürzt? Wer macht Anspruch an die Empfindungen die ich dem armen Geschöpf gönne? Wer an die Stunden die ich mit ihr zubringe?

Schonender kann man es nicht sagen, es heißt nichts anderes als: Du hast mir als Frau nicht gewährt, was diese andere mir gewährt. Was mich in den voritalienischen Jahren mit dir glücklich gemacht hat, das gilt nicht mehr. Bewußt gebraucht er die Floskeln der höfischen – ihrer – Welt, wenn er von seiner Liebsten als dem *armen Geschöpf* spricht, dem er seine *Empfindungen gönne.* Es könnte auch heißen, *auch der Geringste, wenn er ganz ist kann glücklich und in seiner Art vollkommen seyn.*

Er fährt fort: *Frage Fritzen, die Herdern, jeden der mir näher ist, ob ich untheilnehmender, weniger mittheilend, unthätiger für meine Freunde bin als vorher? Ob ich nicht vielleicht ihnen und der Gesellschaft erst recht angehöre. Und es müßte doch ein Wunder geschehen, wenn ich allein zu dir, das beste, innigste Verhältniß verlohren haben sollte.*

Dem ersten Schmerz, dem Vorwurf ihrer fehlenden Weiblichkeit, der sie zutiefst treffen muß, fügt er einen zweiten hinzu. Indem er sie mit dem Sohn und Caroline Herder auf eine Stufe stellt. Er bedeutet ihr damit: Du bist nicht mehr der wichtigste Mensch für mich, du hast deinen einzigartigen Platz in meinem Leben verloren.

Hatte er ihr nicht schon im Februar-Brief die Verwandlung ihrer Liebe in Freundschaft vorgeschlagen? Nun ist es eine Mitteilung, ein seinerseits gefaßter Entschluß.

Daß sie diesen Entschluß heraufbeschworen, durch ihre Reaktionen provoziert hat, geht aus dem folgenden hervor: *Aber das gestehe ich gern, die Art wie du mich bißher behandelt hast, kann ich nicht erdulden. Wenn ich gesprächig war, hast du mir die Lippen verschloßen, wenn ich mittheilend war hast du mich der Gleichgültigkeit, wenn ich für Freunde thätig war, der Kälte und Nachlässigkeit beschuldigt. Jede meiner Minen hast du kontrollirt, meine Bewegungen, meine Art zu seyn getadelt und mich immer mal a mon aise gesezt.*

Wir ahnen ihren Umgang mit ihm. Freilich, es ist seine Darstellung. Die ihre haben wir nicht. *Wo sollte da,* fährt er fort, *Vertrauen und Offenheit gedeihen, wenn du mich mit vorsätzlicher Laune von dir stießest. Ich möchte gern noch manches hinzufügen, wenn ich nicht befürchtete, daß es dich bey deiner Gemüthsverfassung eher beleidigen als versöhnen könnte.*

Und, als traue er seinen Worten nicht, fügt er schulmeisterlich ein lächerliches, absurdes Detail hinzu. Er, der ihr aus Italien pfundweise Kaffee schickte, wirft ihr nun das Trinken von Kaffee vor. *Es ist nicht genug, daß es schon schwer hält manche Eindrücke moralisch zu überwinden, du verstärckst die hypochondrische quälende Kraft der traurigen Vorstellungen durch ein physisches Mittel, dessen Schädlichkeit du eine Zeitlang wohl eingesehn und das du, aus Liebe zu mir, auch eine Weile vermieden und dich wohl befunden hattest.*

Das Kaffeetrinken als Ursache von allem! Ließe sie es, wäre ihre Gemütsverfassung eine andere. Er bagatellisiert damit ihren Schmerz.

Es ist ein Abschiedsbrief einer großen, zu Ende gehenden, bereits um Jahre überlebten Liebe.

Möge dir die Cur, die Reise recht wohl bekommen. Ich gebe die Hoffnung nicht ganz auf daß du mich wieder erkennen werdest. Leb wohl, schließt er.

Kaum daß der Brief Charlotte erreicht haben kann, schickt Goethe einen zweiten hinterher. Eine Woche später. Am 8. Juni.

Es ist mir nicht leicht ein Blatt saurer zu schreiben geworden, als der letzte Brief an dich und wahrscheinlich war er dir so unangenehm zu lesen, als mir zu schreiben. Indeß ist doch wenigstens die Lippe geöffnet und ich wünsche daß wir sie nie gegeneinander wieder schließen mögen. Ich habe kein größeres Glück gekannt als das Vertrauen gegen dich, das von jeher unbegränzt war, sobald ich es nicht mehr ausüben kann, bin ich ein anderer Mensch und muß in der Folge mich noch mehr verändern.

... Zu meiner Entschuldigung will ich nichts sagen. Nur mag ich dich gern bitten: Hilf mir selbst, daß das Verhältniß das dir zuwider ist, nicht ausarte, sondern stehen bleibe wie es steht. Schencke mir dein Vertrauen wieder, sieh die Sache aus einem natürlichen Gesichtspunckte an, erlaube mir dir ein gelaßnes wahres Wort darüber zu sagen und ich kann hoffen es soll sich alles zwischen uns rein und gut herstellen.

Ein gänzlich anderer Ton. Die Bitte um Versöhnung, verbunden mit dem Wunsch ihrer Einwilligung in sein Zusammenleben mit Christiane Vulpius. Was ist vorgegangen? Hat er sich den Schmerz vergegenwärtigt, den er der einst geliebten Frau zugefügt hat? Will er sein Gewissen beruhigen? Sind ihm erstmals die Konsequenzen des Bruchs vor Augen getreten? Charlotte als sein *Schutzgeist* bei Hofe. Ihre Nähe zu den Herzoginnen, ihr Einfluß. Der Fürstenhof ist auch die Stadt. Was wird es für ihn, für sein Liebchen bedeuten, wenn Charlotte ihm ihre Neigung entzieht, sich diese gar verkehrt? Wessen wird sie dann fähig sein?

Goethes Mitleid vielleicht. Angst. Gefahr, die er auf sich zukommen sieht. Noch einmal beschwört er das Gewesene, ihre liebende Vertrautheit, zeichnet die Vision des Nebeneinanders der beiden Frauen, der Seelenfreundin und des Verhältnisses, das er ihr, Charlotte, anvertrauen will, damit es *stehen bleibe wie es steht,* es nicht *ausarte.* Eine versöhnende Geste mit dem Wissen, die Trennung ist bereits vollzogen.

Der zweite Brief kann den ersten nicht ungeschrieben machen.

Über Jahre werden sie kaum ein Wort miteinander wechseln. Für alle drei, Charlotte, Christiane und Goethe, wird der Bruch belastend sein, alle drei wird er lebenslang begleiten.

Von allem Anfang an

AtV 1129, 200 Seiten, DM 14.90.
Aufbau Taschenbuch Verlag, Berlin

Als Hardcover DM 32.–,
Aufbau Verlag, Berlin

Szenen einer Kindheit in den Fünfzigern:

SIGRID LÖFFLER im LITERARISCHEN QUARTETT
Christoph Hein ist unglaublich klar und unglaublich ehrlich. Ein sehr sympathisches Buch, das nicht versucht, die Vergangenheit in der DDR zu verklären.

FRITZ J. RADDATZ
Hein bannt eine gesellschaftliche Zeit, in der »von allem Anfang an« alles trügerisch war. Das Grandiose an dieser scheinbar gemächlichen Prosa: Sie ist so atmosphärisch genau, daß man das Grollen des nahenden Gewitters zu hören meint.

DER SPIEGEL
Der Blick des jungen Daniel ist naiv, aber wach und unbestechlich. Mit meisterhafter Lakonie schildert Hein die Entdeckung der Sexualität: das ist bravourös erzählt.

Der Autor:

Aufgewachsen in einer sächsischen Kleinstadt, besucht Christoph Hein ein Gymnasium in Westberlin, weil ihm als Pfarrersohn die ostdeutsche Oberschule verwehrt wird. In den 70-er Jahren Dramaturg, später Hausautor an der Ostberliner Volksbühne. Den großen Durchbruch erzielt er 1982 mit dem Buch *Der fremde Freund* (Drachenblut), das zusammen mit den Romanen *Horns Ende* und *Der Tangospieler* eine Art erzählender Chronik über 30 Jahre DDR-Geschichte darstellt.

Krieg zur See

An dem Tag, an dem ich mich von Tante Magdalena verabschieden mußte, traf ich Lucie vor dem Tor in der Molkengasse. Sie hatte mich gesehen und war stehen geblieben, um auf mich zu warten. Sie trug ein dunkles Samtkleid, ihr Haar war mit einer schwarzen Schleife zusammengebunden, in der Hand hielt sie eine Rose. Anscheinend ging sie zur Frühmesse. Sie sah so schön aus, daß ich kein Wort herausbrachte. Ich lächelte verlegen.

»Was machst du denn hier?« fragte sie.

»Ich muß jemanden besuchen. Meine Tante«, sagte ich.

»So früh?«

»Ja, ich fahre weg.«

Ich hätte ihr beinahe erzählt, daß ich mich bei der Tante verabschieden müsse, weil ich die Stadt verlasse und für immer nach Westberlin ziehe, aber dann erinnerte ich mich noch rechtzeitig daran, wie sie mich bei Fräulein Kaczmarek verraten hatte.

»Ich wollte dir noch sagen, daß ich das mit der Oberschule gemein finde«, sagte Lucie, als habe sie etwas von meinen Gedanken erraten, »du hast viel bessere Zensuren als Bernd.«

»Wenn es geklappt hätte, wären wir jeden Tag zusammen mit der Bahn gefahren. Schade, aber das ist Schicksal.«

»Und was machst du? Hast du eine Lehrstelle?«

Ich schüttelte den Kopf.

»Gehst du auch nach Westberlin? Wie dein Bruder?«

»Wie kommst du denn darauf?« Ich spürte, daß ich rot wurde, aber ich konnte ihr nicht sagen, daß ich eben das vorhatte, und zwar in genau einer Stunde.

»Ich dachte nur. Ich würde es verstehen, Daniel.«

»Du?«

»Ja. Na, ich muß jetzt gehen. Ich hoffe, man sieht sich gelegentlich.«

»Das hoffe ich auch, Lucie.«

Ich reichte ihr plötzlich die Hand. Sie war überrascht, weil wir uns noch nie die Hand gegeben hatten, aber dann nahm sie das Buch und die Blume in ihre Linke, und wir verabschiedeten uns förmlich und etwas verlegen. Sie lief in ihre Kirche, und ich sah ihr nach, bis sie verschwunden war.

Als ich die Treppe hochrannte, war ich so vergnügt, daß ich laut vor mich hin sang.

Tante Magdalena wohnte über der Bäckerei Theuring in der Mühlenstraße, wo wir unser Brot kauften und die Brötchen und manchmal auch ein paar Plunderstücke. Der Eingang zu ihrer Wohnung war aber nicht in der Mühlenstraße, man mußte um die Ecke gehen, in die Molkengasse, zu dem großen Holztor, das im Unterschied zu allen anderen Toren in der Stadt nie offen stand und in das eine Tür eingeschnitten war. Wenn man diese öffnete, bewegten sich die beiden mächtigen Torflügel in den Angeln, und man mußte einen Moment warten, bis sie wieder stillstanden und man über den Fußteil des eisernen Türrahmens treten konnte. Durch einen breiten Torgang gelangte man auf den Hof, dort waren die Karnickelställe des Bäckers und ein Drahtverschlag für die Hühner. Es gab auch einen winzigen, mit Draht geschützten Garten, in dem Tante Magdalena Kräuter anbaute.

»Kräuter muß man selber ziehen, Daniel«, sagte sie, »die Kartoffeln kann man sich kaufen und Brot und Milch und alles andere. Mit Kräutern hat es so seine eigene Bewandtnis, die will ich mir nicht von fremden Händen ziehen lassen. Sieh mal, den Dill hier, den braucht man nun alle Nase lang, in meiner Küche muß jedenfalls alles gut gedillt sein. Wenn man aber damit nicht umgehen kann, wenn man nicht weiß, daß der Dill auch Zauberkraft besitzt, da kann es das reinste Hexenkraut sein. Meinen Dill kann sich jede Braut unbesorgt in den Schuh tun.«

Die Fenster im Erdgeschoß gehörten zur Backstube und waren sommers wie winters leicht geöffnet. Man hörte die Geräusche der Maschinen, den Knetarm der Backmulde, das elektrische Sieb und die Schlagmaschine, das metallene Klicken der Türen und des Gestänges vom Backofen. Und natürlich die Stimmen von Bäcker Theuring und seinen beiden Gesellen.

Links schloß sich ein Hofgang an, von dem man zu den Hintertüren der anderen Häuser in der Molkengasse gelangte und der bis zum Anger reichte, wo die Garagen standen. Am Ende des Torgangs rechter Hand führten drei Steinstufen zu einer Tür, hinter der sich ein Treppenhaus und der Eingang zur Backstube von Herrn Theuring befanden.

Über eine gewundene, sehr schmale Treppe gelangte man in den ersten Stock zur Wohnung von Tante Magdalena. Wenn man die Wohnungstür öffnete, war man in ihrer Wohnküche, in der neben dem Eingang ein Gaskocher auf einem mit bunten Stoffgardinen verhängten Regal stand. Zwischen dem Fenster und der nächsten Tür waren der Eisschrank, ein Schränkchen, ein ausziehbarer Tisch vor dem hohen Küchensofa und zwei Stühle. An die Küche schloß sich das gute Zimmer an. Auf dem runden Tisch mit den Intarsien lag stets eine feine, durchbrochene Decke. Sie war so fein, daß sie eher wie ein kostbares Netz wirkte und die Einlegearbeiten der Tischplatte nicht verhüllte, sondern hervorhob. Um den Tisch standen sechs Stühle mit hohen geschnitzten Lehnen und dunklen Samtpolstern. Neben dem Fenster, das zum Hof ging, war eine Vitrine. Der obere Teil hatte Glastüren, hinter denen farbige Kelche zu sehen waren und Blumenvasen, in die Tante Magdalena aber nie Blumen stellte. Das seien Ziervasen, hatte sie mir erklärt, viel zu schön, um sie zu benutzen. Daneben befand sich die Kommode mit dem Musikwerk, einer alten Spieluhr. Eine schmale niedrige Tür führte zu ihrer Schlafkammer, einem winzigen Raum ohne Fenster. Tante Magdalena ließ uns nie hinein. Wenn sie etwas aus der Kammer benötigte, vergewisserte sie sich zuvor, daß wir beschäftigt waren. Sie huschte hinein und verschloß die Tür hinter sich, um dann, sorgsam um sich blickend, mit dem Gesuchten herauszukommen. Die Schlafkammer lag direkt über dem großen Ofen der Backstube, dadurch war es dort immer warm, und sie brauchte im Winter nicht zu heizen. Auch die beiden anderen Räume heizte sie selten, da die Backstube an sechs Tagen in der Woche ausreichend Wärme in die darüberliegende Wohnung abgab.

Im Sommer wurde es dort unerträglich heiß. Als ich Tante Magdalena einmal fragte, wie sie in einer so heißen Kammer schlafen könne, lachte sie auf und sagte: »Ich freue mich einfach auf den Winter, weil ich dann so viel Geld für Kohlen sparen kann. Und wenn ich aufwache, ist schon geheizt. Wie bei den vornehmen Herrschaften.«

Einmal, als die Tür nur angelehnt war und Tante Magdalena in der Küche beschäftigt, war meine Schwester einfach in die Kammer gehuscht. Tante Magdalena war sofort erschienen und hatte Dorle rasch herausgezogen und dann die Tür verschlossen. Sie war sehr aufgeregt und schimpfte mit ihr, und Dorle sagte, sie hätte nur die Tür richtig zumachen wollen, aber Tante Magdalena wirkte nervös und konnte sich gar nicht beruhigen. Als wir nach Hause gingen, fragte ich Dorle, was in der Kammer ist.

»Es sieht aus wie bei Hempels unterm Sofa. Verstehst du?«

Ich nickte. Vor ein paar Monaten hatte uns der Superintendent besucht, die Familie hatte mit ihm zusammen Mittag gegessen. Mitten in der Woche gab es Fleisch und jeder bekam eine dünne Scheibe. Als der Teller mit den beiden restlichen Stücken nochmals herumging, sagten wir alle, daß wir satt seien, wie Mutter es uns eingeschärft hatte. Der Superintendent hatte sich schließlich beide Bratenscheiben vom Teller genommen. »Es wäre doch schade, wenn die Gottesgabe verdirbt«, sagte er, als er das Fleisch vor unseren Augen auffraß. Später hatte er von seinen Besuchen in den anderen Pfarrhäusern erzählt und gesagt, daß es bei einem der Pfarrer ausgesehen habe, wie bei Hempels unterm Sofa. Dorle hatte ihn gefragt, was er damit meinte, und er hatte erklärt, daß es in der Amtsstube dieses Pfarrers sehr unordentlich sei und ein fürchterliches Durcheinander herrsche.

»Was ist denn drin? Red schon«, drängte ich Dorle.

»Lauter Kisten. Und stapelweise Kartons. Man kann sich in der Kammer gar nicht bewegen, so voll ist sie. Wenn mein Zimmer so aussehen würde, dann bekäme ich Stubenarrest, und zwar eine ganze Woche.«

»Und was ist in den Kartons, hast du das gesehen?«

»Nein. Vielleicht hat sie Schätze dort gesammelt.«

»In Pappkartons? Du bist blöd. Woher soll Tante Magdalena denn Schätze haben?«

»Vielleicht hat sie geerbt und ist ganz reich.«

»Das glaubst du doch selbst nicht.«

»Jedenfalls habe ich die Kammer gesehen und du nicht.«

Wir gingen regelmäßig nach der Schule zu Tante Magdalena, meine Geschwister und ich, um dort unsere Schularbeiten zu machen. Sie half sehr großzügig dabei. Das Schönschreiben, das ihr besonders wichtig war, mußten wir allein bewältigen. Sie ermahnte uns lediglich, langsam zu schreiben. Bei allen anderen Schularbeiten brauchten wir nur eine längere Pause zu machen und verzweifelt die Augen zu verdrehen, dann setzte sie sich neben uns und flüsterte das richtige Wort, die fehlende Zahl, erst tonlos und unhörbar, und, wenn wir sie nicht erraten konnten, ein wenig lauter, bis wir die gesuchte Lösung verstanden hatten und sie rasch niederschrieben. Anschließend, als ob sie sich vor sich selber entschuldigen wollte, sagte Tante Magdalena: »Es ist nicht zu glauben, was man von euch verlangt. Ich hätte das nicht gewußt. Aber ihr seid ja so schlau.« Und dann lachte sie. Nach ihren Worten waren wir die begabtesten Kinder, die sie je in ihrem Leben gesehen hatte.

Sie war nicht unsere richtige Tante, sondern eine Nenntante, wie meine Mutter erklärte. Sie hatte keine Kinder, auch keinen Mann, sie war nie verheiratet gewesen. »Es gibt solche Frauen«, hatte Mutter gesagt, »dafür habt ihr Tante Magdalena ganz für euch.«

Von ihr und meiner Familie habe ich schon immer erzählen wollen, doch jedesmal, wenn ich versuchte, darüber zu sprechen, mußte ich feststellen, daß die Geschichten in meiner Erinnerung merkwürdige Lücken hatten, ein regelrechter Mottenfraß. Tante Magdalena kann ich nicht mehr fragen. Ich glaube auch nicht, daß sie meine Fragen beantwortet hätte, wenn ich sie früher gestellt hätte. Ich weiß nicht einmal, ob ich es damals überhaupt gewagt hätte, sie über die Dinge zu befragen, über die man früher nicht gern sprach, jedenfalls nicht vor einem Kind. Doch wenn ich noch länger warte, stirbt noch der eine oder andere, der mir dies und das berichten oder berichtigen kann. Deshalb habe ich einfach begonnen und werde versuchen, die Lücken zu füllen mit dem, was ich erlebt, und mit dem, was ich gesehen, aber nicht verstanden habe. Mit dem, was ich gehört habe, aber was mir nicht erzählt wurde. Und mit dem, was vor meinen Augen geschah und was ich dennoch nicht sah. Damals.

Ich versuche, die Geschichten zu vervollständigen, sie mit den Bruchstücken der Erinnerung anzufüllen, mit Bildern, die sich mir einprägten, mit Sätzen, die aus dem dunkel schimmernden Meer des Vergessenseins dann und wann aufsteigen und ins Bewußtsein dringen. Manche dieser Bruchstücke haben schartige Kanten, die in mir etwas aufreißen. Kleine Schnitte in der Haut, aus denen etwas hervorquillt. Oder wie Tante Magdalena damals sagte: »Wenn du mit dem nackten Hintern in einem Ameisenhaufen sitzt, kannst du keinen Faden in eine Nähnadel einfädeln. Probier das mal, mein Junge. «

Tante Magdalena hatte früher als Wirtschafterin bei einem Professor Buhrow gearbeitet. Sie sei eine Hausdame gewesen, sagte sie mir, und das sei etwas ganz anderes als ein Dienstmädchen oder eine Köchin. Sie habe sich um alles in der Villa des Professors gekümmert und den anderen Angestellten die Arbeit zugeteilt. Sie bestimmte, was gekocht wurde, sie besaß auch die Schlüssel für die Vorratskammer und die Vitrine mit den Schubläden, in denen das bessere Besteck und die Kandelaber aus Gold und Silber aufbewahrt wurden. Als meine Eltern nach dem Krieg hierher zogen, hatte sie die Stelle bereits aufgeben müssen. Der Professor hatte seine Häuser verloren und erhielt nur noch sein Gehalt, mit dem er keine Dienstboten und auch keine Hausdame bezahlen konnte. Sie hatte jetzt viel Zeit und ging häufig in die Kirche und zu den Frauenabenden, die mein Vater als Gemeindepfarrer leitete, und weil er sie darum gebeten hatte und sie ihn bewunderte, half sie manchmal meiner Mutter in der Küche und bei der Wäsche. Wir Kinder hatten sie gern, weil sie immer vergnügt war, und gingen sehr häufig zu ihr, fast jeden Tag.

Nach der Schule war ich mit Dorle, meiner jüngeren Schwester, oft allein bei Tante Magdalena. Mein älterer Bruder kam später oder gar nicht zu ihr, und die beiden jüngeren Brüder, die noch nicht in die Schule gingen, wurden nach Hause geschickt, sobald meine Schwester und ich mit den Schularbeiten begannen. Waren wir zu zweit, setzte sie einen an den Tisch in der Wohnküche, der andere durfte in der guten Stube sitzen, wo sie zuvor eine abwaschbare Decke über den Teil der Tischplatte gelegt hatte, auf dem ich oder Dorle zu schreiben hatte.

Waren wir mit den Schularbeiten fertig, nahm sie die Hefte in die Hand, schaute sich die Arbeit an und lobte uns. Danach setzten wir uns an den Küchentisch, und sie spielte mit uns »Krieg zur See«. Ich glaube, es war das einzige Spiel, was sie besaß. Es war ein Würfelspiel. Die Figuren wanderten über eine Pappe, auf die ein Hafen aufgemalt war und ein dunkelblaues, aufgewühltes Meer, auf dem verschiedene Kriegsschiffe, Fregatten, Korvetten, Briggs, Panzerschiffe und Segelkriegsschiffe, unterwegs waren. In der Mitte der Spielfläche kämpfte das Panzerschiff »Braunschweig« gegen die »Lord Nelson« von der britischen Kriegsflotte. Vor den Geschützen und Panzerdrehtürmen leuchtete es gelb und rot und der Himmel war mit schwarzem und grauem Rauch bedeckt. Winzige Figuren waren auf den Schiffen zu erkennen, Kapitäne, die mit einem Fernrohr auf dem Oberdeck standen, Matrosen, die Geschütze luden, mit Munitionskisten an der Reling entlangliefen oder über Bord fielen, schiffbrüchige Matrosen in Rettungsbooten mit weißen Flaggen. Die Spielsteine wanderten über das Schlachtengemälde, hatten Schiffe zu versenken und waren von Feinden bedroht. Sicherheit und Sieg versprachen nur die Aufenthalte auf einem Unterseekreuzer und einem Torpedoboot, die unzerstörbar am rechten und linken Rand des Spielfeldes die Stellung hielten und mit treffsicheren, tödlichen Torpedos den Krieg zur See beherrschten und entschieden. Tante Magdalena hatte uns gesagt, wir sollten von diesem Spiel in der Schule nichts erzählen, es sei schon sehr alt und stamme noch aus dem I. Weltkrieg, einer Zeit, an die man sich heute nicht mehr erinnern wolle oder nur mit sehr bösen Worten. Es war also ein verbotenes Spiel, was seinen Reiz erhöhte. Und in der Schule hätten wir ohnehin nie davon erzählt, jedenfalls nicht den Lehrern.

Auch bei diesem Spiel lachte sie vergnügt und herzlich. Und sie ließ uns gewinnen, weshalb wir alle sehr gern mit ihr spielten.

Tante Magdalena lachte viel. Ihr Lachen begann stets mit einem lauten Juchzer und verlief sich in einem abschwellenden Gekicher. Den Juchzer stieß sie mit geöffnetem Mund hervor, sie hielt rasch die rechte Hand über die Lippen und nahm sie erst weg, wenn sie sich ausgelacht hatte. Sie lachte über die Scherze der Erwachsenen ebenso herzlich wie über die Späße der Kinder. Sie lachte auch, wenn es eigentlich überhaupt nichts gab, worüber man lachen konnte. Ich glaube, sie lachte, weil sie verlegen war. Sie lachte, weil sie nicht mehr weiter wußte und nichts mehr sagen konnte. Aber sogar wenn sie traurig und verzweifelt war, klang ihr Lachen unbeschwert und fröhlich. Auch der laute Juchzer, mit dem sie selbst dann zu lachen begann.

»Krieg zur See« wurde oft gespielt, zweimal, dreimal in der Woche, aber stets nur eine Partie. Am liebsten spielte ich allein mit Tante Magdalena. Wenn ich nur mit ihr würfelte, konnte es keinen Streit und keine Tränen geben.

Und außerdem legte Tante Magdalena nach dem Spiel eine der durchlöcherten Metallplatten mit den eingelassenen Stiften in die Spieluhr, klappte die Stange mit den Gummirollen darüber, mit der die Platte auf dem Teller befestigt wurde, und zog das Musikwerk mehrmals mit dem großen Hebel auf, der an der Vorderseite des Automaten herausragte. Ich durfte den Starthebel bewegen. Der Apparat keuchte und knirschte leise, die verschieden gestimmten Zähne eines Metallkammes wurden von den herausragenden Stiften der Platte angerissen, und die Musik setzte ein.

Tante Magdalena besaß zwanzig Musikplatten, die in grauen Papierhüllen steckten und unter der Spieluhr übereinander gestapelt lagerten. Man mußte sie behutsam aus der Hülle ziehen, um sich nicht an den winzigen, scharfen Stiften zu verletzen, die über die Oberfläche verteilt waren. Alle Platten waren dunkelgrau, und um ihren Mittelpunkt war mit Goldfarbe in einer altertümlichen Schrift der Name des Musikstücks und des Komponisten aufgedruckt sowie die Adresse der Firma, die die Platten herstellte. Tante Magdalena hatte einige Volkslieder, mehrere Militärmärsche, zwei Walzer, ein Klavierkonzert, ein Kirchenlied und – und diese beiden Platten liebte sie besonders – das »Gebet einer Jungfrau« und die Melodie »Ich bete an die Macht der Liebe«. Wenn sie eine dieser Platten auflegte, wandte sich Tante Magdalena beim Zuhören etwas ab und betupfte mit einem Taschentuch ständig ihre Brille. Als ich sie einmal fragte, wieso sie die Brillengläser und nicht ihre Augen wischte, sagte sie: »Du hast Recht, das ist eine dumme Angewohnheit von mir.« War das Lied abgespielt, räusperte und schneuzte sie sich. Sie lachte auf, stellte das Spielwerk ab, öffnete die gläserne Abdeckung und nahm die Metallplatte heraus.

»Warum hast du keine Kinder, Tante Magdalena?« fragte Dorle.

»Ach, mein Mädchen, für mich hat sich einfach kein Mann gefunden.«

»Wenn du willst, kann ich dich ja heiraten«, sagte Dorle.

»Würdest du das für mich tun?«

»Ja.«

»Bist du blöd. Du kannst Tante Magdalena nicht heiraten, du bist doch kein Mann«, sagte ich.

»Hast du denn nie einen Mann gehabt?«

»Ich hatte einen Bräutigam, aber das ist lange her. Viele, viele Jahre.«

»Und wo ist er? Warum hat er dich nicht geheiratet?«

»Er ist tot. Er ist gestorben. Drei Wochen vor unserer Hochzeit.«

»War er krank?«

»Er ist gefallen. Er ist im Krieg geblieben.«

»Als Soldat?«

»Er war Matrose. Ein Steuermann.«

»Ist das etwas Hohes?«

»Er gehörte zu den Offizieren.«

»Hast du ihn gesehen, als er tot war?«

»Nein. Er wurde vermisst. Man hat ihn nicht mehr gefunden. «

»Ist er das da? Auf der Fotografie?«

»Ja, das ist mein Bräutigam.«

»Und warum hast du keinen anderen genommen?«

»Ach Gottchen, ich habe mich wohl zu dumm angestellt. Mich wollte keiner.«

An dem Tag, an dem ich nach Westberlin übersiedelte, öffnete mir Tante Magdalena im Morgenmantel die Tür. Auf dem Küchentisch stand eine Tasse Kaffee und auf dem Teller lag ein angebissenes Hörnchen.

»Komm rein«, sagte sie. »Möchtest du ein Brötchen?«

Ich schüttelte den Kopf.

»Dann heißt es also, Abschied nehmen.«

»Wir sehen uns ja bald. Berlin, das sind doch nur zweihundert Kilometer.«

»Ja, ich weiß. Und ich habe mir ganz fest vorgenommen, dich zu besuchen. Aber du weißt ja, ich bin in meinem Leben noch nie so weit gefahren. Und ob es mir jetzt gelingen wird, weiß ich nicht. Hast du Angst?«

»Nein, Angst habe ich nicht. Mir ist nur etwas mulmig.«

»Du wirst es schon schaffen. Aber mir wirst du fehlen, Daniel. Ach, ich hasse es, Abschied zu nehmen.«

»Aber Dorle bleibt doch hier. Und die Kleinen.«

»Ja, aber du fehlst. Und dich kann mir keiner ersetzen. Als sie damals den Doktor Mandelbaum abholten, haben sie auch gesagt, es seien genug Ärzte in der Stadt. Aber so gut wie er hat sich keiner auf mein Rheuma verstanden. Doktor Mandelbaum, der hatte heilende Hände. Aber sie haben ihn abgeholt und ich hatte den Schaden. Und nun gehst du und ich kann sehen, wie ich zurechtkomme. «

»Wir sehen uns, Tante Magdalena. Ich muß jetzt losgehen. Vater fährt mich nach Berlin.«

»Gute Reise, Junge.«

»Auf Wiedersehen. Und bis bald«, habe ich gesagt, als ich mich von Tante Magdalena verabschiedete.

Aber ich habe Tante Magdalena nie wieder gesehen. Ich ging nach Westberlin und durfte nicht mehr in meine Heimatstadt fahren. Tante Magdalena schrieb mir zwar wiederholt, daß sie mich in Westberlin besuchen wolle, aber sie verschob es immer wieder, und dann starb sie. Auch zu ihrer Beerdigung konnte ich nicht fahren. An dem Tag machten wir das kleine Latinum und keiner bekam frei. Doch ich wäre ohnehin nicht gefahren. Der Schuldirektor und Pfarrer Sybelius hatten mich dringend ermahnt. Es sei zu gefährlich, sagten sie, weil ich heimlich nach Westberlin gegangen sei. Ich hatte die Republik verraten und stand auf der Liste.

Tante Magdalena trug jahraus jahrein lange Röcke, dunkelblaue oder schwarze mit kleinen Mustern, weißen Blümchen oder winzigen Schafen und Ziegen. Ihr Haar war grau und zu einem Dutt gesteckt. Einmal, als ich auch so früh zu ihr kam, hatte sie es noch nicht hochgebunden. Es fiel ihr bis zu den Hüften hinunter, und ich konnte ihr zusehen, wie sie es aufwickelte und mit Haarnadeln schnell und geschickt zusammensteckte. Sie stand dabei in der Wohnküche vor dem Spiegel, der neben dem Ausguß an einem Nagel hing. Als sich unsere Augen in dem Spiegel begegneten, sagte sie rasch: »Warum schaust du mich so an? Ich will das nicht. Geh ins Zimmer, bis ich fertig bin.«

Sie war ganz rot geworden, als sie das sagte.

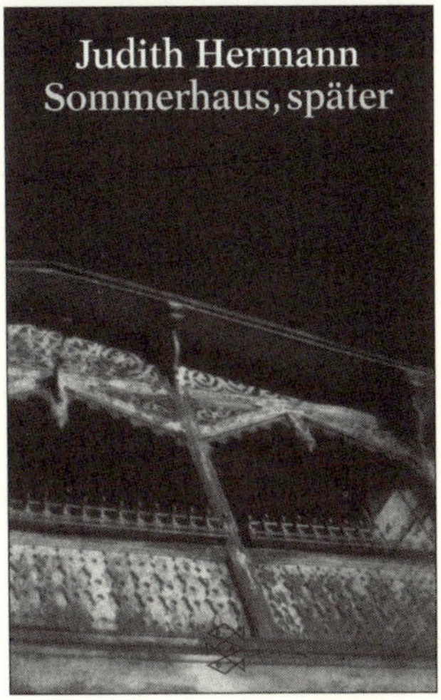

Sommerhaus, später

188 Seiten, DM 14.90.
Fischer Taschenbuch Verlag, Frankfurt am Main

188 Seiten, DM 20.–,
Collection S. Fischer, Frankfurt am Main

MARCEL REICH-RANICKI im LITERARISCHEN QUARTETT
Wir haben eine neue Autorin bekommen, eine hervorragende Autorin. Das Buch der Judith Hermann hat mich tief berührt. Ihr Erfolg wird groß sein.

FOCUS
Judith Hermann ist so stilsicher und trotz einer eher klassischen Attitüde so überzeugend, dass man glaubt, hier schriebe eine Urenkelin Tschechows über die Befindlichkeit einer Hand voll Berliner an der Schwelle zum neuen Jahrtausend.

NEUE ZÜRCHER ZEITUNG
Diese Prosa entfaltet mit dem ersten Satz einen unwiderstehlichen Sog. Judith Hermann ... schlägt mit den ersten Abschnitten ihres Erzähldebuts die Leser in einen unergründlichen Bann ... In diesen Texten ist kein Wort zu viel und keines am falschen Platz. Und obwohl es hoch artistische und mit analytischer Tiefenschärfe verfasste Texte sind, ist dennoch keiner Wendung, sei sie noch so kunstvoll und hintergründig in die Textur verwoben, die Anstrengung und das beharrliche Warten auf den richtigen Ton anzumerken.

Die Autorin: Judith Hermann ist 1970 in Berlin-West geboren. Sie lebt seit einigen Jahren am Prenzlauer Berg. Bevor sie begann zu schreiben, hat sie »Germanistik und Philosophie studiert und abgebrochen, dann Musik studiert und abgebrochen, dann habe ich Theater gespielt, dann Jahre gar nichts, habe gekellnert und bin mit der Band »Poems für Laila« durch Deutschland gezogen. Erst mit 26 hatte ich das Gefühl, dass ich jetzt etwas anfangen muss, was ich auch zu Ende bringe ...« Judith Hermann besuchte die Journalistenschule und ging dann für ein halbes Volontariatsjahr nach New York – und begann anschließend zu schreiben. *Sommerhaus, später* ist ihr erstes Buch.

© Ekko von Schwichow

Camera Obscura

Der Künstler ist sehr klein. Marie weiß manchmal nicht, ob noch alles mit ihr in Ordnung ist, der Künstler ist viel zu klein; sie denkt: Du hast sie nicht mehr alle, meint sich selbst, vielleicht weil es Herbst wird, weil die altbekannte Unruhe beginnt, das Frösteln im Rücken, der Regen?

Der Künstler ist wirklich sehr klein. Bestimmt drei Köpfe kleiner als Marie. Er ist berühmt, in Berlin zumindest kennt ihn jeder, er macht Kunst mit dem Computer, er hat zwei Bücher geschrieben, nachts redet er manchmal im Radio. Der Künstler ist zudem noch häßlich. Er hat einen ganz kleinen, proletarischen Kopf, er ist sehr dunkel, manche Leute sagen, er hätte spanisches Blut. Sein Mund ist unglaublich schmal. Nicht vorhanden. Seine Augen aber sind schön, ganz schwarz und groß, meist hält er sich beim Reden so die Hand vors Gesicht, daß man nur diese Augen sehen kann. Der Künstler ist katastrophal angezogen. Er trägt zerrissene Jeans – in Kindergröße, denkt Marie –, immer eine grüne Jacke, immer Turnschuhe. Ums linke Handgelenk hat er ein schwarzes Lederband geknüpft. Manche Leute sagen, der Künstler sei trotz allem unglaublich intelligent.

Marie will was von dem Künstler. Was sie von ihm will, weiß sie nicht. Vielleicht den Glanz seiner Berühmtheit. Vielleicht noch schöner sein neben einem häßlichen Menschen. Vielleicht eindringen, zerstörerisch, in eine scheinbare Ungerührtheit. Marie fragt sich ernsthaft, ob mit ihr noch alles in Ordnung ist. Sehen sie nicht doch eher lächerlich aus zusammen? Marie hat immer nur mit schönen Menschen zusammen sein wollen. Es ist gruselig, zu einem Mann hinunterschauen zu müssen. Es ist gruselig, sich vorzustellen, wie das sein soll, wenn … Trotzdem will Marie.

Am allerersten Abend küssen sie sich. Oder besser, küßt Marie den Künstler. Er steht plötzlich vor ihr, auf diesem Fest, zwischen all den Berliner Berühmtheiten, und Marie weiß nicht zu entscheiden, welcher Berühmtheit sie an diesem Abend ihren langen, langen Blick zuerst schenken soll. Der Künstler bietet sich an. Er steht plötzlich vor ihr, mit diesen schönen, schwarzen Augen, und Marie, die ihn im Fernsehen gesehen hat, erkennt ihn sofort. Er gießt ihr unentwegt

Wodka ins Glas und stellt schwierige Fragen. Was ist glücklich sein für dich. Hast du schon einmal jemanden verraten. Ist es dir unangenehm, wenn du etwas nur wegen deines Äußeren erreichst.

Marie trinkt Wodka, ist zögerlich, sagt – Glück ist immer der Moment davor. Die Sekunde vor dem Moment, in dem ich eigentlich glücklich sein sollte, in dieser Sekunde bin ich glücklich und weiß es nicht. Ich habe schon viele Menschen verraten, glaube ich. Und ich finde es schön, Dinge wegen meines Äußeren zu erreichen.

Der Künstler starrt sie an. Marie starrt zurück, das kann sie gut. Um sie herum werden die Leute unruhig, der Künstler ist tatsächlich zu klein und zu häßlich. Eher aus Trotz als aus Solidarität beugt sich Marie herunter, nimmt den Kopf des Künstlers in beide Hände und küßt ihn auf den Mund. Er küßt sie zurück, selbstverständlich. Dann gibt Marie ihm ihre Telefonnummer und geht, spürt erst draußen an der kalten und klaren Nachtluft, wie betrunken sie eigentlich ist.

Der Künstler wartet drei Tage lang, dann ruft er sie an. Hat er tatsächlich – gewartet? Marie nimmt das an. Sie verbringen einen Abend in einer Bar, in der Marie friert und Schwächeanfälle bekommt, weil der Künstler sie ununterbrochen ansieht und sich nicht unterhalten will. Sie gehen an einem Vormittag im Park spazieren, der Künstler trägt eine schicke Sonnenbrille, die Marie gefällt. Sie sitzen einen Nachmittag lang im Café, Marie erzählt ein wenig von sich, ansonsten schweigt sie, der Künstler sagt, er würde Gespräche auf einer Metaebene nicht mögen.

Marie weiß nicht, was eine Metaebene sein soll. Wenn sie sich mit ihm trifft, zieht sie sich das einzige Paar flacher Schuhe an, das sie besitzt, der Größenunterschied zwischen ihnen ist ihr peinlich. Es ist Herbst. Durchs geöffnete Fenster von Maries Zimmer taumeln sterbende Wespen herein. Marie friert und trägt Handschuhe, die Tage sind schon kurz, und sie ist sehr oft müde. Manchmal legt sie den Kopf in den Nacken und versucht, perlend zu lachen. Es geht nicht richtig. Einmal fragt der Künstler, ob sie irgendwann mit ihm zwei Tage an die Ostsee fahren wolle. Marie sagt: Ja, denkt an Orte wie Ahlbeck, Fischland und Hiddensee, an den langen, weißen, winterlichen Strand, an Muscheln und ein unbewegtes Meer. Sie denkt nicht an den Künstler. Sie steht am Fenster, eine Tasse mit kaltem Tee in der Hand, und starrt auf die Straße. Sie ist verwirrt in diesen Tagen, steckt sich die glühende Zigarette falsch herum in den Mund, läßt den Wasserhahn laufen, verliert ihr Schlüsselbund. Einmal ruft der Künstler an und sagt tatsächlich: Ich liebe dich. Marie hockt auf dem Boden, den Telefonhörer zwischen Kopf und Schulter geklemmt, und schaut in den Spiegel. Sie macht die Augen langsam zu und langsam wieder auf. Der Künstler sagt jetzt nichts mehr, aber sie hört ihn atmen, leise, regelmäßig, ruhig. Er ist nicht aufgeregt. Marie auch nicht. Wiederum sagt sie: Ja, es wundert sie, daß das so schnell kommt. Der Künstler legt auf.

Wenn Marie an seine Augen denkt, spürt sie ein Ziehen im Rücken. Seine Augen sind wirklich schön. Sie wartet nicht darauf, daß er anruft, sie weiß, er wird anrufen. Der Künstler scheint mit seiner Zwergenhaftigkeit ganz zufrieden zu sein. Er unterstreicht sie, indem er sich zappelig und clownesk bewegt, er geht wie ein Zinnsoldat, manchmal macht er mitten auf der Straße einen Handstand, schneidet Grimassen, zaubert Geldstücke in sein Ohr hinein und aus der Nase wieder heraus. Er hat Marie seit dem Kuß auf dem Fest nie wieder berührt. Sie ihn auch nicht. Wenn sie sich verabschieden, tut er so, als würde er seine Hand auf ihren Arm legen, aber er zieht sie im letzten Moment immer wieder zurück. Was ist, wenn du meinen Blick so lange erwiderst, fragt er, Marie antwortet: Nähe, Aggression. Sexualität auch, Einverständnis. Sie weiß nicht, ob das stimmt. Der Künstler kann nicht lächeln. Wenn er meint, zu lächeln, kneift er doch nur die Augen zu schmalen Schlitzen zusammen und zieht die Mundwinkel empor. Marie findet das nicht überzeugend, und sie sagt es ihm, Triumph in der Stimme. Kann sein, sagt der Künstler und sieht zum ersten Mal verletzt aus.

Einmal, nachts, in einem Café, da ist Marie schon sehr betrunken, fragt sie ihn, ob er daran denken würde, mit ihr ins Bett zu gehen. Sie weiß, daß das falsch ist, aber sie kann die Frage nicht zurückhalten, seit Tagen schon möchte sie das fragen. Der Künstler sagt: Es hat sicher Frauen gegeben, bei denen ich es eher darauf angelegt habe. Marie ist empört, verschränkt die Arme vor der Brust und beschließt, jetzt überhaupt nichts mehr zu sagen. Der Künstler trinkt

Wein, raucht, schaut sie an, sagt dann: Besser, du gehst jetzt, und Marie fährt auf ihrem Fahrrad nach Hause, sehr wütend.

Danach ruft sie ihn an. Ich habe keine Lust, mich von dir beobachten zu lassen, sagt der Künstler, ist aber dennoch bereit, sie zu sehen. Er erinnert Marie in gewisser Weise an ein Tier. Ein Tierchen. Ein kleines, schwarzes, behaartes, unheimliches Äffchen. Sie stellt die flachen Schuhe in den Schrank, zieht die hochhackigen Stiefel an und fährt mit dem Fahrrad zum ersten Mal in seine Wohnung.

Der Künstler öffnet ihr erst nach dem dritten Klingeln die Tür, er trägt seine Turnschuhe, seine zerrissene Jeans, seinen schwarzen Pullover. Er hat Marie einmal erzählt, daß er sich immer fünfzehn kleine Pullover auf einen Schlag kaufen und diese dann alle schwarz einfärben würde. In der Wohnung ist es warm. Seltsam aufgeräumt und ordentlich. Orange gestrichene Wände, Unmengen von Büchern, CDs, Schallplatten. Möchtest du Tee, fragt der Künstler, ja, sagt Marie und setzt sich an seinen Schreibtisch, der nicht am Fenster, sondern an der hinteren Zimmerwand steht, auf den einzigen Stuhl. Über dem Tisch an die Wand gepinnte Postkarten, Zeitungscomics, Fotos, Briefe. Schichten von kleinen, übereinanderhängenden Papieren. Der Künstler irgendwo im Süden, ein blondes, pausbäckiges Kind auf dem Arm. Spielpläne von Theatern, eine Buchkritik, säuberlich ausgeschnitten. Ein Streifen Paßfotos, der Künstler, weil zu klein, von oben, das Blitzlicht als einen weißen Fleck auf der Stirn. Ein Satz, im Großdruck auf gelbem Papier: »In den Zeiten des Verrats sind die Landschaften schön.« In der Küche klappert der Künstler mit Tassen herum, Marie beißt sich auf die Unterlippe, ist befangen und nervös. Sie hört seine näherkommenden Schritte auf dem Korkteppich knistern, dreht sich zu ihm herum, setzt ein steifes Lächeln auf. Der Künstler stellt die Tassen auf der Glasplatte des Schreibtisches ab, fragt: Musik? Marie zuckt mit den Schultern, klammert sich an ihre Tasse, der Künstler legt eine CD ein. In den Lautsprecherboxen knackt es, Polly Jane Harveys Stimme kommt von sehr fern – *Is that all there is?* Depressionsmusik, denkt Marie und überlegt, ob sie das jetzt laut sagen sollte. Der Künstler kreist um sie herum, er sieht sehr selbstzufrieden und sicher aus, er beobachtet sie und zieht ein spöttisches Gesicht. Marie räuspert sich. Der Künstler sagt: Wie wär's mit ein bißchen Internet? Marie antwortet: Davon verstehe ich nichts, der Künstler sagt sehr freundlich: Das macht nichts.

Er schaltet seinen Computer ein, es sirrt leise, das Schwarz des Bildschirms springt über in ein helles, klares Blau. Ein lächelnder Miniaturcomputer erscheint, auf dem linken unteren Rand des Bildschirms klappen sich verschiedene kleine Symbole auf. Marie verdreht die Hände im Schoß und ist sehr verlegen. Der Künstler bedient Tasten, kreist sachte mit der Maus herum, zieht hinter dem Computer eine faustgroße, graue Kugel hervor, in deren Mitte ein schwarzglänzendes Auge sitzt. Er stellt die Kugel in die Mitte des Schreibtisches und richtet ihr schwarzglänzendes Auge direkt auf Maries Gesicht. Marie starrt die Kugel an, der Künstler kreist sachte mit der Maus herum, der Bildschirm wird weiß. Auf seinem linken, oberen Rand erscheinen jetzt helle und dunkelgraue winzige Quadrate, ein Raster aus kleinen Punkten, das sich stumm und geschwind über die Bildfläche ergießt. Maries Scheitel, Maries Stirn, Maries Augenbrauen, ihre Augen, ihre Nase, Mund, Kinn, Hals, Brustansatz, ein schwarz-weißes, unheimliches Mariegesicht.

Das ist gräßlich, sagte Marie. Das Mariegesicht auf dem Bildschirm wiederholt zeitverzögert und lautlos: Das ist gräßlich, klappt Augen und Mund auf und zu, fischig, gruselig, schrecklich. Es ist nur unausgereift, sagt der Künstler, tippt ein wenig auf der Computertastatur herum, das Mariegesicht wird schärfer und klarer in den Konturen, im Hintergrund erscheint die rechte Bücherwand des Zimmers, das Fenster, der Himmel draußen, auf dem Bildschirm grau, grau auch in Wirklichkeit. Man kann schon fast alles damit filmen, sagt der Künstler, lächelt Marie unüberzeugend und freundlich an, Marie lächelt unüberzeugt zurück. Es ist still. Marie hält dem Blick des Künstlers, der jetzt nicht mehr lächelt, stand. Zwischen seinen Augenbrauen wächst ein drittes, schwarzes und schönes Auge heraus. Marie blinzelt, und das Auge verschwindet wieder. Der Computer rauscht, Marie wagt es nicht, auf die Bildfläche zu schauen, sie hat Angst vor dem unheimlichen und grauen Mariegesicht. Der Korkteppich knistert, weil der Künstler jetzt auf sie zukommt. Marie drückt ihren Rücken gegen die Lehne des Stuhls und starrt unverwandt in die Künstleraugen, als könne sie so das Schreckliche abwenden. Der

Künstler legt seine rechte Hand an Maries Wange, die Hand ist kühl und weich. Marie macht ganz kurz die Augen zu. Dann ist sein Gesicht direkt vor ihrem, Marie hört auf zu atmen, und er küßt sie auf den Mund. Marie ist sehr nüchtern. Er ist es wohl auch. Auf dem Bildschirm des Computers erscheint der Kuß, zeitverzögert und lautlos, graue Wiederholung eines Augenblicks. Marie schaut jetzt doch hin, am Gesicht, an den geschlossenen Augen des Künstlers vorbei auf den Bildschirm, auf dem sich sein Gesicht an ihres schmiegt, ihr Gesicht verdrängt, sie die Augen öffnet, in Schwarzweiß.

Etwas dreht sich in Maries Kopf. Der Künstler atmet, drängt sich an Marie heran, drängt seine Hand um ihren Nacken, ihren Rücken hinunter, unter ihr Kleid. Marie ist konzentriert. Anstatt sich selbst, wie sonst immer, von oben aus einer Art Vogelperspektive zu sehen, sieht sie auf den Bildschirm, auf diese schweigende, fremde Verknotung zweier Menschen, und das ist seltsam. Im Zimmer ist es warm. Über dem Schreibtisch hängen Schichten von kleinen Papieren, der Künstler irgendwo im Süden, ein blondes, pausbäckiges Kind auf dem Arm. Es ist schade, denkt Marie, daß man die Dinge immer nur einmal zum ersten Mal sieht.

Der Künstler zieht Marie vom Stuhl hinunter auf den Boden. Marie hat irgendwann nur noch ihre hochhackigen Stiefel an, und dann auch diese nicht mehr. Auf der Bildfläche des Computers ist eine Bücherwand zu sehen, die Rückenlehne eines leeren Stuhls, ein Fenster, draußen ein dunklerer Himmel.

About a Boy

Aus dem Englischen von Clara Drechsler
und Harald Hellmann
Knaur TB 61690, 304 Seiten, DM 16.–.
Knaur Taschenbuch Verlag, München

Als Hardcover DM 39.80,
Kiepenheuer & Witsch, Köln

FRANKFURTER RUNDSCHAU
Nick Hornby ist kein Dichter, sondern ein Dealer. Der Stoff, aus dem seine Trips gebaut sind, ist euphorisierend, amüsant, ein bisschen melancholisch, sehr zeitgemäß und hochgradig suchtgefährdend.

SÜDDEUTSCHE ZEITUNG
Witzig, klug und erzählerisch beeindruckend.

AMICA
Gut, dass nicht viele Bücher sind wie die von Nick Hornby, sonst kämen wir überhaupt nicht mehr zum Leben: Bücher, die warm und freundlich sind, brüllkomisch und tränentreibend sentimental.

BERLINER MORGENPOST
Selten findet man die eher ernsten Dinge des Lebens so humorvoll dargestellt, noch seltener findet man Menschen und ihre alltäglichen und grundsätzlichen Nöte so liebevoll und genau beschrieben.

Der Autor:

© Kurt Steinhausen

Nick Hornby wurde 1957 geboren; er studierte in Cambridge und arbeitete als Lehrer, bis er direkt mit seinem Debüt, dem Fußballbuch *Fever Pitch – Ballfieber,* in England über Nacht zum literarischen Shooting-Star wurde. Mit seinem Single-Roman *High Fidelity,* der gerade in Amerika verfilmt wird, eroberte er die internationalen Bestsellerlisten und wurde mehr als einmal als »bester Autor seiner Generation« (DIE WOCHE) gefeiert. Nick Hornby lebt im Norden Londons.

Wie cool war Will Freeman? So cool: Er hatte in den letzten drei Monaten mit einer Frau geschlafen, die er nicht besonders gut kannte (fünf Punkte). Er hatte über dreihundert Pfund für ein Jackett ausgegeben (fünf Punkte). Er hatte über zwanzig Pfund für einen Haarschnitt ausgegeben (fünf Punkte). (Wie war es möglich, 1993 weniger als zwanzig Pfund für einen Haarschnitt auszugeben?) Er besaß mehr als fünf Hip-Hop-Alben (fünf Punkte). Er hatte Ecstasy genommen (fünf Punkte), und zwar in einem Club, nicht bloß zu Hause als eine Art soziologisches Experiment (fünf Punkte). Er hatte vor, bei der nächsten Wahl Labour zu wählen (fünf Punkte). Er verdiente über vierzigtausend Pfund im Jahr (fünf Punkte), und er musste nicht besonders hart dafür arbeiten (fünf Punkte, und dann schrieb er sich noch fünf Extrapunkte dafür gut, dass er *überhaupt nicht* dafür arbeiten musste). Er war in einem Restaurant gewesen, in dem es Polenta mit gehobeltem Parmesan gab (fünf Punkte). Er hatte niemals ein Kondom mit Geschmack benutzt (fünf Punkte), er hatte seine Bruce-Springsteen-LPs verkauft (fünf Punkte), und er hatte sich a) einen Kinnbart wachsen lassen (fünf Punkte) *und* ihn b) wieder abrasiert (fünf Punkte). Abzüge gab es dafür, dass er nie Sex mit irgendwem gehabt hatte, dessen Foto im Mode- und Gesellschaftsteil einer Zeitung oder Zeitschrift erschienen war (minus zwei) und dass er, wenn er ehrlich war (und wenn Will überhaupt einen ethischen Grundsatz hatte, dann den, dass es eine Todsünde war, bei Psychotests in Zeitschriften zu schummeln), immer noch glaubte, dass man bei Frauen besser ankam, wenn man ein schnelles Auto hatte. Aber auch so kam er noch auf … sechsundsechzig! Dem Test zufolge war er damit unter Null! Er war Trockeneis! Er war Frosty der Schneemann! Er würde an Unterkühlung sterben! Will wusste nicht, wie ernst man solche Psychotests nehmen durfte, aber er konnte es sich nicht leisten, darüber nachzudenken; Männermagazin-cool zu sein, war, falls man das so nennen wollte, sein erstes und einziges Verdienst, und Momente wie diesen musste man auskosten. Unter Null! Viel cooler als unter Null ging es nicht mehr! Er schlug die Zeitschrift zu und legte sie auf einen Stapel ähnlicher Magazine, den er im Badezimmer liegen hatte. Er hob nicht alle auf, weil er zu viele davon kaufte, aber von dieser würde er sich nicht so schnell trennen.

Will fragte sich manchmal – nicht sehr oft, weil er sich nicht oft historischen Spekulationen hingab –, wie Typen wie er wohl vor sechzig Jahren überlebt hatten. (»Typen wie er« war, wie er wusste, ein ziemlich exklusiver Personenkreis; man konnte auch sagen, vor sechzig Jahren hätte es jemanden wie ihn nicht geben können, denn vor sechzig Jahren konnte niemand einen Vater haben, der auf vergleichbare Weise sein Geld verdiente. Wenn er also an Typen wie sich dachte, meinte er nicht Typen *ganz genau* wie sich, er meinte einfach Typen, die den ganzen Tag im Grunde nichts machten und auch nicht viel machen *wollten.)* Vor sechzig Jahren gab es noch nichts von all dem, worauf Will täglich angewiesen war: tagsüber nichts im Fernsehen, keine Videos, keine Hochglanzmagazine und daher auch keine Psychotests, und obwohl es wahrscheinlich Plattenläden gab, war die Art von Musik, die er hörte, noch nicht erfunden. (Momentan hörte er Nirvana und Snoop Doggy Dogg, und 1993 hätte man wohl nicht viel gefunden, was sich so anhörte.) Blieben also Bücher. Bücher! Er hätte sich fast sicher einen Job suchen müssen, weil er sonst an die Decke gegangen wäre.

Heute dagegen war es einfach. Es gab beinahe zu viel zu tun. Man musste heute kein eigenes Leben mehr führen; man konnte einfach Zaungast im Leben anderer Menschen sein, das in den Zeitungen, in *Eastenders,* in Spielfilmen und erlesen traurigen Jazz-Songs oder knallharten Rap-Songs gelebt wurde. Der zwanzigjährige Will wäre überrascht und vielleicht enttäuscht gewesen, wenn er gewusst hätte, dass er sechsunddreißig Jahre alt werden würde, ohne sich ein eigenes Leben aufzubauen, aber der sechsunddreißigjährige Will war nicht besonders unglücklich darüber: Auf diese Art gab es weniger Durcheinander.

Durcheinander! Davon gab es im Haus von Wills Freund John mehr als genug. John und Christine hatten zwei Kinder – das zweite war letzte Woche zur Welt gekommen, und Will war hinzitiert worden, um es sich anzusehen –, und ihre Wohnung war, Will fand kein treffenderes Wort, ein Schandfleck. Leuchtend bunte Plastikteile überall auf dem Boden, Videobänder lagen ohne ihre Hüllen neben dem Fernseher, und der weiße Überwurf auf dem Sofa sah aus, als sei er als überdimensionales Klopapier missbraucht worden, auch wenn sich Will lieber einredete, die Flecken seien Schokolade … Wie konnten Menschen so leben?

Christine kam mit dem Baby auf dem Arm herein, während John in der Küche eine Tasse Tee für ihn machte. »Das ist Imogen«, sagte sie.

»Oh«, sagte Will. »Natürlich.« Was sollte er als Nächstes sagen? Er wusste, sie warteten auf etwas, aber er konnte sich ums Verrecken nicht daran erinnern, was er sagen sollte. »Sie ist …« Nein. Es war weg. Er konzentrierte seine Konversationsbemühungen auf Christine. »Und wie geht's dir so, Chris?«

»Ach, du weißt schon. Ein bisschen ausgelaugt.«

»Schwer über die Stränge geschlagen?«

»Nein. Nur ein Baby zur Welt gebracht.«

»Oh. Stimmt ja.« Alles lief wieder auf das Drecksbaby hinaus. »Das kann einen ganz schön müde machen, schätze ich.« Er hatte bewußt eine Woche gewartet, um nicht über solche Dinge sprechen zu müssen, aber es hatte ihm nichts genützt. Sie redeten trotzdem darüber.

John kam mit einem Tablett und drei Bechern Tee herein.

»Barney ist heute bei seiner Großmutter«, sagte er, ohne dass Will einen Grund dafür sehen konnte.

»Wie geht es Barney?« Barney war zwei, so ging es Barney, und darum war er für niemanden außer für seine Eltern interessant, doch auch hier schien man aus unerfindlichen Gründen eine Bemerkung von ihm zu erwarten.

»Es geht ihm prächtig, danke«, sagte John. »Natürlich ist er im Moment ein richtiger Satansbraten, und er weiß nicht genau, was er von Imogen halten soll, aber … er ist süß.«

Will hatte Barney kennen gelernt und wusste mit Sicherheit, dass Barney nicht süß war, also beschloss er, diese absurde Feststellung zu ignorieren.

»Und wie geht es dir, Will?«

»Mir geht es gut, danke.«

»Immer noch keine Sehnsucht nach einer eigenen Familie?«

Lieber würde ich eine von Barneys verschissenen Windeln

essen, dachte er. »Noch nicht«, sagte er.

»Du machst uns Sorgen«, sagte Christine.

»Ich fühle mich ganz wohl so, danke.«

»Das mag ja sein«, sagte Christine selbstgefällig. Die beiden machten ihn langsam körperlich krank. Es war schlimm genug, dass sie überhaupt Kinder hatten; warum hatten sie den Wunsch, diesen ersten Fehler zu verschlimmern, indem sie ihre Freunde anspornten, ihrem Beispiel zu folgen? Will war seit einigen Jahren überzeugt, dass man sein Leben leben konnte, ohne sich so ins Unglück zu stürzen, wie John und Christine (und er war sicher, dass sie unglücklich waren, auch wenn sie in einen unheimlichen, indoktrinierten Zustand geraten waren, der sie für ihr eigenes Elend blind machte). Man brauchte Geld, sicher – das einzige, was dafür sprach, Kinder zu bekommen, war, dass sie für einen sorgen konnten, wenn man alt, zu nichts mehr zu gebrauchen und pleite war –, aber er hatte Geld, und das bedeutete, dass er dem Durcheinander, den Klopapier-Sofadecken und der Zwangsidee, Freunden einzureden, sie müßten sich ebenfalls ins Unglück stürzen, aus dem Weg gehen konnte.

John und Christine waren mal ganz nett gewesen. Als Will noch mit Jessica zusammen war, waren sie ein paarmal die Woche zu viert durch die Clubs gezogen. Jessica und Will hatten sich getrennt, als Jessica das frivole Lotterleben gegen etwas Solideres eintauschen wollte; Will hatte sie vermisst, vorübergehend, das Nachtleben hätte er allerdings mehr vermisst. (Sie trafen sich noch ab und zu mittags auf eine Pizza, und dann zeigte sie ihm Bilder von ihren Kindern und sagte ihm, er würde sein Leben verschwenden und wüsste gar nicht, was er verpasste, worauf er zu ihr sagte, darauf könne er gut verzichten, und dann sagte sie zu ihm, das würde ihn ohnehin überfordern, worauf er zu ihr sagte, er habe nicht vor, je herauszufinden, ob dem so sei oder nicht; danach saßen sie dann schweigend da und tauschten böse Blicke.) Jetzt, wo John und Christine Jessicas Weg in eine bessere Welt gegangen waren, hatte er keinerlei Verwendung mehr für sie. Er wollte weder Imogen sehen noch wissen, wie es Barney ging, er wollte nichts über Christines Müdigkeit hören, und mehr hatten sie mittlerweile nicht mehr zu bieten. Mit denen würde er sich nicht mehr abgeben, besten Dank.

»Wir haben uns gefragt«, sagte John, »ob du wohl Imogens Patenonkel werden möchtest?« Die beiden saßen mit so erwartungsfrohem Lächeln da, als müsse er im nächsten Moment aufspringen, in Tränen ausbrechen und sich trunken vor Glück eng umschlungen mit ihnen auf dem Teppichboden wälzen. Will lachte nervös auf.

»Patenonkel? Kirche und so? Geburtstagsgeschenke? Adoption, falls ihr bei einem Flugzeugabsturz umkommt?«

» Genau. «

»Ihr nehmt mich auf den Arm.«

»Wir glauben, dass du verborgene Tiefen hast«, sagte John.

»Ah, aber die habe ich nicht. Ich bin wirklich so oberflächlich.«

Sie lächelten immer noch. Sie schnallten es nicht.

»Hört mal. Ich bin wirklich gerührt, dass ihr gefragt habt. Aber ich kann mir nichts Schlimmeres vorstellen. Im Ernst. Das ist einfach nicht mein Ding.«

Viel länger blieb er dann nicht mehr.

Ein paar Wochen später lernte Will Angie kennen und wurde zum ersten Mal Stiefvater auf Zeit. Vielleicht hätte er sich sehr viel Ärger erspart, wenn er seinen Stolz, seinen Abscheu vor Kindern, Familie, Häuslichkeit, Monogamie und früh ins Bett gehen heruntergeschluckt hätte.

Wo liegt Berlin? Briefe aus der Reichshauptstadt 1895–1900

Herausgegeben von Günther Rühle
btb 75557, 768 Seiten, DM 28.–.
btb, München

Als Hardcover DM 79.90,
Aufbau Verlag, Berlin

MARCEL REICH-RANICKI im LITERARISCHEN QUARTETT
Die Geschichte des deutschen Feuilletons muss neu geschrieben werden.

WOLF JOBST SIEDLER in DIE WELT
Wer schreibt heute mit ähnlicher Souveränität über ein wiederum neues Berlin? Wo gibt es den Chronisten des Zusammenwachsens zweier Halbstädte zu einer Bundeshauptstadt, die in ihre neuen und alten Rechte wiedereingesetzt wird? Man bewundert diesen 27-jährigen Newcomer, man staunt, was er alles registriert und wie er es sieht, und auch die Kühnheit, in der er es schildert.
Das hat nichts damit zu tun, dass der junge Autor von großen Gegenständen handeln konnte, weil dieses Berlin des zu Ende gehenden Jahrhunderts vor künstlerischem Aufbruch geradezu fieberte. Alfred Kerr ist fast am besten, wo er das Beiläufige schildert, einen Frühlingsabend auf Berlins Straßen, eine Landpartie im Grunewald, eine Urlaubsreise nach Florenz und seine vielen Abstecher in die anderen Metropolen ... Es ist das Temperament des Autors, mit dem hier das Werden einer Weltstadt gesehen wird, und das man fast voller Eifersucht bewundert.

Der Autor:

Alfred Kerr wurde 1867 in Breslau als Sohn einer wohlhabenden jüdischen Familie geboren. Als prominenter Essayist sowie Theater- und Musikkritiker Mitarbeiter an zahlreichen Zeitungen und Zeitschriften. Seine Werke wurden 1933 verbrannt. Er emigrierte nach London und starb 1948 in Hamburg.

1. Januar 1895

Der Berliner Westen – diese elegante Kleinstadt, in welcher alle Leute wohnen, die etwas können, etwas sind und etwas haben und sich dreimal soviel einbilden, als sie können, sind und haben – hat in dieser Woche zwei Jubelgreise gefeiert. Ludwig Pietsch und Theodor Fontane. Pietsch ist siebzig, Fontane fünfundsiebzig Jahre geworden. Aber es gibt zwischen ihnen mehr Unterschiede als diese fünf Jahre. Der eine ist ein Temperamentsmensch, der andere ist ein nachdenklich-skeptischer Betrachter. Der eine ist ein lauter, aufgeknöpfter Amüseur, der andere ein stiller, zurückgezogener Mann. Der eine betrachtet die Erscheinungen, und es kommt ihm darauf an, äußere Eindrücke zu beschreiben; der andere betrachtet gleichfalls das äußere Leben, aber es kommt ihm darauf an, dabei seelische Zusammenhänge zu schildern. Der eine ist, kurz, ein Journalist, der andere ist ein Dichter. Nun hat der Journalist den Professortitel bekommen; der Dichter durfte nur, versehen mit den Tröstungen des Dr. phil. honoris causa, ins sechsundsiebzigste Lebensjahr schreiten.

Ein alter, großgewachsener Herr ist Theodor Fontane, mit schmalem Seitenbärtchen und grauem Schnurrbart. Ein großes Tuch um den Hals gelegt, das über dem dicken Mantel sitzt, schreitet er die Potsdamer Straße entlang. Er geht gewöhnlich dicht an den Häusern, weil es ihm keinen Spaß machen würde, von den hundert Bekannten, die dort jeder Bewohner des Westens täglich trifft, angehalten zu werden. Nicht als ob er unfreundlich wäre. Aber es lohnt wahrhaftig nicht, ein paar Banalitäten auszutauschen und sich dafür zu erkälten. Vor dem Erkälten hat er nämlich große Angst; und darum hält er das berühmte graugrüne Tuch stets vorn mit der Hand zusammen. Unter dem Hut blicken die guten und klugen und großen grauen Augen in die Ferne, und mit raschen Schritten geht er, etwas nach vorn geneigt, unaufhaltsam seines Weges. Wenn es windig ist, schreitet er rascher, und er hält das Tuch fester und höher, bis über den Mund weg. Die grauen Locken bewegen sich dann leise, die dem alten Herrn über dem Nacken schweben. Es sind keine Künstlerlocken! Er sieht nicht aus wie ein greiser Barde, von dem zu befürchten ist, daß er eine Leier aus der Manteltasche zieht. Er hat etwas Altfränkisch-Militärisches. Er hat das Gesicht eines friedlichen pensionierten Offiziers aus den dreißiger Jahren. Über dem ganzen Mann schwebt im Äußeren, auch in der Kleidung, bis auf Halsbinde und Kragen ein Hauch der guten alten Zeit.

Und das Staunenswerte ist: diese unmoderne Persönlichkeit hat unglaublich moderne Ansichten. Der älteste unter den deutschen Literaten ist zugleich der entschlossenste Parteigänger der jüngsten. Er wird von ihnen geliebt wie kein zweiter. Nicht minder von demjenigen Kreis der übrigen literarisch Interessierten, welcher nicht in rohen Bumbum-Effekten und verlogenen Sentimentalitäten den Gipfel der Kunst erblickt, sondern sich zu ehrlicher Lebensabschilderung und feinerer Seelenkunde hingezogen fühlt. Sie alle bestaunen ein Phänomen in dem Manne, der sich, im zarten Alter von sechzig Jahren, entschloß, ein naturalistischer Dichter zu werden; der sich hinsetzte und in »Irrungen und Wirrungen« flugs den besten Berliner Roman schrieb; der heut mit fünfundsiebzig Jahren noch ein wundervolles, lebenstiefes Abendstück von reifer und inniger Kunst zustande bringt.

Der Alte hat ein lebendiges Interesse an allem, was auf literarischem Felde vorgeht. Und was er für bedeutsam und tüchtig hält, dem spendet er unaufgefordert, in jugendlicher Herzlichkeit, sein Lob. Er braucht einen Menschen nicht zu kennen und tritt ihm plötzlich – ich hab es mit tiefer Freude an mir erfahren – durch einen Brief näher, weil ihm irgend etwas auffiel und gefallen hat. Und er ist ein Kritiker. Er hat in den langen Jahren, in denen er die zeitgenössische Dramatik, berufsmäßig richtend, verfolgte, unendlich fördernde, herbfrische, knappe Kritiken geschrieben, zugleich knorrig und fein, zugleich scharf scheidend und schmiegsam nachfühlend.

Er schrieb sie für die Vossische. Und für die Vossische schrieb auch sein Leben lang der andere: Pietsch. Das ist wieder eine ganz andere Nummer! Ein großer, kräftiger, jünglinghafter Greis, mit geröteten Wangen, die Silberhaare künstlerisch drapiert, in den feurigen, grauen Augen ein rheinweinfeuchter Schimmer, die Manieren elegant, sicher, verbindlich, dabei in allem Tun und Lassen ein leiser Rest von Bohème und Sichgehenlassen, was die ungewöhnliche Liebenswürdigkeit, die von dem Mann ausgeht, wirkungsvoll steigert.

Er ist ein Draufgänger, mit seinen siebzig Jahren, aus allen Gliedern zuckt ihm die joie de vivre, er lebt aus dem vollen, er hat schwerlich die Hoffnung aufgegeben, Frauen noch gefährlich zu werden, er ist bei jedem notablen Festessen, bei jeder Première, in jeder Ausstellung, bei jeder Einweihung. Er geht mit dem Kaiser nach England und beschreibt Flottenmanöver, er geht zum Zarenbegräbnis nach Moskau und ist am Abend nach der Rückkehr im Opernhaus, um am nächsten Vormittag ein Champagnerfrühstück mitzumachen, um dann bei Schulte gesehen zu werden, einen Spaziergang durch den Tiergarten zu machen, eine Redaktionskonferenz abzuhalten, rasch einen Artikel zu schreiben, abends Gäste bei sich in der Landgrafenstraße zu empfangen und schließlich mit ihnen ins Café zu gehen. Er ist mit allen einflußreichen Künstlern intim, duzt sich mit Ministerialdirektoren und kommandierenden Generälen, drückt im Vorübergehen einem Kommerzienrat die Hand, küßt einer Schauspielerin den Ellbogen und kneipt mit Eugen Zabel von der »Nationalzeitung«, dem Maler Warthmüller und einer Handvoll Premierlieutenants an dem berühmten runden Tisch bei Hausmann. Bei allen Frauen hat er einen Stein im Brett; denn wenn er sie schon durch seine Persönlichkeit bezaubert, wissen sie doch, daß er ihre Kostüme beschreiben kann … Ein Subskriptionsball kann ja ohne Pietsch gar nicht abgehalten werden! Er schildert die Lichter, den Glanz, die Pracht, die Farben, die Mull- und Tüllkleider und was sie nicht bedecken, er schildert die Parfums, die Musik, die Rosen und Heliotropen, die Fräcke, die Orden, die Gesichter, er schildert die jungen Mädchen – die Komtessen und die portemonnaie-aristokratischen –, er schildert die schönen Witwen und die glücklichen Gattinnen, die tapferen Krieger und die alten Exzellenzen, er schildert alles – bloß die Gedanken nicht, die seine Objekte im Herzen tragen. Hier macht er halt, und hier liegen auch die Grenzen seines Könnens. Er malt die Oberflächen, und er grämt sich nicht, daß er nicht mehr malen kann. Er ist mit sich zufrieden. Er schafft leicht, er verdient zwar keine Millionen, aber bei seinem Beruf führt er ohne Millionen ein Glanzleben. Er findet die Welt schön und will keinem Nebenmenschen Ursache geben, sie häßlich zu finden. Er verletzt niemanden, auch in seinen Kritiken nicht – höchstens die jüngeren Freilichtmaler bekommen 'mal ein paar Hiebe –, er ist der denkbar liebenswürdigste Kollege, auch gegen jugendliche Berufsgenossen von beschämender Kameradschaftlichkeit, seine Intimität mit den Granden steigt ihm nie zu Kopfe, und er scheint seinen versammelten Zeitgenossen in jeder Minute die Parole zuzuzwinkern: »Kindlein, liebet euch!« oder »Freut euch des Lebens« oder »Mensch, ärgere dich nicht« oder »O Gott, wie ist die Welt so schön, wenn man gesunde Glieder hat« …

Daß dieser alte Jüngling an seinem siebzigsten Geburtstag ungewöhnlich zahlreiche Huldigungen empfing, ist begreiflich. Er verlebte das Jubiläum in etwas eigenartiger Weise. Es fiel auf den 25. Dezember; sein Wiegenfest begann also offiziell am 24. Dezember nachts zwölf Uhr. Da begann er denn auch mit der Feier. Er feierte in einer Tour von Weihnachten durch bis zum Anbruch des 26. Dezember. Er ging nicht schlafen, sondern – empfing. Die ganze Nacht durch waren Gäste da, sie kamen und gingen. Gegen Morgen entfernte sich der Jubeljüngling, nur auf fünfzehn Minuten, um eine kalte Douche zu nehmen. Er wollte dieser Gewohnheit nämlich nicht entsagen, da er ihr seit grade siebzig Jahren treu geblieben war. Die Gäste kamen und gingen. Er drückte unzählige Hände, ließ sich umarmen, teilte Küsse aus, tat gerührt, machte Honneurs, nahm ungezählte Telegramme und einen Professortitel entgegen, rauchte, trank Wein, stieß an und war glücklich. Man konnte kaum zur Tür hinein, so dicht gedrängt standen, saßen, schoben und pufften die Gratulanten; jeder, der zehn Minuten in dem von Kuchendünsten, Büffetdüften und Blumengerüchen angenehm geschwängerten Raum sich aufgehalten hatte, wurde abgespannt, nur einer nicht: der höllische Festgreis. Am 27. Dezember sah ich ihn bereits im Deutschen Theater, nachher waren wir bei Ronacher zusammen. Nachts um eins wandelte er behaglich nach Hause.

Das Leben in Berlin muß doch nicht so aufreibend sein, wenn man sich so gut konservieren kann. Und doch – in dieser gefährlichen Gesellschaftsjahreszeit fühle ich mich kaputt und matt. Ich werde nächstens eine Schlafkur durchmachen – oder die deutsche Literatur wird den Verlust eines hoffnungsvollen jungen Mannes, so sagt man ja wohl, zu beklagen haben. Alle Tage kommt jetzt der Briefträger und bringt zwei bis drei Couverts von angenehmem Äußeren.

Es stecken Einladungen darin »Th. N. und Frau geben sich die Ehre, Herrn ... zum ... am ...den ... ten ... um ... Uhr ergebenst einzuladen. Tiergartenstraße 8b. U.A.w.g.« Gewöhnlich erkennt man (nicht ohne leisen angenehmen Schauer) die Handschrift der Hausfrau: Denn ER, der im Hause angeblich Herr ist, kümmert sich um solche Scherze nicht. In Berlin wird das Gesellschaftsleben ganz von der Frau besorgt. Zwei Einladungen schreibt man ab, die dritte nimmt man an; man geht hin, tanzt sich kaputt, unterhält sich kaputt, verliebt sich kaputt und macht sich kaputt ... Bisher war alles lau und flau in diesem Winter. Jetzt mit einem Male, um die Sylvesterdrehe, geht es los, und gleich gründlich. Man lebt und webt in Frack und Lack und Claque; oder mit dem bekannten Börsenmann zu sprechen: »Man kommt aus dem reinen Oberhemd gar nicht mehr 'raus.« Aber unbedeutend bleibt dieser Winter doch, gegen diese Tatsache von namenloser kulturhistorischer Wichtigkeit ist nichts zu machen. Die quantitativen Häufungen tun's nicht. Es fehlt etwas, das in den letzten drei Jahren immer da war: eine Verrücktheit; ein Schibboleth der Mode; ein Losungswort, ein Mittelpunkt, um den sich alles dreht; irgend etwas besonders Albernes, das Stimmung macht; ein aparter Blödsinn, an dem mit heiligem Eifer festgehalten wird. Vor einigen Jahren war es der liebliche »Sir Roger«, der schwindsuchtsförderlichste aller Galopptourentänze, welchen die spleenige Laune eines Albioniten in unseliger Stunde ersonnen hatte. Kein Tiergartenhaus, das sich achtete, ließ diesen Tanz weniger als drei Mal tanzen. Man raste, geriet in Gefahr, mehrere Beine zu brechen, verlor den Atem, riß im Vorbeitanzen einige Kelchgläser herunter und trat, wenn man Glück hatte, bei dem gefährlichen Mittelstück, der großen Stepplechase, der Hausfrau fröhlich auf die Füße. Deshalb wurde dieser Tanz auch immer traumhaft schön gefunden. Im nächsten Jahre gab es die Menuett als Spezialität. Jeder wurde verachtet, der nicht die drei Schritte rechts, die drei Schritte links und das grand compliment als die Quintessenz alles Hinreißenden erklärte. Man tanzte also zwei Menuetten in jeder Gesellschaft, in der Rauchstraße, der Stülerstraße, der Hitzigstraße und wie die Gegenden heißen, in denen sich die Kommerzienräte Gutenacht sagen. Dann, im vorigen Winter, kamen Bandour und Gavotte auf. Das war der Gipfel alles Stilvollen,

Entzückenden, »Süßen«! Mit einem nahezu religiösen Eifer wurden diese Tänze gepflegt, und es tat der Begeisterung keinen Abbruch, daß die Gavotte ausschließlich in rein-arischen Gesellschaften getanzt ward, während der Bandour mehr in gemischt-konfessionellen Kreisen Bewunderung weckte. In diesem Winter nichts von alledem. Welch ein Verlust für meinen Staat! Müdigkeit und nichts als Müdigkeit wird heuer geboten, es wird wieder gewöhnlicher Wald-, Sumpf- und Wiesenwalzer getanzt – aber wie! Bis zur Bewußtlosigkeit, länger nicht. Es gilt nicht für fein, andere Rundtänze als Walzer auf die Tanzkarte zu setzen. Denn auch bei Hofbällen wird ja nur Walzer außer den Tourentänzen getanzt. Die Jünglinge halten das aber auf die Dauer nicht aus, da sie behaupten, daß Walzer am meisten angreift. Und deshalb sind sie alle so müde. Und deshalb will ich auch nächstens eine Schlafkur gebrauchen. Man ist doch schließlich kein Ludwig Pietsch … […]

25. Juli 1897

In der Regentenstraße, diesem feinen stillen schmalen Seitenweg des Tiergartens, ist, nicht weit von der schweizerischen Gesandtschaft, dem göttlichen Buddha eine Bildsäule errichtet. In einem kleinen Vorgarten steht der große Heilige seit etwa anderthalb Jahren. Der Besitzer des schweigsamen Villenhauses hat weite Reisen gemacht und einen Gott als Mitbringsel in das Gärtchen gestellt. Der Mann muß sich von den sonstigen Bewohnern der Straße wesentlich unterscheiden.

Bis jetzt ist über das vermaledeite Götzenbild noch kein Lärm erhoben worden. Nächstens wird das hoffentlich geschehen. Denn in einer Stadt, wo das Bemühen herrscht, den mangelnden Kirchenbesuch an immer zahlreicheren Neubauten zu erweisen, darf heidnischer Unfug nicht geduldet werden. Buddha, der siebenhundert Jahre vor Christo von einer unberührten Jungfrau geboren wurde (der große Kirchenhistoriker und noch größere Stilist Carl Hase betont vieldeutig diesen Umstand), Buddha kann nicht auf offener Straße in der Nähe des Tiele-Wincklerschen Hauses, am Wohnsitz eines gottesfürchtigen Hofes geduldet werden. Dem Konsistorium sei er hiermit denunziert.

Auch dem »Reichsboten« und der »Germania«. Diese fallen jetzt über einen armen Buddhisten her und wollen ihn verspeisen. Ein Japaner ist in Berlin Doktor beider Rechte geworden, also auch des Kirchenrechts. Das ist unerhört. Ein Heide kann des römischen Rechts, doch nie des kanonischen Rechts Doktor sein. Ein Heide bleibt vor allem ein Heide. Aber die Redakteure der zwei Blätter wissen offenbar nicht, daß in Deutschland eine ganze Masse Heiden Doktoren beider Rechte sind. Eine ganze Masse Heiden. Und dann: ist es nötig, um Doktor zu sein, gewisse Vorstellungen zu glauben, oder genügt es, innerhalb dieses Vorstellungsgebiets Bescheid zu wissen? Im einzelnen: muß man von der homerischen Mythologie gläubig überzeugt sein, oder braucht man sie nur gründlich zu kennen, um Doktor der Philosophie zu werden? Die Antwort auf das alles ist so selbstverständlich, daß nähere Erörterungen banal sind, aber sie werden trotzdem notwendig. Man muß die wackeren Buddhisten verteidigen. [...]

Neben dem buddhistischen Doktor [...] befaßt sich die öffentliche Meinung mit Dingen tieflokalen Charakters. Karl Kraus hat neulich an die Berliner Hitze angeknüpft und über die Wiener Hitze geschrieben. Ich muß dafür an seine Erzählung von der Straßenpflasterung anknüpfen und mitteilen, daß auch die Potsdamer Straße gepflastert wird, seit Monden. So behandeln zwei zeitgenössische Schriftsteller zeitgenössische Fragen. Wahrlich, Leser, die Potsdamer Straße wird gepflastert, denn sie wird verbreitert. Und niemand ist darum trauriger als die gegenwärtig noch in Berlin weilenden jüngeren Jahrgänge. Denn weil gepflastert wird, können sie über die Liebes- und Lästerstraße kaum mit Anspannung aller Kräfte gelangen. Geschweige denn »schlendern«. Und was das wichtigste ist: eine neue Potsdamer Brücke wird vorbereitet. Das alte hölzerne Brückchen hatte eine geschichtliche Bedeutung. Eine kulturgeschichtliche, denn es war in seiner wurmstichigen Gemütlichkeit ein berüchtigter Treffpunkt für Verliebte besserer Stände. Wenigstens der eine Teil gehörte meist den besseren an. Am Abend um halb neun, auch um halb zehn schlich man da hin. Das einfachste und selbstverständlichste für westliche Leute war schließlich immer dieses Brückchen. Im Dämmerdunkel lagen die etwas morschen Dielen und die Eisengeländer. Kein allzu grelles Licht störte die erwartungsvolle Stimmung; und wie ein Kater um die Feuerleitern streicht, also strichen die Westlichen schnurrend – oder, mephistophelisch zu sprechen, »so heimlich-kätzchenhaft-behaglich« – in der Nähe dieser Eisengeländer herum. Da trat sie aus dem Dunkel hervor. Und man ging erst ein Stück am Ufer entlang, dann durch die Regentenstraße, ohne sich dort vom Buddha stören zu lassen, und dann immer am Saume des Tiergartens entlang. Schließlich winkte man einem späten, offenen Taxameter und fuhr langsam, langsam durch die Abendluft, Küsse nehmend, Küsse gebend. Zwei Abende nachher war der Treffpunkt wieder die Potsdamer Brücke. Jetzt wird aus diesem bescheidenen altmodischen Idyllenbrückchen ein neuester, breiter Prachtbau mit komfortabelster schreiender Beleuchtung; und wie zum Hohn auf die schattige, verliebte Dämmerung von einstmals wird durch Figurengruppen »die Erscheinung und Wirkung der Elektrizität zur Darstellung gebracht«. Ein Schriftsteller des achtzehnten Jahrhunderts würde erklären, daß Amor schmollend sein Haupt verhüllt. Ein Feuilletonist des neunzehnten muß feststellen, daß jetzt wahrscheinlich die Victoriastraße zum Treffpunkt gemacht werden wird. Sie liegt ganz in der Nähe und ist wie Gottes Wege dunkel. Am schwersten berührt aber wird von der Veränderung die kohlensaure Marie, Hans von Bülows Mariechen, die gleich nebenan Selter und Zeitungen verkauft. Sie sah das alte Brückchen seit … es wäre gemein zu sagen, seit wieviel Generationen. Und jetzt nimmt man ihr die langjährige Freude ihrer klaren, klugen Augen. Aber daran ist nichts zu ändern. Nach längerem Erwägen entschließe ich mich doch noch, an den Schluß dieses Absatzes die Worte zu setzen, welche schon Schiller gesungen hat: das Alte stürzt, es ändert sich die Zeit, und neues Leben blüht aus den Ruinen.

Bald wird die Potsdamer Straße auch in anderer Hinsicht ein neues Bild gewähren. Und alle anderen Straßen werden ein neues Bild gewähren. Denn keine Pferde wird man vor den Pferdebahnen (hätte ich beinah gesagt) fürder sehen. Es wird auch hier »die Erscheinung und Wirkung der Elektrizität zur Darstellung gebracht«.

In den Häuflein, die zwischen den Pferdebahnschienen sichtbar wurden, lag ein traulicher Reiz. Die Erinnerung an das Landleben wurde wachgerufen. Und namentlich im August, wenn der Asphalt glühte, hat mancher in dem tiefen, gesättigten Düngerduft einen Ersatz für die dampfende Sommerfrische gefunden. Auch dieses – hélas, mes amis! –, auch dieses soll schwinden. Wir leben, müßt ich jetzt hinzufügen, in einer schnellebigen Zeit, und die alles nivellierende Ära der Elektrizität macht nicht halt usw. Jedenfalls werden im kommenden Winter viel Würste in Berlin gegessen werden. Die Würste werden im Preise sinken, billig werden, namenlos, namenlos billig. Die direkten Beziehungen zwischen Elektrizität und Volksernährung werden jetzt zum ersten Male klar. Kurd Laßwitz, der Philosoph, hat von einem künstlich bereiteten Allnahrungsmittel geträumt, Chresim genannt, das in künftigen Zeiten, auf elektrischem Wege verfertigt, die Mägen der Hunderttausende füllen und sättigen wird. Noch hat er's nur geträumt. Doch eine Abschlagszahlung zur Verbilligung der Massennahrung hat die Elektrizität schon jetzt geliefert. Mit Recht werden darum den neuen Männern des elektrischen Zeitalters Bildsäulen auf der neuen Potsdamer Brücke errichtet, dem Röntgen und dem Helmholtz. Und neben dem alten Heidentum des Buddhismus findet das neue Heidentum der Wissenschaft in dem gottverdammten Spreebabel unverwehrt eine Stätte.

Vergeltung

211 Seiten, DM 32.–.
Suhrkamp Verlag, Frankfurt am Main

NEUE ZÜRCHER ZEITUNG
Der tatsächlich beste Roman zum Thema Bombennächte in Deutschland ist nun wieder aufgelegt und so dem Vergessen oder auch der Verdrängung entrissen worden.

FRANKFURTER ALLGEMEINE ZEITUNG
Die Druckwelle dieser Prosa erfasst den Leser sofort, schleudert ihn von Hauptsatz zu Hauptsatz, von Inferno zu Inferno – kein Atemholen. Siebzig Minuten alliiertes Bombardement einer deutschen Stadt, kurz vor Kriegsende: Vergeltung, siebzig Minuten gibt sich der Autor und 199 Druckseiten, durch die er dreizehn Personen peitscht. Eine Fabel gibt es nicht. Nur die Perforation einer Chronologie. Dreizehn Fragmente aus dem Trommelfeuer einer Syntax, die nicht mehr gestattet als den einfachen Relativsatz. Punkt und Komma hämmern, das Ausrufzeichen hackt, Anführung und Abführung pressen, der Gedankenstrich drängt. Tempo, Stakkato, Kaskaden, Bildfetzen an Bildfetzen, hart geschnitten. Eine Simultan-Montage des Abschlachtens, verklammert durch Epilog und Prolog, in dem schon mit den ersten Wörtern tote Kinder durch die Luft fliegen und ihre Mütter bei lebendigem Leibe verbrennen.

DER STANDARD, WIEN
Die Ursache der Radikalität dieses Buches ist die Radikalität der ihm zu Grunde liegenden Erfahrung: Vielleicht ist auch dies eine Erklärung: An diese Radikalität lässt sich schlecht anschließen.

Der Autor:
Gert Ledig, Jahrgang 1921, wurde in Leipzig geboren, wuchs in Wien auf und meldete sich mit 18 Jahren freiwillig zur Wehrmacht. Vor Leningrad wurde er 1942 mehrfach verwundet und kehrte von der Front nach Süddeutschland zurück. Ledigs erstes Buch *Die Stalinorgel,* erschienen 1955, war ein großer Erfolg. Doch die nächsten Romane, *Vergeltung,* erschienen 1956, sowie *Faustrecht,* erschienen 1957, waren Misserfolge. Weder Kritik noch Publikum wollten in den beginnenden Jahren des Wirtschaftswunders über den Krieg etwas so Radikales, wie sie Ledigs Prosa ausdrückte, hören. Ledig zog sich zurück vom literarischen Leben. Am 1. Juni 1999 starb Gert Ledig und konnte so nicht einmal die Neuveröffentlichung von *Vergeltung* erleben.

Mitteleuropäische Zeit 1301

Lasset die Kindlein zu mir kommen. –

Als die erste Bombe fiel, schleuderte der Luftdruck die toten Kinder gegen die Mauer. Sie waren vorgestern in einem Keller erstickt. Man hatte sie auf den Friedhof gelegt, weil ihre Väter an der Front kämpften und man ihre Mütter erst suchen mußte. Man fand nur noch eine. Aber die war unter den Trümmern zerquetscht. So sah die Vergeltung aus.

Ein kleiner Schuh flog mit der Bombenfontäne in die Luft. Das machte nichts. Er war schon zerrissen. Als die emporgeschleuderte Erde wieder herunterprasselte, begann das Geheul der Sirenen. Es klang, als beginne ein Orkan. Hunderttausend Menschen spürten ihr Herz. Die Stadt brannte seit drei Tagen, und seitdem heulten die Sirenen regelmäßig zu spät. Es war, als würden sie absichtlich so in Betrieb gesetzt, denn zwischen dem Zerbomben brauchte man Zeit zum Leben.

Das war der Beginn.

Zwei Frauen auf der anderen Seite der Friedhofsmauer ließen den Handwagen los und rannten über die Straße. Sie dachten, die Friedhofsmauer sei sicher. Darin hatten sie sich geirrt.

In der Luft dröhnten plötzlich Motoren. Ein Pfeilregen von Magnesiumstäben bohrte sich zischend in den Asphalt. In der nächsten Sekunde platzten sie auseinander. Wo eben noch Asphalt war, prasselten Flammen. Der Handwagen wurde von der Luftwelle umgeworfen. Die Deichsel flog in den Himmel, aus einer Decke entrollte sich ein Kind. Die Mutter an der Mauer schrie nicht. Sie hatte keine Zeit dazu. Hier war kein Spielplatz für Kinder.

Neben der Mutter stand eine Frau und brannte wie eine Fackel. Sie schrie. Die Mutter blickte sie hilflos an, dann brannte sie selbst. Von den Beinen herauf über die Unterschenkel bis zum Leib. Das spürte sie noch, dann schrumpfte sie zusammen. Eine Explosionswelle barst an der Friedhofsmauer entlang, und in diesem Augenblick brannte auch die Straße. Der Asphalt, die Steine, die Luft.

Das geschah beim Friedhof.

In ihm sah es anders aus. Vorgestern hatten die Bomben ausgegraben. Gestern wieder eingegraben. Und was heute geschehen würde, stand noch bevor. Selbst die Verfaulten in den Soldatengräbern wußten es nicht. Und die hätten es wissen müssen. Auf ihren Kreuzen stand: Ihr seid nicht umsonst gefallen.

Vielleicht wurden sie heute verbrannt.

Dem Leutnant hatte man die linke Hand amputiert. Die Hand lag zweitausendvierhundert Kilometer von der Stadt entfernt in der Kalkgrube des Feldlazarettes von El Alamein. Dort war sie verrottet. Jetzt verfügte der Leutnant über eine Prothese, acht Flakgeschütze hinter dem Friedhof, zehn gediente Soldaten und die Oberprima des Humanistischen Gymnasiums.

Drei Meilen kamen die Brandbomben durch die Luft geflogen. Sie zerplatzten auf seinem Betonbunker. Ausgelöst hatte sie Sergeant Strenehen, von dem es später hieß:

ein Mensch.

Menschen gab es viele. Als Strenehen die Feuerwoge über dem Friedhof sah, war er eine Sekunde lang zufrieden. Er hatte dieses Ziel gewählt, in der Hoffnung, dort träfe es nur Tote. Daß sie deswegen sechzig Minuten später einen der Ihren mit Schaufeln erschlagen würden, wußte er nicht.

In dieser Stunde oder nach dieser Stunde wurden noch mehr erschlagen. Ein ungeborenes Kind im Mutterleib von einer Hausmauer. Der französische Kriegsgefangene Jean Pierre von einem Gewehrkolben. Sechs Schüler des Humanistischen Gymnasiums am Flakgeschütz von einem Rohrkrepierer. Ein paar hundert Namenlose auch.

Nennenswert war das nicht. In diesen sechzig Minuten wurde zerrissen, zerquetscht, erstickt. Was dann noch übrigblieb, wartete auf morgen.

Später behauptete jemand: So schlimm wäre das nicht gewesen. Es blieben immer welche übrig.

In der Maschine der US-Air-Force gab es keinen Abort, aber Sergeant Strenehen hatte sich erbrochen. Er war durch manchen Orkan geflogen, ohne sich zu erbrechen. Wenn sich die Klappen der Bombenschächte öffneten, erbrach er sich immer wieder.

Dabei war das Öffnen der Schächte ein mechanischer Vorgang. Er wurde ausgelöst vom Automaten des Zielgerätes. Das Präzisionsinstrument errechnete Aufsatzwinkel, Zielstrahl, Rücktrift, ballistischen Vorhalt. Es betätigte die Zünderkästen, das Magazin. Die Erfindung der Guillotine war dagegen primitiv.

Sergeant Strenehens Staffel flog Spitze und markierte die Ziele. Siebzig Meilen hinter ihr folgte die erste Welle. Vierhundert Bomber trugen die Ladung von zwei Güterzügen voll Sprengstoff durch die Luft.

Die Sonne spiegelte sich auf den Tragflächen. Wolken hingen am Horizont. Die Motoren summten, und dreißig Meilen hinter der ersten Welle folgte die zweite.

Die Glut

Aus dem Ungarischen von Christina Viragh
224 Seiten, DM 36.–.
Piper Verlag, München

DER SPIEGEL

Zwei alte Männer im Zwiegespräch: 41 Jahre lang haben sich der General und der Hauptmann nicht gesehen. Damals ist Konrád, der Hauptmann, überstürzt abgereist, hat seinen Freund seit Kindertagen und dessen schöne Frau verlassen – ohne Grund, ohne spätere Nachricht ... In schnörkellos-altmodischer – hervorragend übersetzter – Sprache versprüht Márai das faulig-üppige Parfüm einer untergegangenen Lebensform. Doch der bedeutende europäische Schriftsteller beschreibt hier nicht nur die Anatomie einer Dreiecksgeschichte aus der untergegangenen Donaumonarchie. Márai beschwört gleichzeitig das Pandämonium menschlicher Beziehungen: Menschen, in denen eine Glut der Gefühle glimmt, sei es aus Gier, Liebe, Rache oder Hass. Márais elegantes Meisterwerk von 1942 wird hoffentlich nun nicht noch ein zweites Mal vergessen werden.

BERLINER MORGENPOST

Márai hat sich kein geringeres Ziel gesetzt, als die Unzerstörbarkeit menschlicher Beziehungen zu beschreiben. Der Leser spürt, dass er ein Buch in Händen hält, dessen Prosa in jeder Zeile das Konzentrat einer ganzen Epoche enthält. Die menschliche Weisheit wird uns hier als »Glut« offeriert, in der Denken und Fühlen miteinander verschmolzen sind, und die auch dann noch wärmt, wenn der Leser Márais Buch schon lange geschlossen hat.

Der Autor:

Sándor Márai wurde 1900 in Kassa (heute Slowakei) geboren und starb 1989 durch Selbstmord in San Diego, Kalifornien. Seine zahlreichen Romane und Tagebücher, die wie die Werke Robert Musils und Joseph Roths, heute zum Kanon der europäischen Literatur gehören, in Márais Heimat Ungarn jedoch jahrzehntelang verboten waren, werden nun international wieder entdeckt.

Am Vormittag hielt sich der General lange in seinen Kellereien auf. Er war in der Morgenfrühe mit seinem Winzer hingegangen, um nach zwei Fässern zu sehen, in denen der Wein zu gären begonnen hatte. Als er mit dem Abfüllen fertig war und nach Hause kam, war es schon elf Uhr vorbei. Zwischen den Säulen der Veranda, die von den feuchten Steinplatten moderig roch, stand sein Jäger und überreichte ihm einen Brief.

»Was willst du?« fragte der General unwirsch. Er schob sich den Strohhut, dessen breite Krempe sein rotes Gesicht beschattete, aus der Stirn. Schon seit etlichen Jahren öffnete und las er keine Briefe mehr. Die Post wurde im Büro des Gutsverwalters von einem der Angestellten aufgemacht und sortiert.

»Das hat ein Bote gebracht«, sagte der Jäger und stand stramm.

Der General erkannte die Schrift, nahm den Brief und steckte ihn in die Tasche. Er trat in die kühle Vorhalle und reichte dem Jäger wortlos Stock und Hut. Aus seiner Zigarrentasche holte er eine Brille hervor, stellte sich ans Fenster und begann im Licht, das durch die Ritzen der Rolläden hereinsickerte, den Brief zu lesen.

»Warte«, sagte er über die Schulter hinweg, als der Jäger mit Stock und Hut gehen wollte.

Den Brief stopfte er sich in die Tasche.

»Kálmán soll auf sechs Uhr anspannen. Den Landauer, denn es gibt Regen. Und er soll die Paradelivree anlegen. Du auch«, sagte er mit unerwartetem Nachdruck, als hätte ihn plötzlich etwas erbost. »Und alles auf Hochglanz. Wagen und Geschirr sollen unverzüglich geputzt werden. Die Livree anlegen, hast du verstanden? Und dann setzt du dich neben Kálmán auf den Bock.«

»Jawohl, gnädiger Herr«, sagte der Jäger und schaute seinem Herrn gerade in die Augen. »Auf sechs Uhr.«

»Um halb sieben fahrt ihr los«, sagte der General und bewegte lautlos die Lippen, als zählte er. »Du meldest dich beim Weißen Adler und sagst nur, ich hätte dich geschickt, und der Wagen für den Herrn Hauptmann sei da. Wiederhole.«

Der Jäger wiederholte. Daraufhin hob der General die Hand, als wäre ihm noch etwas eingefallen, und blickte zur Decke. Doch dann sagte er nichts, sondern ging in den ersten Stock hinauf. Der

Jäger, in Habachtstellung erstarrt, sah ihm glasigen Blickes nach und wartete, bis die untersetzte, breitschultrige Gestalt hinter der Kehre der steinernen Balustrade verschwunden war.

Der General ging in sein Zimmer, wusch sich die Hände und trat an sein schmales, hohes Stehpult, das mit tintenfleckigem grünen Filz bezogen war und auf dem Federn, Tinte und, millimetergenau aufeinandergestapelt, Hefte lagen, wachstuchbezogene mit Pepitamuster, wie sie die Schüler für ihre Aufgaben verwenden. In der Mitte des Pults stand eine Lampe mit grünem Schirm, die der General anschaltete, da es im Zimmer dunkel war. Hinter den geschlossenen Läden, im vertrockneten, verdorrten, versengten Garten, tobte der Sommer in einem letzten Auflodern, wie ein Brandstifter, der in sinnloser Wut die Felder anzündet, bevor er sich davonmacht. Der General nahm den Brief hervor, glättete das Blatt sorglich und las im starken Licht, die Brille auf der Nase, die geraden kurzen Zeilen mit den spitzen Buchstaben. Die Arme verschränkte er auf dem Rücken.

An der Wand hing ein Kalender mit faustgroßen Datumsziffern. Vierzehnter August. Der General blickte zur Decke und rechnete. Vierzehnter August. Zweiter Juli. Er rechnete aus, wieviel Zeit seit einem langverflossenen Tag und dem heutigen vergangen war. Einundvierzig Jahre, sagte er schließlich halblaut. In letzter Zeit sprach er laut, auch wenn er allein im Zimmer war. Vierzig Jahre, sagte er dann verwirrt. Einem Schüler gleich, der über einer schwierigen Lektion durcheinandergerät, errötete er, legte den Kopf in den Nacken und schloß die tränenden Augen. Sein Hals über dem maisgelben Jackenkragen schwoll rot an. Zweiter Juli achtzehnhundertneunundneunzig, da war die Jagd, murmelte er und verstummte. Wie ein büffelnder Student stützte er die Ellenbogen auf das Pult und starrte wieder sorgenvoll auf den Brief, auf diese paar handgeschriebenen Zeilen. Einundvierzig, wiederholte er heiser. Und dreiundvierzig Tage. Ja, ganz genau.

Er schien jetzt ruhiger und begann auf und ab zu gehen. Das Zimmer hatte eine gewölbte Decke, in der Mitte eine Säule als Stütze. Einst waren da zwei Zimmer gewesen, ein Schlafzimmer und ein Ankleideraum. Vor vielen Jahren – er dachte nur noch in Jahrzehnten, genaue Zahlen mochte er nicht, als erinnerten die ihn an etwas, das man besser vergißt – hatte er die Wand zwischen den beiden Zimmern einreißen lassen. Nur die Säule, die den mittleren Deckenbogen trug, blieb stehen. Das Schloß war zweihundert Jahre zuvor gebaut worden, von einem Heereslieferanten, der den österreichischen Kavalleristen Hafer verkaufte und später geadelt wurde. Der General war hier zur Welt gekommen, in diesem Zimmer. Damals war das hintere, dunklere Zimmer, dessen Fenster auf den Garten und die Betriebsgebäude gingen, das Zimmer seiner Mutter, während dieses hellere, luftigere als Ankleideraum diente. Seit einigen Jahrzehnten nun, nachdem er die Zwischenwand hatte einreißen lassen und diesen Flügel des Gebäudes bezogen hatte, war da anstelle der beiden Zimmer der große, dämmrige Raum. Siebzehn Schritte betrug der Weg von der Tür zum Bett. Und achtzehn Schritte von der gartenseitigen Wand zum Balkon. Genau abgezählte Schritte.

Wie ein Kranker, der sich an eine bestimmte Raumeinteilung gewöhnt hat, so lebte er hier. Als wäre ihm das Zimmer auf den Leib geschnitten. Es vergingen Jahre, ohne daß er den anderen Flügel des Schlosses betrat, wo ein Salon dem anderen folgte, grüne, blaue, rote Salons mit goldenen Lüstern. Und wo die Fenster auf den Park gingen, auf die Kastanien, die sich im Frühling über die Balkongeländer neigten und mit rosaroten Kerzen und in dunkelgrüner Pracht im Halbkreis die geschwungenen Balustraden umstanden, die ausladende Umfassung des Südflügels, die von dicken Engeln gestützt wurde. Er machte seine Gänge zu den Kellereien oder in den Wald, oder – jeden Morgen, auch im Winter, auch wenn es regnete – zum Forellenteich. Und wenn er nach Hause kam, ging er durch die Vorhalle in sein Zimmer hinauf, und hier nahm er auch die Mahlzeiten ein.

»Er ist also zurückgekommen«, sagte er jetzt laut, in der Zimmermitte stehend. »Einundvierzig Jahre. Und dreiundvierzig Tage.«

Diese Wörter schienen ihn auf einmal zu ermüden, als begriffe er erst jetzt, was für eine lange Zeit einundvierzig Jahre und dreiundvierzig Tage sind. Er schwankte und setzte sich in den Ledersessel mit der abgewetzten Lehne. Auf dem Tischchen in Reichweite lag eine silberne Glocke, mit der er klingelte.

»Nini soll heraufkommen«, sagte er zum Diener. Und dann, höflich: »Ich lasse bitten.«

Allerseelen

Aus dem Niederländischen von
Helga van Beuningen
436 Seiten, DM 48.–.
Suhrkamp Verlag, Frankfurt am Main

DIE ZEIT

Es muss sich Zeit nehmen, wer diesen Roman genießen möchte, und wer ihn schnell liest, verliert seine Zeit ... Allerseelen ist ein Berlin-Roman, ein historischer Roman und ein Unterhaltungsroman. Letzteres insofern, als sich die Menschen dieser Geschichte sehr oft miteinander unterhalten. Sie tun es in Berliner Kneipen und Wohnungen, der Kameramann Arthur Daane und seine Freunde: der holländische Bildhauer Victor, der deutsche Privatgelehrte Arne, die russische Wissenschaftlerin Zenobia und, vor allem durchs Telefon und im inneren Zwiegespräch, die Amsterdamer Freundin Erna. Sie reden über Gott und die Welt, über Nietzsche und Saumagen, Blutwurst und Hegel, sie trinken und faseln, werden sentimental und frivol, und am Ende schwankt Daane durch die Berliner Nacht ... nach langer Pause hat er [Nooteboom] wieder einen großen und ausgeruhten, einen europäischen und kosmopolitischen Roman geschrieben.

AUGSBURGER ALLGEMEINE

»Allerseelen« ist – auch – ein Liebesroman. Arthur lernt Elik Oranje kennen, eine junge Historikerin. Ihr folgt er – ungebeten – nach Spanien und fällt dort unter die Räuber. Wieder auf den Beinen, bleibt er doch allein, wie es sich für ihn gehört, der sehend durch die Welt ziehen muss. Deshalb ist »Allerseelen« eigentlich ein Künstlerroman; denn Arthur Daane ist nicht nur »Aktuelle Kamera«, sondern er nimmt – für sein ästhetisches Archiv – Bilder auf, Ausschnitte. Der Autor verwebt die vier fünf, großen Themen seines Romans zu einem sinnlich zu lesenden Menschenbild. Ein paarmal wird der Erzählfluss unterbrochen: Gleich dem antiken Chor mischt sich eine wissende Instanz ein, etwas Religiöses, unfromm und auch ungläubig, aber doch allwissend und allmächtig: Irgend etwas muss uns doch das alles so wunderbar erzählen können.

© Simone Sassen

Der Autor: Cees Nooteboom, geboren 1933 in Den Haag, lebt als freier Schriftsteller in Amsterdam und auf Menorca. Laut einem Zeitungsbericht will er sich in Kürze in Berlin wieder eine Wohnung nehmen.

Erst einige Sekunden nachdem Arthur Daane an der Buchhandlung vorbeigegangen war, merkte er, daß sich ein Wort in seinen Gedanken festgehakt hatte und daß er dieses Wort inzwischen bereits in seine eigene Sprache übersetzt hatte, wodurch es sofort ungefährlicher klang als im Deutschen. Er überlegte, ob das durch die letzte Silbe kam. *Nis**, Nische, ein merkwürdig kurzes Wort, nicht gemein und scharf wie manche anderen kurzen Wörter, sondern eher beruhigend. Etwas, in dem man sich verbergen konnte oder in dem man etwas Verborgenes fand. In anderen Sprachen gab es das nicht. Er versuchte, das Wort loszuwerden, indem er schneller ging, doch es gelang ihm nicht mehr, nicht in dieser Stadt, die davon durchtränkt war. Es hatte sich in ihm festgehakt. In letzter Zeit ging ihm das so mit Wörtern, insofern war Haken der richtige Ausdruck:

Sie hakten sich in ihm fest. Und sie hatten einen Klang. Selbst wenn er sie nicht laut aussprach, hörte er sie, manchmal schien es sogar, als schallten sie. Sobald man sie aus der Reihe der Sätze löste, in die sie gehörten, bekamen sie, falls man dafür empfänglich war, etwas Angsterregendes, eine Fremdheit, über die man besser nicht zuviel nachdachte, da sonst die ganze Welt ins Wanken geriet. Zuviel freie Zeit, dachte er, aber genau so hatte er sich sein Leben ja eingerichtet. In einem alten Schulbuch hatte er einmal von »dem Javaner« gelesen, der sich, kaum hatte er einen Viertelgulden verdient, unter einer Palme niederließ. Offenbar konnte man in jenen längst verflogenen Tagen von einem Viertelgulden sehr lange leben, denn dieser Javaner machte sich, so jedenfalls ging die Geschichte, erst dann wieder an die Arbeit, wenn der Viertelgulden aufgebraucht war. Darüber empörte sich das Buch, denn so komme man schließlich nicht voran, doch Arthur Daane gab dem Javaner recht. Er machte Fernsehdokumentarfilme, die er konzeptionell erarbeitete und anschließend realisierte, verdingte sich, wenn das Thema ihn interessierte, als Kameramann, und drehte gelegentlich, wenn es sich so ergab oder er wirklich Geld brauchte, einen Werbespot für die Firma eines Freundes. Machte er das nicht zu oft, war es spannend, danach tat er wieder eine Zeitlang nichts. Er hatte eine Frau gehabt und er hatte ein Kind gehabt, doch weil sie bei einem Flugzeugunglück umgekommen waren, besaß er jetzt nur noch Fotos, auf denen sie jedesmal, wenn er sie anschaute, sich wieder etwas weiter entfernt hatten. Zehn Jahre war es jetzt her, sie waren einfach eines Morgens nach Málaga aufgebrochen und nicht mehr zurückgekehrt. Eine Aufnahme, die er selbst gemacht, aber nie gesehen hat. Die blonde Frau mit dem Kind, einem kleinen Jungen, auf dem Rücken. Schiphol, in der Schlange vor der Paßkontrolle. Eigentlich ist das Kind schon zu groß, um an ihrem Rücken zu hängen. Er ruft sie, sie dreht sich um. Gefrier, Gedächtnis. Da stehen sie, eine Sekunde lang um neunzig Grad zu ihm gedreht. Sie hat die Hand gehoben, das Kind winkt mit kurzen Gebärden. Jemand anders wird die Ankunft filmen, die mitsamt Bungalow, Swimmingpool, Strand in der klumpigen, schwarzen, erstarrten Masse verschwinden wird, in der ihr Leben verschwunden ist. Er geht an der Schlange vorbei und gibt ihr die kleine Handkamera. Das war das letzte, danach verschwinden sie. Dem Rätsel, das die Fotos aufgeben, hat er sich verschlossen, es ist zu groß, er kommt ihm nicht bei. In manchen Träumen geschieht es, daß man sehr laut schreien muß und es nicht kann, ein Geräusch, das man nicht macht und doch hört, ein Geräusch aus Glas. Er hat das Haus verkauft, die Kleider und das Spielzeug weggegeben, als sei alles verseucht. Seit dieser Zeit ist er ein Reisender ohne Gepäck – mit Laptop, Kamera, Handy, Weltempfänger, ein paar Büchern. Anrufbeantworter in seiner Wohnung in Amsterdam-Nord, ein Mann mit Maschinen, Fax im Büro eines Freundes. Locker und fest, unsichtbare Drähte verbinden ihn mit der Welt. Stimmen, Nachrichten. Freunde, meist vom Fach, die das gleiche Leben führen. Sie dürfen sein Appartement benutzen, er das ihrige. Andernfalls kleine billige Hotels oder Pensionen, ein Universum in Bewegung. New York, Madrid, Berlin, überall, denkt er jetzt, eine Nische. Er ist noch nicht fertig mit diesem Wort, nicht mit dem kleinen, und mit dem großen, an dem es hängt und zu dem es gehört und nicht gehört, schon gar nicht.

»Was willst du bloß in Deutschland?« fragten niederländische Freunde ihn regelmäßig. Meist klang das dann, als habe er sich eine schwere Krankheit zugezogen. Er hatte sich eine stereotype Antwort zurechtgelegt, die in der Regel ihre Wirkung tat.

»Ich bin gern da, es ist ein ernsthaftes Volk.«

Die Antwort darauf lautete gewöhnlich »Kann schon sein«

oder etwas Ähnliches. Eigenartig, niederländische Umgangsformen zu erklären. Wie soll ein Ausländer, auch wenn er Niederländisch gelernt hat, wissen können, daß diese halb bejahende Antwort nun gerade zynischen Zweifel ausdrückt?

In der Zeit, während der ihm diese Worte durch den Kopf gingen, war Arthur Daane an dem Spirituosengeschäft Knesebeck-/Ecke Mommsenstraße angelangt, dem Punkt, an dem er meist nicht wußte, ob er umkehren oder weitergehen sollte. Er blieb stehen, schaute auf die glänzenden Autos in dem Ausstellungsraum auf der gegenüberliegenden Straßenseite, sah den Verkehr auf dem Kurfürstendamm und dann sein eigenes Abbild im Spiegel einer Champagnerreklame im Schaufenster des Spirituosengeschäfts. Das gräßlich Sklavische von Spiegeln. Sie würden einen stets reflektieren, sogar wenn man, wie jetzt, überhaupt keine Lust dazu hatte. Er hatte sich an diesem Tag schon einmal gesehen. Doch nun war er gewappnet, stadtgerecht gekleidet, das war etwas anderes. Er wußte einiges über sich selbst und fragte sich, was davon für andere sichtbar war.

»Alles und nichts«, hatte Erna gesagt. Was sollte er jetzt mit Erna an der Ecke Mommsenstraße?

»Ist das dein Ernst?«

»Aber hallo!« So etwas konnte nur Erna sagen. Es begann zu schneien. Er sah im Spiegel, wie sich die leichten Flocken an seinem Mantel festsetzten. Gut, dachte er, dann sehe ich weniger wie aus der Werbung aus.

»Red doch keinen Stuß.« Auch das würde Erna sagen. Dieses Thema hatten sie schon öfter durchgekaut.

»Wenn du meinst, du siehst wie aus der Werbung aus, dann mußt du eben andere Klamotten kaufen. Keinen Armani. «

»Das ist kein Armani.«

»Aber es sieht aus wie Armani.«

»Genau das mein ich ja. Ich weiß nicht mal, was für eine Marke das ist, war irgendwo runtergesetzt. Hat nichts gekostet.«

»Dir steht einfach alles.«

»Sag ich ja, ich seh aus wie aus der Werbung.«

»Du kannst dich selbst nicht leiden, das ist alles. Das ist das Alter. Kommt öfter vor bei Männern.«

»Nein, das ist es nicht. Ich sehe einfach nicht aus, wie ich denke, daß ich bin.«

»Du meinst, du überlegst dir alles mögliche, worüber du nie sprichst, und wir können das nicht sehen?«

»So ungefähr.«

»Dann mußt du dir die Haare anders schneiden lassen. Das ist keine Frisur, das ist 'ne Krankheit.«

»Also doch.«

Erna war seine älteste Freundin. Durch sie hatte er seine Frau kennengelernt, und sie war die einzige, mit der er noch über Roelfje sprach. Andere Männer hatten Freunde. Die hatte er auch, aber sein bester Freund war Erna.

»Ich weiß nicht, ob ich das als Kompliment betrachten soll.«

Manchmal rief er sie an, mitten in der Nacht, von irgendeinem gottverlassenen Ort am Ende der Welt. Sie war immer da. Die Männer kamen und gingen in ihrem Leben, zogen bei ihr ein, waren eifersüchtig auf ihn.

»So ein Blender, dieser Daane. Ein paar läppische Dokumentarfilme, und läuft durch die Stadt, als sei er Claude Lanzmann persönlich.« Das war dann meist das Ende einer Beziehung. Von diesen Männern waren ihr drei Kinder geblieben, die alle aussahen wie sie.

»Das kommt davon, wenn du dir immer nur solche nichtssagenden Typen aussuchst. Wirklich eine lächerliche Zuchtwahl. All diese Weicheier. Dann hättest du noch besser mich nehmen können.«

»Du bist meine verbotene Frucht.«

»Von der Liebe, die Freundschaft heißt.«

»Genau.«

Er drehte sich um. Das bedeutete: Kurfürstendamm – nein, Savignyplatz – ja. Es bedeutete auch, daß er wieder an der Buchhandlung Schoeller vorbeikam. Was war das nur für eine Nische, nis, in der Sprache? Bekümmernis, Ereignis, Bekenntnis, Finsternis. Es begann stärker zu schneien. Es kam durch die Arbeit mit Kameras, dachte er, daß man sich ständig selbst gehen sah. Nicht als Form von Eitelkeit, eher so etwas wie Staunen, gemischt mit, na ja … Auch darüber hatte er einmal mit Erna gesprochen.

»Warum sagst du's nicht einfach?«

»Weil ich es nicht weiß.«

»Quatsch. Du weißt es ganz genau. Wenn ich es weiß, dann weißt du es auch. Du kannst es bloß nicht sagen.« »Welches Wort kommt dann?«

»Angst. Bestürzung. «

Er entschied sich für Bestürzung.

Jetzt nahm die Kamera mit *einem* langen Schwenk die verschneite Knesebeckstraße auf, die grauen, so mächtigen Berliner Häuser, die wenigen Passanten, die gebeugt in die Flocken hineinliefen. Und er war einer von ihnen. Darum ging es, die absolute Zufälligkeit dieses Augenblicks. Der eine, der da geht, ganz in der Nähe der Buchhandlung Schoeller, an der Fotogalerie vorbei, das bist du. Warum war das immer normal und manchmal, plötzlich, eine bestürzende Sekunde lang, nicht auszuhalten? Daran mußte man doch gewöhnt sein? Außer, man war eine Art ewig pubertierender Teenager.

»Damit hat es nichts zu tun. Manche Menschen stellen sich nie eine Frage. Aber aus dieser Bestürzung heraus entsteht alles.«

»Zum Beispiel was?«

»Kunst, Religion, Philosophie. Weißt du, manchmal lese ich auch was.«

Erna hatte ein paar Jahre Philosophie studiert und war dann zu Niederländisch übergewechselt.

Am Savignyplatz schlug ihm eine plötzliche Schneebö entgegen, er hatte Mühe, auf den Beinen zu bleiben. Es wurde Ernst. Kontinentalklima. Das war einer der Gründe, weshalb er Berlin liebte, er hatte stets das Gefühl, sich auf einer riesigen Ebene zu befinden, die sich bis weit nach Rußland hinzog. Berlin, Warschau, Moskau waren nur kurze Unterbrechungen.

Er hatte keine Handschuhe an, seine Finger waren eiskalt. Darüber hatte er beim selben Gespräch auch noch ein Referat gehalten, über Finger.

»Hier, was ist das?«

»Das sind Finger, Arthur.«

»Ja, aber es sind auch Tentakel, schau doch nur.«

Er nahm einen Bleistift, drehte ihn um die Finger.

»Schlau, nicht? Die Menschen staunen über Roboter, aber nie über sich selbst. Wenn ein Roboter so etwas macht, dann finden sie das gruselig, aber nicht, wenn sie es selbst machen. Roboter aus Fleisch, ganz schön gruselig. Noch mal, tolles Wort. Können alles, sogar sich fortpflanzen. Und Augen! Kamera und Bildschirm in einem. Aufnehmen und senden mit ein und demselben Gerät. Ich weiß nicht mal, wie man das ausdrücken soll. Wir haben Computer, oder wir sind Computer. Elektronische Befehle, chemische Reaktionen, wie du willst. «

»Computer haben keine chemischen Reaktionen. «

»Kommt noch. Weißt du, was ich am verrücktesten finde?«

»Nein. «

»Daß die Menschen im Mittelalter, die nichts von Elektronik oder Neurologie wußten, oder, nein, noch extremer, die Neandertaler, Menschen, die wir für primitiv halten, daß die genauso hochentwickelte Maschinen waren. Die wußten nicht mal, daß sie beim Sprechen das Audiosystem benutzten, das sie selbst waren, komplett mit Lautsprechern, Boxen... «

»Oh Arthur, hör auf.«

»Hab ich doch gesagt, ein Teenager. Staunt und staunt.«

»Aber das hast du nicht gemeint.«

»Nein«.

Was ich gemeint habe, ist die Angst, die wie ein Blitz einschlägt, wollte er sagen, eine heilige Scheu vor dem unnahbaren Fremden von allem, was andere offenbar nie als fremd empfanden und woran man sich in seinem Alter gewöhnt haben sollte.

Er ging an der Weinstube seines Freundes Philippe vorbei, der noch nicht mal wußte, daß er wieder in Berlin war. Er sagte nie jemandem Bescheid. Er schneite einfach wieder irgendwo herein.

An der Kantstraße stand die Ampel auf Rot. Er schaute nach links und nach rechts, sah, daß keine Autos kamen, wollte die Straße überqueren und blieb doch stehen, spürte, wie sein Körper diese beiden widersprüchlichen Befehle verarbeitete, ein Art merkwürdiger Wellenschlag, der ihn auf dem falschen Bein hatte landen lassen, ein Fuß auf dem Bürgersteig, der andere auf der Straße. Durch den Schnee hindurch sah er zu der schweigenden Gruppe der Wartenden auf der anderen Seite. Wenn man je den Unterschied zwischen Deutschen und Niederländern feststellen wollte, so war das in solchen Momenten möglich. In Amsterdam war man verrückt, wenn man als Fußgänger bei Rot nicht losging, hier war man verrückt, wenn man es tat, was man auch deutlich zu hören bekam.

Amerikanisches Idyll

576 Seiten, DM 19.90.
Rowohlt Taschenbuch Verlag,
Reinbek bei Hamburg

Als Hardcover DM 45.–,
Hanser Verlag, München

SÜDDEUTSCHE ZEITUNG
Es schaut so aus, als würde der Autor sich einen Spaß daraus machen, den Konsumenten seines Romans mit einer Geschichte zu quälen, die … über Umwege auf nichts als Abwege führt, um unserer schäbigen Lust am Perversen zu schmeicheln.

TAGESANZEIGER, ZÜRICH
Bei Philip Roth hat alle Gemütlichkeit ein Ende. Sein Roman »Amerikanisches Idyll« wirkt wie ein mit Zoom und Zeitlupe gefilmter Kriseneingriff am offenen Herzen Amerikas … Roth schreibt hässlich wie Dostojewski und glaubt an die Wahrheit.

DER TAGESSPIEGEL
Wer hätte gedacht, dass Zuckerman, dass Roth mit soviel Ernst, mit so ungebrochener Zuneigung, mit solchem Einfühlungsvermögen von einem idealen Amerika erzählen und seine Zerstörung so eindrücklich und nicht ohne Pathos bedauern würde!

FRANKFURTER RUNDSCHAU
Roths Prosa ist glanzvoll in ihrer Melancholie, wenn sie die Blicke aufs alte Newark richtet und auf den Zerfall der Inner City: ein üppiges Fotoalbum in Sepia und bisweilen hartem Schwarzweiß.

Der Autor:

© Nancy Crampton

Philip Roth wurde 1933 als Sohn jüdischer Eltern in New Jersey geboren. Nach dem Studium folgten Lehrtätigkeiten an mehreren Universitäten in den Vereinigten Staaten. Seit 1965 lebt er vorwiegend in New York. Sein Werk, in dem sich Roth immer wieder mit der jüdischen Problematik auseinandersetzt, wurde mit zahlreichen Literaturpreisen ausgezeichnet. Zuletzt erhielt er für *Sabbaths Theater* den National Book Award.

Erinnerungen an das Paradies

Der Schwede. Das war in den Kriegsjahren, als ich noch zur Grundschule ging, in unserem Viertel in Newark ein magischer Name, auch für Erwachsene, die nur eine Generation von dem alten Prince-Street-Ghetto entfernt und noch nicht so lupenrein amerikanisiert waren, daß sie vor den Leistungen eines High-School-Sportlers auf die Knie gefallen wären. Der Name war magisch; ebenso das ungewöhnliche Gesicht. Keiner der wenigen eher hellhäutigen Schüler an unserer vorwiegend von Juden besuchten staatlichen High-School besaß auch nur entfernt so etwas wie die steinerne Wikingermaske dieses blauäugigen Blonden mit dem forschen Kinn, der als Seymour Irving Levov in unseren Stamm geboren war.

Der Schwede glänzte als Außenstürmer im Football, als Center im Basketball und als First Baseman im Baseball. Nur das Basketballteam taugte wirklich etwas – es gewann zweimal die Stadtmeisterschaft, mit ihm als König der Korbschützen –, aber zur Glanzzeit des Schweden interessierte sich kaum jemand aus der Schülerschaft für das Schicksal unserer Sportler, zumal die älteren nicht, die, selbst meist mit wenig Bildung und vielen Bürden befrachtet, wissenschaftliche Leistungen höher schätzten als alles andere. Körperliche Aggressivität, auch wenn sie sich hinter Mannschaftstrikots und offiziellen Regeln versteckte und sich nicht ausgesprochen gegen Juden richtete, war in unserer Gemeinschaft keine traditionelle Quelle des Vergnügens – höhere Schulabschlüsse schon. Gleichwohl, der Schwede versetzte unser Viertel in einen Wahn über sich selbst und die Welt, in den Wahn von Sportfans überall: fast wie die Nichtjuden (wie sie sich Nichtjuden vorstellten) konnten unsere Familien den eigentlichen Gang der Ereignisse vergessen und eine sportliche Leistung zum Stützpunkt ihrer Hoffnungen machen. Vor allem konnten sie den Krieg vergessen.

Die Erhebung des Schweden Levov zum Haushalts-Apollo der Juden von Weequahic läßt sich, denke ich, am besten durch den Krieg gegen die Deutschen und Japaner und die Ängste erklären, die dieser schürte. Solange der Schwede auf dem Spielfeld unschlagbar war, bot die sinnlose Oberfläche des Lebens denen, die in Furcht davor lebten, ihre Söhne, ihre Brüder oder Ehemänner nie mehr wiederzusehen, einen bizarren, trügerischen Halt – freudig gingen sie in schwedischer Unschuld auf.

Und wie berührte ihn das selbst – diese Verherrlichung, dies Lobpreisen jedes Hakenwurfs, den er versenkte, jedes Passes, den er im Sprung erwischte, jedes Line Drives, den er an der Leftfield-Linie abfing und zu einem Double verwandelte? Hat ihn das zu einem so stoischen, kaltblütigen Jungen werden lassen? Oder war seine so reif anmutende Gesetztheit die äußerliche Manifestation eines mühsamen inneren Ringens um Zügelung des Narzißmus, den eine ganze Gemeinschaft ihm mit ihrer Liebe aufdrängte? Die Cheerleader hatten einen eigenen Schlachtruf für den Schweden. Im Gegensatz zu anderen Schlachtrufen, mit denen die gesamte Mannschaft angefeuert oder die Zuschauer aufgepeitscht werden sollten, galt diese zu rhythmischem Stampfen vorgebrachte Huldigung dem Schweden allein, es war unverhohlene und unverfälschte Begeisterung über sein perfektes Spiel. Der Schlachtruf brachte die Basketballhalle jedesmal zum Beben, wenn er sich einen Rebound holte oder einen Punkt erzielte, brauste bei Footballspielen jedesmal durch unsere Kurve des City-Stadions, wenn er ein Yard Raumgewinn schaffte oder einen Paß abfing. Selbst bei den spärlich besuchten Baseballspielen bei uns im Irvington-Park-Stadion, wo es keine Cheerleader gab, die gespannt an den Seitenlinien knieten, hörte man ihn als schwächlichen Chor von der Handvoll Unentwegter aus Weequahic auf der hölzernen Tribüne, und zwar nicht nur, wenn der Schwede das Schlagmal betrat, sondern auch dann, wenn ihm bloß etwas so Alltägliches wie ein Putout am First Base gelang. Der Schlachtruf bestand aus acht Silben, drei davon sein Name, und das Ganze ging Bah bah bah! Bah bah bah … bah-bah! Wobei sich das Tempo, besonders bei Footballspielen, mit jeder Wiederholung steigerte, bis, auf dem Höhepunkt frenetischer Anhimmelung, die zehn stämmigen kleinen Cheerleader ekstatisch röckeschwingend Räder schlugen und mit ihren orangefarbenen Turnschlüpfern vor unseren staunenden Augen ein wahres Feuerwerk entfesselten … und nicht dir oder mir, sondern dem wundervollen Schweden zuliebe. Schwed Levov! Reimt sich mit … »The Love«! … Schwed Levov! Reimt sich mit … »The Love«!

Ja, wohin er auch blickte, die Menschen liebten ihn. Die Bonbonverkäufer, denen wir Jungen auf die Nerven gingen, nannten uns andere 'He-ihr-nein!' oder 'Laß-das-Kleiner!'; ihn aber nannten sie respektvoll 'Schwede'. Eltern lächelten und sagten gütig 'Seymour' zu ihm. Die schnatternden Mädchen, denen er auf der Straße begegnete, fielen affektiert in Ohnmacht, und die Mutigsten kreischten ihm nach: »Komm zurück, komm zurück, Levov, mein Geliebter!« Und er ließ es geschehen, schritt im Besitz all dieser Liebe durchs Viertel und gab sich den Anschein, als ließe ihn das alles kalt. Im Gegensatz zu den Tagträumen, denen wir anderen uns über die erhebende Wirkung hingaben, die eine derart absolute, unkritische, abgöttische Glorifizierung auf uns selber hätte, sah es so aus, als ob die Liebe, die man dem Schweden aufdrängte, ihm jedes Empfindungsvermögen rauben würde. Dieser von so vielen Menschen als Symbol der Hoffnung vereinnahmte Junge – als Verkörperung der Kraft, der Entschlossenheit, der heldenmütigen Tapferkeit, mit deren Hilfe unsere High-School-Soldaten unversehrt wieder aus Midway, Salerno, Cherbourg, den Salomoninseln, den Aleuten oder Tarawa nach Hause zurückkehren würden – schien über kein bißchen Geist oder Ironie zu verfügen, das sein goldenes Talent zur Pflichterfüllung hätte beeinträchtigen können.

Aber Geist und Ironie sind einem Jungen wie dem Schweden eher hinderlich, Ironie zumal ist ein menschlicher Trost und fehl am Platz, wenn man als Gott durchs Leben schreitet. Entweder gab es einen ganzen Teil seiner Persönlichkeit, der von ihm unterdrückt wurde oder noch gar nicht erwacht war, oder aber, wahrscheinlicher, es gab gar nichts dergleichen. Seine Reserviertheit, seine scheinbare Passivität als begehrtes Objekt all dieser nichtsexuellen Liebe, ließ ihn, wenn nicht als göttlich, so doch als deutlich aus dem bodenständigeren Menschsein so ziemlich aller anderen an der Schule herausgehoben erscheinen. Er war gefesselt an die Geschichte, ein Werkzeug der Geschichte, verehrt mit einer Leidenschaft, zu der es vielleicht nie gekommen wäre, hätte er – indem er gegen Barringer siebenundzwanzig Punkte machte – den Basketballrekord von Weequahic an irgendeinem anderen Tag als ausgerechnet dem überaus traurigen Tag im Jahre 1943 gebrochen, an dem achtundfünfzig Flying

Fortresses von Kampfflugzeugen der deutschen Luftwaffe abgeschossen wurden, zwei der Flak zum Opfer fielen und fünf weitere abstürzten, nachdem sie auf dem Rückweg von der Bombardierung Deutschlands die englische Küste überquert hatten.

Der jüngere Bruder des Schweden, Jerry Levov, war bei mir in der Klasse, ein dünner, ungemein gelenkiger Bursche mit kleinem Kopf und der Figur einer Lakritzstange, dazu ein wahrer Hexenmeister in Mathe und Redner bei der Abschlußfeier im Januar 1950. Jerry hatte zwar niemals einen richtigen Freund, entwickelte aber auf seine gebieterische, reizbare Art im Lauf der Zeit ein gewisses Interesse an mir, und so kam es, daß ich ab dem zehnten Lebensjahr im möblierten Keller des Einfamilienhauses der Levovs an der Kreuzung Wyndmoor und Keer regelmäßig von ihm im Tischtennis geschlagen wurde – das Wort 'möbliert' wies darauf hin, daß der Keller mit knorrigem Kiefernholz ausgekleidet und bewohnbar gemacht war, und nicht, wie Jerry zu glauben schien, daß er ein idealer Ort sei, andere Kinder zu vermöbeln.

Jerrys Aggressivität beim Tischtennis übertraf an Sprengkraft die seines sportlichen Bruders bei weitem. Ein Tischtennisball ist in Gewicht und Form sinnigerweise so gestaltet, daß er einem nicht das Auge ausschlagen kann. Sonst hätte ich in Jerry Levovs Keller auch nicht gespielt. Hätte es mir nicht die Möglichkeit verschafft, den anderen zu erzählen, daß ich im Haus des Schweden Levov ein und aus ginge, hätte mich niemand in diesen Keller locken können, wo ich zu meiner Verteidigung bloß einen kleinen Holzschläger hatte. Nichts, das so wenig wiegt wie ein Tischtennisball, kann tödlich sein, doch wenn Jerry nach dem Ding ausholte, konnten Mordgedanken ihm nicht sehr fern liegen. Nie kam es mir in den Sinn, daß diese Demonstration von Gewalt etwas damit zu tun haben könnte, was es für ihn bedeutete, der kleine Bruder des Schweden Levov zu sein. Der Bruder des Schweden zu sein, das war für mich – außer, der Schwede selbst zu sein – das Schönste, was ich mir vorstellen konnte, und deshalb hatte ich keinen Sinn dafür, daß es für Jerry kaum etwas Schlimmeres geben könnte.

Das Schlafzimmer des Schweden – das ich nie zu betreten wagte, in das ich aber gelegentlich einen Blick warf, wenn ich von

Jerrys Zimmer mal zur Toilette ging – befand sich unterm Dach an der Rückseite des Hauses. Mit der schrägen Decke und den Gaubenfenstern und den Weequahic-Wimpeln an den Wänden entsprach es genau meinem Bild von einem richtigen Jungenzimmer. Von den zwei Fenstern aus, die auf den Garten gingen, sah man das Dach der Levovschen Garage, wo der Schwede als Grundschüler im Winter seine Schlagtechnik geübt hatte, indem er nach einem Baseball schlug, der an einer Schnur von einem Tragbalken hing – eine Idee, die er womöglich dem Baseballroman The Kid from Tomkinsville von John R. Tunis entnommen hatte. Ich selbst las dieses und andere Baseballbücher von Tunis – Iron Duke, The Duke Decides, Champion's Choice, Keystone Kids, Rookie of the Year –, nachdem ich sie auf dem Einbauregal neben dem Bett des Schweden erspäht hatte, alphabetisch aufgereiht zwischen zwei Buchstützen aus massiver Bronze, die Rodins 'Denker' darstellten und die er zur Bar-Mizwa geschenkt bekommen hatte. Sofort ging ich in die Bücherei, lieh mir alles von Tunis aus, was ich finden konnte, und begann mit The Kid from Tomkinsville, einem harten, spannenden Roman für einen so jungen Leser, schlicht und stellenweise etwas steif geschrieben, aber offen und ehrlich; das Kid ist Roy Tucker, ein anständiger, junger Werfer aus dem Bergland von Connecticut, dessen Vater stirbt, als er vier Jahre alt ist, und dessen Mutter stirbt, als er sechzehn ist, und der seiner Großmutter über die Runden hilft, indem er tagsüber auf der Farm der Familie und abends in der Stadt in »MacKenzie's Drugstore an der Kreuzung South und Main« arbeitet.

Das Buch, 1940 erschienen, war mit Schwarzweißzeichnungen illustriert, die auf kluge Weise, mit nur wenig expressionistischer Verzerrung und gerade hinreichendem anatomischen Können, Kids harten Lebensweg in einer Zeit anschaulich machten, in der Baseball noch nicht durch Millionen von Statistiken in grelles Licht getaucht wurde, damals, als das Spiel noch von den Rätseln des irdischen Lebens handelte, als Profispieler noch nicht wie große gesunde Kinder, sondern eher wie halbverhungerte Arbeiter aussahen. Die Zeichnungen stammten offenbar aus den drückenden Notzeiten der Weltwirtschaftskrise. Etwa alle zehn Seiten wird ein dramatisches Geschehnis der Erzählung – 'Er konnte immer noch ein wenig zulegen', 'Der Ball flog über den Zaun', 'Razzle humpelte zum Dugout' – prägnant durch die schwärzliche, tintengetränkte Darstellung eines hageren Spielers veranschaulicht, dessen Silhouette sich düster von der leeren Seite abhebt, isoliert von Natur und Menschen wie die einsamste Seele der Welt, falls er nicht auf einer getüpfelten Nachahmung von Spielfeldrasen die dürre Statuette eines wurmartigen Schattens hinter sich herschleift. Auch im Baseballtrikot macht er keinen glanzvollen Eindruck; ist er ein Werfer, sieht seine Hand mit dem Handschuh wie ein Tatze aus; und ein Bild nach dem anderen macht plastisch klar, daß das Spielen in den Major Leagues, so großartig es anmuten mag, auch nur eine Form von zermürbender, undankbarer Arbeit ist.

The Kid from Tomkinsville hätte ebensogut Das Lamm von Tomkinsville oder gar Das Lamm von Tomkinsville wird zur Schlachtbank geführt heißen können. In Kids Karriere als überragender Einsteiger bei den auf dem letzten Platz dümpelnden Brooklyn Dodgers folgt auf jeden Triumph eine herbe Enttäuschung oder ein verheerendes Mißgeschick. Die unerschütterliche Freundschaft, die sich zwischen dem einsamen, heimwehkranken Kid und dem altgedienten Catcher der Dodgers, Dave Leonard, entwickelt, einem Mann, der ihn erfolgreich in die Sitten und Bräuche der Profiliga einweiht und der ihn 'mit seinen ruhigen braunen Augen hinter der Home Plate' durch einen No-Hitter bugsiert, wird in der sechsten Saisonwoche brutal auseinandergerissen, als der Veteran über Nacht aus der Mannschaft geworfen wird. 'Hier wurde mit einer Schnelligkeit gehandelt, wie sie sonst im Baseball nicht oft vorkommt: die Schnelligkeit, mit der ein Spieler aufsteigt – und wieder untergeht.' Dann, als Kid sein fünfzehntes Spiel in Folge gewinnt – ein Rookie-Rekord, der noch von keinem Werfer keiner Liga übertroffen wurde –, wird er von ausgelassenen Mannschaftskameraden, die nach dem großen Sieg in der Dusche herumalbern, unabsichtlich zu Boden gestoßen und erleidet bei dem Sturz eine Ellbogenverletzung, die es ihm unmöglich macht, jemals wieder als Werfer anzutreten. Den Rest des Jahres verbringt er auf der Bank, wird, weil er auch am Schlagmal einige Fähigkeiten besitzt, gelegentlich als Batter eingewechselt, und im folgenden verschneiten Winter – zu Hause in Connecticut, tagsüber auf der

Farm, abends im Drugstore arbeitend, ein berühmter Mann jetzt, im Grunde aber wieder Omas kleiner Junge – macht er sich fleißig daran, Dave Leonards guten Rat, seine Schlagtechnik zu verfeinern, in die Tat umzusetzen (‘Die Angewohnheit, die rechte Schulter zu tief zu halten und den Schlag aufwärts zu führen, war sein größter Fehler’), indem er draußen in der Scheune einen Ball an einer Schnur befestigt und an kalten Wintermorgen mit seinem ‘geliebten Schläger’ darauf einprügelt, bis er in Schweiß gebadet ist. »Klack« … das herrlich saubere Geräusch eines Schlägers, der einen Ball genau an der richtigen Stelle trifft.’ Zur nächsten Saison kehrt er als laufstarker Rightfielder zu den Dodgers zurück, erreicht als zweiter in der Batting Order eine Trefferquote von .325 und führt sein Team in letzter Minute zur Finalteilnahme. Am letzten Tag der Saison, bei einem Spiel gegen die Giants, die mit nur einem Punkt Vorsprung den ersten Platz belegen, entfacht Kid einen wahren Angriffssturm der Dodgers und bringt in der zweiten Hälfte des vierzehnten Innings – bei zwei Outs, zwei Mann auf Base und einer Führung von einem Run, den Kid mit seinem waghalsigen, typisch kraftvollen Laufstil für die Dodgers herausgeholt hatte – den Sieg unter Dach und Fach, als er den Ball direkt an der Mauer hinter dem rechten Centerfield in vollem Lauf aus der Luft holt. Nach dieser heldenhaften Wahnsinnstat, die den Dodgers zum Einzug in die World Series verhilft, bleibt er schmerzverkrümmt auf dem grünen Rasen hinten im Centerfield liegen. Tunis schreibt zum Schluß: »Die Dämmerung senkte sich über den Pulk der Spieler, über die gewaltige, aufs Spielfeld strömende Menge, über zwei Männer, die eine leblose Gestalt auf einer Bahre durch die Massen trugen … Dann kam ein Donnerschlag. Und Regen senkte sich übers Polo-Grounds-Stadion. Senkte sich, senkte sich, ein Donnerschlag, und damit endet das Buch Hiob des Jungen.

Ich war zehn und hatte so etwas noch nie gelesen. Die Grausamkeit des Lebens. Seine Ungerechtigkeit. Ich konnte es nicht glauben. Wenn einer von den Dodgers Kritik verdient hat, dann ist es Razzle Nugent, ein großartiger Werfer, aber auch ein Trinker und Hitzkopf, ein mieser Rabauke, der von Eifersucht auf Kid zerfressen wird. Und doch wird nicht Razzle leblos auf einer Bahre davongetragen, sondern der Beste von ihnen allen, das Kid genannte Waisenkind vom Lande, bescheiden, ernst, unschuldig, treu, naiv, nie unterzukriegen, fleißig, freundlich, couragiert, ein hervorragender Sportler, ein gutaussehender, asketischer Junge. Natürlich waren Kid und der Schwede für mich ein und dieselbe Person, und ich fragte mich, wie der Schwede es hatte ertragen können, dieses Buch zu lesen, das mir Tränen ausgepreßt und schlaflose Nächte bereitet hatte. Hätte ich den Mut gehabt, ihn anzusprechen, würde ich gefragt haben, wie er das Ende verstanden hatte: ob er meine, mit Kid sei es aus, oder ob er die Möglichkeit sehe, daß ihm noch einmal ein Comeback gelingen könnte. Das Wort 'leblos' machte mir angst. War Kid beim letzten Fang des Jahres ums Leben gekommen? Wußte der Schwede Genaueres? Interessierte es ihn überhaupt? Plagte ihn der Gedanke, daß ein Unglück wie das, das den Jungen aus Tomkinsville außer Gefecht gesetzt hatte, auch ihm selbst, dem großen Schweden, passieren könnte? Oder war ein Buch, in dem ein tadelloser Held aufs ärgste und ungerechteste geschunden wurde – ein Buch über einen enorm talentierten, naiven jungen Mann, dessen größter Fehler es ist, die rechte Schulter zu tief zu halten und den Schlag aufwärts zu führen, den aber der donnernde Himmel dennoch vernichtet –, für ihn einfach nur irgendein Buch zwischen diesen 'Denker'-Buchstützen auf seinem Regal?

Keer Avenue war die Straße, in der die reichen Juden wohnten – reich jedenfalls erschienen sie den Mietern in den Zwei-, Drei- und Vierfamilienhäusern, deren gemauerte Vorderveranden der Schauplatz unserer Freizeitbeschäftigungen nach der Schule waren: Würfeln, Blackjack und Straßenbaseball ohne Ende, bis der billige, gnadenlos an die Treppenstufen geschleuderte Gummiball schließlich aus den Nähten ging und platzte. Hier, auf diesem Netz von Robinien gesäumter Straßen, in die während des Aufschwungs der frühen zwanziger Jahre die Lyons-Farm aufgeteilt worden war, hatte sich die erste Nacheinwanderungs-Generation der Newarker Juden zu einer Gemeinschaft zusammengefunden, die sich eher am amerikanischen Mainstream orientierte als am polnischen Schtetl, das ihre Jiddisch sprechenden Eltern um die Prince Street im verarmten Dritten Bezirk wiederbelebt hatten. Mit ihren möblierten Kellern, ihren abgetrennten Vorderveranden und den mit Steinplatten belegten Eingangstreppen schienen die Juden der Keer Avenue zu den Fortschrittlichen zu zählen und, kühnen Pionieren gleich, den in Amerika um sich greifenden Komfort auch für sich zu beanspruchen. Und an der Spitze der Spitze standen die Levovs, die uns unseren Schweden geschenkt hatten, einen Jungen, der einem Goi so nahe kam wie nur möglich.

Die Levovs selbst, Lou und Sylvia, waren als Vater und Mutter weder mehr noch weniger erkennbar amerikanisch als meine in Jersey geborenen jüdischen Eltern und auch nicht mehr oder weniger gebildet, redegewandt und kultiviert. Und das war für mich eine große Überraschung. Von dem Einfamilienhaus in der Keer Avenue abgesehen, gab es zwischen uns keinerlei Unterschiede wie etwa den zwischen Bauern und Aristokraten, von dem ich in der Schule gehört hatte. Mrs. Levov war wie meine Mutter eine ordnungsliebende Hausfrau mit tadellosen Manieren, eine nett aussehende Frau, die auf jedermanns Gefühle größte Rücksicht nahm und deren ganze Art dazu beitrug, daß ihr Sohn sich wichtig vorkam – eine der vielen Frauen jener Zeit, die nie davon träumten, von den großartigen Pflichten der Haushaltsführung und Kindererziehung befreit zu werden. Beide Söhne der Levovs hatten von ihr die langen Knochen und das blonde Haar geerbt, aber da Sylvias Haar krauser war und ins Rötliche ging und ihre Haut noch immer jugendliche Sommersprossen aufwies, wirkte sie nicht so verblüffend arisch wie die beiden und längst nicht als so eine auffällige genetische Seltsamkeit unter den Gesichtern in unseren Straßen.

Bernhard Schlink

Liebesfluchten

308 Seiten, DM 39.90
Diogenes Verlag, Zürich

FOCUS

Auch in »Liebesfluchten« geht es um die Enträtselung von Beziehungen, die auf Untreue und Verrat in der Vergangenheit und in der Liebe beruhen ... Schlink entblößt seine Helden nicht, er deckt nicht auf. Was ihm überzeugend gelingt, ist der Blick durch die Oberfläche. Überaus diszipliniert und kultiviert setzt er seine lakonisch direkte Sprache ein. Schlink scheut Nebensätze ebenso wie Metaphern und Adjektive. Kristallklar ist seine Prosa, kein Wort, keine Silbe ist zu viel.

DER TAGESSPIEGEL

Bernhard Schlinks Texte sind ungewöhnlich in der deutschen Gegenwartsliteratur, weil sich in ihnen das durchaus handfeste, aktionsreiche story telling nach angelsächsischem Muster mit einer selbstreflexiven Gedankenprosa verbindet. Auch in den »Liebesfluchten« bleibt die Sprache meist lakonisch, Schlink meidet den gesuchten Ausruck – all das, was Hemingway (sein Vorbild?) die five dollar-words nannte.

SAARBRÜCKER ZEITUNG

Eine Sprache, die alles Gekünstelte, jede überflüssige Zweideutigkeit, jede Komplizierung meidet. der natürliche Ton, die ungemeine Präzision dieser Prosa, ist von solcher stilistischen Meisterschaft, dass wir bei aller Selbstverständlichkeit der Sätze den Autor fast gar nicht wahrnehmen. Schlink tritt hinter seine Texte zurück. Was bleibt, sind Prosastücke, die – dies Pathos sei hier einmal gewagt – in ihrer Sprachgewalt einem Naturereignis gleichen. Sein Erfolg ist konsequent. Sieben Geschichten sind viel zu wenig.

Der Autor: Bernhard Schlink wurde 1944 bei Bielefeld geboren und wuchs in Heidelberg auf. Er wurde Jurist, Richter und Professor – »vielleicht weil die Wahrheit des Rechts ebenso in Worten und Sätzen liegt wie die Wahrheit von Geschichten und weil die Dinge hier wie dort zu ihrem Ende gebracht werden müssen«. Er schreibt Kriminal- und andere Romane (sein bekanntester Roman ist *Der Vorleser*), hat in Mannheim, Freiburg und New York gelebt und wohnt derzeit in Bonn und Berlin. Er würde gern in einem Haus auf der Düne am Meer wohnen.

Die Freundschaft mit Sven und Paula war meine einzige Ost-West-Freundschaft, die den Fall der Mauer überdauerte. Die anderen endeten bald nach dem Mauerfall. Man verabredete sich immer seltener, und eines Tages wurde die getroffene Verabredung in letzter Minute abgesagt. Man hatte zu viel zu tun: Arbeit suchen, Wohnungen und Häuser sanieren, Steuervorteile nutzen, Geschäfte machen, reich werden, reisen. Davor hatte man im Osten nichts tun können, weil der Staat einen nichts tun ließ, und im Westen nichts tun müssen, weil das Geld aus Bonn so oder so kam. Man hatte Zeit.

Sven und ich lernten uns beim Schachspielen kennen. Ich war im Sommer 1986 nach Berlin gezogen, kannte niemanden und entdeckte an den Wochenenden die Stadt, im Osten wie im Westen. An einem Samstagabend stieß ich in einer Gartenwirtschaft am Müggelsee auf eine Gruppe von Schachspielern, sah einem Endspiel zu und wurde vom Sieger zu einer Partie aufgefordert. Als es dunkel wurde und wir abbrechen mußten, verabredeten wir uns auf den nächsten Samstag zur Fortsetzung.

Mit dem ersten neuen Bekannten beginnt eine Stadt, Heimat zu werden. Auf der Rückfahrt nach Westberlin war die Öde Ostberlins weniger entmutigend, seine Häßlichkeit weniger abweisend. Die hellen Fenster, mal vorhangbunt und mal fernsehblau, mal dicht an dicht in einem Plattenbau und mal einsam in einer Brandmauer, die alten, schwach erleuchteten Fabriken, die breiten Straßen mit den wenigen Autos, die seltenen Gasthäuser – ich sah es und stellte mir vor, Sven wohne hier oder da, arbeite in dieser Fabrik, fahre auf dieser Straße. Ich sah auch mich hier oder da ein und ausgehen, auf dieser Straße fahren, in diesem Gasthaus essen.

Mein zweiter neuer Bekannter in Berlin war ein kleiner Junge mit Schulranzen. Eines Morgens, als ich die große Straße vor meinem Haus überqueren wollte, stand er neben mir, fragte: »Gehste mit mir übern Damm?« und nahm meine Hand. Danach tauchte er immer wieder morgens auf, wenn ich am Rand der Straße darauf wartete, daß die Ampel ein paar hundert Meter weiter rot werden und der Verkehr eine Pause machen würde. Später, als die Mauer gerade gefallen war, reisten Sven und Paula wie die Verrückten nach München, Köln, Rom, Paris, Brüssel, London, jeweils mit Bahn oder Bus und jeweils nachts hin und nachts zurück, um bei zwei Tagen Aufenthalt nur eine Übernachtung zahlen zu müssen. Während der Reisen gaben sie ihre Tochter Julia bei mir ab, und die beiden Kinder freundeten sich miteinander an. Sie war noch im Kindergarten und voll Bewunderung für den Erstkläßler, er war ein bißchen geniert vom Umgang mit dem kleinen Mädchen und zugleich von ihrer Bewunderung geschmeichelt. Er hieß Hans, wohnte ein paar Häuser weiter, wo seine Eltern einen Laden für Zeitungen und Zigaretten hatten.

Am nächsten Samstag regnete es. Ich fuhr mit der S-Bahn durch Ostberlin, das noch grauer und leerer war als sonst. Vom Bahnhof Rahnsdorf lief ich an den See; der Regen hörte nicht auf, es war kalt, und meine Hand, die den Schirm hielt, war klamm. Von weitem sah ich, daß die Wirtschaft geschlossen war. Dann sah ich Sven. Er trug dieselbe blaue Latzhose wie am Samstag davor und dieselbe lederne Schiebermütze und sah mit runder Brille im pausbäckigen Gesicht wie ein kindlicher, zutraulicher Revolutionär aus. Er stand in der offenen Tür eines Schuppens, Schachbrett und -figurenkiste zwischen den Füßen, winkte, zuckte mit den Schultern und holte mit den Armen zu einer Geste aus, die bedauernd den Himmel, den Regen, die Pfützen und die geschlossene Wirtschaft umfaßte.

Er war mit dem Auto da und fuhr mit mir zu sich nach Hause. Seine Frau und Tochter seien bei den Großeltern, kämen am Abend zurück, und bis dahin könnten wir ungestört spielen. Dann müsse er seine Tochter ins Bett bringen und ihr eine Geschichte vorlesen, eine halbe Stunde lang, wie jeden Abend. Aber ich könne das auch machen, das Vorlesen, und er koche derweil eine Kleinigkeit für uns. Ob ich auch Kinder hätte? Ich verneinte, und er schüttelte seufzend den Kopf über mein Unglück der Kinderlosigkeit.

Wir wurden auch an diesem zweiten Samstag mit der Partie nicht fertig. Sven überlegte und überlegte. Ich ließ meine Augen wandern. Es gab ein aus hellen Brettern selbstgebautes Bücherregal, eine wuchtige dunkle Anrichte, vier dunkle, zur Anrichte passende Stühle um einen Eßtisch, dessen weißes, an den Rändern mit Blüten besticktes Tischtuch bis auf den Boden reichte, den kleinen Bambustisch, an dem wir auf Sesseln aus schwarzem Stahlgestell und hellem Korbgeflecht saßen, und einen schwarzbraunen Kohleofen. An der Wand hingen ein blau-weißes Webstück mit einer Taube, einen Ölzweig im Schnabel, und ein Druck mit van Goghs Sonnenblumen. Durch die tropfennassen Fensterscheiben war ein großer alter Backsteinbau zu sehen, eine Schule, wie Sven auf meine Frage brummend bestätigte. Manchmal ratterte unten ein Auto über das Kopfsteinpflaster, und in regelmäßigen Abständen quietschte die Straßenbahn in der Kurve. Sonst war es still.

Später wurde mir Svens langes Überlegen langweilig, und wir einigten uns darauf, mit der Uhr zu spielen, Spiele zu vier Stunden oder auch Blitzpartien zu sieben Minuten. Dann wurde uns Schach überhaupt langweilig, und wir zogen lieber mit Paula und Julia los oder trafen ihre Freunde oder spielten die neuen Spiele, die ich mitbrachte, manchmal erst im zweiten Anlauf, wenn mich die Grenzsoldaten beim ersten Anlauf mit ihnen erwischten und zurückwiesen. Oder wir redeten; wir waren beide sechsunddreißig, interessierten uns für Theater und Kino und waren neugierig auf Menschen und Beziehungen. Manchmal trafen sich unsere Blicke bei einem Zusammensein mit Freunden, weil eine Bemerkung, ein Wortwechsel oder ein Austausch von Gesten uns auf gleiche Weise aufmerken ließ.

Das Zimmer, in dem Sven und ich spielten, sah später nie mehr so aus wie am ersten Samstag. Es war immer in heillosem Durcheinander; Julias Spielzeug und Svens und Paulas Arbeitssachen lagen herum, dazu Teekanne und -tassen, angebissene Äpfel und angebrochene Schokolade; oft trocknete Wäsche am Ständer. Das ganze Leben des Tages spielte sich in diesem Zimmer ab. Sonst hatte die Wohnung noch ein winziges Schlafzimmer für die Eltern, eine noch winzigere Kammer für Julia und eine enge Küche, deren ursprüngliche andere Hälfte abgetrennt und zu einem ebenso engen Bad ausgebaut worden war. Am ersten Samstag hatte Sven das Zimmer aufgeräumt. Er hatte auch Kuchen besorgt. Aber über dem Schach hatte er Kuchen und Tee vergessen; daß er mir etwas hatte anbieten wollen, kam ihm erst in den Sinn, als Paula und Julia vor der Tür zu hören waren. Er stand auf, sagte: »Ach Gott, ich wollte doch…« und beschrieb mit den Armen wieder eine Geste des Bedauerns und der Vergeblichkeit.

Zwischen Julia und mir war es Liebe auf den ersten Blick. Sie war zwei Jahre alt, heiter, quirlig, redete gerne, und wenn sie sich mit sich beschäftigte, summte sie vor sich hin. Manchmal war sie nachdenklich und ernsthaft, als wolle und könne sie alles verstehen. Manchmal schaute sie, hielt und bewegte sich so, daß schon die Frau erkennbar war, die sie einmal werden würde. Daß sie mich bezauberte, war kein Wunder. Als Wunder empfand ich, daß sie mir vom ersten Abend an so freudig begegnete, als sei in ihrem Herzen ein Platz frei und als komme ich gerade recht.

Paula und ich taten uns schwer miteinander. Sie war zu Sven, Julia und mir ernst und streng, als mißbillige sie den Spaß, den wir an Nichtigkeiten wie einem Turm aus Schachfiguren oder einem Striptease von Julias Bären oder den riesigen Seifenblasen hatten, für die ich an einem der nächsten Samstage die tellergroße Öse und das Seifenpulver mitbrachte und mit denen wir im Treptower Park für einen kleinen Auflauf sorgten. Sie mißbilligte auch meine Versuche, sie zu charmieren. Sie nahm sie als Flirtversuche, und als ich mich in ihrer Gegenwart ebenfalls um ein ernstes und strenges, gleichwohl freundliches Verhalten bemühte, sah sie darin nur eine andere Variante des Flirtens. Wenn sie irgend konnte, nahm sie mich nicht zur Kenntnis.

Unser Verhältnis wurde besser, als wir entdeckten, daß wir beide die griechische Sprache liebten. Paula unterrichtete sie an einem theologischen Konvikt der evangelischen Kirche, und ich hatte sie auf dem Gymnasium gelernt und las seitdem griechische Texte – ein Hobby, wie andere Saxophon spielen oder ein Fernrohr kaufen und nach den Sternen gucken. Eines Tages sah ich an herumliegenden Büchern, daß Paula mit Griechisch zu tun hatte, fragte nach, und sie merkte, daß ich mich wirklich dafür interessierte und damit auskannte. Von da an sprach sie mich an, zunächst nur wegen Fragen griechischer Grammatik und Syntax, dann auch wegen Julia oder eines Erlebnisses im Unterricht oder eines Buchs, das sie las.

Aber erst im Sommer 1987, als wir zusammen Urlaub in Bulgarien machten, sagte sie etwas zu unserem Verhältnis. Daß sie mich für einen leichtfertigen Menschen gehalten und daß sie gefürchtet habe, ich würde Svens Vertrauen enttäuschen. »Er hat sich so gefreut, als ihr euch damals getroffen und verabredet habt, und hatte zugleich solche Angst, daß du nicht kommst. Das blieb lange so, daß er sich zugleich gefreut und Angst gehabt hat. Ihr habt keine Ahnung, was es bedeutet, einen von euch kennenzulernen, besser und gut kennenzulernen. Es schließt eine andere Welt auf, geistig und, warum soll ich es nicht sagen, auch materiell, und man will euch rumzeigen und mit euch angeben und muß euch zugleich eifersüchtig hüten. Und immer haben wir Angst, daß der exotische Reiz, den wir für euch haben, sich abnutzt und verbraucht und ihr euch anderen Dingen und Menschen zuwendet.«

Ich hätte antworten können, daß auch sie mir eine andere Welt aufschlossen. Nicht eine exotische Welt von mäßiger Wichtigkeit und kurzlebigem Reiz, sondern die andere Hälfte unserer durch Mauer und Eisernen Vorhang halbierten Welt. Dank ihrer war ich in ganz Berlin zu Hause, fast in ganz Deutschland, fast in der ganzen Welt.

Statt dessen widersprach ich. Ich konnte damit, daß ihre und meine Welt verschieden waren und wir den Zugang zur einen Welt gegen den Zugang zur anderen tauschten, nicht umgehen. Unsere Beziehung sollte eine Freundschafts-, keine Austauschbeziehung sein. Ich wollte nicht der aus dem Westen und sie sollten nicht die aus dem Osten sein. Wir sollten einfach Menschen sein.

»Aber du kannst nicht tun, als gebe es die Mauer nicht. Als sei unsere Freundschaft wie deine Freundschaften drüben oder unsere hier.«

Wir liefen am Strand entlang. Paula und ich standen gerne früh auf, so früh, daß wir die Sonne über dem Meer aufgehen sahen. Wir wohnten in verschiedenen Hotels, sie in einem für Ost- und ich in einem für Westtouristen, und wenn es hell wurde, trafen wir uns am Hafen und liefen, bis es Zeit war, zum Frühstück um- und zurückzukehren. Wir liefen barfuß.

»Schau«, sagte sie, setzte ihren Fuß in den nassen Sand, über den gerade eine Welle gegangen war, und trat wieder zurück, »zwei, drei Wellen, und du siehst nichts mehr.«

»Und?«

»Nichts.«

Über Politik haben wir lange nicht geredet. In der zweiten Hälfte der achtziger Jahre war die Welt zur Ruhe gekommen. Der Osten war immer noch der Osten, aber er war alt geworden, müder und weiser, und der Westen, der nichts mehr befürchten und beweisen mußte, war satt und heiter. Was gab es über Politik zu reden?

Nach dem Examen war ich drei Jahre lang im Stuttgarter Landtag Fraktionsassistent gewesen, anfangs von der Politik begeistert und bald enttäuscht. In Berlin reichte mein politisches Interesse nur zu regelmäßiger, oberflächlicher Zeitungslektüre. Soweit Politik für meinen Beruf als Sozialrichter relevant war, bekam ich sie aus Fachzeitschriften und Kollegenkontakten mit. Von Sven und Paula wußte ich, daß sie jeden Tag eine ausführliche Nachrichtensendung im Deutschlandfunk hörten; eine Zeitung hatten sie nicht, und weil Julia ohne Fernsehen aufwachsen sollte, hatten sie keinen Fernsehapparat. Auch sie interessieren sich nicht für Politik, dachte ich und fand das bei ihr, der Griechischlehrerin, und ihm, der tschechische und bulgarische Literatur übersetzte, nicht verwunderlich.

Daß es sich anders verhielt, merkte ich im Herbst 1987. Schon als sie mich das erste Mal um die telefonische Übermittlung einer kryptischen Nachricht im Westen baten und mir eine komplizierte Geschichte von Freunden erzählten, die Besuch aus dem Westen erwarteten, dem sie etwas auftragen wollten, den sie wegen einer Verquickung von Umständen aber nicht erreichen konnten, war ich skeptisch. Als sie mich das zweite Mal darum baten, wußte ich, daß die Geschichte nicht stimmte, und sie wußten, daß ich es wußte. Wenn es mit den zwei Malen sein Bewenden gehabt hätte, hätte ich nichts gesagt. Aber dann folgte eine dritte Bitte, und ich stellte sie zur Rede. Ich war empört, nicht weil ich Angst hatte, mich durch die Besorgung der Aufträge in Gefahr zu bringen, sondern weil ich Vertrauen erwartete.

Paula hatte darauf bestanden, daß ich nichts erfahren sollte. Zu meinem Schutz, sagte sie. Aber ehe sie christlich und kirchlich geworden war, war sie in fdj und sed aktiv gewesen, und der Eifer, mit dem sie sich für die Umweltbibliothek der Zionskirche einsetzte, und die Bereitschaft, mich dabei zu benutzen, kamen mir wie Erbteile ihrer Parteivergangenheit vor. »Der Zweck heiligt die Mittel, was?«

»Du bist gemein. Ich spreche offen von meiner Zeit bei der Partei, und du verwendest es gegen mich.«

»Ich verwende nichts gegen dich. Wenn ich auf das, was du sagst, nicht reagieren darf, dann gib doch Zensuranweisungen. Das ist für die Ohren der Genossen und das für die der Naiven wie mich und das …«

»Ach, hör mit deiner Selbstgerechtigkeit und deinem Selbstmitleid auf. Ja, wir hätten gleich mit dir reden sollen. Aber wir reden jetzt mit dir. Und so leicht ist das nicht mit dem Vertrauen in diesem Land.«

Sie lehnte an der Anrichte und sah mich mit glühendem Gesicht und funkelnden Augen an. Ich hatte sie noch nie so schön gesehen. Warum, dachte ich, trägt sie ihr Haar immer in dickem Knoten und macht es nicht auf?

Aus der Bitte, noch mal eine Nachricht zu übermitteln, wurde die Bitte, regelmäßig Verbindung zu einem Journalisten zu halten. Bis zum Herbst 1989 berichtete ich ihm über Repressionen gegen die Umweltbibliothek, Durchsuchungen und Verhaftungen im Umfeld, Aktionen von Paula und ihren Freunden, die darauf bedacht waren, den Rahmen der Legalität auszunutzen, aber nicht zu überschreiten. Ich fragte mich, ob die Staatssicherheit mich nicht verdächtige und überwache. Aber ich wurde an der Grenze weder öfter noch gründlicher kontrolliert. Ohnehin trug ich nie Schriftliches bei mir.

Im Frühjahr 1988 nahmen Paula und Sven mich einmal in die Zionskirche mit. Es wurde über Frieden, Ökologie und Menschenrechte geredet, und sonst war es, fand ich, eine Andacht wie andere. Aber Paula bestand darauf, ich sei aufgefallen und solle mich aus ihren politischen Aktivitäten raushalten. »Du am besten auch.«

»Was?« Sven sah sie entgeistert an.

»Du bist nur meinetwegen dabei. Wenn mir wieder was passiert, soll dir nicht auch was passieren. Denk an Julia.«

»Dir passiert schon nichts.«

»Das kannst du doch nicht wissen, oder?« Sie sah ihn herausfordernd an, und er gab nach.

Dann kam die Wende. Paula redete bei den Demonstrationen auf dem Alexanderplatz, trat der spd bei, engagierte sich bei den Arbeiten für eine neue Verfassung und wäre beinahe in die letzte Volkskammer gewählt worden. Sven war bei einer Gruppe, die sich um die Akten des Ministeriums für Staatssicherheit kümmerte und ein erstes Buch über dessen Organisation, Aktivitäten und Mitarbeiter herausbrachte. Ein paar Monate lang lebten beide in einem politischen Rausch.

Noch vor der Wiedervereinigung wachte Paula auf, weckte Sven aus seinem Traum von der Gründung einer politischen Partei und eines politischen Verlags, und sie machten sich daran, ihr Leben neu zu gestalten. Er bewarb sich mit Erfolg um eine Lektorenstelle an der Freien Universität, und sie wurde als Dozentin an die Humboldt-Universität übernommen. Sie konnten sich leisten, von der Schnellerstraße an den Prenzlauer Berg zu ziehen. Die neue, große Wohnung, die neuen Stellen und die Einschulung von Julia machten Svens und Paulas Leben voll. Sie hatten keine nostalgischen Erinnerungen an die untergegangene ddr. »Die Wende hat es gut mit uns gemeint«, sagten sie gelegentlich erstaunt, als müsse es ihnen eigentlich wie den vielen gehen, die sich durch die Wende und die nachfolgende Vereinigung entweder um die Früchte ihrer Anpassung oder um die ihres Widerstands gebracht sahen.

Eine Zeitlang war Sven von den Möglichkeiten des Konsums überwältigt. Er kaufte ein großes Auto, trug Anzüge von Armani und putzte Julia heraus wie eine Prinzessin. Paula mißbilligte den Aufwand. »Unser Haben-Wollen war nie besser als euer Haben, und jetzt ist es ebenso penetrant.« Aber auf weniger auffällige Weise veränderte auch sie sich. Die grauen und braunen Kleider und Kostüme, bei denen sie blieb, wurden elegant, die Hacken der Schuhe höher, und eine neue Brille mit schmalem Gestell gab ihrem Gesicht einen fast hochmütigen Ausdruck. Zugleich veränderte sich ihre Stimme, wurde kräftiger und sicherer. Sven versuchte sie zu bewegen, das Haar offen zu tragen. Sie war enttäuscht – als sei ihr Haar ein Geheimnis, das sie nur mit ihm geteilt habe und das er jetzt an die Mode verrate.

Auch nachdem Svens und Paulas Lust an den kurzen Reisen vergangen war, kam Julia manchmal über Nacht. Nach der Schule stieg sie bei sich um die Ecke in die U-Bahn und bei mir um die Ecke aus, traf Hans und rief aus dem Laden ihre Eltern an, daß sie bei mir bleibe, und mich, daß sie auf mich warte. Sie war ein selbständiges kleines Mädchen geworden.

Im Frühjahr 1992 fuhren wir wieder zusammen in Ferien, durch die Toskana und Umbrien bis ans Meer bei Ancona. Wieder standen Paula und ich früh auf und machten im Morgengrauen Spaziergänge am Meer. Ich erzählte ihr, daß ich von ihren Freunden, die auch meine geworden waren, niemanden mehr sah.

»Wir sehen auch nur noch zwei oder drei. Es ist zu vieles zu anders geworden.«

»Liegt's auch an Gauck?«

Sie zuckte die Schultern. »Wir haben beschlossen, uns nicht um die Akten zu kümmern. Wir haben uns gesagt, daß wir uns kennen und mit Mißtrauen und Aktenglauben gar nicht erst anfangen.«

»Wer hat das beschlossen?«

»Hans und Ute, Dirk und Tatjana, die Theissens und die vier vom Orchester. Als wir am 3. Oktober 1990 das letzte Mal alle zusammen waren. Sei nicht ärgerlich, daß wir dich nicht gefragt haben. Wir hatten das Gefühl, das ist unser Problem und nicht deines.«

Ich war ärgerlich. Ich hatte erwartet, daß die Freunde ihre und meine Probleme nicht definieren und separieren würden, ohne mit mir zu sprechen.

Sie merkte es, ohne daß ich ein Wort sagte. »Du hast recht, wir hätten mit dir reden müssen. Es ist auch dein Problem. Ich kann nur sagen, daß wir irgendwie darauf zu sprechen kamen und uns die Köpfe heiß redeten. Am Ende hatten wir das Gefühl, wir könnten es nicht dabei bewenden lassen, daß wir nur geredet haben. Wir wollten etwas Verbindliches, und so kam es zur Entscheidung.«

»Einstimmig?«

»Nein, Hans und Tatjana waren dagegen, und Tatjana hat sich auch geweigert, die Verbindlichkeit der Entscheidung zu akzeptieren. Sie wollte ihre Akte sehen.«

»Hat sie sie gesehen?«

»Ich weiß nicht. Wir haben keinen Kontakt mehr.«

Ich hatte mich mehr als einmal gefragt, ob es im Freundeskreis den einen oder die andere IM gegeben hatte. Jetzt wollte ich es wissen. Ich war immer noch ärgerlich. »Ich will meine Akte auch sehen.«

Im Herbst bekam Sven einen unbefristeten Vertrag. Er hatte lange darauf gehofft und schließlich die Hoffnung aufgegeben. Jetzt händigte ihm der Leiter der Abteilung unerwartet die Urkunde aus.

Er rief mich im Gericht an. »Komm heute abend! Wir feiern.«

Ich bin nach der Arbeit mit Champagner und Blumen hingefahren. Sven kochte. Er hatte eine Flasche Weißwein aufgemacht und zur Hälfte geleert, und ich hatte ihn noch nie so ausgelassen erlebt.

»Hat dein Chef gesagt, warum der Vertrag so lange gebraucht hat?«

»Kein Wort. Nur daß er sich freut, daß er endlich vorliegt. Und daß ich der erste Ossi bin, der an der fu einen unbefristeten Vertrag für eine akademische Position bekommen hat.« Er strahlte. »Weißt du, manchmal bin ich traurig, daß ich nur ein kleines Licht bin. Lektor für Tschechisch und Bulgarisch – was ist das schon. Du bist eines Tages Richter am Bundesgericht und trägst eine rote Robe. Paula wird eines Tages die Arbeit, die sie vor Jahren angefangen und weggelegt hat, wieder hervorholen und fertigschreiben und wird Frau Professorin werden. Aber es sind die vielen kleinen Lichter, die aus der Welt einen hellen und warmen Ort machen. Paula hat keinen unbefristeten Vertrag, und wenn man sie nicht mehr will oder wenn sie nicht mehr will, weil sie ihre Arbeit schreiben und Frau Professorin werden will, dann ist gut, daß ich kleines Licht da bin.«

Paula und Julia kamen. Julia, von Paula vom nachmittäglichen Schulunterricht abgeholt und auf ein Eis eingeladen, war albern und laut. Sie und Sven wirbelten durch die Küche und das große Zimmer. Ich lehnte an der Anrichte, trank Weißwein und ließ mich von Svens und Julias guter Laune anstecken. Erst nach einer Weile merkte ich, daß Paula still blieb. Sie lächelte über Julias witzige Einfälle oder strich ihr über den Kopf. Aber sie war abwesend. Als Sven einen Walzer aufgelegt hatte und mit ihr durch Küche und Flur tanzen wollte, lehnte sie ab. Ich dachte, vielleicht störe sie, daß Sven soviel trank, aber sie trank selbst ein Glas Wein nach dem anderen.

Sven merkte, daß mit Paula etwas nicht stimmte, und bemühte

sich um sie. Er wurde aufmerksam, zugewandt, zärtlich, und er wurde es mit der rührenden Tapsigkeit des Betrunkenen. Er holte sich eine Zurückweisung nach der anderen; sie wich aus, wenn er sich ihr näherte, und entzog sich, wenn er doch den Arm um sie legen und seinen Kopf an ihren schmiegen konnte. Julia begann, verwirrt von Vater zu Mutter zu schauen.

Ich fühlte mich hilflos. Als wir im großen Zimmer am Eßtisch saßen, Julia und ich auf der einen Seite und auf der anderen Sven und Paula, erinnerte ich mich an meine Kindheit und an meine Verzweiflung, wenn zwischen meinen Eltern etwas schwelte, von dem ich nicht wußte, was es war, vor dem ich nur Angst hatte, daß es auflodern und zerstören würde, worauf mein Vertrauen in die Welt gründete. Die Erinnerung verzeichnete unzählige Abendessen, bei denen ich mit meinen Eltern am Tisch saß und versuchte, mich so wegzuducken, daß sich die elterliche Spannung an mir nicht würde entzünden können. Auch Julia machte sich unauffällig.

Ich fragte mich, wieviel ich über Svens und Paulas Ehe eigentlich wußte. Ich hatte sie immer harmonisch gefunden, aber auch harmonisch finden wollen. Manchmal hatte Sven angesetzt, über Paula und sich zu reden, und ich hatte ihn ins Leere laufen lassen. Ich mochte nichts von Schwierigkeiten ihrer Ehe hören, wie ein Kind bei den Eltern. Allerdings mochte ich auch nichts vom Glück ihrer Ehe hören.

Ich brachte Julia zu Bett. Wir redeten nicht über Sven und Paula. Ich las ihr ein Märchen vor, und sie schlief mittendrin ein, vom Tag erschöpft oder vom Abend und den Eltern. Ich blieb sitzen und las das Märchen zu Ende. Als ich mich verabschieden wollte, drängten Sven und Paula mich, noch zu bleiben. Der Abend sei mißraten, aber wir könnten endlich die beiden Videofilme sehen, die wir schon lange sehen wollten und für die uns die gelungenen Abende zu schade waren. Sie drängten mich mit dem Nachdruck, mit dem sie eigentlich darüber hätten reden müssen, was zwischen ihnen nicht stimmte.

Wir sahen zwei Filme. Ich hätte mich gerne von ihnen fesseln lassen, aber ich traute mich nicht. Ich spürte die Spannung zwischen Sven und Paula und hatte das törichte Gefühl, wenn ich mich vom

Film fesseln ließe und nicht auf die beiden aufpaßte, werde etwas Schlimmes passieren. Wir tranken so viel Wein, daß Sven und Paula mich leicht auch noch überredeten, nicht mehr nach Hause zu fahren, sondern bei ihnen zu übernachten.

Ich schlief im großen Zimmer, einem Durchgangszimmer mit zwei Türen und einem Fenster zum Hof. Ich lag auf einer Matratze auf dem Boden, sah im offenen Fenster eine dunkle Wand und ein dunkles Dach mit dunklen Schornsteinen vor dem stadthellen Nachthimmel, hörte ein Rauschen, gleichmäßig an- und abschwellend, als atmeten die um den Hof liegenden Häuser in der Hitze der Sommernacht schwer ein und aus. Von einer Kirchturmuhr schlug es einmal, und über dem Warten auf den nächsten Schlag schlief ich ein.

Es war wie ein Traum, und später habe ich mir manchmal gewünscht, es wäre wirklich nur ein Traum gewesen.

Sie saß auf dem Rand der Matratze. Ich wollte fragen »Was ist los?«, aber als ich ansetzte, machte sie »Schsch« und berührte meinen Mund mit den Fingern. Ich sah sie an und konnte in der Dunkelheit ihr Gesicht nicht deuten. Ein bißchen Helligkeit fiel auf seine linke Seite, leuchtete auf der Wange und glänzte im Auge. Sie trug ihr Haar offen, es ließ den Hals links frei und fiel über die rechte Schulter nach vorne. Mit der linken Hand hielt sie den Morgenmantel vor der Brust zusammen, und mit der rechten mahnte sie meinen Mund, nicht zu sprechen.

Ich fragte mich, ob sie sah, was in mir vorging. Paula, die Frau meines Freundes Sven – die Frauen der Freunde sind unbegehrbar, unberührbar, und mit ihnen flirten ist wie der Flirt mit der kleinen Schwester oder einer alten Dame, ein Spiel, das nie ernst wird. Nicht daß es zwischen Paula und mir nicht Berührungen, Umarmungen, gemeinsames Lachen, Augenblicke des Einverständnisses und der Vertrautheit gegeben hätte, in denen ich mir vorstellen konnte, sie zu lieben. In manchen Augenblicken konnte ich mir vorstellen, sie besser zu lieben und glücklicher zu machen, als Sven es konnte, und spürte auch bei ihr die Frage, wie es wohl mit mir wäre. Aber das waren Vorstellungen von einer anderen Welt, in der Sven gleichwohl mein Freund und mit seiner Frau glücklich war und in der ich vielleicht auch gar nicht sie, sondern nur eine wie sie liebte statt der zu jungen Frauen, mit denen ich zu kurze Beziehungen hatte. Nein, es gab kein unterdrücktes Begehren, das endlich ausgelebt werden wollte. Wir wußten es beide, und wenn wir geredet hätten, hätten wir es ausgesprochen und besiegelt.

Aber wir redeten nicht. Als ihre Finger meinem Mund nicht mehr zu schweigen geboten und über mein Gesicht wanderten, den Brauen nachfuhren, den Schläfen, den Backenknochen und den Lippen, mochte ich nicht mehr reden. Ich schloß die Augen, und ihr Bild blieb bei mir, fremd und schön mit dem offenen Haar, das Versprechen einer anderen Paula als der, die ich kannte. Ich spürte nicht nur ihre Finger auf meinem Gesicht, sondern auch die Nähe und Wärme ihres Körpers. Ich berührte sie nicht, ich atmete sie ein. Als ich meine Augen wieder aufmachte, nahm sie meinen Kopf in beide Hände, beugte sich über mich und küßte mich. Ihr Haar fiel um unsere Köpfe und hüllte sie ein.

Wir liebten uns so ruhig, als sei es nicht das erste Mal und als hätten wir alle Zeit der Welt. Als hätten wir ein ruhiges Gewissen. Ich hatte keines, dachte an Sven und daran, daß er ein paar Türen weiter schlief, was passieren würde, wenn er aufwachte und uns fände, oder wie ich ihm am nächsten Morgen begegnen würde. Aber das schlechte Gewissen war ohne Kraft, als erfülle es nur eine Pflicht und interessiere sich eigentlich nicht für das, was ich tat. Ich registrierte sogar mit böser Freude, daß nichts und niemand Paula und mich aufhielt. Ich fühlte mich frei. Und ich fühlte mich mächtig; mir war, als entdeckte ich ein für allemal, daß ich nach der Lust nur greifen mußte, um sie zu haben. Ich war stolz, als sie ihren Orgasmus hatte und ich meinen, wie man beim Tanzen stolz auf das Zusammenstimmen der Bewegungen, die Anmut der Frau und die eigene Leichtigkeit sein kann.

Danach lagen wir beieinander. Es war die richtige Mischung aus Aneinanderschmiegen und Raumlassen, und wir hatten sie selbstverständlich und mühelos gefunden. Jetzt wollte ich reden, nicht sie fragen, ob es gut gewesen war, das wußte ich, aber darüber, was mit uns werden solle. Sie machte wieder »Schsch« und berührte wieder meinen Mund mit ihren Fingern. Vorhin hatte das Schweigen uns verbunden, jetzt trennte es uns. Dann sah ich, daß auf ihrem Gesicht Tränen glitzerten. Ich wollte mich aufrichten und die Tränen wegküssen, wegwischen. Vielleicht meinte sie, ich wolle ihre Finger von meinem Mund abschütteln und doch reden, sie setzte sich auf, schlüpfte in den Morgenmantel, faßte ihn mit der Linken vor der Brust zusammen, beugte kurz den Kopf und griff mit der Rechten das Haar und schob es über die Schulter. Für einen Augenblick saß sie auf dem Rand der Matratze in derselben Haltung, in der sie zuvor darauf gesessen hatte. Ehe ich einen Entschluß fassen, sie ansprechen oder festhalten konnte, war sie aus dem Zimmer.

Ingo Schulze

Simple Storys

313 Seiten, DM 17.50.
Deutscher Taschenbuch Verlag, München

Als Hardcover DM 38.–,
Berlin Verlag, Berlin

FOCUS
Mitten ins Herz ostdeutscher Befindlichkeiten trifft der Roman. Weil Ingo Schulze aus der von Kapitel zu Kapitel wachsenden Perspektive verschiedener Figuren erzählt und sie reden lässt, wie ihnen der Schnabel gewachsen ist, entgeht er der Gefahr des Besserwissens, Moralisierens. In den Dialogen der begnadeten Meckerfritzen und Heulsusen steckt eine befreiende Wirkung, sprachlicher Witz ... Wie er seine einzelnen Momentaufnahmen des Alltags zu einem Handlungsgeflecht verbindet, ist hohe Erzählkunst.

DER TAGESSPIEGEL
Ingo Schulze ist mit »Simple Storys« ein kompositorisches und atmosphärisches Meisterstück gelungen ... Schulze setzt die Unübersichtlichkeit der Nachwendezeit, die Vereinzelung der Menschen, künstlerisch adäquat in ein kompliziertes Patchwork um ... Am Ende der einzelnen Geschichten voller Tragikomik – zum Teil sind es Dialoge, deren Geschliffenheit in der deutschen Gegenwartsliteratur ihresgleichen sucht – lenkt der Erzähler seinen Kamerablick auffallend oft auf Gegenstände, als könne er sich bei deren genauer Abbildung von der Unwägbarkeit der politischen und zwischenmenschlichen Zustände ausruhen ... Ingo Schulze hat der müßigen Frage nach dem Wenderoman eine souveräne Antwort erteilt.

Der Autor:

© Renate von Mangoldt

Ingo Schulze wurde 1962 in Dresden geboren. Er studierte von 1983 bis 1988 Klassische Philologie in Jena. Anschließend arbeitete er bis 1990 als Dramaturg am Landestheater in Altenburg, danach in einer Zeitungsredaktion. Diese Arbeit führte ihn 1993 ein halbes Jahr nach St. Petersburg. Seither lebt er als freier Autor in Berlin. Veröffentlichungen: *33 Augenblicke des Glücks* (1995); *Simple Storys* (1998).

Jenny erzählt von einem neuen Job und Martin Meurer. Der Chef weist ein. Wo ist die Nordsee? Erst geht alles gut. Dann muß Jenny Überzeugungsarbeit leisten. Was passierte bei der Sintflut mit den Fischen? Zum Schluß erklingt Blasmusik.

In einer grünen Turnhose steht er zwischen zwei Stühlen und versucht, in den Taucheranzug zu steigen, in den mit den roten Streifen, den ich gestern anprobiert habe. Der mit den blauen Streifen liegt auf dem Tisch. Wir geben uns die Hand. Er sagt: »Martin Meurer«, und ich sage: »Jenny«.

»Der andere ist noch kleiner«, sagt er, »aber die Flossen sind gut.« Mit dem Rücken zu ihm, ziehe ich mich aus. Dabei reiße ich mir einen Jackenknopf ab. Ich fahre in den blaugestreiften Taucheranzug und zerre mir die Kapuze über. Weder Haare noch Ohren, noch Hals sind zu sehen. Das macht mein Gesicht fast pausbäckig. Ich packe meine Sachen zusammen und warte, bis er endlich die Flossen anhat.

In der rechten Hand hält er seine Plastetüte, in der linken die Taucherbrille und den Schnorchel und läuft vorsichtig wie ein Storch über den Gang zu Kerndels Büro. Zweimal klopft er. Ich sage, daß er die Tür aufmachen soll. Wir setzen uns auf die beiden Stühle links an der Wand und warten.

»Ich sehe aus wie eine Nonne«, sage ich.

»Nein«, sagt er. »Wie diese Moderatorin im Raumanzug. Haben Sie das schon mal gemacht?«

»Was?« frage ich.

»Das hier. Sie waren so schnell fertig.«

»Ich war gestern da«, sage ich, »aber alleine lassen sie einen nicht.«

»Ganz schön warm«, sagt er.

»Ich hab kalte Füße«, sage ich.

»Kalte Füße habe ich auch«, sagt er. »Aber sonst – «

»Hallo, Jenny!« ruft Kerndel. »Na, wie gehts?« Wir stehen auf. »Meurer«, stellt er sich vor und klemmt die Plastetüte zwischen die Knie. »Martin Meurer.«

Kerndel gibt ihm die Hand. Wir setzen uns wieder. Kerndel

lehnt sich an den Schreibtisch, nimmt einen Zettel in die Hand und dreht ihn um. Er erzählt dasselbe wie gestern.

»Und dann stellt ihr die Frage: ›Wo ist die Nordsee?‹ oder: ›Können Sie uns sagen, wo hier die Nordsee ist?‹ oder ›Wie komme ich zur Nordsee?‹ Wie ihr wollt, aber Nordsee muß sein, klar?«

»Ja«, sage ich, »kein Problem.«

Kerndel sieht ihn an. »Klar?«

»Klar«, antwortet Martin, hebt die rechte Flosse und platscht auf den Teppich.

»Und immer gute Laune verbreiten«, sage ich.

»Aber feste!« sagt Kerndel, »sonst könnt ihr gleich zu Hause bleiben.« Er rückt ein Stück an der Tischkante weiter und beobachtet die eigene blasse Hand, die den Zettel wie einen Waschlappen auf seinem Schenkel vor- und zurückschiebt, das Imitat einer großen Eintrittskarte. Auf einem Stück, das durch eine perforierte Linie abgeteilt wird (»Hier abreißen – für Ihre Brieftasche«), ist ein Ausschnitt des Stadtplans abgebildet. Der rote schematisch gezeichnete Fisch markiert die Stelle, wo sich die beiden Filialen befinden. Den größten Teil der Karte nimmt das Foto einer hellbraunen, vom Wind geriffelten Wüste ein. Darüber steht in weißer Schrift auf blaulila Wolkenhimmel: »Wo ist die Nordsee?«

»Und wenn die Antwort ›nein‹ ist?«

»Aber wir! « sage ich. »Schulstraße 10a und Schulstraße 15! Dürfen wir zu Fisch bitten? Mit Mai-Menü! Und dann überreichen wir den Zettel.«

»Den ›Flyer‹«, verbessert Kerndel. »Und bei: ›ja‹?« Kerndel blickt zu Martin.

»Wie kommen wir dahin?« sagt er und platscht wieder mit der Flosse.

»Jenny?« sagt Kerndel. »Auf ›ja‹?«

»Prima! Führen Sie uns hin?« sage ich.

»Ist das jetzt verstanden worden?« Kerndel starrt Martin an, bis er mit »ja« antwortet. Dann läßt er ihn das Mai-Menü aufsagen: »Gebackene Scholle mit Petersilienkartoffeln, gemischter Salat, Remouladensoße und Coca-Cola, 0,3 Liter. Statt 15,40 jetzt: 12,95!«

»Steht ja alles hier drauf«, sagt Kerndel. »Aber nicht ablesen.

Das ist unter Niveau. Abgelesen wird nicht. Noch mal!«

»Gebackene Scholle mit Petersilienkartoffeln, grüner Salat und Remouladensoße, dazu eine große Cola, nur 12,95«, sage ich. »Statt 15,40«, ergänzt Kerndel. »Gemischter Salat, Coca-Cola, 0,3 Liter. Setzt mal die Brillen auf. Und jetzt sprechen. Sprechen, sprechen, sprechen ...«

»Wie komme ich zur Nordsee?« frage ich. »Wissen Sie, wo die Nordsee ist?« Kerndel zeigt auf ihn.

»Wo geht es hier zur Nordsee? Ich will zur Nordsee! Da ist Meer los! Können Sie mir helfen?«

»Zu nasal, beide zu nasal, also ohne Brille«, sagt er. »Nein, nicht ab. Auf die Stirn damit! Die Brillen hoch!« Das Telefon klingelt und verstummt nach dem zweiten Mal. »Und das so, so.« Kerndel ist aufgestanden und zerrt ihm den Schnorchel nach unten. »Noch ein Stück! So! Und nie zu viele Flyer in die Hand, vier, fünf höchstens, keine Inflation, klar? So.«

Wir nicken.

»Und was geschah bei der Sintflut mit den Fischen?« fragt Kerndel, klatscht in die Hände, legt mir den Arm um die Schulter und zieht mich an sich. »Dann schießt mal los.« Er geht um seinen Schreibtisch und nimmt den Hörer ab. »Alles Paloma!« ruft er uns nach.

Bei der Sekretärin stellen wir unsere Beutel in den Schrank und bekommen die blauen Umhängetaschen mit den Zetteln.

»Schaffen Sie das?« fragt sie mich. »Tausend in jeder.« Sie hält uns die Tür auf. »Dort lang, bitte.«

Vor dem Hinterausgang bleibt Martin stehen, sieht mich an und sagt: »Wir müssen jeden ansprechen, jede und jeden, von Anfang an, sonst wird das nichts. Einmal gekniffen ...«

Vielleicht ist er mal Lehrer gewesen, denke ich. Ich hab die Tür noch gar nicht zu, da legt er schon los. Zwei Jungen, höchstens 14 oder 15, sehen ihn an. »Na, wißt ihrs denn nicht?« fragt er. Sie betrachten unsere Flossen und dann die Taschen. »Wir wollen zur Nordsee«, sage ich. Sie schütteln den Kopf. »Bitte. Da ist Meer los!« sagt er. »Na los«, sagt er. Endlich nehmen sie die Zettel.

Wir laufen in Richtung Fußgängerzone. Ich sage, daß wir solche Kinder auslassen können. »Pubertät«, sagt er und nickt.

Es klappt dann wirklich gut. Wir spielen uns schnell ein. Meistens beginne ich, er hakt nach: »Ja, zur Nordsee wollen wir!« »Genau, zur Nordsee«, sage ich oder: »Wissen Sie es wirklich nicht?« Und er: »Dann wollen wir es Ihnen mal verraten!« Nach einer kleinen Pause sprechen wir schließlich gemeinsam die Adresse. Die Leute lachen und nehmen ohne zu zögern den Zettel.

»Entschuldige«, sagt Martin plötzlich. »Das war blöd von mir.« Ich weiß nicht, was er meint. »Daß ich denen noch ›Guten Appetit‹ gewünscht habe.«

Ich sage, daß ich das nicht schlecht finde, und rufe jetzt, wenn ich mit dem Zettel dran bin, auch »Guten Appetit«. Manche antworten mit »Gleichfalls« oder »Ihnen auch«.

»Die sind ja richtig neugierig, geradezu froh, wenn wir sie ansprechen«, sagt er. »Regelrecht zutraulich! «

Stehen erst mal ein paar um uns herum, kommen die anderen von allein. Es gibt sogar Drängeleien, und wir verteilen nur noch an irgendwelche ausgestreckten Hände.

»Ob er uns beobachten läßt?« fragt er leise.

»Sicher«, sage ich.

»Ich habe versucht, so lebendig wie du zu klingen«, sagt Martin. »Aber überzeugt hats ihn nicht.«

»Du hast dauernd deine Flosse bewegt«, sage ich.

»Was?«

»Du hast ständig mit deiner Flosse herumgeplatscht, so hier – « Ich mache es ihm vor. »Hast du das nicht gemerkt?«

Er schüttelt den Kopf. »Vielleicht war er deshalb so.«

»Der ist so«, sage ich. »Da läßt sich nichts mehr machen.«

Wo die Fußgängerzone auf den Schloßplatz trifft, spielt eine Blaskapelle vor einem weißen Zelt mit hoher Spitze. Es sieht orientalisch aus. Daneben wird ein Mann von Fernsehleuten interviewt. Er hat einen runden gelben Sticker am blauen Jackett: »Unser Rindfleisch – mit Sicherheit gut!« Die Musikanten tragen ebenfalls diese Sticker und auch die Frauen, die Steaks und Würste braten. Überall sehe ich jetzt Leute mit diesen Rindfleischstickern. Sie verteilen Zettel, die größer sind als unsere.

»Würdest du für die arbeiten?« fragt er.

»Ja«, sage ich. »Findest du denn unser Angebot so toll?«

»Ich weiß nicht«, sagt er. »Auf dem Foto wirkt die Scholle wie totpaniert, steinhart wahrscheinlich, und nur einsfünfundvierzig billiger. Obs das bringt?«

Als ich ihn frage, woher er kommt, sagt Martin nur, »aus dem Osten, aus Thüringen«. Er besucht seine Mutter hier.

»Kerndel«, sagt er, »hat überhaupt nicht mehr von der Bezahlung gesprochen, von den hundertzwanzig pro Tag.

»Daran müssen sie sich aber halten«, sage ich. »So stand es in der Anzeige.«

Er nickt. Plötzlich sagt er: »Bei Familien reicht eigentlich auch ein Zettel.«

Erst denke ich, er will witzig sein. »Für Freunde und Bekannte«, antworte ich.

»Auch richtig. Wenns so weitergeht, sind wir nachmittags fertig.«

Wir müssen noch in die Geschäfte der Fußgängerzone, aber selbst wenn wir niemanden ansprechen, bleiben Leute stehen und strecken die Hand aus. Die Kapelle spielt ohne Pause.

»Du hast das vorhin mit der Flosse erwähnt«, sagt er.

»Und?«

»Weißt du, daß du dauernd lächelst?«

»Du auch«, sage ich.

Nach einer Stunde etwa beginnt es zu nieseln. Die meisten Leute laufen dicht an den Schaufenstern, unter den Markisen entlang, von Vordach zu Vordach.

Während er draußen weitermacht, gehe ich in die Geschäfte. Eine Frau winkt mir zu und ruft: »Hallo, Fröschlein.«

Ich unterbreche keine Gespräche. Aber wenn sie mich ansehen oder sich nach mir umdrehen, frage ich leise, als hätte ich mich verirrt: »Entschuldigung, wissen Sie vielleicht, wo hier die Nordsee ist?« Einen Moment lang sind sie schockiert. Wenn sie dann loslachen, gebe ich ihnen den Zettel.

Als ich Martin nicht mehr vor dem Schaufenster sehe, gehe ich raus. Ich laufe ein Stück zurück, finde ihn aber nicht. Dafür liegen

Nordseezettel herum. Er sitzt mit dem Rücken an eine Fahnenstange gelehnt und antwortet nicht. Sein linkes Auge ist geschwollen. Er blickt kurz auf und fragt, ob ich seinen Schnorchel irgendwo gesehen hätte. Ich versuche, ein paar von Kerndels Nordsee-Flyern einzusammeln, die auf den nassen Platten kleben, trete aber mit meinen Flossen immer wieder auf die Zettel, nach denen ich mich gerade bücken will.

»Hast du auch eine schlechte Erfahrung gemacht?« fragt Martin, als ich wieder vor ihm stehe.

»Nein«, sage ich, »warum?«

»Du guckst so.«

»Ganz schönes Veilchen«, sage ich.

»Hast du den Schnorchel?«

Ich suche weiter. Ich finde noch ein paar Zettel und kehre zu ihm zurück.

»Entschuldige«, sagt er, hebt den Schnorchel auf und tippt mit dem Mundstück auf seine linke Flosse. »Stand drauf, habs nicht gemerkt.«

»Soll ich dir Eiswürfel besorgen?«

»Weißt du, woran ich denken mußte? An diesen Spruch mit den Fischen und der Sintflut. Ich war gelähmt, wirklich gelähmt«, sagt er. »Zuerst hat der Typ nach unten geschaut, und dann hat er mich angestiert und seine Frau gefragt, ob sie mich kennt. Ich stand auf seinen Schuhen, mit den Flossenspitzen, nur ein bißchen. Ich habs gar nicht gespürt, und er kanns auch nicht gespürt haben. Seine Frau hat gesagt, daß sie mich *nicht* kennt. Ich glaube, ich bin sogar ein Stück geflogen.«

»Ist dir schlecht?«

»Dieser Spruch mit der Sintflut ist saublöd«, sagt er. »Ich hab nichts anderes gesagt als sonst. Dasselbe wie immer.«

»Wir müssen zu Kerndel«, sage ich. »Wegen der Versicherung. Das ist ein Unfall.«

»Ich geh da nicht mehr hin.« Er platscht mit der Flosse.

»Ich weiß, woran es lag«, sage ich und warte, daß er mich ansieht.

»Dem gefiel mein Dialekt nicht.«

»Er hat doch die Frau gefragt, ob sie dich kennt? Und als sie ›nein‹ sagte, hat er zugeschlagen?«

»Woher sollten wir uns denn kennen? Ich bin zum ersten Mal hier! «

»Er wollte nur wissen, ob du ein Promi bist«, sage ich. »Nur deshalb! «

Martin versteht nicht.

»Ein Promi macht so was vielleicht noch, mit versteckter Kamera oder wegen der verlorenen Saalwette«, erklär ich ihm. »Aber sonst niemand, niemand in deinem Alter. Der Typ hat sich verscheißert gefühlt. Das ist alles.«

Er sieht mich an, als hätte ich ihm eine Ohrfeige gegeben.

»Das ist natürlich unmöglich«, sage ich. »Ich mein ja nur, daß dieser Idiot so was gedacht haben muß. Du bist wirklich gut, du hast eine Ausstrahlung, die andere Leute fröhlich macht. Du hast wirklich gute Laune verbreitet, nicht nur dieses Zeug. Das muß dir erst mal jemand nachmachen. Außerdem hast du eine gute Figur.«

Er spuckt zwischen seine Flossen.

»Alle haben sich gefreut«, sage ich. »Wir müßten viel mehr Geld bekommen, nicht nur von Kerndel, auch vom Bürgermeister und von den Krankenkassen, wegen guter Laune.«

Martin sieht mich an. Sein linkes Auge ist schon zugeschwollen.

»Das war ein Ekel. Der hält Freundlichkeit einfach nicht für möglich«, sage ich.

»Es hat niemanden gekümmert«, sagt er und spuckt wieder.

»Keiner hat sich gerührt.«

»Die waren überfordert«, sage ich. »Die Leute wußten doch gar nicht, was sie machen sollten, die begriffen gar nicht, was da vor sich ging. So was haben die bisher nicht erlebt. Mitten in der Fußgängerzone wird ein Froschmann verprügelt. Vielleicht dachten sie, daß es nicht weh tut, wenn man ganz in Gummi steckt, oder daß es dazugehört. Sie wollten sich nicht blamieren, falls es sich als Kunst oder Straßentheater herausstellt.«

Ich erzähle Martin von dem alten Mann, der auf seinem Balkon bei uns im Hinterhof gestorben ist, der mit den Bananen und der lauten Musik. Wir haben alle gedacht, er schläft. Und er saß da im Regen, die ganze Nacht durch.

»Die ganze Nacht?«

»Ja«, sage ich. »Es war ja dunkel. Erst als er am Morgen immer noch da war ... Wir gehen jetzt zu Kerndel.«

Martin schließt die Augen, wie ich es mal bei einer Frau in der U-Bahn gesehen habe. Ganz ruhig schloß sie die Augen, ohne sich zu rühren, bis die Türen aufgingen. Martin schüttelt den Kopf.

»Doch«, sage ich, »wir müssen.«

Ich halte seine Taucherbrille und den Schnorchel, während er aufsteht. Die Umhängetasche ist schmutzig. Er zieht vorsichtig die Kapuze über den Kopf.

»Ich geh nicht mehr zu Kerndel«, sagt Martin. Er braucht lange, um sich die Taucherbrille aufzusetzen.

»Wohin denn dann?« frage ich.

»Weg«, sagt er, »möglichst weit.« Er spuckt wieder aus, nimmt sogar den Schnorchel in den Mund und klemmt ihn unter dem Brillenband fest. Zum Schluß hängt er sich die Tasche um.

Ich mache es wie er. Dann laufen wir los. Die Leute stehen unter den Markisen und Vordächern und warten, daß der Regen aufhört. Bis auf einen Radfahrer haben wir die Fußgängerzone fur uns. Wir platschen durch die Pfützen. Einmal sehe ich, daß uns jemand zuwinkt und etwas ruft, irgendwas mit Nordsee natürlich. Man könnte sogar glauben, die Leute bilden ein Spalier für uns. Wir halten uns an der Hand, weil die Brille das Blickfeld einengt und man nie weiß, ob der andere wirklich noch neben einem geht. Die Kapelle spielt unter dem weißen Zelt weiter, lauter und schneller jetzt, eine Polka, denke ich. Aber eigentlich weiß ich gar nicht, was eine Polka ist. Vielleicht ist es ein Marsch oder so etwas. Wie auch immer, Martin und ich verfallen in Gleichschritt. Und selbst als wir die Fußgängerzone verlassen, ändert sich daran nichts.

Ein hinreissender Schrotthändler

237 Seiten, DM 39.80
DUMONT Buchverlag, Köln

FRANKFURTER ALLGEMEINE ZEITUNG
Stadlers Prosa ist voller Komik und Kalauer, ein Thomas Bernhard verwandter Verzweiflungsklang, in dem die Liebe zur Welt und der Ekel vor ihr unablässig miteinander im Kampf liegen. Wie kein zweiter Autor seiner Generation hat Stadler in seinen Romanen es verstanden, die Sehnsucht, die Walsers Essay als anderes Wort für Schüchternheit definiert, als existentielles Lebensgefühl zu rehabilitieren.

DER SPIEGEL
Die neue Ehe- und Dreiecksgeschichte bietet pure Rollenprosa ... Auch für dieses Buch gilt, was Martin Walser in seiner Huldigung Stadlers treffend formuliert hat: Oft bilde sich eine ganze »Existenzdimension« in einem einzigen Satz ab.

SÜDDEUTSCHE ZEITUNG
Stadler ist, wie der alte Fellini, ein Meister des Selbstzitats, klug und dabei so komisch, dass man Tränen lacht ... Der Mensch ist ein Tor, Arnold Stadler sein wunderbar hintersinniger Interpret.

TAGESSPIEGEL
Es ist ein Buch der Sehnsucht und der Trauer über ein verlorenes Paradies, das Fluch und Segen zugleich war. Und doch fernab aller Heimatliteratur ... Es ist ermutigend, dass ein scheuer, schwieriger und skrupulöser Autor wie Stadler den Büchner-Preis zugesprochen bekommt.

Der Autor:

© Jürgen Bauer

Arnold Stadler wurde 1954 in Meßkirch geboren und wuchs auf einem Bauernhof im Nachbardorf Rast auf. Er studierte katholische Theologie in München und Rom, anschließend Germanistik in Freiburg und Köln. Seit 1995 lebt er überwiegend in Rast. 1999 wurde ihm der Georg-Büchner-Preis, die bedeutendste Auszeichnung der deutschsprachigen Literatur, verliehen. Veröffentlichungen: *Kein Herz und keine Seele* (Gedichtband 1986); *Ich war einmal; Feuerland; Mein Hund, meine Sau, mein Leben* (Romantrilogie 1989, 1992 und 1994); *Der Tod und ich, wir zwei* (Roman 1996); *Ein Ausflug nach Afrika* (Erzählung 1997); *Erbarmen mit dem Seziermesser* (Essays Frühjahr 2000).

‚Coming home'

Ich fuhr auf meine Geburtsstadt zu, wie man auf den Schnee von gestern zufährt. Man hatte schon, als ich im Kindergarten war, von einer Totalsanierung des Schlosses (meiner Schule) gesprochen. Nötig gewesen wäre diese Sanierung vielleicht immer schon. Das Material war der brüchige, poröse, berüchtigte, heimatliche Heuberger Kalksandstein, ein Material, mit dem wir alle vielleicht am nächsten verwandt waren, das heute nur noch als Füllmaterial dient. Die Wände waren voll von Ferkeleien wie in alten Zeiten. Schon zu meinen Zeiten hatten die Frechsten versucht, Schwänze an die Schloßmauern, die unsere Schulmauern waren, zu malen. Es waren stilisierte Schwänze, um so deutlichere Zeichen von uns allen. Ich hatte noch Zeit und ging in die Kirche hinüber: ein Raum, der mir größer schien als ganz Meßkirch, das war paradox. Ein herrlicher Raum. Aber dann, als ich zum Weihwasserkessel griff, sah ich, daß dieser ganz verrostet war. Und auch verschmutzt. Weihwasser gab es, aber ich hatte Angst vor einer Infektion, denn das Becken war schon vermoost. Ich fürchte, ich hätte eine unheilbare Krankheit davon bekommen, Entschuldigung, es war mehr eine Brühe. Ich war zu Hause angekommen.

Ich ging aber doch noch zum Dreikönigsbild unseres Meisters von Meßkirch; und anschließend setzte ich mich noch auf jenes Bänkchen im Hofgarten, von dem aus das zum Pflegeheim umgemodelte Krankenhaus zu sehen war, in dem auch ich geboren wurde. Ich sah, daß der ehemalige Kreißsaal, jetzt Intensivstation des Pflegeheims, vergittert war, ein Raum, mit womöglich bis zu acht renitenten Insassen, die einfach nicht sterben wollten, die einfach nur hinauswollten.

Die scharlachroten Plakate verkündeten eine Sexmesse in der Stadthalle Sigmaringen.

Jedesmal wenn ich hierher zurückkam, hat es mir den Magen umgedreht, wie man sagt, spätestens wenn ich beim Kreisverkehr landete, wo es zunächst: ‚In alle Richtungen', und dann: ‚Stadtmitte' hieß. Das Krankenhaus, an dem ich vorbeifahren mußte, ist längst aufgelöst, während es diesen Friedhof (Heimatfriedhof) nach wie vor gibt. Er arbeitet noch, während das Krankenhaus als solches geschlossen ist. In jenem Saal, in dem die halbe Stadt das ‚Licht der Welt' erblickte, soll also nun die Intensivstation des Pflegeheims untergebracht sein. Meine halbe Schulklasse hat in diesem Raum zugleich auch das sogenannte Licht der Welt erblickt, doch wir sahen nichts; das erste, was wir außer unserem eigenen Geschrei hörten (bei dem wir erschraken und ein erstes Mal Todesangst bekamen), war der grobschlächtige Tonfall der hauseigenen Hebamme, die nach der Schere rief.

Meine Frau kannte dies alles nicht, nur vom Vorbeifahren, wußte nichts von diesen Wolken, und hat, glaube ich, den ‚Buchheimer Hans' nie gesehen, jenen Turm vom Anfang meines Lebens. Sie wußte nichts von unserem Kirchenchor, und wie wir alle zusammen ‚Fürchte dich nicht!' sangen. Unsere Sprache fand sie grauenhaft. Ich spreche meine Muttersprache noch ziemlich akzentfrei, wie sie mir schon in Meßkirch bestätigt haben, ja, besser als sie, spreche ich wie vor fünfzig Jahren. Das sind also zwanzig Jahre, sagte ich mir.

Den Kaugummiautomaten vor dem Kaufladen, aus dem meine ersten Kostbarkeiten stammten, die spurlos verschwunden sind, gab es noch! Welch ein Glück! Aber sonst? – Damals konnte ich noch sämtliche Bewohner jedes Hauses der Reihe nach aufsagen, und auch, in welcher Kammer sie schliefen. Wir hatten alle denselben Grundriß. All das wußte ich. Nun aber wußte ich nicht einmal mehr, wer noch lebte und wer schon tot war. Und es gab neue Häuser, die keine Geschichte haben und haben werden, die in mein Bild und meine Geschichte hineingebaut wurden: das Neubaugebiet stand mitten in den Feldern meiner Erinnerung. Das schlimmste aber war, daß da Menschen wohnten, die ich nicht kannte, die sich nicht zeigten und die nichts von mir und meiner Geschichte wußten, die ich nicht hätte der Reihe nach aufsagen können, von denen ich gar nichts wußte, am allerschlimmsten: nicht einmal, wo sie schliefen und wo im Haus die Schlafkammern waren.

Bei der Einfahrt ins Dorf, von Lengenfeld her, wo unsere letzte Küchenmagd Lina Kreutzpaintner herstammte, die noch bei meiner Urgroßmutter Antonia Pia Nesensohn, einer erst im Alter von zwanzig Jahren getauften und vom Urgroßvater praktisch nach Kreenheinstetten entführten Viehhändlertochter aus Randegg an der Schweizer Grenze, am Sterbebett gesessen hatte, sah ich, daß die Häuser, in denen sie alle (meine Menschen) gelebt hatten, noch standen, renoviert zwar, aber immer noch erkennbar. Doch das Dorf war ausgestorben, ich sah keinen Menschen, der mich in meinem schönen Gefährt gesehen hätte. Sie waren wohl in der Stadt zum Arbeiten, es war eines frühen Nachmittags im September. Kreenheinstetten muß ein Schlafdorf geworden sein und war kein Dorf mehr. Niemand habe ich auf den Feldern stehen sehen, nicht einmal einen Traktor oder sonst ein Lebenszeichen. Damals war es ein einziges Hin- und Herfahren. Sogar noch Pferdefuhrwerke habe ich mit eigenen Augen gesehen, das schwöre ich bei meiner Kindheit. Große weißblaue Wolken gab es am Himmel, und darüber und dahinter manchmal ein Flugzeug, meine Heiligen und meine Toten, auch mein Schutzengel, der ständig unterwegs war zwischen dem Himmel und mir.

Ich hatte auf dem Friedhofsparkplatz (der auch neu war) meinen Platz gefunden, rechtzeitig, als einer der ersten, um von Anfang an dabeizusein; und auch, weil ich es schwerer hatte als die anderen, außer der Trauerfamilie vielleicht. Denn ich brauchte Zeit zum Wiedererkennen, wenn sie nach und nach auf dem Friedhof erschienen. Ich hatte längst die Übersicht verloren, wollte so viele von ihnen wie möglich wiedererkennen, vor allem meine Hauptpersonen, falls sie noch am Leben waren. Der Friedhof füllte sich allmählich, es waren nun drei Reihen mehr, unser Friedhof war schon fast voll, bald mußte von der ersten Reihe her abgeräumt werden. Der Friedhof füllte sich allmählich: alle kamen, auch für Frau Schwichtenberg, die nur als Flüchtling hierhergekommen war – und dazu evangelisch. Ich war wegen Frau Schwichtenberg hier, aber auch wegen einer Heimwehbrezel und einer Heimwehseele (jener oberschwäbischen Köstlichkeit in der Form eines eregierten Geschlechtsteils, das hier alle so gerne aßen), und auch wegen Rosemarie, der einsachtzig großen und blonden Tochter von Frau Schwichtenberg, wegen der blonden Rosemarie, die noch etwas blonder war als ich, königsblond, wie – außer der Erinnerung – die Schwarzweißfotos beweisen. Rosemaries und meine Zeit war noch schwarzweiß, die Farbfotos kamen erst, als es uns schon nicht mehr gab. Schon unser erstes Foto (letzter Tag im

Kindergarten, mit Schwester Radigundis im Schleier – auch blond darunter? –) zeigt uns, blond wie wir waren. Und auch das nächste Foto (noch einmal schwarzweiß), das kurz darauf entstand, beweist dies: wir (und unsere anderen) stehen am ersten Schultag vor der kleinen Schule mit unserem einzigen Lehrer und sind blond. Es folgten vier Jahre mit diesem einzigen Lehrer, der uns allen (ich glaube, wir waren vierzig Schüler auf acht Klassen in einem Raum verteilt) Lesen und Schreiben, Dazuzählen und Abziehen, das kleine Einmaleins sowie etwas Heimatkunde und Religion, auch Turnen und Blockflöte, Xylophon und Metallophon beibrachte. Ich weiß nicht, ob es dieses letztgenannte Musikinstrument überhaupt noch gibt. Es ist mir nie wieder begegnet, vielleicht gab es das nur in Kreenheinstetten. Ich wollte nur sagen, daß wir blond waren und daß es dafür Beweise gibt, vom ersten Schwarzweißfoto an, das mich unter dem Christbaum liegend zeigt, kurz vor meinem ersten Geburtstag, der gefeiert wurde. Ich ging auf den betonierten Platz vor der Leichenhalle zu (wo der Sarg stand) und sah schon eine Frauengruppe, Frauen, wohl in meinem Alter, die ich eigentlich hätte erkennen müssen, die noch schneller gewesen waren als ich, fünf schwarze Frauen, die sich für die Beerdigung zurechtgemacht hatten und noch etwas an sich herumzupften. Sie hatten mich heranfahren gesehen; das erste, was ich von ihnen gesehen hatte, waren die Köpfe, Köpfe, die sich drehten, als ich mit meinem Mercedes vorschriftsmäßig einbog und mit dem Auspuff von der Mauer weg gleich auf dem ersten freien Platz neben dem Behindertenzeichen und neben dem Zeichen ‚Für die Geistlichkeit' parkte. Ja, ich kam mit einem Mercedes der E-Klasse angefahren, da drehten sich ihre Köpfe. Ein schmerzstillender Mercedes! – Mein schmerzstillender Mercedes.

Vornehme schwarze Hüte, breitkrempig, es handelte sich um schwäbische Sombreros und um die dazu passenden Stiefelchen: so standen sie und versuchten herauszubekommen, um wen es sich bei mir handelte. Das hätte ich auch gerne einmal gewußt. ‚Sie will mir den Hund ausreden!' und ähnliche Sätze sagte ich sogleich vor mich hin, derlei Sätze hatte ich mir für brenzlige Situationen in der Öffentlichkeit aufgespart, um ein Weinen oder ein Erröten oder auch nur eine Erektion oder ein unpassendes Gelächter an mir selbst zu verhindern. Früher hatte auch Kopfrechnen geholfen. Das war in jungen Jahren das beste Mittel, ja, das einzige, das wirklich half von allen Mitteln, die ich kannte, gegen jede unpassende Erektion und alle schmutzigen Gedanken, die allem zugrunde lagen. Kopfrechnen half, wenn ich plötzlich aufgerufen wurde, wenn ich an die Tafel mußte. Aber die Angst war geblieben, sie war die alte, wenigstens nachts. Da habe ich noch auf Jahre hinaus von Aufgaben geträumt, die ich nicht lösen konnte. Nun war ich ein Mercedesfahrer im besten Alter, während die Sombrerogruppe (die Hüte hätten auch als Schirme dienen können) wahrscheinlich mit jenem Wagen älterer Bauart und einheimischer Nummer angefahren war. Dieses Quintett war von hier – ich habe mich dieses Kennzeichens immer geschämt. Ich wäre nicht hiergeblieben mit dieser Nummer, ja, es war vor allem die Nummer, die mich von hier vertrieb, außer der Kälte und den Erinnerungen. Meine großstädtische Nummer, dazu noch eine der feinsten, ein einfaches ‚K', dazu der Wagen: diese Kombination besagte, daß ich saniert war. Die Wagengröße hielt sich dazu knapp unter der Übertreibungsgrenze, es war eine anständige Größe, ach, ich versuchte nur, mich in diese Menschen hineinzuversetzen, und dachte an ihrer Stelle über mich nach. So mußte ich an ihnen vorbei, und der Satz half. Daß ich keine Erektion bekam, erkläre ich mir mit der besonderen Situation; das Nicht-Erröten, das Nicht-Lachen-Müssen und genauso das Nicht-Weinen-Müssen führe ich aber auf den mitgebrachten Satz zurück. Doch wie sie nun in einer Reihe standen, als müßten sie meinetwegen ein Spalier bilden, wie sie sich intuitiv, gewiß nicht absichtlich der Größe nach aufgestellt hatten, fiel mir wieder der Turnsaal ein. Da haben wir uns auch so aufgestellt, der Größe nach, ja, wir haben uns so aufstellen müssen. Nicht auszudenken, was gewesen wäre, wenn ich der kleinste von allen gewesen wäre. Das hätte ich nicht überlebt. Ich hatte Nillius berichtet, daß ich bis zum heutigen Tage daran litte, und manches Mal sogar noch davon träumte, ‚wie ich den richtigen Platz suche, wie ich von meinen Mitschülern von zwei Seiten bedrängt werde, wie ich vom Turnlehrer mit Metermaß und Wasserwaage überprüft werde, ob ich zu Recht an meinem Platz stehe oder ob ich mich hinaufgeschwindelt habe und wie ich vom Turnlehrer mit seinem Metermaß zurechtgeschubst werde', sagte ich. Immer noch träume ich davon, besonders im Sommer, daß ich aufgerufen werde und daß ich an die Tafel muß, und daß ich mit einer Erektion und einer aus ihr folgenden Errötung an der Tafel stehe, in meiner kurzen Lederhose dastehe, die anderen samt dem Lehrer lachen. Es sind schwarzweiße Erinnerungen an graue Tage: noch einmal den Abituraufsatz schreiben ‚Hat das Wort Humanismus noch einen Sinn? – Und wenn ja, welchen?' Noch einmal auf den Fünfmeterturm und oben stehen? Jenes Freibad war, wie ich wußte, zum Glück längst geschlossen (meine Geschichte wiederholte sich also höchstens anderswo), wegen notorisch erhöhten Kolibakterien-Anteils, der, wie der zuständige Verwaltungsbeamte in Verbindung mit dem überforderten kleinen Städtischen Gesundheitsamt sich ausdrückte: ‚nicht heruntergefahren werden konnte'. Allein in meiner Erinnerung steht dieser Fünfmeterturm an jener Stelle des überdies moorigen und auch schon fast verschlammten Freibades: alles an derselben Stelle, und ich werde auf diesen Turm hinaufkomplimentiert, hinaufgenötigt und -gejagt. Unten steht mein Vater, sage ich Nillius, und wartet, wie ich ihm mit einem eleganten Kopfsprung beweise, daß es sich gelohnt hat mit mir, daß es richtig war, mich in die Welt gesetzt zu haben. Und wie ich schon viel zu lange da oben stehe, und wie er schon wegen meines Zögerns beschämt ist, und wie ich nicht springe, nicht einmal den sogenannten Weibersprung, und wie ich rückwärts eine Stufe nach der anderen alles zurückgehe, ja, zurücknehme, Doktor Nillius, während die Beine bis in meinen Kopf hinauf zittern, mein Vater mich aber irgendwann in dieser Zeit aufgegeben haben muß, wie ich die Leiter rückwärts herunterkam. Da hat er mich aufgegeben und gedacht, daß *ich* ein Fehler war.

Nun aber fuhr ich längst mit einem Mercedes der E-Klasse und einem begehrten Autokennzeichen durch die Welt, und spätestens seit meinem 35. Lebensjahr war ich saniert. Ich hatte gehört, daß sich selbst der Landrat dieses Kreises seiner eigenen Nummer schämte und seinen Privatwagen deswegen in einem angeseheneren Nachbarkreis angemeldet habe.

Frau Schwichtenberg wurde katholisch beerdigt, das wunderte mich. Sie war doch evangelisch? Später erfuhr ich von Rosemarie, daß dies ihr Wunsch gewesen war. An sich hatte die katholische Kirche auf diesem Friedhof eine Art Monopol, es ruhten nur katholische Tote (bis auf den rumänisch-orthodoxen Vater Erikas) hier, bis zu Frau Schwichtenberg. Der Pfarrer hat die Beerdigung, die soweit ohne Zwischenfälle verlief, übernommen und eine ökumenische Beerdigung daraus gemacht. Er kam in einem Mittelklassewagen (ich glaube, ein VW-Passat) angefahren, schon im Ornat, und ging so mit zwei Ministranten schnurstracks auf den Sarg zu. Unmittelbar daneben standen die Angehörigen meiner Toten und lebten. Eine von ihnen mußte Rosemarie sein. Ihren Namen hatte ich in Gegenwart meiner Frau lange nicht nennen dürfen. Gesehen hatten die beiden einander nie. Ich war der einzige auf der Welt, der beide kannte oder gesehen hatte und somit etwas Einmaliges und Einsames war auf der Welt. Etwas zerzaust schienen sie mir, diese Angehörigen, ich erkannte keinen einzigen von ihnen, nicht einmal Rosemarie und Hugo, der nun schon lange ihr Mann war, ebenfalls blond gewesen war, aber nun waren alle, falls sie es überhaupt waren, schwarz oder grau. Außer den Jungen von heute, die damals noch gar nicht da waren. Nachher würde ich nach Rosemarie fragen müssen, und auch nach Hugo, und die beiden an der Friedhofsmauer abfangen und Rosemarie mein Beileid wünschen. Und die Trauergäste würden sich zerstreuen; und einige von ihnen würden in die ‚Traube' gehen, wo es ein Tellerschnitzel geben würde. Was du alles weißt! rief meine Frau immer wieder aus, mit einem Nebenklang von Desinteresse und Unglauben. Du kannst dich ja an fast alles erinnern! behauptete sie wenigstens.

Gut, ich gab ihr das Weihwasser, hatte auf dem Weg zum Weihwasserkessel gedrängelt, um einer der ersten zu sein, mich schon während der kleinen Ansprache langsam nach vorne ans offene Grab gedrängelt und schaffte es tatsächlich, einer der ersten zu sein, die den Weihwasserwedel in der Hand hatten und dabei irgendwie mit wohl nachdenklicher Miene auf den Sarg hinabschauten, der nun unten lag bzw. stand. Dann gab ich den katholischen Weihwasserwedel an den nächsten weiter. Es war gewiß ein Mann, denn damals standen auf einer katholischen Beerdigung die Menschen in Geschlechtergruppen, und beim Weihwassergeben waren die Männer als erste an der Reihe, ja, so war es. Ich zielte Richtung schmiedeeiserne Friedhofstür, kam auf dem Weg dahin noch an unserem Grab vorbei und gab den Meinen auch noch das Weihwasser, drängte dann aber hinaus, um eine Zigarette zu rauchen und Rosemarie und die anderen abzufangen. Kaum stand ich – nicht einmal Zeit hatte ich zu staunen, wie schnell im Grunde alles vorüber gewesen war –, da waren zwei Männer –, auf mich zugekommen und hatten sich zu mir gestellt mit der Frage, ob ich auch da sei. ‚Bist du auch da?', es war eine Frage, die ich fast schon vergessen hatte, unsere Frage, im Grunde gar keine Frage, sondern eine, vielleicht traurige, Feststellung. ‚Bischd au do?' – Das sahen sie doch! – Ich hatte vergessen, daß dies unsere Frage war, die Bestätigung in unserer Muttersprache, daß wir da waren. Daß wir noch da waren. Gefragt haben sie, ob ich auch da sei, und wie es mir so gehe. Da erkannte ich sie: Es war der schöne Hugo, dem schon früh die Frauen hinterherliefen, denen er immer wieder davonlief. Und der andere war Manni, auf immer einen Monat älter als ich, den ich an seiner kleinen, aber nicht uninteressanten Zahnlücke erkannte und den immer noch schönen Augen, die immer schon sein Kapital waren, vielleicht schon bei der Schwester im Kindergarten. Der schöne Hugo, nun, wie ich hörte, Silberfuchs genannt, rauchte Zigarillos, und der andere, kahlköpfig geworden und dick und stiernackig, rauchte einen Villiger Stumpen, und so warteten sie auf ihre Frauen, die sie, in unserer Sprache, Weiber nannten: beide waren Schwiegersöhne von Frau Schwichtenberg, so wußte ich also, daß Rosemarie da war, daß ich sie nicht wiedererkennen würde, da ich sie nicht wiedererkannt hatte, und daß sie in ein paar Minuten, oder in einem Augenblick, auf mich zukommen würde. So standen wir neben Hugos Geländewagen mit der Werbung für seine Fitneßprogramme, und ich sprach mit ihnen, als ob wir uns zwanzig Jahre nicht gesehen hätten, sondern heute morgen auf dem Misthaufen beim Vorbeifahren mit dem Traktor. Und dann kam Erika Futterknecht und mit ihr eine Erscheinung, nun bis zu den Haaren hinauf schwarz, eine Erscheinung, die im Jahr 15 000 filterlose Zigaretten verrauchte, auch im Freien, und stellte sich neben Hugo: meine Rosemarie. Sie erkannte mich nicht. Der etwas überholte Name Rosemarie – nun wurde sie Romy genannt – nicht von mir. ‚Bist du auch da? Hat die Adresse also gestimmt?' sagte auch sie mit der Stimme von einst, als wir uns bis morgen in der Schule verabschiedeten. Freute sie sich, mich zu sehen? ‚Früher warst du blond', sagte ich, nun schon halb im Scherz, und sie antwortete, indem sie denselben Satz variierte: ‚Du auch!' Es stimmte ja: ihr Haar war nun schwarz-rot, mit einem Pagenschnitt à la française, während ich als Herr im besten Alter galt, mit kräftigem Haarwuchs, gut geschnittene Erscheinung, tadellos und graumeliert. Ihre Mutter war ja tot, ‚tut mir leid', sagte ich (wie in einer Szene in einem amerikanischen Vorabendfilm). Aber wie geht es deinem Vater? worauf sie mir, was ich befürchtet hatte, sagen mußte, daß er schon lange tot sei. ‚Ach', sagte ich, er auch? – ‚Wer noch?' wollte sie wissen. Ich meine nur, sagte ich. ‚Wir leben ja noch!' ‚Jetzt ist aber Schluß!' meinte Hugo. Ich war vielleicht mehr berührt von diesem ständigen Ableben als er und sie alle. Rosemarie selbst schien vollkommen *‚gefaßt'*. Sie dachte wohl, das sei alles ‚natürlich', mit diesem Wort halfen sie sich über das Schlimmste hinweg. ‚Früher oder später sind wir alle dran', hörte ich. Oder ich hörte: ‚... trifft es uns alle'? – ‚Jetzt ist Schluß!' – Irgendeiner aus dieser Kleingruppe an der Friedhofsmauer meinte nun, ob ich mit ihm in den Rosengarten nach Rast fahren würde. Es war der Ort, wo ich trinken gelernt hatte. Da klingelte in Rosemaries Handtasche das Handy. Ich wußte nun auch, daß es Rosemaries Handy war, das während der kurzen Friedhofszeremonie in unmittelbarer Nähe des Grabes mehrfach geklingelt hatte. Ich hörte und sah, wie sie ganz professionell ‚Immo Schwichtenberg' sagte. Dabei hatte ich geglaubt, Rosemarie leite ein Eheanbahnungsinstitut.

‚Ach was, das mache ich nur noch nebenher, das lohnt sich doch heute gar nicht mehr. – Wer sucht denn heute noch einen Mann oder eine Frau!' – Sie war, wie sie mir erklärte, ‚rechtzeitig von Eheanbahnung auf Immobilien umgesattelt'. Und ein kleines Detektivbüro habe sie auch erst vor kurzem eröffnet. Dazu sei nur ein Gewerbeschein nötig.

Ich solle doch ‚mit ins Essen' kommen, sie müßten nun gehen. Man warte schon in der ‚Traube' auf sie. ‚Los, komm, gehen wir!' sagte nun auch Hugo, und wir gingen: wir fuhren im Geländewagen-Konvoi zur ‚Traube', ich war der einzige, der noch einen gewöhnlichen Mercedes fuhr.

Ich sehe was, was du nicht siehst

128 Seiten, DM 29.80.
Alexander Fest Verlag, Berlin

RHEINISCHER MERKUR

Mit jener kunstvoll inszenierten Leichtigkeit, die schon ihre früheren Erzählungen auszeichnete, erzählt die diesjährige Trägerin des renommierten Solothurner Literaturpreises [1999] *vom Glück, das im Beiläufigen wohnt, aber auch von der Einsamkeit, der allgegenwärtigen Angst, der man nicht entfliehen kann und von den Verständnisschwierigkeiten zwischen den Menschen.*

FOCUS

Birgit Vanderbekes Buch liest sich wie Post aus dem Paradies. Als ob es der Autorin gelungen wäre, die Schwerkraft der deutschen Sprache aufzuheben, so leicht und elegant fließt die Erzählung dahin. Da ist jedes Wort am richtigen Platz und keines zuviel. Man muss kein Prophet sein, wenn man dieses Buch schon auf den Bestsellerlisten sieht.

KULTURSPIEGEL

Birgit Vanderbekes Sprache umschmeichelt den Leser und lockt ihn in die Fallen eines spröden Humors und einer schwermütigen Weltsicht. Auf anmutige Weise erzählt die Autorin in ihrem kleinen wunderbaren Buch vom Suchen, von Einsamkeit und Hoffnung.

Die Autorin: Birgit Vanderbeke, geboren 1956 im brandenburgischen Dahme, wuchs in Frankfurt am Main auf, wo sie Rechtswissenschaften und Romanistik studiert hat. Seit 1994 lebt sie mit ihrer Familie als freie Schriftstellerin in Südfrankreich. Und anderem schrieb sie die folgenden Bücher: *Das Muschelessen; Fehlende Teile; Gut genug; Ich will meinen Mord; Friedliche Zeiten; Alberta empfängt einen Liebhaber.*

© Brice Toule

Am Morgen sagte das Kind, ich will heim, hier sind im ganzen Haus überall Spinnen. Im Bad sitzt ein Riesenskorpion an der Wand. Ich sagte, heim gibt's nicht, das gehört den drei Erben von Kricke. Das Kind sagte, ich will aber heim, sie sind eklig und haben Haare, und ich sagte, sehen wir uns den Skorpion mal an, obwohl mir nicht danach war. Ich sagte, schaffst du es, mit dem Schuh draufzuhauen, und das Kind sagte, du etwa? Er sah aus wie ein winziger Hummer, und ich sagte, ich kann keine Tiere kaputtmachen, bevor ich gefrühstückt habe, und das Kind konnte es auch nicht, aber es traute sich nicht ins Bad, und schließlich holten wir aus der Geschirrkiste vor dem Haus ein Glas, um den Skorpion lebend zu fangen; es war kompliziert, weil man dazu einen Personalausweis braucht, man muß ihn vorsichtig zwischen die Wand und das Glas schieben, dann fällt der Skorpion hinein, und das Kind sagte, du mußt das Glas fest an die Wand gedrückt halten, und ich sagte, dann hol du meinen Personalausweis aus der Handtasche in meinem Zimmer; das Kind sagte, in deinem Zimmer sind auch solche Spinnen, ich sagte, also mußt du das Glas halten, und das Kind sagte, nie im Leben. Am Ende hatten wir den Skorpion im Glas und meinen Personalausweis als Deckel auf dem Glas, der Skorpion hatte den Schwanz aufgerichtet, und ich dachte, jetzt macht er Selbstmord, weil ich gelesen hatte, daß Skorpione Selbstmord machen, sie stechen mit ihrem Giftstachel in sich rein, wenn sie Angst haben und nach vorne nicht weiter wissen, aber er machte keinen Selbstmord. Er raste im Glas herum und versuchte, nach oben rauszukommen, dabei rutschte er jedesmal ab. Das Kind sagte, er hat Hunger, er braucht was zu fressen. Ich sagte, du kannst jetzt ins Bad, aber im Bad waren inzwischen ein Weberknecht und eine Wespe, das Kind sagte, fressen Skorpione Wespen? Keine Ahnung sagte ich.

Es dauerte eine Weile, bis die Sachen alle im Haus waren. Jeden Abend war wieder ein Teil mehr im Haus und der Rest stand immer noch draußen. Jeden Abend sah ich in den Himmel und versuchte herauszufinden, ob es am nächsten Tag regnen würde. Manchmal standen über den Hügeln im Westen Wolken; es waren nicht solche Wolken, wie ich sie kannte, sondern sie standen schwarz und senkrecht im Himmel, ich schaffte noch schnell ein paar Sachen ins

Haus, und am nächsten Tag waren die Wolkenwände verschwunden. Es gab Wind oder keinen Wind, und wenn es Wind gab, kam er unerwartet aus allen möglichen Himmelsrichtungen, er war unerwartet kühl oder unerwartet heiß. An manchen Tagen leuchtete die Dämmerung, und alles, was in der Dämmerung lag, leuchtete mit, an anderen stürzte die Sonne ab, war weg, der Himmel wurde orange und dann langsam violett und gleich darauf war es dunkel. Ich verstand weder das Wetter noch die Gesichter der Leute. Ich hörte, was sie sagten, und ich kannte die Wörter, also wußte ich was sie sagten, aber ich verstand es nicht. Der Postbote winkte, wenn er vorbeifuhr und aus dem Auto heraus meine Post in den Briefkasten warf, bei Einschreiben stieg er aus und gab mir die Hand. Bonjour, Madame.

Als alles im Haus war, gab es immer noch Spinnen, hier und da einen Skorpion, etliche Ameisenvölker und einen jungen Hund. Die Ameisen wohnten in allen Zimmern, hauptsächlich in der Küche. Sie kamen aus dem Mörtel zwischen den Fliesen und durch die Tür- und Fensterritzen. Jeden Tag wurden sie mehr. Ich sagte, Ameisen gehören in die Natur, in den Wald oder so. Ich schüttete Essig in die Löcher, die sie gemacht hatten, um ins Haus zu kommen, es half ein paar Tage, und dann waren sie wieder da. Sie waren überall.

Der Hund roch nach Hund, und wenn er nicht schlief, bellte er oder biß alles kaputt. Was er nicht kaputtkriegte, schleppte er weg. Das Kind sagte, der schläft bei mir im Bett, und ich sagte, er stinkt, er kriegt einen Hundekorb und eine Hundedecke. Das Kind sagte, wozu habe ich einen Hund, wenn er nichtmal bei mir im Bett schlafen darf, und das wußte ich auch nicht, aber er bekam einen Hundekorb und eine alte Decke. Ich sagte, da sollst du schlafen, er schaute mich an und hörte zu, was ich sagte, aber immer wenn ich ihn hineinsetzte, kletterte er wieder hinaus und biß auf dem Korb herum, bis er kaputt war. Ich sagte, du stinkst und bist schwererziehbar, und das Kind sagte, also darf er zu mir ins Bett.

Abends saß ich vor dem Haus und dachte, ich sollte Briefe und Postkarten schreiben, aber das paßte nicht zu dem vielen Himmel und den dicken Sternen, die im Wind manchmal anfingen herumzutorkeln. Ich hatte eine Hängematte zwischen zwei Bäume gehängt und schlief in warmen Nächten mit dem Himmel über mir ein. Briefe und Postkarten schreibe ich, wenn dieser Himmel aufhört, mich Abend für Abend einzuwickeln, dachte ich und blieb lange sitzen, um mir die Bäume und den Himmel und den Wind einzuprägen.

Der Sommer fing jeden Morgen früh an und war hell und heiß und staubig. Wir gingen an den Fluß zum Baden und manchmal in den Wald. Nachts und im Wald gab es Mücken. Am Fluß wohnte ein Vogel, wie ich noch nie einen gesehen hatte, mit einem knallblauen Rücken, ich dachte, es muß ein Eisvogel sein, weil es so ein kaltes Blau war, daß mir vom Hinschauen schon kühl wurde. Er war nur morgens am Fluß, auch die Reiher waren nur morgens am Fluß, weil gegen mittag die Urlauber kamen. Wenn es zu voll wurde und sich überhaupt kein Vogel mehr blicken ließ, gingen wir in den Wald und sahen nach, ob die Brombeeren nicht bald reif wären.

Eines Tages, als wir vom Fluß kamen, stand ein dunkelblauer Ford Transit mit weißem Nummernschild vor dem Haus, und in der Küche saßen ein Mann und eine Frau und tranken Wein. Der Mann sagte, wir sind schonmal reingegangen und haben uns schonmal bedient. Ich sagte, das kommt mir auch so vor. Die Frau sagte, der Schlüssel steckte, habt ihr keine Angst, und ich sagte, eigentlich nicht diese Sorte. Ich dachte, vielleicht sind sie bewaffnet. Wir würden gern Urlaub hier machen, sagte der Mann, und die Frau sagte, hier in der Gegend. Der Hund sprang an ihnen herum und bellte. Ich hätte gern gefragt, was ihr Urlaub mit unserer Küche und meinem Rotwein zu tun hätte. Ich überschlug kurz, ob das Bargeld in der Küchenschublade für sehr viel Urlaub reichen würde, und hielt es für unwahrscheinlich. Die Frau sagte, von der Irmi haben wir deine Adresse. Ich fragte, von welcher Irmi, und es war eine Frau, die gesagt hatte, du hast es gut, als ich gesagt hatte, daß ich wegginge; es hatte gleich so geklungen, als käme noch etwas nach. Um die Lage womöglich zu entspannen, sagte ich, ich hätte auch gern ein Glas, und der Mann holte ein Glas und goß ein, dabei sagte er, ist zwar kein St. Emilion, aber ist leidlich trinkbar. Nach und nach wurde mir klar, daß sie zwar keine Waffen hatten, aber auch keine Unterkunft. Ich sagte, hier gibt es doch sicher Campingplätze. Der Mann sagte, alles voll. Die Frau sagte triumphierend, Hochsaison. Nach einer kleinen

Pause sagte sie, die Irmi hat gesagt, wir könnten bei dir. Ich sagte, wir haben zwei Zimmer und eine winzige Kammer. Der Mann sagte, das macht uns gar nichts. Es klang großzügig, und ich gab auf. Das Kind sah mich an. Ich sagte, ich glaube, wir haben Besuch. Du schläfst so lange bei mir, und das Kind sagte, aber der Hund schläft bei uns im Bett.

Der Mann sagte, darauf stoßen wir an. Die Frau sagte, auf den Urlaub, und der Mann sagte, ich müßte mal telefonieren, aber das Telefon war noch nicht angeschlossen. Er sagte, Scheiße, es ist nämlich dringend. Wenn ich denen nicht den ganzen Tag Druck mache, läuft gar nichts. Später schafften sie ihre Sachen ins Haus. Es waren viele Sachen und zwei Fahrräder, die aussahen, als könnten sie fliegen. Sie stellten sie in die Küche. Hier soll so furchtbar geklaut werden, sagte die Frau.

Als sie vom Telefonieren zurückkamen, sprang der Hund wieder an ihnen hoch, ich rief ihn zu uns ins Zimmer, aber er kam nicht, und in der Küche sagte der Mann, wenn ich was hasse, dann sind das Hunde und Kinder. Er sagte es leise, aber die Wände waren aus Pappe und hatten Ohren.

Es war schon Abend, aber noch hell und warm, also setzte ich mich mit dem Kind nach draußen für den Fall, daß sie noch etwas zu besprechen hätten, und sie kamen nach. Die Frau sagte, ist hier irgendwo abends was los. Hier ist abends allerhand los, sagte ich, hier werden abends Briefe und Postkarten geschrieben. Die Frau sagte, ich meine, wo richtig was los ist. Kann man hier wenigstens baden, sagte der Mann, und das Kind sagte, im Fluß gibt es giftige Wasserschlangen.

Am nächsten Morgen saßen sie in der Küche. Sie hatten sich Kaffee gekocht, und vor ihnen lag eine Landkarte. Er hatte eine knallgrüne Hose an, die bis zu den Knien glänzte und dann plötzlich aufhörte. Der Übergang von knallgrün zu Aufhören erschreckte mich. Ihre war glänzend rosa. Neben der Landkarte lagen Skibrillen und zwei Plastikschüsseln, eine knallgrün, eine rosa. Die Hemden waren schwarz und eng und auch glänzend, und bei ihr kam der Busen damit nicht zurecht.

Er sagte, sieben Grad wirst du doch wenigstens schaffen, und zu mir sagte er, auf der Strecke da, und setzte den Finger auf die

Landkarte, sind das da sieben Grad. Die Frau sagte, ich habe fast gar nicht geschlafen, hier sind lauter Mücken, ich bin ganz verstochen, habt ihr keine Moskitonetze. Das Kind rührte sich Schokoladenpulver in eine Tasse Milch und sagte, könnt ihr Monopoly. Ich sah den Finger auf der Landkarte und sagte, das da sind mindestens dreißig Grad. Überall hier. Im Schatten. Mittags wesentlich mehr. Dann setzten sie die Skibrillen auf, schnallten sich die Plastikschüsseln auf den Kopf und schoben ihre Flugkörper aus der Küche. Das Kind sagte, also könnt ihr, oder könnt ihr nicht. Der Hund rannte ihnen ein Stück hinterher und bellte. Ich machte mir Kaffee und war eine Weile betäubt. Das Kind sagte, findest du eigentlich »zünftig« ein gutes Wort. Altkluge Kinder können wir gar nicht leiden, sagte ich, und das Kind sagte, in Wirklichkeit mußt du jetzt lachen. Ich mußte lachen.

Als sie wieder zurückkamen, hatten sie offenbar telefoniert. Der Mann sagte, und wenn der nicht funktioniert, wird er gestrichen und fertig. Rumhängen ist nicht. Die Frau sagte, das war vielleicht ein Tag. Sie sah rot aus und glänzte. Beide hatten Druckstellen auf der Stirn von ihren Plastikschüsseln. Reichlich Kilometer runtergeschrubbt, sagte der Mann, fünfundvierzig plus fünfundvierzig. Das Kind sagte, neunzig, und ich dachte, so schlimm wird das mit Napoleon und den Grundrechenarten schon nicht werden. Und dreimal sieben Grad unterwegs. Dreiundzwanzig, sagte ich, und das Kind sagte, falsch.

Es gab wieder meinen Wein, obwohl er auch heute kein St. Emilion war, und später stellte sich heraus, daß die Bohnensuppe, die ich gekocht hatte, während sie duschten, kein Lammfilet war, nicht einmal Loup de Mer, sondern tatsächlich Bohnensuppe mit weißen Bohnen. Paßt irgendwie nicht hierher, sagte der Mann. Morgen sind wir dran mit Kochen. Morgen wird gegrillt. Da weiß ich einen kleinen Hund, den wird das freuen, sagte ich.

Nach dem Abwasch wollte ich Briefe und Postkarten schreiben. Sie bauten inzwischen das Haus um. Der Mann sagte, die Hütte an sich ist nicht übel. Könnte man was draus machen. Innen alles raus, radikal alles entkernen, Doppelfenster, italienische Kacheln rein, Terracotta, die Öfen raus, offener Kamin ins Wohnzimmer statt des alten Kanonenofens, und der Rest Fußbodenheizung, aufs Dach Solaranlage, der Baum muß natürlich weg. Der Baum war ein Olivenbaum. Die Frau sagte, den Baum würde ich aber lassen, aber der Mann sagte, dann kannst du nicht aufstocken. Die Frau sagte, also erst aufstocken, und dann obendrauf die Solaranlage. So seh ich das auch, sagte der Mann. Unten alles ein einziger Raum, offene Küche, oben die Zimmer. Kannst du Hochsaison locker zwölfhundert verlangen, zwölfhundert, wenn nicht mehr. Das Kind kam heraus und sagte, also was ist, spielt ihr, oder spielt ihr nicht. Ich sagte, sie sind gerade dabei, hier ist im Augenblick noch die Badstraße, wird aber gerade umgebaut und saniert in Schloßallee mit Hotel. Der Mann sagte, Hochsaison geht gut und gerne zehn Wochen. Zehn mal zwölfhundert. Macht …

Am nächsten Tag war immer noch Wind. Die Frau war wieder gestochen worden und hatte davon eine Mückenstichallergie. Sie sagte, bei dem Wind und mit den Beulen kriegst du mich nicht aufs Rad. Wahrscheinlich kommt nachher noch Fieber. Der Mann sagte, was sag ich immer: Urlaub ist verschärfter Existenzkampf. Mein eigener Existenzkampf fiel mir ein, aber das Kind hatte noch etwas Ferien. Der Mann ging ums Haus und schaute sich alles an, als wollte er gleich mit dem Umbau anfangen, aber er suchte nur die passende Stelle für einen Gemüsegarten aus und erklärte mir den Grundriß, die Gründüngung und die Schneckenvertilgung. Ich fragte ihn, ob er auch was gegen Ameisen wüßte, und er sagte, Essig oder chemische Keule.

Auf dem Nachbargrundstück saß eine Katze. Sie war zur Hälfte vierfarbig und zur Hälfte fast ohne Fell. Ihr Gesicht war auch nur zur Hälfte. Als sie merkte, daß ich sie sah, rannte sie weg. Ich fuhr in die Stadt Ameisenfallen kaufen. Es waren kleine grüne Dosen mit einer Gebrauchsanweisung. Das Kind sagte, kann ich die haben, weil ein Totenkopf drauf war. Ich sagte, lies du mal deinen Asterix fertig.

Die Frau saß beim Kaffee und sagte, alles geschwollen. In dem Zustand hilft nur noch Kortison. Ich glaube, es ist Arsen, sagte ich und stellte die Fallen dorthin, wo die Ameisen aus dem Fußboden kamen.

Ein springender Brunnen

st 3100, 416 Seiten, DM 22.80.
Suhrkamp Verlag, Frankfurt am Main

Als Hardcover DM 49.80,
Suhrkamp Verlag, Frankfurt am Main

FRANKFURTER ALLGEMEINE ZEITUNG

Der Glanz des Erzählens kehrt zurück, weil hier jemand nicht nur der Erfahrung vertraut, sondern auch dem Vermögen der Literatur, eine private Lebenswelt gegen alle Zumutungen des Allgemeinen zu behaupten. Dafür eine Sprache gefunden zu haben ist das unschätzbare Verdienst Martin Walsers: auf der einen Seite alle Fiktionen, auf der anderen dieses Buch.

FOCUS

Endlich hat Martin Walser einen autobiografischen Roman veröffentlicht. Er berichtet von seiner Kindheit und Jugend in den Jahren 1932 bis 1945 und kehrt so literarisch heim an den Bodensee – eine Region, die sein ursprüngliches geistiges Sinnzentrum ist. Der Roman »Der springende Brunnen« ist ein faszinierendes Selbstporträt des Künstlers als junger Mensch, eine Liebeserklärung an seine Heimat. … In Walsers Verdammungsunlust steckt die friedensstiftende Kraft seiner Bücher. Wortakrobatik und Fabulierfreude sind der Gradmesser für das Gelingen eines Romans, den man in einem Zug liest und der einen noch lange nach der Lektüre beschäftigt.

Der Autor:

© Jeny Bauer

Martin Walser, geboren 1927 in Wasserburg/Bodensee, gehört zu den wichtigsten deutschen Nachkriegsautoren. Studium in Regensburg und Promotion mit einer Arbeit über Franz Kafka. Mitarbeit beim *Süddeutschen Rundfunk* und beim Fernsehen. 1957 erschien sein erster Roman *Ehen in Philippsburg;* 1960 folgte *Halbzeit.* Weitere Romane, die immer bundesdeutsche Wirklichkeit scharf spiegelten: *Das Einhorn* (1966); *Der Sturz* (1973); *Jenseits der Liebe* (1976); *Das Schwanenhaus* (1980); *Meßmers Gedanken, Brandung* (1985); *Die Verteidigung der Kindheit* (1991); *Finks Krieg* (1996).

Jetzt mit Anita auf der Dorfstraße zur Kirche, einen Kilometer lang mit ihr zwischen gar allen Häusern hindurch, bis man endlich ganz drunten und draußen auf der Halbinsel in der Kirche wäre, nein und noch einmal nein. Wenn er daran dachte, wer alles ihm da begegnen konnte! Nein, nein, nein. Er würde den Moosweg nehmen.

Er hätte ganz sicher kein Wort gesagt, wenn Anita auch kein Wort gesagt hätte. Aber Anita redete fast ununterbrochen. Sie wollte, daß sie einander die Unterrichtsfragen stellten, den Beichtspiegel aufsagten. Fang du an, sagte er. Und sie fing an. Vorher sagte sie aber noch, daß sie jetzt nicht beichte, sondern den Beichtspiegel aufsage. Und sagte ihn auf. Unglaublich schnell. Und ließ keinen Punkt aus. Auch den nicht, in dem von der Unkeuschheit die Rede ist, allein oder mit anderen. Johann dachte: Allein und mit anderen. Dann sagte sie noch alle Bestimmungen auf, die erfüllt sein müssen, daß eine Reue eine vollkommene Reue ist. Dann sagte sie auf, was alles zwischen Beichte und Kommunion nicht passieren dürfe, damit die Kommunion überhaupt empfangen werden darf. So, und jetzt du, sagte sie. Johann schüttelte den Kopf. Sah aber nicht hinüber zu ihr. Dafür ging er rascher. Sie sagte, sie müsse um halbsieben zurück sein. Um acht beginne die Vorstellung. Und warum muß sie dann schon um halbsieben da sein? Sich umziehen, schminken, warmturnen. Sie sei Teil der Hauptnummer des Abends: Wiener Künstler. Das sei die Nummer ihrer Familie. Das meiste mache natürlich ihr Vater, aber ihr Bruder und sie seien schon nötig. Johann habe doch den Mast gesehen, in der Mitte der Manege. An diesem Mast, von unten bis hinauf zur Vierzehnmeterspitze, fänden die Übungen statt. Er werde es ja sehen. Zum Glück sei die Manege hier so plaziert, daß die Leute nicht aus umliegenden Häusern die hoch am Mast stattfindenden Übungen anschauen könnten, ohne Eintritt zu bezahlen. Das sei bei ihrer Mast-Nummer immer das größte Problem. Hier könnten höchstens welche von der Straße oder von der Wirtschaftsterrasse aus zuschauen. Aber bei denen kassieren wir dann schon ab, sagte Anita und lachte.

Als sie den Friedhof betraten, sagte Johann, er müsse schnell noch seinem Vater aufs Grab, sie müsse ohnehin auf der Frauenseite hinein. Und zeigte hin und bog rechts hinüber zum Grab, gab das

Weihwasser, dachte dreimal Herr, gib ihm die ewige Ruhe, das ewige Licht leuchte ihm, Herr, laß ihn ruhen in Frieden, Amen. Dann ging er auf der Männerseite hinein. Drinnen sah er Anita ganz weit vorne sitzen. Er ging auf seiner Seite genau so weit nach vorne, nickte ihr zu, sie nickte zurück.

Er war so früh von zu Hause weggegangen, weil er mit Anita in der Kirche ankommen wollte, wenn noch niemand da war. Das war gelungen. Johann sah sich auf der Kanzel stehen, wie in der Missionswoche der Pater Chrisostomus auf dieser Kanzel gestanden hatte und mit ausgebreiteten Armen ausgerufen hatte: Warum toben die Heiden? Und vor ihm, unter ihm säße Anita, er würde predigen nur für sie.

Die anderen Mädchen und Buben trafen allmählich ein, aus der Sakristei erschien der Pfarrer. Bevor der Unterricht begann, ging der Pfarrer noch zu Anita hin, sprach mit ihr, sein starrer Kinnbart ging auf und ab, ohne daß man auch nur das geringste hätte hören können. Adolf hatte sich neben Johann gesetzt, hatte kurz zu den Mädchen hinübergeschaut, dann hatte er zu Johann hin geflüstert: Die vom Zirkus. Das DIE hatte er mit einer Kopfbewegung verbunden. Johann hatte unsicher genickt. So, als wisse er das nicht so sicher, wie es Adolf offensichtlich wußte. Woher wußte der das schon wieder? Das weiß man nie in einem Dorf, woher immer alle alles sofort wissen. Nur daß immer alle alles sofort wissen, das weiß man. Adolf hatte ein viel feiner kariertes Hemd an als Johann. Und statt eines Pullovers trug er eine eher lange Jacke, die mit einem Gürtel aus dem gleichen Stoff zusammengehalten wurde.

Der Pfarrer sagte, jetzt seien es also nicht mehr sechs, sondern sieben Mädchen und elf Knaben. In der Sprache des Pfarrers waren die Buben immer Knaben. Er freue sich, sagte er, daß Anita Wiener wohlvorbereitet, zusammen mit den Wasserburger Kindern die heilige Kommunion zum ersten Mal empfangen wolle. Johann spürte, wie es ihm kalt den Rücken hinunterlief. Er mußte ganz schnell tief Luft holen. In seinen Ohren rauschte es. Flog er oder stürzte er? Er schürfte ganz schnell mit dem Nagel des rechten Daumens einen Buchstaben in das mürbe Holz der Kirchenbank. Ein A schnitt er in das Holz. Dann ein W. Aber er schützte, was er tat, daß Adolf es nicht sah. Plötzlich hörte er Adolf flüstern, Johann müsse es nicht zudecken mit der Hand, er, Adolf, habe schon alles gesehen. Und zog Johanns Hand von der Bank weg. Offenbar wollte Adolf die anderen Buben auffordern, herzuschauen, daß alle sähen, was Johann gerade vollbracht hatte. Johann hielt sein Gesicht angestrengt dem Pfarrer hin, als dürfe er jetzt nicht abgelenkt werden. Tatsächlich schilderte der Pfarrer gerade, wie schlimm es wäre, wenn die Kommunikanten, nachdem sie morgen nachmittag nach ihrer ersten Beichte die Kirche im Zustand der heiligmachenden Gnade verlassen hätten, diesen Zustand dann durch irgendeine sündhafte Unachtsamkeit aufs Spiel setzten, ihn gar durch eine Todsünde zerstörten und dann am Sonntagmorgen die Erstkommunion in unwürdiger Verfassung empfingen. Das sei die schwerste, die schwärzeste, die grauenhafteste Sünde überhaupt: den Leib des Herrn empfangen im beschmutzten Zustand. Das klang, als habe jemand, der so etwas tue, sofort mit einem Blitzschlag zu rechnen, oder die Erde risse auf und verschlänge ihn.

Als der Pfarrer den Unterricht beendete, fiel Johann ein, daß er noch ein *Vaterunser* und ein *Gegrüßet seist du Maria* beten müsse dafür, daß Josefs Schutzengel Josef hatte mit einem Bänderriß davonkommen lassen. Eigentlich will in jedem Augenblick das Schlimmste passieren, und das muß man, so gut es geht, durch Glauben und Beten verhindern, und bitten und betteln, daß immer nur das Zweit- oder gar bloß das Dritt- oder Viertschlimmste passiere.

Die anderen hatten die Kirche schon verlassen, bis Johann seine zwei Gebete rasch, aber innig aufgesagt hatte. Er rannte.

Mädchen und Buben gingen getrennt voneinander die Dorfstraße hinauf. Die Buben in deutlichem Abstand hinter den Mädchen. Die Mädchen führten Anita in ihrer Mitte, als müßten sie dafür sorgen, daß ihr nichts passiere. Man sah und hörte: ihr Thema war Anita. Ob Anita bemerkte, daß sie die einzige war, die einen Bubikopf hatte? Alle anderen hatten Zöpfe. Er war der einzige, dessen Haare nach der Kopfmitte nicht einfach weggeschoren waren. Sagen konnte er es ihr, wenn sie es nicht selber bemerkte, nicht.

Man ging natürlich nicht den Moosweg zurück, sondern die Dorfstraße aufwärts. Johann hätte Anita am liebsten die dritte Möglichkeit, von der Kirche ins Dorf hinauf zu kommen, gezeigt, den Seeweg. Ein vor die Villenmauern hingemauerter Weg, gegen den See durch mächtige Steine, die man einfach als Wellenbrecher aufgehäuft hatte, geschützt. Anita hatte ja schon die weite Wiesenmulde, durch die der Moosweg ging, schön gefunden, weil die ganze Weite von Wiesenschaumkraut und Hahnenfuß lilahell und gelb überblüht war. Daß so viel blühte, war Johann erst aufgefallen, als Anita gesagt hatte, auf dem Heimweg wolle sie einen Strauß für ihre Mutter pflücken. Und jetzt wurde sie wie eine gefangene Königin auf der Dorfstraße hinaufgeführt. Anita und er auf dem Seeweg, dachte Johann. Andauernd wollen die Wellen heraufschlagen, und dann erreichen sie einen doch nicht, das hätte Anita sicher gefallen. Anita hätte auf der Mauerseite, er außen gehen können. Dann wäre sie allerdings links von ihm gegangen, hätte den gestopften Ärmel gesehen. Also hätte er sie doch auf der Seeseite gehen lassen müssen. Unmöglich. Zur Zeit unmöglich. Ende April, Schneeschmelze, das ganze Wasser aus den Bergen, der See übervoll, und zur Zeit stürmisch.

Als sie unter dem dicht an der Dorfstraße stehenden riesigen Nußbaum durch waren, sahen sie, wie der Lehrer gerade die Treppe vom Friseur herunterkam. Er ließ sich die Haare noch kürzer schneiden als Adolf. Auf dem ganzen runden Kopf alles auf einen Millimeter zurückgestutzt. Vielleicht wegen der Silberplatte, die er noch vom Krieg im Kopf hatte. Die Mädchen grüßten: Heil Hitler, Herr Hauptlehrer. Die Buben genau so. Adolf war der einzige, der bei diesem Gruß den Arm ganz hoch hinaufriß. Er fuhr sogar mit der linken Hand zu seinem Stoffgürtel und steckte den Daumen hinter den Gürtel, als sei da das Koppelschloß des Uniformgürtels. Der Lehrer sagte zweimal Heil Hitler, liebe Kinder. Und hob ganz ruhig den gestreckten rechten Arm. Also, sagte er, alle mal herhören. Los, los, keine Müdigkeit vorschützen, sagte er, weil die Mädchen und Buben nicht sofort um ihn herumstanden. Ihr grüßt, da könnt's einem schlecht werden. Und von euch sollen die Älteren lernen, wie sie zu grüßen haben. Was habe ich euch ins Heft der Nationalen Erhebung über das Grüßen diktiert? Erstens, Adolf? Und Adolf sagte sofort laut und überdeutlich, als spreche er zu Schwerhörigen: Erstens. Wir an Deutschlands Südgrenze müssen den Deutschen Gruß gegen jede alte

Gewohnheit oder Bockbeinigkeit durchsetzen. Der Lehrer: Zweitens, Anneliese. Und Anneliese genauso laut und deutlich: Zweitens. Es ist ein Zeichen der Schwäche, wenn man sich in der Art des Grüßens durch sein Gegenüber beeinflussen läßt. Gut, Anneliese, rief der Lehrer. Und jeder wußte, daß er jetzt daran dachte, wie er Anneliese am letzten Schultag vor Ostern hatte ohrfeigen müssen, weil sie am Ergebnis einer Rechnung herumverbessert und das, als der Lehrer ihr das vorhielt, abgeleugnet hatte. Nicht daß das Ergebnis falsch ist, hatte der Lehrer gerufen, sondern daß du gelogen hast, ist das Schlimme. Ein deutsches Mädel lügt nicht, hatte er gerufen und Anneliese dabei eine Ohrfeige gegeben, daß sie gegen das Harmonium geflogen war, und zwar so, daß der Schlüssel abgebrochen wurde. Der Lehrer trat noch mit dem Schuh gegen die Liegende, dann drehte er sich zur Wandtafel hin, hämmerte mit beiden Fäusten gegen die Tafel und schrie: Sie lügt, sie hat gelogen, und dann lügt sie auch noch weg, daß sie gelogen hat.

Wenn das Wetter umschlug, kam das öfter vor, daß der Lehrer so gegen die Tafel hämmerte. Als er den Döbele Franz geprügelt hatte, weil der fünfzig Pfennig aus der WHW-Sammelbüchse genommen hatte, um Kaltleim für seinen Flugzeugbau zu kaufen, hatte der Lehrer nicht nur die Fäuste, sondern auch den eigenen Kopf gegen die Tafel geschlagen, dabei war ihm das Gebiß aus dem Mund gefallen, der Döbele Franz, der noch auf dem Boden lag, hob es auf, reichte es dem Lehrer, der steckte es sich wieder in den Mund. Jeder wußte: Vom Krieg, die Silberplatte in seinem Kopf. Deshalb sei er immer so schnell oben draus.

Drittens, Johann! rief der Lehrer. Und Johann rief: Drittens. Wer uns auf den Deutschen Gruß beharrlich mit Hut- oder Mützeziehen antwortet oder mit einem Mischmasch wie Habe die Ehre, Heil Hitler, wer uns, wenn wir ihn mit erhobenem Arm und mit Heil Hitler grüßen, immer wieder ausweichend antwortet, den streichen wir von der Liste der Personen, die wir grüßen. Gibt es Ausnahmen, rief der Lehrer, Irmgard? Ausnahmen gibt es, rief Irmgard, in der Fasnacht. Wenn das äußere Bild von Narretei beherrscht wird, ist der Deutsche Gruß zu unterlassen.

Johann wußte, als er seine Antwort aufsagte, daß er die

Stammgäste, die er grüßen mußte, gleichgültig, ob er ihnen im Haus oder auf der Straße begegnete, nicht mit Heil Hitler grüßen konnte. Am Totengedenktag hatte der Pfarrer am Kriegerdenkmal die Hand zum Deutschen Gruß erhoben. Trotzdem würde Johann den Pfarrer immer mit Grüßgott grüßen. Es gab Leute, bei denen man den Heil-Hitler-Gruß ganz von selber sagte. Eben der Lehrer. Oder Frau Fürst. Frau Fürst rief in jedem Haus, in das sie die Zeitung trug, schon unter der Tür: Heil Hitler allerseits. Jedesmal, wenn sie das rief, dachte Johann daran, daß der Lehrer gesagt hatte, der Deutsche Gruß laute Heil Hitler, jede Zutat sei verboten. Irgend jemand müßte das Frau Fürst einmal sagen. Sie war ja inzwischen Frauenschaftsführerin geworden. Ihre Eva war auf der Gemeindekanzlei umbenannt worden und hieß jetzt Edeltraud. Eva wäre nicht mehr gegangen, sagte Frau Fürst in jedem Haus, weil Eva die Stellvertreterin von Kyra von Strophandt sei. Als die Mädelringführerin Kyra von Strophandt einen SS-Obersturmführer aus Halle geheiratet hatte und in die Sippengemeinschaft der SS aufgenommen wurde, war Edeltraud in der Zeitung zu sehen, die ihre Mutter in alle Häuser trug. Edeltraud direkt neben der Braut. Und Edi Fürst, der, seit er Fähnleinführer geworden war, wirklich nur noch Edmund genannt werden konnte, stand als Fähnleinführer und Leichtathlet und Turner noch öfter in der Zeitung als seine Schwester Edeltraud. Man, spürte es direkt, wenn Frau Fürst die Zeitung auf den Tisch warf, daß ihre Kinder in dieser Zeitung wieder vorkamen. Manchmal schlug sie, wenn Johann am Tisch saß, gleich die Rubrik *Plakatsäule* auf und wies unter den elf oder zwölf Appellen, die bekanntgegeben wurden, gleich auf *Fähnlein 36/320*. Vor allem wies sie auf die letzte Zeile hin: *Entschuldigung nicht möglich*. Johann nickte, aber sie wies gleich noch auf eine andere Zeile im Text hin: *Fehlendes Geld für Sportwettkampfabzeichen unbedingt mitbringen*. Johann stand auf und sagte ein bißchen übertrieben: Jawohl! Und Frau Fürst: Wenn alle wären wie du, Johann! Aber es gibt Drückeberger, Schlappschwänze, Saboteure, Johann, die machen meinem Edmund das Leben verdammt schwer. Und mit Heil Hitler allerseits war sie wieder draußen.

Als der Lehrer in Richtung Halbinsel verschwunden war, sagte Adolf, wie Kraut und Rüben hätten sie gegrüßt. Er habe sofort gewußt, daß das ein Nachspiel haben werde. Nachspiel. Johann hörte direkt, daß das ein Wort von Adolfs Vater war. Heute sah Adolf aus wie ein Sohn des Lehrers. Der Lehrer trug nämlich genau diese Art Jacke: zuknöpfbar bis zum Kragen und der Gürtel aus dem gleichen Stoff. Daß man keine Knöpfe sah, wirkte besonders fein. Wahrscheinlich hatte Adolfs Mutter diese Jacke beim Lehrer gesehen und dann von Zwergers Anna oder von Frau Schuhmacher Gierer oder von Fräulein Höhn oder gar von Frau Spengler Schmitt eine möglichst ähnliche machen lassen.

Johann war gleich erschrocken, als er den Lehrer vom Friseur hatte herauskommen sehen. Der Lehrer wußte natürlich, wo diese Kinder herkamen. Zwei Tage vor dem Weißen Sonntag. Seit drei Jahren war der Lehrer nicht mehr Organist, betrat die Kirche überhaupt nicht mehr und unterzeichnete alle Anschläge und Plakate mit *Hauptlehrer PG Heller, Propagandawart.* Vor zwei Wochen am großen Abstimmungstag hatten alle Schüler dorfauf, dorfab rennen und jeden, den sie ohne Wahlplakette fanden, auffordern müssen, sofort seine Wahlpflicht zu erfüllen. Wer seine Stimme abgegeben hatte, kriegte eine Plakette. Schon die Tage davor hatten sie den Satz auf dem Stimmzettel auswendig lernen und ihn im Sprechchor auf der Dorfstraße ausrufen müssen: *Bist Du mit der am 13. März 1938 vollzogenen Wiedervereinigung Österreichs mit dem Deutschen Reich einverstanden und stimmst Du für die Liste unseres Führers Adolf Hitler?* Danach hatten sie alle doppelt so laut *Ja* gebrüllt. In der Woche danach war der Lehrer mit der Zeitung in die Schule gekommen. Sie hatten Prozentrechnen geübt.

Im Kreis Lindau hatten 99,2 Prozent mit Ja gestimmt. Wieviel Personen sind das bei 20422 Stimmberechtigten. Und in Wasserburg 659 Ja-Stimmen. Wieviel Prozent sind das bei 665 Stimmberechtigten? Dann hatte der Lehrer gesagt: 6 Nein-Stimmen, die kriegen wir auch noch. Johann hatte gedacht: Gott sei Dank konnte sein Vater nicht zu den 6 Nein-Stimmen gehören. Nicht mehr. Hitler bedeutet Krieg. Diesen Vatersatz hätte Johann niemals laut wiederholt. Er hatte weder Adolf noch Ludwig, noch Paul, noch sonst einen wissen lassen, wie Strodels Traugott umgekommen war, unter der Augustsonne, mit dem herausquellenden Gedärm, das der Vater und Helmers Franz nicht hatten zurückdrücken können. Adolfs Vater, der zu jung gewesen war für diesen Krieg, hatte immer, wenn er in die Wirtschaft kam, gefragt: Wo ist der Wirt? Liegt er schon wieder im Bett, der Wirt? Oder liest er bloß? Adolfs Vater war Johanns Vater gegenüber gern kritisch. Adolfs Vater war in der SA, im Reichsjägerbund, im NSKK und in der Partei. Johanns Vater war im Gesangverein gewesen, im Kriegerverein, im Alpenverein und in der Feuerwehr. Zum Glück war die Mutter in der Partei. Eine Mitgliedsnummer unter der ersten Million. Die Versammlungen fanden, wie es die Mutter vorausgesagt hatte, in der *Restauration* statt. Sogar der Lehrer hatte im Winter einen Vortrag gehalten über das Thema: Die Rüstung eigener und fremder Heere. Der Lehrer war im Krieg Hauptmann gewesen. Man hatte die Falttür aufklappen müssen, so viele Leute waren gekommen, den Lehrer zu hören. Der Vater war nicht unter denen gewesen, die diesem Vortrag zugehört hatten. Das fiel nicht auf, da der Vater in der Wirtschaft ohnehin selten zu sehen war. Nur Herrn Brugger war es aufgefallen. Daß nur die Mutter in die Partei eingetreten war, hatte ihm, solange der Vater am Leben gewesen war, keine Ruhe gelassen. Die Mutter hatte die Abwesenheit ihres Mannes immer wieder erklären müssen. Vor allem hatte sie andauernd den Bankrott draußenhalten müssen. Sonst wäre es ihnen gegangen, wie es zuerst Brems gegangen ist, dann Hartmanns gegangen ist, Capranos gegangen ist und zuletzt auch noch Glatthars gegangen ist. Als bei Glatthars, nachdem Frau Glatthar gestorben war, alles versteigert wurde, hatte Johann erlebt, daß einer Familie nichts Schlimmeres passieren konnte als die Zwangsversteigerung. Das ganze Dorf kommt, alle gehen durch alle Räume, und jeder merkt sich, was er nachher bei der Versteigerung ersteigern möchte. 1 Krautstande, 2 Nachtkästchen mit weißer Marmorplatte, 1 Standuhr, 3 Waschzuber mit Zubehör, 1 Waschmange. Johann hatte nie etwas Schlimmeres erlebt als die Versteigerung von allem, was Glatthars gehabt hatten. Ihn mußte man zu keiner Arbeit zwingen, wenn es darum ging, die Zwangsversteigerung zu verhindern. Solange Frau Glatthar bettlägerig war, hatte er den Vater an ihr Krankenbett begleitet. Der Vater hatte ihr immer Tees mitgebracht. Frau Glatthar hatte an den Nieren eine Krankheit, die weit und breit noch nie jemand gehabt hatte. Das sagte sie selber. Johann hatte noch niemanden so leise sprechen hören. Man wunderte sich darüber, daß man sie verstand. Die Zapfsäule sei schuld, wenn es zum Konkurs komme, sagte sie. Jeder könne das Benzin ins Fünfliterglas hochpumpen und dann in seinen Tank laufen lassen, ohne daß er den Laden betrete und bezahle.

Der Zimmermeister Brem, der auch mit seiner Pistole die Leute nicht daran hatte hindern können, alles zu betrachten, was bei der Zwangsversteigerung zu haben war, saß seit der Versteigerung am liebsten hinter dem Haus, das ihm nicht mehr gehörte, saß an einem Tisch, hatte das Luftgewehr in den Händen und schoß damit den Fliegen auf dem Tisch die Flügel weg. Nur mit dem Luftdruck schaffte er das. Das Luftgewehr lag auf der von Speiseresten übersäten Tischplatte. Herr Brem wartete, den Finger am Abzug, bis wieder eine Fliege vor die Mündung lief, dann drückte er ab. Adolf, der das beobachtet hatte, sagte, es komme Herrn Brem nicht darauf an, die Fliegen zu töten, er schieße ihnen nur die Flügel weg.